Nelson Pereira da Costa
Anderson Jorge Ribeiro da Costa

Empresa de Alimentos

Uma Abordagem que Vai da Ideia Inicial até a Aplicação dos Recursos de Gestão

EDITORA CIÊNCIA MODERNA

Empresa de Alimentos: Uma Abordagem que Vai da Ideia Inicial até a Aplicação dos Recursos de Gestão

Editor: Paulo André P. Marques
Produção Editorial: Dilene Sandes Pessanha
Capa: Daniel Jara
Diagramação: Daniel Jara
Copidesque: Equipe Ciência Moderna

FICHA CATALOGRÁFICA

COSTA, Nelson Pereira da; COSTA, Anderson Jorge Ribeiro da.

Empresa de Alimentos: Uma Abordagem que Vai da Ideia Inicial até a Aplicação dos Recursos de Gestão

Rio de Janeiro: Editora Ciência Moderna Ltda., 2024.

1. Administração empresarial 2. Gerência 3. Êxito nos negócios
I — Título

ISBN: 978-65-5842-357-7
CDD 658.4

Editora Ciência Moderna Ltda.
R. Alice Figueiredo, 46 – Riachuelo
Rio de Janeiro, RJ – Brasil CEP: 20.950-150
Tel: (21) 2201-6662/ Fax: (21) 2201-6896
E-MAIL: LCM@LCM.COM.BR
WWW.LCM.COM.BR

04/24

A Beatriz (in memoriam)
Minha mãe que dedicou parte da sua vida
à Arte de Cozinhar, sempre inovando métodos,
processos e receitas. Sua maior qualidade era
não se abater diante das agruras e dificuldades
que a vida nos proporciona.

PREFÁCIO

Movido pela vontade de ajudar um dos meus filhos, acabei me envolvendo num Projeto de uma Indústria de Alimentos, tendo em vista ser este meu filho um bom cozinheiro (Curso de Gastronomia da Universidade Estácio da Sá) e desejoso de desenvolver e construir um negócio, cuja finalidade é desenvolver produtos, para serem vendidos em restaurantes próprios e, também, distribuídos em outros restaurantes, padarias, bares, bufês, escolas, cantinas, refeitórios, embarcações, quiosques e assemelhados, evitando a perda de tempo, recurso tão importante nos dias de hoje, que, via de consequência, faz o empresário (pequeno ou grande) aumentar o seu custo operacional.

Apenas ter um Curso de Gastronomia não capacita a dirigir uma empresa, que é algo muito maior do que uma simples cozinha, mesmo que seja industrial. Assim, comecei a ler títulos sobre alimentos, cozinha industrial, segurança alimentar e ambiente de produção, por exemplo, para agregar mais conhecimentos aos de administração, contabilidade, marketing e comunicação, minhas áreas de maior desenvoltura. Após pesquisas bibliográficas e virtuais, me senti em condições de estruturar o projeto.

Então parti para a construção deste livro, que chamei de *Empresa de Alimentos: Uma Abordagem que Vai da Ideia Inicial até a Aplicação dos Recursos de Gestão*. É necessário acrescentar que quando fui às livrarias, em busca de livros que ensinassem Gestão da Produção de Alimentos, só encontrei títulos de "receitas de bolo", tendo uma grande decepção. Fato que me levou a crer que há uma lacuna de mercado a ser preenchida, isto é, um nicho de mercado.

Escusado dizer que o alimento semipronto será cada vez mais utilizado, por todas as pessoas, não só pela sua praticidade, como também pelo preço mais barato, aliado ao avanço de fornos, que facilitam sua preparação para consumo imediato. É bom lembrar que a Cozinha Francesa, única no mundo a ser considera como Patrimônio Mundial da Humanidade, pela UNESCO, há anos já se utiliza de alimentos pré-preparados, para somente esquentá-los e, via de regra, acelerar o atendimento e minimizar custos, já que Paris, por exemplo, é uma das cidades mais visitada por turistas, em todo o mundo.

Acredito que este livro servirá de **Manual** para dar apoio gerencial para empresários estabelecidos e para novos empreendedores que queiram investir em um negócio bastante lucrativo do Mercado Gastronômico, já que teve, como colaboradores, pessoas com larga experiência profissional e acadêmica, pois o mesmo contém inúmeros exemplos, gráficos, fórmulas e planilhas.

Empresa de Alimentos é uma obra estruturada em 25 Capítulos e mais um Anexo, tendo como objetivos:

- ❑ **Capítulo 1 – Projeto:** Mostrar os conceitos e os elementos básicos que ajudam o leitor a entender como desenvolver e apresentar um projeto.
- ❑ **Capítulo 2 – Gerenciamento:** Mostrar que, sem uma gerência adequada, o projeto pode fracassar.
- ❑ **Capítulo 3 – Fundamentação e Objetivo:** Mostrar os elementos que fundamentam o projeto e quais são os principais objetivos.

- ❑ **Capítulo 4 – Arquivos e Dados:** Mostrar a importância de ter arquivos organizados para acessar, com facilidade, uma base de dados, que dê suporte às tomadas de decisão do projeto.
- ❑ **Capítulo 5 – Sistema de Informações:** Mostrar como as informações são tratadas e para que servem.
- ❑ **Capítulo 6 – Pesquisa de Mercado:** Mostrar que a pesquisa de mercado ajuda a dar rumo ao projeto, bem como determinar que a ideia inicial do projeto é viável ou não.
- ❑ **Capítulo 7 – Análise Preliminar:** Mostrar que a análise como uma das funções administrativas que mais contribui para a solução de problemas.
- ❑ **Capítulo 8 – Programa, Decisão e Fluxograma:** Mostrar a diferença entre programa e programação. Apresentar um exemplo de fluxograma do projeto.
- ❑ **Capítulo 9 – Empreendimento em Alimentos:** Mostrar que um empreendimento precisa considerar: o mercado, o capital, o consumo, o consumidor, o produto e o plano de negócios.
- ❑ **Capítulo 10 – Investimento, Crédito e Financiamento:** Mostrar a necessidade que tem o empreendedor de distinguir as figuras dos meios financeiros.
- ❑ **Capítulo 11 – Recursos Necessários:** Mostrar quais e quantos são os recursos necessários para se começar um projeto de cozinha industrial.
- ❑ **Capítulo 12 – Grupo de Trabalho:** Mostrar o trabalho em equipe, suas relações, comportamentos e atuações. Conceituar o que seja estrutura organizacional.
- ❑ **Capítulo 13 – Produto:** Mostrar a composição de um produto e como é feito. Também abordar a importância do congelamento, da marca, da embalagem e da ficha técnica do produto.
- ❑ **Capítulo 14 – Empresa:** Mostrar todo o caminho para a construção de uma organização do tipo empresa, bem como os principais elementos adredes ao funcionamento da mesma.
- ❑ **Capítulo 15 – Documentação e Legislação:** Mostra a importância dos conhecimentos de documentação e legislação do setor onde se vai trabalhar.
- ❑ **Capítulo 16 – Política e Procedimento:** Mostrar as diferenças conceituais entre política e procedimento. Trazer exemplos de procedimentos.
- ❑ **Capítulo 17 – Administração de Pessoas:** Mostrar os processos de recrutamento, seleção, treinamento, contratação e socialização de funcionários.
- ❑ **Capítulo 18 – Produção:** Mostrar os fatores que dão curso a produção, como: função, tipo, processo, produtividade, tecnologia, movimentação de materiais, manutenção.
- ❑ **Capítulo 19 – Qualidade e Segurança:** Mostrar que, em se tratando de alimentos, é de extrema importância conhecer segurança e higiene, que são os principais catalisadores da qualidade alimentar.

- **Capítulo 20 – Cozinha Industrial:** Mostrar porque a cozinha é o lugar mais importante de uma pequena indústria de alimentos.

- **Capítulo 21 – Compra, Armazenamento e Logística:** Mostrar a função do comprador como uma das mais importantes de uma indústria de alimentos. Mostrar que, hoje, a logística não é apenas uma distribuição física, mas também uma função organizacional que se envolve com embalagem, transporte e preservação ambiental.

- **Capítulo 22 – Custo, Preço e Lucro:** Mostrar que o lucro só pode ser apurado em função do custo, que deve ser muito bem calculado, como: depreciação; rateio; ponto e faturamento de equilíbrio e maximização do lucro. Mostrar as fórmulas de se calcular o preço de venda de um produto, em função do custo e da margem de lucro.

- **Capítulo 23 – Vendas:** Mostrar a importância do setor de vendas para qualquer empresa, pois, se não vender seus produtos, não poderá continuar a existir. Mostrar que a comunicação é a ferramenta mais importante para colocar em funcionamento um projeto.

- **Capítulo 24 – Controles Contábeis:** Mostrar as principais contas e controles contábeis, pois, sem tais controles, não conheceremos o rumo do negócio.

- **Capítulo 25 – Avaliação:** Mostrar as principais avaliações de resultado, por meio de índices, indicadores e taxas.

Gostaria de manifestar meus agradecimentos a todos aqueles que ajudaram a levar adiante este livro e, em particular, aos meus dois filhos, Alexandre e Anderson, que com seus conhecimentos de sistemas de informação e gastronomia, respectivamente, deram uma maior performance ao projeto. Também agradecer a nutricionista, Dra. Rita Coeli pelos apontamentos sobre Cozinha Industrial que foram de grande valia.

Nelson Pereira da Costa

Sumário

CAPÍTULO 10 - INVESTIMENTO, CRÉDITO e FINANCIAMENTO 131

CAPÍTULO 11 - RECURSOS NECESSÁRIOS 153

CAPÍTULO 12 - GRUPO de TRABALHO 165

CAPÍTULO 13 - PRODUTO 181

CAPÍTULO 14 - EMPRESA 209

CAPÍTULO 23 - VENDAS 421

CAPÍTULO 24 - CONTROLES CONTÁBEIS 457

CAPÍTULO 25 - AVALIAÇÃO 477

Introdução

O principal motivo para o desenvolvimento deste projeto é o fato de que há uma tendência no Brasil para o aumento de alimentos industrializados, baseado, principalmente, nos seguintes fatores: crescimento do envelhecimento da população; aumento do poder de compra; redução do número de filhos por família, participação da mulher no mercado de trabalho, maior acesso à informação.

A partir de estatísticas realizadas pela FIESP, são os seguintes os dados apontados para o consumo de alimentos, por ordem de prioridade na hora da compra:

- 34% Buscam a conveniência e praticidade.
- 23% Buscam confiabilidade e qualidade.
- 22% Demonstram maior sensibilidade e aceitação às novidades da gastronomia.
- 21% Buscam, por meio dos alimentos, saúde, nutrição e beleza.

De maneira geral, os consumidores confiam na qualidade dos produtos industrializados, ao mesmo tempo em que priorizam sabor, variedade, estética e desenho, aliados a um preço atraente. Daí, surge os alimentos semiprontos, objeto de estudo desse Livro. A praticidade apontada não só está ligada ao consumidor final como também aos distribuidores (varejistas) de alimentos prontos para o consumo.

A comida que seja gostosa e atraente é muito valorizada. Mas, não podemos deixar de lado a saúde e a nutrição. Hoje, os consumidores buscam selos de qualidade e informações sobre a origem dos alimentos.

A procura de um maior nível de qualidade de vida, leva as pessoas a consumirem alimentos de marcas famosas pela garantia assegurada que representam e pelos valores que agregam aos seus produtos.

Como os consumidores estão cada vez mais esclarecidos, eles começaram a ler os rótulos das embalagens, quando observam os índices de caloria, gordura, açúcar e outros valores proteicos.

Alimentos congelados não se encontram entre os mais desejados da população, mas estão ganhando terreno dia a dia, principalmente, pelo aumento da variedade e pela funcionalidade e praticidade que se apresentam. Assim, esses alimentos apresentam-se como uma solução para as pessoas que dispõem de pouco tempo para se dedicar à cozinha e buscam alternativas gostosas e baratas.

O público-alvo do projeto é constituído principalmente por pessoas (físicas e jurídicas) que compram ou preparam para consumir ou vender a outras pessoas.

Aqueles que compram produtos industrializados reclamam, na sua maioria, do sabor, devido aos produtos químicos utilizados como catalisadores de processo de fabricação. Apontam também que são prejudiciais à saúde, como foi apontado no Relatório da Pesquisa de Mercado, que foi aplicado pelo gerente do projeto a alguns colaboradores (estudantes universitários).

O mercado gastronômico tende a crescer, em função dos fatores já apontados. Ademais, existe uma demanda reprimida, já que não há um trabalho de conscientização das vantagens do alimento congelado (pré-pronto).

Conquistar a fidelidade do consumidor terá de ser uma prioridade. Por outro lado, a mulher tem se tornado cada vez mais independente nos últimos anos. Elas não querem ficar em casa, preferindo sair para o mercado de trabalho, a fim de conquistar o sucesso como profissionais em diversos setores.

Com isso, se faz cada vez menos comida em casa e se buscam soluções mais práticas e viáveis, por meio de congelados, comprados em supermercados ou comida pronta, comprada em padarias, restaurantes, bares e similares.

O consumo de alimentos fora de casa cresceu muito, porque as pessoas não querem perder tempo e também, devido ao avanço da tecnologia, porque permitiu melhores meios de conservação dos produtos.

Há um mito de que o alimento congelado faz mal à saúde e que, portanto, aqueles que agem dessa forma estão mal alimentados. Mas, o problema não está exatamente no consumo do congelado, mas na forma em que se consomem tais alimentos, já que os congelados conservam os nutrientes melhor do que os alimentos in natura.

O futuro será cada vez mais desafiador para as empresas. As novas práticas de gestão empresarial têm enfatizado os recursos em modelos participativos de administração. Como consequência, as empresas não têm outra alternativa para a sobrevivência, senão através de estratégias que lhes permitam atingir níveis elevados de produtividade, competitividade e excelência.

A questão fundamental é que tais empresas começam a perceber que já não é possível ser competitivo atuando isoladamente, isto é, verticalizando todas as etapas de operação do negócio, como numa economia de escala.

A competitividade e a sobrevivência das empresas dependerão cada vez mais da sua capacidade em estabelecer e manter relações de parceria com outras empresas que complementem as suas atividades ou com as quais compartilhem investimentos em tecnologia, infraestrutura de produção, canais de distribuição, ou em outras operações conjuntas relacionadas ao âmbito do negócio.

O leitor terá, nas páginas seguintes, uma estrutura organizacional de todo o projeto para a implantação de uma empresa de alimentos, sendo que os primeiros capítulos têm como objetivo fundamental abordar aquilo que vai conceituar a linguagem comum aos usuários do projeto.

A parte final é dedicada à gestão dos recursos que viabilizaram a ideia inicial, isto é, montar uma Pequena Indústria de Alimentos.

Este projeto é uma versão complementar do livro que escrevi há 10 (dez) anos, chamado **Gestão *de Restaurante: Uma Abordagem do Investimento até a Análise do Resultado.***

Capítulo 1

PROJETO

"Estudei a vida dos grandes homens e das grandes mulheres e descobri como chegaram ao topo. Não para minha surpresa, foram aqueles que fizeram o trabalho com toda a energia e entusiasmo possível".

H. S. Truman

OBJETIVOS DO CAPÍTULO

- Mostrar as principais características de um projeto.
- Mostrar que todo projeto começa com uma ideia inicial.
- Mostrar que, geralmente, um projeto é desenvolvido para solucionar um problema.
- Mostrar os principais componentes de um projeto.

1.1 PROJETO

Projeto é uma organização de recursos, sistemática, transitória e racionalmente ordenada, que compreende uma sequência de atividades dirigidas à geração de um produto singular e único, em um período de tempo dado, permitindo estimar os custos e os benefícios de tal geração. Um projeto pode conter programas e planos e vice-versa, mas não são sinônimos.

O termo projeto está, hoje, tão generalizado que passou a ter uma infinidade de significados. É utilizado como sinônimo de aspiração e de intenção. Referimo-nos ao nosso projeto de vida a um inventário de intenções.

Projetos são esforços temporários que ocorrem em todas as organizações. Executar projetos é uma característica de sobrevivência da empresa. Saber gerenciar projetos é uma necessidade. Assim, se você não despende metade do seu tempo com projetos, você vive no passado. Não progride e não cresce como ser humano.

Projeto é a ponte entre a análise do problema e a resolução do mesmo. O projeto que trata este livro se define como um instrumento para o desenvolvimento e construção de uma empresa de alimentos.

A seguir, serão feitas algumas considerações sobre projeto:

Finalidade do Projeto: Todo projeto necessita de uma finalidade, de alguma ideia sobre os porquês de sua concepção e do que ele deseja realizar, suas metas, seus objetivos e a espécie de ambiente que quer criar para as pessoas das quais depende para a consecução de seus fins, tendo que levar em conta os recursos que dispõe e quais os necessários para dar consecução ao seu propósito.

Necessidade do Projeto: A necessidade de um projeto aparece quando: os recursos passam a ser inadministrados; o resultado é insatisfatório e não confiável; o sistema operacional se torna de difícil manutenção; a ação administrativa carece de eficiência, eficácia e efetividade; os desvios estão acima da média histórica; o empresário precisa mudar de comportamento, tendo em vista a competição; o investidor precisa mudar a posição de seus ativos; o empreendedor busca uma inovação ou um nicho de mercado.

Projetista: O projetista é uma pessoa que desenvolve, coordena e implanta um projeto. As maiores qualidades do projetista são:

- Comandar os participantes do projeto, mantendo os pés no chão o tempo todo.
- Coletar e cruzar dados, sobre os modelos existentes no mercado, produzindo informações.
- Criar um controle de despesas para saber quanto gastou (investiu) no projeto.
- Aventurar-se num projeto sobre o qual tenha conhecimento e recursos para sua implementação.
- Fazer planos, relatórios, diagramas, gráficos, modelos, tabelas, fichas, planilhas.

Escopo do Projeto: O escopo do projeto é, na realidade, uma descrição daquilo que vai e que não vai ser feito. Geralmente, quando usamos o termo escopo referimo-nos ao resultado (produto) a ser obtido. Costuma-se, inclusive utilizar o termo "escopo do projeto" no que se refere ao trabalho de gerenciamento a ser realizado. O escopo do projeto não deve ser confundido com escopo do produto.

Abordagem do Projeto: Os aspectos a abordar em um projeto são muitos, podendo ser: econômicos, tecnológicos, sociais, financeiros, administrativos, jurídicos e sistêmicos.

Administração do Projeto: Administrar um projeto significa aplicar as funções administrativas ao mesmo. Administrar o trabalho de pessoas de diversas áreas, para o cumprimento de prazos, orçamento e especificações técnicas, pode ser mais trabalhoso, complexo e estressante do que o esperado.

Além de conseguir que as tarefas previstas sejam realizadas conforme planejado, atacando sempre os desvios e retardos, há que se fazer um constante exercício de antecipação de futuras possibilidades de falha, para minimizar os desvios. Se o projetista aparentar muita confiança de sucesso, parecerá um tolo.

Objeto de Estudo: Muitos são os objetos de estudo, mas o maior deles é certamente como coletar, avaliar, ordenar e armazenar os dados, que permitirão a construção do projeto, cuja essência está no desenvolvimento e atualização de Bancos de Dados. O objeto de estudo pode ser conceituado como tudo aquilo que um indivíduo pode ter, sob seu conhecimento específico.

A seguir, para um entendimento mais apurado sobre o que seja objeto de estudo.

Assunto	Objeto de Estudo	Assunto	Objeto de Estudo
Administração	Organização da Empresa	Contrato de Locação	Imóvel
Racionalização	Desperdício	Tempo	Uso e Utilização
Análise	Viabilidade	Planejamento	Tangibilidade
Gestão	Recursos	Trabalho	Rendimento
Posto de Trabalho	Tempos e Movimentos	Delegação	Comando

Quadro 1.1: Objeto de Estudo.

1.2 QUESTIONAMENTO

Na elaboração de um projeto, é preciso responder a determinadas dúvidas. Assim, antes de se pensar no desenvolvimento de um projeto, vale fazer o seguinte questionamento:

Quanto ao Mercado	Qual o tamanho do mercado? O mercado é segmentado? Quais são os principais concorrentes? Quais são os fornecedores? Quais são os principais produtos vendidos? É um mercado novo? É um mercado maduro? É um mercado saturado? Como estão se saindo as empresas do setor? Quais são os canais de distribuição? Que métodos de comunicação com o público são usados? Quais as restrições fiscais? Quais as restrições legais? Quais são os produtos concorrentes? Que preços são praticados? Quais os canais de comunicação? Quais os canais de distribuição? Qual o perfil socioeconômico do consumidor? Qual o poder de compra? Qual a faixa etária?
Quanto à Abrangência	O projeto é local, regional, nacional ou internacional? Qual problema o projeto pretende resolver ou equacionar? Quais as relações sistêmicas do projeto? Quais os impactos sofridos e provocados pelo projeto?

Quanto aos Recursos	Quem poderá financiar o projeto? Qual o volume de recursos demandados pelo projeto? Quando e como utilizar um software para modelar as ferramentas de pesquisa? Como alocar os recursos humanos do projeto? Como recrutar, selecionar e contratar pessoas? Qual o tipo e qual o montante do investimento necessário ao projeto? Qual a disponibilidade de recursos?
Quanto à Gestão	Quais os indicadores básicos do projeto? Quais os meios de verificação? Qual o volume de produtos a ser gerado pelo projeto? O projeto compreende quais atividades? Qual o conteúdo das atividades que compõem o projeto? Qual a ordem de realização das atividades do projeto? Qual a duração das atividades? Quanto tempo é necessário para alcançar o produto do projeto? Quais valores condicionam o projeto? Que forças políticas atuam sobre o projeto? Como elaborar um organograma para o projeto? Como criar condições para a administração dos recursos humanos? Como planejar a alocação de bens tangíveis? Como calcular os estoques do projeto? Como as informações do projeto são geradas, armazenadas e distribuídas? Qual o padrão de qualidade do projeto? Quais os dispêndios para o projeto? Como se distribuem os custos do projeto? Qual a relação Custo/Benefício? Qual o orçamento (recursos e aplicações; fontes e usos) do projeto? Como orientar o processo de tomada de decisão para prevenir riscos? Quais os riscos do projeto? Como apresentar o projeto? Como financiar o projeto?
Quanto ao Arranjo Físico	Quais são os espaços necessários à movimentação de materiais e pessoas? Quais as dimensões dos materiais, máquinas e equipamentos utilizados? O arranjo físico usará técnicas próprias ou empíricas? Haverá necessidade de desenhos, plantas, gabaritos, miniaturas ou maquetes?
Quanto à Internet	Como a disponibilidade de mecanismos de busca e apresentação de dados na Internet afetará a maneira de os usuários buscarem informações? Quais são os motivos de se buscar informações na Internet e não num canal convencional? Como os consumidores navegam na Internet? A Internet facilita a customização em massa em algumas categorias de produtos? A influência da Internet pode catalizar uma competição intensa em alguns casos? A internet facilita a segmentação dos consumidores? Até que ponto os fornecedores deveriam ser integrados verticalmente na Internet? Quais as vantagens e desvantagens de se vender diretamente aos consumidores? A Internet tem a possibilidade de criar corretores de informações? Como a Internet afetará a estrutura e o desempenho dos produtos nos mercados? Como a Internet afetará a privacidade dos consumidores e usuários? Como estabelecer regulamentos para proteger os consumidores contra fraudes?
Quanto à Resposta	O que o projeto irá gerar? Quais os benefícios do projeto? Em quanto tempo o projeto estará concluído? Qual problema o projeto pretende resolver ou equacionar? Qual o bem, serviço ou ideia, a ser gerado pelo projeto? Como será gerado o produto a que o projeto se refere? Quais forças socioeconômicas afetam e são afetadas pelo projeto? Quais os impactos sofridos e provocados pelo projeto?

Quadro 1.2: Questionamento do Projeto.

1.3 CLASSIFICAÇÃO DOS PROJETOS

Os projetos têm uma abrangência e uma finalidade tão grandes que fica difícil uma classificação dos projetos, pois se fala projeto, como se significasse um objetivo. As finalidades do projeto podem ser associadas a:

- Quanto ao Desenvolvimento Organizacional em: mudança comportamental, mudança da estrutura organizacional, avaliação da cultura organizacional.
- Quanto à Construção em: edificação de fábrica, desenvolvimento de modelo estrutural, aquisição de máquinas e equipamentos, desenvolvimento de rede de computadores.
- Quanto à Informação em: desenvolvimento de sistemas de informação, banco de dados, novos programas de computador, tecnologia da informação.
- Quanto à Comunicação em: renovação dos sistemas e dos canais de comunicação.
- Quanto à Pesquisa em: rumo do mercado, inovações em produto, desenvolvimento e criação de novo produto, desenho de marcas.
- Quanto à Reorganização em: reengenharia, arranjo físico, elaboração de cargos e funções.
- Quanto aos Equipamentos em: conservação de máquinas, limpeza e lubrificação, manutenção.
- Quanto ao Desenvolvimento Humano em: treinamento, desenvolvimento da criatividade, melhoria do nível educacional e cultural, conscientização da qualidade da pessoa.
- Quanto ao Ambiente em: preservação dos ecossistemas, desenvolvimento de filtros antipoluição, desenvolvimento de embalagem.
- Quanto à Distribuição Física em: vias alternativas de distribuição, redução dos custos de transporte, desenvolvimento modal de cargas, locação de lugares geométricos para apoio logístico.
- Quanto à Função Administrativa em: planejamento, direção, controle, organização, coordenação, delegação, análise, avaliação, estruturação.
- Quanto à Função Organizacional em: marketing, produção, vendas, materiais, armazenamento, informática, contabilidade, logística, finanças.
- Quanto à Metodologia em: processos de decisão, políticas, pesquisas de mercado, abordagens do consumidor.
- Quanto à Operacionalidade em: atualização de programas, planos, políticas, procedimentos, diretrizes, estratégias, táticas, relacionamentos.
- Quanto à Racionalidade em: combate ao desperdício, otimização de recursos, maximização do uso do tempo.

1.4 PROJETOS DE SUPORTE

A seguir, os projetos de suporte ao projeto principal:

Anteprojeto – O anteprojeto é um esboço preliminar do projeto, como o protótipo é para o produto. Deve ser simples, conciso, objetivo e de orçamento reduzido. O anteprojeto não deve ser confundido com sinopse.

Subprojeto – O subprojeto refere-se a uma parte do projeto, visto que é comum dividir um projeto em partes menores (método cartesiano), que sejam facilmente gerenciáveis.

Projeto Estruturado – O projeto estruturado permite uma abordagem disciplinada de projetos em computador; permite que a forma do problema guie a forma da solução; procura a resolução da complexidade, através da segmentação; utiliza ferramentas, especificamente, gráficas, de fácil compreensão; oferece um conjunto de estratégias; oferece critérios para avaliar a qualidade de um dado; produz sistemas fáceis de entender, confiáveis, passíveis de longa vida, facilmente desenvolvidos, eficientes e que funcionam.

Projeto de Investimento – O projeto de investimento aborda, principalmente, a seleção do ativo a ser investido, da taxa de retorno do investimento e dos riscos da inversão de recursos.

Projeto de Produto – O projeto de produto envolverá muitos fatores, dos quais destacamos: relação custo/preço/qualidade/lucro; ponto de equilíbrio; política de fabricação; política de qualidade; custeio; preço de venda; capacidade instalada; influência sobre os demais produtos; influência sobre o faturamento; embalagens (utilização, aproveitamento, descarte); variedade (leque) de produtos por linha de produção; classe do consumidor; padronização.

Projeto Físico – O projeto físico é a determinação de como o caminho de acesso aos dados requeridos devem ser implementados. Os caminhos físicos são derivados dos caminhos lógicos, que são descobertos durante a análise. O projeto físico dos arquivos, programas e métodos deve ser realizado por alguém que possua conhecimento técnico atualizado, baseado no entendimento de todos os requisitos lógicos da construção de um projeto.

Começar a especificar o projeto físico antes que o modelo lógico tenha sido construído é ser afoito, podendo resultar em um produto de baixa qualidade.

Projeto de Pesquisa – Projeto de pesquisa é uma construção lógica e racional, com base nos postulados da metodologia científica, de uma série de etapas que facilitem a construção do questionário de pesquisa.

1.5 PRAZOS DO PROJETO

Prazo é um período de tempo determinado; espaço de tempo durante o qual deve realizar-se algum evento, processo, atividade, pagamento, tarefa, alguma coisa. A ideia de prazo do projeto é fundamental, porque o investimento não é resgatado nos meses subsequentes ao desembolso, dependendo do mercado em que se vai atuar.

A primeira condição para disciplinar o trabalho é estabelecer com antecedência prazos certos para cada tarefa, através de cronogramas, mesmo que tenham de ser reformulados, posteriormente, e exigir prazos dos subordinados.

A utilização de estimativas se faz necessária, quando o projeto é sobre um problema em que nosso conhecimento é pouco preciso, devido a um embasamento de relativa qualidade. Então, que valores precisam ser estimados em um projeto?

Como exemplo, pode-se citar: orçamentos sem conhecimento do mercado de recursos; desconhecimento total dos recursos necessários em qualidade e quantidade; prazos aproximados para cada etapa do projeto; rateios não precisos dos custos fixos; riscos de desvios, devido a erros de planejamento.

Todo e qualquer projeto trabalha sua concepção e desenvolvimento com prazos considerados de valor médio, apurados no mercado a que se propõe.

Os prazos médios mais importantes são:

- Prazo médio de recebimento de duplicatas.
- Prazo médio de pagamento a fornecedores.
- Prazo médio de vendas de produtos.
- Prazo médio de compras de matérias-primas, insumos e materiais diversos.
- Prazo médio de fabricação de produtos.
- Prazo médio de atendimento da clientela.

1.6 IDEIA INICIAL

Todo e qualquer projeto é desenvolvido partindo-se de uma ideia inicial. Tanto que as ideias são consideradas soluções plausíveis para atender uma ou mais necessidades, desde que sejam confrontadas com a realidade.

Como há uma dificuldade muito grande de se encontrar produtos no mercado de congelados, que tenham qualidade a preço competitivo, surgiu a ideia de reunir recursos para a construção de uma empresa voltada a utilizar o congelamento como uma ferramenta de qualidade.

O empreendedor deverá ponderar sobre alguns fatores decisivos para o futuro de seu negócio, como: a sazonalidade, a situação econômica da sociedade, o controle governamental, a própria disponibilidade financeira, o custo do investimento e a lucratividade, por exemplo.

Eleita a ideia adequada, o futuro empreendedor/empresário deve transformar a mesma num conceito de negócio. As ideias são inúteis quando não usadas. A prova de seu valor está em sua implantação.

Para que uma ideia seja considerada é preciso analisar a posição ou cargo da pessoa que a originou, sua complexidade, a natureza do negócio e a reação de quem a ideia é submetida. A ideia empreendedora básica pode ser uma mera imitação de algo que funciona bem, em outro país ou em outro setor da economia.

A ideia tem de ter uma validade econômica. Se puder ser aplicada imediatamente na prática, deve produzir resultados positivos.

Estabelecer um compromisso com o imediato não é prático, pois nenhuma ideia é infalível e nem deve ser. A ideia sobre a qual vamos construir um empreendimento é por natureza incerta, porque a ninguém é dado o direito de prever o futuro.

Portanto, a probabilidade de sucesso existe, como a de fracasso também. Se não for nem incerta e nem arriscada, simplesmente não é uma ideia singular, tendo toda a chance de fracassar.

A seguir, são apontados os principais elementos adredes ao conceito de ideia:

Triagem da Ideia – Qualquer empresa pode atrair boas ideias ao organizar-se apropriadamente. Portanto, ela deve motivar seus funcionários a desenvolver e deixar que um comitê faça a análise e avaliação de suas propostas. O objetivo da triagem é eliminar as ideias ruins o mais rápido possível, bem como as que demandam um alto custo, sem retorno aceitável.

Geração da Ideia – A geração de ideias requer procedimentos sistemáticos que ajudam a empresa cruzar dados, para que esta combinação se transforme em informações úteis e inteligentes. As fontes onde surgem ideias de novos projetos podem vir de muitos lugares e pessoas.

Desenvolvimento da Ideia – O desenvolvimento de ideias exige estímulos do gerente do projeto à criatividade individual. É necessário despertar no indivíduo o espírito crítico e oferecer a oportunidade de descobrir e conhecer novas alternativas e novas possibilidades.

Aceitação da Ideia – Se a geração de novas ideias é essencialmente uma questão individual, a aceitação das mesmas é um processo coletivo. Por isso é que se considera a inovação um processo, onde as ideias individuais precisam ser discutidas em grupo.

Coletivização da Ideia – Após a geração de ideias é preciso todo um processo de coletivização. Tal processo é difícil, pois ameaça valores e comportamentos. Implica uma ação coordenada para harmonizar interesses, percepções e atitudes.

1.7 PROBLEMA A RESOLVER

A definição do projeto leva a definição do problema a resolver, que se constitui num passo muito difícil do projeto, porque aquele que define bem um problema, já tem metade da solução. O problema é uma questão proposta para que se lhe dê uma solução. O importante é, em primeiro lugar, individualizar, entre várias questões, o problema central a ser enfrentado.

Os problemas são gerados em todos os níveis da organização. Eles são muitos a exigir soluções, tais como: Onde localizar fábricas? Como desenvolver programas, políticas e planos? Qual o melhor canal de distribuição? Qual política de preços adotar? Qual nível de estoque manter? Como aumentar as vendas? Como enxugar custos? Qual a melhor campanha de divulgação do produto, da marca e da imagem?

A clara e precisa definição do problema representa um investimento em tempo e, às vezes, em recursos, cuja utilidade é frequentemente subestimada, com desastrosas implicações. O objetivo básico da definição do problema é obter uma ideia preliminar, geral e sistêmica da questão, da mudança, do impasse, do conflito, da desmotivação. As perguntas básicas são: Quê? Quem? Como? Quando? Quanto? Por quê? Onde?

A formulação do problema indica exatamente qual a dificuldade que se pretende resolver. Formular o problema consiste em dizer de maneira explícita, clara, compreensível e operacional qual a dificuldade com a qual nos defrontamos e que pretendemos resolver, limitando o seu campo e apresentando suas características. É importante observar que os limites do problema são fundamentais para a própria resolução do mesmo, tendo em vista que o administrador poderá estar dando respostas incongruentes ao verdadeiro tamanho do problema.

No tratamento de um problema é bom estabelecer relações entre: fatos, fenômenos, variáveis, acontecimentos e pessoas. É muito comum se associar um sistema para gerenciar a solução de um problema. Esta premissa não é totalmente falsa, pois tudo pode ser considerado como um sistema.

O Quadro, a seguir, mostra exemplos de alternativas de decisão para problemas que o projetista encontrará nas etapas de construção de um negócio.

Etapas	Problemas	Alternativas de Decisão
Instalações	Tamanho da Fábrica	Uma grande fábrica; várias fábricas menores.
	Localização	Junto aos mercados consumidores; junto aos mercados de recursos.
	Recursos	Comprar; alugar; vender.
Equipamentos	Tecnologia	De uso geral; especializada; transitória.
Produção	Produto	Fabricar; comprar.
	Controle	Grande; regular; adequado; pequeno.
	Material	Alto nível de estoque; baixo nível de estoque; estoque just-in-time; estoque de segurança.
	Qualidade	Qualidade total; padrões; qualidade assegurada.
Mão de Obra	Supervisão	Cerrada; branda; democrática.
	Treinamento	Programado; não programado; constante.
	Especialização	Alta; média; baixa.
	Horas Trabalhadas	Normais; extras; incentivadas.
Produto	Linhas de Produtos	Muitas; poucas.
	Novo Produto	Poucas alterações; muitas alterações.
	Risco Tecnológico	Processos já utilizados; processos não testados.

Quadro 1.3: Exemplos de Alternativas de Decisão.

A filosofia é a orientação que fundamenta a ação administrativa na resolução de problemas, porque ela é um modo de se posicionar diante do mundo. Ela tem por finalidade estabelecer uma forma de compreensão e transmissão da realidade comum. Por isso, os agrupamentos humanos sobrevivem se tiverem alguma orientação filosófica.

A filosofia tem a utilidade de orientar e explicar os atos e fatos do cotidiano da organização.

1.8 VIABILIDADE DO PROJETO

Levar uma ideia para o papel, desenvolver e depois implementar a mesma é um caminho difícil e cheio de pedras. A maioria dos seres humanos desiste no meio do caminho e outros logo no início. Para se construir um projeto é preciso ter garra. E, se você trabalha sozinho, muita força de vontade será necessária para enfrentar as dificuldades que serão enormes, em função da ambição do projeto.

Assim, é importante fazer um estudo preliminar, a fim de:

- Identificar o escopo do projeto, os problemas a serem resolvidos e os objetivos principais.
- Identificar um número possível de hipóteses de soluções que possam satisfazer as necessidades do usuário.
- Mostrar as vantagens e desvantagens do novo produto, desenvolvendo um plano de realização do projeto com estimativas dos recursos necessários.
- Obter o parecer do consumidor e/ou usuário.

Um estudo de viabilidade do projeto simula o que acontecerá no futuro a partir de diversos cenários alternativos. Uma das partes mais importantes do estudo é a justificativa econômica do projeto, bem como uma análise de mercado. Esta análise deve levar em consideração uma multiplicidade de fatores que no seu somatório possa, efetivamente, conduzir o projeto o mais próximo da realidade.

Vários são os fatores que inviabilizarão um projeto, tais como: escassez de ideias relevantes; mercados fragmentados; restrições societais e governamentais; aumento do custo de desenvolvimento; escassez de crédito; ciclos de vida dos produtos cada vez menores.

Conhecidos os objetivos, o âmbito de atuação e definido o grupo que viabilizará o projeto, passa-se a estudar os seguintes aspectos do projeto:

- Razões que motivaram o projeto.
- Comportamento dos participantes do projeto.
- Recursos disponíveis versus recursos necessários, para a consecução do projeto.
- Análises da conjuntura do país, da sociedade e do ambiente em que será construído o projeto.
- Possibilidades de mudanças, em função de limitações e restrições de toda a sorte.
- Estabelecimento de um cronograma detalhado do projeto.
- Possibilidade de avaliação dos resultados, por meios simples e de fácil entendimento, apresentados no laboratório e no campo.
- Importância estratégica para os idealizadores do projeto.

1.9 APRESENTAÇÃO DO PROJETO

A apresentação do projeto é o ato de alguém, ou uma organização, mostrar o porquê e para que o projeto foi idealizado e desenvolvido, sempre ressaltando seus benefícios. Quando do desenvolvimento de um projeto deve-se elaborar um documento no qual são abordados, através de itens ou parágrafos, aquilo que se considera importante como informações iniciais para a consecução do projeto.

É preciso influenciar, motivar e obter o resultado desejado pelo que apresenta, mas também é vital ser um bom ouvinte. É comum tomar em consideração as seguintes premissas de apresentação do projeto:

- A apresentação precisa ser curta, mas dizer muito, devendo ser atraente para o público-alvo.
- Faça uma apresentação em que haja a participação dos interessados.
- Não exagere na tecnologia visual, pois os participantes acabarão se concentrando naquilo que é projetado, tirando o foco daquilo que quer apresentar.
- Não empregue palavras difíceis que normalmente você não usaria, porque as pessoas não o ouvirão mais.
- A apresentação do projeto deve ser consolidada por uma documentação pertinente e relevante.

1.10 PARTICIPAÇÃO NO PROJETO

A participação no projeto é baseada no consenso das pessoas e no seu envolvimento no processo de decisão. Ela trata das expectativas pessoais por meio de conquistas negociadas. Neste contexto, a estrutura organizacional considera os polos de liderança, as responsabilidades compartilhadas, as noções de conjunto e de diferença, bem como o processo integrativo para o alcance dos objetivos estabelecidos.

A administração participativa leva em consideração as bases da organização, ouvindo, estudando, negociando e aproveitando iniciativas, inovações e ideias. No modelo participativo, predominam a liderança, a disciplina e a autonomia.

Os principais participantes de um projeto são:

Idealizadores: Os idealizadores são as pessoas de onde se originou a ideia inicial.

Colaboradores: Colaboradores são pessoas (grupo, equipe, time) por quem o projeto será construído. São pessoas que usam ferramentas que dão suporte ao projeto, mas sua diferença para o consumidor é que o colaborador interage com o projetista, dando palpites sobre mudanças e inovações.

Também é ponto pacífico que o colaborador, por viver diariamente a sua área de trabalho, conhece profundamente os processos desenvolvidos, a periodicidade de execução das tarefas, os meandros de suas rotinas e as necessidades de informação para gerir as atividades, o que o identifica como o perfeito aliado para juntar esforços no desenvolvimento do projeto.

É importante que o colaborador não esteja simplesmente envolvido nos trabalhos, mas sim comprometido e interessado no desenvolvimento e atendimento das reais necessidades do mesmo. Todas as declarações dos colaboradores são, evidentemente, da maior importância, porém não constituem a única orientação que o projetista deve utilizar para determinar a demanda real a ser atendida.

Patrocinadores: Os possíveis financiadores e/ou patrocinadores do projeto estarão interessados em saber: a consistência das propostas; as necessidades de negociação; o nível de risco; a viabilidade do projeto; a confiabilidade dos dados; as informações relevantes; os recursos financeiros; os recursos materiais; os recursos físicos; os recursos humanos; os recursos administrativos; os recursos mercadológicos; os recursos de informação; os recursos de comunicação; o cronograma de execução; as autorizações; os contratos; os orçamentos; os custos; os concorrentes; a regulamentação governamental; a documentação; os gráficos e muitos outros aspectos, em função do próprio projeto.

As principais exigências de participação no projeto são:

Colaboração – A colaboração, que se dá quando consideramos o companheiro como nosso semelhante, resulta de uma combinação harmoniosa das atitudes opostas ao domínio e a submissão. Ao considerar o nosso colega de trabalho como igual, sabemos reconhecer a sua habilidade e aceitamos a sua autoridade naquilo em que é realmente capaz. Ele, por sua vez, aceita a nossa autoridade naquilo em que lhe somos superiores.

Uma combinação, assim, alternada e harmoniosa, permite um equilíbrio que facilita o entrosamento. Com a colaboração se obtém uma fusão de pontos de vista, que permite maior e melhor entendimento e comunicação entre os componentes de um grupo de trabalho.

Experiência – Um dos instrumentos mais importantes disponíveis para projetistas é o aprendizado por imitação e a identificação com modelos existentes no mercado. Há uma ideia generalizada de que a solução de problemas gira em torno de "ensaio e erro". Conhecer modelos existentes e testados por outros é fundamental para desenvolver um projeto.

Aproveitar as experiências do passado, tanto os erros quanto os acertos, para viver o presente e planejar o futuro constitui os ingredientes básicos de uma vida de plenitude, crescimento pessoal e profissional e de autorrealização.

Comprometimento – A empresa precisa se comprometer com os interesses, satisfações e participações do consumidor no processo de compra e venda para que tenha sucesso. Também é importante ressaltar que o compromisso precisa ser congruente com os interesses da empresa e os do atendente. Caso contrário, não haverá comprometimento ou este será falso.

Conhecimento – Conhecimento é o ato, ou processo, pelo qual o sujeito se coloca no mundo e, com ele, estabelece uma relação. Como entendimento do mundo, não é, pois, um enfeite ou uma ilustração da mente e da memória, mas um mecanismo fundamental para tornar a vida mais desejável e mais plenamente realizada. Só tem seu sentido pleno quando há um relacionamento com a realidade. Entender e fazer são duas faces do mesmo ato de conhecer.

Sem o conhecimento de métodos, de técnicas de racionalização e de otimização de recursos você será pego no contrapé. O conhecimento capacita o indivíduo a ter novas ideias, criar leis, princípios, teorias e abstrações. Só quem possui conhecimento tem o poder da análise, maior ferramenta na solução de problemas.

Especialização – O homem, dentro de suas limitações, decorrentes da incapacidade de equacionar os problemas complexos, precisa isolar os elementos componentes para melhor entendê-los, analisando sua estrutura e conhecendo suas características, isto é, tornando-se um especialista. Mas a especialização absorve a inteligência e a capacidade das pessoas, levando-as a graves distorções pela impossibilidade de perceber os efeitos colaterais de uma ação.

Embora o projetista seja um especialista em algum conhecimento, ele não deve esquecer de ter uma visão generalista para resolver problemas, tomar decisões e fazer análises. A especialização refere-se ao maior conhecimento dos diversos e diferentes aspectos que determinado trabalho exige para ser executado.

1.11 METODOLOGIA DO PROJETO

A metodologia é o arranjo de etapas (passos) de ação, por meio de uma organização lógica de procedimentos, visando atingir um determinado objetivo, que pode ser a solução de um problema. Se tal objetivo não for alcançado, é provável, que as etapas não foram seguidas ou as mesmas estão equivocadas. Também pode ser considerada como uma coleção de métodos, técnicas, procedimentos e ferramentas para otimizar um determinado processo, levando o indivíduo a: conhecer, agir e fazer um determinado estudo.

A contribuição da metodologia é a de organizar as atividades, tornando mais provável que os problemas sejam atacados no momento apropriado. Toda metodologia deve possuir uma filosofia própria, isto é, um conjunto de ideias iniciais que constitui a sua fundamentação conceitual e que serve de embasamento para as demais regras de sua construção.

Para que a metodologia do projeto possa oferecer os resultados esperados é necessário considerar:

Premissas da Metodologia – A seguir, são colocadas as premissas da metodologia:

- Não existe uma metodologia universal.
- A metodologia deve buscar como objetivo a qualidade, a racionalidade, a produtividade, o menor custo e os níveis mais elevados de padronização.
- O compromisso da metodologia deve ser com a resolução do problema.
- Uma metodologia é constituída, basicamente, de ações para responder a um determinado questionamento.

- Toda e qualquer metodologia deve ser de fácil utilização.
- O processo de modelagem da metodologia deve auxiliar o grupo responsável pela análise do problema.
- A metodologia deve ser resultante, preferencialmente, de um processo coletivo de criação.

Objetivo da Metodologia – O principal objetivo de uma metodologia é dar suporte ao trabalho a ser desenvolvido, quer seja na solução de um problema, na tomada de decisão, na construção de um plano, na elaboração de estratégias, na implementação de um programa, na análise de risco, no gerenciamento dos recursos, na condução de um projeto e muitas outras atividades.

Ferramentas da Metodologia – Ferramentas são instrumentos de uma arte ou ofício, que tornam mais econômica, rápida e confiável a execução de uma atividade, operação, processo, solução ou decisão. São exemplos de ferramentas administrativas: os programas de computador, os sistemas de informação, os sistemas de gerenciamento, os sistemas de suporte à decisão.

Características da Metodologia – Uma metodologia se caracteriza por diversos fatores, tais como: racionalidade, congruência, realidade, transcendência, clareza, comunicabilidade, verificação, dependência, sistematização, acumulação, falibilidade, generalização, explicação, demonstração, previsão, abertura e utilidade.

Construção da Metodologia – Os principais enfoques de construção de uma metodologia podem ser:

Enfoque Convencional – É baseado no estudo linear do ciclo de vida da própria metodologia e seu poder de resistência às mudanças tecnológicas, ambientais e comportamentais.

Enfoque Incremental – Representa uma variação do modelo linear, onde a partir da fase de especificação funcional são feitos incrementos sucessivos. Geralmente é utilizado como estratégia para minimizar riscos de projetos muito grandes.

Enfoque de Prototipação – Esta abordagem é baseada na teoria do aprendizado, útil para organizações que experimentam um ambiente muito dinâmico, onde os participantes têm pouca cultura. Protótipos são produtos de experimentação rápida, onde uma versão simplificada é projetada, desenvolvida, testada e operacionalizada.

Com base na experiência adquirida com a primeira versão, estabelecem-se novos requisitos de construção e uma nova versão é concebida e implementada.

A seguir, estão sendo apresentadas as fases da metodologia do projeto:

- Apresente a ideia inicial e reconheça as necessidades do projeto.
- Identifique o problema a resolver.
- Estude a viabilidade do projeto e mostre a sua finalidade.
- Dimensione os recursos necessários.
- Faça uma pesquisa de mercado e uma análise da situação.
- Estruture o projeto e redija um plano.
- Conheça a expectativa da direção da empresa.
- Conheça o produto a ser desenvolvido e seu ambiente.
- Defina a provável equipe.
- Conheça as vantagens, importâncias e benefícios.
- Faça considerações iniciais sobre as melhores estratégias.
- Defina o escopo do projeto, a data de início e de término.
- Defina as metas e estabeleça critérios de aceitação.
- Monte a estratégia de execução, estabelecendo as fases do cronograma.
- Defina responsabilidades de execução e elabore a lista de atividades, suas durações e precedências.
- Levante as necessidades de cada atividade e seus custos.
- Identifique os riscos (baixo, médio ou alto), estabelecendo contramedidas.
- Defina as normas de acompanhamento da execução do projeto.
- Defina as normas de controle de modificações.
- Faça o plano de treinamento com inclusão de datas.
- Analise e escolha as ferramentas gerenciais sugeridas.
- Determine os fatores críticos de sucesso.
- Anote sugestões e críticas, revisando o plano do projeto.
- Consolide os planos num documento único.
- Consiga aprovação e comprometimento, implante o projeto.
- Faça divulgação e testes, avaliando resultados.

1.12 CICLO DE VIDA DO PROJETO

Quando se conceituou projeto, foi dito que ele é temporário, derivando daí a ideia de ciclo de vida. Assim, como os seres humanos, os produtos e as organizações possuem um ciclo de vida, pois não são eternos. Também um projeto terá seu ciclo de vida, que será maior ou menor, em função da sua complexidade.

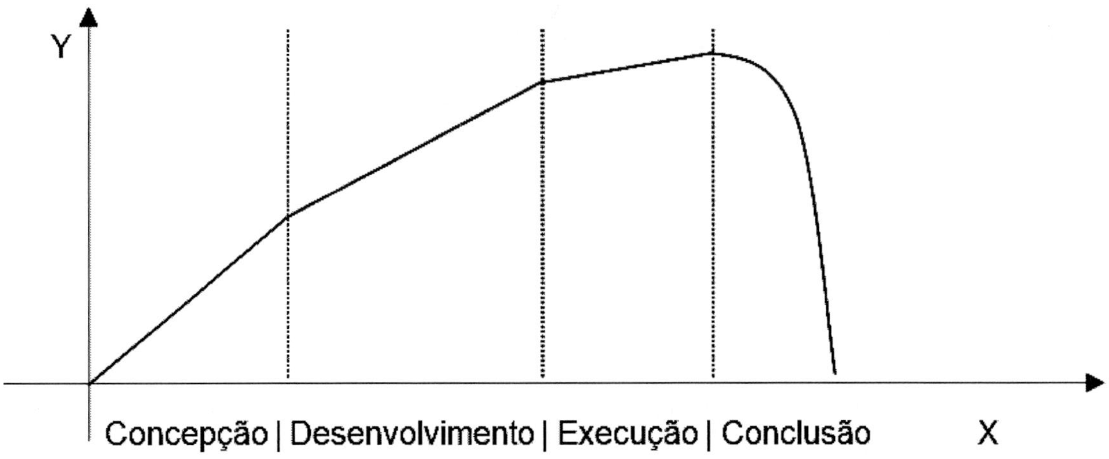

Figura 1.1: Ciclo de Vida do Projeto.

Onde:
O eixo Y pode representar: custo, número de pessoas envolvidas, nível de tecnologia, por exemplo.
O eixo X representará o período de tempo das fases do projeto.

O ciclo de vida do projeto é constituído de diversas etapas que vão da concepção até a finalização. Ao final de cada etapa é gerado um conhecimento que permite, ou não, que o projeto seja continuado. Quanto mais avançamos no projeto mais entendemos o produto que está sendo construído.

O que caracteriza o ciclo de vida de um projeto? A dificuldade de implementação e/ou implantação e a progressão linear e sequencial entre uma fase e a subsequente. O número de fases, seus nomes, suas interfaces, suas durações variam de projeto para projeto.

A seguir, as fases de um projeto:

Fase de Concepção: ideia inicial, conceituação, definições, finalidade, necessidades do usuário, levantamento de dados, estudo de viabilidade, orçamento provisório, cronograma inicial, proposta inicial, formação da equipe, projeto preliminar (sinopse, anteprojeto) e declaração de viabilidade.

Fase de Desenvolvimento: início da configuração, análise e re-estudo da fase anterior, especificações, aprimoramento da documentação existente, designação de atividades e tarefas, estrutura organizacional da equipe, exigências de desempenho, especificações funcional e qualitativa, apropriação tecnológica, terminologia, diagrama do fluxo de dados, especificações dos processos, nomenclatura, reconfiguração, desenhos, protótipos, programa e plano.

Fase de Execução: análise de risco, aceitação pela equipe e pelo usuário/proprietário/consumidor, interação equipe-usuário, conclusão da documentação, implementação, instalação ou conversão do sistema antigo por um novo, teste de aceitação, monitoramento, treinamento do usuário, inserção do produto no mercado, implantação e revisão.

Fase de Conclusão: manual de procedimentos, entrega do produto final, relatório dos testes, manual de manutenção e conservação, entrega dos arquivos e documentos básicos, acompanhamento e desmonte da equipe.

Capítulo 2

GERENCIAMENTO

"Frequentemente, enfrentamos uma série de grandes oportunidades habilmente disfarçadas em problemas insolúveis".
John W. Gardner

OBJETIVOS DO CAPÍTULO

- Mostrar o significado da gerência para um projeto.
- Mostrar os elementos básicos do projeto.
- Mostrar as causas de sucesso e de fracasso de um projeto.

2.1 GERÊNCIA

A palavra gerência (management) tem sido usada como sinônimo de administração, mas, na verdade, apesar de muitas pesquisas, este termo ainda continua um tanto ambíguo. Cabe à função gerência a arte de pensar, decidir, agir, fazer acontecer, prover recursos, atingir objetivos estabelecidos e obter resultados positivos. Resultados que podem ser projetados, previstos, analisados e avaliados, mas que têm de ser alcançados por pessoas dentro de uma interação constante.

A arte de pensar e julgar que caracteriza os gerentes exige maior conhecimento. Hoje, a aquisição de conhecimento é altamente facilitada, em função do desenvolvimento da tecnologia digital da informação. No nível gerencial, há a necessidade de que os recursos demandados sejam atendidos, obedecendo a padrões esperados de produtividade.

A gerência precisa alocar recursos no tempo e espaço adequados, ou seja, é o exercício de uma atividade que exige mais de uma pessoa para exercê-la. Precisa ter um objetivo comum e uma ação calculada, necessita de cooperação e coordenação entre pessoas.

Assim, reconhecer as diferenças entre o produto e o processo pelo qual o produto está sendo criado é muito importante.

O gerente do projeto é alguém que compreende e domina as dimensões do seu trabalho, devido às seguintes questões:

- Por quê? A finalidade e os objetivos do trabalho.
- O quê? As funções e atividades do trabalho.
- Como? Os comportamentos necessários para se conseguir a execução do plano de trabalho.
- Quanto? Os recursos que serão empregados nos seus orçamentos.
- Quando? O domínio dos prazos estabelecidos nos cronogramas de execução.
- Quem? A pessoa que fará o trabalho.
- Onde? Lugar onde acontecerá o trabalho.

Assim como uma empresa necessita de uma única pessoa para ser a sua autoridade máxima, um projeto precisa de uma pessoa para ser o responsável pelo cumprimento de seus objetivos e metas. A esta pessoa dá-se o título de Gerente do Projeto, sendo outros títulos também comuns, tais como: coordenador, supervisor e líder.

O gerente de projeto deve ter os papéis: integrador, empreendedor e líder. Seu trabalho difere dos gerentes funcionais, porque está preocupado em conduzir, adequadamente, seu projeto e não em gastar esforços, tentando resolver, ou redimensionar, problemas dentro das áreas funcionais com as quais interage.

A função do gerente de projeto é bastante controvertida, pois deve atuar junto aos investidores, falando de orçamentos, resultados, prazos e estratégias, e, junto à equipe do projeto, de tecnologia, desenvolvimento, métodos, processos, desempenho, objetivos e metas. As características do gerente são:

- Possuir ampla influência sobre todos os participantes do projeto.
- Obter o respeito e exercer autoridade sobre os membros do projeto, que não são seus subordinados.
- Selecionar seu pessoal, atentando para a competência de cada um e sua capacidade de trabalhar em equipe.
- Despender um considerável esforço para aprender como se comunicar, adequadamente, com os membros de sua equipe.
- Estar disposto a atacar problemas de qualquer nível, embora deva selecionar o que é de sua competência resolver.
- Ser capaz de detectar problemas que escapam aos demais, pois é um elemento do projeto que deve ter uma visão do conjunto dos aspectos técnicos e administrativos.
- Ter participação no estabelecimento das prioridades, para a alocação de recursos, que possam melhorar ou prejudicar o andamento do projeto.

- Ter o direito de controlar a alocação e os gastos.
- Participar no orçamento e na elaboração do plano do projeto.
- Ter o principal papel na tomada de decisão.
- Concentrar os esforços nos resultados esperados.
- Ser flexível, dentro de uma medida razoável.
- Envolver e cativar investidores em potencial, com o objetivo de conseguir o apoio necessário à elaboração do projeto.
- Ter adequado e relevante sistema de informação.
- Manter contatos diretos com as pessoas envolvidas no projeto.
- Fazer adequada distribuição de tarefas entre seus subordinados.
- Manter racionalidade nos dispêndios inerentes ao projeto, gastando o que for necessário.
- Ser realista, não pendendo para o otimismo ou pessimismo.
- Incentivar críticas e debates, quanto ao desenvolvimento do projeto.
- Fazer projetos viáveis em conteúdo, recursos e tamanho para a situação considerada.
- Manter coerência em suas atitudes e decisões.
- Lembrar que o projeto é um sistema que envolve muitos aspectos.
- Lembrar que o projeto, no seu desenvolvimento, trará outros problemas.
- Manter adequado sistema de controle, avaliação e feedback.

Devido ao alto grau de dependência da organização quanto ao sucesso, o gerente de projeto recebe considerável visibilidade e, por esse mesmo motivo, fica muito exposto. Ele precisa estar capacitado para enfrentar a ambiguidade de lidar com os participantes do projeto.

Quanto menor o grau de autoridade formal, maior a sua necessidade de criar uma base de influência no ambiente do projeto. O gerente do projeto terá de produzir várias estimativas de valor para: recursos, prazos, estruturas, orçamentos, resultados, preços, consumidores e usuários.

Algumas considerações devem ser levadas em conta, tais como: a diferença entre estimar e negociar; a grande variação das habilidades técnicas; o perigo de estimar seu próprio trabalho; a falta de um banco de dados de estimativas.

A seguir, premissas do gerente de projeto e seu grupo de trabalho, a fim de minimizar os problemas:

- Faça as unidades de estimativas tão pequenas quanto possíveis.
- Faça as unidades de trabalho tão independentes quanto possíveis.
- Leve em consideração o fator comunicação.
- Faça a distinção entre serviço novo e serviço aproveitado.

2.2 MODELAGEM DO PROJETO

Modelagem ou configuração é a ordenação lógica do projeto. O que distingue a modelagem de projeto de outras modalidades de criação é seu caráter, eminentemente, técnico. O termo modelagem é uma tradução da expressão "project design" e foi adotado pela primeira vez em um texto sobre modelagem organizacional. Um projeto estará bem modelado, se e quando for administrável e passível de avaliação.

A modelagem do projeto é, em geral, uma atividade recorrente, com idas e vindas de retrabalho, porque quando elaboramos o projeto vemos que alguns dos fatores que idealizamos são irrealizáveis ou podem ser feitos de outra maneira, ainda, existem restrições legais ao que pretendíamos realizar.

O modelo é qualquer representação simplificada de um processo e/ou uma realidade em seu todo ou partes. Pelo modelo verifica-se a interligação entre informação, processo e decisão. O desenvolvimento de um modelo é fundamental, porque ele é um pré-requisito para a análise de valor da informação e porque é a chave para se compreender que partes do processo podem ser apoiadas por sistemas automatizados.

Munidas de modelos, as pessoas correm menos riscos, tendo em vista que a construção dos mesmos se aplica, principalmente, na tomada de decisão, resolução de problemas e avaliação de desempenho. A utilização de modelos permite ao ser humano errar menos, eliminar testes de campo, testar simulações.

Modelos ajudam a economizar tempo, esforço e dinheiro, bem como minimizar risco. Sem modelos é como começar do zero. Apesar das limitações que os modelos apresentam na caracterização de qualquer sistema, a grande vantagem de seu uso reside no fato de que eles propiciam um quadro de referências, a partir do qual se pode desenvolver uma análise e se ter uma visão abrangente do objeto de estudo.

Quem constrói o modelo sofre a tentação de atopetar o mesmo com muitos dados, desenvolvendo um modelo eclético. Só que isso, além de ser perda de tempo, é, praticamente, impossível que venha servir para alguma coisa.

2.3 ELEMENTOS BÁSICOS DO MODELO

A seguir, os elementos do modelo:

Premissas do Modelo – As mais importantes são:

- O modelo só é realmente útil quando pensamos através dele.
- A forma de um modelo dependerá do seu propósito.
- Quanto mais apurado é o modelo mais forte é a ligação entre os recursos de construção.

- Sem modelos a empresa terá de começar do zero.
- Os modelos são facilmente elaborados em computadores, dispensando especialistas.
- A polivalência do modelo, em geral, compromete a clareza e, portanto, deve ser evitada.
- Um modelo é bom quando cumpre bem sua função específica, na medida em que responde às necessidades do usuário.
- Um modelo deve ser simplificado, tendo em vista que a realidade é muito complexa e difícil de ser retratada.
- A representação de um sistema através de modelos pode ter vários graus de abstração.

Forma do Modelo – Um modelo poderá assumir diversas formas, tais como: uma descrição, um desenho, um referencial cartesiano, um relatório, um escrito, um formulário, uma tabela, um quadro, uma fórmula, um sistema, um projeto, um plano, um programa, uma sinopse, um estatuto, um contrato, uma curva, um cronograma, um fluxograma, um diagrama, uma tabela, uma matriz, uma pessoa.

Características do Modelo – Algumas características precisam ser levadas em consideração:

- O modelo deve poder ser ampliado.
- O modelo deve apresentar uma lógica de construção.
- Em todo e qualquer modelo as saídas são sempre conhecidas.
- Um modelo em que não são conhecidas as entradas é denominado de "caixa preta".
- É de extrema importância a fidedignidade dos dados trabalhados em um modelo.
- Muitas vezes, vale a pena considerar um modelo, não do ponto de vista da certeza, mas da probabilidade.
- Quanto maior o modelo a ser trabalhado, mais partes se interagem e mais complexo ele se torna.
- Existe dificuldade em dimensionar os limites, as restrições e os recursos de um modelo.

Objetivo do Modelo – O objetivo de um modelo é definir ou descrever alguma coisa; assistir uma análise; especificar relações e processos; representar uma situação em termos de símbolos; ajudar no processo de tomada de decisão; minimizar custo e tempo; permitir uma melhor visualização das alternativas; aumentar e reforçar o conhecimento. Há muito tempo utilizam-se modelos em diversas ciências, mas sua aplicação aos problemas de gestão de empresas é bem mais recente.

Construção do Modelo – A construção de modelos só será precisa quando reconhecermos o problema e tivermos ao nosso alcance técnico de como resolvê-lo. O perigo é que o analista pode dar um enfoque ao problema que lhe seja conveniente, para poder mais tarde usar as ferramentas que lhes são familiares.

2.4 TEMPOS DO PROJETO

O conceito de tempo está ligado à noção de espaço, porque o tempo precisa de um espaço (dimensão) para ser medido. Os físicos dizem que devemos nos referir ao tempo como espaço-tempo. Não existe tempo absoluto. O efeito que seu uso provoca em nós também é fundamental. Pressa, ansiedade e frustração provocam má qualidade de produtos, relações e resultados.

De todos os recursos ao alcance de um indivíduo, o tempo é o mais pessoal e o mais comumente desperdiçado. Aquele que se propõe a usá-lo de forma efetiva e inteligente terá de conhecer profundamente as funções administrativas. Assim, podemos considerar que tempo é recurso, cujo significado é intrínseco a cada indivíduo.

Os princípios da administração do tempo são:

- Reservar algum tempo para planejar adiantadamente o seu dia.
- Delegar o trabalho que pode ser feito por outra pessoa qualificada.
- Dar aos subordinados uma hora fixa para encontros.
- Levar, em viagens, material para leitura.
- Evitar tempos de espera sempre que possível.
- Fazer reuniões somente quando necessárias e com as pessoas certas.
- Usar efetivamente o tempo também para pensar.

As premissas do administrador do tempo mais importantes são:

- Não se esqueça do futuro e quais são as tarefas prioritárias.
- Não se valha da memória, ponha as atividades a realizar no papel.
- Prepare-se para enfrentar surpresas desagradáveis.
- Utilize a agenda com racionalidade, definindo espaços de tempos com o assunto a ser trabalhado.
- Preveja folgas para interrupções.
- Não congestione a sua agenda de trabalho.
- Faça um estudo para saber aquilo que deu errado.
- Crie procedimentos, políticas e modelos para agir em casos semelhantes.
- Evite acúmulo de trabalho, delegue.
- Dê crédito ao planejamento, porque, sem ele, você ficará perdido.
- Conheça as funções administrativas.
- Evite se envolver com o desnecessário.

Como existem muitos tipos de tempo, apenas faremos alusão aos tempos que interessam ao projeto:

Tempo de Mercado – Período que uma empresa leva para ir da concepção do produto até a sua entrega ao consumidor final. Porém, alguns autores consideram-no como aquele que vai do lançamento do produto no mercado até a adoção pelos consumidores.

Tempo de Projeto – Tempo de análise do sequenciamento das várias etapas de um determinado projeto, onde são observados o caminho crítico (tempo mais curto de execução), a determinação do custo, as datas dos eventos e as janelas de oportunidades.

Tempo Produtivo – O fato de homens e máquinas serem utilizados plena ou parcialmente fará uma grande diferença em sua produtividade.

Tempo Padrão – É o tempo necessário para ser executada uma operação de acordo com um método estabelecido, em condições determinadas, por um operador apto e treinado, possuindo habilidade média, trabalhando com esforço médio, durante as horas de serviço. Pode ser calculado da seguinte forma: Da série de tempos levantados, excluem-se as distorções. Se a série for: 8, 10, 10, 9, 14, 10, 8, 20, 11 e 12, por exemplo, os elementos 14 e 20 devem ser excluídos; calcula-se o tempo médio; repete-se a operação, várias vezes, anotando os resultados dos tempos médios. Durante a execução do trabalho deve-se levar em consideração: ritmo, demora, fadiga e tolerância. O tempo padrão pode ser maior ou menor do que o tempo aferido no campo.

Tempo de Resposta – O intervalo necessário, para se obter resultados de um investimento, é denominado tempo de resposta. Este tempo permite o conhecimento da antecipação com que é preciso efetuar um investimento, com relação ao momento em que se deseja obter os resultados. Em alguns casos, é necessário aguardar anos para melhorar o nível de treinamento do pessoal e introduzir aumentos substanciais no volume de produção ou, enfim, obter resultados concretos por meio de uma campanha de promoção.

Tempo Consumido – Tempo gasto num determinado trabalho (aquisição, distribuição, planejamento, produção, atendimento, administração).

Tempo de Execução – Tempo necessário para a alocação de recursos e espaços necessários e adequados para que uma atividade possa ter continuidade (início e fim), com segurança.

Tempo Médio – Média aritmética das medições do tempo de um processo ou um evento.

2.5 FRACASSO DO PROJETO

Por que o projeto falha? Esta é uma pergunta que persegue todo gerente de projeto que atua na área há muito tempo. Certamente cada um já sentiu o gosto amargo de algum tipo de fracasso. Pesquisas têm comprovado que a ocorrência de fracassos é muito comum e em algumas áreas de negócios os números chegam a assustar. Dentre as principais causas de fracasso do projeto são:

- Um concorrente se antecipa a ideia e sai na frente.
- Uma lei torna o projeto obsoleto ou inviável.
- As metas do projeto não foram claras.
- Houve falta de habilidade gerencial e de conhecimento dos membros do grupo.
- Não houve apoio e comprometimento da alta administração.
- Projeto inadequado ao mercado, pois a contribuição em termos de venda é muito pequena.
- O aumento nos custos fixos foi maior que o previsto.
- O produto não foi bem projetado.
- O preço de venda ficou acima do preço de mercado.
- A necessidade de um aumento considerável do capital de giro.
- A rentabilidade é baixa em relação ao capital investido.
- O período de reembolso e o retorno do investimento são muito longos.
- Custos de desenvolvimento e despesas de lançamento estouraram o orçamento.
- O mercado foi superestimado.
- A comunicação do produto foi deficiente.
- A reação da concorrência foi maior que a esperada.
- A ideia é boa, mas o mercado é superestimado.
- O produto não é bem desenhado.
- O novo produto foi posicionado incorretamente no mercado.
- Não foi divulgado eficazmente.
- O preço é muito caro.
- O público-alvo foi mal determinado.

Geralmente, o fracasso é resultado não de más ideias, mas de execuções ruins. Assim, é preciso uma equipe (força-tarefa) para levar adiante a integração. Mas, é preciso ter cuidado para não concentrar poder em uma única pessoa. A autoridade centralizada é uma faca de dois gumes, pois pode atuar com rapidez e ousadia, mas pode estar no caminho errado.

Uma organização não deve pensar que, com um bom projeto no papel e um orçamento enxuto, conseguirá o sucesso pretendido. Há necessidades imprevistas, insumos inesperados, conflitos de toda ordem e uma atitude de desconsideração para como a coerência.

2.6 SUCESSO DO PROJETO

A probabilidade de sucesso do projeto está associada ao nível de envolvimento dos participantes, ou seja, quanto maior seu envolvimento, maior a probabilidade de sucesso. Com muita frequência temos ouvido reclamações por parte de gerentes de projetos, em virtude da inexistência de uma estrutura de coordenação de projetos. A estrutura de coordenação de um projeto é o meio principal pelo qual criamos visibilidade para o projeto, identificamos responsabilidades e dirimimos dúvidas.

Por que os projetos são bem-sucedidos? A maioria dos autores aponta para:

- O projeto foi concebido, desenvolvido, realizado e concluído no prazo e no orçamento previstos.
- O projeto teve sempre seus objetivos e metas, claramente, definidos.
- O projeto atendeu as especificações técnicas e qualidades previstas.
- O consumidor (usuário) ficou satisfeito com o produto resultante.
- O produto obtido é usado em sua totalidade.
- A equipe trabalhou com um alto grau de sinergia e contentamento.
- O produto gerado pelo projeto aumentou ou manteve a rentabilidade da empresa.
- O projeto captou mais oportunidades de negócios.
- O produto é distribuído em mercados de alta tecnologia, com boas estruturas.
- O produto surgiu para preencher um nicho de mercado.
- O consumidor participou do projeto e da sua divulgação.
- O projeto teve um efetivo sistema de comunicação.
- O projeto envolveu a alta administração, que trabalhou na sua realização.
- O projeto apresentou clareza em seus objetivos e metas.
- O projeto foi conduzido por um gerente competente.
- O projeto teve uma equipe empenhada e comprometida com o sucesso.
- As funções administrativas foram utilizadas com eficiência, eficácia e efetividade.

As premissas servem de base para mostrar coisas evidentes, difíceis de serem contrariadas. São como conclusões lógicas e antecipadas, frutos de estudos e experiências anteriores. O conhecimento de premissas é de extrema valia para a consecução do projeto. A seguir, algumas premissas que ajudarão o gerente do projeto a não fracassar em seus objetivos:

- Não espere ajuda de "amigos". O retorno, às vezes, nem chega a 2%.
- Não embarque na primeira ideia dada por alguém que você estima pela sua inteligência. Afinal é a sabedoria que conta.
- Pesquise muito para não fracassar logo adiante.
- Não tome decisões intempestivas.
- Só se aventure num projeto sobre o qual tenha conhecimento e recursos para sua implementação.
- Procure ouvir diversas pessoas sobre o tema do projeto.
- Se possível, faça experiências preliminares, aplique questionários curtos.
- Utilize modelos já existentes no mercado. A partir destes, aperfeiçoe o seu.
- Procure trazer para o mercado algo inédito ou, pelo menos, diferente em todos os sentidos.
- Colete informações, anote todas, faça relatórios, cruze informações, utilize racionalidade e in-

tuição.

- Mantenha os pés no chão o tempo todo.
- Faça um plano de curso, cronograma ou programa para controlar e avaliar resultados.
- Desde o primeiro dia, abra um controle de despesas para saber quanto vai gastar (investir). Este controle de caixa deve continuar enquanto você for gerente do projeto.
- Crie diversos arquivos em computador e papel. Grave em discos por segurança.
- Dentro do possível, utilize a melhor tecnologia disponível no mercado.
- Não esqueça de apresentar o projeto com o melhor visual que você possa comprar, porque as pessoas se impressionam com o visual
- Não esqueça de registrar o projeto (obra, trabalho) na instituição de direito.

Capítulo 3

FUNDAMENTAÇÃO e OBJETIVO

"A razão nos dá a consciência do risco e da incerteza. A intuição nos dá o impulso e a energia necessários à ação".
Roy Rowan

OBJETIVOS DO CAPÍTULO

- Mostrar a fundamentação e a missão do projeto.
- Mostrar a oportunidade, limitação e risco do projeto.
- Mostrar os objetivos do projeto e como são estabelecidos.

3.1 FUNDAMENTAÇÃO

A fundamentação traz as "bases" que sustentam um projeto, porque apontam o momento, o lugar e os recursos para a construção do mesmo, cujo foco está voltado para o desenvolvimento de uma pequena indústria de alimentos. O projeto terá uma fundamentação embasada em: bibliografias; experiências; demonstrações; processos; relatórios; análises; conhecimentos; tecnologias. Acontece que os elementos que fundamentam o projeto só poderão existir se houver:

Interesse: O interesse no projeto é mostrado pelos participantes, por se tratar de algo vantajoso, para o mercado gastronômico, principalmente, porque uma cozinha, se for bem gerida na sua logística, pode atingir diversos distribuidores de alimentos semipreparados, como: restaurantes; padarias; bares; quiosques; mercadinhos e assemelhados.

Por outro lado, os varejos que vendem alimentos prontos para o consumo final, estão, cada vez mais, diminuindo sua dependência de recursos humanos, mal treinados e sem qualidade de serviço. Se tais varejos receberem alimentos semipreparados, em que precisem de uma rápida preparação para serem servidos ao seu público, suas margens de lucro aumentarão, porque seus custos diminuirão.

Justificativa: A justificativa da empresa de alimentos vem do fato de que conseguirá um alto grau de produtividade, pela diminuição de desperdícios, otimização dos recursos e processos. Seus preços podem ser competitivos, porque os custos unitários dos produtos, diminuirão, em função de uma grande quantidade a ser produzida. A princípio, a estrutura organizacional do negócio, deverá ser o seguinte:

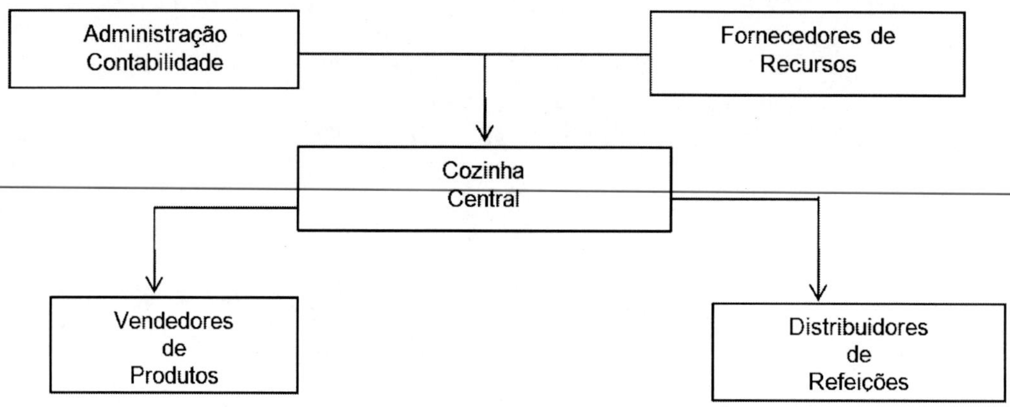

Figura 3.1: Diagrama Preliminar da Cozinha.

Relevância: A relevância do projeto está na experiência que o mesmo dará aos participantes, pois trata de um assunto sem grandes referências bibliográficas. O conhecimento que será adquirido poderá ser utilizado como um manual para ser consultado por profissionais de cozinha com foco na fabricação de alimentos semiprontos/congelados.

Também será um desafio para seus participantes na busca da excelência de todas as atividades envolvidas. A gerência do projeto estará sempre buscando a melhoria continuada de seus produtos e seus recursos humanos, que são a seu maior ativo, pois a qualidade está nas pessoas.

Missão: Um dos aspectos básicos da sobrevivência do ser humano é a sua alimentação, que quanto mais saudável for, maior será a qualidade de vida. Por outro lado, há uma pressa para se atender essa necessidade, por um preço que caiba no bolso do consumidor. Um projeto tem como missão principal o bom atendimento de seu público-alvo, ou seja, alimentos com qualidade que atinjam a máxima satisfação daqueles que distribuem e daqueles que consomem.

Momento: Em que pese todas as dificuldades criadas pelo governo à implantação de qualquer que seja a empresa, acredita-se que, ao longo dos anos, será possível que o atual empreendimento frutifique. As razões são muitas, mas as principais podem ser:

- O brasileiro está sendo massificado na mídia com assuntos de gastronomia.
- As pessoas querem provar pratos cada vez mais sofisticados.
- As exigências do mundo moderno fazem com que as pessoas precisem de facilidades.
- O envelhecimento da população traz dificuldades de sair de casa para comprar e preparar alimentos.
- A alta da inflação, por conta da alimentação, afeta o poder aquisitivo do consumidor.

Assim, o local da indústria deve ser dirigido para um negócio de alimentos que esteja indo mal. Começar do zero, em um país como o nosso, não é recomendado, no presente momento, devido ao seguinte: alto grau de incerteza, uma tributação governamental acima do razoável, a necessidade de se repassar para o consumidor o custo país, a perda de tempo com papelada, a despesa com diversos registros, esforço desmesurado para implantar um negócio e burocracia governamental.

Motivação: Para se compreender o comportamento humano, é fundamental o conhecimento da motivação humana. Motivação é o ato de estimular alguém a agir da maneira que se deseja (atingir um objetivo) ou fazer com que um indivíduo desenvolva uma atividade que lhe dê satisfação.

O êxito do administrador depende de muitos fatores, mas o mais importante é, sem dúvida, o grande talento para motivar pessoas. A motivação inclui uma grande quantidade de propósitos possíveis e uma ramificação de motivos abstratos e concretos. A motivação estuda todas as técnicas de interação humana.

3.2 OPORTUNIDADE

A oportunidade pode ser considerada como um acontecimento que favorece uma ação empresarial. É uma espécie de "força" ambiental incontrolável que pode ajudar na consecução dos objetivos organizacionais. Já as ameaças criam obstáculos. A oportunidade é vista como algo que consolida condições que darão a empresa uma vantagem concreta. Uma oportunidade de inovação, por exemplo, requer grandes esforços e recursos em planejamento e desenvolvimento, apresentando grande risco para a empresa.

Como a oportunidade é um acontecimento que favorece a ação estratégica, o problema está em identificar aquilo que seja uma oportunidade, bem o que seja uma ameaça. A questão é como aproveitar a oportunidade. A identificação e aproveitamento de uma oportunidade transcendem o conhecimento comum de um gerente, porque ele precisa ler o cenário da oportunidade, por meio de algumas considerações:

- Uma mudança no "status quo" (interno e externo) da empresa.
- Uma nova necessidade detectada no mercado, diferente em quantidade e/ou qualidade, provocada, ou não, por uma mudança.

- A existência de recursos reais ou potenciais da empresa para inovar.
- Um benefício ou vantagem potencial da empresa que atender a esta nova necessidade.
- Uma motivação que catalise uma ação empreendedora ou uma iniciativa criadora.

A seguir, algumas premissas da oportunidade:

- As oportunidades desaparecem com a mesma rapidez com que são detectadas.
- O indicador de gestão mais importante é a capacidade de antecipar oportunidades.
- As oportunidades aparecem do inesperado, da disparidade setorial, da vulnerabilidade dos processos, da incongruência, da transformação, da mudança, da percepção, de novo conhecimento.
- Quando a demanda e a oferta não se equilibram, conforme as expectativas, há uma oportunidade.
- As oportunidades raramente são compatíveis com os métodos tradicionais de atuação, em relação aos negócios existentes, exigindo novas abordagens.

Quando a empresa não está sendo confrontada com ameaças e/ou oportunidades, algo errado está acontecendo. O termo "Janela de Oportunidade" é utilizado para indicar o momento em que determinado projeto (produto) tem chance de ser colocado no mercado, com um retorno de investimento bastante favorável.

A oportunidade é avaliada pela ponte que faz dos recursos da empresa com o mercado, no momento e lugar certos. Mas, é importante que se diga que não é muito fácil ver uma oportunidade. Uma oportunidade é algo que deve ser explorado em seu favor. O custo de oportunidade é considerado a diferença entre a ótima alternativa e a alternativa possível.

3.3 LIMITAÇÕES DO PROJETO

O projetista encontrará limitações na elaboração de um projeto, tendo em vista a transitoriedade e singularidade, fatores que fundamentam o projeto. As limitações do projeto são caracterizadas por:

Restrição – As restrições causam impactos muito desagradáveis às organizações e são, de toda maneira, contornadas. Às vezes, as restrições podem revelar oportunidades ainda não visualizadas. Portanto, nem sempre dificuldades, restrições e ameaças devem ser vistas de maneira negativa.

Limite e Entrave – As organizações precisam mapear o ambiente em que operam para não se perderem. Como os limites são identificados por seres humanos, os mesmos estão sujeitos à subjetividade. Os limites ou fronteiras entre uma empresa e seu ambiente podem ser definidos em termos de valores e atitudes.

Também o projeto tem limites de atuação e abordagem, pois são geridos por seres humanos, cujas deficiências de comportamento e de conhecimento acarretaram os maiores entraves na consecução do projeto. Tais entraves são, por exemplo:

- Comportamento arrogante, empedernido e autocrático.
- Muitas pessoas não conseguem se livrar de vícios e atitudes do passado.
- Dificuldades de trabalhar em equipe (não na equipe).
- Pessoas motivadas só pelo dinheiro.
- Dificuldades de interação e integração.
- Falta de visão estratégica (longo prazo).
- Falta de conhecimento específico.
- Área de trabalho incompatível, com o projeto.
- Falta de uma linguagem comum.
- Dificuldade de dados relevantes e congruentes.
- Sistemas de informação e comunicação não compatíveis com a realidade do grupo de trabalho.

Desafio – Os desafios que o ambiente trará serão, cada vez mais, difíceis de serem aceitos e resolvidos, porque exigirão um alto grau de complexidade tecnológica. Um fato é evidente: As empresas terão de ser mais ágeis do que antes e deverão estar mais bem preparadas para mudar de rumo, de acordo com as circunstâncias e contingências ambientais.

Complexidade – À medida que os ambientes forem se tornando mutáveis e imprevisíveis, as empresas mais progressistas terão de desenvolver sistemas mais sutis, complexos e rápidos.

Ameaça – A ameaça é uma espécie de desafio decorrente de uma tendência desfavorável, como: redução da margem de lucro, decréscimo da receita com vendas. As ameaças devem ser classificadas conforme seu grau de relevância e probabilidade de ocorrência.

Custo – O custo do projeto estará em função do seu escopo. Naturalmente, o custo é um fator que pode inviabilizar um projeto, porque dependerá da capacidade financeira dos patrocinadores.

Resistência – É da natureza humana resistir a qualquer novidade. Mas, é possível que a resistência esteja mascarando algo muito importante e imperceptível. Nem sempre posições contrarias, quer sejam internas ou externas, estão erradas.

3.4 RISCOS DO PROJETO

Os riscos de fracasso rondam, permanentemente, o grupo gestor do projeto. Numa economia dinâmica, livre e competitiva, o risco é inevitável. Desafio que cabe enfrentar o projetista, o investidor, o empresário, porque sua estimativa correta é muito difícil. O risco é toda e qualquer possibilidade de uma decisão, política, estratégia, plano, projeto não dar certo. Assim, se torna importante todo esforço para minimizá-lo.

Numa economia dinâmica, livre e competitiva, o risco é inevitável. Desafia, constantemente, a argúcia dos empreendedores e sua estimativa correta é muito difícil. Expõe o negociante ao perigo de prejuízo financeiro, que pode ser causado por deterioração física, roubo, danificação, perda, alterações de oferta ou procura e oscilações do nível de preços. Os riscos do projeto podem ser:

Risco Natural – O risco criado por fenômenos naturais que está além do controle humano.

Risco Humano – O risco humano decorre das falhas e incertezas humanas, tais como: desonestidade, incompetência, descuido, doença, acidente, morte, greve, falcatrua, ignorância, desinformação, guerra.

Risco Econômico – O risco econômico é, às vezes, denominado de risco de mercado ou de preços e é causado pelas flutuações de preço, saturação de mercado, mudança de hábito, invenções, aperfeiçoamentos, concorrência, flutuações de demanda.

3.5 TRATAMENTO DO RISCO

Para o tratamento do risco são recomendadas as seguintes decisões:

Absorção do Risco – Atitude aconselhável quando se trata de um projeto inovador e a empresa tem disponibilidade de caixa que a permite correr tal risco sem que, caso haja fracasso, o prejuízo não abale a organização.

Redução do Risco – Atitude em que a empresa reelabora o orçamento para o projeto, desde que não cause comprometimento na sua execução que é a fase de maiores gastos.

Transferência do Risco – Atitude em que a empresa rateia o risco com outras empresas, como, por exemplo, uma seguradora, um governo, uma bolsa de mercadorias.

Desvio do Risco – Atitude em que a empresa transfere o risco para o comprador do projeto.

A classificado do risco pode ser:

Pequeno Risco – Expectativa de atraso e excesso de gastos anormais. Prejuízo baixo ou insignificante. Nenhum risco à imagem do projeto.

Médio Risco – Expectativa de atraso ou excesso de gastos fora dos planos. Prejuízo considerável para a empresa e para a imagem do projeto. Risco de o gerente de projeto ser destituído do cargo.

Alto Risco – Expectativa de atrasos e excessos de gastos inaceitáveis. Chance de o projeto ser abortado. Imagem do gerente do projeto seriamente afetada.

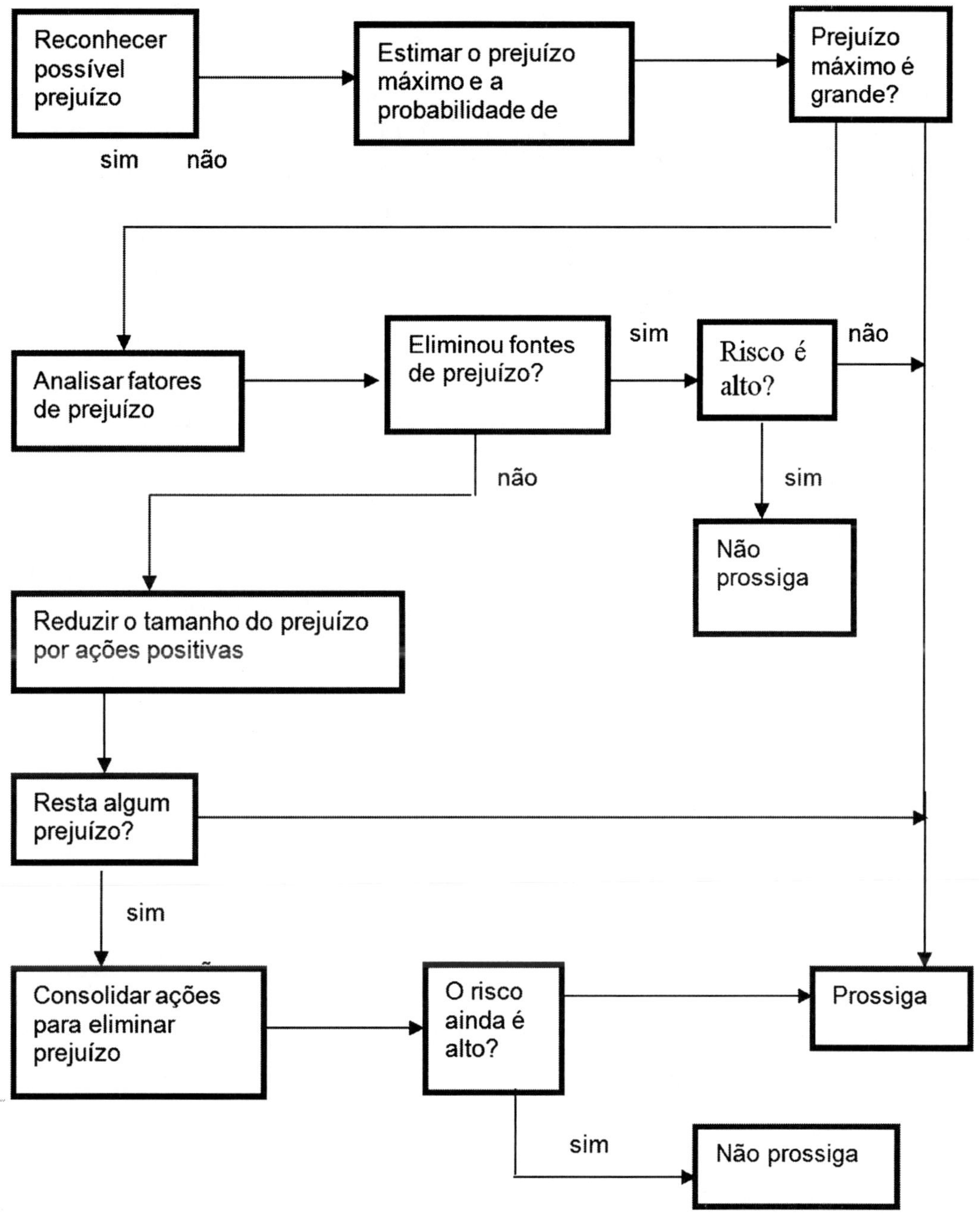

Figura 3.2: Fluxograma de Risco.

3.6 LINGUAGEM DO PROJETO

A linguagem de projeto são especificações formais que seguem uma nomenclatura (termos específicos, peculiaridades) bastante rígida, contendo procedimentos interativos. O objetivo da linguagem do projeto é oferecer o formalismo e a precisão para o bom entendimento entre as pessoas que formam a equipe do projeto. A terminologia assume papel importante dentro do seu contexto, já que é uma forma básica e essencial para se manter o diálogo e o entendimento uniforme entre todos os participantes do projeto.

Na linguagem empresarial saber se comunicar com subordinados, superiores e pares é de fundamental importância. Nela é a inteligência verbal que resolve os problemas de conflitos e mal-entendidos. A inteligibilidade ou clareza de um texto, em geral, está relacionada com frases curtas e harmônicas, uso de verbos na voz ativa, utilização de vocabulário simples (não técnico), eliminação de palavras desnecessárias.

Os elementos de linguagem mais importantes são:

Normalização Textual – A normalização textual conduz à simplicidade da comunicação escrita, porque especifica, uniformiza e reduz o tempo de entendimento.

Estilo – Cada linguagem tem estilo próprio, em função da sua finalidade.

Impessoalidade – Todo trabalho deve ter caráter impessoal. Redija-se na terceira pessoa, evitando-se fazer referências pessoais, como "meu trabalho", "meu projeto", "meu estudo".

Objetividade – A objetividade relaciona linguagem escrita a resultados positivos. Por isso, esta linguagem deve afastar pontos de vista pessoais que deixem transparecer impressões subjetivas.

Clareza – Consiste na expressão exata de um pensamento. Um texto é claro, quando apresenta coerência. Toda e qualquer questão, informação ou ideia deve ser enunciado com absoluta clareza e precisão.

Coerência – Manifesta coerência o texto, cujas ideias expostas estão atadas de tal modo que a conexão é evidente. Coerente é todo texto escrito em linguagem lógica. As partes de um texto ferreamente relacionadas revelam coerência e não apresentam contradições.

Concisão – A concisão recomenda que se encerre um pensamento com menor número de palavras.

Harmonia – A harmonia, juntamente com a correção, a originalidade e a precisão, constituem requisitos básicos de qualquer texto, seja ele comercial, oficial ou literário.

Propriedade – Consiste no emprego de palavras que traduzam com vigor as ideias que se pretende exprimir. Para escrever com propriedade exige-se conhecimento do assunto.

Correção – Correção é a obediência à gramática. Ninguém pode escrever sem cuidado gramatical.

Forma – A forma será desenvolvida, em função do público-alvo. Por exemplo, um economista, escrevendo sobre inflação para outros economistas e com objetivo de apresentar sua solução sobre a questão, utilizará uma forma de linguagem bem diferente daquela que ele mesmo usará se estiver escrevendo sobre o mesmo assunto para leitores diversos.

3.7 VALOR DO PROJETO

O valor pode ser considerado como crença, qualidade ou mérito a respeito de algo importante, sendo um dos pilares que norteia a filosofia de uma organização ou de um indivíduo. Assim, é preciso compreender o valor sob a perspectiva do consumidor, pois o valor do produto, muitas vezes, é dado por aquilo que o cliente percebe nele. O valor de uso está associado à utilidade que um bem tem para o consumidor. Já o valor de troca é dado pelo mercado

Como administrador você, provavelmente, será solicitado a produzir várias estimativas em relação a seu projeto. Na realidade, você pode ser o único responsável pela produção das estimativas em alguns casos. Então que fatores precisam ser estimados no valor do projeto? Os principais são: recursos, prazos, estruturas, orçamentos, resultados, preços, consumidores e usuários.

Algumas considerações devem ser levadas em conta, tais como:

A diferença entre estimar e negociar.

- A grande variação das habilidades técnicas.
- O perigo de estimar seu próprio trabalho.
- A falta de um banco de dados de estimativas.
- A insistência da direção por prematuras estimativas.
- A dificuldade, a nível industrial, de medir a unidade de custo do trabalho.

Existem quatro importantes diretrizes a serem lembradas ao fazermos estimativas do volume de trabalho a ser feito em um projeto:

- Faça as unidades de estimativas tão pequenas quanto possíveis.
- Faça as unidades de trabalho tão independentes quanto possíveis.
- Leve em consideração o fator de comunicação.
- Faça a distinção entre serviço novo e serviço aproveitado.

3.8 OBJETIVO

Objetivo é o alvo (situação, resultado) que se pretende atingir, dentro de certo espaço de tempo. Ele determina a direção e o sentido para onde se deve concentrar esforços e recursos de toda a sorte. Os objetivos indicam a missão precípua da organização, isto é, aquilo para a qual foi criada, e constituem uma fonte de legitimidade que justifica suas atividades e, na verdade, até sua existência. Também servem como padrões, através dos quais os membros de uma organização podem avaliá-la.

Como é comum se fazer confusão entre objetivo, propósito, meta e desafio, a seguir os conceitos:

Propósito: Objetivo mais esclarecedor, geralmente de aspecto setorial e de finalidade bem específica. O propósito é o elemento vital do objetivo, porque dá ao mesmo um significado e mostra a intenção.

Meta: Objetivo quantificado e/ou qualificado, sendo, em geral, de curto prazo com responsabilidades definidas. A ausência de metas conduz as pessoas da organização a uma atitude passiva (ou reativa). As metas ajudam a orientar, melhorar e motivar os recursos humanos.

Desafio: Objetivo perfeitamente quantificado e com prazo definido. Para realizar um desafio a organização terá de fazer um esforço extra, às vezes, com mudanças no seu comportamento, na estratégia e nos seus recursos.

Os objetivos são importantes, porque identificam os primeiros passos do planejamento. Se estes são vagos e indefinidos, como planejar? Objetivos mal definidos levam a organização ao fracasso. Em muitas empresas, se você pedir a alguns executivos que descrevam os seus principais objetivos, tem-se um número elevado de respostas confusas e conflitantes que podem criar uma série de problemas para a organização, como o desperdício de: dinheiro, horas de trabalho e recursos.

Eles são a base para as principais atividades, isto é, são as fundações onde se assentam a estrutura da organização. Não é suficiente definir objetivos, mas também os recursos e as ações necessárias para alcançá-los. Deve-se também definir as prioridades desses elementos, com clareza, sem ambiguidades.

O objetivo principal do projeto é desenvolver diretrizes destinadas à implantação de uma pequena indústria de alimentos para prestar serviços de alimentos prontos para consumo (refeições). Qualquer que seja o objetivo estará sempre relacionado ao produto resultante do projeto.

A seguir, estão relacionados alguns objetivos complementares do projeto:

- Mostrar ao varejista de alimentos a vantagem da terceirização, parte ou todo, de processos de produção, bem como enxugamento de seus recursos humanos.
- Contribuir com a qualidade dos produtos.

- Ajudar a recrutar, selecionar e treinar atendentes de salão e balcão, pessoal de cozinha, embaladores, despachantes de pedidos, vendedores e outros participantes do projeto.
- Desenvolver documentação própria ao projeto, que possa servir de modelo para a clientela.
- Buscar um alto nível de qualidade nos serviços prestados, com base no bom atendimento, presteza e preços competitivos.
- Descobrir talentos, nichos de mercado e profissionais em: artes culinárias e vendas.
- Utilizar como bandeiras de comercialização: preço compatível com o mercado, o melhor visual possível, qualidade de estrutura, conteúdo e organização, bom atendimento.
- Considerar de fundamental importância a produtividade e a otimização de recursos.
- Observar normas de operação e segurança para máquinas e equipamentos para que não venham causar acidentes de trabalho.
- Flexibilizar, sempre que possível, prazos de atendimento e prazos de pagamentos.

3.9 OBJETIVOS E METAS

Os objetivos de uma organização (empresa) são estabelecidos, principalmente, em função da missão e da visão estratégica que têm os seus dirigentes. Objetivos podem ser formulados, em termos amplos e abstratos, como, por exemplo, aumentar a participação no mercado consumidor, aumentar a produção com os mesmos recursos disponíveis, diminuir custos operacionais, manter os custos financeiros e elevar o índice de liquidez da empresa.

O estabelecimento de objetivos deve ser pautado pelos seguintes princípios:

- Entender o estabelecimento de objetivos como um processo.
- Estabelecer consenso entre: proprietários, dirigentes e empregados.
- Considerar governos, mercados, ambientes e clientes.
- Construir os objetivos de maneira clara, explícita, específica e mensurável, sem subjetividades.
- Questionar: o quê, quanto, como, quem e quando atingir.
- Representar esperanças factíveis de realização.
- Ser congruente com os recursos da organização.
- Atender atividades e não pessoas.
- Ser comunicado, com certa margem de manobra (risco e mudança).

O projeto tem como metas principais a sobrevivência e a continuidade da empresa. Também pode ter como metas complementares, as seguintes:

- Atingir, para seus produtos, um nível ótimo de aceitação, no máximo em seis meses, depois de sua implantação.
- Superar o faturamento de equilíbrio no máximo em 1 ano.

- Construir uma carteira de clientes cativos, que proporcione uma maximização do lucro líquido da ordem de 30%, em 2 anos.
- Criar processos que reduzam o custo para um valor de 20% do valor inicial, em 3 anos.
- Automatizar os sistemas de comunicação, para se ter uma resposta imediata ao solicitante de produtos com todos os dados necessários, no máximo em 4 anos.
- Retornar todo o capital principal investido pelos sócios, com correção monetária, no máximo em 5 anos.
- Estar no topo da tecnologia da informação, para otimizar todos os processos de produção e venda, em, no máximo, 10 anos.

A ausência de metas, como já observado, conduzirá o projeto a uma atitude passiva das pessoas, porque as metas ajudam a orientar, melhorar e otimizar os recursos.

3.10 PADRONIZAÇÃO

A padronização é a aplicação de padrões com a finalidade de uma uniformização e redução de custo. Ela conduz à simplificação dos processos, à medida que a uniformidade reduz a variabilidade e o desvio. Ajuda a resolver problemas quanto à quantidade, qualidade e composição do produto; facilita, ou mesmo permite, a produção em massa, pela repetição de operações com os mesmos materiais e mesmas ferramentas; proporciona economia de material, equipamento, energia e espaço; permite o intercâmbio de peças e órgãos de máquinas de um lugar para outro; diminui a variedade de coisas que têm a mesma utilidade ou finalidade; facilita o treinamento; facilita a otimização do tempo.

A determinação de padrões para produtos visa dois aspectos básicos:

Aspecto Quantitativo – Os aspectos quantitativos referem-se a: tamanho, peso (bruto e líquido), portabilidade, temperatura, pressão, resistência do material.

Aspecto Qualitativo – Os aspectos qualitativos referem-se a: cor, cheiro, gosto, sabor, aparência, validade para consumo, grau de amadurecimento.

Padrão é uma unidade de medida (ou modelo) adotada e aceita comumente como critério para avaliação de desempenho. Os padrões representam o desempenho desejado e estão sempre relacionados com o resultado que se deseja alcançar. Em resumo, o padrão é uma norma, ou critério, contra o qual o desempenho pode ser medido.

3.11 NEGÓCIO DO PROJETO

Todo negócio tem de ser rentável. Mas é preciso respeitar o tempo de maturação, ter paciência para colher os frutos e não comer tudo de uma só vez, lembrando que é preciso continuar plantando. O caminho é adotar a prática de avaliar causa e efeito, fazendo perguntas como: O consumidor está feliz? Por que ele compra meu produto? Onde estão problemas e desvios dos resultados esperados?

O maior problema de um negócio é a falta de uma definição da finalidade pela qual o empreendimento foi criado, embora o conceito de um negócio possa ser entendido como uma atividade lucrativa. A questão é: Por que dedicamos pouco tempo a uma reflexão mais acurada sobre o negócio que queremos fazer? Um negócio pode ser conduzido por uma ou mais pessoas, proprietários ou não, bem como ser operacionalizado de diversas maneiras.

É indispensável ter clareza em relação à ideia do negócio. Uma pista é ouvir as opiniões e desenvolver respostas para suas observações, isto é, uma maneira de evitar pecados capitais, como subestimar as necessidades, subavaliar problemas e escolher parceiros errados. Ninguém deve tapar os ouvidos para aqueles que colocam obstáculos ao projeto.

O negócio do projeto é criar condições para implantar uma Empresa de Alimentos que tenha como vendedores de seus produtos os distribuidores de alimentos prontos para o consumo final. A seguir, alguns elementos que ajudarão a consolidar o conceito de negócio:

Lucro – Dizer-se que um negócio existe para dar lucro aos seus proprietários não oferece prescrição acerca de como conseguir isso, não é um guia de como essa ação deve ser para acomodar exigências, conflitos e mudanças. O lucro do negócio, na verdade, é uma noção não acumulativa de dinheiro, mas de distribuição do mesmo.

Objetivo – O objetivo do negócio é orientar e mostrar a empresa como uma organização, que transforma recursos, cria e entrega produtos semiprontos deve satisfazer a clientela, para poder sobreviver no mercado.

Transparência – É importante observar que não se pode desejar organizações totalmente transparentes para todos os níveis e em relação a tudo o que ocorre.

Imóvel – A pergunta mais importante que se faz, sobre o imóvel é: Deve ser próprio ou alugado? Em ambos os casos o que importa é o custo da opção.

Público-Alvo – A maior parte dos mercados é grande demais para que uma empresa possa fornecer todos os produtos necessários a todos os compradores naquele mercado. Por tal, é preciso conhecer o público a ser atendido, bem como aspectos demográficos, perfis de consumo (renda, idade, hábito), padrões de comportamento do consumidor. Público-alvo não é o mesmo que público consumidor.

Cliente – Cliente não é mesmo que consumidor. O cliente é todo aquele que se relaciona com a empresa, isto é, funcionários, consumidores, patrocinadores, parceiros, fornecedores, credores, usuários, pacientes, assinantes, colaboradores, agentes, compradores, concorrentes, empresas, universidades, institutos, intermediários, distribuidores.

3.12 CRONOGRAMA DO PROJETO

O cronograma é um diagrama que estabelece prazos de execução (início e fim) das etapas de um processo, plano, programa, projeto ou contrato. Permite estabelecer e controlar a execução de qualquer trabalho, dentro de um período determinado. A função de um cronograma é dar ao dirigente meio de saber o que já foi realizado, o que precisa ser feito, para garantir aquilo que precisará ser conseguido no futuro.

A grande vantagem do cronograma é permitir o controle do tempo, de inúmeras fases de uma programação, sem ser complexo, porque não explicam quais são os passos ou operações, permitindo o acompanhamento e a visualização das diversas etapas de uma sequência lógica e integrada. Não é um gráfico de previsão ou de planejamento, mas permite acompanhar a execução daquilo que foi previsto e planejado.

São os seguintes os elementos que fazem parte da construção de um cronograma do projeto:

- Usar um calendário completo com feriados nacionais e regionais, datas religiosas e festivas.
- Analisar os períodos de suas atividades, isto é, se são longas ou curtas.
- Fazer um resumo de datas.
- Evitar superposição de datas e atividades por pessoa, seção ou departamento.
- Deixar margem de manobra para imprevistos.
- Calcular o tempo necessário para cada medida importante ou atividade a desenvolver.
- Determinar as datas de início e de término do evento.

Os cronogramas podem ser:

Cronograma de Eventos:

Nº	Evento	Responsável	Data Programada	Data Reprograma	Data Real	Observação

Figura 3.3: Cronograma de Eventos.

Cronograma de Barras:

Atividade	J	F	M	A	M	J	J	A	S	O	N	D
Elaboração de Questionário												
Pesquisa de Campo												
Tabulação de Dados												
Relatórios												

Figura 3.4: Cronograma de Barras.

Nota: Qualquer cronograma terá um tempo (data, semana, mês, anos) de início e um tempo de fim. Quando os tempos são longos, não é preciso uma grande precisão, sendo comum utilizar-se o cronograma de barras.

Cronograma de Fases:

Nº	Fases	1ª s	2ª s	3ª s	4ª s	5ª s	6ª s	7ª s	8ª s	9ª s	10ª s
1											
2											
3											
4											
5											
6											
7											
8											
9											
10											

Figura 3.5: Cronograma de Fases.

Capítulo 4

ARQUIVOS e DADOS

"O conhecimento perde seu valor, se não for aplicado no tempo certo, pois uma boa oportunidade é como uma foto, que depende muito mais do momento do que um conjunto de técnicas".
Cartier Bresson

OBJETIVOS DO CAPÍTULO

- Mostrar a importância de obter dados confiáveis.
- Mostrar a Finalidade de um banco de dados.
- Mostrar os diversos tipos de cadastramento.

4.1 ARQUIVO

Arquivo é um conjunto de registros afins, colocados de forma ordenada e de fácil acesso. O meio de arquivar tais registros (dados, informações) pode ser: papel, acumulador, disco, fita, disquete, CD, filme. O ser humano pode guardar informações no cérebro por algum tempo, mas não por todo o tempo.

Uma outra observação que se deve fazer é que todos os arquivos têm um caráter provisório (como tudo na vida) já que podem mudar de meio, isto é, serem construídos com tecnologia de última geração.

O registro de tudo que for julgado importante e útil deve ser feito em arquivos, para que possa ser acessado no futuro. O registro é a justaposição de dados selecionados a um mesmo fato, com a finalidade de permitir o processamento, tendo um significado completo e determinado.

Assim, na movimentação de uma conta bancária, por exemplo, veríamos que o registro é constituído de, no mínimo, o número da conta e o valor representativo dessa movimentação. Similarmente, numa movimentação de um estoque de materiais, o registro é composto de, no mínimo, um código e material movimentado em quantidade e valor monetário.

No processamento de dados, é comum a necessidade de se agrupar diversos conjuntos de informações, a fim de facilitar e dar maior velocidade às operações efetuadas sobre esses dados. Surge, então, novos conceitos de registro: O Registro Físico e o Registro Lógico. Um exemplo de registro físico é disco e um exemplo de registro lógico é valor.

Quanto à maneira de arquivar, os dados podem ser por: ordem (alfabética, cronológica), clientela (consumidores, fornecedores, usuários, funcionários, colaboradores, parceiros, concorrentes), região, assunto, função organizacional (produção, marketing, vendas, logística, pessoal), função administrativa (planejamento, direção, controle, organização, coordenação, comando, delegação...), produto (padrão, qualidade, custo, preço, margem de lucro, rentabilidade).

É comum que o gerente do projeto, dentro do possível, arquive o máximo de dados preliminares para agilizar e ajudar no desenvolvimento e construção do projeto. É importante que todos os participantes procurem entender que não é preciso começar do zero, pois, por mais difícil que possa parecer sobre fontes de consulta para um projeto, é importante que se diga que sempre existem estudos anteriores. É só procurar e ter paciência de pesquisar e guardar documentos que servirão no futuro (arquivos de gaveta, arquivos de computador).

Os elementos mais importantes em um arquivo são:

Endereço – É preciso saber: onde acessar um arquivo e qual o meio utilizado.

Segurança – A fim de evitar que um arquivo sofra um acidente, destruição total ou alteração de seu conteúdo, tomam-se determinados cuidados: manter sempre cópias do arquivo em meios diferentes e sempre armazenar as alterações ocorridas no arquivo inicial. Os principais tipos de arquivo são:

Arquivos de Resultado: Atas de Reunião; Balancetes; Balanços Patrimoniais; Demonstrativos de Resultado; Entrevistas; Relatórios.

Arquivos de Divulgação: Cartas; E-mails; Convites; Filmes; Fotos; Encartes; Releases; Malas Diretas; Jornais; Folders; Cartazes; Prospectos; Portfólios; Catálogos; Desenhos.

Arquivos de Operações: Manuais; Planos; Listagens; Programas; Relação de Telefones; Mail Listing (endereços para postagem nos correios); Relação de Serviços Profissionais; Cadastros; Projetos; Políticas; Procedimentos; Modelos; Formulários; Planilhas; Ordens de Serviço; Pedidos; Orçamentos; Recibos; Cronogramas; Fluxogramas.

Arquivos de Custos: Custo do Produto; Custo Fixo; Custo Variável; Custo Total.

Arquivos de Preços: Tabela de Preço; Cálculo do Preço do Produto; Tabela de Desconto; Mark-ups; Margem de Lucro.

Arquivos de Negociação: Contratos Sociais; Contratos de Prestação de Serviços; Contratos de Locação; Propostas; Pautas de Discussão; Agendas.

Arquivos de Contas: Caixa; Bancos; Despesas de Instalação; Contas a Pagar; Contas a Receber; Disponível; Patrimônio; Conta Capital.

Arquivos de Controles Contábeis: Estoque; Faturamento; Inventário; Fluxo de Caixa; Vendas; Vendas por Vendedor; Vendas por Produto; Notas Fiscais; Faturas.

4.2 DADOS

Dado é qualquer elemento identificado em sua forma bruta, que, por si só, não conduz a uma compreensão da situação. É um registro a respeito de um determinado evento, fato ou ocorrência. Um relatório revela uma série de dados que podem se transformar em informação, quando consistentemente elaborados, e passarem a ter utilidade para a tomada de decisão.

Dado pode ser entendido como uma letra, um símbolo, um dígito, um número ou um caractere, que por si só não permite assimilar conhecimento e até não transmite significado, mas fornece a base de sustentação de uma informação necessária. Os pedidos recebidos num almoxarifado são dados. Notas fiscais e faturas são informações.

Em sua forma não processada, os dados podem quase não ter sentido. Grandes quantidades de números tendem a confundir, ao invés de esclarecer, simplesmente, porque nossa mente não é capaz de abranger a variedade e os detalhes inerentes a grandes conjuntos de dados. Muitos detalhes atrapalham mais do que ajudam.

Se os dados exigem processamento (classificação, armazenamento, relacionamento), para que possam realmente informar, também as informações exigem processamento, para que possa adquirir significado.

A seguir, uma classificação de dados.

Dados Básicos – Caracterizam o que é mais importante para o trabalho a ser realizado.

Dados Comportamentais – Indicam sentimentos, expectativas, atitudes, opiniões, motivações, intenções, conflitos.

Dados Ambientais – São dados relativos aos cenários, as oportunidades, as restrições, aos mercados, as situações, as mudanças.

Dados Grupais – Indicam os índices de interação, cooperação, integração, liderança, filiação.

Dados Históricos – Avaliam desempenhos, resultados, balanços patrimoniais, demonstrativos, carteiras de pedidos, séries históricas.

Dados Comerciais – São relativos a consumidores, fatias de mercado, produtos, marcas.

Dados Metodológicos – São orientações para processos, atividades, tarefas, projetos, planos, programas.

Dados de Armazenamento – Compreendem os dados sobre compras e níveis de estoque de amostras de distribuidores para vários produtos.

Dados de Consumo – Dados relativos ao consumo individual de cada cliente, cuja finalidade é montar perfis de consumo para uma determinada população.

Dados de Empreendimento – Dados relativos a propriedades, patrimônios, investimentos, gastos, faturamentos, vendas, compras, estoques, custos, potenciais de mercado, armazenamentos, instalações, equipamentos, máquinas, tecnologias, níveis de qualidade.

Dados de Comunicação – Dados que medem níveis de audiência no rádio e na televisão; resultados de propaganda e promoção; respostas de matérias pagas na mídia.

4.3 ELEMENTOS DOS DADOS

Apresentação de Dados – Os dados apresentados devem seguir normas de linguagem. Para tal, é comum fazer uso de: terminologias, nomenclaturas, convenções, legendas, sistemas de unidades, princípios de redação. Quantas vezes têm-se o desprazer de ler textos em que as unidades de medidas como: metro; segundo; minuto; hora e quilômetro, por exemplo, aparecem escritos erradamente.

Eis algumas unidades escritas de maneira correta:

Hora = h (10 h)
Minuto = min (20 min)
Grama = g (5 g)
Tonelada = t (2 t)
Hectare = ha (4 ha)
Temperatura = °C (40 °C)
Litro = l (2 l)

Devemos observar os espaços entre o número (quantidade) e o símbolo, como por exemplo: 1 h; 2 h; 30 min; $ 1,59; 1 cm; 1 mm; R$ 2,00.

As unidades monetárias dentro do texto devem ser escritas: $ 10; $ 100; $ 1.000 (padrão de 1 a 1.000); 1.500 dólares; 2.300 dólares; 3.800 dólares; um milhão de dólares; três bilhões de dólares; 11 milhões de dólares; 17 milhões de dólares; 1,5 bilhão de dólares; 1,3 a 5 milhões de dólares; um bilhão e meio de dólares.

Administração de Dados – A administração de dados procura identificar e modelar (estruturar) os dados que representam a empresa. A tarefa da empresa de conhecer os seus dados não pode ser responsabilidade única do pessoal de sistemas ou de processamento de dados. É da competência de todos, principalmente, dos usuários, pois a eles cabe entender sua importância e utilização.

Ao administrador de dados cabe:

- Identificar, descrever e estruturar os dados.
- Determinar as necessidades de informações da empresa.
- Criar e manter os modelos de dados empresariais, assegurando que eles fiquem tão estáveis quanto possível.
- Obter concordância entre usuários sobre a definição e formato dos dados.
- Assegurar que os analistas e programadores obedeçam aos modelos de dados.
- Resolver os conflitos sobre incompatibilidade de representações de dados.

Características dos Dados – As principais características dos dados são: geralmente têm uma frequência de mudança muito menor do que os procedimentos; permitem diferentes versões de utilização, em função de sua administração; precisam ser gerenciados através de um banco de dados; são coletados de maneira metódica, precisa e eficiente, ajudando o trabalho de análise, que precede a resolução de um problema; ajudam a formar opiniões, bem como fazer avaliações, análises e medições; precisam ser filtrados para consubstanciar as informações relevantes.

Organização de Dados – Após a consolidação, ou apuração, dos dados faz-se necessário sua organização, de maneira racional e prática, para um melhor entendimento. Através desta estruturação procura-se mostrar de modo claro a compatibilidade entre os dados numéricos e o fato (fenômeno) submetido ao levantamento estatístico. A estes dados, grupados desta forma, dá-se o nome de série histórica. O objetivo da série histórica é mostrar a estreita vinculação entre os fenômenos e os dados.

Processamento de Dados – Processamento de dados é transcrever, copiar, arquivar, recuperar, localizar, calcular e transferir dados num sistema de informação com base no computador. Combinando diversas dessas operações, selecionadas conforme a natureza e o valor de cada dado, é possível construir todos os tipos de informação que se deseja. Os maiores problemas em processamento de dados são: o imediatismo das respostas aos problemas que surgem e a velocidade de obsolescência dos equipamentos.

Análise de Dados – A análise de dados objetiva permitir ao projetista o estabelecimento de conclusões, a partir de um levantamento da situação, identificando as anomalias e as partes separadas, que permaneceram em um conjunto de dados após este ter passado por controles de qualidade.

Comunicação de Dados – As funções mais importantes da comunicação de dados são: coleta, tratamento, distribuição, transporte e disseminação.

Fontes de Dados – Cada uma das fontes deve ser avaliada quanto à: credibilidade, custo, tempo, acessibilidade, coerência, pertinência, verificação. Após a seleção das fontes de dados, o usuário deve classificar, ordenar e arquivar as mesmas, visando sua utilização futura. Um princípio deve ser seguido: Aproveitar ao máximo a experiência adquirida de terceiros e, também, as próprias experiências. Vale observar que os próprios pesquisadores são as maiores fontes de dados.

4.4 COLETA DE DADOS

Coleta de dados compreende o efetivo trabalho de recolhimento dos dados junto às fontes de dados. É a etapa, geralmente, mais cara e mais crítica do projeto, pois, é a que mais está sujeita à introdução de erros e atrasos, e, por isso, exige supervisão cerrada e um controle rígido.

O instrumento de coleta de dados é o meio, no qual as perguntas serão apresentadas aos respondentes e onde são registradas as respostas (dados). Os dados serão registrados em questionários, formulários e fichas, por exemplo. Se estes instrumentos forem mal elaborados, com questões dúbias, escalas incorretas em gráficos e regras de preenchimento confusas, podem se tornar fontes de erros.

Os motivos para a coleta de dados são basicamente os seguintes:

- Precisamos saber onde estão as fontes de dados e quais são elas.

- Precisamos verificar nosso nível de compreensão sobre os dados coletados.
- Precisamos estabelecer a relação custo/benefício dos dados.

4.5 TÉCNICAS DE COLETA DE DADOS

Questionário – O questionário é um método comum para se coletar dados, porque utiliza uma técnica flexível que não é, necessariamente, tão dispendiosa. Os dados coletados podem ser estruturados para permitir rápidas análises estatísticas por meio do computador. É o instrumento mais comum para fazer pesquisa. Assim, qualquer pessoa que preencheu um pedido de trabalho teve a experiência de responder a um questionário. Ele contém um conjunto de perguntas, todas logicamente relacionadas com um problema.

Levantamento Postal – É a abordagem menos flexível de coleta de dados, porque seu questionário tem de conter um conjunto de perguntas específicas que precisam ser padronizadas. Não oferece oportunidade para que os pesquisadores esclareçam as perguntas. Além disso, a taxa de resposta para os levantamentos postais é tipicamente baixa. Muitas vezes, menos de 20% do público responde a levantamentos pelo correio, e os pesquisadores têm de adivinhar se os não respondentes dariam as mesmas respostas daqueles que responderam.

Levantamento Virtual – É a pesquisa que se faz via internet, nos seus aspectos qualitativos e quantitativos. Esta coleta de dados é muita rápida e gratuita, mas não permite que se acredite em tudo que os sites das empresas expressam, em suas páginas.

Entrevista – É a técnica por excelência para levantamento de dados. Consiste de contatos com os elementos envolvidos nas operações em estudo, a fim de que estes possam fornecer dados relativos às mesmas.

Leitura da Documentação – É a mais primitiva e lógica das técnicas de coleta de dados. Qualquer início do trabalho de pesquisa em uma organização começa por seus arquivos.

Observação – A observação fundamenta-se em procedimentos de natureza sensorial, como produto do processo em que se empenha o pesquisador no mundo dos fenômenos empíricos. A observação, uma das atividades mais comuns do dia a dia, não deve ser confundida com a observação como método. No primeiro caso, o significado radical da palavra é simplesmente ver.

No segundo, o observador deve reunir certas condições, tais como ter: órgãos sensoriais em perfeito estado e um bom preparo intelectual, aliado à sagacidade, curiosidade, persistência, perseverança, paciência e um grau elevado de humildade.

4.6 BANCO DE DADOS

Um banco de dados pode ser entendido como uma coleção de arquivos estruturados, não redundantes e inter-relacionados, que proporciona uma fonte única de dados para uma variedade de aplicações. Ele armazena a informação usada em comum pelos diversos subsistemas de uma empresa com base na moderna tecnologia de processamento eletrônico, permitindo que ela possa arquivar e acessar dados sobre diversas operações com velocidade e precisão.

Os bancos de dados ajudam a administração da empresa, porque podem identificar consumidores em potencial, segmentar mercados, definir quais consumidores devem receber uma oferta específica, manter consumidores e reativar consumidores perdidos. É muito comum se confundir listagem, mail-listing e banco de dados.

A listagem é um arquivo de nomes, endereços e/ou telefones. O banco de dados contém, além dessas informações, muitas outras, em função da finalidade de sua utilização. É necessário esclarecer que listagem é sinônimo de lista, relação e rol. Já o mail-listing é uma relação de endereços para correspondência a serem feitas por meio dos correios (físico ou eletrônico) e, geralmente, para atender a uma mala direta.

Os aplicativos são os processos pelos quais as informações são coletadas, processadas e distribuídas, com vista à ação administrativa. Eles podem ser informatizados e executados por um usuário. Mas, o problema real não é selecionar ou conhecer aplicativos, mas a sua rápida obsolescência.

A seguir, abordaremos alguns elementos do banco de dados:

Base de Dados – Uma base de dados pode residir em um computador, nos arquivos ou na memória das pessoas. Ela contém a informação necessária para alcançar um determinado fator chave de sucesso. A base de dados deve ser, sistematicamente, identificada e relacionada à decisão administrativa. A habilidade de manipular uma base de dados é tão significativa quanto o próprio computador.

Rol de Dados – O rol de dados é uma amostra de valores de um referido universo (população), de forma organizada. A seguir, está sendo colocado um exemplo de um rol de distribuição, relativo a 80 vendedores de uma empresa, que apresentou um resultado de vendas, num determinado período:

Intervalo	Valores de Vendas/Vendedor	Frequência	F (%)	% A C
(55 - 59)	59,59,59	3	4%	4%
(60 - 64)	60,60,60,61,61,62,62,62,63,63	10	12%	16%
(65 - 69)	65,65,65,66,67,67,68,68,68,69,69	11	14%	30%
(70 - 74)	71,71,71,72,72,73,73,73,73,73,74,74,74	12	15%	45%
(75 - 79)	75,75,75,75,75,75,75,76,76,76,76,77,77,78,78,78,78,78 ,79,79	21	26%	71%
(80 - 84)	80,81,82,82,83,84	6	8%	79%
(85 - 89)	85,85,85,86,87,88,88,88,89	9	11%	90%
(90 - 94)	90,93,93,94	4	5%	95%
(95 - 99)	95,95,96,97	4	5%	100%
Soma		80	100%	

Quadro 4.1: Rol de Distribuição.

Pergunta: Qual a média aritmética do rol de distribuição apresentado?

Solução:
Maior valor = 97
Menor valor = 59
Amplitude total = 97 – 59 = 38
Amplitude útil = 100 – 55 = 45
Intervalo de classe = 5 (valor arbitrado)
Número de classes = 45 / 5 = 9

A média aritmética da distribuição está no intervalo (75 - 79) por compreender o percentual acumulado (AC) de 50%. A distribuição apresenta uma curva do tipo quase normal, porque a maioria dos vendedores está dentro da classe de maior frequência (21). Por outro lado, 45% correspondem a 75. O valor médio (50%) é encontrado da seguinte maneira:

50% (valor médio) = 45% + 5% =76

O valor de 5% acrescido é igual aos 26% divididos pelo intervalo de classe, ou seja, 26 / 5 (5% aproximadamente), isto é, a cada ponto a mais, no intervalo de classe, significa um acréscimo de 5%.

Armazenagem de Dados – A preocupação com o armazenamento é de grande importância, pois os dados devem ser corretamente armazenados no banco de dados, além de que deve necessariamente haver uma maneira organizada e lógica de se estabelecer o banco de dados. No que diz respeito à recuperação, nota-se que é importante também que os dados ofereçam certa disponibilidade, bem como seja possível retomá-los rapidamente.

Os dados são matérias-primas da informação e que, portanto, não podemos esperar muito tempo para a sua recuperação, porque podemos perder uma oportunidade.

Estrutura de Dados – Um dos mais significativos aspectos de um banco de dados é o tipo de estrutura de dados ao qual dará suporte. A estrutura de dados de um arquivo é a estrutura que deverá ser levada em consideração pelo usuário, de modo a processar o arquivo com as facilidades à sua disposição e na linguagem que estiver usando.

4.7 TIPOS DE BANCO DE DADOS

A seguir, os mais relevantes tipos de bancos de dados e suas principais funções:

Banco de Dados de Candidatos – Este banco de dados deve conter os dados de candidatos potenciais a futuras vagas na empresa, principalmente, sobre mão de obra especializada. Com tal procedimento, não perdemos recurso e tempo no recrutamento.

Banco de Dados de Custeio – Conjunto de dados coletados que são organizados e inter-relacionados para o uso por um sistema de informações de custeio, baseado em atividades de produção.

Banco de Dados de Clientes – Um banco de dados de clientes é um conjunto organizado de dados abrangentes sobre clientes atuais e potenciais que seja atualizado, acessível, acionável e destinado a: geração e qualificação de interessados, venda de um bem ou serviço, manutenção de relacionamentos. Também pode ter dados sobre mercados, produtos, ambientes, cenários, candidatos, fornecedores, distribuidores, agentes, revendedores, atacadistas, funcionários, concorrentes, consumidores.

Banco de Dados de Fornecedores – Os fornecedores de recursos ajudam a entender os valores que se processam no mercado, como: custos, preços, créditos, financiamentos, margens de lucro, levando o projetista a determinar o nível de receita necessário, para que a empresa sobreviva.

Banco de Dados de Distribuidores – Os distribuidores são os intermediários entre a fábrica e o varejo, isto é, são os detentores dos canais de distribuição. Um dos princípios da distribuição moderna exige que o fabricante não passe a ignorar seu produto, tão logo este tenha passado de suas mãos para agentes, atacadistas e varejistas. A distribuição bem-feita estimula a demanda.

Banco de Dados de Varejistas – Os varejistas são considerados os pontos onde os produtos são repassados às mãos dos consumidores finais. Varejo é o espaço (real ou virtual) onde o consumidor compra um determinado produto.

Banco de Dados de Atacadistas – Os atacadistas são distribuidores que assumem a propriedade dos bens que negociam. O sistema de atacado significa que o fabricante pode fazer negócios com um número menor de intermediários, podendo fazer entregas individuais maiores. Os atacadistas exercem um papel muito importante, principalmente, no abastecimento do pequeno varejo, para os quais a indústria não vende diretamente.

Banco de Dados de Reparadores – A empresa precisa ter um banco de dados de mão de obra especializada para serviços de reparação, construção e manutenção.

Banco de Dados de Vendedores – O pessoal de recrutamento de vendedores deve estar de posse de uma série de indicadores que propiciarão um bom recrutamento, a saber:

Linha de produto a ser vendida; Mercado a ser atingido; Tipo de trabalho de venda a ser realizado; Características da região de atuação; Política de remuneração; Requisitos culturais necessários ao desempenho do trabalho; Conhecimentos técnicos dos produtos; Volume e peso do material do vendedor; Relatórios e formulários a serem preenchidos; Desejável conhecimento anterior do mercado; Características da equipe em que será agregado; Tempo médio de duração da visita; Número de visitas por dia; Sistema de comunicação; Sistema de informações.

Banco de Dados de Empregados – O empregado é visto como um recurso importante à medida que se torna mais produtivo, trazendo riqueza para a empresa. Este banco deve ter um caráter meritocrático, quando se precisar avaliar o empregado, principalmente, para a sua promoção e remuneração.

A direção da empresa deve estar sempre recrutando, selecionando e treinando mão de obra, por se tratar de uma mão de obra muito volátil, cujo turnover é muito alto, comparado aos demais cargos.

4.8 CADASTRO

Cadastro é um conjunto de dados sobre pessoas (físicas e jurídicas), consumidores, distribuidores, fornecedores de recursos, funcionários, candidatos a emprego, profissionais especializados, vendedores, autores. Embora os cadastros sejam preenchidos preliminarmente através de formulários ou fichas, os mesmos são acumulados em arquivos de computadores, para uma fácil recuperação.

A seguir, as principais Fichas de Cadastro utilizadas numa empresa:

Ficha de Inscrição – Esta ficha é um formulário que uma pessoa preenche com o objetivo de fornecer dados com um objetivo específico, como: domicílio; formação escolar e profissional; nível de instrução; gostos culturais; posição econômica; vida recreativa; empregos anteriores.

Ficha de Descrição do Cargo – A ficha de descrição de cargo é um documento importante utilizado pelo Departamento de Recursos Humanos, pois estabelece definições, funções, objetivos, responsabilidades, trabalhos, supervisão exercida, supervisão recebida, grupo salarial, departamento, seção, centro de custo, requisitos mínimos (grau de instrução, educação, experiência, conhecimento específico).

Ficha de Descrição de Cargo	Nº:
Cargo: Gerente de Vendas	
Data de Elaboração:	Data de Revisão:
Departamento: Marketing	Divisão: Vendas
Grupo Salarial: B2	Centro de Custo: CC 02
Objetivos Básicos:	
Responsabilidades (relacionar as principais):	
Funções mais Importantes:	
Supervisão Exercida: Supervisores e Vendedores	
Supervisão Recebida: Diretor de Marketing	
Requisitos Mínimos: Graduado em administração; Conhecimentos de mercado e de vendas; Personalidade articulada, motivadora e persuasiva; Habilidade de falar e de escrever; Capacidade de comunicação e liderança; Experiência mínima de 5 (cinco) anos num cargo executivo de vendas.	

Formulário 4.1: Ficha de Descrição de Cargo.

A ficha do cliente consumidor é um controle que objetiva ter os dados cadastrais do consumidor.

Ficha do Cliente Consumidor		
Número da Ficha:	Data:	
Cliente:		
Endereço Real:		
	CEP:	
Bairro:	Cidade:	Estado:
Telefones:		
Endereço Virtual:		
Profissão:	Atividade:	
CPF:	RG:	
Filiação:		
Consultas para Crédito:		
SPC e outros:		
Bancos:		
Crédito (limite):		
Cartões:		
Observações:		

Formulário 4.2: Ficha do Cliente Consumidor.

A ficha do funcionário é uma folha cadastral com toda a sua qualificação.

Ficha do Funcionário		
Nº	Data de Admissão:	
Nome:		
Endereço Real:		
	CEP:	
Bairro:	Cidade:	Estado:
Telefones:		
E-mail:		
CPF:	RG:	
Filiação:		
Nível Escolar:	Estado Civil:	

Nacionalidade:		Natural:
Esposa:		
Filhos (dependentes):		
Profissão:		Sexo:
Cargo:		
Funções:		
Ultimas Atividades:		
Departamento:		Centro de Custo:
Salário:		
Banco:	Agência:	Conta:
Contrato de Trabalho:		

Formulário 4.3: Ficha do Funcionário.

A ficha do fornecedor é um cadastro que indica quem atua no mercado de recursos, principalmente, para bens, matérias-primas e insumos.

Ficha do Fornecedor		
Número da Ficha:		Data:
Fornecedor:		
Endereço Real:		
		CEP:
Bairro:	Cidade:	Estado:
Telefones:		
Site:		
Endereço Virtual:		
CNPJ:		Inscrição Estadual:
Setor da Economia:		
Atividades:		
Recursos Disponíveis:		
Prazo de Pagamento:		
Prazo de Entrega:		
Distribuição Própria:		
Observações:		

Formulário 4.4: Ficha do Fornecedor.

A ficha de cadastro simplificado é uma ficha preliminar.

Ficha de Cadastro Simplificado		
Nome:		
Endereço:		
CEP:	Bairro:	Cidade (Estado):
Telefones:		
E-mail:		
Profissão:		
Campo de Atuação:		
Empresa (Trabalho):		
Endereço:		
Telefones:		
Observações:		

Formulário 4.5: Ficha de Cadastro Simplificado.

A ficha de cadastro e avaliação do candidato é a ficha utilizada pelo pessoal de recrutamento e seleção.

Ficha de Cadastro do Candidato		
Nº da Ficha:	Data:	
Nome:		
Endereço Real:		
	CEP:	
Bairro:	Cidade:	Estado:
Telefones:		
Endereço Virtual:		
CPF:	RG:	
Filiação:		
Data (nascimento):	Peso:	Altura:
Nacionalidade:	Natural:	
Estado Civil:	Sexo:	
Nível Escolar:	Profissão:	
Vida Escolar (principais cursos):		
Vida Profissional (principais ocupações):		

Faixa Salarial Pretendida:	
Referências:	
Especialidade:	
Gostos Culturais:	
Banco:	Agência:
Cargo Pretendido:	
Vida Recreativa:	
Avaliação: Contratar Imediatamente Contratar Não Contratar Aguardar Oportunidade Reformular Pedido de Recrutamento	
Avaliador (Nome e Cargo):	
Observações:	

Formulário 4.6: Ficha de Cadastro do Candidato.

A ficha de contato é utilizada para contatos entre vendedores e compradores.

Ficha de Contato	
Distribuidor/Varejo:	
CNPJ:	
Responsável (Comprador):	
Endereço:	
CEP:	Bairro:
Município:	Estado:
Telefones:	
E-Mail:	

Arquitetura do Ponto de Venda: Grande Pequeno Médio Shopping Condomínio Quiosque Restaurante Padaria Bar Mercadinho Vinhos e Cervejas
Produtos Trabalhados:
Limite de Crédito:
Vendedor:
Prazo de Pagamento: ____________________
Observações:

Formulário 4.7: Ficha de Contato.

Capítulo 5

SISTEMA de INFORMAÇÃO

"O essencial é invisível aos olhos dos indivíduos de baixo nível de percepção".
Willian H. Newman

OBJETIVOS DO CAPÍTULO

- Mostrar a importância dos sistemas de informação em um empreendimento.
- Mostrar como são construídos os sistemas de informação.
- Mostrar a influência dos sistemas de informação nas decisões empresariais.

5.1 INFORMAÇÃO

A informação é um dado trabalhado, registrado, classificado, analisado, avaliado, organizado, relacionado ou interpretado dentro de um contexto, exprimindo significado, que permite a alguém tomar uma decisão inteligente. Também pode ser considerada como um conjunto de dados com um significado que reduz a incerteza a respeito de algo, aumentando seu conhecimento.

Ela é indispensável ao administrador para: atingir metas, descobrir e definir problemas. É através da informação que avaliamos desempenhos e desenvolvemos procedimentos adequados.

A informação é útil quando permite apoiar e orientar uma ação com segurança, minimizando a margem de erro. Na comunicação, a parte principal é a informação. Se esta não for comunicada pode inviabilizar a tomada de decisão ou a solução de um problema. A receita de sucesso é ter a informação adequada.

A falta da mesma é um dos causadores de problemas, tendo em vista que aumenta, a cada ano, o número de profissionais desinformados a respeito da empresa em que trabalham. Administrar bem um negócio é administrar seu futuro. E administrar seu futuro é administrar informações.

Sem informação nem um simples negócio pode sobreviver.

Todos os elementos de dados, estudados anteriormente, se aplicam às informações. Assim, passaremos a mostrar alguns elementos da informação:

Atualização da Informação – Como a informação tende a se deteriorar com o tempo, cabe uma atualização constante de todos os arquivos da empresa.

Distorção da Informação – À medida que a informação atravessa a hierarquia da organização, ela sofre um processo de abstração, absorção e distorção. Interesses pessoais e organizacionais, condições sociais, psicológicas e econômicas podem conferir à informação uma conotação que não é, verdadeiramente, aquilo que aparenta ser.

Há muitos modos diferentes de sintetizar e interpretar a informação, porque, por exemplo, duas pessoas não empregarão exatamente as mesmas palavras para descrever um mesmo acontecimento.

Finalidade da Informação – O projetista precisa questionar se a informação colida do ambiente tem alguma finalidade para o projeto.

Fluxo da Informação – Como uma organização opera por meio de fluxos de informações, é preciso que o projetista estabeleça critérios para avaliar os fluxos existentes para determinar se os mesmos são úteis e aplicáveis.

Necessidade da Informação – A necessidade da informação precisa ser determinada, para se poder saber se ela é parte integrante do trabalho a ser desenvolvido no projeto.

Qualidade da Informação – Tomar decisões envolve coletar dados e compreendê-los. Uma informação produzida, que não seja distribuída com qualidade, inviabilizará qualquer projeto. Alguns requisitos da informação são necessários para que a mesma tenha qualidade:

Forma – A forma diz respeito ao conteúdo, apresentação e confiabilidade

Idade – A idade é determinada pelo tempo de existência da informação, em relação aos fatos relatados. Mas atenção, nem tudo que é antigo não serve mais.

Frequência – A frequência diz respeito à periodicidade com que a informação é produzida.

Significado – Aquilo que deve ser absorvido pelo usuário (detalhes, exceções).

Uso da Informação – O projetista deve questionar até que ponto a informação faz parte do custo do projeto. As implicações do uso da informação precisam ser analisadas e avaliadas, antes de tudo.

Filtro da Informação – A capacidade humana para lidar racionalmente com grande quantidade de informações, simultaneamente, é, ao contrário do que imaginamos, muito limitada. O problema do administrador é a explosão (abundância) de informações, dificultando o controle da comunicação. Faz-se necessário filtrar o que é pertinente e relevante do redundante e repetitivo.

A informação passada de um determinado nível hierárquico para outro terá de ser filtrada (triagem) ou sintetizada (condensada). O filtro é utilizado para selecionar o que deve ou não passar. A seguir, os mais importantes filtros de informação:

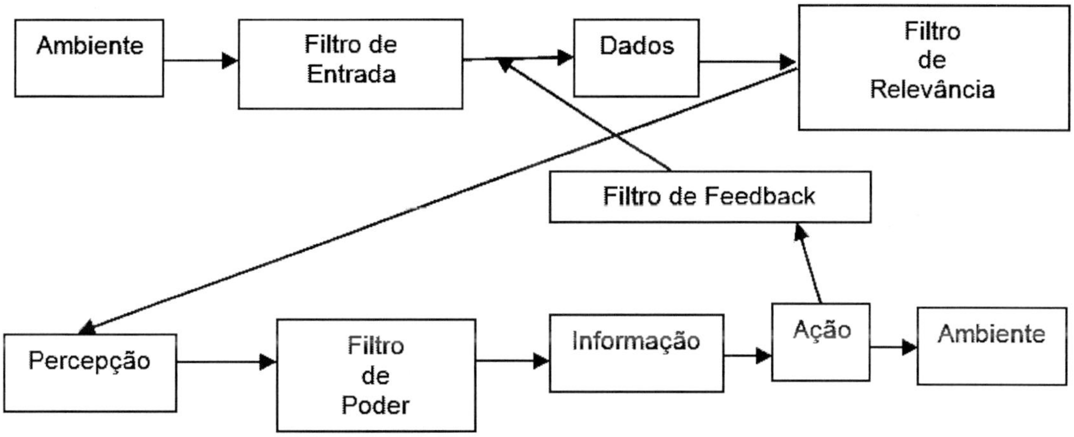

Figura 5.1: Modelo de Filtragem da Informação.

Onde:

- O filtro de entrada é aquele que monitora qual o tipo e a quantidade de informação que entra no sistema.
- O filtro de relevância é aquele voltado para a lógica do raciocínio, porque determina o que realmente serve.
- O filtro de poder é aquele que é aplicado pelo executivo chefe ou coordenador do projeto.
- O filtro de feedback é aquele que aponta quais os desvios devem ser considerados.

Utilidade da Informação – A informação é útil quando permite apoiar e orientar uma ação com segurança, minimizando a margem de erro. Na comunicação, a parte principal é a informação.

Valor da Informação – O valor da informação é dado pela necessidade de seu uso. A capacidade do indivíduo de receber informação, de avaliar sua relevância para o papel que ele desempenha no grupo e de interpretá-la é muito limitada. O valor da informação é influenciado por fatores como: custo, conteúdo, manipulação, oportunidade, precisão, confiabilidade, seletividade, organização, apresentação, fonte.

Usuário da Informação – O usuário da informação precisa identificar, definir, conhecer o seu fluxo e especificar o seu propósito.

Cultura da Informação – Um dos elementos cruciais, entre os esforços da empresa para administrar mudança, é sua cultura da informação. Esta cultura pode se definida como os valores, atitudes e comportamentos que influenciam o modo como as pessoas avaliam, aprendem, coletam, organizam, processam, comunicam e utilizam a informação.

Distribuição da Informação – A maioria das organizações não conhece aquilo que tem em arquivo. Pode ter sistemas eficientes para armazenar e localizar contas rotineiras. Ter dados de produção e de venda, por exemplo, mas pode ter dificuldades em localizar e reunir as informações em um banco de dados. Sem uma distribuição adequada da informação a empresa, perde tempo e se torna lenta.

Por outro lado, há uma necessidade de centralizar as informações em um único lugar, porque as informações fazem parte do ativo da empresa. Quem tem informação, tem poder.

Compartilhamento da Informação – O compartilhamento das informações ajuda as pessoas a adquirirem conhecimento. A triagem que cada pessoa faz, bem como sua interpretação, gera ganhos de percepção em escala exponencial. A avalanche de informações circulando pela rede surpreende pela sua magnitude e diversidade.

O poder foi transferido para os indivíduos de um modo jamais visto antes. Vozes que poderia, ter passado despercebidas, em outros tempos, ganharam vez, porque todos estão conectados a tudo e a todos.

Segurança da Informação – Com o surgimento da Internet foram necessárias medidas de segurança que, infelizmente, não são invulneráveis. Muitas empresas passaram a acumular bens valiosos na forma de bits, uma espécie de ativo digital que reúne registros de transações, projetos de novos produtos, cadastros de clientes, relatórios financeiros e outras informações sigilosas.

Tecnologia da Informação – A tecnologia da informação é uma tecnologia aplicada ao sistema de informação para facilitar o processamento, o armazenamento, o registro, o transporte e a recuperação de dados. O termo tecnologia da informação, de sentido ainda mais amplo do que Informática, seria o conjunto de técnicas de processamento rápido de grande volume de dados sintetizados no computador de alta velocidade, visando o processo decisório.

Dentre as tecnologias, a que mais avançou, nos últimos anos, foi a tecnologia da informação. A tecnologia da informação é considerada uma ferramenta estratégica que auxilia a empresa a aumentar o rendimento de seus recursos, ajudando a mudar, rapidamente, objetivos, metas e desafios dos negócios de qualquer empresa.

5.2 CLASSIFICAÇÃO DA INFORMAÇÃO

As informações podem ser classificadas quanto ao ambiente, ao arquivamento, à finalidade, à utilidade e à aplicação. No momento, faremos apenas alusão as seguintes informações:

Informações Estratégicas – São aquelas voltadas a ajudar a alta administração a tomar decisões no nível institucional e que definem o futuro da organização. A informação estratégica não deve ser comparada com informação do concorrente. Nem deve ser confundida com informação competitiva. No nível estratégico, os dados são inexatos.

Informações Táticas – São aquelas voltadas a ajudar os gerentes a decidir sobre as necessidades de recursos. No nível tático, os dados são aproximados.

Informações Operacionais – São aquelas voltadas a ajudar a organização a manter ativo o seu ciclo operacional. No nível operacional, os dados são exatos.

Informações Contábeis – São aquelas relativas á: caixa, bancos, recebíveis, contas a pagar, balanço patrimonial, demonstrativo de resultado.

Informações de Marketing – São aquelas relativas à: pesquisa de mercado, pesquisa de produto, previsão de vendas, faturamento, receita com vendas. A informação de marketing é muito importante para a empresa, pois é dela, geralmente, que derivam os negócios. As informações de marketing ajudam a delinear cenários futuros para a empresa e, assim, mostrar qual a melhor direção a tomar nos negócios.

Informações de Produção – São aquelas relativas à: processos, tecnologias, materiais, fornecedores, projetos, custos, otimização de recursos, ponto de equilíbrio, capacidade instalada.

Informações Corporativas – São aquelas relativas aos investimentos, imobilizações, negócios, salários, indicadores de gestão (econômicos, financeiros, de performance, de mão de obra, de venda, de produção, de tempo, de sustentabilidade).

Informações Gerenciais – As informações de natureza gerencial destinam-se a alimentar o processo decisório. Muitas dessas informações, manipuladas no dia a dia das empresas, não correspondem integralmente às necessidades, sendo, portanto, insatisfatórias. Tais informações se caracterizam pelos seguintes elementos: comparação, confiança, tempo hábil, detalhe, exceção.

Informações de Pesquisa – São informações coletadas do ambiente que ajudam a organização sobreviver, diante de tanta competitividade.

5.3 SISTEMA

Sistema é um conjunto (todo organizado) de elementos (partes) que interagem, visando atingir um objetivo (ou uma função) comum, como um todo unitário e complexo. O estudo dos sistemas capacita os homens e as instituições a terem um procedimento racional integrado a um conjunto organizado.

A verdadeira importância do estudo dos sistemas é conscientizar o dirigente para a complexidade da organização e a necessidade de ver a empresa como um sistema aberto. Tais sistemas são controlados por meio de informações.

A palavra sistema tem muitas conotações, mas o que se destaca neste conceito é que o resultado é maior do que a soma dos resultados que as partes dariam se funcionassem separadamente. A isto chamamos sinergia. A Teoria de Sistemas é, frequentemente, identificada como Cibernética e Teoria do Controle, o que é totalmente errado. A seguir, os elementos mais importantes do sistema:

Ambiente do Sistema – Tudo aquilo que envolve o sistema.
Entrada do Sistema – Tudo aquilo que o sistema importa do ambiente.
Saída do Sistema – Tudo aquilo que é resultado final das operações que se processam no sistema.
Retroalimentação (Feedback) do Sistema – Retroação é um subsistema de retorno à entrada com a finalidade de corrigir desvios.

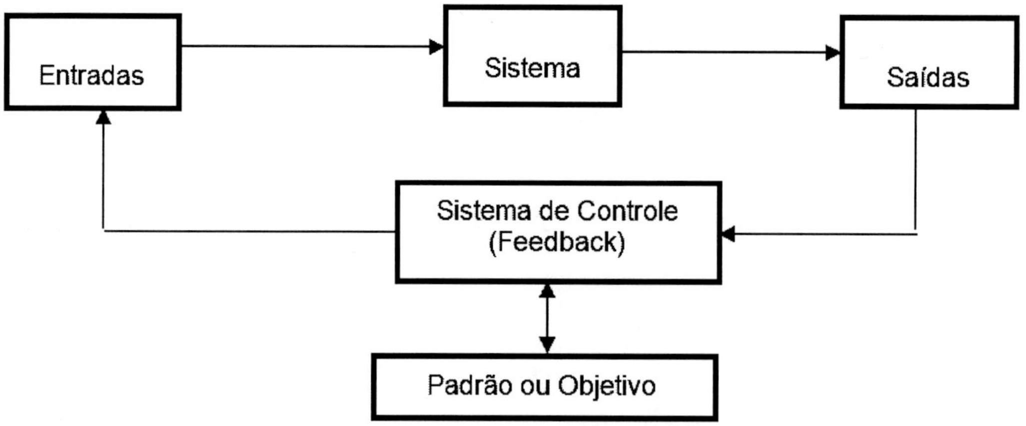

Figura 5.2: Sistema de Feedback.

Recursos do Sistema – Os recursos de um sistema são os meios que ele dispõe e usa para cumprir a sua função, atribuição ou atividade.

Subsistema – Subsistemas são partes identificadas de forma estruturada que integram um sistema maior.

Administração do Sistema – A administração do sistema trata da criação de planos para o sistema, determina as finalidades dos componentes, procede à alocação de recursos e controla o rendimento do sistema.

Fronteira do Sistema – É o limite virtual do sistema. A fronteira é uma espécie de linha a limitar ou conter a atividade do sistema.

Interfaces do Sistema – A conexão e interação entre os subsistemas é chamada interface. Através das interfaces os subsistemas trocam material, energia e informação.

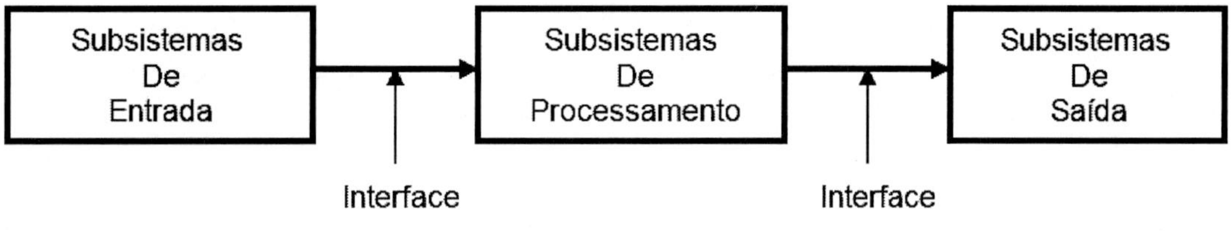

Figura 5.3: Interfaces de um Sistema.

5.4 CLASSIFICAÇÃO DOS SISTEMAS

Todo conhecimento precisa ser sistematizado e classificado, isto é, ordenado e posicionado numa escala de valores capaz de facilitar a compreensão de sua contribuição, de forma que sejam estabelecidas uma sequência e uma hierarquia que possibilitem seu uso e a evolução gradual do raciocínio do mais simples para o mais complexo, pois só assim as pessoas conseguem um crescimento cultural sólido. Há uma grande variedade de sistemas de informação e uma ampla gama de tipologias para sua classificação, de acordo com certas características básicas.

Os quadros a seguir mostram os diversos tipos de sistema de informação:

Sistemas Quanto à Constituição:

Sistemas	Conceitos
Físicos Concretos	Sistemas compostos de equipamentos, objetos e coisas reais. Podem ser descritos em termos quantitativos de desempenho.
Abstratos Lógicos	Sistemas compostos de conceitos, planos, hipóteses e ideias, que muitas vezes só existem na cabeça de uma pessoa.

Quadro 5.1: Sistemas Quanto à Constituição.

Sistemas Quanto à Natureza:

Sistemas	Conceitos
Fechados	Sistemas fechados são os sistemas que não apresentam intercâmbio (não realizam trocas) com o ambiente. Eles são totalmente determinados e programados.
Abertos	Sistemas abertos são os sistemas que apresentam relações de intercâmbio com o ambiente, através das entradas e saídas. São eminentemente adaptativos, porque se reajustam constantemente às condições ambientais.
Vivos	Nascem e herdam traços estruturais. Morem, porque seu tempo de vida é finito. São concretos e completos. Distúrbio é definido como doença.
Organizados	Montam sua estrutura por estágios. Podem ser reorganizados e teoricamente têm vida ilimitada. Não têm ciclo de vida definido. São abstratos e incompletos. Distúrbio é definido como um problema.

Quadro 5.2: Sistemas Quanto à Natureza.

Sistemas Quanto à Complexidade:

Sistemas	Conceitos
Complexos Simples	São os menos elaborados.
Complexos Descritivos	São altamente elaborados e profundamente inter-relacionados.
Excessivamente Complexos	São aqueles que não podem ser descritos precisa e detalhadamente.

Quadro 5.3: Sistemas Quanto à Complexidade.

Sistemas Quanto ao Resultado:

Sistemas	Conceitos
Determinado	É aquele no qual as partes interagem de uma forma perfeitamente previsível, não dando lugar a dúvidas. A interação entre suas partes é conhecida. Se uma das partes tem uma descrição do estado do sistema, até um dado ponto, é possível conhecer as demais operações, sem erro. Um exemplo deste tipo de sistema é um computador que se comportará em função do programa nele instalado.
Probabilístico	É aquele para o qual não poderá ser fornecida uma previsão detalhada, em determinadas circunstâncias. Este sistema pode ser descrito como tendo um comportamento provável, mas um certo grau de erro é sempre previsto. Um sistema de inventário é um exemplo de um sistema probabilístico. A média da demanda e a média do tempo de reposição podem ser definidas, mas não seus valores exatos.
Determinado Simples	É aquele que possui poucos componentes e inter-relações e que revela comportamento dinâmico completamente previsível.

Determinado Complexo	É o caso do computador. Se o seu resultado não for totalmente previsível, ele estará funcionando mal.
Determinado Supercomplexo	Não existe até o momento nenhum sistema desse tipo.
Probabilístico Simples	É um sistema simples, mas imprevisível, como jogar uma moeda. O controle estatístico de qualidade é um sistema desse tipo.
Probabilístico Complexo	É um sistema probabilístico que, embora complexo, pode ser descrito.
Probabilístico Supercomplexo	É um sistema tão complicado que não pode ser totalmente descrito. É o caso do cérebro humano.

Quadro 5.4: Sistemas Quanto ao Resultado.

Sistemas Quanto ao Comportamento:

Sistemas	Conceitos
Manutenção do Estado	É aquele que reage do mesmo modo ao evento. Aliás, a função manutenção está sempre presente, qualquer que seja o sistema.
Busca de Objetivos	É aquele que responde aos eventos internos e externos para conseguir resultados. É um sistema voltado para respostas.
Intencional	É aquele que produz o mesmo resultado, seguindo-se diferentes caminhos.

Quadro 5.5: Sistemas Quanto ao Comportamento.

Sistemas Quanto ao Estado:

Sistemas	Conceitos
Estático	É aquele em que os eventos não acontecem.
Dinâmico	É aquele onde acontecem eventos.
Homeostático	É aquele que é estático em relação aos seus elementos e dinâmico em relação ao ambiente.

Quadro 5.6: Sistemas Quanto ao Estado.

Sistemas Quanto à Automação:

Sistemas	Conceitos
On-line	É aquele que recebe entradas diretamente do local onde ele foi criado e cujas saídas, ou os resultados do processamento, são dirigidas diretamente para onde sejam necessárias.
Tempo Real	É aquele que pode ser definido como controlador do ambiente pelos recebimentos de dados, processamentos e resultados, com a rapidez suficiente para afetar este mesmo ambiente.

Quadro 5.7: Sistemas Quanto à Automação.

Sistemas Quanto ao Apoio:

Sistemas	Conceitos
Apoio às Operações	É aquele voltado a processar transações que envolvam com frequência alguma tomada de decisão simples, tal como a decisão sobre crédito num sistema de processamento de pedidos.
Apoio às Decisões	É aquele voltado para processos decisórios de gestão empresarial. Estes sistemas podem ser um simples arquivo de gaveta ou um sistema eletrônico bastante complexo. Eles estão geralmente ligados à eficácia da organização.

Quadro 5.8: Sistemas Quanto ao Apoio.

5.5 SISTEMA EMPRESA

A ideia de ver a empresa como um sistema aberto tem como finalidade garantir sua sobrevivência, porque um sistema organizacional fechado não poderá sobreviver à medida que não conseguir responder eficazmente às mudanças contínuas e rápidas do ambiente. Para garantir sua sobrevivência, a empresa deve dar ao ambiente o produto que ele necessita.

A Figura 5.4 mostra um modelo de empresa do tipo sistema aberto.

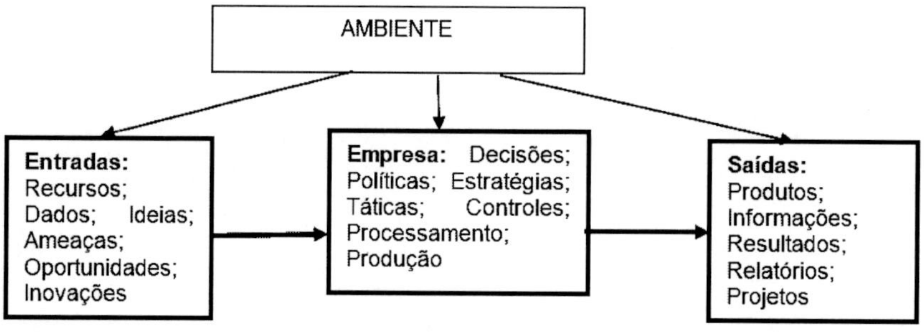

Figura 5.4: Sistema Empresa.

A abordagem de sistema aberto concebe um sistema que tem entradas e saídas com seu ambiente. Dentro dessa abordagem, a empresa é visualizada em um dinâmico relacionamento com o seu ambiente, recebendo vários insumos (entradas), transformando-os em resultados na forma de bens, serviços e ideias (saídas).

Os sistemas abertos trocam matéria e energia regularmente com o ambiente e são, fundamentalmente, adaptativos, pois para sobreviver precisam reajustar-se continuamente às condições mutáveis do meio em que vivem.

A Figura 5.5 mostra o diagrama do sistema aberto, que também é conhecido como Diagrama de Ackoff, representando a empresa num determinado ambiente.

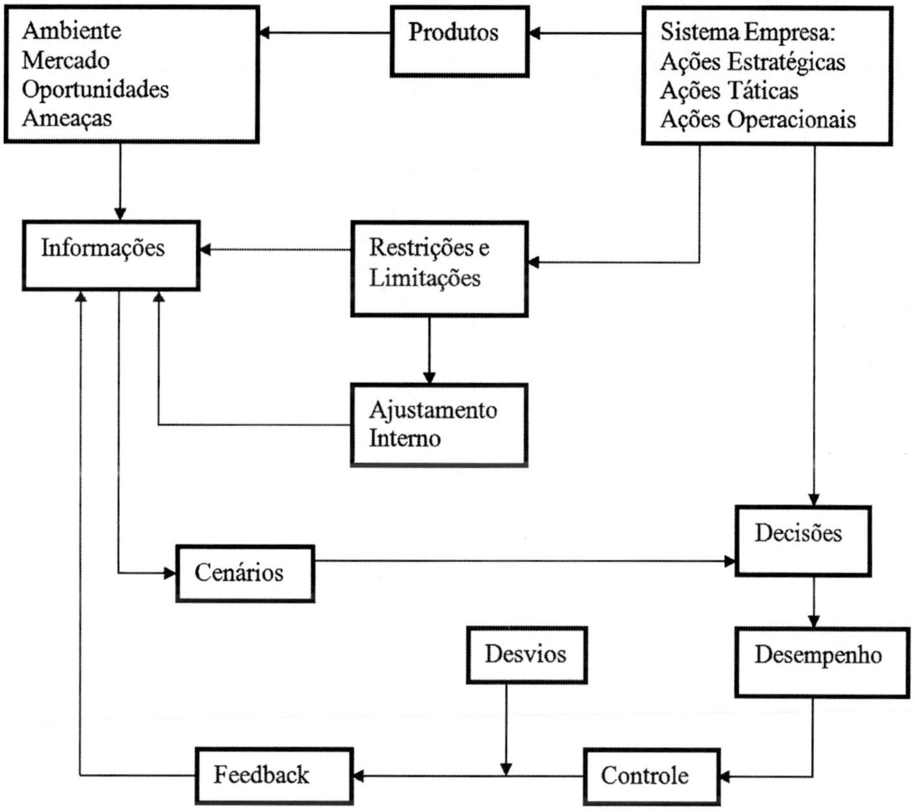

Figura 5.5: Diagrama do Sistema Aberto (Ackoff).

5.6 SISTEMA DE INFORMAÇÕES GERENCIAIS

Sistema de informações gerenciais (SIG) é aquele que transforma dados em informações que são utilizadas na estrutura decisória da empresa, bem como proporcionam a sustentação administrativa para otimizar os resultados esperados.

Um sistema de informações gerenciais pode ser entendido como simplesmente um sistema de informações que recebe entradas de dados e instruções, processa estes dados conforme instruções e obtêm, na saída, informações e resultados.

Para decisões programadas é comum a utilização do seguinte modelo:

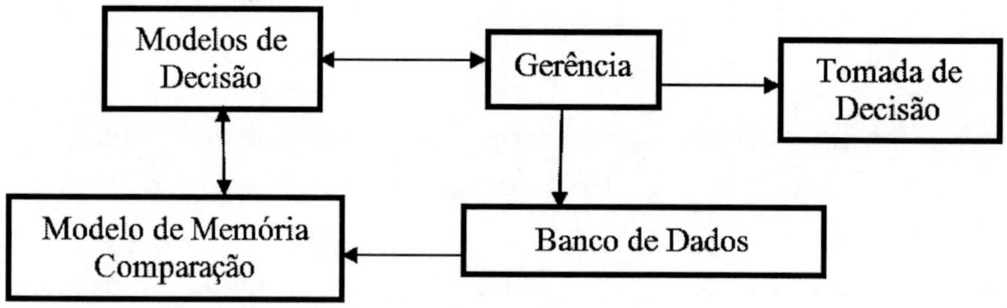

Figura 5.6: Sistema de Informações Gerenciais para Decisões Programadas.

Para decisões não programadas é comum a utilização do seguinte modelo:

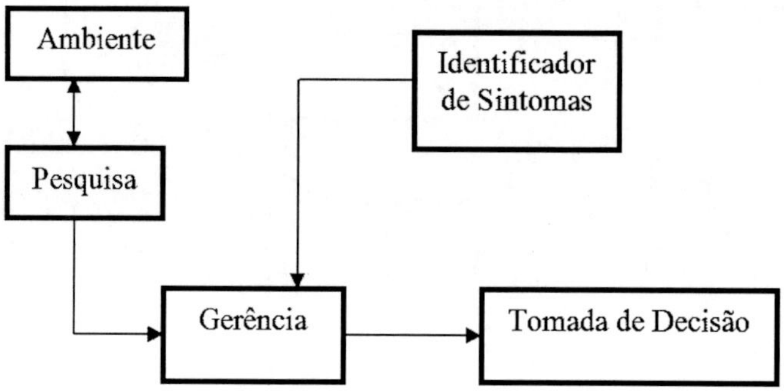

Figura 5.7: Sistema de Informações Gerenciais para Decisões Não Programadas.

Sistema de informações gerenciais é um subsistema do sistema empresa, cuja finalidade é operar um conjunto de lógicas voltadas para a produção de informações destinadas a apoiar o processo decisório nas funções administrativas.

Processos decisórios e sistemas de informação só poderão ser desenvolvidos se gerentes e analistas de sistemas tiverem uma linguagem comum. Pelo próprio fato de os sistemas envolverem atividades de áreas distintas e, portanto, fora do alcance de um único executivo e, ainda, pelo fato de o desenvolvimento dos sistemas requerer uma série de técnicas especializadas, torna-se necessária à presença de especialistas.

Os sistemas de informações gerenciais, quando devidamente construídos, afetarão as variáveis empresariais: custo, qualidade do produto (bem e serviço), produtividade, velocidade de resposta, previsão, projeção, estrutura, função administrativa, qualidade do recurso, função organizacional, comportamento, objetivo, estratégia, política, risco, tática, estratégia.

5.7 SISTEMA DE INFORMAÇÕES DO PROJETO

O sistema de informações do projeto é construído para gerar fluxos de informações para a empresa cumprir a sua missão.

A Figura 5.8 mostra um modelo de sistema de informações do projeto e seus mais importantes subsistemas:

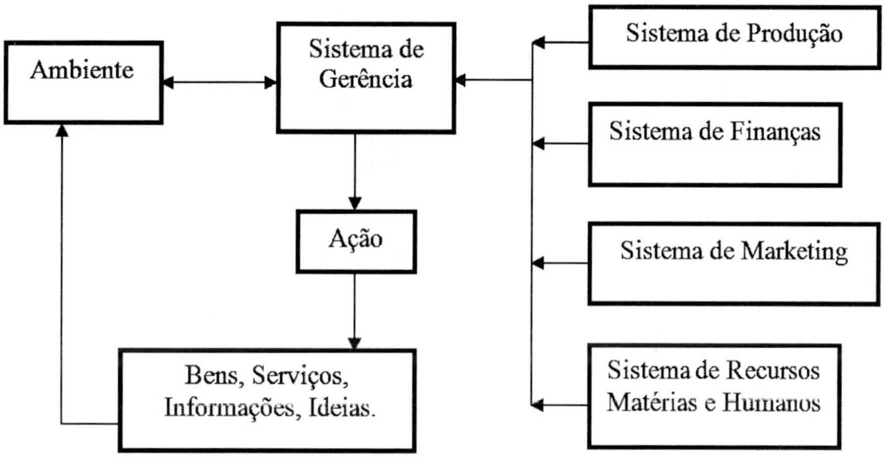

Figura 5.8: Modelo de Sistema de Informações do Projeto.

Capítulo 6

PESQUISA de MERCADO

"Se pudéssemos saber, em primeiro lugar, em que ponto nos encontrar e até que ponto avançar, estaríamos em melhores condições para julgar o que fazer e como fazê-lo"
Abraham Lincoln

OBJETIVOS DO CAPÍTULO

- Mostrar a importância da pesquisa.
- Mostrar como funciona a Teoria da Amostragem.
- Mostrar como se constrói um questionário de pesquisa.
- Mostrar os elementos de um relatório de pesquisa.

6.1 PESQUISA

Pesquisa é uma função administrativa voltada ao desenvolvimento de uma busca reflexiva, sistemática, controlada e crítica que permite descobrir causas, novos fatos (ou dados), realidades, relações, leis, regras, princípios e procedimentos para adequar a organização e/ou a pessoa a uma mudança de estado. Como a mudança é constante, a necessidade de pesquisar é eterna.

A pesquisa se constitui em uma ferramenta de coleta de dados para análise e reflexão sobre a realidade do mercado e da sociedade.

Pode-se afirmar que todo o instrumental e conhecimento de que dispomos tornou-se possível graças a um indivíduo, ou a um grupo de indivíduos, que se dedicou à pesquisa de modo denodado e intenso. Pesquisa e desenvolvimento passaram a ser uma preocupação básica da empresa atual, porque a pesquisa puxa o desenvolvimento, e vice-versa.

No Século XX, as pesquisas se tornaram as grandes ferramentas para balizar o caminho (estratégia) a ser seguida pela empresa, num mundo cada vez mais global. O fator determinante de escolha da pesquisa estará sempre sob a ótica do pesquisador, do material, do método e do tempo disponível.

Todo trabalho de pesquisa será apresentado pelo pesquisador, em função do seu nível de percepção e, principalmente, da experiência obtida de trabalhos anteriores.

A atividade de pesquisa implica num envolvimento total do pesquisador e de todas as suas potencialidades. É mister, pois, que todo o empenho, seriedade e honestidade possíveis precisam ser feitos para que uma pesquisa seja realizada a contento.

A seguir, alguns elementos que ajudarão ao usuário do projeto a mais bem entender a fundamentação da pesquisa:

Informação na Pesquisa – Toda empresa manipula vários fluxos de informação que afetam a sua administração. A necessidade da informação atualizada é uma constante, porque as mudanças são muito velozes. A economia está sendo globalizada, os consumidores cada vez mais diferem entre si e é muito difícil estabelecer um equilíbrio entre custo, preço, qualidade, quantidade e lucro.

A utilidade da informação coletada depende de sua veracidade, recuperação e rapidez em ser transmitida aos níveis mais altos da administração, e vice-versa.

Objetivo da Pesquisa – O objetivo da pesquisa é descobrir respostas para perguntas, por meio do emprego de processos científicos. Porém, para que possam ser respondidas através da pesquisa, as perguntas precisam ter uma característica comum, devendo ser de tal ordem que a observação ou a experimentação, no mundo natural, possam dar a informação necessária.

Muitas questões ou decisões não podem ser respondidas apenas com dados, pois, além destes existem valores que evoluem com o passar do tempo. Uma pesquisa perderá, ou não, seu valor durante um determinado período de tempo, porque não existe perenidade e, sim, pelo contrário, transitoriedade.

Problema da Pesquisa – O maior problema da pesquisa é a representatividade da amostra e do universo estudado. Pode-se, ainda, apontar problemas, como: a metodologia da coleta de dados, a entrevista, o questionário, o pesquisador, a leitura e análise de documentos, as observações e as estimativas.

É muito fácil que uma empresa fique tão envolvida num mercado ou num setor de mercado que não seja capaz de considerar todo o mercado (visão holística) para os seus produtos. Ela pode estar perdendo oportunidades potenciais e, pior, tempo.

Técnicas de Pesquisa – As técnicas de pesquisa têm evoluído muito, pois começam com contatos diretos e, hoje, são realizadas via Internet por computadores pessoais, que se deslocam para todo lugar (laptop). No momento, o site de busca mais famosos é o Google.

Evolução da Pesquisa – No último século as pesquisas evoluíram das observações diretas e levantamentos elementares até informações colhidas na Internet em sites de busca de altíssima velocidade.

Utilização da Pesquisa – A pesquisa não deve ser iniciada a partir de conclusões, previamente, formuladas e cristalizadas, a ponto de não permitirem modificação ou aperfeiçoamento no próprio processo de sua efetivação.

Erro na Pesquisa – É sabido que um dos fatores com os quais o pesquisador se defronta é a falta de tempo para estudar devidamente um problema e chegar a uma diagnose do mesmo. Considera-se diagnose a verdadeira caracterização da problemática (conjunto de problemas relativos a um mesmo assunto).

Como o trabalho de pesquisa é, geralmente, baseado em amostra, há a possibilidade de erros.

Avaliação da Pesquisa – Na vida diária, o administrador precisa cada vez mais ser capaz de avaliar a pesquisa, a fim de tomar decisões inteligentes.

Obstáculos à Pesquisa – Os obstáculos à pesquisa são, basicamente, os seguintes:

Preconceito – O preconceito é entendido como um juízo previamente formulado.

Propaganda – O pensamento do ser humano pode ser manipulado ou condicionado por meios de comunicação de massa.

Tradicionalismo – Tendência de apegar-se às formulações do passado.

Autoritarismo – Aceitação não crítica de uma fonte de autoridade qualquer que seja a sua origem.

Etnocentrismo – Valorização exagerada dos costumes e normas do grupo.

Subjetivismo – Inclinação para julgar os fatos, tomando-se como base emoções.

Generalização – Afirmação que se faz de ordem geral.

Estereótipos – Imagem que temos a respeito de determinados assuntos, problemas e pessoas.

Especialização – Tendência a desprezar qualquer tipo de conhecimento que não se encontre dentro da área específica do pesquisador.

Programa de Pesquisa – O projetista, na função de pesquisador poderá utilizar, como exemplo, o seguinte programa:

- Perceber e formular o problema.
- Analisar e definir o problema.
- Escolher a equipe de pesquisadores.
- Estabelecer uma linguagem comum para a equipe, tais como: símbolos, conceitos e vocabulários.
- Determinar objetivos da pesquisa.
- Definir necessidades de informação.
- Investigar as fontes de informação (banco de dados).
- Dimensionar recursos necessários e tempo de duração da pesquisa.
- Escolher o tipo de metodologia da pesquisa (observação, entrevista, questionário).
- Definir as ferramentas de pesquisa.
- Montar os questionários de pesquisa, fazendo um pré-teste do mesmo.
- Operacionalizar a coleta de dados.
- Tabular dados e avaliar o que significam.
- Interpretar e analisar dados (variáveis).
- Levantar possíveis soluções (hipóteses), fazendo recomendações plausíveis.
- Preparar relatórios e fazer a apresentação dos resultados.
- Explicar, caso haja, diferenças gritantes entre o pretendido e o encontrado.

6.2 CARACTERÍSTICAS DA PESQUISA

A seguir, algumas características da pesquisa:

Acumulação – Todo trabalho de pesquisa tem um caráter acumulativo. Isto porque o mesmo se apresenta em duas direções: no sentido vertical, representado pela herança intelectual, pela qual a pesquisa se lança à consulta dos trabalhos anteriores; no sentido horizontal, por meio do qual o pesquisador procura conhecer as pesquisas realizadas em outros campos do conhecimento que possam afetar o seu trabalho.

Cooperação – A atividade de pesquisa, passando-se em termos de conhecimento humano como um todo, é uma obra coletiva que necessita cooperação.

Competição – Paradoxalmente à característica anteriormente mencionada, verifica-se um aspecto altamente competitivo na atividade de pesquisa. Este fator explica os cuidados dos pesquisadores com o sigilo. Este sigilo na pesquisa é necessário para evitar uma apropriação indébita da ideia, pois os pesquisadores gostam de divulgar os resultados, somente, quando certos e seguros.

Universalismo – O cientista, ainda que sofrendo as influências do seu sistema cultural e político, deve esforçar-se no sentido de que sua descoberta seja relacionada, principalmente, ao fato de não ser meramente uma questão de opinião. Os critérios impessoais asseguram que a descoberta tenha um caráter universal.

Ceticismo – É a aplicação do princípio da dúvida sistemática. O método e a descoberta devem ser constantemente questionados.

Risco – Há sempre um risco de insucesso pairando sobre uma pesquisa, qualquer que seja o assunto e o lugar. Este caráter aleatório da pesquisa tem um aspecto curioso, uma vez que nem sempre o sucesso é total, bem como o insucesso.

Validade – Qualquer pesquisa é válida, até quando mostra a sua inutilidade.

Abertura – Acima de tudo, a atividade pesquisa caracteriza-se por seu aspecto aberto para fatos, fenômenos, teorias, leis, juízos, princípios.

6.3 PROCESSO DE PESQUISA

O processo de pesquisa consiste de atividades intimamente relacionadas, que, continuamente, se sobrepõem, em vez de seguir uma sequência estritamente determinada e única. Se os processos subsequentes não forem considerados nos estágios iniciais, podem surgir sérias dificuldades que impedirão a complementação do objeto de estudo. É bom observar que o interesse pela minúcia, muitas vezes, dificulta a percepção do todo.

A seguir, as etapas do processo de pesquisa:

Percepção do Problema – A percepção do problema depende, em grande parte, do grau de interesse e curiosidade do pesquisador.

Natureza do Problema – Não é o bastante que tenhamos consciência de uma dificuldade. Necessário se faz que nos aprofundemos nela, tentando compreender melhor a sua natureza e elementos constituintes. Esta etapa é muito importante para o sucesso da pesquisa.

Planejamento da Pesquisa – Compreende a definição dos objetivos da pesquisa e de toda sua operacionalização, tais como: determinação das fontes de dados, escolha dos métodos, da definição dos procedimentos, da elaboração do plano de processamento e análise, da definição dos recursos necessários, da estrutura da equipe, do estabelecimento de um cronograma.

Análise dos Dados – Esta etapa compreende a transformação dos dados brutos coletados em informações relevantes para solucionar ou ajudar na solução do problema que deu origem à pesquisa. Nesta etapa, o pesquisador tabula os dados e desenvolve distribuições de frequência.

Elaboração Racional – É nesta fase que, por meio da coleta e análise dos dados, a conjuntura ou explicação provisória para o problema vai tomando corpo e configuração. Ao mesmo tempo em que informa os elementos que precisam ser corrigidos.

Conclusão da Pesquisa – Esta etapa irá definir a validade ou não da pesquisa. Nela deve ser aplicado todo o rigor possível.

Resultado da Pesquisa – O pesquisador, dentro do possível, deve anteceder a aplicação de sua descoberta para fins futuros. A descoberta deve ter um valor permanente, até que possa ser substituída, ou ampliada, por nova solução que seja comprovadamente de valor superior.

Apresentação do Resultado – O pesquisador apresenta seus resultados aos principais interessados. Ele não deve sobrecarregar o relatório com grande quantidade de números e técnicas estatísticas sofisticadas. Ao contrário, a apresentação deve ser relevante para as principais decisões a serem tomadas.

Comunicação do Resultado – Compreende a apresentação escrita (relatório) e oral das principais descobertas da pesquisa, bem como de sugestões e recomendações de ações.

6.4 TIPOS DE PESQUISA

A seguir, alguns tipos de pesquisa:

Pesquisa Tecnológica – Algumas vezes denominada de pesquisa aplicada, consiste, em grande parte, na aplicação dos tipos de pesquisa, previamente, relacionados às necessidades imediatas de novos recursos tecnológicos.

Pesquisa Experimental – O propósito da pesquisa experimental é detectar relacionamentos de causa e efeito, ao eliminar explicações divergentes de constatações observadas. Nesta pesquisa, um ou mais fatores são manipulados, enquanto os outros são mantidos constantes.

Pesquisa de Campo – A pesquisa de campo pode ser executada pessoalmente, pelo telefone ou pelo correio (real ou virtual) e pode ser executada por seu próprio pessoal ou por uma empresa de fora.

Pesquisa de Gabinete – A pesquisa de gabinete, muitas vezes, é considerada como sendo barata, uma vez que os principais custos envolvidos são: o tempo do pesquisador, o uso do computador (internet) e telefone, e-mail, energia elétrica e assinaturas de publicações.

A pesquisa de gabinete precisa ser feita por pessoal experimentado e gabaritado, senão é perda de tempo, esforço e dinheiro, pois saber ler o que é relevante para inferir e cruzar os dados não é para qualquer um.

Pesquisa pelo Correio – Tem como vantagem ser impessoal, de grande alcance e com custo, geralmente, baixo, pois não necessita de entrevistadores especializados. A principal desvantagem é a sua baixa taxa de retorno, criando um desvio na pesquisa.

Pesquisa do Produto – Mesmo antes de ser lançado no mercado, o produto precisa mostrar alguma aceitação. Assim, a pesquisa do produto deve, principalmente, questionar:

- Quais serão os clientes adotantes (consumidores, usuários) do produto?
- Qual a faixa etária?
- São consumidores fáceis de serem alcançados?
- Onde preferem comprar e quando compram?
- Quais os fatores que levam o consumidor a comprar?
- Qual a forma de aquisição?
- A empresa tem capacidade instalada para atender o mercado, com preço competitivo?

Pesquisa de Consumo – Esta pesquisa complementa a pesquisa do produto. As perguntas básicas são: Quais fontes de informação o consumidor utiliza como referência para comprar? Qual a frequência que consome o produto? Como prefere consumir o produto? Qual a finalidade de uso do produto?

6.5 AMOSTRAGEM NA PESQUISA

A amostragem está baseada em duas premissas. A primeira, é a de que há similaridade suficiente entre os elementos de uma população, de tal forma que uns poucos elementos representarão, adequadamente, as características de toda a população. A segunda, é a de que a discrepância entre os valores das variáveis na população e os valores das variáveis obtidos na amostra são minimizados.

A Teoria da Amostragem nos diz que os resultados oferecidos por um número muito grande de amostras se encaixam num modelo padrão chamado de distribuição normal. É verdadeiro que quantidades de população de muitos milhões podem ser avaliadas a partir de apenas 500 pessoas, se a amostra for adequadamente selecionada.

Esta teoria é um estudo das relações existentes entre a população pesquisada e as amostras utilizadas, tanto em quantidade, como em qualidade. Mas, nem sempre o tamanho da amostra é diretamente proporcional a sua precisão, porque é preciso considerar os critérios de seleção das amostras.

A amostra é o conjunto dos elementos de uma população, que é o conjunto de indivíduos da mesma espécie, localizado num determinado espaço e tempo, contendo certos atributos de um universo. O universo é o conjunto de fenômenos com características comuns. Ele utiliza dados representativos, em vez de toda a população. A amostra deve ser representativa do universo para produzir valor estatístico.

A amostra possui as seguintes vantagens: economiza mão de obra, tempo e dinheiro; possibilita rapidez na obtenção de resultados; pode colher dados mais precisos; pode ser a única opção, quando o estudo implicar destruição ou contaminação dos elementos pesquisados.

6.6 PESQUISA DE MERCADO

A pesquisa de mercado trata de descobrir quais os bens e serviços que o consumidor deseja, como podem ser vendidos e procura medir a aceitação deles junto ao público. Ela pode atuar em todas as fases do processo mercadológico, desde a fase de criação até o destino final da embalagem.

A grande maioria das informações que se obtém em pesquisa de mercado é consequente do contato direto com as pessoas, quer através de pequenos ou grandes grupos ou através de métodos mecânicos ou eletrônicos. O mercado alvo a ser pesquisado é o da prestação de serviços terceirizados para produtos congelados.

As ferramentas mais utilizadas na pesquisa de mercado são: questionário e formulário.

Muitas vezes, a situação determinará a necessidade da pesquisa, porque ela traz vantagens, ajudando a: definir áreas de interesse para produtos, localizar nichos de mercado, definir variáveis do processo mercadológico, identificar concorrentes, permitir saber da viabilidade do projeto do empreendimento. Também serve para analisar o mercado e a concorrência, ficando portadora de dados para conhecer o mercado potencial e real e, ainda, para estudar os canais de distribuição e comercialização.

Existem dois métodos básicos de pesquisa para obtenção de dados primários: a comunicação e a observação. O método da comunicação consiste no questionamento oral ou escrito dos respondentes para a obtenção do dado desejado. O método da observação consiste no registro de comportamentos, fatos e ações relacionados com o objetivo da pesquisa.

Os principais objetivos da pesquisa de mercado são:

- Descobrir respostas através de processos científicos.
- Dar uma descrição do mercado.
- Analisar o tamanho do mercado e da concorrência.
- Diferençar potencial de mercado de mercado real.
- Monitorar o comportamento do mercado (consumidor, preço, produto e marca).
- Verificar a atuação de metodologias, estratégias e políticas.
- Saber se a remuneração paga à Força de Vendas é compatível com o mercado.
- Determinar a aceitação de novo produto pelos consumidores.
- Estudar produtos concorrentes.
- Determinar razões de insatisfação.
- Medir a eficiência da propaganda e da promoção.
- Levantar novos pontos de venda.
- Decidir sobre estratégias e táticas.
- Avaliar resultados e reações dos consumidores.
- Avaliar o perfil do consumidor.
- Avaliar fatores demográficos, culturais e econômicos.
- Aferir o nível do serviço prestado.
- Identificar os diferenciais competitivos.

6.7 QUESTIONÁRIO DE PESQUISA

Embora questionário já tenha sido abordado, vale acrescentar que o questionário é um método comum para se coletar dados, porque utiliza uma técnica flexível que não é necessariamente tão dispendiosa. Os dados coletados podem ser estruturados para permitir análises estatísticas em computador.

Ainda que as exigências nos setores da economia, de serviço e de consumo sejam diferentes, há muitos fatores no planejamento do questionário que são universais, pois ele pode ser utilizado como ferramenta de trabalho, de consulta, de coleta de dados e de referência.

Alguns aspectos precisam ser ressaltados para a confecção de um questionário de pesquisa:

- O questionário deve ser específico à área pesquisada e não deve conter perguntas impertinentes.
- A lista de perguntas deve ser idealizada para resultar no maior número possível de informações relevantes e necessárias para o momento.
- Cada pergunta deve ser simples e relativamente curta.
- A maioria das perguntas deve requerer um simples sim ou não como resposta ou uma opção dentre uma série de respostas.
- Não use perguntas que induzam a determinada resposta, porque provocam desvios.
- Pense cuidadosamente na sequência das perguntas, uma vez que as primeiras perguntas do

questionário podem influenciar as últimas.

- Planeje o questionário de tal maneira que as respostas possam ser facilmente tabuladas.
- Evite muitas perguntas. A maioria das pessoas não está preparada para responder a mais de vinte perguntas.
- Perguntas estruturadas solicitam respostas breves e específicas.
- Perguntas não estruturadas dão às pessoas mais liberdade para responder.

Os questionários devem ser cuidadosamente planejados, a fim de que as perguntas sejam redigidas com a máxima clareza, sem ambiguidades. Se o tema for difícil, colocar no questionário uma ligeira introdução, fazendo uma consideração pertinente à pesquisa, o que torna ainda mais importante, quando não for possível realizar reuniões preparatórias.

Mas, se o questionário se destinar a um grupo numeroso e heterogêneo de pessoas, convém que seja previamente testado, com o intuito de eliminar qualquer possibilidade de má interpretação. Os questionários precisam ser específicos para a área a ser pesquisada e a lista de perguntas deve ser idealizada para fornecer o maior número possível de informações relevantes.

Mesmo que um questionário seja feito por um especialista, às vezes, é preciso fazer um teste piloto numa pequena parte da amostra (universo) da população a ser pesquisada. Tal ação permitirá mudar, excluir e inserir perguntas.

A seguir, faremos as seguintes considerações sobre a construção das questões:

Formato – Ao preparar um questionário, o profissional de pesquisa escolhe cuidadosamente as questões, suas formas, tipos de redação e sequenciamento das mesmas. Um erro comum é incluir perguntas que não podem ou não precisam ser respondidas.

As questões fechadas especificam todas as respostas possíveis e os respondentes escolhem entre elas a sua opção. As questões abertas permitem que os respondentes usem suas próprias palavras. Frequentemente, as questões fechadas fornecem respostas mais fáceis de interpretar e de tabular.

Enfoque – Os pesquisadores devem usar tão poucas perguntas quanto possível para a satisfação de suas necessidades de informação. Ao esquematizarem uma pergunta devem indagar: O que fazer com a resposta? Ela é realmente necessária? Precisamos dela para nossos objetivos?

Se a informação não se destina a ser usada imediatamente, não deverá ser solicitada. Deve-se evitar fazer perguntas pessoais de foro íntimo. Deve haver o cuidado para o uso de palavras simples e a linguagem utilizada é para obter respostas e não para testar o nível de vocabulário do respondente.

Ordem – Geralmente, os pesquisadores posicionam as perguntas mais importantes, as que indagam sobre dados básicos em primeiro lugar. Depois formulam perguntas de classificação e identificação. Ao desenvolverem a sequência de perguntas, os pesquisadores devem começar com aquelas que despertem a atenção do pesquisado. As perguntas iniciais devem ser relevantes.

Desenho – A aparência e a disposição física são importantes para que o leitor seja motivado a ler e responder o questionário. A tais elementos se somam: diagramação, impressão, cronologia das perguntas.

6.8 FORMULÁRIO DE PESQUISA

O formulário, devido a sua estrutura padronizada, serve como instrumento de pesquisa. Ele é um importante meio de comunicação, transmissão e registro de informações, principalmente, o baseado em dados quantitativos. É um documento destinado à inserção de informações variáveis.

As principais vantagens são: O formulário pode ser aplicado a todas as pessoas de um mesmo setor, departamento, seção e em empresas diversas; O formulário pode conter um número maior de questões a serem propostas de forma mais objetiva e estudada; O formulário assegura precisão e concisão dos dados obtidos.

As principais desvantagens são: O formulário exige tempo para ser construído e aplicado; O formulário demanda custos de atualização constante; O formulário pode ser respondido por terceiros, quando o pesquisador não estiver presente; O formulário, quando preenchido por outra pessoa, pode correr o risco de inibir o "pesquisado", ou, por outro lado, fazer com que o mesmo minta, inventando coisas que não lhe dizem respeito.

Se um formulário de pesquisa é utilizado, o pesquisador, antes de entrar em contato diretamente com a população a ser analisada, deve estar bem preparado e ter as melhores condições para deixar o pesquisado bem à vontade. O diagnóstico de um produto pode ser realizado por um formulário, que deve conter os seguintes elementos de análise: qualidade, preço, embalagem, desenho, rótulo, por exemplo. A graduação pode ser: ótimo, bom, regular e insuficiente.

6.9 RELATÓRIO DE PESQUISA

Um relatório é uma apresentação escrita ou oral, para transmitir uma informação a um leitor determinado, sob uma forma completamente imparcial e sob o aspecto mais útil ao leitor, com o propósito de resolver um problema específico. Em essência, um relatório é uma narração descritiva, qualitativa e/ou quantitativa de uma determinada situação. O passo final no processo de pesquisa é redigir o relatório.

É importante que os pesquisadores expliquem seus processos de pesquisa e documentem o que ficaram sabendo, de maneira simples e direta. A primeira parte do relatório deve apresentar um sumário de seus pontos altos, para que os destinatários possam ver rapidamente que conclusões foram alcançadas. O relatório também deve mencionar quaisquer limitações que o estudo possa ter e quaisquer problemas que tenham sido identificados, quando da coleta de dados.

Um relatório precisa ser atual, mostrar desvios relevantes, ser integrado ao sistema, ser facilmente interpretado, estimular soluções, ser de fácil confecção e distribuição. Assim, as características de um bom relatório são:

- Ter uma linguagem clara, concisa e objetiva.
- Ser padronizado, tendo uma linguagem imparcial.
- Conter recomendações e soluções para os problemas.
- Deixar clara a sua finalidade e a sua natureza.
- Usar a melhor técnica, disponível no mercado, de exposição, construção e análise.
- Ser feito sob medida para um leitor específico e determinado.
- Ser passível de verificação.
- Não embaraçar a imagem da empresa.
- Ser escrito de maneira formal e impessoal.
- Conter informações novas e úteis.
- Indicar as principais variáveis que ajudarão a solucionar o problema.
- Recolher do ambiente modelos semelhantes.

O autor do relatório deverá sempre lembrar que este está sendo escrito para o leitor e não para si mesmo ou para especialistas. Ele deverá ter em mente que um relatório é escrito para comunicar e não para impressionar com palavras difíceis ou detalhes técnicos.

Um bom relator deve: possuir a atitude cética da dúvida; possuir imaginação criadora baseada na experiência; compreender a natureza e a função de um relatório; possuir habilidade desenvolvida para a análise, classificação e conceituação; compreender o seu leitor e colocá-lo em posição de destaque; possuir o conhecimento da língua.

A função mais importante do relatório de pesquisa é buscar a reflexão, de maneira sistemática, controlada e crítica, permitindo descobrir causas, novos fatos, realidades, relações, leis, regras, princípios e procedimentos para adequar a organização ao ambiente em que vive.

A finalidade do relatório de pesquisa é, além de veicular e produzir informações, levar o leitor a descobrir, por si, o mesmo que o pesquisador descobriu. Portanto, deve haver uma relação entre a lógica utilizada e a técnica empregada para contá-la.

A editoração de um relatório exige constância, exercício contínuo, senso crítico, observação e gosto pela arte de escrever e de diagramar. Ao organizar relatórios considere o tema, as circunstâncias, o receptor e reúna todas as informações antes de começar a redigi-lo.

A eficácia de um relatório resulta da habilidade do redator em escolher palavras apropriadas a um público-alvo específico. Nunca escrever mais do que o necessário.

Capítulo 7

ANÁLISE PRELIMINAR

"A mais importante causa de fracasso dos negócios é o fato de que raramente dedicamos, antecipadamente, um estudo apropriado e uma reflexão adequada."
Peter F. Drucker

OBJETIVOS DO CAPÍTULO

- Mostrar a importância da análise em qualquer empreendimento.
- Mostrar os mais importantes tipos de matrizes de análise.
- Mostrar para que serve o resultado da análise.

7.1 ANÁLISE

Análise é a busca da melhor solução (resposta) para uma questão colocada em estudo ou dúvida. Ela permite dividir aquilo que se deseja conhecer em tantas partes, quanto possível, de modo a trazer conhecimento de cada uma delas, e, com isso, chegar ao detalhamento do todo. O estudo de um processo (sistema, projeto, solução, atividade), em todos os seus detalhes, recebe o nome de análise.

Os principais objetivos da análise procuram apontar: alternativas de decisão; sugestões de solução; falhas estruturais; objetivos, propósitos e metas mal definidos; desperdícios; controles insuficientes; carga de trabalho mal distribuída; inadequabilidade de meios e recursos; rotinas ineficientes; estratégias mal formuladas; falta de conhecimento adequado.

Quando fazemos uma análise, corremos o risco de encontrar uma série de erros, verdadeiras armadilhas à espera do incauto capaz de nelas tropeçar, como por exemplo: pressa excessiva, excesso de alternativas, metas utópicas, documentação insuficiente, informações irrelevantes, recursos inadequados, falta de coordenação e de liderança, canais de comunicação confusos, cronogramas apertados.

A análise deve ser feita, sempre, de acordo com um objetivo. De modo geral, podemos dizer que a análise fornece as seguintes informações: condições ambientais; métodos, processos, tarefas, operações e movimentos que compõem um trabalho; capacidades, aptidões e conhecimentos que a tarefa exige, para a sua consecução, bem como os equipamentos e materiais utilizados. A utilização de um determinado método dependerá dos recursos disponíveis.

Há vários métodos para a análise do trabalho:

- Descrição feita pelo próprio executor e revista pelo seu supervisor.
- Preenchimento de formulários e questionários de pesquisa, pelo executor do trabalho.
- Observação da execução feita pelo analista.
- Demonstração do trabalho feita por pessoa com experiência.
- Experiências em laboratórios.

7.2 ANALISTA

O analista é aquele que estuda o serviço a ser realizado, determinando as partes componentes, a metodologia de trabalho e a tecnologia de suporte. Não porque tal trabalho seja acentuadamente complexo ou difícil de descrever, mas, simplesmente, porque a maioria dos analistas não possui uma ideia, suficientemente, clara da estrutura de suas tarefas. Ele procura identificar, definir, especificar, determinar e verificar as fontes de informação, para atender as diversas atividades da organização.

O profissional de análise deve combinar o que é, atualmente, possível nessa tecnologia galopante e o que vale a pena ser feito para a empresa, em relação à maneira como é administrada. Fazer esta combinação de maneira aceitável a todos os grupos e de modo a aguentar o teste de tempo que é a parte mais difícil do esforço. Se a combinação for bem-feita, então, não importará quão difícil seja o projeto.

A função básica do analista será buscar as causas das variações, quando expressivas. Uma queda na margem bruta, por exemplo, pode ser decorrente de um crescimento nos custos maior que o crescimento do preço de venda, ou simplesmente, uma mudança nos critérios contábeis da empresa, que passou a computar como custo de produção itens que antes considerava como despesas operacionais.

Os principais obstáculos que o analista encontrará são, por exemplo: grau de profundidade do estudo, tempo de duração, custo da atividade, expectativa de resultado positivo, canais de comunicação confusos, sistemas operacionais deficientes, recursos e ferramentas inadequadas, metodologia empregada complicada, comportamento difícil do analista, má distribuição do trabalho, pressa excessiva, muitas alternativas de escolha, informações e dados irrelevantes, metas utópicas, documentação insuficiente, falta de objetividade, coordenação e liderança, cronogramas apertados, como já observamos.

7.3 TIPOS DE ANÁLISE

Como são muitos os tipos de análise, a seguir é mostrado as análises e seus objetivos principais:

Análise:	Objetivo Principal
Preliminar	Combinar o que é atualmente possível fazer com o que vale a pena ser realizado.
Administrativa	Estimar os fatores que levam a organização a cumprir a sua missão.
Ambiental	Avaliar as condições externas.
Ponto Comercial	Considerar os fatores, elementos e recursos que viabilizam o lugar do negócio.
Capacidade Instalada	Determinar a necessidade de máquinas e equipamentos que o projeto deve ter.
Carga de Trabalho	Examinar a quantidade de trabalho de cada unidade da organização.
Competitiva	Prever os passos dos concorrentes.
Carteira de Pedidos	Dar uma visão da capacidade em atender o mercado.
Concorrência	Definir quem são os maiores concorrentes.
Decisão	Identificar alternativas de decisão.
Demanda	Conhecer a evolução do consumo de determinado produto.
Trabalho	Elaborar um quadro de distribuição de tarefas.
Embalagem	Estudar as informações a serem colocadas no rótulo.
Custos	Estabelecer a relação ótima entre custos, receitas e utilidades.
Empresa	Comparar resultados da empresa com outras do mesmo setor econômico.
Estratégia	Determinar quais os acertos e erros da estratégia empregada.
Estrutura	Buscar a simplificação de cargos e funções.
Marca	Buscar meios de valorização da imagem da marca.
Linha de Produtos	Determinar quais itens devem ter performance.
Oferta	Conhecer a capacidade nominal do mercado.
Oportunidade	Identificar a origem da oportunidade.
Qualidade	Verificar a conformidade do produto com a satisfação do consumidor.
Rentabilidade	Saber quais mercados, produtos e consumidores são os mais lucrativos.
Segmentação	Examinar para qual público-alvo o produto é destinado.
Situação	Relatar as variáveis que envolvem o objeto de estudo.
Variedade	Estudar o quanto a variedade de produtos prejudica a qualidade e produtividade.
Tarefa	Definir as fases de execução da tarefa e quais os meios necessários.
Recurso	Buscar, no mercado, os recursos necessários que complementam os existentes.

Instalação	Otimizar e simplificar o uso de máquinas e equipamentos.
Preço	Saber se o preço do produto é compatível com o preço de mercado.
Patrimonial	Determinar a participação de cada conta do patrimônio da empresa.
Valor	Buscar métodos de produção mais baratos para a sobrevivência da empresa
Arranjo Físico	Determinar o lugar certo para determinado recurso.
Balanço Patrimonial	Prestar informações sobre a rentabilidade dos recursos empregados.
Cargo	Investigar, descrever, comparar e avaliar os cargos da empresa.
Cenário	Efetuar diagnósticos dos cenários da organização.
Comportamento	Buscar compreender as atitudes humanas e suas relações.
Consumo	Estudar a elasticidade do consumo.
Governo	Estudar as variáveis macroeconômicas do país.
Investimento	Verificar o impacto do investimento no mercado.
Negócio	Inventariar sintomas de desvios.
Produto	Estudar o grau de aceitação do produto pelo mercado.
Funcional	Estudar o que mudar para melhorar processos, procedimentos, políticas.
Posto de Trabalho	Buscar a racionalidade que melhor viabiliza o trabalho.
Resultado	Comparar os valores resultantes com os esperados.
Risco	Buscar mecanismos para conseguir resultados positivos.
Essencial	Determinar o mínimo necessário para atingir objetivos.
Histórica	Inferir, tabular e arquivar dados passados, para comparações futuras.

Quadro 7.1: Tipos de Análises e seus Objetivos.

7.4 MATRIZES DE ANÁLISE

A análise é feita de duas formas, utilizando-se valores relativos (%). A seguir, dois exemplos de matrizes de análise vertical e análise horizontal para três produtos hipotéticos:

Matriz Vertical de Análise – Arbitra-se o valor de 100% para a Receita com Vendas e os demais valores assumem percentuais em relação a esta.

Contas	Produto A	**Produto B**	**Produto C**	**Total**
1 - Receita com Vendas	50.000 (100%)	30.000 (100%)	20.000 (100%)	100.000 (100%)
2 - Custos	20.000 (40%)	12.000 (40%)	8.000 (40%)	40.000 (40%)
3 - Lucro Bruto (1 - 2)	30.000 (60%)	18.000 (60%)	12.000 (60%)	60.000 (60%)
Despesas com:				
4 - Salários	4.000 (8%)	3.000 (10%)	5.000 (25%)	12.000 (12%)
5 - Comissões	7.500 (15%)	4.500 (15%)	3.000 (15%)	15.000 (15%)
6 - Viagens	1.500 (3%)	1.800 (6%)	2.700 (13,5%)	6.000 (6%)
7 - Diversas	6.000 (12%)	6.000 (20%)	6.000 (30%)	18.000 (18%)
8 - Total (4 a 7)	19.000 (38%)	15.300 (51%)	16.700 (83,5%)	51.000 (51%)
9 - Lucro Líquido (3 - 8)	11.000 (22%)	2.700 (9%)	(4.700) (- 23%)	9.000 (9%)

Quadro 7.2: Matriz Vertical de Análise.

Matriz Horizontal de Análise – Nesta matriz os percentuais são calculados em função das participações de cada produto nas contas da empresa.

Contas	Produto A	**Produto B**	**Produto C**	**Total**
1 - Receita com Vendas	50.000 (50%)	30.000 (30%)	20.000 (20%)	100.000(100%)
2 - Custos	20.000 (50%)	12.000 (30%)	8.000 (20%)	40.000 (100%)
3 - Lucro Bruto (1 - 2)	30.000 (50%)	18.000 (30%)	12.000 (20%)	60.000 (100%)
Despesas com:				
4 - Salários	4.000 (30%)	3.000 (40%)	5.000 (42%)	12.000 (100%)
5 - Comissões	7.500 (50%)	4.500 (30%)	3.000 (20%)	15.000 (100%)
6 - Viagens	1.500 (25%)	1.800 (30%)	2.700 (45%)	6.000 (100%)
7 - Diversas	6.000 (33%)	6.000 (33%)	6.000 (33%)	18.000 (100%)
8 - Total (4 a 7)	19.000 (37%)	15.300 (30%)	16.700 (33%)	51.000 (100%)
9 - Lucro Líquido (3 - 8)	11.000 (122%)	2.700(30%)	- 4.700(-52%)	9.000(100%)

Quadro 7.3: Matriz Horizontal de Análise.

Análise: Nos dois casos o produto C mostra prejuízo.

7.5 RESULTADO DA ANÁLISE

Resultado é o produto da saída de um sistema, um processo, uma atividade, uma operação ou uma ação. Assim, o resultado de uma loja é ter consumidores satisfeitos; de um hospital é ter pacientes curados e de uma escola é ter alunos mais bem preparados para enfrentar a vida.

O resultado leva o indivíduo (a organização) a avaliar se as decisões foram apropriadas, ou não, para continuar sobrevivendo e competindo na sociedade (mercado). Há muita confusão entre os conceitos de resultado e resposta. Assim, vale esclarecer que a resposta é definida como uma reação necessária e suficiente, embora nem sempre solucione o problema.

Na apresentação do resultado da análise, o projetista deve observar o que foi recomendado na apresentação do resultado da pesquisa.

Por outro lado, quando se abordou o item Fundamentação do Projeto, foi feito uma análise preliminar sobre as dificuldades que existem para se implantar qualquer negócio no Brasil. O leitor deve lembrar que foi dada a seguinte recomendação: Comprar um negócio de alimentos que não esteja indo bem, em vez de começar do zero.

Um projeto é analisado pela qualidade de seus resultados (produtos), pela rapidez de atendimento (velocidade de resposta), pelo custo real, pela comparação, por meio de indicadores de gestão, com outros projetos semelhantes, que permitam descobrir o ponto fraco e possibilitem corrigir as distorções que possam prejudicar novas implantações.

Os resultados produzidos pela análise preliminar variam muito, mas, em geral, são os seguintes:

a) Nova estrutura organizacional.
b) Redefinições de atribuições.
c) Novos fluxogramas.
d) Redução de rotinas.
e) Eliminação de áreas de trabalho e de funções organizacionais.
f) Performance de mapas, gráficos e planilhas de controle.
g) Novos arranjos físicos.
h) Aperfeiçoamento de políticas, modelos, procedimentos, métodos e formulários.
i) Menor custo operacional.
j) Maior produtividade.
k) Melhor qualidade de atendimento.
l) Produtos mais bem elaborados.

Capítulo 8

PROGRAMA, DECISÃO e FLUXOGRAMA

"Um bom empreendedor deve possuir uma incomum quantidade de previsão e cálculo, para que seus objetivos sejam bem fundamentados. Ele deve mostrar perseverança e constância de propósitos ao levar seus programas para a execução."
Samuel P. Newman

OBJETIVOS DO CAPÍTULO

- Mostrar o conceito de programa.
- Mostrar as principais ferramentas de decisão.
- Mostrar o que seja um fluxograma e para que serve.

8.1 PROGRAMA

Programa é uma lista de atividades sequenciais limitadas no tempo, de preferência em ordem de prioridade e de cronologia, para atingir objetivos. É um documento que ajuda a orientar e coordenar as atividades. A ordem de prioridade dos itens de um programa não precisa, a priori, estarem rigorosamente em ordem cronológica, porque à medida que o programa avança muitos itens são excluídos, mudam de posição e outros são inseridos. É comum descobrir-se nova ordem de prioridade.

Programas sofrem mudanças de acordo com as contingências a serem enfrentadas e as dificuldades em conseguir os recursos apropriados. Assim, eles são novamente editados. Serão grandes ou pequenos, gerais ou detalhados, curtos ou longos, tendo em vista objetivos e recursos.

Embora tenha sido dito que a ordem dos eventos não tenha uma grande importância, é bom que o projetista trabalhe com uma cronologia, a mais próxima da realidade a enfrentar, pois, senão for assim, haverá muito retrabalho, causando evidente perda de tempo em reprogramar uma atividade. Por isso, vale a pena elaborar um programa com mais cuidado.

Um programa orienta o trabalho, mas, a rigor, não serve como ferramenta de execução, controle e avaliação, devido a ter uma cronologia de realização mutável. Os tipos de programas que mais interessam, no momento, são:

Programa de Produção – Programa responsável pelo planejamento e controle da produção.

Programa de Qualidade – Programa cuja responsabilidade é a determinação dos desvios relativos ao padrão de produção, comercialização, comportamento e atendimento.

Programa de Marketing – Programa que obriga a empresa a formular uma definição clara do negócio em que está e que orientação deve seguir.

8.2 PROGRAMAÇÃO

É muito comum a confusão entre anotações na agenda e programação diária. Programe apenas 70% da jornada de trabalho e reserve os 30% para interrupções, situações inesperadas, oportunidades e problemas. Duas razões justificam tal medida. A primeira, é que constitui missão impossível programar 100% do dia.

A segunda, é que o inesperado pode ser muito mais importante e, portanto, você deve ter um "espaço" reservado na agenda de trabalho. Para quanto tempo convém fazer uma programação do trabalho? A resposta, naturalmente, é que depende do que há a fazer. Como regra geral, uma semana é o máximo para uma programação de agenda.

A programação deve ser feita de forma meticulosa, prevendo os meios tangíveis e intangíveis, bem como todos os recursos. As medidas devem ter uma hierarquização, partindo das operações primárias e simples, logo implantáveis, para aquelas mais elevadas e complexas. Devem ter um seguimento lógico e um entrosamento técnico-administrativo.

Os prazos para a execução das providências devem ser previamente fixados, em cronogramas e fluxogramas, incluindo-se todas as tarefas ou fases de implantação e seus respectivos desdobramentos.

Anotar ajuda a não se perder, principalmente, quando você tem de parar uma tarefa, à espera, por exemplo, de aprovação ou providência alheia. Ajuda anotar na agenda o assunto e depois riscar o que já foi realizado, remanejar aquilo que ficou pendente para um outro dia, sem exageros. A agenda também serve para anotar informações e ideias. A seguir, os mais importantes tipos de programação:

Programação Matemática – Esta técnica possibilita determinar os valores que otimizam alguma função, que está sujeita a um conjunto de restrições.

Programação Linear – Programação linear é uma técnica da pesquisa operacional que visa encontrar soluções que otimizem os resultados, minimizando os custos decorrentes. Ela é baseada na pressuposição de que existe uma relação linear entre variáveis e que os limites de variação podem ser bem determinados

Programação de Suprimento – Técnica que possibilita as empresas saberem com antecedência quando receberão os produtos e os fabricantes saberem sobre as matérias-primas e insumos para atender suas necessidades. Isso ajuda a reduzir a incerteza e minimizar custos.

Programação do Serviço – Técnica que descreve os eventos e processos envolvidos no serviço, com o objetivo de reconhecer os pontos fracos: do controle de qualidade; do recrutamento, seleção e treinamento; do monitoramento da satisfação do consumidor, por exemplo.

Programação da Distribuição – Técnica de relacionamento entre fornecedor e distribuidor, cuja finalidade é incorporar as necessidades de ambos.

Programação da Produção – Técnica que permite aos gerentes de produtos e marcas estabelecerem um calendário para as promoções do varejo.

Programação do Trabalho – É a distribuição racional dos recursos e tempos das diversas fases ou etapas de uma tarefa ou trabalho planejado. A programação do trabalho terá de levar em conta o estudo dos ritmos e métodos de trabalho com a finalidade de adaptação do homem ao processo de produção (serviço). Este estudo é feito pela Ergonomia, ou seja, a ciência da engenharia humana.

8.3 DECISÃO

Decidir é escolher entre várias alternativas de cursos futuros de ação, porque, se não há alternativas não há escolha, isto é, não há decisão a tomar. É fazer uma apreciação sobre uma linha de conduta a ser adotada. Tomar decisões implica dispor, inteligentemente, de recursos físicos, materiais, humanos, financeiros, mercadológicos, administrativos, sistêmicos e tecnológicos, de maneira a otimizá-los na consecução dos objetivos.

Se você tem conhecimento e experiência pertinentes, provavelmente, escolherá os melhores caminhos. Se não os tem, tomará más decisões. Em suma, você é vítima da sua própria formação. A tomada de decisão está intimamente relacionada à solução de problema, mas deve-se fazer uma distinção, pois enquanto esta trata da busca e resposta, aquela se compromete com uma alternativa específica de solução.

Como não é fácil decidir, você precisa estar bem servido de informações relevantes e pertinentes, porque quanto mais dados forem obtidos menor é o tempo disponível para sua análise e uso eficaz. Qualquer que seja o tamanho do problema será necessário ter um sistema de informações como suporte de decisão.

As decisões são efetivamente tomadas por pessoas que depois serão responsabilizadas pelos resultados alcançados. Uma decisão, raramente, é uma opção entre o certo e o errado. Na melhor das hipóteses, é uma escolha entre o quase certo e o provavelmente errado.

Dentre os tipos de decisão, destacamos:

Decisão Programada – As decisões programadas são aquelas decisões para as quais é possível estabelecer um procedimento padrão para ser acionado cada vez que ocorra sua necessidade. Caracterizam-se por situações bem definidas, muito repetitivas e rotineiras para as quais existem informações adequadas e geralmente servem como guia da atividade administrativa.

Decisão Empresarial – Nas empresas, o trabalho de cada um é avaliado, principalmente, pela maneira como aplica sua capacidade de discernimento, quando da tomada de decisão.

Decisão Administrativa – As decisões administrativas estão relacionadas com a estrutura e configuração da organização.

Decisão Função da Reunião – O verdadeiro símbolo de liderança democrática é para alguns a reunião e quanto menos dirigida do alto, mais democrática ela é. O chefe que toma decisões, sem consultar outros, possui um comportamento arrogante, resultado de uma herança profissional ou por causa da sua personalidade fechada a ouvir opiniões contrárias às suas.

Decisão em Função do Mercado – Conhecer, cada vez mais, os consumidores dos diferentes segmentos são cuidados primordiais. As novidades devem continuar sendo um recurso muito utilizado para atrair o consumidor. Certas de que os consumidores só reagirão a estímulos muito fortes, as empresas tendem a estreitar os canais de comunicação com seu público-alvo.

Decisão em Função do Custo – O custeamento direto facilita a preparação dos orçamentos, a análise do ponto de equilíbrio e a determinação da margem de contribuição. Vai revelar as mudanças nos lucros, em função do volume produzido. A margem de contribuição fornecerá diretrizes para a seleção de clientes, produtos, territórios e outros segmentos mais lucrativos. Uma das principais decisões a serem tomadas, com base nas informações de custeio, é aquela que se refere ao preço de venda do produto.

Decisão por Amostragem – A finalidade deste método é: reduzir custos, eliminar desperdícios de tempo, obter dados mais confiáveis e simplificar o trabalho.

Decisão Estratégica – Decisão que influencia nos objetivos que definem a política geral da empresa. É mais difícil de construir, porque, em geral, as decisões estratégicas permanecem escondidas atrás dos problemas operacionais.

Decisão Operacional – Decisão influi no funcionamento corrente da empresa, pois afeta processos, atividades, tarefas, operações.

Decisão Tática – Decisão que permite a variação do modo operativo anteriormente escolhido. Ela não tem implicações diretas nos objetivos, mas podem mudá-los.

Decisão Integrativa – Decisão que se preocupa com a estruturação dos recursos de modo a criar possibilidade de execução para os melhores resultados.

8.4 FERRAMENTAS DE DECISÃO

Tabela de Decisão – A tabela de decisão é uma matriz que mostra as várias possibilidades de resultado, em função das condições e dos critérios utilizados.

Critérios	Produto A	Produto B	Produto C	Produto D
Vendido em Supermercado	sim	Não	não	sim
Vendido em Padarias	sim	Sim	Sim	sim
Consumidores Adultos	não	Não	Sim	sim
Embalado Facilmente	não	Sim	não	sim
Vendido por mais de $ 3,00	não	Sim	não	sim
Faturamento no Varejo maior do que $ 500,00/mês	sim	Não	não	sim
Alternativa Escolhida				*

Quadro 8.1: Tabela de Decisão para Novo Produto.

Árvore de Decisão – A árvore de decisão é uma representação visual do método de decisão. Por ser organizada hierarquicamente como uma árvore, não existem valores de entrada ambíguos ou indefinidos.

A árvore de decisão é uma ferramenta que através da divisão das ações em diferentes ramos, consegue cobrir todos os possíveis desdobramentos de uma determinada lógica.

A árvore de decisão é um modelo que trabalha com riscos, valores, ganhos e perdas em cada alternativa.

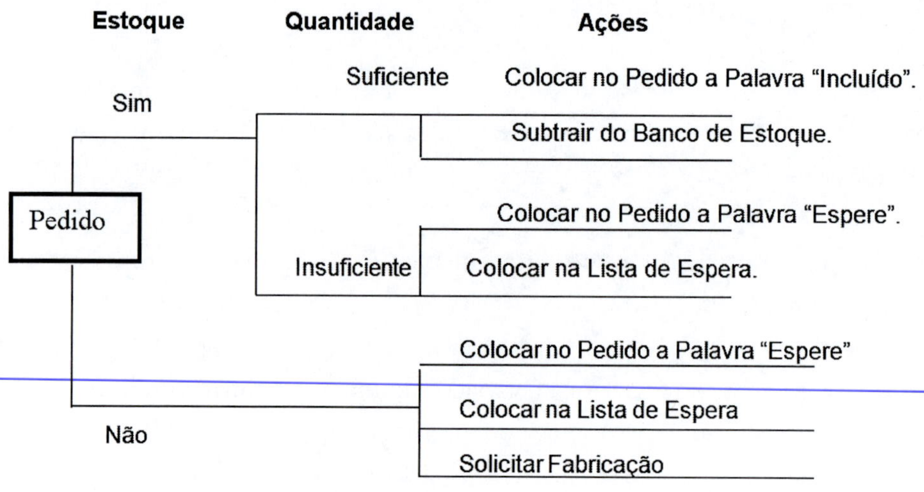

Figura 8.1: Árvore de Decisão para Controle da Carteira de Pedidos.

8.5 FLUXOGRAMA

O fluxograma é um gráfico de organização para atividades (rotinas, tarefas e relações), que representa de forma dinâmica e analítica as unidades de trabalho e a sequência lógica das fases, etapas ou passos de um projeto (processo), por meio de determinada simbologia, caracterizando ainda seus agentes executores.

Os fluxogramas caracterizam-se pelo fato de que são aplicados nas situações em que o gestor está interessado em analisar os métodos de trabalho, onde recursos são movimentados de um lugar para outro. As principais funções do fluxograma são:

- Eliminar atividades supérfluas.
- Hierarquizar (priorizar) as atividades.
- Combinar e sincronizar fases do processo.
- Objetivar a simplificação do trabalho.
- Minimizar custos.
- Visualizar e corrigir movimentos desnecessários.
- Possibilitar uma lógica de raciocínio e disciplina.
- Possibilitar confiança no processo.

- Ajudar a entender o funcionamento interno.
- Documentar um fluxo de trabalho.
- Identificar áreas problemáticas.
- Facilitar as comunicações.

Os fluxogramas podem ser:

Fluxograma Vertical – Fluxograma que retrata a sequência de uma rotina por meio de linhas e de colunas. No fluxograma vertical, a ênfase é colocada na sequência da rotina ou do processo. Sua utilidade maior é na função administrativa planejamento, principalmente, para treinar recursos humanos e racionalizar processos.

Fluxograma Horizontal – Não muito diferente do fluxograma vertical ele é mais utilizado quando envolve muitas pessoas (entidades). Ele permite visualizar a parte que cabe a cada uma e comparar a distribuição das tarefas, possibilitando racionalização, enxugamento, participação, coordenação e integração.

Os fluxogramas necessitam, como finalidade maior, colocar em evidência a sequência lógica de um trabalho. Dentro deste raciocínio, pode-se concluir que esses diagramas apresentam vantagens quando de sua correta utilização, tais como:

- Fornecem condições para simplificar o trabalho através da eliminação, arranjo, combinação, permutação ou reposicionamento das etapas (fases, passos), de modo a se otimizar recursos.
- Eliminam os movimentos desnecessários.
- Facilitam a implantação de normas, instruções, processos, padronizações.
- Possibilitam uma visão do todo e necessidades de recursos.
- Determinam estratégias, táticas, políticas, canais de comunicação, relações de trabalho.
- Permitem verificar como funcionam todos os componentes de um sistema, mecanizado ou não.
- Facilitam a localização de deficiências nos transportes, operações e movimentos.

A característica peculiar a todos os fluxogramas é a linha de fluxo que pode variar na sua disposição, dependendo do projetista.

Os fluxogramas mostram a fotografia da situação real. Entretanto, para que esses diagramas mostrem realmente o modo pelo qual as tarefas estão sendo feitas, é essencial que o analista:

- Defina os pontos de início e fim do processo.
- Identifique e enumere cada fase.
- Crie uma simbologia para a leitura,
- Identifique os documentos componentes do fluxo.

Um dos fatos que mais espantam e acabam por dificultar a construção de fluxogramas é a vastíssima gama de símbolos.

Embora um fluxograma possa valer mil palavras, o analista fica preso a um compromisso. O uso de símbolos padronizados significa, inevitavelmente, que o analista deve se comprometer a uma terminologia, tendo em vista a manutenção do diálogo e do entendimento uniforme entre todos os participantes de um projeto.

Diferente do idioma, ela deve evitar ao máximo os sinônimos, pois, adotando esse princípio, tornará, entre outros benefícios, mais fácil a memorização e a associação de conceitos.

8.6 FLUXOGRAMA DE BLOCOS

O fluxograma de blocos, também chamado de diagrama de blocos, é uma das mais antigas e conhecidas ferramentas de modelagem. O fluxograma de blocos usa um conjunto de símbolos gráficos que descreve as etapas da resolução do problema e é, normalmente, usado antes de se escrever o programa final.

Este diagrama documenta o processo num nível acima da linguagem básica de construção de programas.

O fluxograma de blocos mais utilizado é o fluxograma de programa, que retrata todas as operações e respectivas atividades. No desenvolvimento deste fluxograma o projetista identifica fluxos de: a atividades, operações, decisões, movimentações físicas, propriedades, pagamentos, informações.

A seguir, um exemplo de diagrama do fluxo de dados do caixa, retratando as exigências de liquidez de uma empresa:

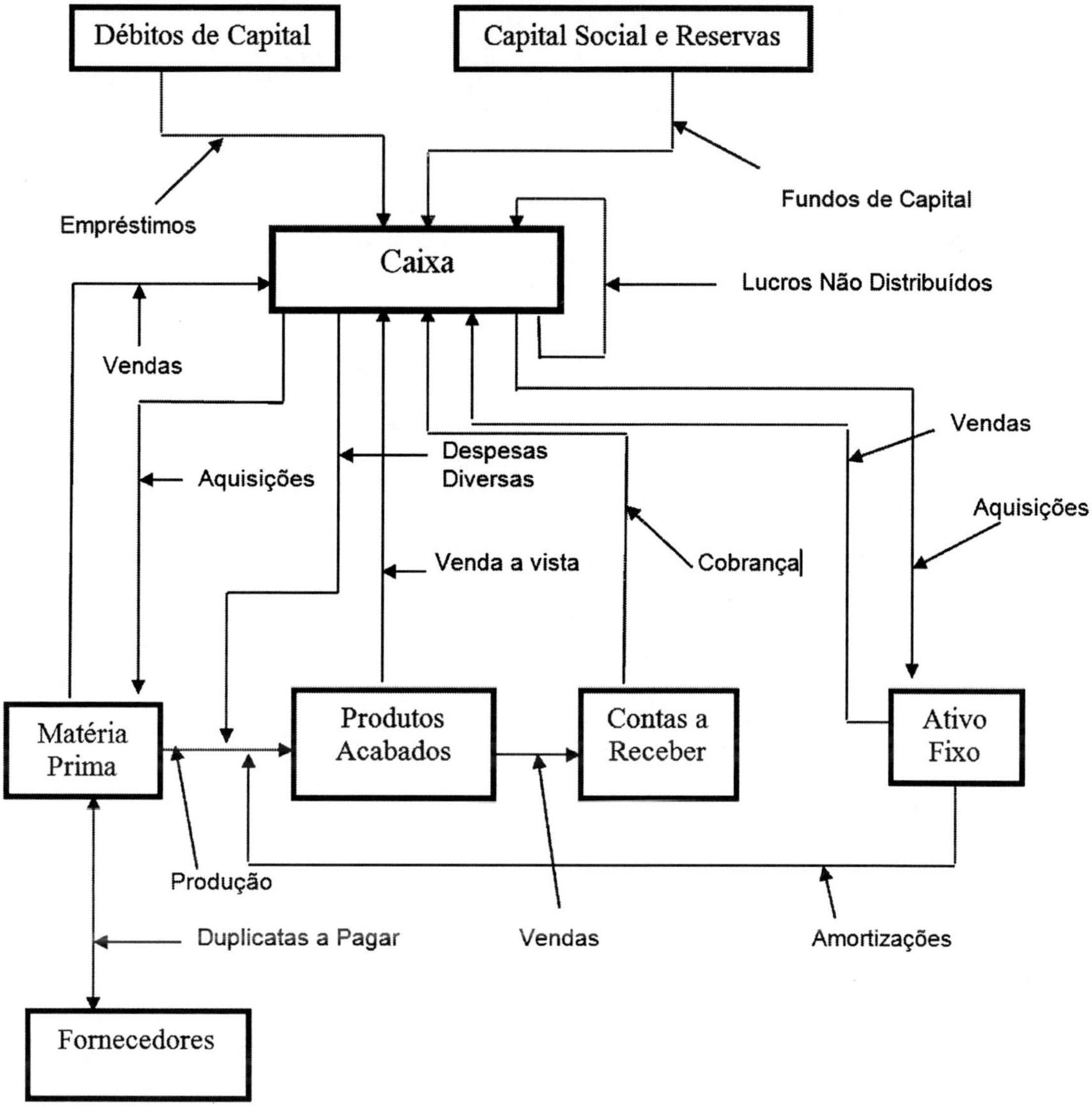

Figura 8.2: Diagrama do Fluxo de Dados do Caixa.

Capítulo 9

EMPREENDIMENTO em ALIMENTOS

"Leonardo da Vinci podia imaginar todos os tipos de brilhantes dispositivos mecânicos, mas todos eles ficaram no papel, sem serem construídos, porque ele não conseguiu informações suficientes para criar um motor paramovê-los".

Lester Thurow

OBJETIVOS DO CAPÍTULO

- Mostrar o que é um empreendimento.
- Mostrar a importância do capital, em qualquer empreendimento.
- Mostrar o conceito de mercado.
- Mostrar o conceito e a classificação dos alimentos.

9.1 EMPREENDIMENTO

O empreendimento, por definição, transfere recursos de áreas de baixa produtividade e rendimento para áreas de produtividade e rendimento mais elevados. Naturalmente, existem os riscos de o empreendedor não ser bem-sucedido. Porém, se apresentar resultados positivos, mesmo que modestos, estes justificarão os riscos assumidos.

Todo empreendimento humano procura reunir e integrar recursos no sentido de se autossustentar e de lucrar, através da produção e comercialização de seus bens, serviços e ideias. É a lucratividade o estímulo capaz de assegurar a livre iniciativa e de manter ou de aumentar o empreendimento. Há quase duzentos anos, tem havido uma total confusão sobre a definição de empreendedor e empreendimento.

Tampouco o empreendedor é um capitalista, embora, naturalmente, ele precise de dinheiro como qualquer atividade econômica e não econômica. Ele também não é um investidor. É claro que ele assume riscos. Mas, isso também acontece com todos os que se envolvem em qualquer atividade econômica. O empreendedorismo é, portanto, uma característica distinta, deve ser de um indivíduo ou de uma instituição. Também não é um traço de personalidade.

Portanto, é de se esperar que o empreendimento seja uma atividade, consideravelmente, menos arriscada que a otimização de recursos. Realmente, nada pode ser tão arriscado quanto otimizar recursos em áreas onde o caminho é a inovação. Em princípio, a atividade empreendedora deve ser a menos arriscada e não um tiro no escuro. De fato, existem tantas organizações empreendedoras que deram certo, embora haja a crença generalizada que o risco de empreender seja elevado.

A seguir, algumas considerações sobre empreendimento:

Falta de Análise – É comum se achar que com uma ideia brilhante e com dinheiro é possível levar adiante um empreendimento. Assim, achar que vai dar certo não é critério para desenvolver um empreendimento. Por outro lado, o dinheiro não é tão difícil de se conseguir. O complicado é manter o negócio e até ter lucro. Quem determina o sucesso do empreendimento é o mercado. Um erro fatal é ter pressa.

Sócio – Se você precisa mesmo de sócio, busque-o antes de abrir a empresa, e não depois. Esse sócio, além de dinheiro, deve ter os mesmos ideais e objetivos que você. O item sócio errado também está no topo da lista das razões pelas quais os empreendimentos fracassam.

Despesas – Mapear cada despesa, cada centavo gasto para manter em operação a empresa. Faça um fluxo de caixa rigoroso. A falta de controle financeiro é um dos venenos mais mortais para toda e qualquer empresa, seja pequena ou grande.

Contabilista – A mentalidade de que a contabilidade só serve para atender a legislação governamental precisa mudar. Contabilidade é essencial. Se bem-feita, ela registra todo o passado, aponta caminhos no presente e projeta o futuro da empresa. Com números confiáveis, sabe-se quanto faturou, qual é o custo da operação, a margem de lucro, a despesa financeira, entre outras inúmeras informações, que são a base da análise gerencial.

As atribuições do contador, além da escrituração, são preparar as guias de recolhimento de impostos e taxas. Sem um contabilista habilidoso você poderá se ver em maus lençóis.

Otimismo – Os gerentes costumam tomar decisões baseados mais em otimismo lúdico do que pesando racionalmente a possibilidade de ganhos e perdas. Superestimam os benefícios, subestimam os custos e constroem cenários de sucesso, deixando de lado o potencial de erros. Como resultado, tais pessoas adotam iniciativas que dificilmente cumprirão, como também investimentos que nunca darão retorno.

Os otimistas tendem a viver num mundo de ilusões. Eles, frequentemente, atribuem seus sucessos à própria habilidade e os fracassos à falta de sorte. Os prudentes, de temperamento angustiado, costumam começar seus projetos, imaginando que tudo vá dar errado. Por isso, trabalham, diligentemente, sobre todos os detalhes e acabam se saindo bem.

Dirigentes predispostos ao pessimismo usam sua ansiedade como preparação para o momento em que terão de agir. O pensamento negativo concreto e detalhista pode ajudar os executivos a antecipar coisas, que possam dar errado, e a mais bem planejar, para evitar resultados ruins.

Controle – É difícil crescer rapidamente e não se encontrar diante de um problema. Mas, a chave da questão está no sistema de gestão, que deve acompanhar a expansão do negócio. Se os controles não forem rigorosos, o feitiço pode virar contra o feiticeiro. Assim, muitas das conquistas obtidas ficam comprometidas.

Observe que há uma diferença enorme entre controlar e centralizar. No início da empresa, um empreendedor tende a fazer os dois. Mas, se mantiver a mesma postura no momento de expansão, vai causar confusão e conflito.

9.2 EMPREENDEDOR

Samuel P. Newman escreveu, em 1835, que "um bom empreendedor devia ter uma combinação de qualidades raramente encontradas num só indivíduo, pois deve possuir uma incomum intuição para negócios, bem como ser muito bom com números. Deve mostrar perseverança e constância de propósitos".

Empreendedor é aquele que persegue com vigor novas oportunidades e não considera os recursos de que dispõe, naquele momento. Fato considerado por muitos como temerário. O empreendedor, cada vez mais, combina sua intuição, perspicácia e disposição para o trabalho a uma dose, cada vez maior, de audácia recheada de sofisticação administrativa e mercadológica. Terá de ser, não só um bom gestor, como estar sempre pronto para:

- Ir para o seu negócio preparado para o pior.
- Contornar qualquer empecilho que objetive interromper seu sonho.
- Desempenhar qualquer função necessária à execução do seu projeto, mesmo que se sinta subutilizado.
- Estar preparado para as dificuldades de encontrar pessoal capacitado a ajudá-lo.
- Seguir a intuição sobre o pessoal que escolher.
- Trabalhar secretamente, tanto quanto puder.
- Apostar numa corrida de negócios, a menos que esteja participando dela.

- Lembrar de que é mais fácil pedir desculpas do que permissão.
- Estar seguro de que suas metas são realistas.
- Honrar as pessoas que lhe dão ou deram apoio.

A seguir, alguns elementos que ajudarão a fundamentar o conceito de empreendedor:

Premissas do Empreendedor – As premissas servem de base para mostrar coisas evidentes, difíceis de serem contrariadas. São como conclusões lógicas e antecipadas, frutos de estudos e experiências anteriores. O conhecimento de premissas é de extrema valia para a solução de problemas. As principais premissas do empreendedor são as seguintes:

- O empreendedor precisa jogar toda a energia na operação do negócio, ou seja, primeiro viabilizar a ideia, vender o produto e depois estruturar o empreendimento.
- O empreendedor não deve tentar impor nada ao mercado e, sim, identificar possíveis nichos.
- O empreendedor, dentro do possível, deve procurar a originalidade, criatividade e inovação, mesmo quando trilhar um caminho conhecido.
- O empreendedor não deve ter medo de constituir sociedade, porque os sócios ajudam a alavancar a construção de um novo negócio, permitindo dividir responsabilidades e conhecimentos.
- O empreendedor tem de trabalhar muito mais do que um empregado e não ter a pretensão de ficar milionário.
- O empreendedor não tem horário, férias e salários extras, não podendo nem ficar doente.
- O empreendedor de sucesso é um preenchedor de lacunas do mercado.
- O empreendedor deve desempenhar muitos papéis, em função dos diversos compromissos que tem de assumir, sendo, portanto, importante trabalhar em equipe.
- O empreendedor para ter sucesso, baseado numa economia do conhecimento, precisa criar um ambiente próprio e receptivo às suas ideias.
- O empreendedor precisa encontrar fórmulas criativas e compatíveis com sua capacidade de investimento, para se apresentar ao mercado e promover o produto.
- O empreendedor precisa saber se seus objetivos de vida são congruentes com os objetivos do negócio.
- O empreendedor precisa saber trabalhar com as principais ferramentas administrativas.
- O empreendedor deve usar de humildade, se não tiver um bom potencial em todas as funções organizacionais do projeto, pois precisará considerar o conhecimento de terceiros.
- O empreendedor jamais deve ser arrogante, prepotente e cabotino, pois isso o descredencia junto aos investidores.
- O empreendedor deve saber ouvir os mais sábios, os experientes e os membros da equipe.
- O empreendedor quando estiver conversando, não deve só falar do assunto que domina, para não parecer um chato.
- O empreendedor precisa estar comprometido com as metas e propósitos do projeto.

Fracasso e Sucesso – As explicações são muitas, para o sucesso e o fracasso dos empreendimentos de pequeno porte. Até a sorte, esse aliado abstrato, pesa. Mas a principal explicação, em ambos os casos, é uma só e gira em torno do dinheiro. Não se trata da simples disponibilidade de capital.

Dinheiro, nesse caso, é um conceito que vai além do saldo bancário do empreendedor. Envolve desde a adequada captação de recursos para o pontapé inicial até o cálculo exato do preço do produto que se pretende vender. É preciso estar muito atento à relação capital próprio e capital de terceiros

Perfil do Empreendedor – Os principais fatores que formam o perfil do empreendedor são: capacidade de liderança; envolvimento com o trabalho; experiência profissional; propensão ao risco; competência técnica; visão holística, generalista, estratégica e sistêmica; boa saúde; senso crítico; capacidade de análise; conhecimento muito grande das funções administrativas e organizacionais; estabilidade emocional; rapidez na tomada de decisão; propensão ao trabalho em equipe; disponibilidade financeira com austeridade; dificuldade em desfrutar suas próprias conquistas.

Comportamento do Empreendedor – O comportamento do empreendedor envolve uma atitude diferente em relação à mudança, porque, em vez de suprimir ou minimizá-la procura a mudança; em vez de reagir a problemas, o empreendedor se antecipa às ameaças e oportunidade futuras; em vez de soluções locais, há uma busca geral de alternativas de ação, em lugar de uma única alternativa.

Espírito Empreendedor – O espírito empreendedor não é natural, não é criativo. É trabalho. Como um número substancial de empresas em funcionamento consegue sucesso como empreendedoras, indica que o espírito empresarial e a inovação podem ser conseguidos por qualquer organização.

9.3 CAPITAL

Um empreendimento precisará de capital financeiro para levar adiante os seus projetos. Assim, devemos questionar sobre: Quanto é preciso? Qual capital de giro é necessário? Qual fonte de capital? Será por meio de financiamento, empréstimo, leasing ou crédito? Qual a disponibilidade financeira? Dentre os problemas levantados, os mais graves são: o capital de giro e o capital próprio. Quando se quer programar a futura atividade de uma empresa, devemos tomar em consideração os meios financeiros disponíveis que, muitas vezes, devem ser condicionados aos objetivos do empreendimento, e vice-versa.

Capital é o montante de recursos financeiros a serem investidos em um projeto, isto é, a soma do Capital Realizado mais o Capital a Realizar. Os investidores assumem o risco do Capital Investido, tendo o direito de controle e gerência do projeto e, logicamente, auferirem os benefícios futuros gerados pelo capital aplicado.

Para fazer o capital inicial, recomenda-se a utilização do patrimônio pessoal, resultante de indenizações, alienação de bens, hipotecas de imóveis, poupanças, aplicações, por exemplo. Somente como recurso final, recorrer a dinheiro emprestado. Nesse caso, a taxa de retorno tem de ser calculada com precisão, ela não pode ser inferior à taxa de juros, cobrada pelo mercado, sob pena de condenar o negócio à falência. A lucratividade não pode estar a baixo da taxa de inflação real somada a taxa de juros de empréstimos.

O capital próprio é a participação dos proprietários no ativo. Ele não tem data de vencimento. Quando os proprietários investem numa empresa, não há acordo sobre a devolução do seu investimento inicial. Se um proprietário desejar reaver seu investimento, terá que achar outro comprador para sua parte ou liquidar a empresa. Se o empreendedor vai ou não conseguir seu investimento de volta é uma questão que depende de sorte e de sua capacidade de gestão.

Os capitais de terceiros têm prazos de vencimento. É preciso resgatá-los nas datas especificadas nos contratos realizados entre a empresa e seus credores. Se a dívida não for paga no vencimento, os credores podem penhorar o ativo ou forçar a liquidação da empresa.

9.4 TIPOS DE CAPITAL

A seguir, os principais tipos de capital:

Capital Próprio – Somatório dos capitais dos patrocinadores (investidores) do projeto; Patrimônio líquido (capital + reservas).

Capital de Terceiros – Capital de credores, com prazos preestabelecidos de resgate. Aqueles que aportarem capitais no projeto, como terceiros, exigirão informações e garantias sobre a viabilidade do projeto, o retorno do investimento e a credibilidade dos gestores.

Capital Intelectual – Conjunto de todo conhecimento científico, tecnológico e metodológico que possui uma organização, através de seus registros, arquivos e pessoas.

Capital Social – É o capital declarado que tem o seu valor fixado pelo estatuto ou contrato social.

Capital Subscrito – É o valor do capital social representado por cotas (ações) totalmente subscritas pelos investidores.

Capital a Integralizar (a realizar) – Capital que falta para compor o capital social (declarado em contrato entre sócios).

Capital de Empréstimo – Capital tomado no mercado de recursos, sob a forma de dinheiro, material, máquinas e equipamentos.

Capital de Giro Próprio – Diferença entre ativo circulante e passivo circulante.

Capital de Movimento – Soma do capital próprio com as exigibilidades correntes.

Capital Autorizado – É o capital limitado pelo o que estabelece o estatuto. A autorização deverá, entre outros requisitos, especificar qual o limite de aumento, se em valor do capital ou se em número de cotas (ações). O capital autorizado não precisa ser contabilizado, mas seu limite deve ser divulgado nas demonstrações financeiras.

Capital Declarado – Capital estabelecido no contrato social.

Capital Realizado – Diferença entre capital declarado e capital a realizar.

Capital Efetivo – Diferença entre capital realizado e valores consumidos no projeto.

Capital Financeiro – Valores que podem ser transformados em dinheiro.

Capital Humano – Conjunto de pessoas que detém conhecimentos úteis à empresa.

Capital Imobilizado – Capital retido em ativos necessários ao andamento das atividades do projeto, para maior eficiência, eficácia, efetividade e produtividade.

Capital da Marca – O capital da marca é o ativo que o responsável pelo marketing acumula para garantir a continuidade do consumidor e o lucro. Ele pode ser considerado como reserva de lucro da empresa.

Capital de Giro Líquido – Diferença entre o capital de giro e as receitas conseguidas durante a construção do projeto.

9.5 CAPITAL DE GIRO

O capital de giro é o capital necessário às operações do projeto. Também é preciso lembrar que o capital de giro são os recursos financeiros para pagar as despesas operacionais, como a compra de matérias-primas, insumos, materiais de higiene e limpeza, materiais de escritório, manutenção de máquinas, manutenção das instalações, despesas diversas. Também deve servir de reserva de capital para os primeiros meses de operação, depois de implantação do projeto.

É de fundamental importância saber quanto o empreendedor vai gastar para operacionalizar a empresa e quando executar os pagamentos.

A preocupação com o capital de giro é a chave para uma administração financeira bem-sucedida, como também para o fluxo de caixa e as estratégias de crescimento e de lucratividade. A necessidade de capital de giro pode aumentar quando acontece: compras à vista; redução dos prazos dos fornecedores; vendas a longo prazo; ineficiência nas cobranças; níveis elevados de estoques; dinheiro parado no caixa; imobilizações; retiradas excessivas.

A necessidade de capital de giro diminui quando acontece: vendas à vista; eficiência da cobrança; alienação de ativos desnecessários; aumento de capital com recursos próprios; otimização de recursos; maior margem de lucro; utilização de capitais de terceiros; maiores prazos de pagamento dos fornecedores; maior rotação dos estoques.

As ilustrações, a seguir, ajudarão a mais bem esclarecer o que seja capital de giro:

Nº	Descrição	Valor	%
1	Necessidades de Capital de Giro: (2 + 3 + 4 + 5)	69.620,00	100,00
2	Caixa e Bancos	850,00	1,30
3	Contas a Receber	17.500,00	25,10
4	Estoques	42.750,00	61,40
5	Outros Créditos e Recebíveis	8.520,00	12,20
6	Fontes Externas de Capital de Giro: (7 + 8 + 9 + 10)	56.205,00	80,70
7	Fornecedores a Pagar	38.750,00	55,70
8	Contas a Pagar	6.785,00	9,70
9	Duplicatas Descontadas	6.320,00	9,10
10	Financiamento a Curto Prazo	4.350,00	6,20
11	Capital de Giro (1 - 6)	13.415,00	19,30

Quadro 9.1: Cálculo do Capital de Giro.

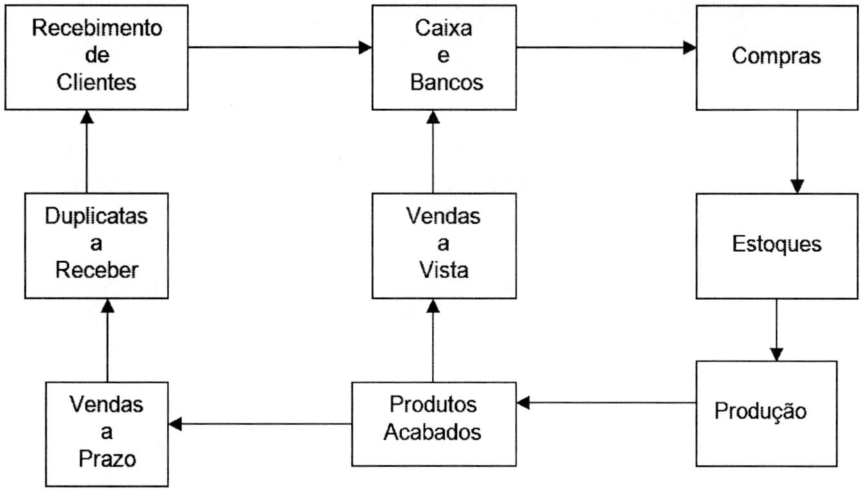

Figura 9.1: Fluxo do Capital de Giro.

9.6 CAPITAL DE GIRO PRÓPRIO

A seguir, será apresentado um exemplo para o cálculo do Capital de Giro Próprio. Embora se trate de uma simulação, os valores observados estão em função das práticas usuais de mercado:

- Receita com Vendas = Custo Total + Margem de Lucro
- Margem de Lucro = 20% do Custo Total
- Vendas a Prazo = 80% da Receita Total
- Prazo Médio de Vendas = 2 meses
- Estoques Médios de Matéria-Prima = 2 meses de Custo Variável
- Estoques Médios de Produtos Acabados = 1 mês de Custo Total
- Disponibilidade Mínima de Caixa = 1 mês de Custo Fixo
- Crédito Bancário = Desconto de Duplicatas Correspondente a 70% das Vendas a Prazo
- Crédito de Fornecedores = 2 meses de Custo Variável

Onde:

Custo Fixo (custo indireto) = Custo que existe independentemente de haver ou não produção

Custo Variável (custo direto) = Custo que oscila diretamente com o volume de bens e serviços produzidos

Custo Total = Soma dos custos diretos + custo indiretos

Custo Direto = Somatório das despesas de fabricação

Custo Indireto = Somatório de despesas com vendas, administração, pesquisa, manutenção e outras despesas

Margem de Lucro = Percentual acrescentado ao custo para definir o preço de venda de um produto

Capital de Giro Próprio = Ativo Circulante - Passivo Circulante

Ativo Circulante = Disponível + Realizável de Curto prazo
Passivo Circulante = Exigível de Curto Prazo
Disponível = Caixa + Bancos
Realizável de Curto Prazo = Estoques de Matéria-Prima + Produtos Acabados + Contas a Receber
Exigível de Curto Prazo = Fornecedores a Pagar + Contas a Pagar + Empréstimos Bancários

9.7 MERCADO

Mercado é um lugar organizado, onde as pessoas transacionam preços, quantidades e qualidades de determinados produtos (bens, serviços e ideias). É todo ambiente onde compradores e vendedores de produtos se mantêm em estreito contato uns com outros. Este contato se faz, em função das necessidades, desejos e disponibilidades dos consumidores.

Conhecer o mercado é de fundamental importância. Não basta fazer afirmações infundadas e trilhar caminhos viciados no trivial e no cotidiano. Prever a evolução do mercado ajudará a minimizar o risco do negócio. Duas regras a serem utilizadas: nunca seguir a onda, a não ser que esteja muito seguro do que está fazendo; não imaginar que descobriu uma fórmula mágica para driblar os veteranos do mercado.

Todas as economias modernas operam em mercados. Os fabricantes procuram os mercados de recursos, compram e os transformam em bens e serviços, vendendo-os para o mercado de intermediários, que vendem ao mercado consumidor. Os consumidores vendem sua força de trabalho pela qual recebem dinheiro para pagar os bens e serviços que compram.

O governo utiliza as receitas da tributação para comprar produtos, utilizando-os para bem servir a população. Assim, a economia de cada país e do mundo inteiro consiste de complexos conjuntos de mercados interrelacionados e unidos através de um processo de troca.

Portanto, um estudo, ou uma análise, do mercado deve, tanto quanto possível, ser o mais completo, não apenas com o objetivo de viabilizar um determinado empreendimento, mas servir de subsídio concreto à administração da empresa. Os elementos de mercado mais importantes são:

Demanda de Mercado – Demanda de mercado para um produto é o volume total que pode ser comprado por um grupo, chamado consumidores, numa área geográfica definida, num período de tempo, num ambiente determinado. A demanda da empresa é a participação que a empresa tem na demanda de mercado.

Potencial de Mercado – O potencial de mercado é o limite a que tende a demanda de mercado, à medida que o esforço da empresa tende ao infinito, para determinado ambiente, isto é, a receita máxima com vendas que a empresa, de um determinado setor, pode conseguir num período de tempo.

Elasticidade do Produto – A elasticidade é a intensidade com que a procura de um produto aumenta ou diminui, em resposta a uma baixa ou a uma alta de preços (elasticidade de preço) ou a uma alteração da renda (elasticidade da renda).

Expansão de Mercado – A expansão, ou não, de um mercado é um elemento orientador para novos empreendedores. Para atuar num mercado não expansível, ou em retração, a empresa terá de concentrar e/ou otimizar seus recursos para poder manter sua participação efetiva no mesmo.

Segmentação de Mercado – Segmentar é tratar cada consumidor, ou grupo de consumidores, de acordo com as suas características.

Concorrência de Mercado – Conhecidos quais são os concorrentes, no mercado que se vai atuar, é de extrema importância.

9.8 TIPOS DE MERCADO

A seguir, os principais tipos de mercado:

Mercado Produtor – O mercado produtor consiste de indivíduos e organizações que adquirem bens e serviços para serem utilizados na produção de outros bens e serviços destinados à venda ou para serem alugados a terceiros. Os bens de produção são, geralmente, classificados de forma mais útil, em termos de como entram no processo de produção e na estrutura de custo dos produtos. Este mercado também é conhecido como mercado industrial e nele encontramos uma infinidade de bens de produção.

Mercado Intermediário – O mercado intermediário é o mercado que consiste de indivíduos e organizações que adquirem bens com o propósito de revender ou alugar a outros.

Mercado Governamental – O mercado governamental consiste em unidades dos governos federal, estadual e municipal que compram ou locam bens, a fim de realizarem as funções precípuas de governo. Os procedimentos de compra do governo devem ser feitos através de licitação pública.

Mercado de Recursos – O mercado de recursos é aquele que fornece matérias-primas, insumos, capital, mão de obra, projetos, instalações, equipamentos, máquinas, suprimentos, serviços de manutenção, componentes e assessorias (administrativas, mercadológicas, tecnológicas, sistêmicas, informativas).

Mercado Consumidor – Mercado que atende o consumidor final, em bens e serviços.

Mercado Potencial – Mercado, também conhecido como nicho de mercado, diz respeito ao atendimento de produtos não fabricados na região ou que vem de fora. A potencialidade pode vir da má qualidade do produto ofertado. Assim, relativos a alimentos, a maior reclamação diz respeito ao sabor e a saúde.

A preocupação com a saúde é fator que interfere positivamente no mercado potencial. A tendência da população em se preocupar, cada vez mais, com a saúde divide-se na busca de uma alimentação adequada e no aproveitamento dos benefícios estéticos e saudáveis da atividade física.

Mercado de Alimentos – Um dos esforços da economia que mais tem crescido nos últimos tempos é, sem dúvida, o da alimentação. O aumento populacional, a inserção cada vez maior da mulher no mercado de trabalho e, principalmente, a correria da vida moderna tem levado um número muito grande de pessoas a realizarem suas refeições fora de casa. Isso sem falar que comer fora, em bons restaurantes, é também um ato prazeroso de confraternização entre amigos e parentes.

Para muitos comer é uma arte. Também pode ser um motivo para se realizar um negócio.

Atualmente, os estabelecimentos que lidam com alimentos são responsáveis pelo emprego direto e indireto de um grande número de pessoas. Para tal, é preciso ter mais conhecimento e informações relevantes sobre a arte de cozinhar. Urge, portanto, o treinamento de profissionais de cozinha.

A profissionalização do cozinheiro engloba não apenas a necessidade de ter conhecimento técnico sobre todas as etapas do processo de elaboração dos pratos, mas também será necessário adquirir habilidades e responsabilidades. Tais requisitos, quando praticados com senso profissional, além de contribuírem com preparações de qualidade, também proporcionarão um bom ambiente de trabalho.

Neste mercado existe uma grande carência de profissionais qualificados nos aspectos técnicos e administrativos. Não basta saber cozinhar, como não basta saber administrar para tocar um projeto de Cozinha Central, mas juntar o útil com o agradável, para ambos terem sucesso. É preciso buscar a qualificação profissional em tudo que se faça.

Mercado de Congelados – O mercado de alimentos congelados está em grande expansão. A busca por estes alimentos deve-se a possibilidade de manter a qualidade, mesmo não dispondo de tempo para o preparo dos mesmos e as possibilidades de longo período de estocagem desses produtos.

Com um número crescente de mulheres trabalhando fora e com o aumento do poder aquisitivo da população, a comida congelada ganha terreno nas famílias brasileiras. Sem falar da praticidade com que se apresentam os produtos, pois já vêm cortados, limpos, pré-cozidos e embalados. Nos últimos anos a demanda por congelados aumentou mais de 200%. Isso levou o setor de alimentos a desenvolver grandes negócios.

Hoje, não só empanado, batata frita, pizza, massa, pão de queijo, salgadinho, torta, empadão e carnes podem ser encontrados congelados, mas até vegetais e frutas. Os distribuidores, principalmente, supermercados tem investido na modernização dos sistemas de armazenamento e conservação de alimentos congelados, como têm criado "ilhas" de congelados para atrair os consumidores.

Com as facilidades dadas pela tecnologia de preparação e conservação de congelados, cada vez mais as empresas de varejo estão interessadas naqueles, como terceirizados, que fornecem os alimentos semiprontos. Como as principais marcas do mercado de congelados são: Sadia, Perdigão, Seara, Aurora, Qualitá e Forno de Minas, resta idealizar uma estratégia voltada a produzir e ofertar produtos que estejam fora das linhas de produção e de seus portfólios.

9.9 CONSUMO

O consumo pode ser considerado como o uso de bens e serviços. Mas, não equivale à simples compra de um produto. Consumir um produto é usar o mesmo até que deixe de atender às necessidades ou que o seu valor tenha sido anulado ou reduzido. O maior problema no consumo é o conflito entre a verdade e o sonho.

O propósito de um produto não é o que o vendedor, explicitamente, diz ser, mas o que o consumidor, implicitamente, exige que seja. O aumento do consumo faz crescer o investimento em máquinas, equipamentos e novas tecnologias, por exemplo. Quando há maior despesa industrial, mais se paga aos trabalhadores que retornarão ao mercado de consumo.

O problema do consumo é um desafio constante, mas, infelizmente, não muito consciente nas pessoas, que precisam ser responsáveis pelo uso dos recursos, quer naturais ou não, e pelo consumo de bens e serviços.

A análise do consumo objetiva estudar o histórico do faturamento, a previsão de vendas, a carteira de pedidos, o perfil do público-alvo, o poder de compra do consumidor, a renda da população, o nível social (econômico, financeiro, educativo, intelectual e cultural) do consumidor, bem como medir as mudanças de atitude e de hábito das pessoas. Dentre os diversos tipos de consumo.

O que mais interessa ao projeto é o consumo industrial. No consumo industrial, os recursos mais importantes são:

Matéria-Prima – Matéria utilizada na fabricação do produto final, e que pode ser prontamente identificada no produto.

Mão de Obra – Trabalho feito por uma pessoa; fator de produção remunerado pelo salário. A mão de obra pode ser: mão de obra direta (trabalho cujo tempo pode ser identificado com a produção, produto ou centro de custo); mão de obra indireta (trabalho cujo tempo não pode ser claramente identificado). Os custos da mão de obra não especializada tendem a ser mais baixos em locais mais remotos, devendo ser considerados como um agregado, que inclui, também, os encargos sociais, benefícios e prêmios.

Insumo – Material que contribui para a obtenção do produto, mas nem sempre faz parte da composição final do mesmo. Necessário para o processo de manufatura, o insumo não pode ser prontamente identificado com qualquer produto em particular, cujo custo é muito irrelevante para medir.

A disponibilidade do insumo não significa necessariamente que eles sejam baratos. Atenção especial deve ser dada aos custos de transferência, como no caso da energia, do armazenamento, do acondicionamento e da movimentação.

9.10 CONSUMIDOR

Consumidor é aquele (indivíduo ou instituição) que compra um produto. Ele não consome coisas, mas os benefícios que espera do produto. Como criar e conservar um consumidor são muito importantes para o êxito do negócio, é bom que o empresário o veja como o principal objetivo da empresa. Quando um consumidor procurar uma empresa, esta deve ter o máximo cuidado em fazer um atendimento de qualidade para que aquele possa retornar. O consumidor deve ser o propósito do projeto.

A abordagem econômica diz que os consumidores são os agentes da demanda, isto é, aqueles que se dirigem ao mercado com o intuito de adquirir um conjunto de bens e/ou serviços que lhes maximize sua função utilitária. Por outro lado, o conhecimento sólido das necessidades e desejos dos consumidores proporciona a base de informação para que haja maiores e melhores vendas, bem como resultados promissores.

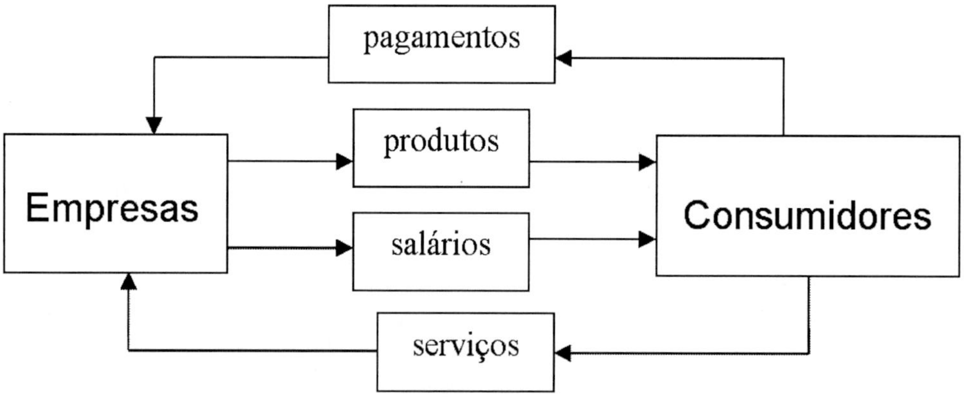

Figura 9.2: Diagrama de Trocas entre Empresas e Consumidores.

O consumidor desempenha um duplo papel no mercado. Em primeiro lugar, ele atua como comprador. Em segundo lugar, elabora um estudo crítico daquilo que compra, como, também, dos métodos de comercialização.

A seguir algumas considerações sobre consumidor:

Movimentação do Consumidor – As facilidades de locomoção do consumidor fizeram com que o mesmo adquirisse maior grau de observação quanto a preço, qualidade e características do produto.

Queixa do Consumidor – Cada vez mais, o consumidor participa com dados para as estratégias empresariais. As queixas dos consumidores são muitas, tais como: produto de qualidade inferior; ineficiente serviço pós-venda; baixo nível de qualidade no atendimento; campanhas publicitárias malfeitas; falta de calor humano, devido ao alto grau de automação; produtos não disponíveis, apesar da propaganda; preços elevados; vendas impessoais; peso adulterado; propaganda enganosa; exploração de crianças; falsificação do produto; embalagem pouco informativa; falta de dados sobre o produto; produtos inseguros; produtos que nada valem; maus serviços; realce na quantidade e não na qualidade; complexidade tecnológica; obsolescência programada; recusa em devolver o dinheiro; altos juros no crediário; falta de concorrência; fraude contra os pobres; falta de canais diretos de comunicação.

Julgamento do Consumidor – Para que as empresas possam manter consumidores se faz necessário abordar o modo como o consumidor julga os produtos que recebe. Os critérios são muitos, pois dependerá do próprio consumidor.

Comportamento do Consumidor – Pesquisar tendências sobre o comportamento e o hábito do consumidor ficou complicado. Hoje, o consumidor é menos rígido, mais propenso a experimentar novidades, mais educado, esperto e seletivo. São difíceis de persuadir e agem de maneira contraditória. Foi-se o tempo em que era possível dividir a população entre engajados, constantes e alienados. Os consumidores individuais também estão longe do controle dos empresários.

Os consumidores de hoje têm um nível educacional mais elevado e estão mais bem informados; costumam ser céticos quanto às mensagens promocionais que não sejam acompanhadas pelo produto propriamente dito. Eles estão também mais ecléticos. Seus comportamentos não se encaixam nos velhos e convenientes esquemas de segmentação socioeconômica.

Recente pesquisa da FIESP revelou que os consumidores dão preferência a produtos que tenham selo de qualidade, sejam orgânicos, sejam enriquecidos e sejam funcionais, independente de serem congelados ou não.

Conhecimento do Consumidor – Apesar de se esforçarem ao máximo, muitas empresas continuam a desperdiçar o que talvez seja seu ativo mais precioso no atual contexto: aquilo que o consumidor conhece, isto é, quais são seus níveis de intelectualidade, educação, percepção, cultura, instrução e informação, por exemplo. Hoje, mais do que nunca, o conhecimento adquiriu caráter estratégico.

No consumo de alimentos as pessoas se informam, na seguinte ordem: conhecido, televisão, médico, nutricionista e internet.

Consciência dos Consumidores – O mundo dos negócios vem se preocupando, cada vez mais, com uma figura, em muitos aspectos, ainda insondável: o consumidor consciente. O problema, porém, é definir exatamente quem é ele, como pensa e age na hora de escolher entre um e outro bem ou serviço. A maior parte da população adota algumas práticas consideradas importantes para o bem da coletividade.

Segundo pesquisas, os consumidores conscientes adotam os seguintes comportamentos: 93% pedem nota fiscal quando fazem compras; 90% lêem os rótulos das embalagens atentamente antes de comprar: 89% escrevem no verso de folhas já utilizadas; 79% separam o lixo para reciclagem; 72% compram produtos orgânicos, há menos de seis meses; 59% já recorreram a órgãos de defesa do consumidor; 42% deixam de comprar um produto para punir o fabricante; 26% deixam o carro em casa pelo menos uma vez na semana.

Para as empresas, os dados de pesquisa são importantes, porque dão indícios do que elas podem fazer para adequar seus produtos e suas práticas a um novo tipo de consumidor. O estudo mostrou também que, conforme o grau de consciência aumenta, fica mais difícil agradar ao consumidor.

Atitudes até pouco tempo atrás valorizadas, como o cuidado de não poluir o ambiente e de receber um bom atendimento, não são mais vistas pelo consumidor consciente como um diferencial na hora de optar por um ou outro produto/marca.

9.11 ALIMENTO

Os alimentos são muito importantes para nos manter saudável. Além de nutrir de forma correta, o alimento possibilita diversos benefícios. Mas, para que isso aconteça, devemos evitar que os alimentos sejam contaminados. Nosso corpo retira, dos alimentos que consumimos, as vitaminas, os sais minerais, as gorduras, os nutrientes, os carboidratos e parte da água necessária ao ser humano. Essa conscientização não é algo que o homem adquiriu só nos tempos atuais.

A História nos mostra que os gregos já tinham essa preocupação (400 a.C.). Hoje, a população urbana tem à sua disposição uma alimentação mais saudável com frutas e verduras. Entretanto, existem aqueles que, em função de maior poder aquisitivo, estão consumindo mais gorduras e açúcares, aumentando a obesidade, doenças cardiovasculares, aumentando o nível de glicose no sangue.

Num mundo em que a informação chega aos lugares mais inóspitos, é fácil compreender a busca de alimentos semiprontos. Assim, o comportamento alimentar ocupa, atualmente, um papel central na vida das pessoas que querem praticidade e segurança naquilo que comem.

Além da preocupação em obtermos uma alimentação saudável e eficiente, isto é, que seja bem equilibrada, com boa aparência, rica em substâncias benéficas, também é de fundamental importância considerar que ela seja isenta de agentes patogênicos (agrotóxicos, bactérias, fungos).

Portanto, para obter sucesso, os varejos que lidam e que vendem alimentos, além de se preocuparem em oferecer um cardápio bem diversificado, também deverão tomar algumas precauções, a fim de assegurar qualidade nos serviços que prestam, bem como em relação aos produtos que vendem.

A preocupação com a saúde, o bem-estar e a qualidade de vida fizeram com que as pessoas se preocupem mais com a qualidade daquilo que comem e que bebem. Daí, o governo brasileiro ter criado a ANVISA (Agência Nacional de Vigilância Sanitária), que tem como responsabilidade promover a proteção da saúde por intermédio do controle sanitário da produção e da comercialização de produtos, bem como os ambientes onde são preparados, seus processos e tecnologias empregadas.

Todos os estabelecimentos que exercerem atividades pertinentes à área de alimentos devem ser inspecionados e licenciados pela autoridade sanitária competente. A Resolução RDC nº 216, de 15 de setembro de 2004, criou a ANVISA. O responsável pelas atividades de manipulação de alimentos, deverá ter autoridade e competência para implantação e manutenção das boas práticas de fabricação e controle de qualidade dos alimentos.

Esta responsabilidade pode estar a cargo do proprietário ou de um funcionário capacitado para tal, não havendo a necessidade de se nomear esse responsável no contrato social da empresa, bastando, apenas, indicá-lo ao Centro de Vigilância Sanitária, da região. Os canais de comunicação mais importantes para a obtenção de maiores esclarecimentos são:

Associação Brasileira das Indústrias da Alimentação
Av. Brigadeiro Faria Lima, 1478 / 11º Andar São Paulo – SP
Telefones: 011 – 3030-1353; 3814-6688 (fax)
Site: www.abia.org.br
E-mail: abia@abia.org.br
Agência Nacional de Vigilância Sanitária
Site: www.anvisa.gov.br

Os objetos da inspeção sanitária são: Edificações, instalações, equipamentos, móveis e utensílios; Higienização das instalações; Controle dos vetores de doenças e pragas; Abastecimento de água; Manejo e descarte de resíduos; Manipuladores de alimentos; Matérias-primas, insumos e embalagens; Processo e preparação de alimentos; Armazenamento e movimentação de alimentos; Exposição de alimentos para consumo imediato; Documentos e registros; Responsabilidade pela fabricação.

É importante destacar que a ANVISA dá tratamento diferenciado aos diversos tipos de cozinha industrial.

9.12 CLASSIFICAÇÃO DOS ALIMENTOS

De maneira geral, é a seguinte a classificação dos alimentos:

Alimentos Preparados – São alimentos manipulados e preparados em serviços de alimentação, expostos à venda, embalados ou não, subdividido em três categorias:

a) Alimentos cozidos, mantidos quentes e expostos ao consumo.
b) Alimentos semiprontos, mantidos refrigerados, congelados ou à temperatura ambiente, que necessitam, ou não de aquecimento antes do consumo.
c) Alimentos crus, mantidos refrigerados ou à temperatura ambiente, expostos ao consumo.

Alimentos Funcionais – Alimentos considerados benéficos à saúde, com características que possam substituir medicamentos.

Alimentos Detergentes – Alimentos ricos em fibras que ajudam o trato intestinal, bem como servem para limpar as paredes do sistema digestivo. São exemplos destes alimentos: pêra, maçã e bagaço de laranja.

Alimento Contaminado – Alimento que contém uma carga de agrotóxico (defensivo agrícola) acima do permitido por lei.

Alimento Industrializado – Desde os anos de 1970, as condições de mudança no mundo industrializado influenciaram o comportamento de consumo dos alimentos. A comensalidade brasileira, por exemplo, está aderindo progressivamente aos alimentos industrializados. Isso é decorrente de vários fatores, como: praticidade, promoção, propaganda, diversidade de marcas e produtos, acessibilidade, preço baixo, melhoria da qualidade do sabor.

A indústria de alimentos transforma matéria-prima, por meio de processos físicos, químicos e biológicos, em produtos adequados ao consumo humano, garantindo vida longa aos mesmos. Com tudo isso, vale ressaltar que ainda estamos longe de conseguir com que tais produtos tenham aspectos naturais e saudáveis (nutrientes e propriedades organolépicas).

Os produtos industrializados são novos ao paladar e aos hábitos de nossa população. Assim, para facilitar sua aquisição, a indústria apresenta esses produtos em embalagens atraentes. Também acrescentam enormes quantidades de açúcar, sal e gordura, que fazem mal à saúde.

O processamento desses alimentos acaba retirando alguns dos valores nutritivos e, em alguns casos, fibras alimentares, além de receberem corantes de maneira a aumentar o apelo visual e gustativo. Mas, que não se enganem os "naturebas", porque o consumo dos produtos industrializados está crescendo, já sendo considerado uma marca de modernidade num mundo, cada vez mais, globalizado. Dia a dia esses produtos ganham a confiança dos consumidores.

9.13 ALIMENTO CONGELADO

Os alimentos congelados apresentam-se como uma solução para as pessoas que dispõem de pouco tempo para se dedicar à cozinha e buscam alternativas gostosas e baratas. Assim, o público-alvo do projeto é constituído, principalmente, de pessoas (físicas e jurídicas) que revendem congelados ou que comprem e preparem para vender aos consumidores finais.

Aqueles que compram produtos congelados reclamam, na sua maioria, do sabor, devido aos produtos químicos utilizados como catalisadores de processo de fabricação. Apontam também que são prejudiciais à saúde, como foi apontado no Relatório da Pesquisa de Mercado, que foi aplicado pelo gerente do projeto a alguns colaboradores.

O mercado de congelados tende a crescer, em função dos fatores já apontados. Ademais, existe uma demanda reprimida, já que não há um trabalho de conscientização das vantagens do alimento congelado. Conquistar a fidelidade do consumidor terá de ser uma prioridade.

Por outro lado, a mulher tem se tornado cada vez mais independente nos últimos anos. Elas não querem ficar em casa, preferindo sair para o mercado de trabalho, a fim de conquistar o sucesso como profissionais em diversos setores.

Com isso, se faz cada vez menos comida em casa e se buscam soluções mais práticas e viáveis, por meio de congelados, comprados em supermercados ou comida pronta, comprada em padarias, restaurantes, bares e similares.

Uma pesquisa do Ibope aponta que a comida congelada tem conquistado mais adeptos, tanto que 34% dos entrevistados comem congelados diariamente. Outro fator deve ser mencionado é a substituição do fogão convencional pelo forno de microondas. Além do preço, vale lembrar que as comidas de microondas são elaboradas em menos de cinco minutos. Já o fogão convencional exige certo ritual que leva pelo menos vinte minutos.

Nos últimos tempos até as comidas caseiras estão passando pelo processo de congelamento para serem consumidas em diversos dias.

O consumo de congelados cresceu muito, porque as pessoas não querem perder tempo e também, devido ao avanço da tecnologia, porque permitiu melhores meios de conservação dos produtos. Há um mito de que os alimentos congelados fazem mal à saúde e que, portanto, aqueles que agem dessa forma estão mal alimentados.

Mas, o problema não está exatamente no consumo do congelado, mas na forma em que se consomem tais alimentos, já que os congelados conservam os nutrientes melhor do que os alimentos in natura.

Uma pesquisa realizada na França indicou que até os restaurantes famosos de Paris estão utilizando, cada vez mais, produtos congelados no preparo de seus cardápios, tidos com frescos e adquiridos no mercado, durante o dia. Até o governo francês se intrometeu no assunto, porque acha absurdo o preço cobrado pelos pratos de restaurantes famosos por sua gastronomia, fato que leva o turista a comer em lanchonetes.

Quando apresentarmos um cardápio, como por exemplo:

Bobó de Camarão; Bolinho de Carne Seca; Bolinho de Feijoada; Caldo de Camarão; Camarão á Milanesa; Costela no Bafo; Croquete de Carne; Nhoque de Aipim; Cafta de Frango; Cafta de Carne; Milanesa de Alcatra; Milanesa de Frango; Molho à Bolonhesa; Molho à Calabresa; Molho de Carne Seca; Molho Funghi. Almôndega de Carne; Anel de Lula; Kibe; Empadão de Frango; Empadão de Camarão; Strogonoff de Carne; Bolinho de Aipim; Croquete de Camarão; Croquete de Frango; Strogonoff de Frango; Almôndegas de Frango.

Pode parecer que há um leque de ofertas muito grande de pratos, para um empreendimento incipiente. Mas, na realidade, está quantidade está em função da otimização dos recursos aplicados, que transitam de uma linha de produtos para outra.

A seguir, um exemplo de fluxograma de fabricação de produto congelado:

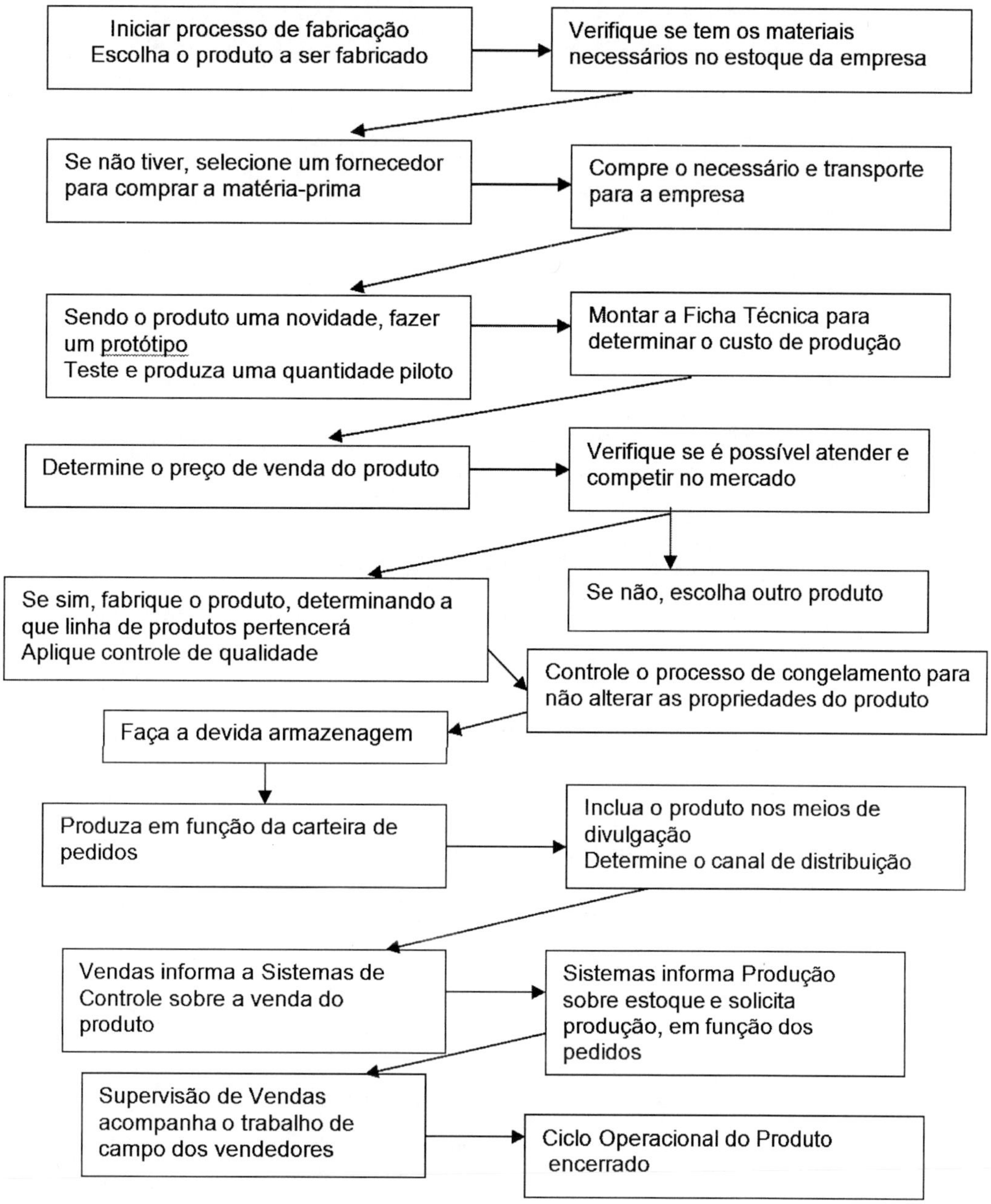

Figura 9.3: Fluxograma de Fabricação de Produto Congelado.

9.14 PLANO DE NEGÓCIOS

Um negócio se apresenta como o único caminho possível para vencer o desemprego ou se esquivar de baixos salários. Para alguns, é o projeto de toda uma vida, a possibilidade de dar um salto na escala social e por para fora a capacidade de iniciativa. Num e noutro caso não há limite de idade para o ingresso no mundo dos negócios.

O plano de negócio é o ponto de partida do investidor, empresário, ou empreendedor, que busca financiamento, isto é, uma espécie de cartão de apresentação. É pelo movimento do dinheiro que o empreendedor irá detectar a saúde de seu negócio. No início das operações, raramente, se escapa do vermelho.

A meta, porém, é perseguir o faturamento de equilíbrio, quando as entradas se harmonizam com as saídas. Nesta fase, o negócio começa a remunerar o capital investido (principal), por meio de um excedente positivo de caixa. Este plano formaliza a ideia, define a oportunidade do negócio, conceitua a operação, estima os riscos e traça o roteiro de viabilização do novo negócio.

Sugere-se como roteiro para o plano de negócio, o seguinte:

a) Descrever os aspectos econômicos, tais como: setor da economia (ramo); produto que se pretender desenvolver; mercado de atuação; recursos necessários e meios de comercialização.
b) Descrever os aspectos técnicos, quanto se quantifica e qualifica a produção, quando apresentar o processo produtivo e quais serão as especificações.
c) Descrever os aspectos financeiros como informações sobre o investimento fixo, os recursos e projeções sobre receitas, custos e resultados. Projeções do fluxo de caixa e de capital de giro também fazem parte do plano.

Para um Plano de Negócios do Projeto Cozinha de Congelados, os seguintes itens precisarão ser objetos de estudo, antes mesmo da construção do respectivo plano:

A – Infraestrutura do Local das Instalações: Os principais recursos avaliados e aproveitados do ambiente.

B – Áreas de Operação: As principais áreas a serem estudadas são: Cozinha; Depósito de materiais diversos; Almoxarifado; Escritório; Depósito climatizado para produtos acabados; Depósito de matérias-primas e insumos; Banheiros; Armários dos funcionários; Recepção; Expedição; Outras áreas.

C – Equipamentos: Os principais equipamentos a serem dimensionados são: Sistema de exaustão; Sistema de iluminação; Sistema de armazenamento; Sistema de refrigeração; Sistema de comunicação; Sistema de informações; Sistema de higienização; Balanças; Móveis; Utensílios; Máquinas de lavar roupas; Máquinas de lavar utensílios de cozinha; Máquinas de preparação; Móveis e máquinas de escritório; Outros equipamentos.

D – Materiais: As principais atribuições do Setor de Materiais são: Pesagem em balanças para aferir quantidades; Testes para aferir qualidade; Inspeções de validade; Sistemas de Informações para os demais setores da empresa; Banco de dados de fornecedores.

E – Logística: As principais atividades a serem estudadas no Setor de Logística são: Carteira de pedidos; Banco de dados da clientela; Sistemas de informação para atendimento dos pedidos; Rotas de distribuição; Canais de distribuição; Sistemas de Informações para os demais setores da empresa.

F – Estrutura Organizacional: Os principais elementos que formam a Estrutura da Organização são: Cargos; Funções. Organogramas; Recrutamento; Seleção; Treinamento; Quadro de distribuição de tarefas; Contratação; Sociabilização; Sistemas de Informações para os demais setores da empresa.

G – Produção: Os itens a abordar são os seguintes: Compra de matéria-prima; Aferição dos pesos líquidos; Fichas técnicas; Processo de produção de alimentos; Meios de preparação; Técnicas de congelamento e resfriamento; Armazenagem; Controle de perdas e desperdício; Sistemas de informações para os demais setores da empresa; Minimização de custos; Maximização dos lucros; Compra por lotes econômicos; Matriz energética; Otimização de recursos e de processos; Inovações.

H – Vendas: As principais atribuições do setor de vendas são; estratégias e táticas de venda; Recrutamento, Seleção e Treinamento de vendedores; Relatórios de resultados e seus desvios; Controle do Faturamento;

I – Gestão: Os principais controles gerenciais são: Sistemas de contas; Controles contábeis; Controles de estoque; Inventários; Indicadores de gestão; Sistemas de informações

J – Administração: As principais atribuições da administração da empresa são: Estratégias; Táticas; Políticas; Procedimentos; Planos; Decisões; Princípios, Regulamentos; Arquivos; Documentação; Banco de Dados.

Capítulo 10

INVESTIMENTO, CRÉDITO e FINANCIAMENTO

"Quando não se tem dinheiro, pensa-se sempre nele. Quando se tem, pensa-se somente nele".
Jean Paul Getty

OBJETIVOS DO CAPÍTULO

- Mostrar o conceito de investimento.
- Mostrar a diferença entre a locação e a imobilização.
- Mostrar que seja fones e aplicações.
- Mostrar as figuras do financiamento.

10.1 INVESTIMENTO

Investimentos são gastos aplicados em bens duráveis, direitos de marca, tecnologias, máquinas e equipamentos, bem como recursos aplicados em participações (empresas coligadas e/ou controladas) e em outras sociedades (direitos de qualquer natureza). É importante assinalar que os investimentos são aplicações, relativamente, permanentes com o objetivo de produzir renda.

Os investimentos empresariais podem ser vistos pela massa de capitais aplicados e pelo tempo da aplicação. Embora o volume de capital seja preponderante em qualquer investimento, o que realmente interessa é quanto tempo vai se levar para ter o dinheiro de volta, isto é, tempo de resposta.

É muito importante que o investidor faça uma análise da conveniência do investimento, bem como se deve comprar ou alugar alguns dos recursos que farão a empresa funcionar, porque os gastos com aluguel podem ser jogados na conta de despesas.

Já o capital imobilizado só pode ser amortizado, em geral, em cinco ou mais anos. Evidentemente, esses benefícios não são os únicos a se considerar, quando se precisa de uma máquina ou equipamento. Além da disponibilidade de caixa e da conjuntura econômica, fatores como o preço do equipamento desejado e o custo da locação devem ser, obrigatoriamente, pesquisados e analisados. Nesta análise, é importante que o tempo de utilização do ativo deva ser considerado, pois é esta variável que determinará o aluguel ou a compra.

O investimento tem uma relação inversamente proporcional com as taxas de juros de mercado. Se a empresa já dispõe de capital próprio, a taxa de juros representará o quanto à empresa ganharia se, em vez de investir em suas instalações, aplicasse no mercado de capitais.

Se a empresa precisa tomar emprestado, para comprar bens duráveis ou ampliar suas instalações, a taxa de juros de mercado representa para ela o custo do empréstimo. Nas duas situações, quanto maior a taxa de juros de mercado, menores os investimentos.

A seguir, são apresentados alguns elementos do investimento:

Captação de Recursos Financeiros – Os recursos financeiros aplicados no empreendimento são considerados investimento. Então, os problemas do gerente financeiro estão em como captar e gerir tais recursos. Também caberá questionar quanto, quando, quais e por que da captação de tais recursos.

Retorno do Investimento – O retorno do investimento é dado pela fórmula:

Retorno do Investimento = Lucro do Exercício × Giro do Ativo Total

Onde:
Lucro do Exercício = Lucro Líquido
Giro do Ativo Total = Receita com Vendas / Ativo Total

Exemplo:
Lucro do Exercício = $ 1.000,00
Giro do Ativo Total = 2
Retorno do Investimento = $ 1.000,00 × 2 = $ 2.000,00

Análise: Este indicador mostra o quanto retorna do investimento por ano. Se o capital investido foi de $ 10.000,00, significa que, sendo o retorno do investimento igual a $ 2.000,00/ano, o investimento retornará em 5 anos (10.000 ÷ 2.000).

Decisão de Investir – A tomada de decisão sobre os gastos com investimento ficará em função do retorno do investimento, da taxa de juros praticados no mercado e da disponibilidade de fundos de longo prazo patrocinados pelos governos e bancos de desenvolvimento (fomento).

Tanto os investimentos públicos como os privados podem ser feitos de forma ineficiente. Sempre que uma empresa deixa de obter uma taxa de retorno competitiva sobre seus investimentos, é porque foi feito um mau investimento. No setor privado, os índices de fracasso são elevados, porque muitas empresas não conseguem obter um retorno que compense tanto esforço, tempo e dinheiro.

Pay Back – Pay back é o intervalo de tempo necessário para que o investimento proporcione, em entradas líquidas de caixa, um montante igual ao total investido. Sua fórmula é:

Pay back = Ativo Total / Resultado Final do Exercício = Investimento / Lucro Líquido

Onde:
Ativo Total = Investimento
Resultado do Exercício = Lucro Líquido
Lucro Líquido = Lucro - (Imposto de Renda + Depreciação)

Exemplo:
Investimento = $ 100.000,00
Valor Residual = $ 10.000,00
Vida Útil = 9 anos
Lucro = $ 40.000,00
Imposto de Renda (IR) = 20% do lucro

Solução:
Investimento Líquido = 100.000 - 10.000 = 90.000
Depreciação = (100.000 - 10.000) / 9 = 10.000
Pay Back = (100.000 - 10.000) / 40.000 - (8.000 + 10.000) = 90.000 / 22.000 = 4 anos (aproximadamente)

10.2 PLANO DE INVESTIMENTO

O plano de investimento é uma ferramenta que ajudará a coordenar, controlar e constatar a conveniência de investir capital financeiro para cobrir todas as despesas de operação e de imobilização para viabilizar o projeto. Tal plano deve ser submetido a revisões periódicas, para assegurar a sua adequação às situações variáveis da empresa.

É um plano dentro do plano de negócio, e procura demonstrar um conjunto de projeções abrangentes que possam refletir o desempenho futuro da empresa em termos financeiros. Com este instrumento é possível estabelecer e cumprir metas. Quando bem fundamentado, transmite uma imagem positiva e dá crédito aos empreendedores, pois se estabelece como um dos referenciais do projeto.

Existem razões para a conveniência de se desenvolver um plano de investimento, tais como:

Aumento da Produção – Os investimentos tendentes à expansão do volume de produção exigem geralmente uma previsão cuidadosa, a longo prazo, da situação do mercado na qual é baseado o projeto de expansão.

Substituição de Equipamentos – A substituição de equipamentos consumidos, por sua vez, pode requerer considerações no curto e no longo prazo, conforme a importância dos equipamentos ou da instalação a substituir. Quando se trata de substituir um elemento principal da instalação produtiva, que exija ingentes investimentos, é oportuno analisar, previamente, se a atividade produtiva é ainda economicamente justificável, do ponto de vista da reditividade.

Melhoria da Produtividade – As melhorias na produtividade podem influenciar em diversos aspectos da vida empresarial. Os principais efeitos, atinentes a uma melhoria da produtividade estão na redução de custos e na qualidade dos produtos, que requerem novos investimentos.

10.3 TIPOS DE INVESTIMENTO

A seguir, alguns tipos de investimento:

Investimento Imobilizado – Capitais retidos em ativos para ressarcimento no curto prazo, como: imóveis, máquinas, instalações, veículos, móveis, utensílios, marcas, patentes, direitos de publicação, cauções, reserva técnica de estoque.

Investimento Estratégico – Estão voltados para o mercado, isto é, reforçar a posição da empresa no mercado. Estes investimentos, dificilmente, permitem uma avaliação mais concreta dos resultados, devido à dificuldade em se caracterizar os caminhos empresariais no longo prazo.

Investimento em Tecnologia – O investimento em uma nova tecnologia, em geral, tem como objetivo minimizar custos e trazer maior qualidade. A escolha de tecnologia também pode estar relacionada a elementos, tais como: oportunidade, logística, política, infraestrutura, integração, fusão, aquisição.

Investimento Inicial – O investimento inicial é o ponto de partida para qualquer projeto de empreendimento. Tal montante depende diretamente do tipo de negócio, do porte, da localização, do público-alvo e de outros aspectos. Antes de desembolsar qualquer quantia, é recomendável que se estude os gastos que serão necessários, como: imóveis, instalações, máquinas, equipamentos, móveis, utensílios, viaturas, sistemas, contratações, legalizações, locações, treinamentos, documentos, arquivos, programas de computadores, meios de divulgação, canais de distribuição.

Por mais minucioso que seja o estudo, o empreendedor deve ter clareza de que, quando iniciar a montagem da empresa, as previsões são sempre subestimadas. Portanto, será preciso ser prudente e ter uma boa reserva de dinheiro, para cobrir imprevistos.

É importante lembrar que nos seis primeiros meses os gastos sempre superarão as receitas.

É de fundamental importância saber quanto e quando deve efetuar os pagamentos. Numa pesquisa preliminar, por meio dos fornecedores de recursos, constatou-se que o projeto de uma pequena indústria de congelados é da ordem de:

Máquinas e Equipamentos	150.000,00
Móveis e Utensílios	45.000,00
Veículos	25.000,00
Obras de Instalação	50.000,00
Capital de Giro Próprio	20.000,00
Custo Fixo (3 meses)	60.000,00
Total	350.000,00

Planilha 10.1: Investimento Inicial.

10.4 LOCAÇÃO E IMOBILIZAÇÃO

Uma questão que se coloca de saída a respeito da situação do imóvel e de sua localização: Ele deve ser próprio ou alugado? Em ambos os casos o que importa é o custo da opção. Os consultores não recomendam a imobilização em imóveis, pelo menos na fase inicial do projeto.

É um custo pesado demais para quem necessita amealhar todo o capital de giro que lhe seja possível sem ônus dos juros cobrados pelos bancos. A locação também deve estar compatível com as expectativas de retorno do capital investido. A experiência estabelece regras que devem ser seguidas, tais como:

- Caso a perspectiva de uso seja de pelo menos cinco anos, tempo médio para a amortização do ativo imobilizado, deve-se comprar a máquina.

- Caso o tempo provável de utilização fique abaixo desse patamar, deve-se alugar.
- Caso o fator tecnologia seja preponderante, será preciso analisar a relação custo/benefício.

Válido para situações de rotina, o aluguel ganha importância em momentos de emergência, que vão desde um pico de vendas a trabalhos não habituais da empresa. A parada ou retração da economia e a ênfase na prestação de serviços deverão constituir-se num forte argumento para investir, já que a maioria das empresas se esquece de que os custos com equipamentos não se esgotam na compra.

Há toda uma estrutura de manutenção e de reparos a ser considerada. O maior empecilho está no preconceito com que o empreendedor trata a locação. A maior parte das pessoas quer ser "dona", sem se preocupar com resultados.

Se o aluguel é uma boa alternativa para as empresas que precisam de equipamentos por prazos curtos. Para prazos mais longos a opção é recorrer ao arrendamento mercantil ou *leasing*. Contratado para período que pode variar entre três e cinco anos, esse sistema combina as operações de locação e financiamento, permitindo, ao final do arrendamento, que o bem seja adquirido ou, então, devolvido à empresa contratada.

Caso se decida pela compra, o interessado pagará à financeira o valor residual, um preço básico, previamente combinado, que pode ser de 1% a 100% do valor do equipamento. O *leasing* funciona mais como uma linha de financiamento.

Comparado à locação normal, o *leasing* tem de diferente a obrigação contratual que estabelece para o arrendatário, ou seja, uma vez realizada a operação, não tem como desistir, ao contrário da locação, em que a devolução do equipamento pode ser feita a qualquer tempo.

A imobilização é o mesmo que retenção de dinheiro em determinados ativos ou ação de imobilizar capital no longo prazo. São considerados ativos imobilizados os bens e direitos de natureza permanente, destinados à manutenção das atividades da organização. Como é óbvio, o termo imobilizado não diz respeito à falta de mobilidade física dos bens de uma empresa, mas ao fato de que uma parcela dos recursos da sociedade (empresa) foi aplicada em ativo permanente.

A classificação de investimento permanente, ou ativo imobilizado, repousa na sua destinação, de forma que todas as contas relativas às atividades operacionais são classificadas no grupo imobilizado, que a empresa utiliza ou utilizará. O custo de instalação de uma câmara fria, por exemplo, compreenderá todos os gastos necessários para ter a mesma funcionando.

A taxa de imobilização é dada pela fórmula:

Taxa de Imobilização = Ativo Permanente / Patrimônio Líquido

Onde:

Ativo Permanente = Investimentos + Ativo Imobilizado + Ativo Diferido

Ativo Imobilizado = Soma dos imóveis, instalações, veículos, móveis, utensílios, marcas, patentes, direitos de publicação, cauções, reserva técnica de estoque.

Ativo Diferido = Aplicações de recursos em despesas (gastos com desenvolvimento de novos projetos) que contribuirão para a formação do resultado de mais de um exercício social.

Exemplo:

Ativo Permanente = $ 11.000,00

Patrimônio Líquido = $ 6.000,00

Taxa de Imobilização = 11.000 / 6.000 = 1,84

Análise:

A taxa de imobilização informa quanto uma empresa conseguiu imobilizar e investir com relação ao capital próprio (patrimônio líquido). No exemplo acima, o ativo permanente é quase o dobro do patrimônio líquido, sendo, portanto, um alto risco, porque ativos imobilizados não têm liquidez imediata. O aumento dos investimentos só se justifica se a empresa apresentar bons resultados.

10.5 PATRIMÔNIO

Uma empresa possui bens e direitos, geralmente, designados por patrimônio, que são colocados em operação com a finalidade de obter uma renda. Por patrimônio entende-se o montante do valor total desses bens e direitos possuídos pela empresa, isto é, o conjunto de valores culturais, técnicos e naturais, devidamente reconhecidos. Através da listagem desses bens e direitos, atribuindo-se a cada um o seu respectivo valor e somando-se essas quantias, chega-se ao valor total do patrimônio.

Este conceito envolve a atribuição de valor a cada um dos itens que forma o patrimônio, e esta é uma tarefa complexa. Quanto vale, por exemplo, o prédio onde está instalada a empresa? Quanto vale as máquinas, equipamentos e instalações?

As respostas serão corretas até que se efetuem transações reais da venda desses bens. Esta avaliação dependerá do mercado. Qualquer metodologia de avaliação de bens nos leva a estimar prováveis valores, mas sempre discutíveis e, portanto, subjetivos. Esses processos de avaliação se apoiam em comparações com os parâmetros do mercado.

O patrimônio líquido representa o registro do valor que os proprietários de uma empresa têm aplicado no negócio. Para ilustrar, vamos admitir que você e um sócio decidiram abrir uma empresa. Mas, para iniciar as atividades, a empresa necessitará de um capital inicial de $ 20.000,00. No momento em que a empresa recebe o dinheiro, a posse deste representa um ativo. Mas, por outro lado, a empresa deve registrar que seus proprietários aplicaram esta quantia, que representa o patrimônio líquido da organização.

Neste ponto, uma dúvida muito comum costuma surgir: Por que o patrimônio passa a ser chamado de ativo e o valor que os proprietários aplicaram é denominado patrimônio líquido?

Suponhamos que você decide comprar uma viatura de $ 100.000,00, em que uma parte foi paga à vista ($ 40.000,00) e parte foi financiada ($ 60.000,00).

Valor total do patrimônio (ativo) 100.000,00
Valor da obrigação assumida na compra (passivo exigível) 60.000,00
Valor do patrimônio líquido 40.000,00

10.6 AVALIAÇÃO DO PATRIMÔNIO LÍQUIDO

Quando alguém olha um balanço patrimonial, fica encantado ao constatar que Ativo e Passivo batem com a precisão de centavos, embora contenham números tão diferentes associados a designações distintas. A equação do patrimônio líquido (PL) é:

PL = B + D - O

Onde:
PL = Patrimônio Líquido
B = Bens (caixa + estoques + máquinas + imóveis)
D = Direitos (duplicatas descontadas + contas a receber + aplicações)
O = Obrigações (impostos + dívidas + salários a pagar + fornecedores + outros créditos)
B + D = Ativo
PL + O = Passivo
Ativo = Passivo

A seguir, um exemplo simples do cálculo do patrimônio líquido e das principais contas:

1	Caixa e Bancos	550,00	0,4%
2	Contas a Receber	32.550,00	24,1%
	Contas Vencidas	1.800,00	1,3%
	Contas a Vencer	30.750,00	22,8%
3	Estoque	27.850,00	20,6%
	Matéria-Prima	22.700,00	16,8%

	Produto Acabado	5.150,00	3,8%
4	Imobilizado	74.230,00	54,9%
	Máquinas.	32.350,00	23,9%
	Móveis e Utensílios	5.300,00	3,9%
	Instalações	36.580,00	27,1%
5	Ativo Total	135.180,00	100,0%
6	Fornecedores	16.780,00	40,7%
	Contas Vencidas	0,00	0%
	Contas a Vencer	16.780,00	40,7%
7	Impostos	4.350,00	10,6%
8	Empréstimos	12.750,00	31,0%
9	Salários	1.850,00	4,5%
10	Outras Obrigações	5.455,00	13,2%
11	Passivo Total	41.185,00	100,0%
12	Patrimônio Líquido (5 - 11)	93.995,00	

Quadro 10.1: Patrimônio Líquido.

10.7 VARIAÇÃO PATRIMONIAL

A variação patrimonial pode ser determinada pela equação patrimonial é dada pela fórmula:

A - P = C + (R - D)

Onde:
A = Ativo Circulante
P = Passivo Circulante
C = Capital Próprio
R = Receitas
D = Despesas.
R - D = Rédito
|R - D| = Valor absoluto do rédito
Valor Absoluto = Valor sempre considerado positivo.
Ativo Circulante = Conjunto de bens, direitos e valores a receber.

Passivo Circulante = Somatório de títulos a pagar, duplicatas a pagar, contas a pagar, fornecedores a pagar, comissões a pagar, despesas gerais a pagar, hipotecas, penhor mercantil, salários administrativos, impostos a pagar, participações de empresas e dividendos a pagar.

Capital Próprio = Patrimônio Líquido (capital + reservas)

Assim, podemos ter os seguintes resultados para a equação patrimonial:

- Se o rédito é positivo, então a empresa teve lucro.
- Se o rédito for nulo, então a empresa não teve lucro nem prejuízo.
- Se o rédito for negativo, então a empresa teve prejuízo.
- Se o rédito for negativo e tiver um valor absoluto maior que o capital próprio, então a empresa teve prejuízo e seu passivo está a descoberto, isto é, a organização não tem condições próprias para continuar.

Exemplo:
Capital Próprio = $ 1.000,00
Receitas = $ 500,00
Despesas = $ 2.000,00

A - P = 1.000 + (500 - 2.000) = 1.000 - 1.500 = - 500

|R - D| = 500 - 2.000 = 1.500

Análise:
Como a empresa apresentou prejuízo (- 500,00) e o valor absoluto do rédito (1.500,00) é maior do que o capital próprio (1.000,00), ela se encontra em estado falimentar.

10.8 FONTES E APLICAÇÕES

Em planejamento e controle financeiro é essencial entender como os fundos são gerados e onde são usados. Sem tal estudo, a administração não pode avaliar o que a empresa tem feito e em que direção está indo. A fonte de fundos pode resultar de:

a) Diminuição dos ativos, como a venda de imóveis.
b) Aumento dos compromissos, como empréstimos em dinheiro.
c) Aumento de capital, como reinvestimento de lucros.

O uso ou aplicação de fundos pode resultar de:

a) Aumento nos ativos, como a compra de um equipamento.
b) Diminuição dos compromissos, como o pagamento de dívidas.
c) Diminuição de capital, como pagamento de dividendos e de várias despesas.

Em função das fontes e aplicações, a equação do patrimônio líquido é apresentada com uma nova abordagem:

PL = B + D - O

Onde:
PL = Patrimônio líquido
B = Bens (caixa + estoques + máquinas + imóveis)
D = Direitos (duplicatas descontadas + contas a receber + aplicações)
O = Obrigações (impostos + dívidas + salários a pagar + fornecedores a pagar)
B + D = Ativo
PL + O = Passivo
Ativo = Passivo
B + D = Aplicações de recursos
O + PL = Fontes de recursos

Dois tipos de fontes de recursos utilizados para financiar essas aplicações, se apresentam de duas naturezas distintas:

- Recursos de terceiros cedidos provisoriamente à empresa.
- Recursos próprios da empresa, fornecidos pelos seus proprietários, para, em conjunto com as obrigações assumidas, financiar as aplicações realizadas.

É importante entender que há um equilíbrio nas diversas contas do ativo e do passivo, porque um débito do ativo corresponde a um crédito do passivo, e vice-versa (Método das Partidas Dobradas).

Assim, tomemos as seguintes regras do equilíbrio contábil:

- Quando debitamos no ativo e creditamos no passivo estamos aplicando.
- Quando creditamos no ativo e debitamos no passivo estamos gerando uma fonte.

A seguir, dois exemplos para melhor entendimento do assunto:

Contas	**Ano I**	**Ano II**	**Aplicação**	**Fonte**
Caixa e Bancos	100	80		20
Contas a Receber	300	450	150	
Estoques	400	500	100	
Imobilizado	500	600	100	
Ativo	1.300	1.630		
Fornecedores	300	500		200
Contas a Pagar	200	180	20	

Dividendos a Pagar	50	150		100
Capital	600	600	0	0
Reservas	150	200		50
Passivo	1.300	1.630	------	------
			370	370

Contas	**Ano I**	**Ano II**	**Aplicação**	**Fonte**
Caixa e Bancos	12	7		5
Títulos Negociáveis	30	20		10
Contas a Receber	20	15		5
Estoques	15	55	40	
Permanentes	140	180	40	
Depreciação Acumulada	- 40	- 80		40
Ativo Total	177	197		
Contas a Pagar	8	7	1	
Títulos a Pagar	17	7	10	
Provisões	13	11	2	
Exigível no Longo Prazo	47	67		20
Ações Preferenciais	14	14		
Ações Ordinárias	50	50		
Lucros Retidos	28	41		13
Passivo Total	177	197	-----	------
			93	93

10.9 CRÉDITO

Desde os primórdios da civilização humana, as emergências com morte, doença e incêndio, por exemplo, têm exigido do indivíduo maior soma de bens do que ele eventualmente possui, no momento. Daí, a figura do crédito. Os créditos mais comuns, que o mercado utiliza, são: crédito mercantil e crédito ao consumidor.

O crédito pode ser considerado como cessão de mercadoria, serviço ou dinheiro para pagamento futuro.

Também é dito que uma pessoa tem crédito pela sua capacidade de levantar empréstimos em instituições financeiras. Tanto que o crediário é um crédito aberto em troca da promessa de reembolso do valor com juros, em prestações iguais pagas dentro dos intervalos especificados.

Os profissionais de crédito avaliam as condições de crédito aos consumidores potenciais, negando ou limitando para consumidores duvidosos. Acham que os vendedores atendem a todos os consumidores, inclusive aqueles que se encontram em situação financeira duvidosa.

Por outro lado, os vendedores acham que zerar os devedores significa perda de venda e lucro. Reclamam que trabalham arduamente para fazer o consumidor e, depois, têm que ouvir: "ele não é bom o suficiente para receber crédito".

Crédito e Cobrança	Vendas
Cadastro completo dos consumidores.	Cadastro resumido dos consumidores.
Nenhum risco de crédito.	Algum risco de crédito.
Condições rigorosas de crédito.	Condições de crédito facilitadas.
Procedimentos rigorosos de cobrança.	Procedimentos amenos de cobrança.

Quadro 10.2: Conflitos de Crédito e Cobrança x Vendas.

A seguir, algumas considerações sobre os seguintes créditos:

Crédito Mercantil – Valores que uma empresa concede a outra na venda de mercadorias a serem comercializadas pelo tomador, sendo pagas dentro de prazos contratados. É, na verdade, um empréstimo indireto ao consumidor final. No crédito mercantil o vendedor fornece os bens e espera pelo pagamento após um prazo predeterminado.

Esse crédito aparece como contas a receber na contabilidade do vendedor e como contas a pagar na contabilidade do comprador. Este crédito é dado ao comprador, representando capital que ele não precisa desembolsar até a data do pagamento.

Provavelmente, a forma mais comum de financiamento a curto prazo é o denominado crédito comercial ou mercantil. Embora não atinja o montante das outras modalidades de crédito, praticamente, toda empresa, seja individual, sociedade de pessoas ou sociedade anônima, recorre a alguma forma de crédito comercial.

Também podemos definir crédito comercial como sendo o crédito a curto prazo concedido por um fornecedor a um comprador, em decorrência da compra de mercadorias para posterior revenda. Quando não houver o benefício do desconto para pagamento à vista, o crédito mercantil é, frequentemente, uma das mais dispendiosas fontes de fundos.

A utilização de crédito comercial em excesso é, muitas vezes, causa direta de falência. Visto ser mais facilmente obtido do que a maior parte dos outros créditos. Existe a tendência de alavancar uma empresa com crédito mercantil do que com capital próprio.

O aumento da utilização desta modalidade de crédito é inadequado para acompanhar o aumento dos ativos de uma empresa, isto é, as contas se tornam perigosas, fazendo com que os fornecedores suspendam a concessão de novo crédito. Uma situação em que a empresa pode não ter a quem recorrer. Se nossa situação de liquidez for muito fraca, teremos de procurar os fornecedores que ofereçam prazos mais convenientes.

Se estivermos comprando mercadorias a crédito, será econômico usar o período total do desconto para pagamento à vista. No caso de não haver desconto, deverá ser utilizado o prazo total de concessão de crédito. À medida que entramos em um período de boas vendas, os valores a pagar irão sendo gradativamente menores, em função dos recebíveis.

Ao contrário, um empréstimo garantido por hipoteca não poderá ser diariamente alterado.

Uma vez que o crédito comercial está relacionado diretamente com estoques e vendas, há a necessária flexibilização das fontes de capital. Este crédito tem vantagem sobre os demais, em vista de os credores, raramente, exigirem o penhor de nossos ativos. Isso nos coloca em melhor posição para procurar fundos adicionais. Mas, atenção, esta liberdade não é ilimitada.

Crédito ao Consumidor – Crédito ao consumidor é a facilidade que é dada a um indivíduo para que ele obtenha bens e serviços com a finalidade de consumo final, sob a promessa de pagar o equivalente num prazo futuro combinado.

O crédito ao consumidor, como é entendido em nossos dias, só se tornou acessível, à grande maioria, no Século XX. Um modelo comum de crédito ao consumidor envolve o consumidor, o lojista, a financeira e o investidor. A mais recente modalidade de crédito ao consumidor é o cartão de conta corrente da própria loja, onde o mesmo tem um máximo de crédito e um mínimo a debitar mensalmente.

O crédito é uma atividade que absorve uma boa parte dos recursos humanos da empresa, que cria um Departamento de Crédito e Cobrança para tratar deste assunto, tendo em vista o problema da inadimplência. O crédito ao consumidor traz vantagens e desvantagens, tanto para a empresa quanto para o consumidor.

CONSUMIDOR	Aumenta aparentemente seu poder aquisitivo
	Faz uma poupança forçada
	Melhora seu padrão de vida
EMPRESA	Aumenta o volume de vendas
	Aumenta o tráfego na empresa
	Cadastro atualizado dos consumidores

Quadro 10.3: Vantagens do Crédito ao Consumidor

CONSUMIDOR	Preços mais caros
	Estímulo à compra de produtos supérfluos
	Risco de desabastecimento
EMPRESA	Aumenta serviços e custos
	Riscos de inadimplência dos consumidores
	Necessidade de maior capital de giro

Quadro 10.4: Desvantagens do Crédito ao Consumidor

10.10 EMPRÉSTIMO

O empréstimo é o capital tomado de terceiros, cujo ressarcimento se faz, geralmente, com acréscimo de juros. Para facilitar o processo de concessão de empréstimos e reduzir a papelada e o desperdício de tempo nas negociações, os bancos colocam à disposição linhas de crédito de determinadas quantias para serem utilizadas nas empresas.

Devido ao seu conceito como emprestadores a determinados setores da economia, alguns bancos são considerados como importantes fontes de referência de crédito. A área de ação de um banco estabelece determinadas limitações, quanto ao volume de capital emprestado, isto é, o que poderá conceder aos tomadores individuais.

Além de guardar nossos depósitos e emprestar dinheiro, um banco oferece muitos outros serviços. Se estivermos nos dedicando à exportação e importação, precisamos saber qual a capacidade de câmbio do banco. É normal que as empresas escolham determinado banco, em função da conveniência do local e pelo atendimento recebido.

Quando solicitamos um empréstimo, o banco procura obter informações básicas sobre: as pessoas que dirigem a empresa; os cadastros e referências que possui a empresa; as condições e formas de pagamento; as possibilidades de alienação de ativos (imóveis, bens duráveis); os demonstrativos de resultado e balanços patrimoniais.

A seguir, alguns motivos da recusa de empréstimos por parte de bancos:

Capital próprio insuficiente; lucros e reservas insatisfatórios; capacidade administrativa duvidosa; garantias insuficientes; sistema contábil inadequado; iniciantes sem imagem de bom pagador; inadimplência para com fornecedores; solicitações descabidas de condições e formas de pagamento; solicitante não possui saldo favorável no banco; carteira de empréstimos saturada.

O empréstimo bancário é amplamente utilizado, embora não tão comum quanto o crédito mercantil. Grandes empresas têm maiores possibilidades de acesso a outras fontes de fundos do que as pequenas, porque estas, em geral, não têm a solvabilidade suficiente para resgatar empréstimos e, também, porque não possuem um grande ativo circulante.

Embora as agências do governo desempenhem um papel pequeno na capitalização das pequenas empresas, existem vários planos de empréstimo em vigor, cujas principais características são:

- A maior ênfase é dada aos empréstimos a prazos longos.
- As agências governamentais não fornecem diretamente fundos para capital próprio.
- O governo é considerado como um tribunal de última instância.
- Geralmente os empréstimos aprovados são concedidos a uma taxa de juros inferior à taxa de mercado, como se fosse uma subvenção.
- Uma parte relativamente grande de empréstimos é concedida às empresas industriais, para que comprem as novidades tecnológicas.
- Os empréstimos são concedidos mediante a garantia de ativos sólidos.

Em geral, à medida que passamos dos bancos comerciais para as agências de governo, os fornecedores, cada vez menos, fazem exigências, mas nunca se tornam suáveis. É de se esperar que os devedores apresentem adequada proporção entre o capital próprio e a capacidade administrativa.

Há, ainda, a possibilidade de se conseguir um empréstimo particular de um amigo, cujos juros podem ser próximos do da Caderneta de Poupança, como 0,50%/mês. Uma planilha de amortização de um empréstimo de R$ 30.000,00, pagável em 30 meses, para uma parcela de pagamento mensal de R$ 1.000,00, acrescida dos devidos juros (0,50% / mês), por exemplo, terá como valor da 1ª parcela de amortização o valor de R$ 1.150,00 (1.000,00 + 150,00).

10.11 MEIOS FINANCEIROS

Os meios financeiros representam um fator que condiciona a maior parte das decisões de uma empresa. O valor monetário não é apenas uma expressão e uma medida de atividades e resultados. É, sobretudo, um meio primordial para a consecução dos objetivos empresariais. Quando se quer programar a futura atividade de uma empresa, devem-se tomar em consideração os meios financeiros disponíveis. Muitas vezes, seus objetivos devem ser condicionados a tais disponibilidades.

A empresa pode ter lucro sem suficientes fundos em caixa. Pode acontecer também que, durante um período favorável do ponto de vista econômico, uma empresa se encontre sem o numerário para pagar as obrigações. Pode suceder que, em uma época de prosperidade, uma empresa verifique deficiência de meios financeiros.

Em tais períodos, de fato, todo o dinheiro disponível pode ser utilizado: para conseguir mais elevados níveis de produtividade, para a aquisição de novos equipamentos e máquinas mais modernas e para concessão de créditos aos consumidores. Assim, fica evidente o conflito entre as exigências correntes e a necessidade de investir em meios que façam a empresa mais efetiva.

A liberdade de ponderar sobre adequação, lucro, risco, controle e prazo, está condicionada à capacidade e tendência do mercado em fornecer os tipos de fundos desejados. A escolha é limitada, principalmente, em se tratando de empresas pequenas. Estas precisam contar, consideravelmente, com os fundos pertencentes aos proprietários.

Outras fontes de fundos devem ser consideradas, tais como amortizações e lucros não distribuídos. O período de tempo durante o qual o bem esgota a sua capacidade operacional e o seu valor econômico é denominado vida econômica.

Amortização se entende como o débito do custo do bem (ativo fixo), durante vários exercícios, até que termine a sua vida econômica. O lucro do exercício pode não ser completamente distribuído aos cotistas, de acordo com o que foi estabelecido no regulamento da sociedade. Este lucro não distribuído é denominado reserva de lucro.

10.12 FINANCIAMENTO

O financiamento é o valor dado a uma pessoa (física ou jurídica) para obtenção de: bens; capitais; instalações, máquinas, equipamentos. Suas duas figuras mais importantes são leasing e alienação fiduciária. Os financiamentos representam empréstimos de financeiras, com prazo de vencimentos superior a um ano. São compostos de: Principal e Encargos Financeiros.

O principal representa o valor da dívida, o montante recebido como empréstimo. Normalmente, esses financiamentos estão sujeitos a ajustes pela desvalorização da moeda, os quais, dependendo dos termos do contrato de financiamento, podem ser pagos periodicamente (mensais, trimestrais, semestrais, anuais) ou incorporados ao principal, para que seja pago juntamente com este.

Os encargos financeiros são os juros e comissões diversas que a empresa tomadora do empréstimo deve pagar, conforme contrato. Os ajustes pela desvalorização da moeda também representam encargos financeiros.

Ao configurarmos um projeto, devemos, portanto, indicar: as necessidades de recursos, as possíveis fontes de captação e onde serão aplicados tais recursos. Algumas premissas no financiamento de um empreendimento devem ser seguidas, tais como:

- O custo financeiro é de extrema importância, devendo ser muito bem estudado.
- O custo de cada financiamento deve ser o menor possível, nunca superior ao custo de mercado e bem abaixo da taxa interna de retorno do negócio.
- O prazo de cada financiamento deve ser negociado, em função do fluxo de caixa do empreendimento, isto é, os vencimentos devem coincidir com as disponibilidades de caixa geradas pelo negócio.

As garantias de pagamento devem ser as menores possíveis para não comprometer, excessivamente, a capacidade de obtenção de recursos adicionais. Em casos de emergência, devem ser particularmente evitadas as garantias pessoais do empreendedor. Um grande empreendimento só se torna algo próspero e viável quando a captação de recursos é criteriosa.

As experiências bem-sucedidas mostram que a mesma criatividade, que pauta a construção de uma boa ideia de negócio, é capaz de descobrir o "pulo do gato" na hora de procurar dinheiro, como somar pequenos financiamentos, por exemplo. É bem mais fácil e barato conseguir financiamento de um fornecedor de máquinas do que de um banco.

10.13 FIGURAS DO FINANCIAMENTO

As principais figuras do financiamento são:

Caução – Depósito de valores aceitos para tornar efetiva a responsabilidade de um encargo financeiro. A caução é uma garantia de pagamento antecipada.

Alienação Fiduciária – Documento em que o adquirente de um bem móvel transfere o domínio do mesmo ao credor que emprestou o dinheiro para pagar-lhe o preço, continuadamente. Se ao alienante não for ressarcido do referido bem, no prazo combinado, volta a ter domínio sobre o mesmo, isto é, o vendedor é dono do bem até a quitação total pelo comprador.

Leasing – O leasing, assunto já abordado, oferece várias vantagens: manutenção do capital de giro, obtenção de equipamentos de última geração, incentivos governamentais. Frequentemente, a empresa que pratica leasing permanece com maior renda líquida e com chances de vender aos clientes que não podem enfrentar a compra direta.

Linhas de Financiamento – Estas linhas são fornecidas por: Banco Nacional de Desenvolvimento Econômico e Social; Banco do Brasil; Caixa Econômica; Banco Central; Sebrae; Programas Governamentais; Bancos Particulares. Para requisitar financiamento do BNDES, por exemplo, pequenas empresas devem dar os seguintes passos:

a) Demonstrar Saúde Financeira – Não é necessário ter lucro, mas os balanços e balancetes devem ser claros e demonstrar capacidade de pagamento de dívidas.
b) Impostos e Contribuições – Estar em dia com as obrigações fiscais. Apresentar as certidões negativas dos tributos federais, estaduais e municipais é indispensável.
c) Restrições de Crédito – Não estar na lista de cadastros negativos (SCPC, Serasa).
d) Garantias – Apresentar garantias na proporção de 130% do valor do empréstimo, com ativos de bens duráveis.
e) Investimento – Definir o investimento de acordo com a capacidade de geração de caixa.
f) Equipamentos – Optar pela compra de máquinas e equipamentos com fornecedores cadastrados pelo BNDES.
g) Mercado – Levar em conta a base de preços de mercado nas estimativas de gastos.
h) Plano de Negócios – Apresentar um plano de negócios que demonstre a capacidade da empresa de viabilizar e honrar seus compromissos com fornecedores e mais as parcelas do empréstimo.

Despesas Financeiras – Despesas com juros, comissões, bancos e diversos. As despesas de juros não nascem diretamente da operação da empresa, mas da decisão de financiamento. Na verdade, as decisões de financiamento e investimentos são independentes.

Relatório Financeiro – O relatório financeiro é responsável pelo levantamento das necessidades de capital e como captá-lo, isto é, como conseguir recursos financeiros e distribuí-los em função dos diferentes usos e aplicações.

Duplicatas a Receber – A duplicata é um título de crédito pelo qual o comprador se obriga a pagar, dentro de certo prazo, o valor da fatura correspondente. As duas formas mais utilizadas pelas empresas para obter financiamento a curto prazo com duplicatas a receber são a caução de duplicatas e o factoring de duplicatas.

Na verdade, apenas a caução de duplicatas gera um empréstimo a curto prazo com garantia. O factoring, na realidade, acarreta a venda das duplicatas, com desconto.

Embora o factoring não seja, com efeito, uma forma de empréstimo a curto prazo com garantia, envolve o uso de duplicatas a receber para obter tais fundos. A caução de duplicatas é muitas vezes usada para garantir um empréstimo de curto prazo, porque estes papéis, normalmente, apresentam grande liquidez. Mesmo assim, o credor sempre avaliará as duplicatas a receber e as relacionará com o empréstimo solicitado.

10.14 ANÁLISE FINANCEIRA

A sobrevivência antecede o sucesso. A única pré-condição absoluta para a sobrevivência da sua empresa é a disponibilidade de dinheiro à mão, quando você precisar. Ficar sem capital de giro significa o fim de um negócio.

Um desequilíbrio de caixa pode ser sintoma de um problema mais profundo. Em geral, não é simplesmente a consequência de uma falta de liquidez passageira, mas de uma administração financeira deficiente. Para ter êxito, os administradores financeiros precisam se envolver com as mudanças que ocorrem constantemente, em ambiente de constante competitividade. Precisam estar atentos ao humor do mercado.

A análise financeira da empresa é tarefa bastante complexa e de fundamental importância numa sociedade moderna. A razão mais frequente que nos leva a desenvolvê-la tende a ser de caráter econômico-financeiro. Para o credor, certamente, sua principal preocupação será no sentido de receber aquilo que tem direito. Para o investidor, seu objetivo primeiro é ter um retorno sobre o seu investimento, mantendo certo grau de segurança.

O conhecimento de finanças não deve se restringir aos tesoureiros, controladores e planejadores financeiros. Em qualquer empresa, contabilistas, estatísticos e profissionais de marketing, se possuírem uma avaliação e um entendimento dos princípios de finanças, poderão participar mais efetivamente do processo decisório.

Os problemas financeiros, basicamente, estão voltados para o fluxo de dinheiro que corre na empresa e se ela terá condições de saldar compromissos assumidos (liquidez). Assim, é preciso ter presente a noção de conta, que é o registro de uma transação que envolve valores, devendo ter um nome para caracterizar se a mesma é do ativo ou do passivo.

O saldo, ou diferença, é o resultado do confronto entre os totais de débitos e de créditos, levados a uma conta corrente. Este saldo, como é óbvio, poderá ser nulo, positivo ou negativo. Em última análise, a conta corrente é o registro para mostrar a liquidez de uma transação.

Entende-se por caixa o controle diário onde são registradas todas as transações, em dinheiro, da empresa. Pelo caixa passa todo o fluxo de valores monetários do sistema financeiro da empresa, como mostrado na figura, a seguir:

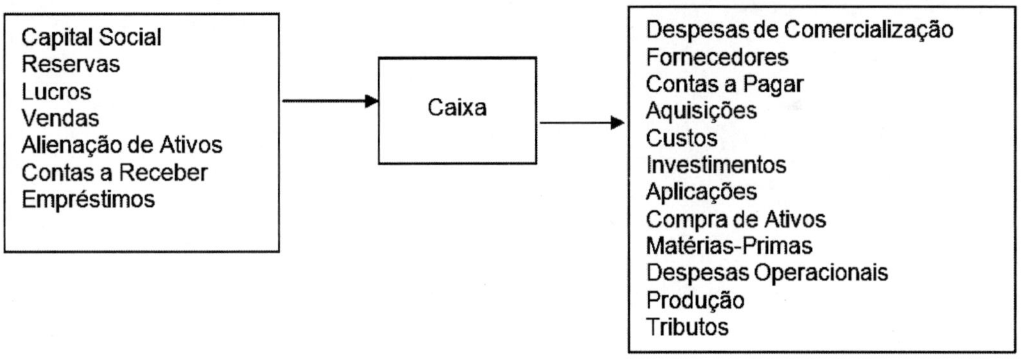

Figura 10.1: Modelo Simplificado de um Sistema de Caixa.

O conhecimento financeiro básico de todo futuro empreendedor passa pela elaboração e interpretação do fluxo de caixa, movimento que registra as entradas e saídas de dinheiro. Trata-se de uma ferramenta de avaliação e análise indispensável para o sucesso de um novo negócio.

Ao pôr no papel as projeções de receitas e despesas, o empresário estará antecipando, por tabela, as necessidades de captação de recursos e preparando-se para tomar decisões na hora certa. Tão logo a empresa comece a funcionar, o confronto entre as projeções e as operações, efetivamente, realizadas deve entrar para a rotina da Contabilidade Gerencial.

É importante trabalhar com estimativas pessimistas.

Capítulo 11

RECURSOS NECESSÁRIOS

"Quando o administrador se dedica à função administrativa direção ele começa a aprender como é complexo lidar com o ser humano, porque ele também é uma pessoa que faz parte do mesmo processo".
Harold Koontz

OBJETIVOS DO CAPÍTULO

- Mostrar a importância dos recursos.
- Mostrar tipos de equipamentos de cozinha.
- Mostrar o que são móveis e utensílios de cozinha e de escritório.

11.1 RECURSO

Como é cada vez mais comum, as limitações de recursos imporem restrições às empresas, deve-se, primeiro, determinar a disponibilidade de recursos e, depois, usá-los como guia (ou fator a ser considerado) da formulação de estratégias para produtos e mercados.

A empresa para se tornar produtiva dependerá de recursos. Sem recursos adequados ela não conseguirá sobreviver. Recursos são meios auxiliares que permitem a pessoa ou a organização atingir objetivos. Se você tem os recursos adequados, dificilmente, não será efetivo, isto é, não perderá tempo para atingir objetivos com eficiência e eficácia.

A organização procura dispor de recursos de tal forma que o conjunto, assim empregado, seja capaz de realizar uma atividade econômica ou um trabalho, com um mínimo de risco, esforço e custo.

Uma empresa é uma organização de finalidade econômica. Utiliza e elabora recursos (meios, métodos ou instrumentos) para facilitar o seu desenvolvimento e o seu rendimento, assegurando-lhe as melhores condições operacionais. Todas as organizações são constituídas de recursos, que podem ser contratados, comprados e incorporados à empresa ou adquiridos, sob a forma de: empréstimo, aluguel, arrendamento ou leasing.

De modo geral, os tipos de recursos *são:*

Recursos Naturais: água, luz, ventilação, umidade, vegetação, tipo de solo.

Recursos de Apoio: serviços públicos, energia elétrica, telefonia, água encanada e potável, esgotamento sanitário, gás, hospital, escola, correio, banco, policiamento, transporte, segurança.

Recursos Físicos: imóveis, viaturas, instalações.

Recursos Materiais: equipamentos, máquinas, móveis, utensílios, ferramentas.

Recursos Financeiros: capital próprio, crédito, financiamento, receita com vendas, investimentos de terceiros, empréstimos.

Recursos Humanos: mão de obra direta e indireta.

Recursos Tecnológicos: tecnologia da produção, tecnologia da informação e tecnologia do conhecimento.

Recursos Administrativos: funções administrativas, funções organizacionais, práticas, técnicas, procedimentos, rotinas, políticas, planos, programas, métodos, metodologias, documentos, manuais.

Recursos Mercadológicos: perfil do consumidor, pesquisa de mercado, inovação, produto, marca, comunicação do produto, previsão de vendas, relação com consumidores, fornecedores e concorrentes, estratégias, táticas, negociação, distribuição.

Recursos Sistêmicos: sistemas de informação, sistemas de comunicação, sistemas de suporte à decisão, sistemas simulatórios, sistemas de banco de dados.

A seguir, algumas premissas dos recursos:

- Os recursos empresariais constituem a capacidade de ação de uma empresa.
- Enquanto o trabalho focaliza apenas a mão de obra, os recursos humanos envolvem todas as pessoas existentes na empresa, desde o presidente até o faxineiro.

- Geralmente, quando se fala em recurso, surge a imagem simplista do dinheiro.
- Recursos empresariais são extremamente diversificados e complexos.
- Recursos empresariais similares são administrados dentro de um esquema de divisão de trabalho.
- Cada um dos recursos exige uma especialização.

11.2 RECURSOS DE COZINHA

Os principais recursos de cozinha são: Equipamentos (máquinas) de Refrigeração (conservação); Equipamentos de Preparação; Equipamentos de Cocção. O termo equipamento, empregado genericamente, foi usado aqui para designar todos os equipamentos de movimentação, equipamento de estocagem, equipamento de inspeção e outros.

A seguir, alguns cuidados necessários em relação aos equipamentos de cozinha:

- Independentemente do tipo de equipamento, o profissional de cozinha responsável pelo uso do mesmo deverá conhecer as características dos equipamentos utilizados para fazer o acondicionamento, processamento e preparação dos alimentos. Identificar possíveis defeitos e o momento de fazer as manutenções recomendadas pelos fabricantes.
- A manutenção desses equipamentos deve ser feita por técnicos especializados. Mas, o profissional de cozinha é o responsável pela limpeza e higienização, periódica desses equipamentos. Por isso, muito cuidado ao limpar, para não danificar o equipamento.
- Todo tipo de equipamento para acondicionar alimentos deve se encontrar dentro dos padrões de higiene exigidos e em perfeitas condições de não ser objeto de contaminação dos alimentos.
- A limpeza deve ser feita periodicamente com água e sabão, após o desligamento completo do equipamento.
- O controle da temperatura no interior das câmaras frias deverá ser rigoroso e, por isso, é desejável que as mesmas sejam equipadas com termômetros digitais, com visores externos. A temperatura no interior da câmara deverá ser compatível com o alimento armazenado e com o tempo previsto.

11.3 EQUIPAMENTOS DE REFRIGERAÇÃO

Os equipamentos de refrigeração são móveis ou conjuntos de câmaras ligadas a um sistema de refrigeração e servem para conservar os alimentos sob a ação do frio, como frutas, vegetais e outros alimentos. Os principais equipamentos de refrigeração são:

Câmaras Frias – As câmaras frias são equipamentos de refrigeração (0 até 12ºC) e de congelamento (abaixo de 0ºC). Para evitar que o ar externo penetre na câmara, é comum instalar uma antecâmara.

Recomenda-se dividi-las em seções isoladas com sua própria fonte de resfriamento. Estas câmaras devem ficar localizadas o mais longe das fontes de calor.

As câmaras, sejam de refrigeração ou de congelamento, devem possuir estantes de material impermeável, para possibilitar a acomodação adequada dos alimentos. Em uma câmara fria, é possível armazenar vários tipos de produtos, desde que todos tenham de ser mantidos na mesma temperatura.

Mas, para isso, os produtos deverão ser corretamente separados por lotes e embalados corretamente para evitar a absorção de cheiros e prevenir-se de contaminação cruzada. Estes equipamentos são recomendados para empresas onde o volume de produtos a ser armazenado é muito grande.

Geladeiras (Refrigeradores) – São equipamentos que possuem características semelhantes às câmaras frias, porém de tamanho menor e podem se apresentar como refrigeradores ou congeladores. São idênticos às geladeiras domésticas e devem ficar localizadas nas áreas de conservação dos alimentos. A limpeza desses equipamentos deverá ser feita sempre que necessário. As geladeiras servem para acondicionar alimentos de médio risco de contaminação.

Freezeres – São equipamentos que devem ser utilizados naqueles casos em que o volume de produtos a serem armazenados é pequeno. Eles podem ser do tipo horizontal ou vertical. Neles, os produtos poderão ser mantidos a uma temperatura inferior a 18°C. Neste tipo de equipamento, também é importante certificar-se de que a temperatura no seu interior se encontra na faixa recomendada. Por isso, periodicamente, será necessário fazer medições da temperatura no interior dos mesmos.

11.4 EQUIPAMENTOS DE COCÇÃO

São equipamentos, em forma de móveis, de queimadores ou outra fonte de calor, alimentados a gás, eletricidade ou óleo. Servem para preparar alimentos e mantê-los quentes. O calor é transmitido aos alimentos de duas maneiras: por contato direto (chapa, grelha) ou por um transmissor auxiliar como água, vapor de água, gordura. Os equipamentos de cocção, mais utilizados na cozinha são:

- Fogão Central – É o principal equipamento que compõe a unidade de cocção, sendo o mais usado na cozinha. É do tipo industrial. Os fogões elétricos aquecem uma chapa apropriada, quando o fogão é ligado. O fogão a gás possui queimadores.
- Banho-Maria – É usado para manter quente alguns alimentos que necessitam desse cuidado. Nele as preparações são mantidas aquecidas devido a ação do calor transmitido pela água aquecida.
- Grelhas e Chapas – Possuem unidades de calor instaladas debaixo das chapas ou grelhas de metal que aquecidas assam ou fritam os alimentos.
- Fritadeiras – São recipientes que servem para preparar alimentos fritos em banho de óleo.
- Forno – É usado para assar, estufar, guisar e cozinhar no banho-maria. O calor emitido age sobre

os alimentos de maneira uniforme. A temperatura é regulada por termostato. Existem fornos a vapor que permitem a operação com vários tipos de alimentos, simultaneamente. Trata-se de um equipamento indispensável em cozinhas de todos os portes, porque a maioria das preparações passa pelo forno. Existem no mercado fornos que são autolimpantes.

- Caldeirão – É usado para preparar grande quantidade de alimentos. Ele dispõe de tampa hermética e válvulas de segurança.
- Salamandra – Usada para gratinar os alimentos.

Há sempre perigo de explosão nos equipamentos a gás. Os equipamentos elétricos podem causar incêndios e choques. Assim, certifique-se do bom estado dos mesmos.

11.5 EQUIPAMENTOS DE PREPARAÇÃO

Os equipamentos de preparação são equipamentos manuais ou elétricos que servem para preparar os alimentos, crus ou cozidos, por meio de interferência física, tais como: Moedor de Carne; Serra Mecânica; Máquina de Abrir Massa; Cortador de Frios; Processador; Liquidificador; Batedeira; Balança; Triturador; Descascador de Batatas; Cortador de Legumes; Espremedor de Frutas; Termômetro de Panela; Câmara de Crescimento; Modelador de Pães; Modelador de Massas para Salgadinhos; Máquina de Gelo; Máquina de Pastel.

11.6 MÓVEIS E UTENSÍLIOS DE COZINHA

Os principais utensílios de cozinha são: caçarolas, jogos de panelas, caldeirões, frigideiras, assadeiras, travessas e plástico, travessas inoxidáveis, recipientes, pratos, talheres, botijões de gás, toalhas, copos, bandejas, cestas, potes herméticos, molheiras, taças, cafeteira, purificador de água, garfo de cozinha, espátula, escumadeira, colher de arame, coador, peneira, concha, batedor de bife, passador de purê, socador, conjunto de facas.

Os móveis de cozinha são basicamente utilizados para guardar mercadorias e para possibilitar a preparação dos alimentos sobre eles. Geralmente, são feitos de diversos materiais, podendo ter prateleiras e gavetas. Os móveis mais usados são: mesas de trabalho, prateleiras, balcões, carros estantes, cubas de aço inox, estantes lisas, estantes gradeadas, carro plataforma, carro tanque, bancada de serviço, lavadora de louças, esguicho para lavagem, máquina de esterilização, lava-botas manual com bica, cabides para aventais e uniformes.

11.7 MÓVEIS E UTENSÍLIOS DE ESCRITÓRIO

Os principais móveis e utensílios de escritório são: 4 cadeiras, 2 mesas de escritório (1,0 x 0,6), 2 calculadoras, 1 máquina de cupom fiscal, 2 computadores e periféricos, softwares, artigos de papelaria, sistema de chaveamentos de telefonia, aplicativos, arquivos de gavetas, mesa de reunião, ar condicionado, quadros murais, talonários, mapas, rotas de vendedores, quadros de avisos e outros.

11.8 EQUIPAMENTOS DE PRESERVAÇÃO AMBIENTAL

Os equipamentos de preservação ambiental mais importantes são: Sistema de climatização; Sistema de exaustão; Coifas com filtros; Sistema de ventilação; Sistema de iluminação; Sistema de lavagem de panos, uniformes, toalhas e aventais.

11.9 EQUIPAMENTOS DE ARMAZENAGEM E LOGÍSTICA

Os principais equipamentos de armazenamento e logística são: 1 carro porta bandejas; 1 balança eletrônica com impressora; 2 caixas criogênicas para transporte; 1 máquina para fechar embalagens; 1 seladora horizontal de embalagens plásticas; 1 seladora vertical de embalagens plásticas; 1 suporte para colar fita adesiva; 1 viatura tipo utilitário.

11.10 RECURSOS HUMANOS DE COZINHA

Recursos humanos são as pessoas que integram uma organização e decidem o que fazer com os demais recursos. As pessoas trazem para as empresas habilidades, conhecimentos, atitudes, comportamentos, vícios e virtudes. Por serem diferentes entre si, passam a ser um recurso altamente diversificado.

As pessoas, dentre os recursos, são aquelas que precisam ser analisadas, sob os pontos de vista do profissionalismo, comportamento e comprometimento. Por sua própria natureza também apresentam considerável grau de mutabilidade e influência na tomada de decisão. Dependendo de seus conhecimentos técnicos, habilidades e personalidades, as pessoas colaborarão em maior grau para a construção do sistema empresa.

Assim, para lidar com pessoas é preciso observar as premissas sobre recursos humanos:

- Treinamento não muda personalidade, muda atitudes, o comportamento é muito difícil de ser mudado.
- As pessoas nem sempre têm atitudes e comportamentos desejados, é preciso entender um pouco

mais delas para se despertar interesse e motivação, reconhecendo as de alto desempenho.

- Organizações são agrupamentos de pessoas produzindo coisas que atendem as necessidades da sociedade, investir no homem é o mesmo que renovar seus conhecimentos.
- O ser humano é fator chave de sucesso nos negócios.

A gestão de recursos humanos em um projeto é particularmente delicada por se tratar de comportamentos diferentes que trabalharão num projeto comum. Quando se tratar de uma grande cozinha, por exemplo, além do chefe da cozinha, haverá um subchefe e pessoas especializadas e responsáveis por cada determinado setor. Os principias recursos humanos da cozinha são:

Chefe de Cozinha – O chefe é a autoridade máxima na cozinha. Ele precisa saber executar todas as tarefas e elaborar todos os cardápios. Suas principais funções são: planejar, dirigir supervisionar o trabalho e treinar seu pessoal; elaborar fichas técnicas; distribuir os diversos serviços; assegurar que tudo na cozinha tenha qualidade; apresentar relatórios; controlar estoques e alertar sobre necessidades; supervisionar a carteira de pedidos; organizar inventários.

Subchefe de Cozinha – O subchefe de cozinha assiste e substitui o chefe de cozinha. Suas principais funções são: recepção de materiais; prepara a cozinha para iniciar os trabalhos, bem como no seu fechamento; organizar as praças de preparações das linhas de produção.

Chefe Especializado – É o responsável pela preparação inicial dos alimentos, bem como guarda e armazenamento. Também é sua responsabilidade cosmetizar os pratos.

Chefe de Rotisseria – É responsável pela preparação de todos os assados e grelhados.

Chefe Entremetier – É especializado em legumes, sopas e purês, por exemplo.

Chefe Saucier – É especializado em molhos.

Chefe Confeiteiro – É especializado em massas de confeitaria, doces e sobremesas.

Padeiro – É um técnico especializado em massas e produtos de padaria.

Açougueiro – É um técnico especializado na preparação de carnes para cozimento.

Ajudante de Cozinha – Desempenha as tarefas mais simples da cozinha.

Copeiro – É o encarregado da copa, para preparar suco, café, chá, coquetel e outros.

Servente – É o encarregado de fazer a limpeza e lavagem da cozinha.

11.11 RECURSOS FÍSICOS

A seguir, são colocados os principais recursos físicos de uma pequena empresa de alimentos:

Cozinha – É um espaço para acomodar os fogões, fritadeiras, fornos, freezeres, geladeiras, pias, armários de utensílios, bancadas e mesas de trabalho, que devem ser organizados de forma a permitir a livre circulação dos funcionários e fácil acesso aos equipamentos.

Depósito de Matéria-Prima – Local para guardar materiais que serão utilizados na cozinha. Deve ter área suficiente para acomodar os diversos tipos de produtos de forma adequada, ou seja, ambiente seco, arejado e limpo. Alguns produtos requerem resfriamento ou congelamento, o que indica a necessidade de ambiente especial.

Escritório – O escritório serve para atender fornecedores e compradores, bem como executar as funções administrativas e contábeis da empresa.

Depósito de Produtos Acabados – Local onde são guardados os produtos para atender a Carteira de Pedidos. Portanto, vale ter uma previsão da movimentação desses produtos nas câmaras de refrigeração. No depósito existe dois setores, tais como:

Recepção de Materiais – A recepção é uma área muito importante da cozinha, pois uma vez recebido os materiais, os riscos correm por conta de quem os recebeu. Portanto, é necessário examinar: pedido, nota fiscal, fatura, nota de fornecimento, quantidade, qualidade, estado físico-químico, por exemplo. Qualquer queixa sobre as especificações deve ser relatada.

Este setor deve ser estruturado de forma que os materiais não fiquem mofando em suas prateleiras. Assim, tão logo o material comprado chegue, devem ser tomadas as seguintes providências: baixa do pedido e respectiva comunicação ao Departamento de Compras; inspeção do produto; comunicação da chegada do produto à seção requisitante; aviso à Contabilidade.

Expedição de Produtos Acabados – A expedição é a seção onde se inicia a distribuição física dos produtos da empresa, para os distribuidores (varejistas). Deve ser uma área para abrigar paletes e veículos, bem como sua movimentação.

Almoxarifado – É o nome dado a um local onde estão guardados utilidades, materiais, ferramentas, componentes, equipamentos que a empresa comprou para serem consumidos em suas operações.

Banheiro e Vestiário – Lugar que ocupará 5% do espaço físico da empresa.

Depósito Seco – Lugar onde são guardados materiais descartáveis, como: embalagens, papéis, caixas de papelão, fitas adesivas e outros materiais que dão apoio a armazenagem e a logística.

Depósito de Lixo – Lugar para depositar as perdas e refugos, bem como o material não mais utilizado e sem serventia. Deve ser seletiva a guarda desses materiais.

Sala de Recepção e Reunião – Lugar para receber os distribuidores e vendedores e que será, também, para realização de negócios e contratações. Também será uma espécie de Show Room da empresa, com as diversas linhas de Produtos Congelados.

Área Total (útil e livre) – Esta área deve ser, no mínimo, de aproximadamente 250 m^2

11.12 DESPERDÍCIO

Um dos fatores do alto custo da produção, geralmente mal percebido, é o desperdício. Um exame, não muito profundo, revelará que não há atividade sem desperdício. Algumas formas de desperdício são facilmente percebidas, como acontece com o material. Outras são menos notadas, como acontece quando os funcionários gastam mais tempo e realizam mais movimentos do que os realmente necessários para fazer o serviço (Lei de Parkinson).

Toda vez que se consome mais material, tempo, energia e espaço do que realmente seria necessário, se o trabalho fosse realizado racionalmente, isso que se consome a mais é desperdício e encarece a produção. O desperdício é um fenômeno mundial. A maneira correta de combater qualquer mal é combater as suas causas. Assim, se houver um desejo de combater os desperdícios, é necessário eliminar e conhecer os seus motivos.

Examinando as causas dos desperdícios, verifica-se que algumas podem ser atacadas, através de medidas de caráter administrativo, de caráter cultural e de caráter educativo. Várias são as medidas administrativas, pois o corretivo dependerá da causa do desperdício.

As medidas culturais estarão fundamentadas na formação de uma mentalidade, na doutrinação e no treinamento constante. As sugestões para minimizar o desperdício podem ser: campanhas educativas, cartazes, projeções de filmes, reuniões, palestras, e-mails e prêmios para ideias inovadoras e efetivas.

Os principais tipos de desperdício são:

Desperdício de Energia Elétrica – A utilização de equipamentos sem selo Procel (menor consumo de energia elétrica) é o maior exemplo desse tipo de desperdício. Um refrigerador não é um simples gabinete de aço com motor. Ele precisa de esforços conjuntos para se tornar um equipamento eficiente e eficaz, isto é, que refrigere muito com menos.

Cada vez mais se verifica que o simples gerenciamento do consumo de eletricidade e a adoção de expedientes corriqueiros, como a substituição de lâmpadas ou o uso mais adequado do ar condicionado, diminuem sensivelmente as despesas. Um plano de performance energética envolve também mudanças na rotina do pessoal da limpeza. Grande parte do desperdício de energia é resultado da prevalência dos critérios estéticos em detrimento da funcionalidade.

Desperdício de Gás – Muitos gerentes de empresas de alimentos se recusam a investir em um Fogão de Alta Eficiência por causa do preço. Além disso várias tarefas de cozinha podem ser feitas com equipamentos chamados multifuncionais e combinados. Tudo isso com menos mão de obra e menos consumo de gás, com aumento da produtividade e ambientes mais saudáveis para os funcionários.

Desperdício de Alimentos – A perda de alimentos não consumidos em uma indústria de alimentos é enorme. A solução é o sistema de produção antecipada com imediato congelamento avançado que preserva o sabor e a consistência dos alimentos, deixando-os prontos para posterior regeneração, acionada somente no momento da demanda.

A produção em maiores volumes também diminui o custo unitário do produto, melhora a programação das compras, reduz a energia, sob qualquer forma. É muito mais fácil trabalhar com pratos semiprontos do que prepará-los do "zero".

Desperdício de Material – A armazenagem bem-feita ajuda a identificar a margem esperada para perdas e refugos. Há uma diferença entre refugos e perdas. Refugos são partes de bens tangíveis rejeitados durante o processo de produção. Perdas são partes intangíveis não aproveitadas do produto gerado por um projeto.

Se a taxa de refugo for alta, mostra que, na empresa, podem estar acontecendo: erros de projeto do produto; falhas no controle de qualidade; falhas no controle da produção; baixo nível de educação; mau uso das funções administrativas, principalmente, a função administrativa organização; armazenagem incorreta; falta de treinamento.

Perdas fazem parte do processo de fabricação, podendo-se minimizá-las, mas não as evitar. Portanto, é necessário que a quantidade disponibilizada para a produção seja a mais exata possível, porque o custo pela perda será incorporado ao custo do produto. Se houver perda anormal, como no caso, por exemplo, de incêndio no almoxarifado, roubo, enchente, os valores correspondentes não devem ser tratados como custo de produção, e sim levados diretamente ao resultado.

As perdas anormais ocorrem de forma involuntária, sendo seu custo absorvido pelos demais produtos.

Desperdício de Mão de Obra – A mão de obra é um dos itens mais lembrados na lista de dificuldades de uma indústria de congelados, tendo em vista a dificuldade de lidar com o ser humano e por uma legislação trabalhista obsoleta e ultrapassada. São tantos os encargos sociais que vale reduzir a mão de obra, para a sobrevivência do negócio.

Os problemas não são solucionados com mão de obra intensiva, mas com tecnologia intensiva. Hoje, deve-se depender cada vez menos de empregados.

Outro aspecto é o ambiente da cozinha. É confortável? Os equipamentos obedecem às simples regras da Ergonomia? Há riscos de acidentes de trabalho? O funcionário trabalha com satisfação? Uma reengenharia dos processos, estruturas e métodos de trabalho pode diminuir o absenteismo, a assiduidade, a impontualidade, a falta de assiduidade, o estresse e a rotação, como também favorecer a assiduidade.

Desperdício do Espaço Físico – Uma indústria se for pequena demais estrangula a produção. Mas se for grande demais custa caro. A adoção de equipamentos mais modernos, somados à revisão nos processos de fabricação, diminui os espaços ociosos.

Alguns equipamentos, se bem aplicados, poupam espaços, embora sejam mais caros, que ao longo dos meses se mostram mais rentáveis.

Desperdício de Água – Atualmente, mais do que nunca, a água se mostra imprescindível para o homem. Porém, o mesmo homem polui, cada vez mais, seu próprio ambiente. Infelizmente, a água é utilizada de forma descontrolada. Hoje, a responsabilidade de algumas empresas para com o ambiente faz parte de sua estratégia.

Para que se otimize o uso da água algumas premissas, a seguir:

- Verifique se a torneia está realmente fechada.
- Ao lavar a louça, use a própria cuba da pia para ajudar na lavagem.
- Tente limitar o banho para no máximo de cinco minutos.
- Feche a torneira enquanto se ensaboa.
- Jamais escove os dentes ou faça a barba com a torneira aberta.
- Sempre use a máquina de lavar em carga máxima.
- O excesso de sabão aumenta o número de enxagues.
- A lavagem de louças, copos, bandejas e talheres consomem uma quantidade enorme de água, que pode ser resolvido com equipamentos corretos.

Desperdício de Dinheiro – Na hora de comprar máquinas e equipamentos, avalie tudo, como: especificação, preço, marca, garantia, facilidade de limpeza, mobilidade, por exemplo. Certifique-se de que a manutenção futura seja organizada, tendo acesso, rapidez e confiabilidade. Escolha o equipamento pelo tempo estimado de vida útil, tomando como referência a concorrência.

Lembre-se de que bons equipamentos custam caro e possuem um índice de depreciação menor do que os mais baratos.

Capítulo 12

GRUPO de TRABALHO

"A velocidade com que uma organização se adapta ao ambiente é traduzida como vantagem competitiva."
Michael Porter

OBJETIVOS DO CAPÍTULO

- Mostrar a importância do bom relacionamento em um grupo de trabalho.
- Mostrar aspectos do comportamento profissional.
- Mostrar exemplos do desenho organizacional.

12.1 ORGANIZAÇÃO

Organização é um conjunto, intencional, interativo e cooperativo de recursos (funções, políticas, procedimentos, atividades, tarefas e responsabilidades), regido por pessoas para alcançar objetivos predeterminados e congruentes com a missão para a qual a organização foi criada.

A organização procura dispor de recursos de tal forma que o conjunto, assim empregado, seja capaz de realizar uma atividade econômica, ou um trabalho, com um mínimo de risco, esforço, custo e tempo. Uma empresa, como já conceituada, é uma organização de finalidade econômica. Utiliza e elabora recursos (meios, métodos ou instrumentos) para facilitar o seu desenvolvimento e o seu rendimento, assegurando-lhe as melhores condições operacionais.

Assim, como as pessoas, as organizações têm um caráter próprio que as distingue das demais, isto é, elas desenvolvem uma identidade. Este caráter desenvolve-se da mesma maneira pelo qual evolui o caráter dos indivíduos. Quanto maior o número de interações pessoais e grupais, mais acentuada é a personalidade da organização.

A seguir, alguns aspectos das organizações:

As organizações existem para cumprir objetivos que os indivíduos isoladamente não podem alcançar, em face das suas limitações pessoais.

Uma organização é um sistema composto dos subsistemas: operações, decisões e informações.

Uma organização divide o trabalho, de acordo com a funcionalidade, espaço e tempo.

As organizações precisam agir de forma congruente com o ambiente onde habitam, porque correm um risco muito grande de entrarem em dissonância com o mesmo, o que, em geral, é catastrófico para a empresa, isto é, a organização deve dançar conforme a música.

12.2 TRABALHO NA ORGANIZAÇÃO

Toda vez que fazemos um esforço para obter coisas que satisfazem as nossas necessidades, realizamos trabalho, que é a verdadeira medida do valor de troca de todas as coisas. O trabalho é toda atividade humana voltada para a transformação da natureza, no sentido de satisfazer uma necessidade. Para os economistas é um dos fatores de produção.

O trabalho significa o esforço, exercício ou atividade para realizar alguma coisa. Este esforço pode ser físico, mental, voluntário ou forçado. É através do trabalho que o homem transforma o ambiente onde vive. Uma organização está dividida nos seguintes níveis de trabalho:

- Nível 01: Objetivos e Estratégias.
- Nível 02: Decisões, Políticas e Táticas.
- Nível 03: Funções e Atribuições.
- Nível 04: Atividades.
- Nível 05: Operações
- Nível 06: Tarefas.
- Nível 07: Movimentos.

O leitor não deve confundir níveis de trabalho da organização com níveis hierárquicos, que dizem respeito à estrutura da organização. Um nível hierárquico pode abrigar mais de um nível de trabalho. Atividade é um conjunto de operações reunidas segundo critérios complementares e similares e que servem para definir a finalidade do setor.

Operação é uma tarefa específica, visando um objetivo imediato no curto prazo. Tarefa é um conjunto de passos (etapas) interligados segundo uma sequência lógica, cuja continuidade estará em função, principalmente, do tempo, produtividade e custo. Movimento constitui a menor unidade possível dentro da divisão do trabalho.

Hoje, é comum que organizações, através de parcerias, dividam funções, atribuições, atividades, operações e tarefas, com a finalidade de minimizar custo.

12.3 TRABALHO EM EQUIPE

Se uma pessoa está trabalhando numa equipe, ela é naturalmente motivada, porque há um compromisso entre as partes. E esta é a grande diferença num sistema tradicional em que os subordinados atendem seus chefes. A importância de se trabalhar em equipe é que cada membro é responsável também pelo resultado do grupo. Não basta apenas cumprir tarefas.

Equipe é uma dessas palavras, excessivamente, utilizadas no campo da administração. Sugere uma coesão e unidade que você raramente obtém e talvez não queira que, realmente, aconteça o tempo todo. O trabalho em equipe é a combinação de diferentes indivíduos, trabalhando ao longo de rotas independentes e colaborativas para objetivos comuns.

As equipes não podem ser formadas da noite para o dia. É necessário um longo período antes que possam funcionar. Elas são baseadas na confiança mútua e no entendimento recíproco, e isso leva anos para se conseguir.

O desenvolvimento de equipes é uma técnica comportamental muito utilizada pelas organizações. Grupos de empregados, de vários níveis e de especializações diversas, reúnem-se, procurando um ponto de convergência para que se alcance a colaboração, eliminando as barreiras interpessoais de comunicação pelo esclarecimento e compreensão de suas causas.

12.4 ORGANIZAÇÃO DO TRABALHO

A organização do trabalho é fundamentada nos seguintes elementos:

Simplificação do Trabalho – A simplificação do trabalho tem sido definida como a análise sistemática de todos os fatores que afetam ou afetarão o trabalho, a fim de economizar recursos. Procurar uma maneira mais simples de fazer o trabalho, tornando-o mais rápido, menos cansativo, menos dispendioso e, consequentemente, mais produtivo é o que se chama de simplificação do trabalho.

Esta filosofia se fundamenta nas seguintes premissas:

- Há sempre uma maneira melhor de se executar uma tarefa.
- A melhor maneira jamais é conseguida, ela deve ser um desafio.
- A simplificação do trabalho pode ser aplicada, se houver interesse em economizar recursos.

- O trato sistemático e ordenado dos problemas de trabalho produzirá melhores resultados do que um tratamento casual ou impulsivo.

Divisão do Trabalho – A divisão do trabalho pode ser analisada sob dois aspectos: o individual e o coletivo.

Posto de Trabalho – A organização do posto de trabalho consiste em determinar um lugar para cada coisa, de modo eficiente.

Estudo do Trabalho – O estudo do trabalho desenvolve-se no sentido de melhor utilização (otimização) dos recursos à disposição da empresa. Os objetivos do estudo do trabalho, para o consequente aumento de produtividade, são: melhorar os métodos de trabalho, melhorar a distribuição das tarefas e determinar o rendimento do trabalho. Durante a crítica do método existente, é necessário ter uma atitude interrogativa e imaginativa. O senso comum deve prevalecer, para efeito de economia e de operacionalidade.

Custo e Rendimento do Trabalho – Quando se elabora o novo método de trabalho, além da sua exequibilidade, é preciso fazer uma estimativa do custo da sua implementação e do rendimento a mais que ele dará, fazendo-se, inclusive, o cálculo da amortização dos gastos que serão necessários na implantação.

Análise do Trabalho – A análise de distribuição do trabalho tem por finalidade avaliar as tarefas de um grupo, eliminar as atividades supérfluas e distribuir as tarefas necessárias, de forma a conseguir maior efetividade.

Agenda de Trabalho – A agenda é uma lista sumária, geralmente, com data e hora marcadas, em que são feitas anotações de compromissos, transmissão de informações, apontamentos pessoais, questões a serem debatidas, tarefas a serem cumpridas, ações e decisões a tomar, por exemplo.

Tempo do Trabalho – O tempo deve ser considerado um aliado e não um inimigo do homem. Assim, qualquer uso mais efetivo do tempo tem de começar com um controle. Fazer uma lista do que é preciso fazer, priorizar os itens, ajuda o trabalho do administrador, mas nunca deve ficar refém de uma agenda de trabalho, porque, se perder a agenda, não mais administrará?

Pauta de Trabalho – Nome dado a uma lista de assuntos a serem tratados numa reunião.

Automação do Trabalho – Automação significa a transferência de atividades de controle, regulagem e correção de processos feitos pelo ser humano para equipamentos cibernéticos. As máquinas automáticas são capazes de realizar uma sequência de operações até certo ponto semelhantes aos processos mentais humanos, podendo ainda corrigir erros que ocorram no curso de suas operações, seguindo critérios preestabelecidos.

12.5 GRUPO DE TRABALHO

Um grupo não é simplesmente o somatório de indivíduos. Cada um, com as suas idiossincrasias e traços diferentes, é um elemento que influencia o grupo e que por este se deixa influenciar. Essas interações dão ao grupo um caráter ativo e dinâmico.

A convivência grupal cria sentimentos, laços de simpatia e amizade, que dão ao grupo certa força interna, formando uma verdadeira trama de tensões.

Existem vários tipos de grupos sociais, como: família, clube, escola, igreja, partido político, empresa. A empresa terá de ser dividida em grupos de trabalho para poder funcionar.

O estudo das tensões entre os membros do grupo de trabalho permitirá conhecer as relações de trabalho, bem como melhorar o ambiente social, tornando-o positivo. É preciso saber quais as pessoas que podem ou devem trabalhar juntas; as que devem trabalhar, mais ou menos, distantes; as que devem ser escolhidas para cargos de chefia.

Saber escolher os indivíduos, quando o trabalho de um depende do outro, é muito importante nas relações humanas.

A confusão entre fazer as coisas certas e fazer as coisas de maneira certa é basicamente o problema central numa organização. Não existe nada mais inútil do que fazer com grande eficiência as tarefas que não precisam ser feitas.

A seguir, os principais conceitos de atuação da equipe:

Eficiência – Eficiência é a habilidade de produzir o desejado com o mínimo de esforço e desperdício. É a melhor maneira pela qual as coisas devem ser feitas, a fim de que os recursos sejam aplicados de forma mais racional possível. Eficiência significa agir de acordo com o que foi preestabelecido, fazendo o melhor uso de meios, processos e recursos.

Eficácia – Eficácia é uma medida normativa do alcance de resultados (objetivos), isto é, refere-se à capacidade de satisfazer uma necessidade da sociedade através do suprimento, pela empresa, de: bens, serviços e ideias. Ela relaciona-se com os fins almejados.

Efetividade – Efetividade é o somatório da eficiência mais a eficácia, visando buscar a satisfação do consumidor dentro de um período de tempo, o mais curto possível. Ela está relacionada à velocidade de resposta que o consumidor dá aos produtos de uma empresa.

Os comportamentos, os motivos, as atitudes e as reações de um indivíduo em um grupo de trabalho precisam ser estudados, para se entender a dinâmica do grupo. Também é preciso levar em consideração o nível hierárquico. A compreensão dessas variáveis, que ajudam ou inibem os indivíduos para o trabalho em grupo, é de grande importância.

Os dirigentes precisam avaliar as causas de maior ou menor produtividade, bem como o grau de criatividade do grupo e do indivíduo.

12.6 COMPORTAMENTO PROFISSIONAL

As características do comportamento profissional são:

Garra – A pessoa deve ter garra (força de vontade), porque produz um efeito contagiante. Mas, atenção, ter garra sem técnica pode causar frustrações.

Ética – A prática da ética é uma das responsabilidades sociais dos homens de negócios.

Transparência – A transparência é considerada requisito básico para a credibilidade da empresa e dos seus gestores. A sua ausência mina a imagem da organização.

Prontidão – Habilidade da pessoa que realmente demonstra o desejo de se comunicar com outra. Não basta querer, pois é necessário possuir capacidade para tal.

Absenteísmo – É a ausência do indivíduo no lugar de trabalho. O excesso de absenteísmo faz com que não se possa contar com um empregado no seu posto de trabalho.

Pontualidade – Característica de cumprir horário. A falta de pontualidade demonstra a incapacidade de bem administrar o tempo.

Atendimento – Atendimento é toda atividade de contato da empresa com o cliente da qual resulta: uma proposta, um contrato, uma venda, uma propaganda, uma negociação.

Atenção – É muito importante manter a atenção no consumidor, principalmente, quando este falar. Responder ao seu questionamento é fundamental.

Credibilidade – É o crédito, a confiança, a honestidade, a competência, a correção e a fé que uma pessoa deposita nas palavras de outra.

Confiabilidade – A confiança costuma ser considerada como o elemento mais importante de um bom relacionamento funcional. Um alto nível de confiança permite-nos aceitar o que o outro diz sem precisar questioná-lo e acreditar em suas promessas. A falta de confiança numa pessoa pode ser causada em parte por sua conduta e em parte pelo que nós pensamos, independentemente, da conduta do outro.

Assiduidade – A falta de assiduidade demonstra que não se pode contar com uma pessoa de uma equipe, pois nunca sabemos se esta vai comparecer ao trabalho.

12.7 RELAÇÕES HUMANAS NO TRABALHO

O real objetivo das relações humanas é a motivação e o interesse pelo trabalho, para que este seja o melhor possível, tanto para as pessoas quanto para as organizações. Relações humanas não são uma doutrina ética, embora de algum modo implique a ideia de dignidade humana. O estudo das relações humanas não resolve todos os problemas da organização, porque muitos destes não são humanos.

As relações humanas no trabalho buscam a interação social das pessoas numa organização, através de ações e atitudes. Na organização surgem muitas dificuldades, como: a falta de interesse pelo trabalho; falta de assiduidade e de pontualidade; excessiva rotação ou pouca estabilidade; intrigas, perseguições, rivalidades, falsidades. Há, também, resistência ao cumprimento de ordens e determinações; excessivo número de reclamações ou de reivindicações; elevado número de acidentes e frequentes questões trabalhistas ou sindicais.

O sucesso em relações humanas é grandemente determinado pela espécie de pessoa com a qual se tem de lidar. Uma vez que tenham sido contratados empregados com boas características de relações humanas, o passo seguinte é desenvolver as mesmas ao seu potencial máximo. No trabalho surgem muitas dificuldades e, portanto, muitos problemas. Uns são de natureza técnica, outros de natureza financeira e outras, ainda, de natureza humana.

Eis alguns princípios para evitar problemas nas relações humanas:

- Explicar, cuidadosamente, os deveres do indivíduo diante do grupo.
- Evitar discussões intermináveis, quanto aos direitos e deveres de cada um.
- Dar salários proporcionais à produtividade e ao mérito.
- Apresentar os novos companheiros a todos os membros do grupo.
- Evitar de magoar um chefe, passando por cima de sua autoridade.
- Mostrar critérios objetivos para promoções.
- Evitar admissões de pessoas que não tenham as qualidades necessárias para a função.
- Criar comissões para propor soluções objetivas para problemas de relacionamento.
- Diminuir a distância social entre chefes e subordinados.

Os comportamentos, as atitudes e as reações de um indivíduo, no grupo de trabalho, são influenciados pelos motivos que o levam a trabalhar ou a ter gosto pelo trabalho. A alguns pode parecer que as pessoas trabalham somente por causa do dinheiro. Isso é falso. Existem outros motivos que levam o indivíduo a trabalhar.

12.8 RELAÇÕES PÚBLICAS

As relações públicas de uma empresa é o conjunto de atividades de comunicação com públicos, direta ou indiretamente, interessados nas atividades da organização, tais como: governos, concorrentes, organismos de representação social, associações patronais, associações de classe, fornecedores, funcionários, colaboradores, líderes de opinião pública, bancos, institutos de pesquisa, universidades, artistas, líderes comunitários, visando criar uma imagem favorável às marcas, aos produtos e às suas atividades junto à comunidade.

A empresa não deve apenas se relacionar com seus consumidores (usuários, pacientes), mas também com outras empresas e governos. O pessoal de relações públicas: procura manter os veículos de divulgação informados sobre novos produtos, interesses sociais da empresa e envolvimento com a comunidade; ajuda a empresa a atingir seus objetivos, à medida que desenvolve as seguintes atividades:

- Manter boas relações com os meios de comunicação.
- Influenciar formadores de opinião.
- Fazer publicidade dos produtos e das marcas da empresa.
- Ter um sistema de comunicação voltado para fora e para dentro da empresa.
- Trabalhar junto aos políticos.
- Criar expectativas antes do início da propaganda.
- Opinar na criação e descontinuidade de um produto.
- Dar assistência ao lançamento de novos produtos.
- Desenvolver técnicas para influenciar determinados públicos.
- Trabalhar constantemente para construir uma imagem positiva.
- Construir um relacionamento permanente com o consumidor.
- Transformar consumidores satisfeitos em defensores da empresa e de suas marcas.
- Promover e proteger a imagem da empresa, suas marcas e seus produtos.
- Disseminar notícias favoráveis, sobre a empresa.
- Controlar o poder destrutivo da mídia.

As empresas tendem a subestimar as relações públicas ou usá-las apenas como complemento. Todavia, um programa de relações públicas bem coordenado, com outros elementos do composto promocional pode ser extremamente eficaz.

12.9 TEMPOS E MOVIMENTOS

Tempos e movimentos é uma subfunção da função administrativa organização, onde se determina, de maneira racional, o método de realização de um determinado trabalho, em função do tempo de execução. A história e desenvolvimento do planejamento de métodos e processos mais racionais para a execução de uma tarefa são, em princípio, tão antigos quanto o próprio homem, pois o ser humano sempre se dedicou a eliminar ou diminuir o esforço na execução de qualquer trabalho.

O estudo dos tempos e movimentos além de permitir a racionalização dos métodos de trabalho e a fixação do tempo padrão para a execução de uma tarefa, trouxe ainda outras vantagens, tais como:

- Eliminou os movimentos inúteis.
- Tornou mais racionais a seleção e treinamento de pessoal.
- Melhorou a produtividade.
- Distribuiu uniformemente o trabalho.
- Passou a pagar melhores salários, em função da produção.
- Enxugou custos.
- Adaptou melhor o homem a sua tarefa.
- Eliminou desperdícios.
- Estabeleceu normas detalhadas.

Os principais objetivos do estudo de tempos e movimentos são:

- Reelaboração da tarefa para fazer com que os movimentos sejam mais simples e mais rápidos.
- Desenvolvimento de padrões mais eficientes de movimento, para os trabalhadores, de modo que possam fazer o trabalho mais rapidamente e com menos fadiga.
- Estabelecimento de padrões, para que certas tarefas sejam usadas como base para a determinação de escalas de pagamento e como critérios de avaliação dos funcionários.
- Desenvolvimento de uma descrição completa de tarefas, para ajudar no processo de recrutamento e seleção de novos funcionários, orientação e treinamento dos mesmos.

12.10 ESTRUTURA ORGANIZACIONAL

O primeiro requisito da organização humana com vistas ao seu pleno desempenho é a sua estruturação. A estruturação é, portanto, a elaboração da estrutura que irá constituir a base da organização. Os objetivos da estruturação são muitos. Porém, os mais importantes são os seguintes:

- Criar organizações racionais que tenham o dimensionamento adequado às estratégias e aos recursos.

- Permitir que se crie uma rede de comunicação eficiente.
- Repartir a carga de trabalho entre as diversas especializações.
- Definir níveis e linhas de autoridade e subordinação de forma harmoniosa.
- Ter um mínimo de dispêndio para o seu desempenho.
- Reduzir a quantidade de níveis hierárquicos e a proliferação de órgãos de assessoria e linha.

A estrutura organizacional é o desenho organizacional que reúne cargos e funções, com base nos recursos disponíveis. A estrutura diz quem é quem na organização. Ela é a rede que mostra as atividades administrativas fluindo para atingir objetivos, metas e desafios. As organizações jovens e em desenvolvimento estão especialmente sujeitas, muitas vezes, à reestruturação.

As estruturas podem ser de diversos tipos, mas as mais importantes são por: Função; Território; Produto; Cliente; Linha de Produção; Equipe; Rede de Comunicação. O Projeto Cozinha para Alimentos terá uma estrutura organizacional preliminar com os seguintes profissionais:

Quantidade	Cargo	Funções
1	Gerente Administrativo	Controlar contas e controles contábeis; manter contatos com distribuidores; manter contatos com fornecedores de recursos; desenvolver as políticas da empresa; manter contato com o contabilista; desenvolver planos, orçamentos, estratégias, táticas.
1	Assistente Administrativo	Substituir e dar assistência ao gerente administrativo; abrir e fechar a fábrica.
1	Auxiliar Administrativo	Fazer a ligação entre a Administração e a Produção; atender telefonemas e e-mails; digitar relatórios e enviar mensagens; prestar serviços de banco; acompanhar no inventário dos materiais e produtos.
1	Gerente de Produção	Planejar e controlar a produção; manter contatos com fornecedores de recursos; acompanhar os índices de produtividade; controlar a otimização de recursos; buscar a racionalização do desperdício; informar sobre os diversos estoques a administração; desenvolver cardápios.
1	Cozinheiro	Elaboração dos alimentos congelados; treinar o pessoal de cozinha.
3	Auxiliar	Ser o encarregado de todo o trabalho de preparação; substituir o cozinheiro.
5	Serviços Gerais	Ser o encarregado de fazer a higienização e limpeza; manter tudo arrumado em seus lugares, no final do dia.

Quadro 12.1: Estrutura Organizacional Preliminar de uma Cozinha Industrial.

12.11 FUNÇÕES ORGANIZACIONAIS

No estudo das funções organizacionais é imprescindível considerar que os órgãos e as instituições só devem existir, havendo funções que lhes justifiquem a existência e lhes discipline a ação. Mesmo estudando as funções isoladamente, é necessário considerar que elas agem e interagem de forma global, existindo, sempre, uma ação integradora que busca a sinergia funcional de todo o sistema.

Função é o esforço disciplinado de um órgão, no sentido de realizar uma atividade útil à vida e ao desenvolvimento do organismo. O conceito de função transmite a ideia de ação e de dinâmica, impondo a existência de um componente ou de uma base estrutural, que sirva de suporte para o desenvolvimento da gestão de recursos. Em administração, este componente se chama cargo (conjunto de funções).

O principal objetivo do estudo das funções é permitir a compatibilização e coordenação de esforços cooperativos e a eliminação de tudo aquilo que for desnecessário.

As funções organizacionais são classificadas em:

Funções Organizacionais Primárias – São funções essenciais à vida e ao desenvolvimento da organização. Englobam as funções e atividades envolvidas diretamente no ciclo de transformação de recursos em produtos e de sua colocação no mercado. Pertencem a esta categoria as funções:

Função Econômica – É a função de produzir bens e serviços e de manter o equilíbrio entre a organização e o ambiente.

Função Marketing – É a função relativa à identificação das necessidades de mercado, bem como a colocação de bens, serviços e ideias junto ao público, devendo, ainda, criar e manter consumidores.

Função Produção – É a função relativa à transformação das matérias-primas e insumos em produtos a serem colocados no mercado.

Funções Organizacionais Secundárias – São funções auxiliares e acessórias que proporcionam os meios para que os recursos sejam operacionalizados e controlados. Pertencem a esta categoria as funções:

Função Financeira – É a função relativa a planejamento, captação e gestão dos recursos financeiros, envolvendo também os registros contábeis das operações realizadas nas empresas e seus respectivos orçamentos.

Função Logística – É a função relativa ao suprimento de materiais (máquinas e equipamentos), armazenagem, movimentação e distribuição física de produtos.

Função Qualidade – É a função relativa a atender às exigências ou adequações dos clientes da organização. É uma espécie de sistema voltado para conseguir, em primeiro lugar, a satisfação dos consumidores, tendo a participação de todas as áreas e indivíduos e, em segundo lugar, acompanhar as atividades da empresa desde o planejamento até o fim da vida útil do produto vendido.

Função Pessoal – É a função relativa ao atendimento dos funcionários, ao planejamento das necessidades de mão de obra, treinamento, política de benefícios e obrigações legais.

Função Serviço – É a função relativa ao transporte de pessoas, manutenção e limpeza dos escritórios, documentação, arquivos, patrimônio imobiliário da empresa, serviços jurídicos, segurança e alimentação.

Função Sistema – É a função do tratamento da informação (dado) e comunicação, englobando a análise de sistemas, o processamento de dados, os modelos de decisão e os bancos de dados.

Função Desenvolvimento – É a função voltada para a pesquisa, criação de novos produtos, aplicação de tecnologia e aquisição de conhecimento (capital intelectual).

Funções Organizacionais Terciárias – São as funções sociais que visam manter a satisfação dos participantes da organização, isto é, manter o equilíbrio interno (organização) e externo (sociedade). Pertencem a esta categoria as funções social e pública.

Além dessas funções organizacionais, ainda, podemos considerar as seguintes funções: comercial, contábil, custos, material, informática, segurança, manutenção, tecnologia, jurídica.

12.12 ORGANOGRAMA

O desenho organizacional retrata a configuração estrutural da organização (empresa) e o seu funcionamento. Este desenho recebe o nome de organograma, que é um modelo esquemático representativo da divisão do trabalho desenvolvido pela organização. É um arranjo de figuras e linhas que mostram as diversas conexões existentes.

Em um organograma está representada a correlação de poder, seja de um projeto ou de uma empresa. A configuração mostrada é estática, isto é, permanece a mesma no decurso das atividades. O organograma oferece uma visão verticalizada das atividades, à medida que desdobra funções em outras funções menores. É útil ter-se uma configuração clara da estrutura organizacional para que se possam efetuar os frequentes ajustes que se fizerem necessários.

Portanto, ao planejar o desenho deve-se levar em conta as especializações, as limitações da autoridade funcional, as vias hierárquicas existentes, as linhas de subordinação e vinculação, os problemas de comunicação, as decisões conjunturais, os recursos disponíveis, por exemplo.

A estrutura organizacional assemelha-se a um edifício, que, quanto mais complexa for, precisará de um plano muito bem feito. O fato de uma organização possuir organograma não significa necessariamente que ela seja suficientemente organizada. O organograma não é um fim em si mesmo, mas um meio de ajudar o funcionário a visualizar o posicionamento e as relações existentes entre os subsistemas de um sistema maior.

Os organogramas devem refletir o mais possível a realidade da organização. Se não o fizerem com toda fidelidade poderão distorcer a compreensão e gerar decisões errôneas por parte daqueles que confiam nos gráficos. Quando o desenho organizacional não está adequado às necessidades da organização, são frequentes as reorganizações e reestruturações que causam desconforto e insegurança.

Um organograma preliminar do projeto é mostrado, a seguir:

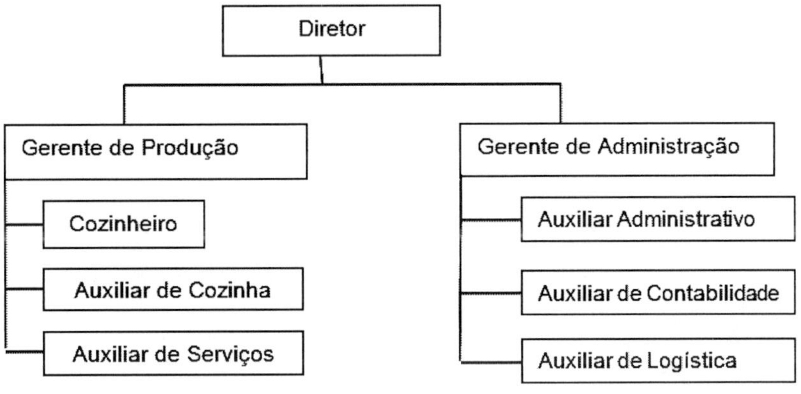

Figura 12.2: Organograma Preliminar do Projeto.

O organograma tem por objetivo representar a organização formal, configurada na estrutura, cuja origem, geralmente, vem da estratégia, da contingência e do recurso. É composto por órgãos de linha e por órgãos de assessoria

12.13 DELEGAÇÃO

De todas as ferramentas à disposição do executivo, a delegação é uma das mais eficazes para a administração adequada do tempo, pois implica o crescimento pessoal e profissional de quem delega e de quem recebe a delegação.

Toda organização está cheia de pessoas que "vivem" seu trabalho, indo correndo e se afobando de um lado para outro, sem tempo para o almoço, sem tempo de conversar, dia após dia, semana após semana, mês após mês. Esse grande envolvimento pessoal sugere um estilo de administração mais eficaz, isto é, a habilidade de delegar tarefas?

Delegação é a transferência de determinado nível de autoridade de um chefe para seu subordinado, criando a correspondente responsabilidade pela execução da tarefa delegada. Delegar é transferir para outros órgãos atribuições específicas de um órgão maior ou central, objetivando aliviá-lo da carga de trabalho. Também ajuda a mais bem planejar e decidir.

Quando os chefes concentram atribuições demasiadas e não conseguem resolver todos os problemas que pretendem, ocorre um congestionamento administrativo nos níveis superiores e uma verdadeira paralisação de atividades nos níveis inferiores.

Segundo Andrew Carnegie, "o segredo do sucesso não consiste em fazer você mesmo seu próprio trabalho, mas em descobrir ou reconhecer o homem talhado para fazê-lo". A capacidade de crescimento de uma empresa está diretamente vinculada à eficiência com que seus diretores delegam a sua autoridade, fazendo uma delegação efetiva e funcional.

O domínio da arte da delegação, assim como o domínio de qualquer forma de arte, exige paciência e esforço honesto.

Ao praticar a arte da delegação você está se libertando de tarefas que podem ser feitas por outra pessoa, concentrando sua energia disponível naquilo que nenhuma outra pessoa pode assumir ou fazer melhor do que você, dando, aos que trabalham com você, a oportunidade de se desenvolverem e aprenderem a suportar parte da carga, liberando mais tempo disponível para desenvolver suas habilidades administrativas e pensar em ideias inovadoras que conservarão sua empresa à frente da concorrência.

A chave da delegação é delegar pelos resultados que você espera. A inclinação humana normal é fazer a delegação por atividades ou deveres, isto é, pedir a um funcionário que faça certas coisas, fazendo uma longa lista de deveres que você deseja sejam cumpridos por ele.

Até ter definido os resultados esperados de alguém, você não completou uma delegação.

A delegação é vista como um processo pelo qual superiores e subordinados de uma organização identificam, em conjunto, suas metas, definem as principais áreas de responsabilidades de cada indivíduo, em termos dos resultados dele esperados, e usam essas medidas como guias para operar a organização e avaliar a contribuição de cada um de seus membros.

Quando há a delegação por autoridade, você dá ao indivíduo o direito de agir ao modo dele. Se insistir em que trabalhe como você, poderá cercear o entusiasmo que ele sente e seus sentimentos de realização. A moderna delegação não consiste apenas em conseguir que outros nos ajudem em nossos trabalhos, mas em lhes dar também a autoridade e a liberdade de executar, errar e ousar.

Um dos problemas mais comuns é a relutância, por parte dos dirigentes, em dar poder de decisão aos escalões inferiores da organização. Outrossim, o excesso também não é bom, porque pode virar uma casa sem dono. A delegação, quando bem trabalhada, pode ajudar a organização a progredir.

Capítulo 13

PRODUTO

"Como se pode governar um país que tem 246 espécies de queijo?"
Charles de Gaulle

OBJETIVOS DO CAPÍTULO

- Mostrar o que seja um produto e os seus elementos mais importantes.
- Mostrar os aspectos principais do congelamento de alimentos.
- Mostrar o conceito de marca.
- Mostrar a importância da embalagem do produto.

13.1 PRODUTO

Um produto é tudo aquilo que, oferecido ao mercado, seja capaz de satisfazer um desejo ou uma necessidade. O mais importante de um produto é o serviço que ele presta. O produto não é somente o que o vendedor diz dele, mas, também, o que está implicado por sua concepção, embalagem, distribuição, preço, qualidade, garantia.

Um produto é a síntese do que o vendedor pretende que o consumidor perceba. O produto pode ser um bem, um serviço ou uma ideia. Uma informação, ou uma ideia, se for paga, é um produto. É algo que as pessoas compram. Se não vende, não é produto. As pessoas não compram produtos e sim as expectativas de seus benefícios. Em vestuário, não são os vestidos que são vendidos, mas a moda.

O produto é tudo aquilo com que se acha cercado, elaborado, reforçado e que tem o poder de afetar a escolha do consumidor.

As empresas estão sempre supondo que os consumidores reagirão, favoravelmente, aos seus produtos. Mas, se um produto não for fundamentalmente bom ou necessário, até o mais glorioso esforço de marketing do mundo estará fadado ao fracasso. Um produto é fator básico no processo de troca.

A expectativa de que será conseguida determinada satisfação, através de troca, é o que representa um produto, isto é, ele é o foco da reunião entre compradores e vendedores. Por outro lado, vivemos numa época em que nossa ideia do que seja um produto é muito diferente do que foi no passado.

Hoje, o que conta é o aglomerado das satisfações. Pouco vale fazer um produto muito bem elaborado, se "melhor" tem o significado de bonito, funcional, prático, útil e barato. Em geral, as características básicas de um bem ou serviço estão fundamentadas na tecnologia empregada.

Podemos classificar as características do produto em:

Características Intrínsecas do Produto – Nas características intrínsecas do produto devemos observar: composição, forma, tamanho, desenho, peso, cor, facilidade de manutenção, portabilidade, aparência, embalagem, resistência do material, validade para consumo, por exemplo.

Características Extrínsecas do Produto – Nas características extrínsecas do produto a produção deve se ater ao seguinte: gosto dos consumidores; quem consome o produto; como estocar e armazenar os produtos; quais os riscos do produto; como determinar as formas e tamanhos econômicos.

Algumas considerações sobre produtos:

- Um produto, na realidade, nada mais é do que um instrumento para resolver um problema.
- Um produto é, principalmente, identificado pelos serviços que gera.
- Um produto é o resultado de um processo, porque, se não fosse assim, não teria como justificar sua existência.
- Um produto é qualquer coisa que pode ser oferecida a um mercado para aquisição ou consumo.
- Um produto é visto de forma diferenciada pelo comprador e pelo vendedor.
- Um produto específico tem determinadas características para seu público-alvo.
- Um produto tem vida limitada.
- Um produto permanece no mercado, em função do lucro.
- Um produto sobrevive por meio de estratégias, demandas e falta de concorrentes.
- Um produto, durante seu ciclo de vida, sofre numerosas mudanças e aperfeiçoamentos constantes.

13.2 ELEMENTOS DO PRODUTO

A seguir, os principais elementos do produto:

Nível de Qualidade do Produto – No nível de qualidade a produzir, a empresa deve estar atenta ao mercado que vai atuar (público-alvo), para saber se o produto deve ter um nível de qualidade que seja compatível com a renda do consumidor.

Cor do Produto – Hoje é inadmissível lançar um produto sem pensar na cor. É uma pena que a maioria das empresas não dá a este quesito a importância que ele merece. As cores são estudadas de acordo com o mercado a que se destina o produto. Para gente jovem, cor viva. Para aqueles mais idosos, uma cor sóbria. Para os produtos de alto consumo, uma mistura equilibrada.

Modificação do Produto – A alteração do produto é o processo natural que atua na sua composição, gosto, odor e forma. A adulteração do produto é a forma mentirosa de se comercializar um produto que terá sua composição, propriedade e peso modificados, embora a embalagem diga outra coisa. A falsificação do produto ocorre alheia à vontade do fabricante. Ela pode ser provocada por intermediários ou produtores inescrupulosos.

Nome do Produto – O nome de um produto tem que ser curto. Cada vez mais, a propaganda é visual, porque a visão domina os demais sentidos. Um nome curto é mais fácil de ser lido num cartaz de rua, mais econômico no espaço e no tempo.

Adoção do Produto – A adoção é a decisão de uma pessoa tornar-se usuário regular de um produto. O processo de adoção do produto pelo consumidor começa quando termina a última etapa de desenvolvimento do produto.

Diversificação do Produto – Apesar dos riscos inerentes à diversificação inadequada, o contingente daqueles que continuam insistindo nessa prática é muito grande. Perigosamente, desperdiçam preciosos recursos, indispensáveis ao fortalecimento da cadeia de produtos que têm sob domínio e podem aprimorar. Esquecem que uma empresa também precisa especializar-se, formar uma cultura própria, adquirir uma tradição num determinado campo ou em atividades mais ou menos afins.

Desenvolvimento do Produto – O desenvolvimento de um novo produto exige o emprego de métodos de pesquisa semelhantes aos usados para melhorar um produto já existente. A maior diferença é que o desenvolvimento de um novo produto envolve maior número de problemas. A pesquisa responde quais propriedades os consumidores julgam ser necessárias ao produto.

Registro do Produto – Todo produto precisa ser registrado no órgão competente. Assim, um produto alimentício deve ser produzido de acordo com o padrão de identidade e qualidade, e demais diretrizes estabelecidas pela ANVISA.

Lançamento do Produto – Algumas razões levam a empresa a lançar um novo produto, tais como:

Aproveitamento de uma oportunidade; identificação de novas necessidades do consumidor; necessidade de sobrevivência da empresa face à concorrência; minimização de riscos na produção; possibilidade de aumentar a lucratividade; diluição de custos fixos; melhor utilização de subprodutos; redução do custo com vendas; possibilidade de ter uma vantagem competitiva; diminuição do ciclo operacional; melhor utilização de recursos; queda na demanda; mudanças de estação; desejo de diversificar; pesquisa/teste de mercado favorável.

Segundo pesquisa da FIESP, os produtos que mais despertam o desejo do consumidor, quando são lançados no mercado, são: Iogurtes (32%); Bolachas de Biscoitos (28%); Suco (27%); Chocolate (25%); Queijos (24%); Alimentos Congelados (21%); Arroz (19%).

Gerente do Produto – O gerente do produto relaciona-se com a equipe de vendas, intermediários, público consumidor, compradores, fornecedores, projetistas, serviços acessórios, propaganda, promoção, produção, pesquisa, desenvolvimento, tributação, mercado de recursos. Em algumas empresas, é o centro dinâmico da atividade mercadológica.

Seleção do Produto – Na seleção do produto deve a empresa cuidar dos seguintes problemas: Existência de produtos similares no mercado; Aceitação do produto ofertado; Condições de competição no mercado; Consumidores potenciais; Estimativas de consumo e de demanda de mercado.

Valor do Produto – Há uma preocupação da empresa em saber que valor o consumidor dá a um determinado produto, sendo muito comum se falar na relação custo/benefício.

Valor Agregado do Produto – O produto cresce em função de valores que se podem agregar ao mesmo, tais como: maior durabilidade, melhor serviço prestado, maior tempo de garantia, melhor utilização, melhor desempenho, melhor tecnologia de construção, maior confiança do consumidor.

Valor Percebido no Produto – É muito comum usar-se de artifícios, que se chamam *apelos*, para fazer com que o consumidor veja o produto de forma aumentada.

Valor Empresarial do Produto – A empresa vê o produto sob determinados enfoques, como: Econômico (oferta, demanda, custo); Financeiro (lucro, liquidez, retorno); Operacional (produção, produtividade, tecnologia); Mercado (consumidores, vendas, fatia de mercado).

Ciclo Mercadológico do Produto – O ciclo mercadológico é, na realidade, o ciclo operacional de um produto. O estudo do ciclo operacional é muito importante, tendo em vista que, quanto menor este for, maior é o giro do produto e, consequentemente, mais rápido é o retorno do investimento.

Desempenho do Produto – O desempenho esperado de um produto é enfocado sob o aspecto da empresa e do consumidor. Quanto à empresa, os requisitos principais são: rentabilidade, retorno do capital investido, lucro, custo baixo, nível de qualidade aceitável pelo mercado, preço competitivo, acessibilidade do público-alvo, espaço mínimo, otimização dos recursos, visual do produto, embalagem padronizada.

Quanto ao consumidor, os requisitos principais são: preço baixo, visual bonito, embalagem prática e resistente, cor, tamanho, peso, variedade de modelos, máxima utilidade, simplificação no uso, facilidade de pagamento, máxima qualidade, maior durabilidade, melhor serviço prestado, maior tempo de garantia, melhor tecnologia de construção, instruções para transporte, bom manual do usuário.

Extensão de Vida do Produto – Empresas interessadas em crescimento e lucro continuado devem encarar a extensão de vida do produto como uma atividade estratégica. Para seu próprio bem, a estratégia de sobrevivência do produto deve tentar prever, em certa medida, a probabilidade e a época de acontecimentos competitivos. Mesmo antes de entrar no estágio de desenvolvimento, deve-se ter uma noção da vida do produto, levando em conta as possibilidades de expandir seus usos num futuro próximo.

Obsolescência do Produto – Obsolescência é a ação decorrente do aparecimento de novas tecnologias, que reduzem o valor do produto. A obsolescência existe sob quatro formas:

- Obsolescência Técnica – É aquela que resulta quando se fabrica um produto, num determinado processo já ultrapassado, por questão de custo, qualidade e preço.
- Obsolescência Adiada – É uma situação em que há novas disponibilidades tecnológicas, mas que não são introduzidas, enquanto a demanda não declinar e os estoques não se esgotarem.
- Obsolescência Programada – É a que ocorre quando os produtos são feitos para durar apenas um tempo limitado, como é o caso de baterias de automóvel.
- Obsolescência de Estilo – É a que ocorre quando a aparência física de um produto é modificada para fazer com que os produtos existentes no mercado pareçam desatualizados e/ou fora de moda.

Descontinuidade do Produto – Um dos mais complexos problemas para um gerente de produto é decidir quando deve retirar um produto do mercado. Muitas empresas não conseguem estabelecer com precisão o momento exato de retirar um produto do mercado. A falta de critérios para manter ou retirar um produto do mercado costuma levar em conta apenas sua contribuição para o lucro, sem considerar o fenômeno de que um produto deficitário pode puxar outros mais lucrativos.

Os critérios mais comuns para retirar um produto do mercado são baseados em volume de vendas, geração de lucro, potencial de mercado, devoluções, defeitos, reclamações, encalhes, posição do produto no mercado.

Linha de Produtos – A diversidade de linhas e produtos dificulta o cálculo exato dos custos de comercialização de cada produto e a identificação, no momento da venda, da interdependência que existe entre eles.

13.3 TIPOS DE PRODUTO

A seguir, os principais tipos de produto:

Produto Agrupado – Um pacote de dois ou mais produtos que é vendido por um preço único, mas cujos componentes individuais também podem ser vendidos, como separados pelos seus próprios preços.

Produto Acabado – Produto completado pelo processo de fabricação, estocado ou não, pronto para ser vendido.

Produto Semiacabado – Produto ainda em fase de fabricação, aguardando em estoque para receber insumos, configurações, especificações, embalagem e codificação.

Produto sob Encomenda – Produto, fabricado em massa, capaz de atender diversos distribuidores (intermediários, atacadistas, varejistas).

Produto Defeituoso – Produto que não está em conformidade com as especificações.

Produto Homogêneo – Produto essencialmente similar a outro. Do mesmo fabricante, ou não. Os produtos homogêneos apresentam problemas para os comerciantes, porque, por serem similares, se faz necessário apontar diferenças entre eles, para os consumidores.

Produto Heterogêneo – Produto diferente do produto homogêneo, com uma característica importante. O preço não tem tanta influência.

Produto Imitativo – Produto novo para o intermediário, mas não para o mercado.

Produto Industrial – Bem ou serviço utilizado na fabricação de outros produtos.

Produto Substituto – Produto também chamado de sucedâneo. Um aumento do preço da manteiga pode levar o consumidor a preferir a margarina, fazendo com que sua demanda caia. Estes produtos impõem limites de preço e de lucro, porque a tecnologia do concorrente pode provocar queda do preço no mercado.

Produto Básico – Produto fundamentado no benefício mais importante para o consumidor.

Produto Esperado – Produto cercado de um conjunto de atributos e condições que os compradores, normalmente, esperam e concordam quando compram esse produto.

Produto Internacional – Produto que atende a um padrão internacional de qualidade, sendo comercializado em muitos países. Este produto possui características de globalização.

Produto de Qualidade – Produto considerado superior aos demais por todos aqueles que o compram.

Produto Potencial – Produto que envolve todas as ampliações e transformações que deve sofrer no futuro. O produto potencial aponta para sua possível evolução.

Produto Ampliado – Produto também conhecido como aumentado, é aquele que descreve em sua embalagem, ou catálogo, aquilo que é favorável ao consumidor, como valores que devem ser percebidos.

Produto de Nicho – Produto que atende a uma massa crítica de consumidores com sucesso assegurado.

Produto de Marca – Produto que é procurado pela marca do fabricante. As pessoas, por exemplo, compram lâminas de barbear pela marca.

Produto Genérico – Produto sem marca que utiliza embalagem simples, sendo versões mais baratas do que os mesmos produtos de marca e nomes sofisticados. O exemplo mais patente é o dos remédios.

Produto Complementar – Produto cuja venda promove a venda de outro. Algumas vezes, os complementos vêm de outras empresas.

Produto Logístico – Produto voltado a atender a logística da empresa. As preocupações na fabricação são: forma, tamanho, peso e destino. Hoje, o custo da logística influencia muito o preço de venda do produto.

13.4 CONGELAMENTO DE ALIMENTOS

O emprego de baixas temperaturas é um dos métodos mais antigos para conservar alimentos. A produção contínua de frio aplicado à indústria alimentícia, data do início do Século XIX. Esta tecnologia permitiu o armazenamento e a logística dos alimentos perecíveis. A existência de alimentos de elevada perecibilidade, propiciou o desenvolvimento de técnicas capazes de garantir sua conservação a longo prazo.

O congelamento surgiu como uma tecnologia que alia a qualidade à redução de perdas.

Os alimentos que consumimos são perecíveis por natureza. Eles possuem microrganismos que devem estar presentes em quantidades toleráveis. Diversos fatores podem retardar ou acelerar este processo, como, por exemplo, o tipo de alimento (fresco, processado).

Assim, como o tipo e a quantidade de microrganismos encontrados nele. Estes fatores podem, ou não, trazer prejuízos para a qualidade do alimento e, consequentemente, para a saúde dos consumidores. As reações químicas que viabilizam o desenvolvimento (crescimento e reprodução) microbiano tem temperaturas ótimas para sua atividade. Assim, o princípio básico da conservação é o frio, especialmente o congelamento.

Os objetivos do congelamento de alimentos são:

- Estender a vida útil do alimento e evitar desperdícios.
- Congelar maior quantidade de porões menores.
- Auxiliar o planejamento da produção.
- Facilitar a variedade de pratos mais bem elaborados.
- Ajudar no pré-preparo dos pratos.
- Tornar possível o consumo de hortaliças e frutas.
- Diminuir o consumo de energia.
- Aproveitar as promoções a preços mais baixos.

O congelamento é considerado um dos melhores métodos para conservação de alimentos que se deterioram com rapidez. Tanto a nível doméstico como industrial. Quando realizado de forma adequada, o congelamento mantém o sabor, a cor, o aroma, a consistência, além das propriedades nutritivas dos alimentos.

O crescimento populacional nos grandes centros urbanos e a distância considerável entre produtores e consumidores fez do congelamento uma realidade. O congelamento é a operação na qual a temperatura de um produto é reduzida abaixo de seu ponto de congelamento e uma parte da água, contida no produto, sofre uma mudança no seu estado físico, formando cristais de gelo.

A preservação é alcançada pela combinação de baixas temperaturas, redução da atividade da água e, em alguns alimentos, pelo branqueamento (pré-tratamento). Na maioria dos alimentos, o congelamento inicia-se a temperaturas inferiores a 0ºC. Para conservação a longo prazo, os alimentos, normalmente, são congelados e mantidos a - 18ºC.

Fique atento, pois existem microrganismos que ainda resistem a baixas temperaturas, como por exemplo - 10ºC. Portanto não descuide do prazo de validade.

O congelamento permite prolongar a vida útil dos alimentos, com pouquíssima perda das propriedades nutritivas e organolépicas.

O efeito conservador do frio baseia-se na inibição total ou parcial dos principais agentes responsáveis pela alteração da composição do alimento, como: o crescimento e a atividade dos microrganismos; as atividades metabólicas dos tecidos de animas, após o abate; o apodrecimento acelerado dos vegetais, após a colheita; as reações químicas, em função do ambiente.

Para que o congelamento seja feito corretamente, alguns princípios devem ser estabelecidos. O alimento deve ser sadio, pois o frio não restitui a qualidade perdida, antes do congelamento. Os produtos devem ser conservados em temperatura constante e o processo nunca deve ser interrompido, para que os alimentos não percam suas propriedades.

O congelamento, como método de conservação do alimento, possui vantagens e desvantagens:

A vantagem é que não se acrescentam nem se eliminam componentes, não altera o aroma, não reduz a digestibilidade e não causa perdas significativas do valor nutritivo. A desvantagem se caracteriza por ser um método onde os microrganismos e as toxinas não são destruídos e ocorre desidratação rápida e intensa, quando não há acondicionamento (armazenamento) adequando.

13.5 ELEMENTOS DO CONGELAMENTO

A seguir, serão abordados os principais elementos do congelamento, para que o conceito de congelamento fique mais bem esclarecido:

Processo de Congelamento – Durante o processo de congelamento, ocorre modificações do estado do alimento, devido a cristalização da água existente nele. A velocidade de cristalização é muito importante, devido à formação de cristais de gelo. Se o congelamento é lento, esses cristais são grandes e podem afetar fisicamente as células do alimento, causando alterações na textura e no sabor.

Isto acontece quando se usa o congelador de uma geladeira comum, cujas temperaturas variam entre: - 2ºC e - 5ºC no seu interior, não sendo suficiente para um congelamento rápido, podendo prejudicar a qualidade. Nos equipamentos, como freezer e câmara frigorífica, a temperatura é mais baixa, variando entre: - 18ºC e - 20ºC. Desta forma o congelamento é mais rápido, ocorrendo a formação de cristais menores. Assim, os danos às células dos alimentos são menores.

Aspectos Técnicos – Todo alimento ao ser congelado deve ser fresco, limpo e de boa qualidade. Os alimentos que serão congelados devem ser "levemente" temperados e cozidos apenas pelo tempo necessário, pois o congelamento tende a acentuar o tempero e amaciar o alimento. Logo após o cozimento os alimentos devem ser resfriados, para preservar as propriedades nutrientes dos mesmos.

A seguir, alguns exemplos do congelamento de alimentos:

Carnes: remova o excesso de gordura; evite pedaços com mais de 2,5 Kg, pois demoram muito para congelar; congelar carne crua temperada, pois pode escurecer e alterar o sabor; separe os pedaços uns dos outros; carnes empanadas podem ser congeladas cruas, já temperadas.

Massas: massas podem ser congeladas, ligeiramente assadas (semiprontas) e já montadas.

Vegetais: legumes frágeis e moles, como tomate, devem, após o descongelamento, ser utilizado em pratos cozidos.

Frutas: podem ser consumidas cruas, após o descongelamento, ou na forma de sucos e vitaminas.

Branqueamento – O branqueamento consiste na inativação de enzimas que deterioram os alimentos, durante e depois do preparo, garantindo que não ocorram alterações nas propriedades organolépicas e nutricionais.

O método aplicado é o seguinte: lavar e higienizar frutas ou vegetais; fracionar (fatiar) quando for o caso; colocar o alimento em panela destampada com água bem quente; deixar por 2 a 10 min, conforme a quantidade e tipo de alimento; mergulhar em água com gelo, para que ocorra o choque térmico.

Os alimentos, assim preparados, podem ser congelados durante seis meses, passado diretamente do congelamento para o consumo (panela, fritadeira, forno).

As vantagens do branqueamento são:

- Pode reduzir, de maneira significativa, o número de microrganismos que se encontram na superfície dos alimentos.
- Favorece a fixação da cor e do sabor de alguns vegetais.
- Elimina quase todo os ar e gases contidos no interior dos alimentos.
- Reduz o escurecimento do alimento durante a fritura.

As desvantagens do branqueamento são:

Perda parcial de vitaminas sensíveis ao calor e de nutrientes solúveis em água.

Dependendo do tempo de imersão em água quente, a textura dos alimentos pode ser alterada.

O tempo, em minutos, de permanência em água quente deve ser, por exemplo, para alguns legumes e hortaliças: Batata (2 a 4); Berinjela (2); Beterraba (3 a 5); Brócolis (3 a 4); Cenoura (2 a 5); Chicória (2); Couve-flor (3); Ervilha (2 a 4); Espinafre (2); Mandioca (3 a 4); Milho Verde (3 a 4); Pimentão (2); Repolho (2); Vagem (3).

Embalagem – Todos os alimentos congelados devem ser embalados para evitar a desidratação. Caso contrário, poderá ocorrer um tipo de "queimaduras", que altera, irreversivelmente, a cor, a textura, o sabor e o teor nutricional, além de contaminação do interior equipamento de congelamento, como pode alterar a qualidade do alimento.

As embalagens ideais para congelamento devem ter as seguintes características: não permitir contato direto entre o alimento e o ar frio e seco do congelador; evitar a passagem de cheiro; não rasgar com facilidade; aderir ao alimento antes e se soltar, com facilidade, depois do congelamento.

Recomendações para alimentos líquidos: potes de vidro e recipientes de plástico.

Recomendações para alimentos sólidos:

Sacos plásticos de polietileno incolor (atóxico) – Após acondicionar o alimento, retirar todo o ar do interior com auxílio de uma bomba a vácuo ou uma seladora.

Folhas de Alumínio – Após acondicionar o alimento, a folha deve ser bem pressionada, com a face mais brilhante em contato com o alimento. De preferência devem ser duplas para não rasgar ou furar o congelador.

Plásticos Filmes – Após acondicionar o alimento, pressionar para evitar bolhas de ar, devendo ser vedada com fita.

Recipientes (plástico, alumínio, vidro) com tampa – Procedimento igual ao item anterior.

Armazenagem – Alguns princípios devem ser seguidos:

Evitar encostar embalagens de alimentos frescos naqueles que já estão congelados.

Ocupar no máximo ¾ da capacidade do congelador, para permitir que o ar circule e resfrie o espaço adequadamente.

Identificar o alimento por meio de uma etiqueta, contendo: Nome do alimento; Data da aquisição quando fresco; Data do congelamento; Data de validade.

Congelamento Proibido – Alguns alimentos tendem a perder suas propriedades se congelados. Em geral, isso acontece em função de tempos diferentes de fabricação. Assim, não podem ser congelados os seguintes alimentos: maionese; gelatinas; claras em neve; batata cozida; ovos cozidos; pudins cremosos; creme de leite, por exemplo. Também não são indicadas para congelamento as hortaliças folhosas que são consumidas cruas, como alface, rúcula e agrião.

Descongelamento dos Alimentos – O descongelamento é o processo que faz o alimento congelado voltar a sua condição natural. Essa etapa deve ser feita de maneira adequada para que o alimento não perda sua qualidade. Para descongelar você precisa de 24 horas no mínimo de antecedência para que o mesmo volte para a geladeira.

Pratos prontos podem ser descongelados diretamente na panela ou forno. Aqueles que serão fritos podem ser colador direto na fritadeira. Os vegetais branqueados podem ser refogados ou cozidos de forma imediata, não sendo necessário descongelar. Molhos podem ser descongelados diretamente em fogo baixo.

Após o descongelamento, os alimentos devem se consumidor em até 24 horas. No caso de pescados e frutos do mar em até 12 horas. Uma vez descongelados, um alimento não pode voltar ao congelador, exceto se for transformado em prato pronto.

Fique atento quanto ao prazo de validade dos alimentos: entre: 0ºC e 5ºC = 10 dias; entre: - 6ºC e - 10ºC = 20 dias; entre: - 11ºC e - 18ºC = 30 dias; ≤ - 18ºC = 90 dias.

Os alimentos tendem a expandir seu volume no congelamento. Portanto, deixe um espaço de pelo menos 2 cm nas embalagens para evitar rompimento.

Compra de Alimentos Congelados – A seguir, algumas recomendações:

- Confira a data de fabricação, prazo de validade e observe a aparência do produto.
- Identifique, nos balcões frigoríficos, uma linha vermelha, pois os produtos não podem ficar acima dessa linha.
- Produtos congelados por IQF (congelamento rápido individual) devem estar soltos dentro da embalagem.
- Espalhamento dos produtos dentro da embalagem é indício de que houve mal congelamento.
- O acúmulo de água ou umidade nos balcões frigoríficos significa temperatura incorreta, significando alimentos estragados.
- Evite retirar e recolocar os alimentos dos balcões frigoríficos, pois isso prejudica a qualidade.
- Na compra de grande quantidade, o ideal é levar uma bolsa térmica.

Criogenia – Quanto à tecnologia aplicada, o congelamento utilizado será à base de nitrogênio, que consiste em congelar os alimentos por meio de um Túnel de Congelamento, que permite o congelamento rápido e em alta qualidade, garantindo aparência, textura, sabor, valor nutritivo, que é atingido, através da exposição, imersão ou injeção do gás nitrogênio, na forma líquida.

Após o congelamento, o produto pode ser embalado e despachado para o consumidor, ou pode ficar estocado.

Em rápidas palavras, o processo de congelamento, chamado de criogenia, consiste em um choque térmico, onde o alimento, depois de preparado, sofre uma queda na temperatura, que vai dos 80ºC (temperatura do prato pronto), para - 12ºC, tendo tal processo a duração máxima de 3 horas. Todo este processo deve cumprir as exigências da ANVISA (RDC 216, de 15/9/2004).

O processo de congelamento pode ser feito em equipamentos menores como os armários criogênicos. O congelamento é utilizado também nos meios de transportes, para garantir uma viagem com segurança e longa autonomia.

A criogenia é o estudo de tecnologias para a produção em baixas temperaturas (- 150ºC; - 238ºF; 123ºK). O comportamento dos agentes patogênicos nestas temperaturas é quase que o da imobilidade. Os gases liquefeitos de nitrogênio e hélio são armazenados em Garrafas Dewar, que têm, aproximadamente, 1,80 m de altura e 0,90 m de diâmetro, embora existam tanques para operações industriais.

13.6 CONSUMO DE ALIMENTOS CONGELADOS

O rápido aumento do consumo de alimentos congelados, nos últimos anos, está associado com o aumento na compra de freezeres domésticos e fornos de micro-ondas. Alimentos congelados e resfriados têm uma imagem de alta qualidade, particularmente, no setor de carnes, frutas e hortaliças, que supera as vendas de produtos enlatados ou desidratados.

A indústria de alimentos está sempre incorporando novidades, dispondo ao consumidor diferentes opções de alimentos congelados. A grande oferta desses alimentos propicia, nos consumidores, o desejo de experimentação. Mas, estes alimentos têm pontos positivos e negativos, porque muitos deles possuem altos níveis de sódio, lipídios saturados e de carboidratos simples, em sua composição, o que é altamente prejudicial à saúde, pois o excesso dos mesmos pode causar doenças.

Porém, se a escolha do alimento congelado para consumo não sofrer de adições de condimentos, conservantes e catalisadores, em sua composição, o indivíduo estará seguro de que sua alimentação é saudável.

Uma pesquisa sobre alimentos congelados relevou o seguinte resultado para consumo:

Verduras = 0,6%; Polpa de Frutas = 2,2%; Pratos Prontos = 0,8%; Pizza = 33,3%; Lasanha = 9,4%; Carnes em Geral = 39,4%; Lanches Prontos = 3,9%; Batata = 9,4%; Pão de Queijo = 0,6%; Massas = 0,6%.

É importante observar que as verduras e as polpas de frutas congeladas, mesmo que não tenham passado por muitos processos químicos para serem conservadas, não têm muita saída nos varejos, onde se vende congelado. O baixo consumo de frutas e verduras mostra uma alimentação pouco adequada à saúde.

Um estudo sobre distribuição e evolução da disponibilidade domiciliar de alimentos no Brasil, entre a década de 1980 e 2010, verificou um declínio do consumo de arroz e feijão e um aumento no consumo de produtos industrializados. A seguir, valores das frequências de consumo dos seguintes alimentos:

Carnes: Os produtos, como bifes empanados, hambúrgueres, tirinhas de frango, coxinhas de frango, almôndegas, por exemplo, são produtos muito comuns nos supermercados e possuem preços mais acessíveis, quando comparado a outros congelados. A frequência de consumo de carnes congeladas é o seguinte:

Menos de uma vez por mês = 4,2%; uma a três vezes por mês = 38,05; uma vez por semana = 16,9%; duas a quatro vezes por semana = 26,8%; uma vez por dia = 14,1%.

A maioria desses produtos são pré-prontos e, posteriormente, são preparados por processo de imersão em óleo, o que acaba elevando ainda mais as calorias desses alimentos.

Pizza: As pizzas congeladas encontradas, no supermercado, possuem uma grande variedade de tamanhos e sabores. A frequência de consumo de pizzas congeladas é o seguinte:

Menos de uma vez ao mês = 17%; uma a três vezes ao mês = 35%; uma vez por semana = 45%; duas a quatro vezes por semana = 16,7%; uma vez por dia = 1,7%.

Conforme pesquisa, a maior frequência do consumo de pizza congelada foi de uma vez por semana. Isso mostra que este produto é bastante consumido pelas pessoas.

Lasanha: A lasanha congelada também foi um produto bastante adquirido pelos entrevistados. A frequência de consumo de lasanha é o seguinte:

Menos de uma vez por mês = 0%; uma a três vezes por mês = 58,8%; uma vez por semana = 29,4%; duas a quatro vezes por semana = 11,8%; uma vez por dia = 0%.

Batata: A batata palito congelada é um alimento bastante consumido, cuja frequência é a seguinte:

Menos de uma vez por mês = 11,8%; um a três vezes por mês = 29,4%; uma vez por semana = 5,9%; duas a quatro vezes por semana = 41,2%; uma vez por dia = 11,8%.

A batata palito congelada é um dos alimentos mais influenciados pelas redes de fastfoods. Isso atinge diretamente nos hábitos alimentares diários das pessoas. O aumento do consumo desses alimentos não é uma tendência mundial. Tanto que há uma estratégia de padronizar a oferta desse alimento.

Com relação ao motivo pelo qual as pessoas adquirem alimentos congelados, o resultado foi o seguinte:

Praticidade = 51,1%; Sabor = 30,0%; Velocidade de processamento = 2,2%; Baixo preço = 3,3%; Mora sozinho = 6,4%; Falta de habilidade em cozinhar = 3,6%; Influência de filhos e netos = 0,6%; Experiência = 2,8%.

A maioria dos alimentos congelados são pré-prontos e/ou pré-temperados e os consumidores desses alimentos são pessoas que buscam ganhar tempo por estarem sempre muito ocupadas. A alimentação fora de casa é um fator que estimula as pessoas a adquirirem esses alimentos, como lanches e pratos prontos.

Por outro lado, a indústria alimentícia promove, crescentemente, o consumo de alimentos de maior: concentração energética; sabor; prazer em comer; atrativo pelo visual; alta densidade energética e grande poder de saciedade, devido ao alto nível de gordura e açúcar.

Um novo hábito de lanches noturnos vem crescendo, onde aparece como substituto do jantar. Esta prática, embora prejudicial à saúde, vem, cada vez mais, ganhando terreno. Percebe-se que as pessoas que mais adquirem os produtos congelados são aquelas de nível de instrução superior e também associado a uma posição socioeconômica.

Mesmo com o crescimento das vendas e maior diversidade dos congelados, o preço ainda não é acessível a todos. A propaganda e a oferta de alguns produtos congelados despertam maior interesse no consumidor.

O perfil dos consumidores de congelados é o seguinte: aposentados = 25%; donas de casa = 20%; profissionais liberais = 25%; estudantes = 10%; empresários = 10%; operários = 5%; outras categorias = 5%.

É importante assinalar que crianças e adolescentes são muito influenciados e ligados a modismos, seguindo o padrão americano. Devido à autonomia dada a este público, o hábito alimentar tornou-se uma grande preocupação, pois uma alimentação desequilibrada pode gerar uma série de complicações futuras, como obesidade, hipertensão, diabetes, resistência à insulina e outros agravos.

Não custa lembrar Hipócrates (Pai da Medicina), que nos disse: "Faça de seu alimento o seu remédio".

Ainda segundo a pesquisa, a maioria dos entrevistados relatou que os alimentos congelados não apresentam benefícios à saúde. Isso mostra que o consumidor está ciente dos males. Porém, as pessoas preferem satisfazer o seu desejo, a observar as consequências. Apesar de todas as recomendações, o mercado de congelados é um mercado em crescimento contínuo.

13.7 LINHA DE PRODUTOS

A linha de produtos é um grupo de produtos com funções similares, que são nomeadas, por exemplo, pelo modo de preparação. São vendidos aos mesmos grupos de consumidores, comercializados pelos mesmos canais ou vendidos dentro de uma faixa de preço específica.

Em geral, as linhas de produtos são: Empanados; Porções Cozidas; Assados e Molhos. A análise da linha de produtos objetiva determinar que itens devem ser desenvolvidos, mantidos, explorados, otimizados, inovados, eliminados, descontinuados, progressivamente ou não.

É comum se achar que são muitos os tipos de alimentos diferentes, o que exigiria muita matéria-prima e um aumento nos custos. Entretanto, a matéria-prima é basicamente a mesma. O que modifica em um produto para outro é a quantidade e o processo de preparação.

Quando se compra em grande quantidade, se faz uma economia de escala, com consequente diminuição do custo de produção.

Os gerentes de linha de produtos precisam conhecer as vendas e os lucros de cada item de sua linha, para determinar quais devem ser desenvolvidos, mantidos, revisados, inovados, explorados ou eliminados. Precisam também conhecer o perfil do mercado de cada produto.

Obviamente, o planejamento da linha de produtos baseia-se na compreensão completa do consumidor, do mercado e de todas as forças que nele atuam. Tal planejamento tem uma influência muito visível no futuro da empresa.

Uma linha de produtos pode também ser ampliada pelo acréscimo de itens à sua faixa atual de abrangência. Há vários motivos para a extensão da linha, tais como: lucro, capacidade ociosa, insatisfação dos distribuidores/intermediários, preenchimento de lacunas do mercado, imagem de linha completa, novas características, desequilíbrio qualitativo/quantitativo entre linhas.

A seguir, algumas considerações sobre as extensões de linha de produtos:

As extensões de linha de produtos que recebem maior apoio de propaganda e de promoção são mais bem-sucedidas do que as que recebem menos apoio.

As extensões de linha de produtos, às vezes, são programadas para se tornarem desatualizadas num determinado período.

13.8 FICHA TÉCNICA DO PRODUTO

A ficha técnica do produto é muito negligenciada por cozinheiros, supervisores, gerentes e donos de negócios de alimentos. Esta ficha garante a qualidade do produto, não só do ponto de vista da segurança alimentar, mas também, para se controlar contabilmente o custo do produto e medir os desvios do padrão preestabelecido. Contém informações que vão do nome do produto até a margem de contribuição.

A seguir, um exemplo:

Ficha Técnica

Produto: Bolinho de Feijoada
Data de Criação:
Data de Atualização:
Quantidade Produzida: 100 Unidades

Composição	QL (kg)	Custo/kg	Parcial	Total AC
Feijão	0,600	3,60	2,16	2,16
Carne Seca	0,150	10,70	1,61	3,77
Lombo	0,120	12,08	1,45	5,21
Calabresa	0,170	9,90	1,68	6,90
Couro Bacon	0,130	3,95	0,51	7,41
Cebola	0,220	2,00	0,44	7,85
Pasta Alho	0,100	8,70	0,87	8,72
Farinha Mandioca	0,600	3,60	2,16	10,88
Polvilho	0,060	8,35	0,50	11,38
Bacon Cubo	0,670	10,00	6,70	18,08
Couve	0,300	4,20	1,26	19,34
Farinha Rosca	0,400	3,50	1,40	20,74
Ovos (3)	0,300	3,00	0,90	21,64
Insumo	0,100	3,00	0,30	21,94
M.O. D. (3 h)			30,00	51,94
Custo Variável Total (CV)				51,94

Despesas Operacionais:				
Logística (10% CV)			5,19	5,19
Embalagem (3% CV)			1,56	6,75
Divulgação (3% CV)			1,56	8,31
Supervisão (5% CV)			2,60	10,91
Administração (2% CV)			1,04	11,95
Custo Fixo Total				43,11
Custo Total				95,05

Cálculos:

Custo Total Unitário (Ctu) = **0,95** (arredondado)

Margem em Função do Custo (Mk) = **50%**

Preço de Venda (Pv) = **0,95 x 1,5 = 1,42**

Custo Variável Unitário (Cvu) = **0,52**

Custo Fixo por Produto (CF/P) = **0,43**

Quantidade de Equilíbrio = **43,11 / (1,42 - 0,52) = 48** (aproximadamente)

Margem Contribuição (MC) = **1,42 – 0,52 = 0,90**

Simbologia/Fórmula:

QL (kg) = Quantidade Bruta - Perdas por Quilo

Custo/kg = Custo do Quilo da Matéria-Prima

Parcial = QL (kg) x Custo/kg

Total AC = Valor total acumulado

Mk = Margem de comercialização

Mk f(custo) = Margem calculada em função do custo de produção

Mk f (preço de venda) = Margem calculada em função do preço de venda do produto

Margem de Contribuição = Pv - Cvu

M.O.I = Mão de obra indireta

M.O.D = Mão de obra direta

QE = Quantidade de Equilíbrio (lucro zero) = Custo Fixo / Margem de Contribuição

Ctu = Custo Total / Quantidade Produzida

Pv = Custo Total Unitário + Margem de Comercialização

13.9 MARCA

Marca é um nome, termo, sinal, símbolo, desenho, logotipo ou a combinação dos mesmos, que tem o propósito de identificar um produto, uma imagem ou uma empresa. Pode significar qualidade, atendimento, preço, desempenho, status, garantia, estima, confiança, perpetuidade, atualidade e prestígio.

Ela é o instrumento de relacionamento entre a empresa, o mercado, o produto e o consumidor. Por isso, é um erro considerar a marca um assunto exclusivo do Departamento de Marketing. Um logotipo é aquela parte da marca que pode ser reconhecida, mas não é pronunciável, tais como um símbolo, um desenho, um colorido, letras distintas. Uma grife é uma assinatura registrada como marca.

Os comerciantes identificam e distinguem seus produtos pelo uso de marcas nominais e marcas registradas. Estas marcas se acham entre os bens mais valiosos de uma empresa. Elas podem proporcionar uma propriedade única a um produto que, em si próprio, não seja muito glamuroso, como a marca registrada. Algumas marcas nominais são mais notáveis que as marcas registradas.

Marca registrada refere-se a uma marca que recebeu proteção legal, porque se tornou propriedade exclusiva de uma pessoa (física ou jurídica). Todas as marcas registradas são marcas, mas nem todas as marcas são marcas registradas. Uma marca registrada pode ser tanto um nome ou um desenho.

A palavra Ford é uma marca nominal. Mas quando ela é impressa numa certa forma de letra (grife), torna-se uma marca registrada. Não é preciso que uma marca registrada seja vinculada a um produto, nem tem de ser um nome.

O simples ato de registrar um nome não concede propriedade. Para alegar posse, uma empresa tem de ter um produto com marca registrada, no Instituto Nacional de Propriedade Industrial (INPI). O direito de propriedade é feito por meio de marcas registradas, patentes e dispositivos para ajudar a estabelecer direitos de propriedade.

As patentes são basicamente opções. Estabelecem direitos associados à rentabilidade de uma ideia específica, mas têm de ser aplicadas pelo titular da patente. A Logomarca (Logotipo) deve dar destaque ao nome da empresa e trazer um desenho que lembre o alimento congelado. Também a cor deve ser tomada em consideração.

13.10 ELEMENTOS DA MARCA

A seguir, os principais elementos da marca:

Capital da Marca – O capital da marca é o ativo que o responsável pelo marketing acumula para garantir a continuidade da satisfação do consumidor e o lucro da empresa. Ele pode ser considerado como reserva de lucro da empresa.

Importância da Marca – A importância da marca, no âmbito do consumo, resulta no fato de que a distinção final de um produto se dá pelo valor da marca, ou seja, o que ela é e o que ela representa. A marca traduz, portanto, de forma marcante e decisiva, o valor do uso para o comprador de determinado produto. É, também, o principal recurso do marketing para criar fortes apelos que estabeleçam a melhor relação possível entre o consumidor e o produto.

Decisão pela Marca – As decisões sobre marca serão tomadas depois de ter respostas para as seguintes perguntas:

Ter ou não ter marca? Usar a sua própria marca? Usar a marca do distribuidor? Manter marcas de família? Usar a marca do varejista? Por que o produtor se apressa em definir marcas, já que a marca claramente envolve um custo? E se a marca do produtor não satisfizer o distribuidor e o consumidor?

Criar e manter o nome de uma marca também é custo fixo.

Construção da Marca – A criação de uma marca não se limita a colocar um nome numa etiqueta. As marcas criam um valor perceptível ao consumidor. Por meio de uma marca efetiva, o fabricante promete e entrega ao cliente um valor superior e difícil de equiparar.

As marcas, quando bem construídas, têm a capacidade de expressar sentimentos e estabelecer relacionamentos de grau afetivo com os consumidores. Estar na mente dos consumidores é um dos elementos mais críticos para a formação da marca.

Valor da Marca – Embora o valor da marca seja uma força poderosa na tomada de decisão do consumidor, pode ser muito caro mantê-lo. Ele é dado pela clientela, exatamente, como é dado ao produto. Assim, nesta perspectiva, desenvolver este valor é o mesmo que fomentar os relacionamentos entre a marca e seus clientes, bem como seus agentes de influência.

Lealdade à Marca – Lealdade à marca é um tema que muito tem desafiado os administradores. Desfrutar de um grupo de consumidores leais à marca é um privilégio que se tem tornado mais escasso nos últimos tempos.

O aumento da complexidade dos mercados e a intensificação da competição são fatores que usualmente figuram, em primeiro plano, na lista de justificativas para o declínio dos consumidores leais. É fato que, por um lado, a proliferação de marcas disponíveis no mercado tem aumentado constantemente, e isso tem proporcionado, por outro lado, o rápido desaparecimento de inúmeras marcas.

Imagem da Marca – A boa imagem é um dos objetivos buscados por qualquer empresa. Hoje, como as marcas têm forte influência, é comum usar a propaganda para criar uma boa imagem da marca junto aos consumidores. Assim, a imagem da empresa é uma estratégia interna e externa. Mas, a imagem da marca é para o mercado.

Quando a imagem da empresa é melhorada, com certeza se está criando novos consumidores, que, satisfeitos, divulgam o produto e a marca, aumentando o seu valor. Imagem da marca é a percepção que um indivíduo cria, após uma série de contatos com uma empresa, somada à experiência com seus produtos, tendo como base seus valores e crenças pessoais.

Desafio da Marca – O desafio da marca é seu objetivo (qualitativo e/ou quantitativo) para se impor no mercado e de cair no gosto dos consumidores.

Usuário da Marca – Novos usuários da Internet tendem a explorar, primeiramente, as páginas de marcas conhecidas. A confiança é um fator fundamental no estímulo de compras via Internet. Reconhecendo o valor da marca, empresas estão criando páginas na rede para cada uma delas.

Envelhecimento da Marca – Marcas de sucesso, que parecem não envelhecer, são casos raros. A conquista da liderança, em muitos casos, limita-se a busca por inovação e retarda os movimentos de mudança. Com o tempo, empresa e consumidor se descolam e isso aparece nos resultados. Desta forma, o desafio é conter o processo de envelhecimento da marca.

Confiança na Marca – No atual contexto de desconfiança, a marca é suspeita de inconsistência. A confiança cega nas marcas, estimulada pelas campanhas publicitárias, cedeu lugar a uma atitude de comprovação dos reais benefícios de um produto. É óbvio que, por mais forte que seja uma marca e por mais sucesso que faça, terá poucas chances de se manter em evidência, se o produto que a estampa não mantiver a qualidade necessária ao mercado alvo.

Apesar da obviedade, é nisso que várias empresas tropeçam. Colocar um produto com sucesso no mercado e depois vê-lo afundar pode acontecer com qualquer empresa, esteja quem estiver por trás dela, por mais experiente e poderosa que seja.

Percepção da Marca – As marcas funcionam para os consumidores como atalhos num mundo cada vez mais complexo e globalizado. Assim, as marcas são percebidas pelos consumidores de diferentes maneiras, função dos meios e recursos que possuam e do ambiente em que vivam.

Credibilidade da Marca – Confiar na força da tradição, um conceito que o mercado não perdoa quando nada mais a sustenta. Marca nenhuma tem fôlego para altos voos se é abandonada à míngua. O motivo: permanecer no topo é tão difícil quanto chegar até lá. Há quem pense, num julgamento apressado, que, quando uma empresa estoura em vendas com uma nova marca, é hora de relaxar.

Muitas vezes, o sucesso embriaga as pessoas, tornando-as excessivamente confiantes em suas próprias ideias e refratárias às propostas que impliquem mudanças. Estas são mais necessárias do que em qualquer outro setor, quando se trata de manter a credibilidade de uma marca.

Substituição da Marca – A decisão de substituir o nome de uma marca tradicional é muito difícil. Quando as pesquisas apontarem para rejeição e esquecimento dos consumidores da Classe C, vale a substituição.

Estratégia da Marca – As estratégias que merecem ser mencionadas, no momento, para marcas são:

- Estratégia de Extensão de Marca (utilização da marca bem-sucedida para lançar produtos de outra categoria).
- Estratégia de Marcas Múltiplas (utilização de duas ou mais marcas aparentemente concorrentes, mas que pertencem a um mesmo fabricante).
- Estratégia de Parceria (utilização da marca de outra empresa).

Papel da Marca – A marca tem um papel de primeiro plano, devendo designar, de maneira rápida e concisa, a razão social, propriedade ou produção. Por isso, ela deve ter uma construção simples, permitindo uma rápida apreensão da mensagem a ser transmitida, e ter características que possibilitem sua reprodução em diversos meios e materiais.

Entretanto, a marca só alcança significado quando adequadamente ligada a contextos gráficos, como: diagramações, cores, fundos de contraste, tipos de letra e formas de desenho, por exemplo.

13.11 EMBALAGEM

Todo produto necessitará de embalagem para protegê-lo e melhorar a sua própria aparência. A embalagem inclui todas as atividades em planejamento de produto, que se relacionam a desenhar e produzir o recipiente ou invólucro para um produto.

Conquanto, a embalagem de um produto possa parecer que não tem consequência, na realidade ela é tão complexa como qualquer outra parte do pacote de utilidades, e, muitas vezes, determina a diferença entre sucesso ou fracasso do produto. É preciso informar que a embalagem é o primeiro contato que o consumidor faz com o produto e, por isso, merece cuidado especial.

Criar embalagem, que seja resistente, facilite o manuseio, identifique o conteúdo, seja padronizada, tenha instruções para o transporte, possibilite reaproveitamento, defina a personalidade do produto e dê instruções para evitar poluição ambiental, é básico para a marca e a imagem da empresa.

Para as indústrias, a embalagem significa vendas a um número crescente de consumidores, porém ela pode significar sujeira e poluição, problemas cada vez maiores de acúmulo de resíduos sólidos, causando uma ameaça ao ambiente.

Não há dúvida de que o público deseja as conveniências práticas das embalagens para uma única pessoa, as garrafas que não precisam ser devolvidas e os alimentos que podem ser consumidos em qualquer lugar.

Algumas empresas de embalagens estão tentando se associar a fabricantes de alimentos e varejistas para fornecer embalagens personalizadas. Isso será mais fácil de conseguir se todas as unidades empresariais, ao longo da cadeia de fornecedores, estabelecerem vínculos entre si, focalizando o consumidor final.

A solução de problemas em conjunto, entre fabricantes, transportadores e distribuidores, talvez, produza soluções integradas, oferecendo transporte eficaz, redução de produtos danificados, armazenamento otimizado e risco mínimo.

Os empresários precisam acostumar-se à ideia de que os resíduos de embalagens e outras formas de poluição constituem um problema de saúde pública, como o são as doenças contagiosas, e que o povo, o governo e as empresas precisam ajudar a encontrar soluções.

Além da função de elemento direto de venda, a embalagem pode ter diversos objetivos, tais como:

- Facilitar o manuseio e armazenamento.
- Facilitar a identificação do produto.
- Maximizar a utilização do equipamento de transporte.
- Fornecer instruções sobre a maneira de transportar.
- Possibilitar novos aproveitamentos
- Definir a personalidade do produto.
- Facilitar a padronização.
- Proteger o produto.
- Promover a venda do produto.
- Alterar a densidade do produto para conseguir custos logísticos mais favoráveis.
- Facilitar o uso do produto.
- Prover valor de reutilização para o consumidor.

13.12 RÓTULO E CÓDIGO

O rótulo representa um subconjunto da embalagem. Os produtos, portanto, devem ser rotulados. O rótulo pode ser uma simples etiqueta afixada ao produto ou um desenho artisticamente elaborado que faz parte da embalagem. Ele pode conter apenas a marca do produto ou muitas informações. Mesmo que o fabricante prefira um rótulo simples, a lei exige informações de composição e finalidade.

O rótulo desempenha várias funções: identifica, classifica, descreve e promove o produto. Eventualmente, os rótulos tornam-se antiquados e devem ser renovados.

O governo exige, por exemplo, que os fabricantes de alimentos processados, incluam informações sobre proteínas, gorduras, carboidratos, calorias, além de vitaminas e sais minerais e as porcentagens recomendadas para uso diário.

Ultimamente, os rótulos contêm palavras como light, diet, alto teor de fibras, baixo colesterol, baixo nível de açúcar, data de validade, percentagens dos componentes e outras informações, que ajudam a vender para consumidores, cada vez mais, exigentes, diversificados e instruídos.

A rotulagem é uma característica do produto que se soma ao "pacote de utilidades". Um rótulo comunica informações sobre o produto ou sobre a empresa que o vende. Isto pode estar impresso como parte da embalagem, ou pode estar em uma etiqueta colada ao produto. Existem três tipos básicos de rótulos:

Rótulo de Gradação – Rótulos, em geral, exigidos para alimentos, como: primeira qualidade; oferta especial, produção limitada.

Rótulo Informativo – Rótulos que avisam os consumidores a respeito do cuidado, uso ou preparação do produto, como: mantenha longe do calor ou da luz solar direta.

Rótulo Descritivo – Rótulos que explicam as características importantes ou os benefícios de um produto, como: baixo nível de gordura e colesterol, sem adição de açúcar.

Recente pesquisa FIESP revelou que as preocupações do consumidor, quando lê o rótulo da embalagem, são com: Calorias (52%); Gordura (39%); Colesterol (29%); Açúcar (27%); Proteína (25%); Carboidratos (22%); Conservantes (22%); Glúten (10%).

A rotulagem se aplica aos alimentos e bebidas produzidas, comercializadas e embaladas na ausência do cliente, ficando prontos para serem consumidos. De acordo com a legislação geral e específica vigente, a rotulagem deve conter:

Denominação de venda do alimento; Lista de ingredientes; Conteúdo líquido; Identificação do fabricante; Identificação da origem, para importados; Datas de fabricação e de validade; Instruções para o preparo e uso do alimento; Informação nutricional; Registro, quando necessário. As embalagens de 80 cm^2 podem, dependendo do caso, serem dispensadas de rotulagem nutricional.

A rotulagem é regida pelas Resoluções 39 e 40 da ANVISA.

A codificação é o procedimento técnico pelo qual os dados são categorizados. Através da codificação, os dados brutos são transformados em símbolos, necessariamente numéricos, para serem contados e tabulados. No dia 3 de abril de 1973 chegou o código de barras. Barras e números que aparecem em tudo, do detergente a mistura para fazer bolos caseiros.

O código de barras fez mais do que acelerar a fila dos caixas para milhões de fregueses e reduzir erros na contabilidade gerencial. Com milhares de novos produtos substituindo, continuamente, os antigos produtos, o poder foi transferido para o varejista, que pode manter o controle do estoque, juntamente com suas vendas, sua lucratividade, a hora certa para fazer propaganda, custos, preços, descontos, localização, promoções, fluxo de clientes e outros benefícios.

As leitoras óticas recolhem vastos volumes de dados, que então ajudam seus gerentes a decidirem qual o espaço nas prateleiras a destinar a quais produtos, quando e quanto. As principais vantagens da codificação do produto são:

- **Identificação** – Uma vez que o sistema tenha sido compreendido, qualquer pessoa pode deduzir qual o código aproximado.
- **Simplificação** – Um sistema de codificação, sistematicamente projetado, pode constituir uma ferramenta poderosa para reduzir e controlar a diversificação.
- **Estocagem** – O controle do nível de estoque é facilmente identificado, além de reduzir seu custo.
- **Estimativa** – Examinando os registros de itens, o analista pode fazer estimativas, interpolando custos atuais com custos passados para determinar a variação média da inflação do período.

Códigos de barra permitem que muitas empresas de produção tratem certos materiais, anteriormente classificados como custos indiretos, como custos diretos.

13.13 PLANEJAMENTO DO PRODUTO

Planejamento do produto é o conjunto de esforços voltados a criar, desenvolver, viabilizar e lançar um produto. A função do planejamento do produto visa ter certo número de produtos, seguindo-se uns aos outros, numa mesma progressão, de maneira que, enquanto todo produto mais antigo perde suas vendas, outro novo inicia seu ciclo de vida.

Portanto, devemos ter cuidado para distinguir entre um produto completamente novo e outro modelo ligeiramente alterado.

O planejamento do produto deve ser feito considerando-se os seguintes aspectos:

Seleção do Produto – A empresa deve observar a: existência de produtos similares no mercado; aceitação do produto existente; condições de competição no mercado; consumidores potenciais; estimativa de consumo e demanda de mercado.

Determinação das Quantidades a Produzir – A empresa deve considerar todos os problemas relacionados aos condicionamentos de quantidades a serem absorvidas pelo mercado, bem como a capacidade de atendimento, os fornecedores de recursos, a distribuição e a armazenagem.

Determinação da Forma e Dimensões do Produto – A empresa deve ater-se aos gostos dos consumidores, bem como seu público-alvo, embalagem, modalidades de armazenamento e meios de transporte.

Fixação do Preço – A empresa deve considerar: preço de fabricação, preço concorrente, margem de lucro, tecnologia empregada, nível de qualidade.

No planejamento do produto serão definidos todos os atributos que o mesmo deve ter, isto é, aquilo que será desenvolvido no projeto. Deve-se salientar que a qualidade não tem de ser, necessariamente, a melhor possível. Assim, ao projetarmos uma câmara fria precisamos perguntar: Para quem o produto será entregue?

Portanto, ajudará questionar sobre os seguintes aspectos do planejamento do produto:

Existe a necessidade do produto? O produto pode ser criado? Existem recursos disponíveis? Marketing, produção e finanças chegaram a um acordo quanto ao preço de venda? O *design* atende ao mercado? Podem ser feitos tantos protótipos quantos necessários? Serão distribuídas amostras? Há uma preocupação no estabelecimento de procedimentos que assegurem qualidade? É boa a posição matricial que o produto ocupará em relação aos demais? O ciclo de vida do produto já está bastante definido? Existem canais de comunicação e distribuição já definidos? O produto tem um mercado potencial? O produto, em dois anos, atingirá a maturidade? A margem de lucro deverá ser mantida a mesma, por quanto tempo?

13.14 AVALIAÇÃO DO PRODUTO

A avaliação do produto pelo consumidor requererá um padrão ou um referencial anteriormente conhecido. Assim, para um novo produto a avaliação fica comprometida já que não há nenhum conhecimento das novas especificações. O consumidor na realidade avalia um produto mais pelos aspectos subjetivos do que por outra coisa. Uma avaliação de produto só poderá ter valor se for feita por métodos estatísticos e para um universo significativo de pesquisados.

Assim, é importante que haja um acompanhamento, durante um período de, pelo menos, seis meses, porque a comparação com os novos resultados alcançados torna possível avaliar se as medidas aplicadas resolveram a problemática em pauta e, também, para verificar se existem ajustes, mudanças e modificações convenientes a serem realizadas.

Se realizarmos testes preliminares, verificaremos que certas propriedades não foram incorporadas ao produto de maneira adequada. É, pois, imperativo que seja feito teste piloto, para evitar que um novo lançamento fracasse, devido à deficiência técnica.

Em muitas situações, os testes são, diretamente, feitos junto aos consumidores. Amostras do produto e do concorrente são entregues para testes de consumo, desde que as mesmas não sejam identificadas pelos consumidores. Tais testes ajudam a determinar pontos fracos e pontos fortes.

A empresa, ao planejar um novo produto, deve, paralelamente, planejar o seu lançamento no mercado. O teste de venda do novo produto deve ser feito dentro de uma zona delimitada do mercado, a que chamamos de mercado experimental. As condições para os testes de venda devem ser as mais normais possíveis.

Ao ser realizado um teste de vendas, é importante lembrar que não apenas um, mas vários fatores estão sendo avaliados. Também, estão sendo testados simultaneamente: o produto, a mensagem, o meio da propaganda, o canal de distribuição, o preço de lançamento, a aceitação do nível de qualidade, por exemplo. Estes testes, embora dispendiosos e demorados, são vitais.

Segundo Roberto M. Braga, a avaliação do produto poderá ser feita por meio de um teste brinde, seguindo a metodologia:

1 – Convidar um grupo de pessoas (seis a dez), de categorias profissionais diferentes.
2 – Oferecer transporte gratuito de ida e volta para o local do teste.
3 – Elaborar os novos alimentos que vão ser avaliados.
4 – Preparar uma sala especialmente para o teste, designando um coordenador.
6 – Providenciar produtos concorrentes e misturá-los com os nossos.
7 – Identificar os provadores (degustadores) com crachás.
8 – Identificar os produtos a serem testados, apenas por um número.
9 – Ter o chefe da cozinha presente ao evento.
10 – Anotar tudo que for dito e comentado sobre os alimentos colocados em teste.
11 – Elaborar um pequeno questionário para facilitar a tabulação de dados.
12 – Explicar o motivo da reunião e como o teste será realizado.
13 – Explicar que cada participante pode provar quantas vezes quiser cada amostra.
15 – Aplicar, ao final da reunião, o questionário de pesquisa.

17 – Desenvolver um relatório com os detalhes observados e suas sugestões de melhoria.

18 – Realizar uma reunião com os funcionários envolvidos no processo, para corrigir erros.

Nota: Os produtos concorrentes deverão ter o mesmo tratamento dado aos alimentos.

Capítulo 14

EMPRESA

"A propriedade essencial de um cargo não é definida pelo fato de ser especializado ou não, de ser de linha ou de staff, mas sim pela natureza das decisões que ele exige".

Peter Drucker

OBJETIVOS DO CAPÍTULO

- Mostrar os conceitos de empresa e de empresário.
- Mostrar exemplos de contratos.
- Mostrar que seja uma sociedade, uma parceria e uma terceirizada.
- Mostrar as diferenças entre remuneração, recompensa e incentivo.

14.1 EMPRESA

Embora o conceito de empresa já tenha sido abordado, é bom lembrar que as empresas constituem, segundo Chiavenato, a instituição mais complicada e engenhosa que o ser humana chegou a inventar. São tão complexas que dedicamos a elas um longo tempo de estudo e não chegamos a conhecê-las na sua totalidade. Da mesma forma como acontece com as pessoas, não existe duas empresas iguais.

Cada empresa tem características próprias e individualizadas, assim como seus objetivos, seus produtos, seus recursos, seus problemas. Mas, embora sejam diferentes, elas guardam alguns aspectos comuns, todas são organizações sociais.

A empresa é uma organização social que por meio de seus recursos explora um negócio, visando atender uma necessidade da sociedade. É um núcleo gerador de riqueza que permite o desenvolvimento econômico e o bem-estar de sua população.

Empresa é a organização que tem por objetivo produzir bens e serviços, só existindo num grupo social, tendo como meta fundamental sua sobrevivência. Acostuma-se ver a empresa através de sua estrutura organizacional, cuja finalidade é definir com clareza as responsabilidades e relações funcionais.

A empresa seja ela qual for, possui um critério de organização que pode ser por: finalidade, estratégia, objetivo, função, atividade, recurso, área geográfica, clientela, produto. Empresas só existem por delegação da sociedade, e têm de prestar contas a ela. Só se legitimam quando funcionam como veículo para que as pessoas se realizem e não apenas para que seus donos fiquem ricos.

Empresa é todo empreendimento humano que procura reunir e integrar recursos para se autossustentar e de lucrar, através da produção e comercialização de bens e serviços. É a lucratividade o estímulo básico capaz de assegurar a livre iniciativa, manter ou aumentar o empreendimento.

O que faz as empresas diferentes das demais organizações é que as mesmas são orientadas para o mercado, assumem riscos, são dirigidas e reconhecidas como um negócio, geralmente, avaliadas sob um ponto de vista contábil e constituem propriedade.

As empresas podem ser estudadas por meio de seus objetivos. Estes estabelecem as relações que a empresa deve ter com seu ambiente. A empresa não busca um só objetivo, pois precisa satisfazer uma enorme quantidade de requisitos e exigências internas e externas.

A seguir, abordaremos algumas considerações sobre a empresa:

Teoria da Empresa – É a teoria que aborda os motivos pelos quais a empresa deve ser remunerada pelo que faz.

Finalidade da Empresa – Uma empresa é uma organização de finalidade econômica. Utiliza e elabora recursos (meios, métodos, ferramentas, instrumentos) para facilitar o seu desenvolvimento e o seu rendimento, assegurando-lhe as melhores condições operacionais.

Criação da Empresa – A História mostra que a empresa é criada e dirigida por pessoas e não por forças. As forças econômicas fixam seus limites à atuação da direção. Criam oportunidades para agir, mas não determinam por si só o que a empresa seja ou faça. Não há nada mais tolo de se afirmar, como constantemente se faz, que a direção só adapta a empresa às forças do mercado (política neoliberal).

Propósito da Empresa – O propósito da empresa é fornecer valores ao seu público-alvo para que as pessoas tomem decisões inteligentes, relevantes e esclarecidas. O lucro que decorre dessa oferta de valor mostra que a empresa é rentável e que corresponde às expectativas da clientela.

Orientação da Empresa – A empresa orientada para o mercado é a que aloca recursos a fim de coletar dados sobre as expectativas e comportamentos. Isso implica a participação de todas as áreas funcionais da organização. Por outro lado, existem empresas orientadas para a produção, cujo objetivo é manter um baixo custo. Elas preferem produtos simples, linhas estreitas de produtos e alto volume de produção.

Missão da Empresa – A criação de uma empresa está em função da sua missão, isto é, qual a razão da sua existência.

14.2 ELEMENTOS DA EMPRESA

A seguir, os elementos da empresa:

Imagem da Empresa – Uma boa imagem é um dos principais objetivos da empresa. Devemos ter cuidado com o grupo que lida com o público como um conjunto que pode valorizar ou jogar fora todo o esforço feito para servir bem. Ele pode valorizar, aproveitar, atrapalhar ou destruir a imagem da empresa.

História da Empresa – Embora sempre ter existido o trabalho organizado e dirigido, a história das empresas e, sobretudo, a história da sua administração é recente, pois data do início do Século XX.

Grupos Interessados na Empresa – Os grupos interessados numa empresa são muitos. Os que mais se destacam são: governo (tributos); sócios (retiradas); acionistas (dividendos); empregados (salários); consumidores (qualidade, atendimento, preço); credores (juros); distribuidores (descontos, volume de vendas, prazos de pagamento); fornecedores (liquidez); associações patronais (interesses econômicos setoriais); associações de empregados (qualidade de vida); comunidade (apoio social).

O intervencionismo estatal, no Brasil, leva os governantes a pensar que podem ditar as regras de como administrar negócios da livre iniciativa.

Ciclo de Vida da Empresa – Similarmente ao que ocorre com qualquer organismo vivo, as empresas nascem, crescem e morrem. Elas são, geralmente, pequenas quando nascem. Algumas se mantêm pequenas e saudáveis durante um longo tempo; outras crescem rapidamente e depois estacionam; enquanto outras crescem de maneira gradual e constante.

Na medida em que são bem-sucedidas, as empresas tendem a sobreviver. Se o resultado for positivo, elas tendem a crescer. A sobrevivência e o crescimento são sinais evidentes de sucesso empresarial.

Desempenho da Empresa – Alguns indicadores balizam o desempenho da empresa. Estes indicadores podem ser: fatia de mercado, rentabilidade, patrimônio, vendas, margem de venda, endividamento, produtividade, liquidez, carga tributária, competitividade, investimento, eficiência operacional, lucro, prejuízo, ativo imobilizado, riqueza criada.

Setor da Empresa – A empresa será enquadrada, em função de suas atividades de produção, num determinado setor da economia, tais como, segundo a Revista Exame, os seguintes: Alimentos; Atacado e Comércio Exterior; Automotivo; Bebidas; Comércio Varejista; Comunicações; Confecções e Têxteis; Construção; Eletroeletrônico; Farmacêutico; Fumo; Higiene, Limpeza e Cosméticos; Material de Construção; Mecânica; Mineração; Papel e Celulose; Plásticos e Borracha; Química e Petroquímica; Serviços de Transporte; Serviços Diversos; Serviços Públicos; Siderurgia e Metalurgia; Tecnologia e Computação; Telecomunicações.

Conhecimento da Empresa – Ter uma força de trabalho fundamentada no conhecimento é uma grande vantagem competitiva. Por isso, que o administrador terá de encarar esta aquisição como um desafio a ser perseguido, diariamente, porque precisará fazer pessoas comuns realizarem coisas extraordinárias. O segredo é descobrir o potencial das pessoas e ajudá-las a desenvolver-se.

Tecnologia da Empresa – A tecnologia adotada pela organização será adaptada às suas necessidades e recursos. Porém, uma coisa é certa: toda empresa utilizará um tipo de tecnologia. Dentre a enorme variedade de coações e contingências que o ambiente impõe, a tecnologia aparece como a variável crucial, principalmente, quando as inovações tecnológicas acontecem em outras empresas concorrentes. São comuns alguns autores mencionarem tecnologias de: capital intensivo (tecnologia, automação e robótica) e de recurso humano intensivo (pessoas com habilidades manuais e intelectuais).

Premissas da Empresa – As seguintes premissas, relativas à empresa, ajudarão a construir um bom plano empresarial:

- Toda empresa precisa definir, claramente, o objetivo de sua própria existência e oferecer para seus funcionários metas bem definidas.
- As empresas devem colocar sempre a satisfação do consumidor à frente do lucro.
- As empresas devem ter a qualidade por objetivo a ser perseguido, com rigor, mediante técnicas de controle estatístico de qualidade.
- Todo funcionário deve ser tratado com o mesmo respeito devido aos ocupantes dos cargos executivos.
- A missão principal da empresa é criar clientes satisfeitos e saudáveis para que voltem a comprar seus produtos.
- A empresa deve evitar aqueles produtos que não se enquadram dentro dos melhores interesses do seu público-alvo e do ambiente circundante.
- Os consumidores apoiarão aquelas empresas que demonstrem preocupação com sua satisfação e bem-estar.

Responsabilidade Social – Uma empresa deve ter poder para contratar, demitir, promover, estabelecer normas de conduta, exigir resultados, atribuir cargos e tarefas, por exemplo. Mas, tal poder pode ser limitado pelo poder do governo. É por isso que a sociedade fala tanto de responsabilidade social da organização.

O desenvolvimento econômico é a principal responsabilidade de uma empresa, porque ele é a base de sustentação da própria empresa e respaldo para todos os outros compromissos que a mesma venha assumir.

Responsabilidade Administrativa – Diante de quem a administração da empresa é responsável? De acordo com a lei, a administração deve gerir os negócios no melhor interesse dos sócios (cotistas, acionistas). Aqueles que se opõem acham que a administração deve ter responsabilidade para com a sociedade, os consumidores, os empregados, os fornecedores e os governos.

Muitos executivos defendem que a administração deve ser responsável para com a empresa e todos os grupos interessados.

Análise – Assunto já abordado.

14.3 EMPRESÁRIO

O empresário é peça básica da empresa que, através de seu trabalho, conhecimento e criatividade, manterá a empresa viva e crescente. Todo empresário inteligente colocará a empresa acima de seus interesses pessoais e preconceitos. Portanto, o empresário, coração da empresa, deve aprender a convivência com o risco, aproveitar situações, adquirir conhecimento das funções administrativas e organizacionais, liderar mais do que chefiar, ser independente e agir com otimismo não exagerado.

O empresário apoia empreendimentos, cujas virtudes e consequências são, infinitamente, menos previsíveis, menos mensuráveis e menos demonstráveis para a maioria das outras pessoas. Empreender não é coerente com certeza, pois requer fé fortificada por energia, ousadia e sorte.

Os administradores são calculistas cuidadosos de prós e contras, homens que merecem confiança por seu equilíbrio mental. Embora possam ter grande conhecimento, autoconfiança e energia, estes talentos têm pouca probabilidade de aplicar-se a novos empreendimentos, altamente arriscados. Seus talentos, em geral, se aplicam a uma situação existente.

O empresário exerce atividades próximas da audácia. Entende-se que o maior impedimento ao desenvolvimento da empresa (não do empresário) está na incompetência administrativa. A capacidade empresarial é inerente à criação, existência e desenvolvimento do empreendimento. Através dela o empresário concebe projetos alternativos, geralmente, em resposta a: estímulos financeiros, solicitações do mercado, incentivos fiscais e facilidades cambiais.

A carência de conhecimentos de administração entre os empresários que não foram bem-sucedidos pode até não ser claramente admitida, a falta de organização administrativa é a décima razão por eles apontada para seu insucesso, mas vem à tona sem disfarce quando se observam as respostas dos mesmos entrevistados sobre procedimentos que adotariam na abertura de uma nova empresa.

Pela ordem eles iriam procurar assistência técnica, levar adiante uma pesquisa de mercado, adquirir conhecimento administrativo e ampliar seus conhecimentos sobre o setor. É comum o empresário apontar, como fatores de sucesso e de fracasso, os seguintes:

Fatores de Sucesso: Persistência, boa administração, dedicação do empresário, boa estratégia de vendas, capital próprio, experiência no ramo, mercado favorável, investimento, qualidade do produto, fonte de renda, otimismo, tino empresarial, sorte, criatividade, boa localização, ajuda da família, relação com fornecedores, preços competitivos, riscos calculados e imóvel próprio.

Fatores de Fracasso: Recursos financeiros, instabilidade econômica, limitação do mercado, concorrência, problemas pessoais, planos de governo, localização inadequada, inflação, encargos financeiros, desorganização administrativa, custos das matérias-primas, desinteresse, incentivos oficiais, burocracia governamental, tempo, baixa lucratividade, maus pagadores, experiência, mão de obra e mudança de ramo.

14.4 CLASSIFICAÇÃO DAS EMPRESAS

As empresas apresentam uma enorme heterogeneidade. Elas são profundamente diferentes entre si. Por isso, independentemente da espécie de sociedade escolhida, a classificação das empresas pode ser sob diversos aspectos:

Quanto aos Recursos:

Empresa Grande – Também chamada de corporação é uma organização de grande porte em que o controle é centralizado e as decisões são descentralizadas. Esta organização pode reunir diversas empresas com objetivos comuns.

Empresa Média – Empresa com razoável volume de recursos, onde existem profissionais de administração em sua direção.

Empresa Pequena – É aquela na qual o administrador (geralmente o proprietário) enfeixa o comando de todas as áreas funcionais, não havendo um segundo nível diretivo para essas responsabilidades. As empresas pequenas podem ser desdobradas em miniempresas e microempresas.

A maioria das pequenas empresas tem muito pouca disponibilidade de caixa. Muitas delas, por necessidades de dinheiro, fracassam num momento em que estão tendo lucro, isto é, são economicamente viáveis, mas fracassam financeiramente.

Quanto ao Número de Empregados:

Setor da Economia	**Classificação das Empresas**			
	Micro	Pequena	Media	Grande
Comércio e Serviço	Até 9 Empregados	De 10 até 49 Empregados	De 50 até 99 Empregados	Acima de 100 Empregados
Indústria	Até 19 Empregados	De 20 até 99 Empregados	De 100 até 499 Empregados	Acima de 500 Empregados

Quadro 14.1: Classificação das Empresas pelo Número de Empregados.

Quanto à Atividade:

Empresa Agrícola – É aquela que trabalha a terra na produção de alimentos.

Empresa Industrial – É aquela que transforma recursos em bens econômicos.

Empresa Comercial – É aquela que faz a ligação entre o produtor e o consumidor.

Empresa Financeira – É aquela que trabalha com dinheiro, títulos, ações e valores.

Empresa do Conhecimento – É aquela voltada para a educação, treinamento, tecnologia educacional, capital intelectual, informação, talento, criatividade.

Empresa Ponto Com – É aquela que negocia via Internet.

Empresa de Comércio Exterior – As empresas de comércio exterior são conhecidas como "trading companies".

Empresa Transportadora – As empresas prestadoras de serviços de transporte cobram, como qualquer outra empresa, uma taxa ou tarifa pelos seus serviços. Quando se trata de cargas, o valor que se paga é denominado frete.

Quanto à Cultura:

Empresa Conservadora – Comportamento formal.

Empresa Empreendedora – Preocupa-se em investir em novidades.

Empresa Integradora – Valoriza o trabalho em grupo.

Empresa Individualista – Valoriza a competição.

Empresa Racional – Maximização do desempenho individual.

Empresa Desenvolvimentista – Viabiliza-se através de líderes que optam por ações de curto prazo, devido à incerteza ambiental.

Empresa Consensual – Viabiliza-se através de líderes do tipo empreendedor que optam por linhas de longo prazo.

Empresa Hierárquica – Viabiliza-se através de líderes do tipo experimental (especialista).

Empresa Imitadora – A empresa imitadora copia algumas coisas da empresa líder, mas mantém a diferenciação em termos de preço, embalagem, propaganda, atendimento, serviço e outros fatores.

Quanto à Propriedade:

Empresa Pública – As empresas públicas constituem o chamado setor público e compreendem as empresas, cujos objetivos são o bem-estar social, pois estão voltadas para o benefício da sociedade em geral. São as chamadas empresas não lucrativas. Elas são propriedades do estado (100% do governo, em nível federal, estadual e municipal).

Empresa Privada – As empresas privadas são de propriedade de particulares, ou seja, fazem parte da livre iniciativa. Compreendem as organizações cuja constituição visa a lucratividade.

Empresa Mista – As empresas mistas são sociedades por ações de participação pública e privada, simultaneamente. Todavia, o governo é o sócio majoritário e, portanto, detém o controle administrativo.

Quanto à Gestão:

Empresa Profissional – É gerida por administradores profissionais (especialistas).

Empresa Familiar – É gerida pelo dono, herdeiros e familiares.

14.5 AMBIENTE EMPRESARIAL

Ambiente é todo um espaço (contexto) que envolve externamente uma organização de forma direta e indireta. É constituído de: pessoas, sistemas, recursos, grupos, famílias e organizações que formam a sociedade. Alguns autores ainda consideram que existem dois ambientes: externo e interno (a organização).

O ambiente é um fator incontrolável que pode causar prosperidade ou desastre em um mercado. Mas, com esforço e resolução, pode-se conseguir considerável controle sobre o mesmo. As empresas não vivem no vácuo, isoladas e totalmente autossuficientes, mas funcionam dentro de um contexto, do qual dependem para sobreviver e crescer. É do ambiente que as empresas obtêm os recursos para poderem agir e devolver, ao mesmo tempo, bens, serviços e ideias.

Ambiente empresarial é o ambiente voltado ao estudo da cultura e do conhecimento organizacional da empresa. Isto inclui atitudes, impulsos, valores, objetivos, metas, funções administrativas, funções organizacionais, mudanças, leituras de cenário, riscos, estratégias, negócios, ameaças, restrições, oportunidades. O ambiente empresarial não é um conjunto estável, uniforme e disciplinado, mas um conjunto bastante dinâmico.

As relações entre as organizações e o ambiente são altamente complexas, uma vez que as organizações vivem em um mundo humano. As empresas constituem organizações sociais inventadas pelo homem para se adaptarem às circunstâncias ambientais, a fim de alcançarem determinados objetivos. Se essa adaptação é conseguida e os objetivos alcançados, então a empresa terá condições de sobrevivência e de crescimento.

A seguir, os principais tipos de ambiente:

Ambiente Estável – Este ambiente apresenta estabilidade, quando não há mudanças relevantes de comportamento. Normalmente, é conservador, previsível e rotineiro.

Ambiente Instável – Ambiente de constantes mudanças, gerando incertezas. Uma das características do ambiente instável é que ele potencializa as oportunidades e as ameaças à empresa. É crucial, portanto, que os empresários aprendam a reconhecer os solavancos e a lidar com eles.

Ambiente Mutável – Ambiente também chamado dinâmico apresenta instabilidade no comportamento dos clientes (consumidores, usuários, fornecedores, funcionários, pacientes, concorrentes, agentes do governo, intermediários). Neste ambiente as reações empresariais são diferentes e variadas.

Ambiente Turbulento – Em ambientes turbulentos, a alternativa ao incremento lógico é o planejamento estratégico, abrangente e sistemático, que desafia, reexamina e reforma a lógica de desenvolvimento da empresa.

Ambiente de Tarefa – Ambiente operacional e específico de cada organização. Corresponde ao segmento do ambiente geral mais imediato e próximo da empresa. É constituído por pessoas e seus recursos com as quais são mantidos contatos diretos para poder operar. É o contexto mais relevante para a empresa poder cumprir sua missão.

Ambiente Tecnológico – Ambiente que fornece o desenvolvimento de novos produtos e processos, função dos avanços tecnológicos. O exemplo mais convincente de que o mercado de congelados irá crescer é a compactação, leveza, operacionalidade e preço, que facilitou a preparação dos alimentos e o grande impulsionador do consumo de alimentos congelados.

Ambiente Cultural – Ambiente traduzido pelos usos e costumes da região. Uma organização poderá mudar hábitos culturais ou não. As diferenças culturais são assustadoras, baseiam-se, em grande parte, nas tradições: religiosa, social e econômica. Para os americanos, a pontualidade e o estabelecimento de datas limites são procedimentos comerciais normais. Mas, no Oriente Médio, tal atitude é considerada rude, atrevida e exigente.

Ambiente Político – Ambiente ditado pelo sistema político onde a organização está inserida.

Ambiente Econômico – Ambiente que retrata o poder de aquisição da população. O poder de compra existente em uma economia depende da renda atual, preço, poupança, empréstimo e disponibilidade de crédito. As empresas devem prestar muita atenção às principais tendências nos padrões de renda e de gastos em bens de consumo. Assim, para que existam mercados, é preciso que haja pessoas e poder de compra.

Ambiente Legal – Ambiente que mostra à organização restrições legais para a sua criação e desenvolvimento. A sociedade reconhece que se criam desigualdades quando os sistemas social e econômico ficam entregues a si mesmos. Teoricamente, o governo representa os desejos e necessidades de seus cidadãos e promulga leis em seus benefícios. Assim, como as pessoas não podem dizer que não conhecem a lei, os empresários precisam estar conscientes das leis e regulamentações governamentais que afetam seus produtos e projetos.

Ambiente Demográfico – Ambiente que mostra à organização o crescimento da população e suas faixas etárias. As tendências demográficas são altamente confiáveis a curto e a médio prazo. Há pouca justificativa para uma empresa ser repentinamente surpreendida por desenvolvimentos demográficos. O estudo do ambiente demográfico é muito importante, pois dará à empresa as informações necessárias para que ela possa ler e avaliar o cenário. Cada geração tem costumes e hábitos diferentes. Se nossos consumidores potenciais são solteiros, casados, divorciados, sozinhos e trabalhadores de tempo integral. Precisamos saber como atendê-los da melhor maneira possível.

14.6 LOCAL DA FÁBRICA

Um dos princípios básicos na implantação de uma indústria é buscar a localização mais adequada, pois é muito comum achar que o preço, a qualidade a marca e o produto trarão o sucesso de imediato. Este é um raciocínio muito arriscado, porque não considera a geografia do local das instalações, podendo redundar em fracasso. A escolha adequada do local da fábrica tem importância considerável no funcionamento e cumprimento de seus objetivos.

A localização ideal, nem sempre possível, deve atender, principalmente, aos seguintes requisitos:

- **Público-Alvo** – Para conhecer o público a ser atendido é preciso levantar aspectos de demografia, perfil do consumidor (renda, idade, hábito), padrões de consumo, concentrações comerciais e poder da concorrência.

- **Visibilidade** – O local precisa ser visível e identificável, se a empresa precisar colocar uma loja de varejo, na frente da fábrica.
- **Acesso** – A chegada a um estabelecimento comercial, assim como a saída, deve ser facilitada pelas vias de acesso. Se houver muitas dificuldades, o consumidor procurará outro lugar.
- **Funcionalidade** – É um fator que diz respeito especialmente ao projeto de construção. Adaptações em edificações antigas podem sair mais caras do que a montagem de uma loja em local projetado para esse fim.
- **Tamanho da Área** – É indispensável avaliar o local de acordo com o tipo de negócio. Certos empreendimentos exigem grande fachada, outros podem requerer profundidade, outros estacionamentos. Não se pode esquecer também da possibilidade de expansões futuras.
- **Infraestrutura** – Pode parecer prosaico, mas nenhum estabelecimento comercial funciona bem, se não houver disponibilidade de serviços públicos no próprio local, como energia elétrica, sistema de telefonia, água encanada e potável, esgoto, gás, posto de saúde, hospital, escola, correio, banco, policiamento, transporte e segurança.
- **Tipo de Solo** – Trata-se de critério especialmente importante, quando se vai construir. Os custos de construção podem ser multiplicados se as fundações toparem com rochas no subsolo ou se precisarem ser muito profundas, pela inconsistência do terreno.
- **Planejamento Urbano** – Devem-se conhecer previamente os planos e projetos de desenvolvimento, ou renovação urbana, que influenciarão o local. A criação, por exemplo, de uma rua de pedestres pode ser uma bênção para alguns e uma desgraça para outros.
- **Planejamento Viário** – O desconhecimento do projeto de construção de um viaduto, ou um anel viário, da inversão de mão de tráfego, da implantação de vias expressas, ou corredores de ônibus, pode inviabilizar o negócio.
- **Restrições Legais** – Ninguém deve escolher um ponto sem estudar antes, em detalhes, as leis de zoneamento da cidade, para evitar alguma surpresa.
- **Recursos Naturais** – Recursos que podem ser utilizados sem precisar de gastos adicionais, tais como: luz natural, ventilação, minerais, vegetação, água, terra.
- **Potencial de Mercado** – O potencial de mercado é o limite a que tende a demanda de mercado, à medida que o esforço da empresa tende ao infinito, para determinado ambiente, isto é, a receita máxima com vendas que a empresa, de um determinado setor, pode conseguir num período de tempo.
- **Topografia** – A localização no pavimento térreo deve, sempre que possível, ser a melhor opção, de forma a proporcionar fácil acesso externo para abastecimento, iluminação natural e ótimas condições de ventilação. Na impossibilidade da localização no andar térreo, sugere-se a instalação de elevadores de carga. As instalações e suas áreas circundantes devem facilitar as operações de manutenção e limpeza, evitar as contaminações ambientais e impedir a entrada de animais, de qualquer espécie. Dentre outras condições favoráveis, a localização térrea facilita o acesso de fornecedores, remoção de lixo, redução nos custos de manutenção dos dutos de água, vapor e energia. O movi-

mento do Sol deve ser levado em consideração.

- **Entorno** – A construção ou locação da fábrica deve ser em áreas onde os arredores sejam pavimentados e não ofereçam riscos às condições gerais de higiene e limpeza, ou seja, em áreas livres de infestações de mosca, mosquitos, roedores. O entorno deve permitir livre acesso, direto e independente, isto é, não comum a outros usos.
- **Configuração Geométrica** – A forma mais indicada é a retangular, desde que o comprimento não exceda mais de 1,5 a 2 vezes a largura. Esta forma propicia melhor disposição dos equipamentos e tem a vantagem de evitar: caminhadas supérfluas, conflitos de circulação e outros problemas de arranjo físico mal feito. A configuração das áreas de preparação dos alimentos deve propiciar um fluxo linear, sem cruzamento de atividades entre os vários gêneros de alimentos. Se não houver áreas separadas para os vários produtos, deve existir, no mínimo, um local para pré-preparo, evitando a contaminação cruzada.

14.7 LEGALIZAÇÃO DA EMPRESA

Para que uma empresa possa iniciar suas atividades, é necessário que esteja devidamente legalizada, ou seja, deverá estar registrada em determinados, órgãos dos governos: federal, estadual e municipal. Tais registros são comuns a todas as empresas, mas em função de suas atividades, é possível que outras exigências devam ser cumpridas.

Para evitar prejuízos ou problemas, é conveniente, antes de alugar ou comprar um imóvel ou realizar qualquer registro de documento de uma nova empresa, verificar previamente se não existe restrição para o exercício da atividade empresarial.

Em função do investimento, verificar se o capital social disponível é compatível com o porte da empresa. É importante definir o tipo de sociedade a ser configurada. Para pequenos negócios, o recomendado é que seja Sociedade Comercial por Cotas de Responsabilidade Limitada.

A seguir, as etapas a serem cumpridas para a legalização da empresa e seus respectivos problemas a enfrentar:

Passo 1 – Consulta prévia do local onde a empresa funcionará (endereço) na Prefeitura Municipal.

Passo 2 – Consulta sobre o nome da empresa na Junta Comercial da localidade.

Passo 3 – Redigir um contrato social, no qual ficam estabelecidos as condições do regime jurídico, o funcionamento e a liquidação da sociedade.

Passo 4 – Registro do contrato social na Junta Comercial da localidade.

Passo 5 – Inscrição no CNPJ (Cadastro Nacional da Pessoa Jurídica) após o registro na Junta Comercial.

Passo 6 – Certificado de aprovação e laudo de exigências do Corpo de Bombeiros.

Passo 7 – Inscrição estadual na Secretaria de Estado de Fazenda, para fins de recolhimento do ICMS (Imposto sobre Circulação de Mercadorias e Serviços).

Passo 8 – Inscrição no INSS (Instituto Nacional do Seguro Social).

Passo 9 – Requisição à Inspetoria Regional de Licenciamento e Fiscalização do alvará de licença para estabelecimento e a inscrição municipal.

Passo 10 – Aquisição e autenticação de livros fiscais.

Passo 11 – Definição das diversas tecnologias de apoio que serão utilizadas.

14.8 SOCIEDADE

Sociedade é uma organização dinâmica de indivíduos autoconscientes que compartilham objetivos comuns e são capazes de ação conjugada. A sociedade humana é um conjunto de pessoas que vive em certa faixa de tempo e de espaço, seguindo normas comuns, e que são unidas pelo sentimento de consciência de grupo.

Definir uma sociedade é tão difícil quanto definir a vida, pois as características simples e básicas desaparecem sob uma massa complexa e atordoante de detalhes.

Em sua vida social e política, o ser humano precisa de uma sociedade que funcione. Mas o fato de que o homem precise de uma sociedade não significa necessariamente que ele a tenha. Uma massa humana desorganizada não é uma sociedade, mas um grupo de pessoas.

Sociedade e civilização, no mínimo, só são possíveis com a ajuda de algum mecanismo ou regra que gere ordem e acomodação. É aí que entram os costumes, as culturas, as leis, os valores, as filosofias, as religiões, as ideologias.

Sócio é aquele que participa de uma sociedade (organização) da qual espera auferir lucro (social ou financeiro), isto é, algum benefício mesmo que tenha de pagar (investir) para entrar. Os sócios recebem cotas ou ações da sociedade, que representam frações do capital social. Essas cotas passam a integrar o patrimônio do sócio. As cotas de participação são a contrapartida dos bens de um sócio transferidos à sociedade. Sendo titular de cotas sociais, o sócio mantém, em relação a estas, direitos e obrigações.

Procede-se à constituição de uma sociedade, por meio de instrumento público ou particular, firmado por todos os sócios, no qual se declaram as condições básicas da entidade, inclusive nome, domicílio, capital social, cota de cada sócio, objeto social, forma de administração, prazo de existência e processo de liquidação. Esse ato constitutivo deverá ser arquivado num órgão público.

A seguir, as principais formas de sociedade que, no momento, precisamos conhecer:

Sociedade por Firma – É uma associação de duas ou mais pessoas, operando sob nome ou firma comum, seja comercial ou industrial, ficando os sócios responsáveis solidariamente pelos direitos e obrigações da firma, sem qualquer limite.

Sociedade de Capital e Indústria – É uma associação de dois tipos de sócios. Os sócios capitalistas respondem, solidariamente e ilimitadamente, pelas obrigações da sociedade, pois contribuem com os recursos (físicos, materiais, financeiros). Os sócios industriais contribuem com mão de obra especializada, não respondendo pelo capital social.

Sociedade por Quotas de Responsabilidade Limitada – Nesta forma jurídica, a responsabilidade dos sócios está limitada ao valor do capital social como registrado no contrato que constituiu a sociedade. Pode funcionar com o nome de algum sócio ou adotar uma denominação social.

Sociedade por Cota de Participação – É a forma jurídica que ocorre quando duas ou mais pessoas, sendo pelo menos uma delas comerciante, se reúnem, sem firma social, em uma ou duas operações comerciais previamente determinadas, com o objetivo de lucro comum, trabalhando uma, algumas ou todas elas, em seu nome individual para o fim social.

Neste tipo de associação, existem dois tipos de sócios: o sócio ostensivo que é o único que se obriga com terceiros e o sócio oculto, que fica obrigado somente com o sócio pelos resultados das transações e obrigações sociais, nos termos daquilo que ficou acordado. Esta sociedade não está sujeita às formalidades legais prescritas para a formação das demais sociedades.

A escolha da espécie de sociedade depende de um conjunto de fatores relacionados entre si, tais como: a capacidade financeira dos sócios, o volume de capital necessário, o tipo de mercado, o que será produzido, o risco envolvido, a estratégia, a estrutura, por exemplo.

14.9 PARCERIA E TERCEIRIZAÇÃO

A competitividade e a sobrevivência das empresas dependerão, cada vez mais, da sua capacidade em estabelecer e manter relações de parceria com outras organizações que complementem as suas atividades ou com as quais compartilhem investimentos em tecnologia, infraestrutura de produção e/ou de distribuição. É interessante observar que uma das formas mais comuns de capitalização da empresa é sua associação a outra mais bem-dotada de recursos financeiros.

É possível que a parceria possa acontecer por força do dinheiro, do tempo, do trabalho e da ideia. A escolha do parceiro talvez seja a decisão mais importante de todo o projeto de associativismo. É preciso avaliar a competência técnica e cultural da empresa parceira e ver até que ponto ela se adaptará a reformulação pretendida.

A parceria é hoje, reconhecidamente, uma ferramenta de competitividade, porque traz ganhos de produtividade, pois os parceiros ficam engajados num mesmo processo. A ordem é baratear o custo com elevação da produtividade e melhoria da qualidade, dando um serviço de excelência, já que a empresa terceirizada é orientada para isso.

A terceirização tem-se mostrado, entre as diversas estratégias, a que teve o maior sucesso. Mas, em alguns casos a terceirização tem sido aplicada de forma inadequada em muitas empresas. Sobretudo, quando o objetivo não está voltado para a competitividade e sim para a redução de custos.

O comportamento do mercado de trabalho está passando por um período de mudanças, e observa-se que as empresas estão procurando acompanhar este processo de modernização de suas ações e operações. Um bom exemplo é a redução da folha de pagamento de pessoal das empresas, desativando grande parte da área de serviços gerais.

A prestadora de serviços de terceirização necessita dispor de um efetivo de pessoal, formado por profissionais competentes, que atenda a demanda e a expectativa de seus clientes.

Não há como fugir da terceirização. As necessidades de baixar custos, aumentar produtividade, diminuir os níveis hierárquicos, reengenharia, conhecimento aprofundado naquilo que faz (ou produz), encargos sociais com pessoal, satisfação, com o serviço prestado, qualidade, rapidez na aplicação, descentralização, modernidade, necessidade de treinamento, custos de demissão, flexibilidade, distribuição, fornecedores de recursos e maior competitividade são alguns fatores que contribuíram para a criação deste mercado.

Outra vertente a ser considerada é a legislação trabalhista, que pode inviabilizar o próprio trabalho, porque cria mais obstáculos do que facilidades.

A terceirização proporciona vantagens, tais como: permite direcionar melhor os investimentos; divide riscos do mercado; proporciona elevada agilidade decisória e administrativa pela maior flexibilidade nos processos; provoca redução na cadeia de custos indiretos; ameniza o impacto dos encargos trabalhistas em seus custos fixos; proporciona melhor qualidade pela atuação de empresas especializadas, contribuindo para a melhoria do produto; permite redução dos serviços de apoio; simplifica a organização e incrementa a produtividade.

Porém, uma grande desvantagem é o desemprego na empresa que terceiriza.

Como, hoje, se terceiriza tudo, desde a gerência de sistemas até a fabricação, parte da motivação, para isso, vem da natureza da economia que se pratica na atualidade. Devido ao avanço da tecnologia, o conhecimento necessário ao desempenho de qualquer atividade relevante tornou-se altamente especializado, sendo cada vez mais dispendioso e difícil manter sob controle uma massa crítica de gente para cada tarefa específica.

Tendo em vista que o conhecimento se deteriora rapidamente, manter pessoas contratadas sem reciclagem gera ineficiência. Mas como reeducar recursos humanos, sem alterar custos de produção?

A seguir, algumas premissas que ajudarão você a não cair nas armadilhas da terceirização:

A redução de custos não deve ser a finalidade principal da terceirização.

Nem sempre é mais econômico desenvolver uma atividade que não seja a principal.

Uma regra importante da terceirização é a definição das áreas que, por segurança ou segredo tecnológico, devem permanecer na empresa.

Alguns executivos não querem um enxugamento da estrutura da área sob o seu comando.

As empresas devem evitar superestruturas para administrar empresas terceirizadas.

Na terceirização é necessário fazer um diagnóstico preciso das atividades a serem repassadas.

A empresa não deve criar laços paternalistas com o terceirizado.

Para transformar o terceirizado em parceiro, é preciso: diálogo, conveniência, confiança e identificação cultural.

14.10 CONTRATO

Contrato é um acordo (combinação, ajuste) tácito e/ou escrito entre duas ou mais pessoas para execução de determinada coisa, onde estão assinaladas cláusulas de: condições legais, responsabilidades, deveres, direitos, prazos e obrigações das partes envolvidas. Nem sempre um contrato precisa ser escrito, pois no Direito há a expressão Contrato Verbal.

Mas, quando os acordos entre duas partes se tornam de vital interesse, é bom assinar um contrato, cobrindo os pontos principais do acordo. Contrato é, nada mais nada menos, um acordo de vontades, entre duas ou mais pessoas, que tem por finalidade produzir efeitos jurídicos.

Assim, há um contrato sempre que duas pessoas resolvem fazer algum tipo de negócio. É preciso não confundir o contrato com as folhas de papel onde o mesmo está transcrito, ainda que a essas se dê, vulgarmente, o nome de contrato.

Tecnicamente, o papel onde estão transcritas as cláusulas, condições contratuais, o nome e a qualificação das partes se chamam Instrumento do Contrato. O contrato, propriamente dito, é o acordo de vontades consubstanciado neste documento. Entretanto, os contratos escritos raramente cobrem todas as relações entre as partes. São eles suplementados por costumes e subsequentes acordos informais com referência à interpretação.

Os contratos de longo prazo raramente antecipam todos os problemas que surgirão, e necessitam, ainda, maior precaução para as renegociações, isto é, são necessários aditivos contratuais. A estrutura básica de um contrato é a seguinte: Qualificação das partes; Objeto; Valor; Prazo; Responsabilidades do Contratante; Responsabilidades do Contratado; Penalidades; Cronograma (opcional); Registro em cartório; Foro e outros.

A seguir, os diversos tipos de contrato:

Contrato por Tempo Determinado – Este contrato cessa de pleno direito, findo o prazo estipulado, independente de notificação ou aviso.

Contrato a Longo Prazo – Contrato que as partes fazem por um longo tempo por serem pessoas confiáveis, que cumprem o acordado.

Contrato Formal – Aquele para cuja validez a lei estabelece determinada metodologia processual. Também chamado de contrato solene.

Contrato Informal – Aquele que é inteiramente verbal, pois não possui compromisso formal de uma parte para apoiar a outra, mas existe um entendimento tácito, muitas vezes, baseado nos anos de trabalho em conjunto.

Contrato de Compra e Venda – Aquele em que uma pessoa vende um bem para outra dando a esta todo direito e ação sobre o mesmo. No caso do bem ser um imóvel é comum este tipo de contrato receber o nome de escritura (pública ou particular). Os contratos de compra e venda podem, ainda, ser com pacto adjeto de reserva de domínio, onde parte do pagamento do bem pode ser feito com um outro bem do comprador (dação em pagamento).

Contrato de Doação – Aquele em que uma pessoa doa um bem para outra(s), podendo, ou não, reservar o direito de uso e fruto até a sua morte.

Contrato de Posse – É um documento que dá o direito de detenção de uma coisa com o objetivo de tirar dela qualquer utilidade econômica.

Contrato de Comodato – Aquele em que uma pessoa cede gratuitamente um bem à outra, para que dele utilize, devendo devolvê-lo em tempo convencionado.

Contrato de Locação – Aquele pelo qual uma das partes se compromete, mediante remuneração, que a outra passe a fornecer, durante certo tempo, ou o uso e gozo de um bem. A paga pode ser também através da prestação de um serviço.

Contrato de Trabalho – É em que uma pessoa se obriga a prestar serviços a terceiros, contra uma remuneração.

Contrato de Cessão de Direitos – É aquele em que o cedente transfere o direito sobre o bem (um imóvel, por exemplo) para que o cessionário (adquirente) solva o compromisso num prazo estipulado.

Contrato de Cessão de Crédito – É aquele em que o credor transfere a outrem, por título de valor econômico, independentemente do consentimento do devedor. O credor pode ceder o seu crédito, se a isso não se opuser à lei. A cessão compreende os acessórios, juros e privilégios.

Contrato de Crédito Mercantil – É aquele em que uma empresa concede a outra a venda de mercadorias que serão comercializadas, geralmente, sob a forma de concessão de prazos para pagamentos das mesmas.

Contrato de Crédito ao Consumidor – É aquele em que um varejo dá a um consumidor para que o mesmo obtenha um produto com a finalidade de consumo, sob a promessa de pagar o equivalente num prazo futuro combinado.

Contrato de Financiamento – É aquele que é dado a uma pessoa jurídica para a obtenção de capital de giro, compra de instalações, máquinas e equipamentos ou a uma pessoa física para que adquira um bem durável. Tais contratos são amparados pela figura da alienação fiduciária, como garantia da transação.

Contrato de Leasing – É aquele em que o vendedor faz um contrato de locação para um determinado período que, quando terminado, dá o direito ao locatário de adquirir o bem. Um contrato de leasing é um misto de locação e de cessão de direitos.

Contrato de Arrendamento Mercantil – É um contrato parecido com leasing, mas que não dá o direito de aquisição do bem, após o término do contrato.

Contrato de Mútuo – É aquele em que alguém empresta dinheiro ou qualquer coisa fungível a outrem, que se obriga a lhe restituir coisa do mesmo gênero, qualidade e quantidade.

Contrato de Garantia de Funcionamento – É aquele que dá segurança ao comprador de que o produto fará aquilo que espera e que seja razoável.

Contrato de Garantia de Pagamento – É aquele que dá algo como garantia de pagamento.

Contrato Social – É aquele em que duas, ou mais pessoas (sócios), se cotizam para juntas fundarem uma empresa e onde são estabelecidas as responsabilidades dos sócios, suas participações, remunerações, investimentos, retiradas, distribuição de lucros, dissolução da sociedade, apuração de resultados. A forma mais adotada é o contrato de responsabilidade limitada.

Distrato – É aquele em que os sócios, por livre vontade, resolvem dissolver a sociedade, por ser de seus interesses.

Contrato de Parceria – É aquele que reúne duas ou mais empresas com algumas afinidades no mercado, explorando uma atividade comercial, industrial ou agrícola, onde são definidas as participações nos resultados da nova sociedade.

Contrato de Associativismo Empresarial – É aquele que propicia ações coletivas, facilidades compartilhadas, defesa dos interesses, oportunidades de negócios, centrais de compra ou de venda.

Contrato de Franquia – É aquele contrato bilateral entre uma empresa de marca forte e famosa (franqueador) e uma empresa (franqueada), onde são repassados conhecimentos tecnológicos e administrativos do negócio. Na realidade o contrato de franquia é um contrato de distribuição de bens e serviços.

Contrato de Joint-Venture – É aquele contrato entre uma empresa nacional e uma estrangeira para suprir necessidades de capital, transferência de tecnologia, otimização de recursos e inovações de padrão internacional.

Contrato de Terceirização – É aquele em que uma empresa, por razões de custo, flexibilidade, produtividade, conhecimento e burocracia, contrata outra empresa especializada no serviço objeto do contrato.

Contrato de Parceria em Rede – É aquele em que empresas utilizam o mesmo espaço virtual para integrar seus negócios.

Contrato de Parceria de Preço – É aquele que reúne diversas empresas para juntas usarem uma mesma política de preço de um produto. É um acordo entre pessoas, não sendo formalizado, por ser proibido legalmente.

14.11 CONTRATOS DE LOCAÇÃO

Locação é o contrato pelo qual uma das partes se compromete, mediante remuneração que a outra paga, a fornecer-lhe, durante certo tempo, ou uso e gozo de uma coisa (mão de obra, objeto, imóvel, máquina). É contrato bilateral, consensual, oneroso, comutativo, de execução continuada e não solene. A parte que concede o uso da coisa é conhecida como locador, mas também se chama de senhorio por pertencer-lhe a titularidade do bem.

Quem recebe a coisa em virtude desse contrato chama-se locatário ou inquilino. Não é necessário ser proprietário para dar uma coisa em locação, basta ser administrador da mesma. Se o contrato o permitir, o locatário poderá sublocar. A locação pode ser por tempo determinado ou indeterminado. Inegavelmente os longos prazos são prejudiciais para a movimentação das relações patrimoniais.

A locação por tempo determinado cessa de pleno direito, findo o prazo estipulado, independentemente de notificação ou aviso.

As mais importantes obrigações do locador são:

Entregar a coisa locada com seus acessórios em bom estado de conservação e mantê-la nesse estado, durante a vigência do contrato.

Garantir-lhe a posse, uso e gozo pacífico do locatário.

Havendo deterioração da coisa alugada, independentemente de culpa do locatário, poderá este optar pela rescisão do contrato ou pelo abatimento proporcional do aluguel.

As mais importantes obrigações do locatário são:

Servir-se da coisa locada para o fim convencionado, bem como tratá-la com mesmo cuidado como se sua fosse.

Pagar pontualmente o aluguel.

Levar ao conhecimento do locador as turbações de terceiros.

Restituir a coisa, finda a locação, no estado em que a recebeu, salvo as deteriorações naturais do uso regular.

Os mais importantes contratos de locação são: Contrato de Locação de Imóvel Residencial; Contrato de Locação de Imóvel Não Residencial; Contrato de Locação Comercial; Contrato de Locação de Armazém; Contrato de Locação de Máquina; Contrato de Comodato.

14.12 CONTRATOS DE TRABALHO

O contrato de trabalho é um contrato bilateral por gerar obrigações para ambas as partes contratantes, ou seja, a prestação de serviços pelo empregado e a remuneração pelo empregador. É consensual, porque depende do acordo de vontades para a sua concretização. Ele é oneroso por gerar vantagens a ambos os contratantes. É não solene pela faculdade de poder ser contratado verbalmente ou por escrito.

A prova testemunhal para a prestação de serviços é plenamente válida, seja qual for o valor do contrato. O objeto da obrigação do empregado é a execução do trabalho, que tanto pode ser intelectual ou material. O executor do trabalho tem direito a uma remuneração como pagamento do seu desempenho.

A remuneração é, portanto, o elemento essencial na prestação de serviços. Esta, normalmente, é feita em dinheiro, mas nada impede que seu pagamento seja em outras espécies. Como acontece em todos os tipos de contrato, é bom lembrar que o consentimento implica liberdade na manifestação da vontade.

O tempo despendido no exercício do contrato não é decisivo para a retribuição que neste caso é denominado de honorários. O que se leva em conta é a habilidade do profissional, a importância do serviço e o poder aquisitivo do cliente.

O trabalho que requer constância do empregado na empresa fica submetido aos dispositivos da Consolidação das Leis do Trabalho (CLT). O trabalho de natureza eventual permanece submisso ao Direto Civil. Os mais importantes contratos de trabalho são: Contrato Individual de Trabalho; Contrato de

Trabalho por Tempo Determinado; Contrato de Prestação de Serviço Educacionais; Contrato de Prestação de Serviço de Consultoria; Contrato de Prestação de Serviços de Treinamento.

14.13 CONTRATOS SOCIAIS

O contrato social é o instrumento que rege uma sociedade entre pessoas, visando estabelecer uma pessoa jurídica. Pode o contrato social ser formalizado por instrumento público ou particular, e a contribuição dos sócios tanto admite ser em dinheiro como em bens que são incorporados à sociedade. A avaliação dos bens, caso os sócios não concordem com seus valores, poderá ser feita por peritos.

Uma controvérsia, que surge no estudo da sociedade por cotas, refere-se à admissibilidade, ou não, da sua constituição por contrato firmado entre cônjuges. Tem-se sustentado, na doutrina, que tal contrato seria nulo, se entre cônjuges impere o regime da comunhão total de bens. Neste caso, esta sociedade afetaria o regime de bens do casal.

Os mais importantes contratos sociais são: Contrato de Constituição de Sociedade por Cotas de Responsabilidade Limitada; Contrato Social por Cotas de Responsabilidade Limitada; Alteração Contratual; Distrato Social.

14.14 CONTRATOS DE PROPRIEDADE

Contrato de propriedade é um documento que transfere ao adquirente o direito de uso, posse e alienação sobre alguma coisa (objeto, recurso, projeto), por meio de um título, considerado definitivo, passado pelo poder público e de conhecimento de todos. A compra e venda de um bem quando feita através de um instrumento particular é realizada por um contrato. Mas, quando feita através de uma instituição, como, por exemplo, um Cartório, recebe o nome de Escritura.

Os mais importantes contratos de propriedade são: Contrato de Compra e Venda de Instalações; Contrato Particular de Compra e Venda de Imóvel; Contrato Público de Compra e Venda de Imóvel; Contrato de Cessão de Posse.

14.15 ADMINISTRAÇÃO

A administração se apresenta como um conjunto de conceitos, princípios, regras, métodos, funções e técnicas isoladas, cujo conhecimento auxilia o dirigente, no alcance dos objetivos da organização, utilizando recursos próprios ou adquiridos. A palavra administração vem do latim *ad* (direção para; tendência para) e *minister* (subordinação ou obediência) e significa aquele que realiza uma função abaixo do comando de alguém, isto é, aquele que presta um serviço a outro. Administração significa subordinação e serviço.

Portanto, administrar uma organização é tirar o melhor partido das circunstâncias (externas e internas), de modo a utilizar o mais eficientemente possível os recursos que dispõe para sua sobrevivência. O objeto de estudo da administração é a organização como um sistema composto de subsistemas que interagem entre si e com o ambiente.

Um dos traços mais característicos da nossa moderna sociedade é a preponderância do esforço grupal organizado. Dificilmente a consecução de vários objetivos é buscada através de esforços individuais. Realmente, refletir o processo básico e os princípios da administração diz respeito a todo o grupo, cuja finalidade é obter os melhores resultados possíveis. Isto só se consegue por meio de uma cooperação organizada.

A administração tornou-se importante na condução da sociedade, porque ela deixa marcas na vida das pessoas, à medida que lhes ensina como executar as funções administrativas e conhecer as funções organizacionais da empresa, como, também, que comportamento deve ter junto a: consumidores, fornecedores, funcionários, usuários, pacientes e demais organizações humanas.

O despontar da administração como uma instituição é um evento crítico na história da humanidade. Poucas vezes, ele foi contestado, e ainda mereceu uma aceitação geral. Talvez a administração permaneça ainda por muitos anos, pois ela conseguiu fundamentar o sistema industrial e estabelecer as crenças básicas da sociedade de negócios, tais como: Possibilidade de organizar a existência humana; as transformações administrativas podem ser o catalizador do desenvolvimento humano e da justiça social.

Vale lembrar Jonathan Swift que, há duzentos e cinquenta anos, disse: "Quem quer que faça crescer duas folhas de capim onde antes crescia apenas uma, merece mais louvores da humanidade do que qualquer filósofo especulativo ou criador de sistemas metafísicos".

14.16 FUNÇÕES ADMINISTRATIVAS

Qualquer um que se propõe a usar efetivamente o tempo na solução de problemas e na condução da própria vida terá de conhecer as funções administrativas. Tais funções são exercidas por pessoas que trabalham os recursos organizacionais para atingir objetivos predeterminados. Mas, como elas exercerão estas funções, ficará por conta da ação administrativa que, por sua vez, se fará por conta de métodos, princípios, teorias, técnicas, modelos e recursos.

Cabe ao administrador exercer as funções administrativas e questionar sobre: objetivos, técnicas, métodos, recursos, ferramentas, procedimentos, processos, políticas, planos, a fim de que a empresa cumpra à finalidade para qual foi criada.

Como muitas são as funções administrativas, abordaremos as de maior destaque:

Planejar – Função administrativa que capacita a empresa a decidir qual é o melhor uso de seus recursos para atingir objetivos propostos. Se os recursos empresariais são insuficientes, cabe ao gerente apontar as necessidades. O planejamento é a primeira e a mais importante função administrativa por ser ela a base para as demais funções.

Dirigir – Função administrativa que faz cumprir aquilo que foi planejado, isto é, implementa os planos empresariais, orientando e conduzindo recursos para alcançar (ou superar) os objetivos da organização. A função direção dinamiza a ação gerencial, sendo considerada como um processo de relacionamento (comunicação, delegação, liderança) com subordinados, pares e superiores.

Controlar – Função administrativa que verifica e compara os resultados alcançados com aquilo que foi estabelecido no planejamento. O controle é necessário, porque, constantemente, surgem distúrbios (desvios) tirando o sistema do curso traçado. Os desvios, por definição, estão fora do controle gerencial.

Organizar – Função administrativa que emprega eficientemente todos os recursos disponíveis, a fim de alcançar determinados objetivos. No sentido mais simples, organizar é preparar uma empresa (organização) para funcionar.

Comandar – Função administrativa relacionada com aquele que planeja e depois dirige a execução daquilo que foi planejado. É uma função muito comum nas forças armadas que, hoje, vem fazendo parte do conjunto de habilidades do gerente, tendo em vista que o mercado é considerado um campo de batalha.

Delegar – Função administrativa de atribuir competência, autoridade e/ou poder a um subordinado para a execução de um determinado trabalho, criando a correspondente responsabilidade pela execução da tarefa delegada.

Coordenar – Função administrativa que visa cuidar da integração das funções administrativas para que aconteça o mínimo de conflito e as relações se desenvolvam com suavidade e aceitação. Segundo Fayol, "a coordenação é a reunião, unificação e harmonização de esforços para a efetividade das atividades organizacionais". Muitos gerentes consideram a coordenação como parte de suas funções.

Pesquisar – Função administrativa voltada ao desenvolvimento de uma busca reflexiva, sistemática, controlada e crítica que permite descobrir causas, novos fatos (ou dados), relações, leis, regras, princípios e procedimentos para adequar a organização e/ou a pessoa a uma mudança de estado. Como a mudança é constante, a necessidade de pesquisar é eterna.

Analisar – Função administrativa voltada a dividir aquilo que se deseja conhecer, em tantas partes quanto for possível, de modo que permita um bom conhecimento de cada uma delas, e, com isso, um conhecimento completo e detalhado do todo.

Prever – Função administrativa para dimensionar uma situação futura (para um determinado período), a partir de dados, informações e recursos presentes e existentes. Toda previsão é, por definição, errada, porque não há um grau de certeza absoluto.

Decidir – Função administrativa voltada a fazer uma apreciação sobre uma linha de conduta a ser adotada (escolhida). A tomada de decisão está intimamente relacionada à solução do problema.

Comunicar – Função administrativa cuja ação é a de informar, educar, instruir, persuadir, divertir, influenciar, entre duas ou mais pessoas, através de fatos, ideias, símbolos, sentidos, palavras, opiniões e emoções.

Padronizar – Função administrativa que estabelece padrões (resultados desejados). Os padrões podem ser expressos em tempo, dinheiro, qualidade, custo, quantidade, índice, indicador.

Avaliar – Função administrativa voltada a comparar, por meio de um controle, os resultados obtidos com os padrões propostos anteriormente. Uma avaliação deve ter, de preferência, um relato escrito. A avaliação é realmente uma condição de vida da qual não há como escapar, a não ser que a retiremos do vocabulário do dirigente empresarial.

A avaliação requer um referencial, isto é, um padrão.

Treinar – Função administrativa que visa ajudar o subordinado a organizar suas ideias e aptidões de modo a poder usá-las com vantagem em suas relações. O objetivo do treinamento é capacitar o indivíduo a alcançar altos padrões de desempenho para cumprir seus deveres e responsabilidades.

Recrutar – Função administrativa que determina quais os candidatos que estão qualificados a ocupar um determinado cargo.

Selecionar – Função administrativa que complementa o recrutamento, pois ajuda a escolher a pessoa certa para o lugar certo.

Solucionar – Função administrativa que encontra um meio ou processo de superar um problema. Nem sempre a solução apresentada permite a resolução total do problema, pois a mesma tem de ser conclusiva e demonstrável, como recomenda a ciência.

Pode parecer fácil solucionar um problema empresarial para aqueles que administram no estilo "apaga incêndio", isto é, resolvem o problema, mas não se preocupam em evitá-lo no futuro.

Negociar – Função administrativa em que as partes envolvidas se deslocam de suas posições originais, inicialmente divergentes, para um ponto no qual a convergência possa ser realizada. O processo de negociação é um tipo de interação humana em que as partes buscam resolver diferenças através da obtenção de um acordo, troca, partilha, barganha, doação.

14.17 DIAGRAMA DAS FUNÇÕES ADMINISTRATIVAS

A seguir, está sendo colocado um diagrama das funções administrativas e como são interligadas e quais suas dependências de informações para sua execução.

Algumas funções dão suporte a outras, como são também derivadas.

Nota: O empreendedor deve dispor de tempo para estudar as Teorias e Tipos de Administração, bem como o que faz o administrador. Em absoluto, não é perda de tempo e, sim, um ganho extraordinário.

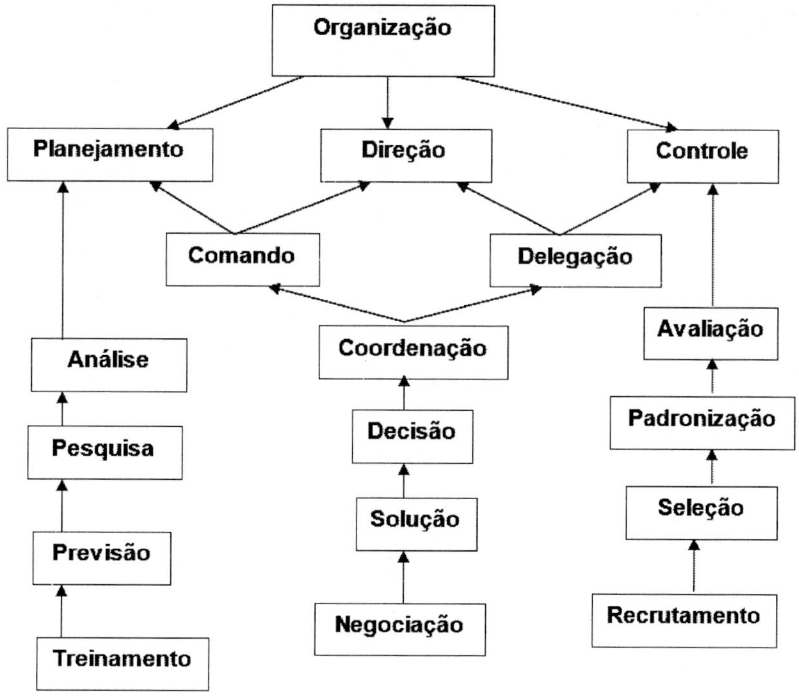

Figura 14.1: Diagrama das Funções Administrativas.

14.18 LEIS APLICADAS À ADMINISTRAÇÃO

Lei é uma constatação empírica de uma realidade. Ela permite prever acontecimentos e resumir uma grande quantidade de fatos. Os fatos ou fenômenos são apreendidos por meio de suas manifestações. Duas são as principais funções de uma lei específica: resumir grande quantidade de fatos e permitir prever novos fatos. Pois, se um fenômeno se enquadra em uma lei, ele se comportará conforme o estabelecido pela autoridade estatal.

A seguir, estão relacionadas às principais leis aplicadas à administração:

Leis da Mudança de Murphy:

Antes de modificar qualquer coisa é preciso conhecer tudo sobre ela.

Antes de modificar qualquer coisa deve-se ignorar ao máximo tudo o que se refere a ela.

Uma mudança perturba a regularidade atual, de cuja eficácia depende o futuro.

Uma mudança, cuja expectativa é negativa, acaba dando errado.

Leis da Mudança de W. Bennis:

É falso o pressuposto de que para serem feitas grandes mudanças operacionais há também necessidade de grandes mudanças organizacionais.

A mudança requer uma preparação cuidadosa.

Políticas rígidas ou repressivas podem fomentar passividade ou atitudes de ressentimentos entre os empregados.

Escalões excessivos de administração e cadeias de comando e comunicação, exageradamente estruturados, podem causar sentimentos de isolamento, impotência ou despersonalização.

Os sentimentos das pessoas é parte fundamental da dinâmica de qualquer processo de trabalho em grupo.

Em algumas organizações, especialmente aquelas que necessitam de alta criatividade, a livre expressão de emoções pode encorajar a livre expressão de outros processos criativos, mas, também pode exacerbar conflitos.

Leis do Resultado de Pareto:

20% dos eventos/acontecimentos/recursos respondem por 80% dos resultados.

20% dos consumidores/vendedores respondem por 80% da receita da empresa.

15% do tempo dos funcionários nas organizações são dedicados aos seus próprios interesses.

Num evento social, 20% dos fatos são críticos para 80% dos resultados. Se você tem esses fatos, é absurdo esperar por mais.

Leis da Probabilidade:

Todo gerente sabe que, quando ocorre uma vaga acima de seu cargo, há a probabilidade de dois para um contra a sua possibilidade de ser indicado.

O projeto mais seguro é o fracassado, porque dura mais tempo.

É menos provável que cortem um empregado se houver incerteza quanto às suas funções.

Se algo pode dar errado, dará errado.

Quando deixamos a si mesmas, as coisas sempre vão de mal a pior.

A natureza sempre está do lado da falha oculta.

A probabilidade de uma dimensão ser omitida num conjunto de instruções é diretamente proporcional à sua importância.

A probabilidade de fracasso é diretamente proporcional ao número e importância das pessoas que observam o ensaio.

A probabilidade de uma coisa acontecer é inversamente proporcional à sua desejabilidade.

Se você precisa de cálculos sofisticados para justificar uma ação, provavelmente ela está errada.

Faça qualquer plano ambicioso e esteja certo de que o inesperado, ou o trivial, irá destruí-lo.

Leis da Organização de Victor Thompson:

Uma comissão não é uma estrutura, mas uma planta que cresce, floresce, murcha e morre, espalhando as sementes que farão nascer outras comissões.

A perfeição da estrutura planejada só é alcançada quando a instituição está no ponto de colapso.

Quanto mais complexa for a organização, mais cedo morre.

A preocupação principal da administração é a sobrevivência.

Num dado tempo, qualquer organização perde a sua capacidade de sobreviver.

Comitê é uma reunião de pessoas erradas, escolhidas por incompetentes, entre as que não querem, para fazer o que não é necessário.

Comitê é um grupo de pessoas que, individualmente, não podem fazer nada, mas que, coletivamente, podem decidir que nada pode ser feito.

Comitê é um grupo que consegue fazer alguma coisa apenas quando ele consiste de três membros, um dos quais está doente e o outro ausente.

Se houver muitas reuniões num certo período de tempo, as mesmas se tornam mais importantes do que o problema que elas deviam resolver.

As empresas consomem, em geral, 40% a mais do tempo administrativo que seria necessário, tornando-se, portanto, mais lentas e menos competitivas, em decorrência dos elevados custos e da morosidade no processo decisório.

Os mecanismos burocráticos cresceram de uma forma descontrolada, passando a representar uma ameaça à eficácia das empresas.

Leis do Chefe de Anthony Jay:

O chefe deve lembrar-se de que sua habilidade como profissional não é um certificado para sua defesa, mas uma barreira para seu avanço.

O chefe deve buscar sempre a evidência inquietadora.

O chefe deve permanecer, durante a maior parte do tempo, junto ao mais poderoso grupo da organização.

O chefe deve conseguir a adesão dos opositores ou, pelo menos, levá-los à neutralidade.

O chefe deve lembrar-se de que a reflexão é o prelúdio da ação e não uma alternativa.

O chefe deve procurar com um telescópio, e não com um microscópio, os problemas de que se ocupará.

O chefe deve ligar para o seu próprio escritório para ver como funciona o sistema de comunicação da organização.

Se o chefe da organização não é dos melhores, tratará de se cercar de empregados que sejam ainda piores, haverá logo uma verdadeira competição de estupidez, em que as pessoas fingem ser ainda mais estúpidas do que realmente são.

Cuidado com o chefe que seja bom demais para manejar as crises, porque ele procurará garantir que você viva num estado de caos perpétuo.

Leis do Trabalho de Parkinson:

O trabalho aumenta a fim de preencher o tempo disponível para sua execução.

O tempo despendido na discussão de cada item de uma agenda de trabalho está na razão inversa da soma discutida.

A quantidade de informação que um gerente precisa varia inversamente com a sua posição na organização.

Um trabalho é tão bem-sucedido quanto os meios para medi-lo.

Quando um trabalho é trapaceado, tudo o que é feito para melhorá-lo só o torna pior.

A estrutura organizacional só chega a um nível ótimo, quando está próxima do colapso.

Quando uma questão é urgente, ela exigirá uma solução, que custa acontecer, porque estará em função da pessoa de quem a hipótese de solução se originou.

Leis da Competência de Lawrence J. Peter:

Numa hierarquia todo empregado tende a subir até o seu nível de incompetência.

Todo cargo tende a ser ocupado por um funcionário que é incompetente para cumprir seus deveres.

O trabalho é feito por aqueles funcionários que ainda não atingiram o seu nível de incompetência.

As organizações parecem presas irreparáveis da mediocridade e da incompetência.

Aquele que passar mais de cinco anos no mesmo cargo, desempenhando as mesmas funções, é um incompetente.

A generalização da incompetência é diretamente proporcional à altura da posição hierárquica.

Leis do Comportamento de Rensis Likert:

O comportamento humano, em geral, revela uma busca de justificativa para o desempenho ineficiente.

Ao considerar nossos subordinados, devemos lembrar as suas boas qualidades e notar que os seus defeitos só provam que eles são humanos.

Um grama de imagem é mais do que um quilo de desempenho.

A seleção natural encorajou a existência de mecanismos sociais que só existem para produzir antagonismo, conflito e excitação.

Verifique a resposta que você preparou uma vez mais, antes de transmiti-la aos outros.

O homem que pode sorrir, quando as coisas vão mal, está pensando em alguém a quem culpar.

Leis do Conhecimento de Katz e Kahn:

Quanto mais alto for o seu conhecimento, menores possibilidades de emprego existem.

A experiência é diretamente proporcional ao volume de projetos fracassados.

O tempo necessário para um sábio influenciar um ignorante é inversamente proporcional ao hiato no seu conhecimento.

A criatividade varia inversamente com o número de participantes do projeto.

Abençoado aquele que atingiu o ponto de não retorno e sabe disso, porque ele pode gozar a vida.

Abençoado aquele que não espera gratidão, porque ele não será desapontado.

Leis do Menor Esforço:

Nós trabalhamos, porque temos uma série de necessidades a satisfazer.

É importante lembrar que uma coisa para ser considerada um bem deve exigir de nós interesse e esforço.

O maior ou menor esforço depende da escassez ou da abundância daquilo de que necessitamos.

Procuramos sempre obter o máximo de tudo com o mínimo de esforço, dinheiro e tempo.

Buscamos um equilíbrio entre as nossas necessidades e os bens que conseguimos com o nosso trabalho.

Pelo mau uso dos recursos uma grande parte do que conseguimos, além de exigir maiores gastos do que seriam necessários, ainda não é na quantidade e na qualidade requerida.

É verdade que, às vezes, precisamos fazer um pouco mais de esforço e renunciar a algumas coisas, porque as circunstâncias assim podem exigir.

Leis da Situação de Mary Parker Follet:

O papel da psicologia administrativa deve ser o de reconciliar os indivíduos com a organização.

O objetivo da ação administrativa é conseguir integrar pessoas.

Uma pessoa não deve dar ordens a outra pessoa, mas ambas devem concordar em receber ordens da situação.

A situação deve ser tal que as pessoas cooperem para buscar objetivos comuns.

Se a autoridade e a responsabilidade derivam da função, pouco tem a ver com a hierarquia da posição.

Leis da Economia:

O preço de um produto varia conforme a demanda e a oferta do mesmo. Assim, se a demanda é alta e a oferta baixa, o preço tende a aumentar, e vice-versa.

Aumentar a produção não significa maior produtividade necessariamente.

Ao procurarmos obter as coisas, todos nós desejamos consegui-las com o mínimo de esforço.

Toda a equipe deve unir-se para cortar pela raiz qualquer sugestão que prometa uma melhoria além do custo marginal.

A oferta cria a sua própria procura.

A quantidade procurada de determinado produto varia inversamente com relação a seu preço.

Se a renda dos consumidores aumenta, a demanda por produtos aumenta.

A oferta de um bem é afetada pelos custos dos fatores de produção, por alterações tecnológicas e pelo aumento do número de empresas no mercado.

A oferta mostra uma correlação direta entre quantidade ofertada e nível de preços.

Não adianta aumentar a produção indefinidamente para que o custo do produto atinja um patamar que ajude a solapar a concorrência, pois existe um limite para isso (Lei dos Rendimentos Decrescentes).

Leis Complementares:

- **Lei Antitruste:** Lei que atua na formação de preços em mercados, evitando abusos de monopólios e oligopólios.
- **Lei Administrativa:** Lei que se aplica ao comportamento da organização.
- **Lei das Sociedades Anônimas:** Lei que protege o melhor interesse dos acionistas de uma empresa de capital aberto.
- **Lei de Conway:** A estrutura de um sistema reflete a estrutura organizacional da empresa que o construiu.
- **Lei de Kelvin:** É necessário encarar a manutenção tão seriamente como qualquer área produtiva, porque é muito claro que, sem uma boa manutenção, não pode haver produção eficiente, o que determina a vida de uma máquina. A fórmula que determina o tempo da vida econômica útil de uma máquina é: $T = (I / N) + C + NR$

Onde: T = Tempo de vida econômica útil; I = Investimento total; N = Número de anos de vida útil; C = Custo constante de operação na base de uma utilização normal; R = Incremento anual dos custos de manutenção.

- **Lei de Patentes:** Lei de patentes é destinada a proteger o inovador. As leis de patentes, criadas em 1836, atuam em duas direções: como uma recompensa pelos esforços de pesquisa e como penalidade pela imitação de algum outro trabalho patenteado, ainda que desconhecido do imitador.

14.19 PLANO EMPRESARIAL

Um plano é como um mapa, ele mostra à empresa como ela deve se conduzir, aonde deve ir e como chegar lá. O plano (produto do planejamento) é um curso de ação, onde se estabelece quem fará o que, onde, como e por que atingir objetivos. Todo e qualquer plano é retratado, formalmente, através de um documento. Se não for escrito não é plano.

O plano disciplina a pessoa a colocar suas ideias, recursos, métodos e decisões de uma maneira lógica, racional e inteligente, levando a mesma a não perder tempo, como também a agir de maneira lógica, que pode ser seguida por outros.

Um plano pode ajudar muito, porque tem uma estrutura formal e assim, além de ser escrito, proporciona condições para uma decisão cuidadosa, disciplina o pensamento, define claramente os objetivos, explicita responsabilidades de execução, enfatiza fatores chaves para o sucesso, analisa mais cuidadosamente as condições de um negócio, proporciona detalhes mais bem pensados, fornece um mínimo de coordenação, enfatiza as oportunidades e ameaças, ajuda a construir uma orientação da empresa para o mercado.

Haverá problemas com um plano, se ideias, condições, recursos, métodos e objetivos não forem dispostos de maneira lógica, para poder ser seguido por outros.

Para uma Indústria de Alimentos, deve-se planejar desde os aspectos arquitetônicos até: as técnicas de conservação; manipulação e escolha de alimentos; preparação do cardápio; armazenamento; higiene; limpeza; otimização dos recursos.

Independentemente do escopo do plano ou dos detalhes que possam ser necessários, o procedimento a ser adotado e a estrutura do plano a ser desenvolvido, sempre segue um determinado paradigma. A seguir uma metodologia do plano empresarial:

a) **Definir Objetivos Corporativos** – Os objetivos corporativos são estabelecidos pela alta administração e você deve ter ciência deles. Normalmente, são expressos em números (metas) e definem aquilo que a organização pretende ser, num determinado momento.

b) **Avaliar Forças Externas** – Desde que a empresa opere num ambiente de marketing, o primeiro passo é fazer uma pesquisa de mercado. A pesquisa visa colher dados: dos produtos transacionados; dos índices e indicadores; dos fatores políticos, fiscais, sociais e culturais.

c) **Avaliar Forças Internas** – Talvez ainda mais importante do que a informação do mercado seja a informação histórica disponível dentro da empresa. A pesquisa interna incluirá um estudo detalhado do composto mercadológico.

d) **Realizar uma Análise dos Pontos Fortes e Fracos** – Estes pontos se referem àquilo que denote potencialidades e fragilidades em: estratégias, estruturas, produtos, mercados, conhecimentos, informações, recursos.

e) **Realizar uma Análise de Oportunidades e Ameaças** – Significa saber "ler" o cenário que envolve a empresa e colher informações sobre governos, concorrentes, sindicatos, instituições patronais, bancos de fomento, incentivos fiscais.

f) **Fazer Suposições (levantamento de hipóteses)** – O plano em si tem de se basear num conjunto de suposições claramente entendidas. As suposições devem ser em número pequeno e devem relacionar-se apenas às questões relevantes. Para levantar hipóteses você precisará cumprir todas as etapas anteriormente apresentadas.

g) **Desenvolver Estratégias** – Estratégias são os meios que capacitarão a empresa atingir objetivos e metas preestabelecidos. É comum se estabelecer uma estratégia para cada objetivo.

h) **Definir Programas** – Programas estabelecem quem, o que, quando, por que, onde e como fazer.

i) **Elaborar Orçamentos** – Os planos precisam ser custeados e para que os orçamentos devem ser estabelecidos. A elaboração de orçamentos define os recursos exigidos, quantifica os custos e os riscos do financiamento. A adoção de um orçamento precisará de um sistema contábil eficiente, de onde o orçamento retirará os dados necessários.

j) **Escrever o Plano** – Logo que todos os passos anteriores tenham sido executados, você estará na posição de escrever o plano, que deve ser conciso e claro, sem detalhamentos e informações irrelevantes. Depois de escrever deve-se partir para a editoração propriamente dita, onde são observadas certas normas textuais. É importante atentar para o seguinte: não abarrotar de números uma única página; use um tamanho de letra que seja de fácil leitura; evite um plano muito longo, porque não será lido; explicite termos técnicos e abreviações; se precisar, informar em detalhes alguns assuntos, utilize-se de anexos.

k) **Comunicar o Plano** – Se o plano não for adequadamente comunicado, àqueles responsáveis por sua implantação, ele fracassará. Certifique-se de que todos entendam o plano. Apresente o plano em vez de apenas enviar uma cópia escrita aos interessados. Um plano que não seja entendido adequadamente será pior do que a não existência de um plano em absoluto, porque ele será trabalhado incorretamente, ou não será trabalhado de forma alguma.

l) **Implementar o Plano** – Após a comunicação do plano é chegada a hora de passar à ação. Caso o plano seja substituto de outro plano, temos de ter cuidado e agir progressivamente, isto é, em etapas, em módulos ou incrementos. Existem vantagens na implementação incremental, tais como: a correção é mais rápida; o projeto tem maiores chances de sobreviver; o coordenador tem uma ideia melhor sobre seu progresso da implementação. A implementação dependerá dos recursos disponíveis e da natureza do plano.

m) **Usar um Sistema de Controle** – É preciso controlar a implementação e avaliar o desempenho do plano. O plano deve ser monitorado à medida que se avança e correções devem ser recomendadas quando o desempenho se desviar do previsto. O sistema de controle deve trabalhar com padrões predeterminados para a avaliação dos desvios. Estes padrões podem ser criados em laboratório.

n) **Avaliar Resultados** – Os controles ajudam a medir, basicamente, se há eficiência, eficácia e efetividade dos resultados apresentados. O coordenador do plano deve rever, ajustar, atualizar e propor mudanças.

o) **Fazer Correções Necessárias** – Toda a implementação será um processo interativo. Se ocorrerem grandes desvios, talvez você precise modificar os objetivos, mudar as estratégias ou revisar os prazos e orçamentos. Enfim, fazer as correções necessárias.

p) **Fazer Revisão e Atualização** – Todos os planos devem ser revistos e atualizados em base regular, o que deve acontecer pelo menos em cada seis meses.

14.20 REMUNERAÇÃO

O êxito da organização, muitas das vezes, está ligado à forma de remuneração de seus integrantes, principalmente, como fator motivador. Normalmente, a remuneração está ligada ao desempenho, mas isto nem sempre acontece.

A remuneração deve levar em consideração os seguintes fatores: qualidade da mão de obra, nível de especialização, questão pessoal, satisfação das necessidades, valores intangíveis (criatividade, intuição), padrões de mercado, avaliação do cargo, política salarial, plano de carreira, remuneração indireta.

Assim, o salário médio pago pelo mercado para um determinado cargo serve de padrão para medir se há, ou não, uma superavaliação daquilo que está sendo gasto com uma pessoa.

Salário é a remuneração do fator de produção mão de obra. Em decorrência da sua complexidade o salário pode ser considerado como um pagamento de um trabalho e uma medida de valor. Para as empresas o salário é, a um só tempo, um custo e um investimento.

O composto salarial envolve: política salarial, capacidade financeira da empresa, desempenho da empresa e do indivíduo, situação do mercado, conjuntura econômica, negociações coletivas, legislação trabalhista.

O conceito básico de remuneração, por décadas, foi ancorado no salário fixo. A quantia paga, ao fim de cada mês, sobre a qual incidem encargos previdenciários, tributários e outros tipos de desconto. Tal sistema não acompanha a necessidade de metas e desafios cada vez maiores.

Em média, o padrão de remuneração das empresas em atividade obedece a uma combinação de 40% da remuneração em forma de salário-base, 40% em incentivos de curto prazo, 10% de longo prazo e 10% de benefícios. Já o sistema de remuneração variável por desempenho segue os princípios da meritocracia.

Chegar a um nível ótimo de remuneração que seja justo e motivador não é para qualquer um. É muito difícil, porque sempre haverá pessoas descontentes mesmo que estejam no paraíso.

A remuneração pode ser direta ou indireta.

Os tipos de remuneração direta são:

Fixa – É aquela que iguala o vendedor a um funcionário regular da empresa.

Variável – É aquela na qual o vendedor recebe um percentual sobre o valor das vendas efetuadas.

Mista – É aquela que é a soma de uma parte fixa mais uma parte variável.

Extra – É aquela não programada, de ocorrência eventual e a critério da empresa. Normalmente, é dado um prêmio em dinheiro pelo bom desempenho do vendedor.

A remuneração indireta é aquela voltada a dar benefícios (previstos, ou não, na lei), tais como: colônia de férias, plano de saúde coletivo, seguro de vida em grupo, auxílio refeição, auxílio transporte, plano de complementação da aposentadoria, sala de jogos, cesta de alimentos, auxílio educação, programas culturais.

14.21 RECOMPENSA E INCENTIVO

Toda organização tem um sistema de recompensa para estimular determinados comportamentos. As recompensas são classificadas em intrínsecas e extrínsecas. As recompensas intrínsecas são aquelas inerentes à própria realização da tarefa (trabalho).

As mesmas estão vinculadas a: realização de objetivos, resultados positivos, satisfação psicológica, sentimento de segurança, fatores de estima, realização e participação social. As recompensas extrínsecas são aquelas que não estão diretamente ligadas ao cargo.

A promoção (por tempo de serviço ou mérito), o aumento salarial por desempenho excepcional e os símbolos de status são exemplos de tais recompensas.

A promoção nem sempre significa aumento salarial, pois uma pessoa pode ser promovida de gerente a diretor e permanecer, por algum tempo, com o mesmo salário. Hoje, as empresas promovem as pessoas, em função de um sistema meritocrático, isto é, ganha mais quem sabe mais ou resolve problemas com rapidez.

Os incentivos são contribuições (pagamentos) feitas pela organização aos seus participantes, tais como: prêmios, oportunidades de crescimento, segurança no emprego, supervisão aberta, elogios, bom ambiente de trabalho, esforço significativo, desafios.

Qualidade do atendimento significa uso inteligente de incentivos. Sem incentivos não se consegue apelar para o desejo natural de crescimento dos empregados, da necessidade de desafios e do senso de propriedade com relação ao trabalho e à empresa.

Não é somente o volume que determina o sucesso dos incentivos. É a forma como são organizados, isto é, precisam ser sistemáticos e não eventuais. Muito menos, em função do humor da direção.

É importante acrescentar que o incentivo é um estímulo muito empregado, na empresa, para ajudar a melhorar a performance da Força de Trabalho. Em geral, consideramos três tipos de incentivo:

Incentivos Monetários – Sistema de remuneração em que as receitas da empresa com vendas e outras realizações são consideradas para cálculo do incentivo do empregado.

Incentivos Não Monetários – Devem ser utilizados pelos gerentes para reconhecer realizações do empregado que não estejam vinculadas a resultados financeiros, tais como: jantar de confraternização, carta de agradecimento por serviços prestados, placa por tempo de empresa, diploma de honra ao mérito, certificado do funcionário do ano, certificado de Zero Defeito.

Incentivos Mistos – Mais utilizados, pois combinam os dois anteriores, pela flexibilização que proporcionam. É muito comum o uso de convenções para premiar os que mais se destacaram, agregando viagens e passeios ao evento.

Pró-Labore é a remuneração do sócio que trabalha. Seu pagamento será, em função do cargo que ocupa, estimado pela média do mercado.

Capítulo 15

DOCUMENTAÇÃO e LEGISLAÇÃO

"Durante toda a minha vida como músico lutei para atingir a perfeição. Ela sempre me escapou. Certamente eu tinha a obrigação de tentar mais uma vez".
Verdi

OBJETIVOS DO CAPÍTULO

- Mostrar a importância da documentação numa empresa.
- Mostrar os vários tipos de legislação e regulamentação.
- Mostrar a necessidade deum licenciamento ambiental para funcionamento de um empreendimento.

15.1 DOCUMENTAÇÃO

A documentação pode ser considerada como um conjunto de informações relativas a um fato, um problema, uma situação, um plano, um resultado, uma política, uma previsão, uma decisão, uma estratégia, uma estrutura, um projeto, por exemplo. Não se deve jamais perder de vista o fato de que a documentação é a ponte entre os especialistas e os generalistas, e que, por isso, deve ter uma sólida e clara estrutura.

A simples acumulação de cartas, formulários, diagramas e relatórios, de modo algum, transmitirão a terceiros, o sentido e o funcionamento da empresa. Uma empresa que não tenha uma documentação acessível e logicamente organizada terá imensas dificuldades para conhecer o passado e projetar o futuro. Muitas vezes, a documentação passa a ser um fator crítico de sucesso.

Embora a documentação atualizada seja fator primordial, em qualquer fase do desenvolvimento empresarial, ela passa a ser um fator competitivo, quando adentramos na operação e na manutenção de máquinas, equipamentos e sistemas. Não traz resultados positivos para o estudo ouvir aulas, por mais brilhantes que sejam, nem adianta ler livros clássicos e célebres. Só tem algum valor a documentação que puder estar à disposição em qualquer momento.

Portanto, a documentação de tudo o que for julgado relevante e útil, em função do estudo e do trabalho, deve ser arquivada (meios densos, papéis). Do ponto de vista técnico e enquanto método pessoal de estudo, pode-se falar que a documentação pode ser classificada em:

Documentação Temática – Visa coletar elementos relevantes para o estudo em geral ou para a realização de um trabalho em particular, sempre dentro de determinada área.

Documentação Bibliográfica – Constitui um acervo de informações sobre livros, artigos e demais trabalhos que existem sobre determinados assuntos.

Documentação Geral – É aquela que organiza e guarda documentos úteis, retirados de fontes, tais como: jornais, revistas, textos.

15.2 DOCUMENTO

Documento é o registro material de determinado conhecimento que se possa utilizar para consulta, estudo ou prova. Assim, só se pode avaliar, de forma solidamente estruturada, se temos uma documentação pertinente, quando a mesma ajudar na ação administrativa. Um documento pode ser considerado como qualquer informação, sob a forma de: textos, imagens, sons, sinais, gravações, pinturas, por exemplo, que fundamenta um determinado estudo.

Julgamos conveniente apresentar o conceito de documento, formulado pela Union Française des Organismes de Documentation, por nos parecer o mais preciso e completo: *Documento é toda base de conhecimento fixado materialmente e suscetível de ser utilizado para consulta, estudo ou prova.*

Como tudo na vida, os documentos têm suas vantagens e desvantagens:

Vantagens do Documento:

O documento, por ser escrito, dá mais segurança e formaliza o ato, a ação, o objetivo, a missão, a filosofia, a decisão, a estratégia, a tática, a estrutura, o plano, a política, o procedimento, o projeto.

O documento serve de guia para a dissipação de dúvidas, conflitos e restrições legais.

O documento serve para registrar informações, conclusões, tendências, pesquisas, previsões, negociações.

O documento serve de instrumento de poder sobre a propriedade de qualquer objeto.

O documento determina quem é quem na organização, estabelecendo limites de atuação e de poder.

Desvantagens do Documento:

O documento burocratiza a empresa, castrando o contato pessoal e a criatividade.

O documento escraviza o ser humano a regulamentos, colocando de lado a figura do líder e exaltando a do chefe.

O documento centraliza o poder de decidir.

O documento pode tornar o usuário apenas um meio e não um fim.

O documento traduzido enfoca um ambiente diferente, fazendo com que o administrador tenha os pés no país de origem e a cabeça no exterior.

Os documentos empresariais podem ser:

Documentos de Projeto: Planilhas, Quadros, Tabelas, Árvores de Decisão, Cronogramas, Fluxogramas, Matrizes, Formulários, Questionários, Gráficos, Diagramas, Modelos, Sinopses, Figuras, Ilustrações.

Documentos Operacionais: Agendas de Trabalho, Agendas de Reunião, Relatórios, Manuais, Projetos, Planos, Políticas, Programas.

Documentos Legais: Estatutos, Legislações, Regulamentos, Regimentos, Portarias, Regulamentações Governamentais.

Documentos Correntes: Duplicatas, Cheques, Promissórias, Boletos de Pagamento, Atas de Reunião, Propostas, Contratos.

Documentos Contábeis: Custos, Preços, Margens, Indicadores, Índices, Planilhas, Tabelas.

15.3 TIPOS DE DOCUMENTO

A seguir, os principais tipos de documento empresarial que o empreendedor deve tomar conhecimento e que não foram ainda abordados:

Anexo – Documento cuja extensão e complexidade não faz parte do corpo de um relatório (plano), como por exemplo: quadros, tabelas, planilhas, matrizes, diagramas, gráficos.

Ata de Reunião – Documento que é um registro escrito no qual se relata o que se passou de importante numa reunião. A ata de reunião diz o que, quem, como, quando e quanto um determinado trabalho será realizado, dando as devidas responsabilidades de sua execução a determinadas pessoas.

Como a ata da reunião serve como documento para consulta e controle, é importante que seja bem organizada para evitar problemas futuros. Toda ata de reunião deve ter: data; nome dos participantes e entidades que representam; objeto da reunião; assuntos a serem discutidos, destacados em tópicos.

Atestado – Documento que é uma declaração escrita e assinada sobre a verdade de um fato, que serve de documento ao indivíduo que o requer. A diferença entre atestado e declaração é que o atestado é assinado por uma pessoa em favor de outra, não exigindo testemunhas. Mas, geralmente, é assinado por mais de uma pessoa.

Aviso – Documento que é empregado no serviço público, no comércio, na indústria, na rede bancária. Serve para ordenar, cientificar, prevenir, notificar, convidar, transferir valores. O mais conhecido dos avisos é o aviso prévio, que constitui a rescisão do contrato de trabalho. Um aviso muito conhecido no meio bancário é a transferência de valores em moeda corrente (TED). Pode ser também um aviso de embarque.

Balancete de Verificação – O balancete de verificação é um relatório que lista todas as contas da empresa, colocando-as em colunas com seus respectivos valores. Este balancete pode ser construído a qualquer tempo.

Balanço Patrimonial – O balanço patrimonial consiste na apresentação dos saldos respectivos de todas as contas da contabilidade de uma empresa em uma determinada data, dispostos em forma relativamente padronizada, com a finalidade de permitir, a quem o analisa, uma visualização rápida da posição econômica e financeira dessa companhia, expressa em valores monetários.

Os balanços patrimoniais podem ser levantados para qualquer data desejada. Entretanto, o que a empresa deve levantar na data de encerramento de seus respectivos exercícios sociais é considerado como o oficial para todos os efeitos, inclusive legal.

Banner – Uma espécie de cartaz menor, como uma bandeira que depende de uma haste de sustentação. Um banner contém as atividades ou qualidades daquilo que se quer apresentar.

Carta – É a comunicação devidamente endereçada a uma ou várias pessoas. É mais do que um punhado de termos e expressões, pois desperta no receptor/destinatário impressões e emoções. A carta é um dos elementos básicos da correspondência administrativa, podendo ser editada em papel, ou meio denso, e enviada pelos Correios, ou pela Internet. É utilizada para tratamento formal de assunto entre pessoas físicas e jurídicas.

Carta Aviso – É a comunicação de um comerciante a outro de que emitiu contra ele, e em favor de terceiros, uma ordem de pagamento ou saque.

Carta Comercial – É uma carta diferente da carta comum, à medida que crie e mantenha um cliente (consumidor, fornecedor, paciente, parceiro, terceirizado). Você representa a sua empresa quando escreve. Por isso, é recomendado que se paute com eficiência, eficácia e efetividade.

Carta Convite – É uma mensagem escrita pela qual se formaliza uma convocação, um chamamento, um comparecimento, uma cerimônia, um evento. Na empresa o convite, em geral, busca uma transação comercial.

Carta Convocação – É uma forma de comunicação escrita em que se convida ou chama alguém para uma reunião. Na elaboração do texto é necessário especificar local, data, finalidade. A garantia da inteligibilidade do texto advém da escolha de um vocabulário simples (palavras conhecidas, utilizadas no dia a dia) e uso de frases curtas. O objetivo da convocação deve ser reconhecido prontamente.

Carta de Acompanhamento – É muito utilizada para apresentar uma planilha, um relatório, uma sinopse, um projeto, um plano, uma política, por exemplo, tendo, sempre anexo, o referido documento.

Carta de Apresentação – É o ato de alguém, ou uma organização, mostrar algo, objeto, pessoa, bem, serviço ou ideia, sempre ressaltando seus benefícios. É uma carta escrita por alguém, de certo prestígio e/ou posição, onde a mesma faz uma argumentação bem fundamentada.

Carta de Crédito – Autorização dada por um banqueiro ou comerciante, a seu correspondente para que ponha à disposição de uma terceira pessoa determinada importância, dentro de certo prazo.

Carta de Fiança – Documento em que alguém se obriga solidariamente pelo pagamento de outrem.

Carta de Intenção – Documento que ratifica um propósito para contrato, ou acordo, futuro.

Carta de Remessa – Relação de títulos enviados pelos comerciantes aos bancos.

Carta Patente – Documento emitido pelo poder público que encerra privilégio, concessão ou autorização de funcionamento.

Carta Representação – Documento em que uma pessoa, física ou jurídica, é apresentada como representante de outrem. Caso comum para diplomatas e agentes de negócios.

Cartaz – Anúncio ou aviso de grande formato, próprio para afixação em ambientes amplos ou ao ar livre, em geral, com acentuado destaque no visual. Sua maior vantagem é a flexibilidade.

Carteira Profissional: É o documento do empregado que comprova a sua situação perante a empresa onde trabalha, o seu cargo, seu salário, data de admissão, situação civil e outras informações.

Catálogo – Relação ou lista de: pessoas, endereços, produtos (bens e serviços), fornecedores, distribuidores, assinantes.

Cheque – É uma ordem de pagamento a vista em favor próprio ou de terceiros.

Circular – Usada para divulgar assuntos que contenham recomendações ou informes de interesse geral da empresa, devendo ser distribuída, simultaneamente, a vários destinatários. A circular caracteriza-se como uma comunicação que, reproduzida em muitas cópias, é dirigida a diversas pessoas ou a um departamento.

Comunicação Interna – Usada em caráter informal para despachos ou para comunicar assuntos rápidos e diretos, não exigindo controle e nem arquivamento.

Congestionograma – O congestionograma visa detectar os gargalos de processos e rotinas de trabalho. É um gráfico especializado na identificação, análise e otimização da velocidade do fluxo, diminuindo as possibilidades de engarrafamento, que prejudicam o desempenho previsto.

Controlgrama – O controlgrama engloba todos os gráficos de organização especializados em algum tipo de controle. O controlgrama é um gráfico que possibilita uma avaliação quantitativa ou qualitativa de qualquer resultado.

Convite – É uma correspondência que visa informar de um evento e, geralmente, é estendido à família. Deve ter um visual bonito e simples, sem muitas palavras. Seu porte pode ser pago antecipadamente ou não.

Cronograma – É um documento (gráfico) que estabelece prazos de execução (início e fim) das etapas do contrato. Ele permite estabelecer e controlar a execução dos trabalhos contratados, para um período determinado.

Currículo – O currículo de uma pessoa física ou jurídica é na realidade um relatório que aponta de forma resumida a vida de alguém, sendo um histórico curto da vida de uma pessoa. Portanto, trate-o como um dos exames mais importantes que você já teve de passar e isso o recompensará muito bem. Não permita um único erro de ortografia ou gramática. Não exagere suas alegações. Por outro lado, não se diminua.

A falsa modéstia em um currículo pode ser desastrosa. Como o currículo é dirigido a uma pessoa física ou jurídica para uma vaga de emprego, associação, prestação de serviço ou parceria, é bom que o mesmo não seja "pesado demais" ou "curto demais", isto é, deve atender ao padrão de mercado e para quem ele é encaminhado.

Demonstrativo de Resultado – O demonstrativo de resultado nada mais é do que a exposição dos débitos e créditos que compõe o resultado de um exercício de uma empresa.

Diagrama – Diagrama é um gráfico, geralmente, em um espaço bidirecional, onde podemos representar, por meio de pontos, linhas e superfícies, resultados, estruturas, rotinas, relações, atividades, programas, controles, prazos, gargalos e programações, por exemplo. Os mais clássicos diagramas utilizados são: organogramas, fluxogramas, cronogramas e congestionogramas.

É uma ferramenta importante para análise de séries históricas, pois uma simples apreciação permite, com razoável rapidez, chegar-se a conclusões não só sobre a evolução do fenômeno, mas também sobre o relacionamento entre este e os dados que compõem a série. Como o diagrama facilita o entendimento do fato, o mesmo sempre deve ser precedido de um estudo analítico, pois as conclusões tiradas ajudam a determinar o método mais inteligente de abordar a situação.

Distrato – Documento já abordado.

Duplicata – Documento já abordado.

Edital – É um traslado, cópia autêntica de leis, decretos ou posturas para se publicar pela imprensa periódica ou por meio de afixação nos lugares públicos. A estrutura do Edital é semelhante à da Carta de Convocação.

E-mail – Usado por meio de um serviço que permita a comunicação direta e temporária entre dois departamentos da empresa ou de fora. É uma carta por via eletrônica, sem a cosmetização e floreios do passado. Permite aos usuários o envio de mensagem ou arquivos anexos de um computador para outro.

A mensagem chega quase instantaneamente e pode ser gravada, imprimida e respondida no ato. Uma outra facilidade é a inclusão de um programa que filtra o que interessa. Geralmente, a filtragem é feita pelo próprio servidor (sistema provedor de serviços à internet).

Estatuto – É um documento que expressa, formalmente, os princípios que regem o desenvolvimento de um estado, sociedade, associação, organização ou clube, por exemplo. Um estatuto é dividido em capítulos, artigos e parágrafos que se referem a: denominação, sede, finalidade, sócios (participantes), objetivos, estrutura organizacional, reuniões, diretoria, conselhos, patrimônio, duração, capital social, participações, cotistas, inversões, lucros, atribuições, deveres, dissolução, liquidação, número de associados, conselho fiscal, conselho administrativo (deliberativo), fundos, reservas, balanço patrimonial, disposições gerais, disposições transitórias.

Fatura – Relação de mercadorias vendidas, com os respectivos preços e prazos de pagamento. Hoje, a fatura serve como recibo de pagamento, como um boleto bancário, onde há o código de barras do fornecedor do bem ou do serviço.

Fiança – Obrigação acessória assumida por terceira pessoa, que se responsabiliza, total ou parcialmente, pelo cumprimento da obrigação do devedor, caso este não a cumpra ou não possa cumpri-la.

Folder – É um folheto dobrado, geralmente, entregue pelos Correios, ou em mãos, em que são relatados os serviços que se quer divulgar como: Nossos Objetivos, Nossas Bandeiras, Nossa Missão, Nosso Compromisso.

Folha de Pagamento – É um documento que espelha o cálculo da remuneração da mão de obra com os descontos e encargos legais.

Gráfico – É a representação em uma superfície plana de um objeto, de uma relação ou de um raciocínio esquematizado, objetivando visualizar uma ideia e facilitar a transmissão precisa de uma imagem. O gráfico, para facilitar seu entendimento, precisa ser racional, claro e conciso.

O gráfico é um meio de que utilizamos para configurar ou figurar a observação de determinado fenômeno, durante certo período, em toda a extensão de sua variabilidade e intensidade de suas singularidades. Sob esta acepção, no entender de diversos autores, o gráfico exerce a mesma função de uma mensagem, isto é, deve ser uma comunicação precisa e clara que prenda a atenção do observador.

Hipoteca – Sujeição de bens ao pagamento de uma dívida, sem se transferir ao credor a posse do bem gravado.

Histograma – É a representação em que se usam retângulos justapostos, cujas dimensões são proporcionais às variáveis (altura e base). Este diagrama é próprio para representar uma distribuição estatística de frequência. As alturas são iguais às frequências e as bases aos intervalos de classe da distribuição. Um histograma sempre é aplicado com um referencial cartesiano, para cobrir a necessidade de se fazer medidas de comparação entre os dados apresentados.

Manual – O manual é um documento com a finalidade de uniformizar processos, atividades, tarefas e rotinas que devem ser observados pelas pessoas, sendo, portanto, um ótimo instrumento de racionalização e otimização dos recursos de uma empresa. O manual ajuda a aperfeiçoar a comunicação e a interação entre os diversos subsistemas da organização, quando é elaborado com base na cultura organizacional existente.

Os manuais são ferramentas, de relativa duração, reunidas dentro de um contexto, de fácil identificação, classificação, codificação e endereçamento, para que sirva de obra de referência, estando a sua utilidade na razão direta de sua flexibilidade e rapidez em se adaptar às mudanças ambientais. Portanto, o manual não é eterno, sofrendo modificações, a fim de que seja útil, necessário e suficiente.

Matriz – A matriz é uma tabela (quadro) de dupla entrada, onde são conjugadas as variáveis (fatores) controláveis e não controláveis que o analista tem da situação, isto é, o seu conhecimento acerca de: dados, informações, ameaças, oportunidades, restrições, obstáculos, riscos, chances, sintomas, mudanças de comportamentos, cenários, pontos fortes e pontos fracos. É muito comum se usar a palavra matriz para caracterizar um padrão adotado que pode ser uma cópia de uma outra empresa ou até de um país.

Memorando – Usado para solicitar ou prestar informações, pedir providências e transmitir ordens e rotinas. O memorando pode ser sigiloso. É utilizado, sobretudo, para correspondência entre departamentos de uma mesma empresa, ou entre a matriz e suas filiais.

Nota Fiscal – Nota Fiscal (Cupom Fiscal) é um comprovante da aquisição de um determinado produto.

Ofício – Comunicação entre órgãos internos de uma mesma entidade governamental, ou desta para outra que não pertença à mesma organização.

Orçamento – O orçamento é um plano que especifica as receitas e os gastos antecipadamente em um dado período. Previsões e orçamentos não podem ser considerados como sinônimos. Uma previsão é uma tentativa de determinação de futuros eventos. Orçamento é, ao contrário, a manifestação de uma vontade tendente a orientar os eventos futuros na direção mais oportuna. É importante que o orçamento seja congruente com os objetivos da empresa.

O orçamento não dá uma visão realista do futuro, só mostra um desejo de programar a organização para um ano inteiro, o que não é possível, quando o cenário muda.

Orçamento Prévio – O orçamento prévio é uma folha onde são colocados os itens de um determinado serviço a ser executado, tais como materiais, especificações, preços, condições de pagamento, prazos de entrega.

Ordem de Serviço – A ordem de serviço é um controle de atendimento complementar ao orçamento prévio.

Penhor – Direito real que vincula coisa móvel (ou mobilizável), geralmente, entregue ao credor, a uma dívida, como garantia de pagamento desta.

Planilha – Uma planilha é uma página em uma pasta (arquivo), onde se pode entrar e armazenar dados, realizar cálculos, organizar informações e executar diversas tarefas de cálculo. As planilhas eletrônicas são organizadas como pastas. Ela pode conter 65.536 linhas por 256 colunas. A área de trabalho somente mostra de forma visível 12 colunas por 20 linhas. É composta de células e cada uma é identificada por um endereço.

Os dados digitados em uma célula são divididos em duas categorias principais: valores constantes ou fórmulas. Um valor constante é um dado que é digitado diretamente na célula e que não é alterado. Uma fórmula, por sua vez, pode ser constituída por valores, referenciais de outras células, operadores matemáticos e funções. O valor que aparece como consequência da fórmula varia dependendo das alterações feitas nas células ou funções que compõem a fórmula.

Plano de Aula – Documento onde são listados os elementos estruturais de um encontro didático, tais como: identificação, assunto, objetivos, conteúdo, motivação, material didático, desenvolvimento, procedimentos didáticos, procedimentos complementares, crítica da aula.

Planta Baixa – Representação gráfica do corte horizontal de um imóvel.

Portfólio – Materiais diversos, como: desenhos, estampas, gravuras, fotos, que mostram os produtos que um vendedor apresenta a um potencial comprador.

Procuração – Procuração é um documento declaratório em que uma pessoa (física ou jurídica) confere a outrem para, em seu nome, representá-la para uma determinada finalidade (negociação). As procurações podem ser:

Procuração por instrumento particular que é a procuração redigida pelo próprio outorgante.

Procuração por instrumento público que é lavrada por tabelionato de notas.

Procuração "apud alta" que é a procuração que o réu outorga ao seu defensor, apenas com uma indicação verbal, perante o juiz que irá julgá-lo.

Procuração "ad judicia" que confere ao outorgado amplos poderes para as questões às quais o outorgante constituinte deve comparecer.

Promissória – Título de crédito derivado de um empréstimo pelo qual o tomador se obriga a pagar, num certo prazo, o valor de face do título.

Proposta – Documento onde se pretende estabelecer uma negociação futura sobre a venda de um produto (bem, serviço, ideia). A proposta estabelece: objeto da proposta, especificações, métodos, prazos de execução, preços, condições de pagamento, prazo de validade da proposta, prazo de garantia, orçamento, encargos, responsabilidades, currículo do proponente, referências, certidões negativas, atestados de capacitação, certificados de qualidade.

Prospecto – Pequeno impresso de propaganda com ilustrações, geralmente, distribuído de porta em porta e nos semáforos das ruas. É barato, mas poucas pessoas leem.

Quadro de Distribuição de Tarefas – O quadro de distribuição de tarefas detecta se estão sendo executadas tarefas desconexas, analisa, de forma global, a distribuição do trabalho, estabelece a situação ideal, racionaliza a distribuição e orienta as pessoas para aquilo que tenham de fazer.

Recibo de Pagamento – Documento escrito em que alguém declara ter recebido de outrem alguma coisa (dinheiro ou não). Se o recibo for passado por uma pessoa jurídica, o mesmo deve ser personalizado (papel timbrado).

Regimento – É um conjunto de normas próprias e limitadas a um determinado propósito, não podendo conter dispositivos que conflite e contrarie o regulamento, do qual é submisso.

Regulamento – É um conjunto de regras (normas) que dizem como e quem pode fazer. Assim, um funcionário pode ser avaliado se aquilo que faz é congruente ou não com o regulamento. Ele pode estar aquém ou além das expectativas da direção da empresa. É um documento normativo que reúne comandos diretos e cursos de ação que devem ser seguidos fielmente. Tais comandos são conhecidos por normas ou regras.

Requerimento – Requerimento nada mais é do que um pedido que uma pessoa dirige a uma autoridade, com base na Lei, a fim de solicitar um benefício ou um direito legal.

Requisição de Compra – É um formulário emitido para aquisição de item faltante no almoxarifado, depósito ou armazém.

Sinal e Princípio de Pagamento – Recibo mais bem elaborado para comprovar pagamento de um sinal da compra de algo.

Sinopse – Sinopse é uma apresentação concisa dos pontos básicos de um projeto, redigido pelo autor, para um leitor determinado, com a finalidade de permitir que este decida se convém, ou não, fazer a leitura integral de todo o projeto. A sinopse não é um resumo descritivo do projeto e, sim, um retrato da verdadeira natureza do trabalho a realizar, já que é um documento construído com a finalidade de sensibilizar alguém a se interessar por seu conteúdo. É uma espécie de relato que resume os enfoques relevantes de um projeto. Também não é um anteprojeto.

Tabela – É uma matriz de duas entradas em que são mostrados os valores, resultados, atividades, datas, assuntos, eventos, em função das condições, dos critérios e dos recursos utilizados.

Termo de Garantia – O termo de garantia é um documento que assegura a autenticidade e a boa qualidade de um produto, que assume o vendedor, junto ao comprador, o compromisso de ressarci-lo em caso de ineficiência ou fraude comprovada.

15.4 CORRESPONDÊNCIA

Correspondência é o meio de comunicação escrita trocada entre órgãos da empresa ou externos a ela, com o objetivo de informar, documentar e formalizar: uma providência, uma decisão ou uma solução de um determinado assunto, situação ou problema, respectivamente.

Em sentido genérico, a correspondência significa ação relativa à pessoa que envia um apelo, pedido ou ato que lhe vem de outra pessoa, mesmo que esta esteja por trás de uma máquina. Por ampliação de sentido, passou a designar todo o conjunto de instrumentos da comunicação escrita.

O conceito de correspondência abrange maior quantidade de pormenores, tanto que na correspondência administrativa deve-se observar um conjunto de normas que orientam a elaboração e a circulação de papéis e documentos necessários ao comércio e à indústria. Esses papéis visam criar e manter relações de negócios. As correspondências no mundo corporativo são:

Correspondência Administrativa – A correspondência administrativa utiliza a mesma construção da linguagem literária, embora observe certos preceitos que contribuem para sua caracterização de linguagem e consecução de objetivos. Tal correspondência é vista como uma comunicação escrita no âmbito da organização, isto é, intraorganizacional ou no ambiente de mercado, isto é, interorganizacional.

Correspondência Comercial – Numa economia existem dois grandes blocos voltados para os negócios. A produção cria bens, serviços e ideias e o comércio se ocupa da transferência, movimentação, distribuição, compra, venda e propriedade dos produtos. A maior importância da correspondência comercial reside no fato de que ela serve como instrumento para fechamento de negócios. Deve, por isso, propor negociações que levem a bom termo e criar uma imagem positiva das partes. Não deve, portanto, ser utilizada para assuntos irrelevantes ao setor em que a empresa atua.

A correspondência comercial serve ainda como: agente de relações públicas e canal de comunicação com consumidores e usuários, para produtos e marcas.

15.5 LEGISLAÇÃO

Embora já tenhamos visto o conceito de lei, e bom lembrar que as leis englobam certas entidades admitidas que não podem ser diretamente observadas ou medidas. Qualquer que seja a legislação, ela estabelece basicamente: Quem é o responsável; Como fazer; Onde atuar; Com que frequência acompanhar; Por que das precauções; Quais produtos são autorizados; Quanto de obrigatoriedade assumir; Qual documentação utilizar; Quais as boas práticas de obediência; Quando é preciso mudar; O que fazer.

A seguir, abordaremos as principais legislações, que afetam a vida empresarial e que são, cada vez mais, restritivas para a livre iniciativa:

Legislação Comercial – A legislação comercial visa proteger as empresas da concorrência desleal; os consumidores de práticas comerciais injustas; os interesses da sociedade contra o comportamento desenfreado das empresas; os consumidores dos abusos da propaganda enganosa; o ambiente da degradação; os agentes do governo da corrupção.

Um importante propósito dessa legislação e/ou obrigação é cobrar das empresas os custos sociais gerados por seus produtos ou processos de produção. Esta legislação restringe as horas de trabalho dos empregados e limita, por exemplo, o horário dos estabelecimentos comerciais. Seria aceitável se, para a sua promulgação, se estudasse devidamente o equilíbrio a estabelecer entre as concessões legítimas a fazer aos empregados e as necessidades, não menos legítimas, da produção e do consumo.

A legislação sobre o comércio eletrônico ainda está sendo definida. Não há consenso sobre assuntos como a natureza dos contratos eletrônicos, a distribuição de material protegido por direitos autorais, a pornografia, a indevida divulgação.

Legislação Ambiental – A maior parte das vezes, o governo atravanca o crescimento econômico por omissão. Mas, há momentos em que a administração pública atrapalha o progresso pela ação. É exatamente isso que está acontecendo no manejo do meio ambiente, em que as autoridades responsáveis pela aprovação dos projetos criam dificuldades em nome de causas nobres.

Hoje, por pressão de grupos verdes, de ONGs e de alguns setores do governo, obras importantes para o crescimento do país estão paralisadas, fazendo com que o Brasil tenha um dos mais baixos índices de concessão de licenças ambientais do mundo. O processo demora, em média, o dobro do que nos Estados Unidos, conhecido como um país rigoroso até demais na preservação dos seus recursos naturais.

Legislação Trabalhista – Contratar e descontratar no Brasil se baseia inteiramente na regulação criada por lei e não por negociação. Isso significa que as despesas geradas pelas leis não podem ser negociadas entre as partes, mesmo que elas queiram. Ao criar um novo emprego formal, as empresas têm de arcar com despesas que podem chegar a 100% do salário líquido do empregado. Nenhum dos itens pode ser negociado. As despesas, altas e rígidas, até podem ser eventualmente toleradas pelas grandes corporações, mas são inviáveis para micros, pequenas e médias empresas.

Legislação Protecionista – A legislação protecionista, quando sabidamente orientada, consegue realmente proteger a indústria e proteger a saúde do consumidor, minimizar os conflitos entre produtores e consumidores, bem como direcionar as ações dos órgãos fiscalizadores do poder público. E, se estes interesses se equilibram, não se trata de uma lei restritiva, porém de uma simples medida econômica sem caráter especial.

15.6 REGULAMENTAÇÃO

A regulamentação é uma iniciativa dos governos sobre as empresas, os mercados, os consumidores, os usuários, as sociedades, os distribuidores, os industriais, os fornecedores. Assim, é preciso estar atento às regulamentações governamentais e seus objetivos.

A seguir, os principais tipos de regulamentação:

Regulamentação Econômica – A regulamentação econômica objetiva: regulamentar as atividades industriais, comerciais e de serviços, cuidar para que a população tenha maior poder de compra, apresentar medidas antidumping.

Regulamentação do Comércio – A regulamentação do comércio afeta tanto a compra quanto a venda, já que se trata simplesmente de dois aspectos do mesmo processo. Esta regulamentação objetiva a defesa do consumidor, bem como mostrar restrições legais de instalações comerciais.

Regulamentação da Indústria – A regulamentação da indústria objetiva segurança no trabalho, insalubridade, condições ambientais de trabalho, perigo de contaminação, melhoria ambiental, poluição, degradação ambiental, higiene, limpeza, embalagem, qualidade do produto, validade de duração, garantia, qualidade de vida do empregado, controle de acidentes.

Regulamentação do Transporte – A regulamentação do transporte objetiva estabelecer controles de tarifas, posse e operação do meio de transporte (duto, fluvial, marítimo, esteira, terrestre, aéreo).

Regulamentação do Armazenamento – A regulamentação do armazenamento objetiva higiene, qualidade ambiental, normas de segurança, limpeza, validade do produto, prazo de armazenagem.

Regulamentação do Preço – A regulamentação do preço objetiva não permitir desabastecimento, vigiar a evolução dos preços, questionar os motivos de alta, evitar congelamento dos preços, dar bom exemplo quando do aumento das tarifas públicas, interferir em aumentos abusivos.

Regulamentação do Seguro – A regulamentação do seguro objetiva controlar os repasses, controlar a relação preço/valor, controlar o cumprimento dos contratos (forma legal).

Regulamentação das Comunicações – A regulamentação das comunicações objetiva controlar o abuso da mídia e da transmissão de dados.

Regulamentação Tributária – A regulamentação tributária objetiva o arrocho (controle) fiscal, taxa de juros, alíquota do imposto de renda. Cuida, ainda, das contribuições, taxas e impostos sobre produtos, empresas e pessoas físicas.

15.7 REGULAMENTO

Embora já se tenha abordado o conceito de regulamento, vale acrescentar que o bom regulamento, geralmente, responde o que fazer, envolvendo um determinado procedimento, para uma determinada situação, trabalho ou sistema de comunicação. Assim, o regulamento é o ato normativo que amplia a ação administrativa, explicitada no Estatuto, para caracterizar a organização nos seus aspectos fundamentais, tais como as diretrizes operacionais.

No regulamento, encara-se a dinâmica do ponto de vista genérico, deixando para o texto do regimento o detalhamento específico de cada órgão definido na estrutura.

A seguir, um exemplo de regulamento:

Regulamento Interno da Empresa:

I – Do Regulamento e de sua aplicação:

1.1 Empresa ABC institui o presente regulamento interno de trabalho, contendo regras disciplinares que devem orientar os trabalhos, as atividades comerciais e as conexões dos contratos de trabalho de seus empregados.

1.2 Este regulamento visa o estabelecimento de uma forma de disciplina interna, imprescindível ao bom andamento das funções administrativas e organizacionais, além de ser um instrumento de equilíbrio social.

1.3 Para a necessária compreensão e adaptação das regras contidas neste regulamento, bem como para sua aplicação e cumprimento, a elas estão subordinados todos os que, diretamente, prestam serviços a esta empresa, podendo ser efetuadas alterações ou introduções por intermédio da diretoria da empresa, sem anuência dos empregados, mas com seu pleno conhecimento.

II – Da Admissão de funcionários:

2.1 Nenhum candidato será admitido sem que antes tenha prestado o exame de aptidão profissional.

III – Dos Exames médicos:

3.1 Todo e qualquer empregado da empresa deverá ser submetido, anualmente, a exames médicos.

IV – Do Horário de trabalho:

4.1 O trabalho do empregado será realizado em horário e período que lhe for determinado. Salvo por motivo de força maior, poderá a empresa prorrogar este horário, nos limites previstos na Consolidação das Leis do Trabalho.

V – Da Ausência durante o período de trabalho:

5.1 Todo pedido para ausentar-se da empresa durante o expediente, para fins particulares, deverá ser feito por escrito, em formulário próprio, previamente autorizado pelo gerente a que pertencer o funcionário. Posteriormente ao regresso do funcionário, este impresso será remetido ao Departamento de Recursos Humanos para anotação e arquivamento.

VI – Da Prevenção e combate a incêndios:

6.1 Considerando as consequências danosas de um incêndio, esta empresa punirá severamente todo e qualquer empregado, cujas atitudes ponham em risco a vida das pessoas ou qualquer área da empresa.

6.2 Todo empregado, qualquer que seja seu cargo, é responsável pela execução correta e segura do seu trabalho diário, não devendo expor ao perigo sua integridade física, nem a de seus companheiros de serviço, zelando pelos equipamentos e pelas máquinas que lhes forem confiados.

O regimento interno regula o funcionamento e o serviço interno de uma organização pública ou privada. Normalmente, este documento é dividido em partes, mas não necessariamente. Ainda, se for o caso, o regimento interno pode comportar anexos, como: organogramas, quadros, mapas, tabelas, gráficos, diagramas, planilhas. Em geral, a empresa está para o regulamento, assim como o regimento está para o departamento.

15.8 LICENCIAMENTO

Uma empresa tem como dever legal licenciar aquilo que projeta, desenvolve e constrói. Pode ser uma tecnologia, um processo, um produto, uma marca, por exemplo. Em geral, as licenças são buscadas para aumentar a rentabilidade ou adquirir uma vantagem competitiva. A concessão de licenciamento pode ser aconselhável em termos estratégicos sob uma série de circunstâncias, tais como:

Incapacidade de explorar a tecnologia; abrir nichos de mercado; desenvolver padrões; estrutura organizacional insatisfatória; criar bons concorrentes.

As principais licenças são:

Licença Tecnológica – A licença tecnológica é uma forma de obter acesso a uma determinada tecnologia. Quando a tecnologia constitui uma fonte importante de vantagem competitiva, as decisões sobre licenças são vitais.

Licença de Funcionamento – Os estabelecimentos que produzem e/ou manipulam alimentos, somente poderão funcionar, mediante licença de funcionamento e alvará expedido pela autoridade sanitária competente. Para a concessão da licença e alvará, os estabelecimentos deverão estar cadastrados no Cadastro Municipal de Vigilância Sanitária, do Sistema Estadual de Vigilância Sanitária. Esta licença de funcionamento é um documento obrigatório.

A fiscalização observará os seguintes aspectos técnicos: Higiene; Organização; Áreas de Operação e Entorno da Fábrica; Máquinas e Equipamentos; Quadro de Funcionários; Produtos; Procedimentos; Preparações; Armazenamentos e outros aspectos.

Licença Ambiental – As indústrias deverão submeter seus projetos ao Instituto Estadual do Ambiente (INEA), para obtenção de licenças ambientais. O Sistema de Licenciamento de Atividades Poluidoras (SLAM) foi instituído pelo Decreto Estadual nº 42.159, de 2/12/2009, em consonância com o Decreto-Lei nº 134, de 16/06/1975, alterados, em parte, pela Lei Estadual nº 5101, de 4/10/2007, que criou o Instituto Estadual do Ambiente (INEA).

O INEA, instalado em 12/1/2009, unifica e amplia a ação dos três órgãos ambientais, vinculados à Secretaria de Estado do Ambiente (SEA), que reúne a Fundação Estadual de Engenharia e Meio Ambiente (Feema); a Superintendência Estadual de Rios e Lagoas (Serla) e o Instituto Estadual de Florestas (IEF).

O Sistema de Licenciamento Ambiental (SLAM) foi reformulado em 2009, para fiscalizar qualquer empreendimento que interfira no ambiente. Este sistema divide as atividades empreendedoras em seis classes para fins de licenciamento ambiental, de acordo com o potencial poluidor da atividade e com o seu porte. Cada classe definirá quais empreendimentos precisarão ser licenciados ou não.

A microempresa e a pequena empresa, consideradas pela Lei 9.841/99 (Estatuto da Micro e Pequena Empresa), recebem tratamento diferenciado em vários órgãos governamentais, inclusive quanto à redução ou isenção das taxas de registros e licenças.

15.9 TIPOS DE LICENÇAS AMBIENTAIS

A seguir, os tipos de licenças ambientais:

Licença Prévia – Concedida na fase preliminar do planejamento do empreendimento, aprovando sua localização e concepção, atestando a viabilidade ambiental e estabelecendo as condicionantes a serem atendidas nas próximas fases de sua implantação.

Licença de Instalação – Autoriza a instalação do empreendimento de acordo com as especificações constantes dos planos, programas e projetos aprovados, incluindo as medidas de controle ambiental e demais condicionantes. Também pode autorizar a pré-operação, por prazo definido na licença, visando à obtenção de dados e elementos de desempenho necessários, para subsidiar a concessão da Licença de Operação.

Licença de Operação – Expedida após a verificação do efetivo cumprimento do que consta nas licenças anteriores, com as medidas de controle ambiental e demais condicionantes para a devida operação.

Licença Ambiental Simplificada – Concedida em uma única fase, atesta a viabilidade ambiental, aprova a localização e autoriza a implantação do projeto.

Licença Prévia de Instalação – Atesta a viabilidade ambiental do empreendimento e sua implantação, quando não depender do Estudo de Impacto Ambiental.

Licença de Instalação e de Operação – Aprova a instalação e operação do empreendimento, se o potencial poluidor for insignificante.

Licença Ambiental de Recuperação – Aprova a remediação, recuperação, descontaminação ou eliminação de passivo ambiental existente, na medida do possível e de acordo com os padrões exigidos, para empresas fechadas, desativadas ou abandonadas.

Licença de Operação e de Recuperação – Autoriza a operação do empreendimento concomitante à recuperação do passivo ambienta, caso não haja risco à saúde pública.

Nota: A solicitação de licenças, autorizações, certificados e demais documentos devem ser entregues à Central de Atendimento do INEA e/ou a SERLA da região.

15.10 LICENCIAMENTO AMBIENTAL

O licenciamento ambiental do empreendimento está sendo feito pelas Secretarias Municipais de Meio Ambiente. São os seguintes os documentos para obter o licenciamento ambiental:

Formulário de requerimento preenchido e assinado pelo representante legal.

Declaração de entrega de documentos em meio impresso e digital.

Cópia dos documentos de qualificação daquele que assina o requerimento. Se for pessoa física, deve também apresentar comprovante de residência.

Em havendo procurador, apresentar cópias da procuração pública, ou particular, com firma reconhecida e cópias dos documentos de qualificação ao INEA.

Cópias das atas de constituição e eleição da última diretoria, quando se tratar de sociedade anônima. Contrato social atualizado, quando se tratar de sociedade por cotas de responsabilidade limitada.

Cópia de Inscrição no Cadastro Nacional de Pessoa Jurídica (CNPJ).

Cópia da Certidão da Prefeitura Municipal, declarando que o local e o tipo de empreendimento estão em conformidade com a legislação aplicável ao uso e ocupação do solo.

Cópia do registro de propriedade do imóvel, do Serviço Registral de Imóveis, ou do contrato de locação (ou comodato).

Cópia do IPTU ou ITR, se for o caso.

Cópia do Registro no Conselho de Classe do profissional responsável pelo empreendimento, operação ou construção, devidamente atualizado.

Planta baixa da localização do empreendimento, de acordo com mapas do programa Google Earth, indicando: coordenadas geográficas; localização do terreno e seus entornos; usos dos imóveis e áreas vizinhas, num raio de, no mínimo, 100 metros.

De acordo com as características do empreendimento, pode ser exigida mais burocracia. Recomenda-se especial atenção ao gerenciamento de resíduos, controlados pelo INEA.

Capítulo 16

POLÍTICA e PROCEDIMENTO

"Se você obtém sucesso, é sempre pelas razões erradas. Se você se torna popular é sempre pelos piores aspectos de sua vida".

Ernest Hemingway

OBJETIVOS DO CAPÍTULO

- Mostrar o conceito de política empresarial e seus diversos tipos.
- Mostrar diversos procedimentos.
- Mostrar a importância do treinamento.
- Mostrar aspectos da contratação.

16.1 POLÍTICA

Etimologicamente, política deriva da palavra grega "polis" que significa cidade. Por extensão, pode-se dizer que política é a arte de governar as pessoas. Políticas são guias planejadas de raciocínio para a tomada de decisões repetitivas. Quando não existem políticas, já se sabe qual é o resultado: "Cada cabeça uma sentença". A cada dia um caminho diferente.

Pode-se operar uma empresa bastante descentralizada, utilizando políticas bem elaboradas e compreendidas. Uma organização, que tenha políticas bem definidas, utilizará seu tempo, inteligentemente, tendo parâmetros que serão à base de sustentação da governança corporativa.

Política é um padrão de ação que facilita a tomada de decisão para situações parecidas, aumentando o poder de comparação e avaliação do administrador. A função de uma política é aumentar as chances dos dirigentes e subordinados fazerem escolhas semelhantes ao enfrentarem, situações análogas. Uma política, bem traçada, ajuda a se cometer menos erros.

O administrador que quiser ser um profissional politicamente correto deve:

Usar de cautela ao aceitar conselhos, evitando relação entre superior e subordinado muito íntima.
Manter jogo de cintura e usar resistência passiva quando necessária.
Não hesitar em ser implacável quando conveniente, limitando o que deve ser comunicado.
Reconhecer que raramente são guardados segredos na organização.
Aprender a não depender muito de um subordinado, a menos que veja nele lealdade.
Estar disposto a transigir em pequenas coisas.
Ser hábil em dramatização e ser um negociador persuasivo.
Irradiar autoconfiança, dando demonstração de sucesso material, evitando a rigidez burocrática.
Lembrar de elogiar em público e censurar isoladamente.
Ser compreensivo e receptivo em relação às opiniões que difiram das suas.

Na construção de uma política, o administrador se valerá das seguintes premissas da política:

Políticas são elaboradas, por alguém, em alguma ocasião, dentro ou fora da empresa.
Políticas definem caminhos congruentes com os objetivos sistêmicos da organização.
Políticas permitem julgamento e impedem decisões ruins.
Políticas refletem o desejo da alta administração e moldam a cultura organizacional.
Políticas não são eternas e exigem flexibilidade na interação com o ambiente.
Políticas são aplicadas a casos semelhantes e não a casos específicos.
Políticas devem ser pautadas num comportamento ético e transparente.
Políticas evitam perda de tempo com estudos e análises sobre questões análogas.
Políticas devem abranger o máximo de fatores que dificultam a consecução de atividades.
Políticas precisam ser coordenadas para que não se percam no meio do caminho.
Políticas devem ser comunicadas com clareza, para o conhecimento e aceitação de todos.
Políticas estimulam e facilitam a delegação, a coordenação e o comando.
Políticas proporcionam padrões de decisão para solucionar problemas.
Políticas estabelecem limites ao planejamento estratégico.
Políticas asseguram uma ação administrativa uniforme.
Políticas reforçam o feedback positivo, as normas, os procedimentos e as rotinas.
Políticas precisam estar em conformidade com as atividades empresariais.
Políticas reforçam programas, planos, orçamentos, projetos e estratégias.
Políticas podem impedir a tomada de decisão mal formulada, baseada em circunstâncias do momento, em detrimento dos melhores interesses futuros da empresa.

16.2 POLÍTICAS EMPRESARIAIS

A seguir, as principais politicas empresariais:

Política Administrativa – Política relacionada aos aspectos internos da empresa e desenvolvida, no nível intermediário da estrutura organizacional.

Política Operacional – Política desenvolvida para aspectos específicos da atividade empresarial, como: redução de custos, lote econômico de compras, salários, controle de qualidade, admissão de pessoal.

Política de Competitividade – Política voltada a uma espécie de adequação do empreendimento ao seu microambiente, consiste no bom atendimento das necessidades dos clientes, na diferenciação desse atendimento em relação aos concorrentes, no bom relacionamento com os fornecedores e também na existência de barreiras à entrada de novos concorrentes no setor.

Política Ambiental – Política a preservar o ecossistema

Política de Relacionamento – Política a manter um bom relacionamento com consumidores, funcionários, auditores, fornecedores, concorrentes, distribuidores, usuários, pacientes, colaboradores, agentes do governo, empresas, universidades, institutos de pesquisa, sindicatos.

Política de Negócio – Política voltada a comparar os resultados econômicos com os custos da manutenção de um negócio.

Política Corporativa – Política voltada a manter a boa prática de relacionamento entre aqueles que participam da corporação.

Política Financeira – Política voltada para: o emprego, captação e proteção do capital; distribuição dos lucros. No emprego do capital, os fatores a considerar são: proporção do investimento em ativo fixo; limites de estoques; concessão de crédito; necessidades mediatas e imediatas. Nas fontes de capitação de dinheiro, os fatores a considerar são: proprietários; credores a longo prazo; credores a curto prazo. Na proteção do capital, os fatores a considerar são: redução do risco; seguro; transações compensatórias na bolsa de mercadorias; reservas de capital. Na distribuição de lucros, os fatores a considerar são: reinvestimento; taxa estável de dividendos; adequação do lucro.

Política Verde – Política de tratamento dos despejos, efluentes de toda espécie, materiais de embalagem e policiamento às agressões aos rios, mares, lagos, lagoas, matas, florestas e oceanos.

16.3 POLÍTICAS DE PESSOAL

A seguir, as principais políticas de pessoal:

Política de Motivação – Política voltada, principalmente, para remuneração, incentivo e motivação das pessoas. Também se refere ao nível de expectativa e de expectação dos funcionários.

Política Salarial – Política voltada para o cargo, o salário e a promoção.

Política de Treinamento – Política voltada a desenvolver, treinar e educar pessoas.

Política do Conhecimento – Política voltada a reconhecer o conhecimento como peça fundamental para a sociedade, pois maior será a importância da diversidade, da flexibilização e da competição.

Política de Recrutamento – Política voltada a buscar as pessoas para o preenchimento dos cargos e funções da empresa.

Política de Seleção – Política voltada a fazer uma triagem do pessoal recrutado, para se ter a pessoa certa para uma determinada atividade.

Política de Segurança – Política voltada a definir e desenvolver métodos e técnicas de segurança, a fim de prevenir acidentes, roubos, incêndios, envenenamentos e doenças.

16.4 POLÍTICAS DE PRODUÇÃO

A seguir, as principias políticas de produção:

Política Industrial – Política voltada a adequar a empresa ao imperativo tecnológico.

Política de Otimização – Política voltada a otimizar recursos, visando o lucro máximo;

Política de Produto – Política voltada a manter vivo o produto, a marca e a imagem da empresa, através de um reestudo da embalagem, do desenho, das especificações, das características e do composto mercadológico do produto. Em relação ao tipo de produto, a política pode ser:

Simplificação (fabrica uma variedade reduzida de produtos).

Diversificação (fornece ao mercado uma linha bastante variada de produtos).

Política de Qualidade – Política voltada à conscientização da necessidade da qualidade em tudo que se faz na empresa.

Política de Recursos – Política voltada a atualizar informações do mercado de recursos.

Política de Diversificação – Política voltada à análise e avaliação das empresas que diversificam suas linhas de produtos e qual resultados tiveram.

Política de Inovação – Política que busca as fontes de oportunidade de forma organizada, regular e sistemática. Definem, analiticamente, como a inovação precisa ser para satisfazer uma oportunidade.

16.5 POLÍTICAS DE VENDAS

A seguir, as principais políticas de vendas:

Política de Público-Alvo – Política voltada a definir quais produtos devem ser oferecidos a determinado público-alvo, bem como que preços negociar e que recursos utilizar. Ajuda a empresa a decidir sobre que estratégia ou tática adotar, caso não haja venda de um determinado produto, e também como enfrentar a concorrência; determinar qual o capital de giro necessário para levar a empresa a atender o mercado, fazendo com que os recursos humanos da organização tenham uma atitude proativa em relação ao cliente consumidor, atendendo-o da melhor maneira possível.

Política de Segmentação – Política que objetiva tratar cada consumidor, ou grupo de consumidores, de acordo com as suas características. Para isso, é fundamental: conhecer o consumidor e suas necessidades; conhecer a imagem que o consumidor faz da empresa; conhecer o que a empresa é. Segmentar, por exemplo, não significa elitizar a clientela nem fazer certo tipo de propaganda ou ainda sofisticar o atendimento através de formas e formatos de comunicação.

Política Comercial – A política comercial ajuda a empresa a decidir sobre que estratégia ou tática adotar, caso não haja venda de um determinado produto e como enfrentar a concorrência. Uma boa política comercial ajuda a determinar qual o capital de giro necessário, para levar a empresa a atender o mercado, da melhor maneira possível.

Política de Marketing – Política voltada a atender as necessidades dos consumidores.

Política de Promoção – Política que leva o produto ao consumidor, procurando tornar o mesmo mais interessante e atrativo depois que o consumidor o vê (influência direta). A promoção de vendas é o lugar comum dos diversos instrumentos que estão classificados como propaganda, venda pessoal e publicidade.

Política de Consumo – Política voltada a criar e manter consumidores.

Política de Distribuição – Política voltada para a melhoria dos meios de transporte e dos canais de distribuição.

Política de Exportação – Política voltada a atender as exigências do comércio internacional que é exigente, dinâmico e muito competitivo. Custo, qualidade e entrega é o chamado trinômio da competência internacional.

Política de Atendimento – Política a promover um atendimento de qualidade, cujo objeto de estudo é o constante relacionamento humano. O bom atendimento começa com cortesia, empatia e atenção às reclamações e devoluções dos produtos.

16.6 POLÍTICAS DE PREÇO

A seguir, as principais políticas de preço:

Política de Avaliação – Política que estuda como os consumidores avaliam o preço do produto e suas mudanças:

Política de Penetração – Política voltada para preços baixos e grandes volumes negociados. Aqueles que estabelecem preços baixos acreditam que haja uma correlação entre preço e volume comprado, dessa forma, gerando uma maior demanda. Tal política é adequada a novos produtos não, sociavelmente, visíveis e não simbolizando status. A dúvida é saber se preço baixo atrairá realmente mais consumidores.

Política de Preço Fixo – Política que atribui um único preço ao produto e o oferece a todos os consumidores que comprem a mesma quantidade sob as mesmas condições. Tal política dá um tratamento igual a todos os consumidores e elimina o tratamento diferenciado, que provoca descontentamento em muitos intermediários (distribuidores).

Política de Preço Flexível – Política em que os mesmos produtos e quantidades são oferecidos a preços diferentes (preços negociáveis). Tais preços oscilam, em função do potencial de compra do consumidor.

Política de Preço Nivelado – Política que procura manter os preços ao nível da concorrência, lastreando a ação de vendas em: promoções, liquidações e queima de estoques.

Política de Desconto – Política que dá desconto em relação ao preço de lista, sob a forma de moeda corrente ou alguma outra coisa de valor, podendo ser até produto.

16.7 POLÍTICAS DE COMPRA

A seguir, as principais políticas de compra:

Política de Abastecimento – Política, que adotará a periodicidade de abastecimento e a forma como determinados alimentos serão adquiridos. A periodicidade de abastecimento poderá intervir, sobretudo, no dimensionamento das áreas de armazenamento e a forma de aquisição dos gêneros. Interferirá na área de processamento, pois a eliminação de algumas fases da preparação descartará a necessidade de determinados equipamentos, o que leva a uma redução da área. Esta política consiste na fixação dos critérios para escolha dos fornecedores e organização do controle de recepção e armazenamento.

Política de Aquisição – Política que engloba o seguinte: aquisição de mercadorias; compras de estoque, para necessidades orçadas ou para atender pedido; estoque mínimo necessário; ordens de compra; estabilização da produção; previsão de alterações de prazo; seleção de fornecedores (quantidade, qualidade).

Política voltada à aquisição de recursos (toda espécie) para fazer a empresa funcionar. Tal aquisição deve ser necessária e suficiente. Nunca comprar mais do que o necessário.

Política de Armazenamento – Política voltada a minimizar o tempo de espera e guarda, até que o produto seja movimentado para seu destino.

Política de Negociação – Política que visa bem preparar o processo de negociação, trabalhando suas fases que são: Preparação; Planejamento; Iniciação; Avaliação; Movimentação; Desfecho e Análise do Resultado.

Política de Estoque – A política de estoque é encarada como um instrumento nos processos de criação e satisfação da demanda. Entretanto, não é realista do ponto de vista do custo que a empresa mantenha um estoque que, virtualmente, garanta a possibilidade de executar todos os pedidos imediatamente. Uma razão importante é que o custo de estoque aumenta a uma taxa crescente, à medida que o nível de serviço ao cliente se aproxima do ideal.

16.8 PROCEDIMENTO E ROTINA

Procedimento é uma série de passos lógicos, através dos quais todas as ações repetitivas numa empresa são iniciadas, executadas, controladas e finalizadas. Um procedimento define que ação é requerida, quem a executa, quando a ação deve ter lugar (cronologia e implementação) e como é executada (método).

O procedimento é um conjunto de rotinas padronizadas para permitir a perfeita e ordenada execução de uma operação. Assim, como a política é um guia para pensar e decidir, um procedimento é um guia para fazer. Como exemplo, pode-se citar: a decisão de pagar uma despesa. O procedimento é como a despesa será paga, se em cheque ou dinheiro. Já a política é a de pagar somente no último dia do vencimento.

O que aconteceria, se as políticas que deveriam existir para suportar decisões incorporadas aos procedimentos não existissem? Uma das premissas de um bom projeto é a sua adequação às políticas já estabelecidas.

É importante observar a existência de pessoas que aprofundam demais os procedimentos. Acabam se perdendo num cipoal de informações e acabam por identificar e manipular árvores, sem compreender a floresta. Outras tentam agir sobre o mesmo fenômeno como se fossem coisas completamente diferentes. Pior, pretendem subordinar todos os procedimentos ao computador.

O papel mais importante do procedimento é servir de canal transportador dos dados até o ponto de decisão. Os procedimentos permitem a execução de ciclos completos de ação. Um Manual de Procedimentos estabelece conjuntos de atribuições que orientam as ações de pessoas, como um programa de computador estabelece procedimentos de processamento.

Nem sempre tal visão é percebida. O papel mais importante do procedimento é servir de canal transportador dos dados até o ponto de processamento dos mesmos. Os procedimentos permitem a execução de ciclos completos de ação.

A rotina é definida como a descrição dos passos dados para a realização de uma atividade (operações), envolvendo, geralmente, mais de um agente. Ela é uma sequência de atos, fases, passos, etapas ou procedimentos que se faz, em função de, por exemplo, um hábito, uma observação, um método, uma metodologia, um estudo, isto é, a rotina tem como finalidade descrever os fluxos de trabalho ou estabelecer uma sequência de procedimentos na área a que pertence.

As rotinas são próprias de cada empresa. As rotinas escritas também evitam improvisações, na medida em que definem com antecedência os agentes que serão envolvidos, propiciando-lhes treinar as suas ações, desta forma eliminando ou minimizando os erros.

A análise da rotina objetiva a sua simplificação. Para tal é preciso fazer um levantamento compreendendo: espécie, natureza ou denominação de cada rotina; órgãos e pessoas envolvidas; desdobramento da rotina em fases e operações; referências ao tempo e volume de cada operação; espaços existentes entre cada operação; síntese de cada operação; exposição gráfica; tempos de espera e de execução de cada operação; fixação das unidades de trabalho; indicação das qualificações dos executores; apontamento das falhas; identificação das vinculações entre as rotinas; setor da organização.

A seguir, algumas regras para orientar a simplificação da rotina:

Reduza o número de operações.

Disponha as operações de maneira racional.

Torne as operações tão econômicas quanto possível.

Reduza a um número mínimo as manipulações.

Combine operações, se for econômico.

Encurte ou elimine movimentos.

Providencie meios mais econômicos.

Reduza o serviço ao mínimo exequível.

Use um número mínimo de pontos de controle.

16.9 PROCEDIMENTOS DE RECEPÇÃO

O setor de Recepção tem uma função muito importante, pois, uma vez recebido os materiais, os riscos correm por conta de quem os recebeu. Portanto, é necessário examinar: pedido, nota fiscal, fatura, nota de fornecimento, quantidade, qualidade, estado físico-químico, por exemplo. Qualquer queixa sobre as especificações deve ser relatada.

Esta seção de recebimento e conferência é um setor pertencente ao almoxarifado central. Este setor deve ser estruturado de forma que os materiais não fiquem mofando em suas prateleiras. Assim, tão logo o material comprado chegue, devem ser feitos os seguintes procedimentos de recepção:

Baixa do pedido e respectiva comunicação ao Departamento de Compras.

Inspeção do produto.

Comunicação da chegada do produto à seção requisitante,

Aviso à Contabilidade.

O recebimento de mercadorias é uma importante etapa do controle de qualidade. É recomendável que a área de recebimento possua pia para a pré-higienização. Também é conveniente ter um setor, para transferir as mercadorias de caixas de papelão e madeira para recipientes próprios (monoblocos), devidamente limpos, como, por exemplo, sacos plásticos específicos para alimentos.

É sempre bom lembrar que a carga e descarga devem ser realizadas sem causar danos aos alimentos. Nesta etapa é importante observar, para todos os produtos, os seguintes fatores:

Os veículos dos fornecedores, além de limpos e higienizados, devem ter Certificado de Vistoria.

Os entregadores devem estar adequadamente vestidos.

As embalagens não podem estar violadas.

O controle microbiológico deve ser realizado, quando necessário.

A correta identificação do produto no rótulo exigirá: Nome, composição e lote do produto; Número do registro do produto; CNPJ, endereço e outros dados do fornecedor; Condições adequadas de temperatura e armazenamento; Datas de fabricação e vida útil do produto; Definição de volume e peso.

No recebimento de mercadorias, caso haja mais de um fornecedor, dar preferência de atendimento na seguinte ordem: perecíveis resfriados e refrigerados; perecíveis congelados; perecíveis permitidos em temperatura ambiente; alimentos não perecíveis.

A seguir, algumas recomendações de recebimento de produtos:

Carnes – Estes gêneros devem ser entregues acondicionados em monoblocos ou caixas de papelão lacradas, embalados em sacos plásticos ou a vácuo, devidamente identificados, inclusive os salgados e defumados. Durante o recebimento destes produtos, deve-se atentar para a observação das seguintes características e procedimentos:

Não formação de cristais de gelo.

Ausência de água dentro da embalagem.

Inexistência de sinais de recongelamento.

Registro e controle de temperatura.

As temperaturas recomendadas para o recebimento são: Carnes Resfriadas (aves, pescados, bovinos, suínos): até 6ºC a 7ºC. Carnes Congeladas: entre -18ºC e -12ºC. Frios e Embutidos Industrializados: até 10ºC e de acordo com fabricante. Produtos salgados, curados ou defumados: Temperatura ambiente e recomendada pelo fabricante.

Hortifrutigranjeiros – Para estes gêneros é importante observar tamanho, cor, odor, grau de maturação, ausência de danos físicos e mecânicos. A triagem deve ser feita retirando-se folhas velhas, frutos verdes e deteriorados, antes da pré-higienização e acondicionamento adequado. Os ovos devem estar em caixas de papelão, protegidos por bandejas, tipo gaveta, apresentando a casca íntegra, sem rachaduras e sem resíduos que indiquem a falta de higiene do fornecedor.

As temperaturas recomendadas para o recebimento são: Hortifrutigranjeiros pré-processados congelados: Até - 18ºC a -12ºC; hortifrutigranjeiros pré-processados resfriados: Até 10ºC (em conformidade com fabricante); hortifrutigranjeiros "in natura": Temperatura ambiente.

Estocáveis – Os produtos estocáveis, quando recebidos à temperatura ambiente, devem apresentar-se em embalagens íntegras, próprias para cada tipo, dentro do prazo de validade e identificadas corretamente. Os cereais e leguminosas não devem apresentar vestígios de insetos, umidade excessiva e objetos estranhos.

As latas não devem estar enferrujadas, estufadas ou amassadas, ou, ainda, qualquer sinal de alteração do produto. A temperatura recomendada para o recebimento é a ambiental.

Descartáveis – Os materiais de limpeza e os descartáveis devem apresentar-se com embalagens próprias para cada produto e com identificação correta no rótulo. No caso dos produtos de limpeza, deve-se observar ainda, o prazo de validade e o número de registro no Ministério da Saúde.

16.10 PROCEDIMENTOS DE ARMAZENAGEM

O armazenamento é definido como uma função da distribuição e do tempo de espera, até que o produto seja movimentado para seu destino. A transferência de bens do produtor ao consumidor exige grande manuseio físico.

Os produtos acabados (ou semiacabados) precisam ser armazenados, tanto no estabelecimento do produtor como no do distribuidor. As matérias-primas devem ser armazenadas em condições, cujo controle garanta: proteção contra a contaminação; redução, ao mínimo, das perdas da qualidade nutricional; não deterioração do produto.

Os critérios básicos de armazenagem visam à preservação da qualidade dos alimentos, a disposição adequada dos produtos e o controle na utilização.

Armazenagem da Matéria-Prima:

Apoiar alimentos, ou recipientes com alimentos, sobre estrados ou em prateleiras, não permitindo contato direto com o piso.

Não manter caixas de madeira na área de estoque ou em qualquer outra área.

Manusear as caixas com cuidado, evitando submetê-las a peso excessivo.

Não arrastar pelo piso: monoblocos, caixas plásticas. Usar carrinhos para a movimentação.

Dispor os alimentos em estrados, garantindo boa circulação de ar, mantendo-os afastados da parede.

Organizar os produtos de acordo com suas características: enlatados, farináceos, grãos, garrafas, descartáveis.

Dispor os produtos obedecendo a data de fabricação. Os produtos mais antigos devem ser posicionados na frente e em cima, para serem consumidos em primeiro lugar.

Proporcionar boa ventilação, mantendo os produtos a uma distância de no mínimo 60 cm e afastados da parede em 35 cm, sempre que possível, sendo 10 cm o mínimo aceitável.

Manter sempre limpas as embalagens dos produtos.

Conservar alinhado o empilhamento de sacarias, em altura que não prejudique as características do produto e com amarração em forma de cruz, para favorecer a ventilação.

Respeitar o espaçamento mínimo necessário (10 cm) que garanta a circulação de ar entre os produtos armazenados em estrados e/ou prateleiras.

Preservar a qualidade dos produtos e higiene da área, retirando sucatas, materiais fora de uso, embalagens vazias.

Observar, constantemente, a data de validade dos produtos, a fim de evitar o vencimento dos mesmos. Nunca utilizar produtos vencidos.

Identificar todos os alimentos armazenados. Na impossibilidade de manter o rótulo original do produto, as informações devem ser transcritas em etiquetas.

Depois de abertas às embalagens originais, os produtos devem ser transferidos para recipientes descartáveis ou containeres higienizados.

Proteger os alimentos prontos para consumo, sendo a cobertura isolada para cada recipiente.

Sacos plásticos ou papéis impermeáveis devem ser de uso único, jamais devem ser reaproveitados.

Quando armazenar diferentes gêneros alimentícios num mesmo equipamento, respeitar a seguinte ordem: Alimentos prontos para consumo nas prateleiras superiores; semiprontos no meio; crus e outros nas prateleiras inferiores.

Refrigerar (congelar) alimentos em volumes com altura máxima de 10 cm ou em peças de até 2 kg.

Não manter caixas de papelão em áreas sob ar frio, porque essas embalagens são isolantes térmicos.

Colocar os produtos destinados à devolução em locais apropriados.

Manter as portas de refrigeradores sempre fechadas, abrindo-as o mínimo necessário.

Armazenagem Pós-Manipulação:

Respeitar rigorosamente as recomendações do fornecedor.

Após a abertura das embalagens originais, perde-se imediatamente o prazo de validade.

Não congelar os alimentos destinados à refrigeração, quando em suas embalagens o fornecedor assim o indicar.

Alimentos descongelados só poderão submeter-se a novo congelamento se forem processados.

Programar o uso de carnes congeladas, considerando que após o descongelamento as mesmas só poderão ser armazenadas sob refrigeração (até 4°C) por 72 horas para bovinos e aves e por 24 horas para os pescados.

Os alimentos prontos devem ser refrigerados ou congelados, devidamente etiquetados.

Os alimentos retirados de suas embalagens de fábrica, para serem manipulados crus, poderão ser armazenados, sob refrigeração ou congelamento, desde que devidamente identificados.

Colocar, segundo a legislação, as etiquetas para identificação dos produtos pré-processados ou prontos, mantidos armazenados.

16.11 PROCEDIMENTOS DE REFRIGERAÇÃO E CONGELAMENTO

A refrigeração e congelamento são etapas do Controle de Alimentos que abrangem desde a recepção até a distribuição. Sendo assim, é de vital importância a prática das seguintes condutas:

Departamentalizar as unidades refrigerantes, mantendo os alimentos separados de acordo com a sua natureza e preparo: produtos in natura (crus) e produtos processados e/ou cozidos, prontos para consumo.

Observar as regras para produtos vencidos e sua inutilização.

Os alimentos devem ser identificados.

Manter os alimentos, mesmo que em recipientes, distantes do chão.

Conservar os alimentos cobertos, protegidos, tampados e bem vedados.

Dispor os produtos de forma que haja espaço livre, para a circulação de ar frio.

16.12 PROCEDIMENTOS PARA DESCONGELAMENTO

O descongelamento é mais uma das etapas que é favorecido, quando a porção do alimento congelado é pequena, como observado anteriormente. Recomenda-se utilizar peças já filetadas e embaladas por peças ou por lotes de até 2 kg. O descongelamento pode ser realizado optando-se por uma das seguintes técnicas:

Em equipamentos específicos.

Em fornos de convecção ou micro-ondas.

Em água parada com temperatura inferior a 21ºC, por 4 horas, com o alimento protegido por embalagem adequada. A temperatura na superfície do alimento não deve ultrapassar 4ºC.

Em temperatura ambiente, sob controle.

Não recongelar alimentos crus ou prontos, que tenham sido descongelados.

Após o descongelamento de carnes, as mesmas devem ser consumidas em até 72 horas e para pescados em até 24 horas.

Após o descongelamento, os produtos devem ser armazenados sob refrigeração de até 4ºC e devem ser consumidos em 72 horas.

16.13 PROCEDIMENTOS PARA O PRÉ-PREPARO E A PREPARAÇÃO

A seguir, os procedimentos para pré-preparo e preparação:

Garantir que todos os manipuladores obedeçam às normas de higienização.

Utilizar utensílios adequados na manipulação de alimentos e evitar tocar os alimentos com as mãos.

Planejar a tarefa antes de executá-la.

Não permitir que os alimentos entrem em contato com objetos já manipulados manualmente.

Higienizar as superfícies de trabalho, placas de etileno, utensílios e equipamentos, antes e depois de cada tarefa.

Evitar a contaminação cruzada entre alimentos de diferentes gêneros, quando utilizar a mesma superfície de trabalho.

Manter os alimentos em preparação ou preparados sob temperaturas de segurança.

Lavar latas, garrafas e sacos antes de serem abertos e antes de serem armazenados.

Utilizar utensílios devidamente limpos.

Transferir os conteúdos não utilizados para recipientes próprios, protegidos e identificados.

Escolher a seco os grãos, como arroz, feijão, lentilha.

Lavar as leguminosas em água potável e enxaguar 3 vezes, no mínimo.

Levar o alimento à cocção, observando temperatura e tempo.

Evitar as preparações de véspera.

Manipular os produtos perecíveis pelo tempo recomendado, ou seja, em temperatura ambiente não deve exceder 30 minutos por lote e em áreas climatizadas, entre 12°C e 18°C, até 2 horas por lote.

16.14 PROCEDIMENTOS PARA COCÇÃO E REAQUECIMENTO

A seguir, os procedimentos para cocção e reaquecimento:

Garantir que os alimentos cheguem a atingir 74°C no seu interior ou combinações conhecidas de tempo e temperatura, que confirmam a mesma segurança, tais como 65°C por 15 min e 70°C por 2 min.

Planejar o processo de cocção, para que mantenha, tanto quanto possível, todas as qualidades nutritivas do alimento.

Elevar a temperatura de molhos a serem adicionados a alguma preparação, garantindo que ambos (molho e alimento) voltem a atingir novamente 74°C no seu interior.

Elevar a temperatura do leite a ser servido, frio ou quente, garantindo que atinjam 74°C.

Observar que os óleos e gorduras utilizadas nas frituras não sejam aquecidos a mais de 180°C, verificando a qualidade do óleo com frequência (odor, gosto e cor).

Manter registro das temperaturas de cocção.

Manter a temperatura ideal de 180°C, sempre que possível para frituras.

Evitar a adição de óleo novo ao usado.

Filtrar o óleo após o uso ou quando muitos resíduos se acumularem. Usar filtro de papel próprio.

Desprezar o óleo sempre que apresentar uma das seguintes alterações: cor escura; cheiro modificado; viscosidade alterada; nível de fumaça aumentando; formação de espuma.

A reutilização do óleo deve ser congruente com o alimento frito, peixe com peixe, por exemplo.

Evitar exposição ao ar quando o óleo não estiver em uso.

Guardar o óleo para futura utilização, após a filtragem, em refrigerador e sempre coberto.

Trocar o óleo a cada 6 horas, na ausência de controle.

Não utilizar excesso de óleo. O nível deve ser adequado para otimizar a distribuição do calor.

Não sobrecarregar a fritadeira.

Fritar por períodos longos, ao invés de usar a fritadeira por vários períodos curtos.

Manter a frigideira sempre limpa.

16.15 PROCEDIMENTOS DE ESPERA

A seguir, os procedimentos de espera:

Procedimentos de Porcionamento – O processo de porcionamento deve ser completado dentro do menor espaço de tempo possível, ou seja, essa manipulação deve ser feita em pequenos lotes, que os alimentos não permaneçam abaixo de 65ºC ou acima de 10ºC por mais de 30 min. Vale ressaltar que os utensílios devem estar sempre bem limpos, desinfetados e protegidos. A temperatura deve ser monitorada.

Procedimentos de Pós-Cocção – Nesta etapa, onde os alimentos que sofreram cocção aguardam atingir 55ºC para então serem levados à refrigeração, é muito importante: o uso de um termômetro de penetração para o adequado monitoramento da temperatura; um equipamento de redução rápida de temperatura, para agilizar o processo.

Procedimentos de Distribuição – Os alimentos, nesta etapa, devem ser protegidos de novas contaminações e também devem ser mantidos sob rigoroso controle de tempo e temperatura, para não ocorrer multiplicação microbiana. Assim, os alimentos quentes devem ser mantidos a 65ºC ou mais e os alimentos frios devem ser mantidos abaixo de 10ºC.

A temperatura de ser medida no lugar geométrico do alimento. Também é de grande importância diminuir ao máximo o tempo entre a preparação e a distribuição.

16.16 PROCEDIMENTOS NA UTILIZAÇÃO DE SOBRAS

As sobras podem ser classificadas, em função dos alimentos, como: não preparados; pré-preparados; prontos (acabados). Cabe salientar que o excedente de alimentos não consumidos não é considerado sobras e, sim, restos.

A utilização de sobras de alimentos prontos que não foram congelados para a distribuição somente pode ser feita segundo as condutas recomendadas para tempo e temperatura.

As sobras de alimentos quentes que ficaram acima de 65ºC por até 12 horas ou acima de 60ºC por até 6 horas ou menos que 3 horas para abaixo de 60ºC, podem ser assim conduzidas para uma próxima distribuição em até 12 horas no máximo.

Mas, se forem para refrigeração, devem ser reaquecidos até atingirem 74ºC, aguardar atingir 55ºC na superfície, daí serem resfriadas a 21ºC em 2 horas e então, em mais 6 horas atingir 4ºC, para serem reaproveitadas no máximo em 24 horas.

Para o congelamento, reaquecer até atingirem 74ºC, aguardar atingir 55ºC na superfície e daí serem congeladas novamente. As sobras de alimentos frios que ficaram até 10ºC por no máximo 4 horas ou menos que 2 horas entre 10ºC e 21ºC, podem ser assim conduzidas:

Para refrigeração – Voltar a atingir 4ºC em 4 horas no lugar geométrico do alimento, para serem reaproveitadas no máximo em 24 horas.

Para cocção – Para serem reaproveitadas como alimentos quentes (65ºC), os alimentos devem ser consumidos em até 12 horas.

Para a cocção seguida de congelamento – Aguardar atingir 55ºC na superfície e 74ºC no interior para daí serem congeladas novamente.

16.17 PROCEDIMENTOS DE EXPEDIÇÃO

O setor chamado Expedição é aquele que tem a guarda provisória dos produtos acabados, para que sigam seus destinos, isto é, devem ser despachados com presteza e rapidez, para os distribuidores. O transporte de alimentos deve obedecer às normas que possam garantir a qualidade nutricional, sensorial, microbiológica e físico-química dos produtos.

Os meios de transporte de alimentos destinados ao consumo humano, resfriados ou não, devem garantir a integridade dos alimentos a serem transportados. Portanto, é fundamental o controle de higiene, temperatura e tempo de transporte.

Os procedimentos de expedição são:

Não transportar os alimentos prontos com alimentos crus, pessoas, animais, substâncias tóxicas, materiais de higiene e limpeza. Assegurar que os materiais usados para proteção e fixação da carga não representem fontes de contaminação e/ou deterioração de alimentos

Usar viatura com cabine isolada da parte que contém os alimentos.

Possuir certificado de vistoria, de acordo com a legislação.

Garantir que o transporte de produtos perecíveis ocorra em material liso, resistente, impermeável, atóxico, lavável e aprovado por autoridade sanitária.

Garantir que o alimento não esteja em contato com o piso da viatura.

Capítulo 17

ADMINISTRAÇÃO de PESSOAS

"Os empregados podem ser nosso maior passivo, mas as pessoas são a nossa maior oportunidade".
Peter Drucker

OBJETIVOS DO CAPÍTULO

- Mostrar a importância da administração dos recursos humanos.
- Mostrar as fases do recrutamento, seleção e treinamento.
- Mostrar aspectos da contratação, seus deveres e obrigações.

17.1 RECURSOS HUMANOS

Embora tenhamos abordado este assunto, vale acrescentar que a mão de obra não representa apenas uma força de trabalho, mas uma matéria-prima de alta complexidade, cujo comportamento depende de uma diversidade de fatores extrínsecos e intrínsecos. Obter resultados através de pessoas exige uma atenção bastante aprofundada por parte dos administradores.

A estabilidade no emprego, a oportunidade de fazer o trabalho preferido, de receber melhor salário, de ascender na organização, de contribuir com suas ideias e propostas são fatores, dentre inúmeros outros, que podem atuar, circunstancialmente, como motivadores para que as pessoas realizem o seu trabalho.

Cada órgão da estrutura organizacional desenvolve atividades relacionadas com os recursos humanos. Os assuntos tratados, na Administração de Recursos Humanos, têm dois aspectos: Ambiente Externo e Ambiente Interno. No ambiente externo, em geral, tratamos de: pesquisa de mercado; recrutamento e seleção; pesquisa salarial; relações com sindicatos; relações com entidades de formação profissional; legislação trabalhista.

No ambiente interno, em geral, tratamos da: descrição de cargos; avaliação de cargos; treinamento; avaliação de desempenho; plano de carreira; política de pessoal; plano de benefícios sociais; política salarial; higiene; segurança; acidentes; turnover; auditoria.

A administração de pessoas deve estar na base de todos os esforços para desenvolver competências, habilidades e conhecimentos. Fatores como: qualificação e requisitos de pessoal, condições oferecidas de trabalho, decorrentes da precariedade da política de recursos humanos, que não contempla a valorização da mão de obra disponível, interferem diretamente em alguns aspectos, tais como: salário compatível, perspectivas de ascensão funcional, qualidade de desempenho, produtividade, higiene e segurança.

Este conjunto de fatores influi na motivação e, consequentemente, no moral, nas atitudes e nos comportamentos dos indivíduos e dos grupos de trabalho.

17.2 CARGO

Cargo é o conjunto de funções executadas de maneira cíclica ou repetitiva. Cada cargo tem um ou mais ocupantes (pessoas) que executam determinados trabalhos específicos. Para que exista um cargo deve, obrigatoriamente, existir uma função que o justifique. A função é o conteúdo do cargo. É importante lembrar, todavia, que, na prática, muitas vezes existe cargo sem função e, outras vezes, existe função sem cargo.

A seguir, serão abordados alguns elementos do cargo, que ajudarão a fundamentar o conceito de cargo:

Criação do Cargo – A criação de cargos deve ser guiada, em geral, pelos objetivos e estratégias da organização. A estrutura dos cargos, assim como a estrutura dos departamentos, deve adaptar-se do melhor modo possível. Colocar a pessoa certa no cargo certo dependerá das funções do cargo.

Características do Cargo – O cargo pode exigir características, tais como: habilidades específicas, conhecimentos técnicos, autonomia de atuação, conhecimentos atualizados de tecnologia e de sistemas de informação, identificação das tarefas a desempenhar. A abordagem mais recente sobre cargos tenta descrever de forma a que os empregados sintam o trabalho como tendo um significado próprio, sintam responsabilidade pessoal pelos resultados do mesmo e recebam numa forma regular um voto de confiança sobre os resultados de suas atividades.

Descrição do Cargo – O cargo estará sempre relacionado com: atribuição, responsabilidade, autoridade, desempenho, poder, decisão, remuneração. Assim, um cargo mal descrito poderá não só ser um tormento para o ocupante como uma perda de tempo, pois o executivo poderá estar atuando em dissonância com sua posição na estrutura hierárquica e organizacional da sua empresa. O conhecimento do conteúdo do cargo tem grande importância para se estabelecer os critérios de recrutamento, seleção e treinamento.

Análise do Cargo – A análise do cargo objetiva investigar os cargos e descrevê-los em termos das características gerais, tais como: o nível de responsabilidade, as condições de trabalho e as qualificações exigidas. Ela exige um estudo detalhado de cada aspecto ou elemento pertinente ao cargo e requer um esforço, por parte da chefia, para coletar dados que possam dar informações adequadas à caracterização de cada cargo. Através destas informações, é possível definir os requisitos e qualificações para a pessoa que vai desenvolver as tarefas pertinentes.

Aspectos do Cargo – Um cargo possui aspectos chaves, relativos à sua natureza, desempenho, interação e qualificação, tais como, por exemplo:

Título do cargo; Relações com subordinados e superiores; Relações cruzadas; Objetivos a serem alcançados; Jornada de trabalho; Funções, atribuições e tarefas; Comportamento congruente com a função; Tomadas de decisões; Características físicas; Responsabilidades com pessoas, máquinas e equipamentos; Rotinas de trabalho; Tempo dispensado às atividades; Local onde se desenvolvem as tarefas; Condições e riscos; Segurança e higiene; Utilização e manutenção dos equipamentos.

Classificação de Cargos – O agrupamento dos cargos em classes visa facilitar não somente a administração salarial, mas também permitir que cada classe de cargos tenha um tratamento genérico em termos de benefícios sociais, regalias, vantagens e sinais de status.

Desenho de Cargos – O desenho de cargos é a maneira pela qual os administradores projetam, estruturam e descrevem os cargos e os combinam em unidades. Existem diferentes abordagens para o desenho de cargos. Tais abordagens serão congruentes com o estilo de administração da organização. Uma preocupação fundamental com o cargo é que ele não seja recheado de ambiguidades, principalmente, no nível operacional.

Enriquecimento do Cargo – O enriquecimento do cargo consiste em elevar deliberadamente a responsabilidade, os objetivos e os desafios das tarefas do cargo, como um meio de trazer maior significado ao trabalho, além de oferecer oportunidades significativas de satisfação das necessidades mais elevadas.

O enriquecimento do cargo pode ser por movimento vertical (adição de responsabilidades de nível mais elevado), horizontal (desdobramento de tarefas no mesmo nível) ou rotativo (mover sistematicamente as pessoas de um cargo para outro para diminuir a monotonia e aumentar o conhecimento da organização). Esse tipo de prática pode ajudar a aumentar a sinergia entre os diferentes setores.

Avaliação de Cargos – Para poder atribuir salários, adequadamente, aos empregados, o ponto de partida é o cargo e, portanto, é necessário que a organização tenha uma ideia da importância relativa dos cargos, isto é, a importância de cada cargo em relação aos demais. Um cargo é avaliado pela posição que ocupa na estrutura organizacional, pela remuneração e benefícios que usufrui, em função do poder que tem.

A avaliação de cargos é o processo de analisar e comparar o conteúdo de cargos no sentido de colocar os mesmos em uma ordem de classes, as quais podem ser usadas como base para um sistema de remuneração. A metodologia de avaliação do conteúdo do cargo pode atender ao seguinte questionamento: O que faz? Quando faz? Quanto faz? Como faz? Onde faz? Por quê faz?

17.3 DIMENSIONAMENTO DE RECURSOS HUMANOS

A sobrevivência de uma empresa independe do somatório de suas partes, pura e simplesmente. Uma ação sinérgica entre as partes é que vai proporcionar o resultado almejado. Para se alcançar tal empreendimento, é necessário quantificar os diferentes cargos e distribuí-los racionalmente na empresa, isto é, fazer o dimensionamento de recursos humanos. É comum, numa visão operacional, ser feito uma distribuição percentual, em função daquilo a ser feito.

Considerando-se as diversas tarefas de uma Pequena Indústria de Alimentos é possível dimensionar, de maneira geral, a seguinte estrutura:

Administração e Contabilidade: 15%

Recepção e Estocagem: 10%

Preparação: 20%

Cocção: 20%

Armazenagem: 10%

Logística: 10%

Higiene e Limpeza: 10%

Segurança: 5%

Dimensionar as necessidades de recursos humanos estará em função do: Padrão de Atendimento; Qualidade do Cardápio; Nível de Higiene e Limpeza; Tempo de Entrega; Produtividade; Nível Tecnológico; Imobilizações em Máquinas e Equipamentos; Otimização de Recursos; Políticas de Pessoal, por exemplo.

17.4 RECRUTAMENTO DE PESSOAS

Da mesma forma como os indivíduos escolhem as organizações, estas procuram atrair e obter informações sobre as pessoas. Recrutamento é um conjunto de procedimentos para determinar quais os indivíduos estão qualificados a ocupar cargos na organização, isto é, a organização divulga e oferece, ao mercado de recursos humanos, oportunidades de emprego.

Para ser eficaz, o recrutamento deve atrair candidatos de maneira a suprir o setor de seleção a colocar, em seus bancos de dados, as pessoas, potencialmente, aptas a preencherem as necessidades de mão de obra da organização. Geralmente, o Departamento de Recursos Humanos de uma empresa é encarregado de procurar o pessoal do nível operacional.

O recrutamento do pessoal de nível médio, em geral, é entregue a uma agência. O pessoal de alto nível fica a cargo de um conselho de executivos criado especialmente para isto.

Dos recursos necessários à empresa, indubitavelmente, são os recursos humanos aqueles que causam maiores problemas. Uma empresa que deseja um bom time deve começar a procurar os elementos adequados. Atrair bons candidatos a emprego não é coisa fácil e de pouca importância. Somente uma série de procedimentos administrativos, racionalmente orientados, poderá satisfazer à necessidade de recrutamento.

A empresa deve checar tudo, mesmo aquilo que possa parecer irrelevante. Uma contratação ruim pode causar sérios danos à equipe. Deixar-se levar pela primeira impressão de um candidato e acreditar em tudo aquilo que está escrito no papel é o maior pecado do entrevistador. Para desenvolver a atividade de recrutamento, devemos adotar alguns procedimentos essenciais, capazes de garantir o sucesso da operação.

A seguir, os passos do processo de recrutamento:

Planejamento do Recrutamento – Planejamento do recrutamento consiste em estudar e analisar as necessidades de recursos humanos da empresa, presentes e futuras. A pessoa encarregada do recrutamento deve conhecer a classificação de cargos e funções da empresa (quadro de pessoal). Se tal quadro não existir, as dificuldades aumentarão.

Fontes de Recrutamento – Diagnosticadas as necessidades, realiza-se o levantamento das fontes, dos processos e das fórmulas capazes de fornecer, à empresa, as pessoas que a ajudarão a atingir os objetivos. Assim, o recrutamento passará a estudar o mercado de trabalho para conhecer o seu potencial, levando em consideração: a área de ação, níveis salariais, cargos, funções, pontos de concentração de mão de obra, concorrentes, universidades, agências de emprego.

Um problema básico da organização é diagnosticar fontes supridoras de recursos humanos, localizadas no mercado, que lhe interessem especificamente. Ademais, a identificação, a triagem e a manutenção das fontes de recrutamento constituem uma das maneiras pela qual a administração de recursos humanos pode: elevar o rendimento do processo de recrutamento; diminuir o tempo do recrutamento; reduzir os custos operacionais de recrutamento.

Posição do Cargo – A análise do cargo determinará a posição do lugar na estrutura organizacional, sua própria descrição, requisitos e características que deve ter o candidato. Esta análise abrange os aspectos qualitativos e quantitativos da mão de obra a ser contratada.

Trabalho de Recrutamento – O recrutamento envolve um processo que varia conforme a organização. O início do processo de recrutamento depende de decisão do órgão de linha, porque o setor de recrutamento é uma função de staff. Seu trabalho dependerá de uma requisição de empregado feita por um departamento ou seção de linha.

Divulgação do Recrutamento – A divulgação poderá ser feita de muitas maneiras, tais como: jornal, televisão, rádio, quadro de aviso, cartas às instituições governamentais encarregadas de alocação de mão de obra, universidades, sindicatos. Somente através de uma publicidade eficiente é que serão atraídos os melhores candidatos.

Um anúncio de emprego deve ser atrativo e seletivo. Assim, deve despertar o interesse de bons candidatos e desestimular os que não possuem condições que interessem à empresa. Um anúncio basicamente faz referência às vantagens e exigências da empresa. Vantagens: salário acima do ofertado pelo mercado; ambiente confortável; bom clima organizacional; possibilidade de promoção e carreira; oportunidade de desenvolvimento; assistência médica, dentária e social; horário flexível.

Exigências: idade mínima; nível de escolaridade; especialização; experiência; apresentação pessoal; conhecimentos de línguas estrangeiras; habilidades gerenciais comprovadas através de testes; conhecimentos de informática. O anúncio deve conter outros dados necessários à compreensão e orientação dos candidatos, como: nome da empresa, período de inscrição, local da inscrição, modos como pode ser feita a inscrição; documentos que devem ser apresentados; provas de seleção a que os candidatos serão submetidos; condições para a habilitação; aproveitamento dos candidatos.

Inscrição do Candidato – A inscrição, quando bem-feita, já realiza uma pré-seleção, uma vez que afastará os candidatos que não satisfazem a determinados requisitos.

Implementação do Recrutamento – A implementação do recrutamento pode ser feita por: consulta geral, sem especificação, no mercado de trabalho; meio de ofertas individuais, pessoalmente ou escrita; consulta direta, específica, às fontes de preparação ou suplência de pessoal qualificado (escolas, sindicatos, clubes profissionais, agências de colocação, por exemplo). Por isso, é bom que se tenha um bom Banco de Dados para candidatos em potencial, isto é, o recrutamento deve ser uma atividade permanente.

Praticamente, existem dois tipos de recrutamento: interno e externo. O recrutamento externo, quando aborda candidatos reais ou potenciais, disponíveis ou aplicados em outras empresas. Será interno, quando aproveita o seu próprio pessoal. Os tipos de recrutamento têm relação com o local onde estão as pessoas. Ambos os tipos possuem vantagens e desvantagens.

Uma das vantagens do recrutamento interno é o estabelecimento de um clima de valorização da prata da casa, elevando o moral e a motivação. Por outro lado, a empresa tem gastos menores em dinheiro e tempo. Já o recrutamento externo, possibilita a renovação de ideias, com perspectivas de mudanças na busca de melhores resultados do que os anteriores.

As técnicas para recrutamento interno mais usuais são: Divulgação da vaga em lugares estratégicos da empresa e consulta ao Banco de Dados de Candidatos. As técnicas para recrutamento externo mais usuais são: Divulgação na mídia da vaga, como também em entidades de classe e em escolas profissionais, formadoras de mão de obra especializada. Um bom exemplo disso são as Escolas do Senac, Senai e Sesi.

17.5 SELEÇÃO DE PESSOAS

A seleção é a atividade que vem em seguida ao recrutamento. Todo trabalho exige de quem o executa, certos conhecimentos e certas habilidades. Ao admitir um empregado para ocupar determinado cargo, a empresa precisa certificar-se de que ele possui as habilidades e os conhecimentos necessários ao desempenho das funções daquele cargo, ou, se não os possui, se tem condições de adquiri-los de forma satisfatória em tempo hábil.

Muitas vezes, a empresa nem deseja mesmo que os candidatos possuam os conhecimentos e habilidades, preferindo que apenas possuam as condições necessárias para adquiri-los, pois ela fará o treinamento conveniente, pois tem medo de importar vícios e desvios de conduta.

A seleção de pessoal é uma etapa de grande responsabilidade e complexidade, pois nela estão envolvidos motivação, necessidades, aspirações, objetivos pessoais e organizacionais que precisam ser satisfeitos. Se a empresa avalia o candidato como um ser social e não um mero recurso, o processo de seleção se torna mais complexo.

A avaliação do candidato é feita sob uma multiplicidade de variáveis, tais como: sociais, econômicas, culturais, intelectuais, instrucionais, financeiras, técnicas, comportamentais.

Admitir empregados sem seleção é agir de forma pouco inteligente. É jogar com a sorte. A seleção diminui as incertezas sobre o provável sucesso dos candidatos e, quando a vaga é disputada por vários candidatos, é a forma justa de decidir qual deverá ser o escolhido. A seleção de pessoal tem vários objetivos, como:

Escolher, para cada vaga, o candidato que oferece os melhores requisitos para o cargo.
Escolher a pessoa certa para o lugar certo.
Medir as aptidões e habilidades do candidato.
Avaliar o que de relevante o candidato fez e qual sua possível contribuição para a empresa.
Avaliar o conhecimento do candidato sobre o mercado, onde pretende trabalhar.
Listar casos de sucesso em que o candidato coordenou ou simplesmente participou.
Questionar se o candidato tem algum plano para a sua carreira.
Avaliar se o candidato tem desenvoltura para falar de si mesmo.
Medir se o candidato está preparado para mudanças.
Avaliar a visão estratégica do candidato.
Comparar a filosofia de vida do candidato com a da empresa.

Um bom trabalho de seleção de pessoal se fundamenta nas seguintes premissas de seleção: Ao se preparar a seleção, deve-se saber para que selecionar; A seleção não visa saber simplesmente quem é o melhor, mas quem é o mais adequado para o cargo; Conhecimento do trabalho se obtém através de uma análise, enquanto o conhecimento do candidato se obtém através de entrevistas, testes e exames.

17.6 ETAPAS DA SELEÇÃO

A seleção do candidato se faz através das seguintes etapas:

Pré-Seleção:

Ficha de Inscrição – É um formulário que o candidato preenche com o objetivo de fornecer inúmeras informações básicas, como: vida escolar; vida profissional; gostos culturais; posição econômica; vida recreativa; atividades paralelas; experiências anteriores.

Curriculum-Vitae – Além dos dados pessoais, deve o currículo apresentar: vida escolar; vida profissional; principais atividades; experiência profissional e referências.

Análise da Ficha – O selecionador examinará e analisará a ficha de inscrição e o currículo, confrontando-os e sublinhando os pontos básicos sobre os quais repousará a entrevista.

Referências – O candidato deve indicar algumas fontes de referências, isto é, pessoas que possam ser consultadas sobre o seu comportamento pessoal e profissional. Estes dados são utilizados na contratação de pessoas de alto nível.

Entrevista Preliminar – A entrevista é o ponto mais explorado na seleção de pessoas. O propósito de uma entrevista preliminar é avaliar de modo seguro os seguintes pontos: formação, qualificação, personalidade, experiência, atendimento dos pré-requisitos exigidos, atitude, comportamento, pretensões e confronto de méritos.

Seleção:

Testes de Conhecimento – Versarão sobre: redação de um tema, exercícios numéricos, testes de conhecimentos gerais, interpretação de texto.

Testes Específicos – Versarão sobre: conhecimento técnico, conhecimento especializado, capacidade profissional, habilidade gerencial, habilidade motora.

Testes Psicológicos – Versarão sobre: inteligência, percepção, personalidade, adaptabilidade, interesse, motivação, interação, cooperação, liderança.

Exames Médicos – A seleção médica deve envolver uma série de pontos de acordo com o cargo a ocupar.

Entrevista Final – Última etapa do processo de seleção, a entrevista final precisa considerar o seguinte: o entrevistador deve ter preparo especializado; o entrevistado deve estar em condições de poder informar tudo o que lhe for perguntado; as condições, em que se deve realizar a entrevista, devem ser em local adequado, sem perturbações de qualquer ordem, evitando-se a presença de outras pessoas; a formulação das perguntas e o registro das respostas obedecem a uma técnica pedagógica própria e não podem ser planejados por quem desconhece o assunto.

Os procedimentos de seleção variam em sofisticação, de uma simples e informal entrevista a um teste altamente detalhado e demorado. Mesmo depois de selecionado, o candidato passa por um período de adaptação, onde são passadas as informações necessárias para o desenvolvimento de suas funções. Às vezes, se faz necessário treinamento.

A seleção visa solucionar dois problemas básicos: adequação do homem ao cargo e rendimento do homem no cargo. Cabe o seguinte questionamento:

Quem deve integrar a organização e quais devem ser os critérios de seleção?

Deverá a empresa selecionar seus empregados de modo informal ou apenas de forma cuidadosa e dispendiosa?

Devem as empresas escolher pessoas por sua habilidade em executar uma gama específica de tarefas ou por que parece encaixar numa determinada cultura organizacional?

Quais são os critérios de promoção? A empresa valoriza a "prata da casa" ou contrata sangue novo?

Montar uma equipe também requer escolhas sobre a forma do relacionamento empregatício. Deve a empresa procurar trabalhadores para um relacionamento de longo prazo? Ou ainda, integrar ou estabelecer uma variedade de formas de admissão, incluindo meio período e funcionários temporários ou terceirizados? Deve contratar consultores e outras formas externas de expertises em determinados assuntos?

Todo critério de seleção fundamenta-se em dados e informações a respeito do cargo a ser preenchido. As exigências de seleção baseiam-se nas especificações do cargo, cuja finalidade é dar maior objetividade e precisão à seleção do pessoal para aquele cargo.

Se todos os indivíduos fossem iguais e reunissem as mesmas condições para aprender e trabalhar, a seleção poderia ser dispensada. Contudo, há uma enorme diversidade entre as pessoas. Seus níveis de percepção são diferentes, bem como suas habilidades, relacionamentos e aprendizagens.

A partir dessas informações é possível criar uma ficha (arquivo) que contém os atributos psicológicos e físicos necessários ao desempenho satisfatório do ocupante, no cargo considerado. As fichas servem para estabelecer as técnicas de seleção mais aplicáveis ao caso.

17.7 ENTREVISTA DE SELEÇÃO

A entrevista é instrumento fundamental na seleção de pessoal. Tem sido supervalorizada por uns e subestimada por outros. É, no entanto, indispensável no processo de escolha de pessoal e, ainda que usada sem ser acompanhada por testes, melhora muito a seleção de pessoal. A entrevista é, basicamente, uma fonte coletora de dados e fatos aparentes e passados. O seu grande inimigo é o julgamento subjetivo e precipitado do entrevistador.

A avaliação da entrevista é ponto vital no êxito de seu uso.

Os cuidados que o entrevistador deve ter, numa entrevista de seleção de um candidato, são:

Ser realizada em lugar isolado.

Afastar ao máximo seus preconceitos.

Ser bastante objetivo, evitando atitude doutoral.

Não fazer perguntas capciosas, evitar se projetar sobre o candidato.

Colocar o entrevistado bem à vontade e começar a entrevista com um assunto que seja de interesse do mesmo.

Não se afastar de seu objetivo, trabalhar baseado num roteiro para não se perder, evitando prolongar o tempo da entrevista.

Redigir um relatório, abordando o seguinte: aparência, inteligência, conhecimento, maneira de se expressar, sociabilidade, temperamento, educação, instrução, moral, documentação, experiência profissional, evolução escolar e profissional, nível de percepção.

Durante a entrevista se estabelece um diálogo, com um fluxo de informações do candidato para o entrevistador, e vice-versa. Há uma relação de troca de informações, o entrevistador busca extrair do candidato as informações básicas necessárias ao desempenho do cargo e, ao mesmo tempo, transmite as informações sobre o cargo.

É muito comum que o entrevistador se valha de um questionário preestabelecido (entrevista estruturada) como orientador da entrevista. Esse método, apesar de facilitar a escolha, não considera a individualidade do candidato e suas peculiaridades o que poderá levar a resultados ruins. A tarefa de um entrevistador não é fácil. Por essa razão, devem ser redobrados os cuidados para que os erros sejam os menores possíveis.

Um cuidado fundamental, que não deve ser esquecido, é o relatório da entrevista.

O entrevistador vai lidar com todo tipo de entrevistado, tais como: enganador, simpático, cativante, de "grande experiência", com currículo brilhante, sedutor, exagerado, mentiroso, mascarado, carismático, aproveitador da ingenuidade do entrevistador, conversador. Assim, a empresa deve checar tudo, mesmo aquilo que possa parecer irrelevante.

A entrevista sendo essencialmente um método de coleta de informações coexiste com outros dois métodos mais conhecidos: a observação e a documentação. É interessante notar as vantagens e desvantagens em cada um dos métodos e procurar a possibilidade de combinar os três, porque, de certa forma, o entrevistador sempre estará interpretando documentos prévios à entrevista, bem como observando o comportamento do entrevistado.

Algumas empresas utilizam a entrevista de desligamento como o meio principal de controlar e medir os resultados da política de pessoal, bem como as principais causas de turnover. Em linhas gerais, esta entrevista procura dar cobertura, principalmente, aos seguintes aspectos: motivo básico do desligamento; opinião do empregado sobre: a empresa, o cargo, o chefe direto, o horário de trabalho, as condições ambientais, os benefícios sociais, o salário, o relacionamento humano, as oportunidades de progresso, o moral, a atitude dos colegas, as oportunidades no mercado.

17.8 TESTE

Os testes constituem uma técnica de seleção muito utilizada, por possibilitar resultados objetivos, o que facilita a escolha do candidato. O teste objetiva avaliar o grau de conhecimento, habilidade e conceituação adquiridos, através do estudo, da prática, da experimentação, do exercício.

Os testes podem, no mundo corporativo, ser projetados para: admissão, transferência, promoção, treinamento, aprendizado, aptidão, destreza, coordenação motora, liderança, capacidade, atitude, capacitação e habilidade, por exemplo.

A seguir, uma classificação dos testes:

Quanto à maneira como são aplicados, os testes podem ser:

Orais (por meio de perguntas e respostas verbais).

Escritos (por meio de perguntas e respostas escritas).

Operacionais (por meio da execução de uma tarefa).

Quanto à forma de como são elaborados, os testes podem ser:

Tradicionais – São os que abrangem poucos itens, possuem um número pequeno de questões e exigem respostas longas. Seus principais defeitos consistem na pequena extensão do campo que examinam e na subjetividade de julgamento.

Objetivos – Possuem maior número de questões, abrangem grandes áreas do conhecimento do candidato e exigem respostas breves e precisas, determinadas na forma e no contexto.

Mistos – Possuem uma parte objetiva e outra subjetiva.

Para construir-se um teste há inúmeros tipos de itens que se pode escolher, a saber: alternativas simples (certo ou errado); preenchimento de lacunas; conjugação de pares (associações); ordenação cronológica; múltipla escolha.

Os principais tipos de teste são:

Teste de Conhecimentos Gerais – Teste para aferir noções de cultura geral, generalidades, exercícios numéricos, interpretação de texto.

Teste de Conhecimento – Teste que busca sondar o nível de conhecimento para o desempenho do cargo.

Teste de Capacidade – Teste para comprovar se o candidato tem conhecimentos atualizados, necessários e suficientes, para desempenhar as tarefas que a ele serão atribuídas.

Teste Específico – Teste para medir conhecimentos técnicos, específicos, especializados, profissionais, por exemplo.

Teste Psicológico – Teste para avaliar a compreensão do homem e de suas relações. Eles versarão sobre: inteligência, percepção, personalidade, adaptabilidade, interesse, motivação, interação, cooperação, liderança.

Teste de Autoavaliação – Teste em que a pessoa faz a sua própria avaliação, em geral, sobre o seu progresso acadêmico e/ou profissional. Este teste permite medir o estado de conflito existente entre sua qualidade de vida com os objetivos e valores almejados.

Teste de Desempenho – Quando bem utilizado, a avaliação do desempenho possibilita aos gerentes mobilizar a energia de seu pessoal para cumprir metas estratégicas. A avaliação consegue direcionar a atenção de cada um para os propósitos a serem atingidos e dar respostas que todos querem conhecer.

Teste Psicométrico – O teste psicométrico baseia-se na análise de amostras do comportamento humano, examinando-as sob condições padronizadas, verificando a aptidão, com o intuito de generalizar e prever aquele comportamento sob determinada forma de trabalho. Os testes psicométricos baseiam-se nas diferenças individuais que podem ser físicas, intelectuais, culturais e de personalidade.

Teste de Aprendizagem – Teste para verificar o que o aluno aprendeu, após um período de ensino/estudo. Ao final da avaliação da aprendizagem, são atribuídas notas (valores, conceitos) aos resultados obtidos.

Teste de Personalidade – O teste de personalidade objetiva analisar os diversos traços determinados pelo caráter (traços adquiridos) e pelo temperamento (traços inatos).

Teste de Criatividade – Teste para avaliar o potencial criativo e inovador de uma pessoa.

Teste de Habilidade de Cozinha – Teste que mede a desenvoltura do candidato nas tarefas do cargo a que se propõe, onde são analisados: a destreza com utensílios, máquinas e equipamentos; os cuidados com segurança, higiene e limpeza; o grau de conhecimento para formular cardápios; os conhecimentos administrativos e contábeis para controlar estoques e armazenamentos, por exemplo.

17.9 TREINAMENTO

Quando os empregados não produzem satisfatoriamente, apesar de serem boas as instalações, máquinas, equipamentos, recursos, sistemas e ferramentas, possivelmente, a causa seja a falta de habilidade e conhecimento. A solução é o treinamento. O treinamento capacita as pessoas ao desempenho das tarefas de seus cargos.

Algumas vezes, o empregado sente-se incapaz de desenvolver uma nova atribuição. Entretanto, prefere não revelar esta deficiência. É comum uma resistência ao treinamento, talvez como forma inconsciente de dizer que sabe tudo.

O objetivo do treinamento é capacitar o indivíduo a alcançar altos níveis de performance para cumprir seus deveres e responsabilidades para com a organização a que pertence, bem como alcançar os objetivos da empresa, proporcionando oportunidades para que todos, em todos os níveis, obtenham conhecimentos, práticas e condutas requeridos em suas atividades.

Os principais objetivos de uma política de treinamento são:

Preparar o pessoal para execução imediata das diversas tarefas peculiares à organização.

Proporcionar oportunidades para o contínuo desenvolvimento pessoal, não apenas em seus cargos atuais, mas também para outras funções para as quais a pessoa pode ser considerada.

Mudar as atitudes das pessoas, com várias finalidades, entre as quais: criar um clima mais satisfatório entre empregados, aumentar a motivação e tornar os funcionários mais receptivos à supervisão e à gerência.

Capacitar o indivíduo a alcançar altos padrões de desenvolvimento humano.

Ensinar a prática e a conduta requeridas pelo cargo.

Treinar um indivíduo na habilidade para usar conhecimento técnico produzirá um especialista funcional, mas isto pouco contribui para desenvolver um homem com conhecimento das funções administrativas e organizacionais, suportes da gestão corporativa. Todos os profissionais têm duas opções: Treinar ou Regredir. Um engano muito comum reside no fato das pessoas pensarem que a prática já é um treinamento.

Treinamento é bom para os profissionais, mas a boa educação é fundamental para desenvolver a capacidade de absorção ou mesmo de criação de novos conhecimentos. Um ser humano treinado é capaz de assimilar rotinas e praticar as mesmas no seu dia a dia.

Uma pessoa educada é capaz de questionar e/ou criar conceitos, contribuindo de forma ativa para o desenvolvimento das organizações. O treinamento encoraja o administrador a se mostrar confiante e a demonstrar responsabilidade diante de seus subordinados, porque passa a ter uma maior faculdade de julgar. Entretanto, o fato de uma pessoa conhecer bem um determinado assunto não significa que esteja em condições de ensinar.

17.10 ELEMENTOS DO TREINAMENTO

A seguir, alguns elementos do treinamento:

Premissas do Treinamento – As mais importantes premissas do treinamento são:

O aperfeiçoamento em administração inclui tanto o treinamento quanto a educação.

O treinamento se refere à aquisição de perícia e conhecimento necessário para o desempenho de tarefas específicas num cargo.

A educação se refere a desenvolver um indivíduo mental e moralmente, de maneira que ele adquira maior compreensão de seu ambiente e sua adaptabilidade a ele.

O resultado esperado do treinamento deve ser o aperfeiçoamento e o desenvolvimento de conhecimentos, bem como técnicas e atitudes, que levem o funcionário a cumprir sua missão.

Processo de Treinamento – Este processo terá como fases básicas, as seguintes: diagnóstico da situação; levantamento das necessidades; decisão quanto à estratégia, programa e plano de treinamento; implementação do treinamento; execução do treinamento; sistema de controle; avaliação dos resultados; identificação dos resultados insatisfatórios; realimentação dos desvios para correção.

Levantamento das Necessidades – O levantamento das necessidades de treinamento é uma forma de diagnóstico e, como tal, deve basear-se em informações relevantes. Os principais meios utilizados para este levantamento são: avaliações de desempenho; observações; questionários; solicitações de supervisores e gerentes; entrevistas; reuniões; testes; mudanças e modificações nos processos operacionais; relatórios.

O levantamento das necessidades de treinamento pode ser efetuado em três diferentes níveis de análise: Ao nível da organização; ao nível dos recursos humanos; ao nível das operações. De um modo geral, há necessidade de treinamento quando: empregado é admitido; o empregado é promovido ou transferido para outras funções; são comprados novos equipamentos; há mudanças nos métodos de trabalho (novas operações, novos materiais); há mudanças administrativas (novos procedimentos, novos regulamentos); há desperdício de materiais; verifica-se má qualidade do produto; há gasto excessivo de tempo; os custos são elevados.

Execução do Treinamento – A execução do treinamento dependerá, principalmente, dos seguintes fatores: Adequação do conteúdo programático do curso de treinamento ao público-alvo; A qualidade do material de treinamento apresentado; A cooperação de todos os envolvidos; A qualidade e preparação dos instrutores; A qualidade dos alunos.

Avaliação do Treinamento – A avaliação do treinamento deve considerar dois aspectos principais: Determinar até que ponto o treinamento realmente produziu as modificações desejadas no comportamento dos empregados; demonstrar se os resultados do treinamento apresentam relações com a consecução das metas da empresa. A avaliação do treinamento terá êxito, quando se questionar o participante (aluno) sobre as seguintes perguntas:

A administração do curso atuou na solução de eventuais dificuldades?

O mobiliário e as instalações da sala de aula são satisfatórios?

O horário e a duração das aulas atendem a eficácia do curso?

Os temas abordados estão atualizados, contribuindo para os objetivos dos participantes?

A ordem em que foram dadas as aulas formou uma sequência que facilitou a compreensão do assunto abordado?

O uso de recursos didáticos ajudou no aprendizado?

A parte prática contribuiu para o seu aprimoramento?

A carga horária foi suficiente e bem distribuída pelos assuntos?

O material escrito apresentado tem uma linguagem didática, com informações relevantes?

Os testes aplicados foram bem elaborados?

O curso atingiu totalmente o objetivo a que se propôs?

Funções do Treinamento – O treinamento possui as seguintes funções básicas: transmitir informações; desenvolver habilidades; modificar atitudes; desenvolver conceitos.

Análise do Treinamento – A análise do treinamento será, principalmente, baseada nas seguintes questões: Qual a necessidade? Onde foi assinalada em primeiro lugar? Ocorre em outra área ou setor? Qual a sua causa? É parte de uma necessidade maior? Como resolvê-la? É preciso alguma providência inicial? A necessidade é imediata? Qual a sua prioridade? A necessidade é permanente ou temporária? Quantas pessoas e quantos serviços serão atingidos? Qual o tempo disponível para o treinamento? Qual o custo? Quem irá executar o treinamento?

Questões do Treinamento – O treinamento deve trabalhar as seguintes questões:

O que deve ser ensinado? (Conteúdo Programático)

Quem deve ser treinado? (Público-Alvo)

Quem vai treinar? (Instrutor)

Onde treinar? (Local)

Como treinar? (Métodos e Recursos)

Quando treinar? (Época e Horário)

Quanto treinar? (Duração e Intensidade).

Para que treinar? (Objetivos e Resultados)

Qual o custo? (Relação Custo/Benefício)

Quais pontos são críticos? (Avaliação e Controle).

Participante do Treinamento – É o nome dado ao aluno, ou aprendiz, de um curso de treinamento.

Resultado do Treinamento – O resultado esperado do treinamento pode ser visto sob os seguintes níveis:

Ao nível organizacional, o treinamento é um dos meios de aumentar a eficácia organizacional. Neste nível o treinamento deve proporcionar resultados como: melhoria da imagem da empresa; melhoria do clima organizacional; minimizar conflitos entre empregados; aumentar a produtividade; maior aceitação das mudanças e inovações tecnológicas.

Ao nível dos recursos humanos, o treinamento deve proporcionar resultados, como: redução do turnover; redução do absenteísmo; aumento da eficiência individual; aumento das habilidades pessoais; aumento do conhecimento e do nível de percepção dos funcionários; mudanças de atitudes e de comportamento.

Ao nível das tarefas e operações, o treinamento pode proporcionar resultados, como: melhoria do nível de qualidade dos produtos; redução no fluxo de materiais de produção; redução dos acidentes de trabalho; redução do índice de manutenção de máquinas e equipamentos.

Metodologia do Treinamento – A metodologia a ser aplicada estará, em função dos resultados que se quer obter e, também dos recursos instrucionais de que dispõe a empresa. As fases básicas dessa metodologia são: Levantamento das necessidades por setor; Aplicação dos princípios de aprendizagem; escolha do método adequado ao público-alvo; Reunião dos materiais e dados para a instrução; Elaboração do programa; Treinamento dos instrutores; Implementação do treinamento; Avaliação e controle do resultado; Relatório.

Recursos Instrucionais – Os recursos instrucionais mais usados são: livros, apostilhas, manuais, filmes, regulamentos, simulações, estudos de caso, teleconferências, testes, palestras, modelos, esquemas, gráficos, exposição oral, quadros de esboço, slides, projeções, transparências, dramatizações, demonstrações, simulações, dinâmicas de grupo, por exemplo.

Gastos com Treinamento – Tudo o que se gastar em treinamento, desde que este seja bem feito, redundará em benefícios altamente compensadores para a organização. Inversamente, tudo o que se deixar de gastar, quando há necessidade de treinamento, redundará em prejuízos para a empresa, pois ninguém nasce sabendo e nem pode tudo saber, a menos que alguém lhe ensine. Sozinho também se aprende, mas custa muito mais em recursos.

17.11 PROGRAMA E PLANO DE TREINAMENTO

Um programa de treinamento objetiva ampliar o conhecimento do participante em relação a: produtos, concorrências, ambientes, comportamentos, mercados, técnicas, atribuições, habilidades, responsabilidades, cenários, qualidades, sistemas de comunicação, ferramentas organizacionais, tecnologias, sistemas de informação.

A seguir, um exemplo de programa de treinamento:

Definir áreas carentes de conhecimento.

Estabelecer o público-alvo, seu nível e experiência.

Elaborar conteúdo programático, em função do público-alvo.

Determinar o tempo de duração do curso.

Definir a metodologia a ser aplicada.

Levantar necessidades de recursos institucionais.

Orçar despesas de implementação.

Estabelecer o tipo de linguagem didática adequada.

Servir o local de instrução de todo o conforto compatível com o público-alvo.
Desenvolver um plano diretor da aula.
Aplicar o treinamento.
Avaliar resultado do curso, através de um questionário de pesquisa.
Fazer correções para o próximo curso.

Um plano de treinamento requer uma série de providências, tais como:

Conteúdo Programático – Programa didático elaborado com ordenação, eliminando-se as justaposições e os conflitos de apresentação. Isto envolve uma perfeita sintonia entre os instrutores.

Método – O método a ser aplicado deve ser útil e agradável. É comum se utilizar estudos de caso para melhorar o desenvolvimento do raciocínio do aluno. A técnica de dramatização ajuda a desinibir e a contornar objeções.

Recursos – Os recursos devem prender a atenção, provocar impacto e ajudar a fixação de conceitos.

Linguagem – No processo de comunicação, a linguagem deve ser adequada ao público-alvo.

Conduta – Ao instrutor cabe transmitir o conteúdo com clareza e providenciar os meios necessários à boa instrução.

Avaliação – Ao final do curso fazer uma avaliação por meio de um questionário.

Outras providências complementares serão exigidas, como: preparar uma descrição das tarefas, com suas obrigações; fixar o grau de profundidade do treinamento; definir as responsabilidades do instrutor, determinando, claramente, os seus limites; estabelecer formas de reciclagem para alunos e instrutores.

A seguir, um Plano de Treinamento em Cozinha Industrial:

Título: Treinamento sobre técnicas de fabricação de alimentos congelados, para auxiliares de cozinha.

Objetivo Geral: Desenvolver nos empregados habilidades e técnicas de preparação e conservação de alimentos.

Objetivos Específicos: Identificar as operações preliminares; Capacitar o participante a dar valor a qualidade e a otimização de recursos; Mostrar a importância da produtividade aliada a rentabilidade e minimização de custos; Construir a necessidade de higiene e limpeza em tudo que faça, visando uma boa imagem para si e para a empresa; Mostrar o lugar do participante na hierarquia da cozinha.

Justificativa: A falta de pessoal qualificado é o grande fator que justifica o curso de treinamento.

Período de Duração: O treinamento terá a duração de 10 dias.

Carga Horária: 20 horas por semana.

Local das Aulas Teóricas: Sala de reuniões.

Local das Aulas Práticas: Cozinha.

Conteúdo Programático: Operações preliminares empregadas nos produtos alimentícios; Técnicas de pré-preparo de carnes, frutas, legumes e verduras; Técnicas de preparo no recebimento dos gêneros alimentícios; Valor nutritivo de cada produto; mostrar o papel do auxiliar de cozinha no êxito das preparações e no cumprimento dos objetivos da empresa.

Métodos Didáticos: Aulas expositivas; Estudo de caso; Demonstrações práticas.

Recursos Audiovisuais: Projeção de imagens; Textos didáticos; Gêneros alimentícios; Utensílios; Máquinas e Equipamentos.

Avaliação: Testes de aferição da aprendizagem; Observações de habilidade e desenvoltura.

Responsável pelo Treinamento: Gerente de produção.

17.12 TIPOS DE TREINAMENTO

O treinamento pode se classificado de acordo com o aspecto que se deseja enfocar. Basicamente, as técnicas empregadas levam em consideração: época, local, conteúdo, método e público-alvo. A seguir, alguns tipos de treinamento:

Treinamento Anterior à Admissão – É utilizado por algumas organizações que proporcionam treinamento com vistas as aproveitamento posterior de candidatos. Tal prática é adotada, quando existe uma oferta maior do que a demanda do mercado de trabalho.

Treinamento de Socialização – Também chamado de integração ou de iniciação, é dirigido ao funcionário recém-admitido. Antes de iniciar suas atividades no cargo, o empregado recebe da organização as informações de seus direitos e obrigações. São propósitos deste treinamento: informar sobre regimentos, normas, rotinas, roteiros, atribuições e instruções gerais; apresentar os companheiros de trabalho, bem como as funções que exercerá; mostrar as relações de autoridade e subordinação; mostrar os recursos que irá utilizar.

Treinamento Funcional – Também chamado de treinamento para o trabalho, é o tipo de treinamento utilizado para desenvolver e aperfeiçoar o empregado nas atividades inerentes ao cargo. É utilizado tanto para o novo empregado como para o antigo. Pode ser realizado dentro ou fora da organização.

Treinamento Geral – Envolve conteúdo de interesse para todos os cargos, como: relações no trabalho, higiene e limpeza, manuseio do equipamento, por exemplo.

Treinamento Específico – Oferece informações de interesse apenas a determinado cargo, como por exemplo, noções de segurança alimentar, otimização de recursos, técnicas de armazenagem, montagem de cardápios.

Treinamento Individual – Utilizado para os cargos mais elevados da estrutura organizacional.

Treinamento Coletivo – Utilizado para demonstrações de laboratório, estudos de casos.

Treinamento Continuado – Em se tratando de cozinha, alimentos e preparação de alimentos, essa área é aquela que nunca pode ficar desatualizada. Assim, é um treinamento constante, seguido de avaliação do aprendizado. As feiras do setor e o relacionamento estreito com fornecedores darão as informações atualizadas de que o empresário necessita.

Treinamento Técnico – O treinamento técnico compreende o desenvolvimento de conhecimentos relativos a produtos e suas aplicações; cultura e estratégia da empresa; características do mercado; características dos consumidores; produtos e estratégias da concorrência.

Treinamento Comportamental – O treinamento comportamental procura desenvolver atitudes, habilidades e capacidades dos vendedores relativas a métodos de vendas, ou seja, saber ouvir, comunicar bem, ser criativo, adaptar-se com facilidade, ser organizado, fazer perguntas, perseverar, ter confiança, superar objeções, solucionar problemas, conhecer técnicas de negociação, ser profissional.

TWI – O método TWI (Trainning Within Industry), ou seja, treinamento dentro da indústria diz como o instrutor deve estar preparado para ensinar e como ensinar. Para estar preparado para ensinar, o instrutor deve: Determinar o pessoal a ser treinado (quem, o que, quando, quanto); Determinar as fases mais importantes e os pontos chaves (por que, como); Reunir os recursos instrucionais que serão utilizados; Ter o lugar do treinamento, devidamente preparado e arrumado para o aluno.

A seguir, como ensinar o trabalho:

Prepare o instruindo, ponha-o à vontade, indique o trabalho e verifique o que ele já sabe a respeito.

Desperte-lhe o interesse em aprender o trabalho, coloque-o em posição correta.

Apresente o trabalho, fale, mostre e ilustre uma fase importante de cada vez.

Insista em cada um dos pontos chaves, ensine clara, completa e pacientemente apenas aquilo que o instruendo possa aprender.

Faça o instruendo executar, peça ao instruendo para fazer o trabalho; corrija os erros; por meio de perguntas, verifique se ele compreendeu.

Prossiga até ter a certeza de que o instruendo sabe.

Acompanhe e encoraje o instruindo, diga-lhe a quem se deve dirigir quando precisar de auxílio; anime-o a fazer perguntas.

Verifique sempre o seu trabalho.

Vá, gradualmente, deixando que o instruendo trabalhe por si mesmo, sem a sua interferência.

Treinamento Administrativo – O treinamento administrativo deve ter como propósito primordial o desenvolvimento das habilidades diretamente relacionadas com o exercício das funções administrativas e como usá-las como ferramentas para a solução de problema e tomada de decisão.

Treinamento On Line – Às vezes, parece impossível para pessoas ocupadas encontrar tempo para aulas. Descobrir os cursos disponíveis pode ser difícil. Matricular-se em um curso demanda tempo. O treinamento exige amiúde que você deixe o escritório por muito tempo, e o horário das aulas nunca leva em conta um problema inesperado nos negócios.

Um treinamento on line bem planejado pode eliminar esses obstáculos. Pode estar a um clique no seu computador. A avaliação pode ser feita, por meio de um questionário eletrônico, para medir o conhecimento. Uma vantagem desse treinamento é que os instrutores podem dedicar mais tempo para analisar as dificuldades dos alunos.

Treinamento de Vendedores – A mão de obra do vendedor não é barata. Assim, a melhor maneira de fazer com que ele se torne produtivo é treinar. É bom lembrar que o treinamento só dá resultado quando a direção acredita e quando, enfim, todos tenham a certeza que o treinamento constante faz vender mais e melhor.

Durante o seu trabalho, o vendedor possui treinadores que estão sempre a sua disposição, como o próprio vendedor, o gerente, o supervisor e o consumidor. Se o vendedor souber ouvir o consumidor, acrescentará muitos elementos ao seu conhecimento. É, enormemente, útil treinar os vendedores, para pensarem como consumidores. Infelizmente, quase todos os profissionais de venda acreditam que a prática já é treinamento.

17.13 CONTRATAÇÃO

O processo de contratação propriamente dito é realizado mediante um contrato de trabalho entre a empresa e o empregado, sendo o vínculo empregatício estabelecido a partir da assinatura da carteira de trabalho.

A jornada de trabalho, aprovada pela Constituição Brasileira, de 5 de outubro de 1988, é de 220 horas por mês (44 horas por semana), incluindo o descanso remunerado de um dia por semana, normalmente, o domingo. Além do descanso remunerado, há outros dias em que não se trabalha, como demonstrado no Quadro, a seguir:

Itens	Valor
Dias por Ano	365
Descanso Remunerado	52
Férias	22
Faltas Abonadas por Lei	3
Feriados	13
Total de Dias Trabalhados por Ano	275
Horas de Trabalho por Dia	7,33
Total de Horas Trabalhadas por Ano	2.015,75

Quadro 17.1: Total de Horas Trabalhadas por Ano.

Quando as jornadas diárias ultrapassam o máximo permitido por Lei, de 8 horas/dia, o excesso, dentro dos limites legais, pode ser compensado com folgas. As empresas adotam escalas de trabalho, como por exemplo:

8 horas/dia, de 2ª a 6ª, e 4 horas aos sábados, com folga aos domingos, sem precisar substitutos de folgas.

8 horas/dia, de 2ª a 6ª, e 4 horas aos sábados, com folga aos domingos, requerendo substitutos de folgas.

Carga horária semanal distribuída por igual, nos 6 dias úteis da semana.

Para serviços ininterruptos, as folgas semanais podem ser marcadas em um outro dia da semana.

A substituição do funcionário na folga gera um aumento no quadro de empregados.

Para 12 horas de trabalho/dia, trinta e seis horas de folga. Para este tipo de jornada de trabalho, há a necessidade de um substituto de folga. Isso implica em haver uma turma que trabalha e outra de folga.

Para 24 horas de trabalho, 48 horas de folga, isto é, um dia de trabalho e 2 dias de folga. Essa jornada implica para cada empregado, dois substitutos de folgas.

Todo empregado tem direito a férias de 30 dias por ano.

Com respeito à contratação, várias pesquisas revelam que o excesso de regulamentação legal na área trabalhista contribui para aumentar o desemprego e a informalidade. Uma delas, realizada pelo Banco Mundial em 145 países, examinou a legislação brasileira em três áreas: Facilidade de Contratação; Facilidade para Demissão; Condições de Trabalho.

A seguir, um demonstrativo de quanto custa, para as grandes empresas gerar um emprego formal:

Contribuições Sociais: INSS (20%) + FGTS (8,5%) + Salário-Educação (2,5%) + Seguro de Acidente (2%) + Sesi/Sesc/Sest (1,5%) + Senai/Senac/Senat (1,0%) + Sebrae (0,6%) + Incra (0,2%) = 36,3%

Remuneração do Tempo Não Trabalhado: Repouso Semanal (18,10%) + Férias (9,4%) + Abono de Férias (3,64%) + Feriados (4,36%) + Aviso Prévio (1,32%) + Licença-Enfermidade (0,55%) + 13º Salário (10,91%) + Indenização de Dispensa sobre 50% do FGTS (3,21%) = 51,49%

Incidências Cumulativas (efeito cascata) sobre Contribuições Sociais + Remuneração de Tempo Não Trabalhado = 15,67%

Total Geral = 103,46%

17.14 SALÁRIO

Embora o conceito de salário tenha sido abordado, vale acrescentar que o salário tem sido o principal conflito de interesse entre empregados e empregadores, se acentuando em economias instáveis. Em uma organização, cada função ou cada cargo tem o seu valor.

O salário é considerado como um pagamento de um trabalho e uma medida de valor. Assim, o salário médio pago pelo mercado para um determinado cargo serve de padrão para medir se há ou não uma superavaliação daquilo que está sendo gasto com uma pessoa.

Os objetivos da administração de salários são os seguintes:

Remunerar cada empregado de acordo com o valor do cargo que ocupa.

Remunerar a pessoa pelo seu desempenho, dedicação e conhecimento.

Atrair e reter os melhores candidatos para os cargos, de acordo com os requisitos exigidos para seu adequado preenchimento.

Ampliar a flexibilidade da organização, dando-lhe os meios adequados à movimentação do pessoal, racionalizando as possibilidades de desenvolvimento.

Obter dos empregados a aceitação dos sistemas de remuneração adotados pela empresa,

Manter equilíbrio entre os interesses financeiros da organização e sua política de relações com os empregados; facilitar o processamento da folha de pagamento.

A administração de salários de uma empresa é o conjunto de princípios e regras que refletem a orientação e a filosofia da organização, no que tange aos assuntos de remuneração de seus empregados, em função dos cargos ocupados.

Dois fatores são fundamentais nesta administração:

Faixa Salarial – A faixa (ou intervalo) salarial dependerá da empresa e do cargo. As observações mostram que a faixa salarial é inversamente proporcional ao nível hierárquico. Em geral, a situação é assim retratada: Nível Institucional: de dois a três níveis salariais; Nível Gerencial: de três a cinco níveis salariais; Nível Operacional: de quatro a sete níveis salariais.

A seguir, uma simulação de um Quadro de Funcionários de uma Pequena Indústria de Alimentos:

Função	Q	Salário (R$)	Total	Acumulado
Gerente	1	3.000,00	3.000,00	3.000,00
Assistente	1	1.100,00	1.100,00	4.100,00
Auxiliar Administrativo	2	900,00	1.800,00	5.900,00
Chefe de Cozinha	1	2.500,00	2.500,00	8.400,00
Auxiliar Cozinha	2	900,00	1.800,00	10.200,00
Auxiliar de Serviços Gerais	2	650,00	1.300,00	11.500,00

Quadro 17.2: Funcionários de uma Pequena Indústria de Alimentos.

Piso Salarial – O piso salarial, muitas vezes, é uma imposição dos governos. Outras vezes, é determinado por meio de um acordo coletivo de trabalho, via sindicato da classe. O piso salarial atinge os menos favorecidos pela educação, intelectualidade, cultura, conhecimento e informação. Um trabalhador do campo, muitas vezes, nem piso salarial ganha. Reajustar salários não representa dar um aumento a pessoa e, sim, tentar manter um padrão de vida condizente com suas necessidades.

17.15 TURNOVER E ABSENTEISMO

A taxa de turnover, ou taxa de rotatividade de empregados, mostra a movimentação (entra e sai) de pessoal numa organização. Uma taxa de turnover elevada pode significar má administração da empresa ou um mercado de atuação desfavorável, onde os recursos humanos são difíceis e instáveis, como em mercados que exigem muita criatividade.

Por outro lado, um dos motivos de um turnover elevado é a constante contratação de pessoal de fora da empresa. A taxa de turnover é dada pela fórmula:

T = |Q1 - Q2| / Q1

Onde:

Q1 = Quantidade inicial (momento do registro) de empregados.

Q2 = Quantidade empregados que ainda estão trabalhando, no momento a medição.

|Q1 - Q2| = Valor absoluto da diferença (Q1 - Q2).

Exemplo:

Q1 = 200

Q2 = 150

T = |200 - 150| / 200 = 50 / 200 = 0,25 = 25%

A rotatividade de pessoal expressa a relação percentual entre os desligamentos e o número médio de funcionários que compõem o quadro de pessoal, considerando um determinado período de tempo, que pode ser mensal ou anual. Este índice não deve ser zero e nem muito elevado. A variação da taxa de rotatividade está diretamente relacionada à cultura e ao clima da organização.

A taxa de absenteismo é um dos indicadores de avaliação da mão de obra. Ela corresponde à ausência do empregado no posto de trabalho. Se, por exemplo, uma fábrica tem 80 empregados e a média de ausências, por mês, é de 4 funcionários, a taxa de absenteismo (TA) mensal é:

TA = 4/80 = 5%

Cada empresa tem suas próprias características, que vão determinar a taxa mais aceitável, isto é, a taxa que não atrapalhe o seu desempenho e progresso. Essas ausências não programadas causam transtornos, a ponto de exigir mudanças nos tipos de preparações do dia, substituições de afogadilho, atrasos nas entregas. Quase sempre geram mudanças comportamentais nos demais empregados, tais como: irritabilidade, agressividade, negligência, desinteresse e injustiças.

Capítulo 18

PRODUÇÃO

"O importante é tornar a empresa forte e não o empresário, pois é a empresa o polo mais importante para o desenvolvimento econômico e social e, portanto, a maior fonte geradora de riqueza".
Paulo B. de Paula

18.1 PRODUÇÃO

Produção é um conjunto de atividades, procedimentos, operações e movimentos usados para transformar a natureza em bens e serviços. Uma combinação da engenharia de desenvolvimento de produtos com racionalização de espaço e custo, isto é, uma sucessão de elementos de trabalho aplicada a materiais naturais com a finalidade de atender às necessidades humanas.

A produção tem padrões de custo e de operação, tem grande controle sobre seu ambiente interno, processos de produção, máquinas e empregados. Estes elementos são organizados e dirigidos de maneira a produzirem o máximo de eficiência.

Erros comuns em produção são: considerar custos baixos e alta eficiência como principais objetivos; não encarar processos produtivos na estratégia global da empresa. Tomar a produtividade como a coisa mais importante, sem considerar consumidores, novos mercados, mudanças de hábitos, modismos, novas tecnologias, risco de capital, remuneração do investimento, preços praticados pela concorrência, margens de lucro, economia de escala, terceirização, capacidade instalada, não deve ser a principal prioridade do gerente de produção.

O gerente de produção deve se indagar, todos os dias, sobre: Por que produzir? O que produzir? Como produzir? Quando produzir? Quanto produzir? Com que produzir? Onde produzir? A que custo produzir? Qual deve ser a capacidade instalada? O preço de venda do produto é competitivo?

O objetivo da produção é transformar as entradas de um sistema em um conjunto específico de saídas. Como objetivos complementares temos:

Atender a carteira de pedidos.
Assegurar a plena utilização da capacidade instalada.
Reduzir custos.
Aumentar a movimentação de materiais e produtos.

Desenvolver um banco de dados para aplicações futuras.

Obter dados sobre os fatores de produção.

Registrar e acompanhar as atividades executadas.

Obter informações sobre: andamento da produção, quantidades produzidas, refugos e quebras, consumo de matérias-primas, insumos, materiais e energia.

Analisar tempos e movimentos.

Medir a produtividade.

Otimizar o arranjo físico de homens e máquinas.

As principais funções da produção:

Controle de Estoques – É a função através da qual a produção é abastecida de matérias-primas, insumos, acessórios, materiais.

Delineamento – É a função de decidir que operações deverão ser executadas para fabricar uma peça, máquina, ferramenta, protótipo. Tal decisão diz respeito ao ato de comprar ou fabricar.

Planejamento – É a preparação do plano de produção e as providências, para se ter, a tempo, todos os itens necessários à produção.

Programação – É o planejamento detalhado da fabricação de um produto.

Montagem – É através da montagem que se têm as informações do que realmente foi produzido.

Movimentação – Procurar manter as linhas suficientemente abastecidas.

Controle – É uma função importantíssima, pois permite fazer correções ao longo do programa.

Expedição – É a unidade que entrega a encomenda ao cliente, informando à contabilidade.

Recepção – Recebe materiais, verifica qualidade, especificações, confere notas fiscais, informando os setores de Compras e de Contabilidade.

Compras – Recebe informações do controle de estoque e do planejamento para que encomende determinado item a um determinado fornecedor. Depois de realizado o pedido informa a Contabilidade, a Recepção e a Produção.

A produção não é independente das outras funções organizacionais. O administrador da produção é responsável pela produção de bens, na qualidade exigida e a tempo de satisfazer as datas estipuladas para entrega. As quantidades a serem fabricadas serão afetadas pela magnitude da demanda dos produtos.

Os prazos, nos quais devem ser fabricados os produtos, dependerão das exigências de entrega por parte dos elementos da empresa e modificados, se possível, apenas para fabricação em lotes de tamanho econômico.

Geralmente, o Departamento de Produção planeja suas atividades antes do recebimento de pedidos.

As razões são muitas: primeiro, é improvável que a data de entrega prometida seja cumprida, porque o tempo necessário para operacionalizar tudo isso excede de muito aquilo que é aceito como razoável; segundo, ainda que isso não aconteça, a empresa que só dá partida a produção, depois do pedido, pode ter problemas com os fornecedores de recursos, abalando sua imagem e acumulando custos excessivos.

Para ser um bom administrador da produção, você deve ser responsável: pela qualidade da produção; pelo planejamento e controle da produção; pela fabricação dos produtos nas quantidades exigidas, nos prazos estabelecidos e com a qualidade recomendada; pela escolha do método de produção, pois quase sempre um produto pode ser fabricado de várias maneiras; pelo arranjo físico da fábrica; pela movimentação de materiais; por determinar o lote econômico de fabricação; pela redução dos custos e pela otimização dos recursos disponíveis e aplicados à produção.

18.2 MODELOS DE PRODUÇÃO

A seguir, estão apresentados dois modelos de produção, na forma de fluxograma:

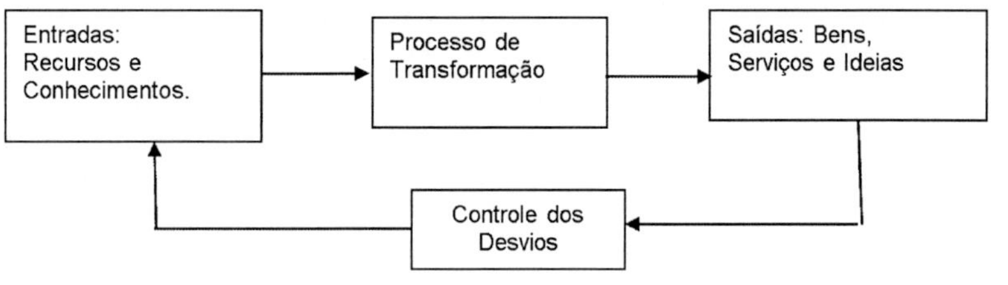

Figura 18.1: Modelo Simplificado da Produção.

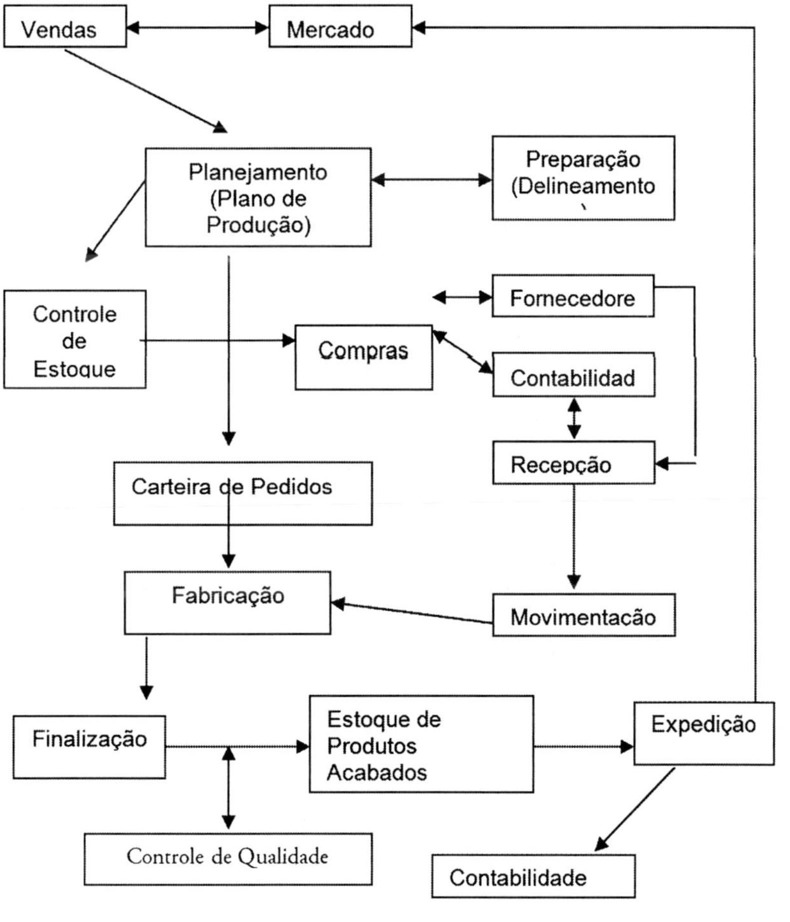

Figura 18.2: Modelo Holístico da Produção.

18.3 FABRICAÇÃO

A fabricação é vista como sendo uma combinação de engenharia industrial, estudo de tempo, leiaute de fábrica, controle de estoques, análise quantitativa, programação e simulação (ensaio e erro). Um exame das causas básicas de muitos problemas de fabricação parece originar-se da combinação de dois fatores: a sensação de inadaptação e a falta de conscientização.

Daí a necessidade de: delinear o relacionamento entre as operações e as estratégias; chamar a atenção para a existência de limitações específicas no planejamento da produção; sugerir uma nova forma de se visualizar a fabricação.

Para a maioria dos dirigentes, prevalece o ponto de vista de que uma fábrica com equipamentos razoavelmente modernos, métodos e processos atualizados, grupos de trabalho cooperativo, sistema de informações e uma gerência esclarecida será uma boa fábrica que funcionará eficientemente.

A fabricação é parte do conceito estratégico, que relaciona o potencial de recursos da empresa às oportunidades do mercado.

Os planos de marketing estão voltados a determinar as respostas para as questões: por que, onde, quando e como os consumidores poderão ser atingidos e levados a comprar. O que nem sempre se imagina é que, diferentemente do marketing, a produção tem outras exigências, tais como:

Armazenagem descentralizada; mercadoria disponível para pronta entrega; custos mínimos para competir; grandes áreas de depósitos; equipamentos especializados; grande quantidade de recursos humanos; distribuição exclusiva; produção sob encomenda (carteira de pedidos); alta qualidade com extrema confiabilidade; supervisores com treinamento especializado.

É comum uma indústria ser sinônimo de uma empresa de fabricação, tanto que a palavra indústria é, muitas vezes, confundida como fábrica. Na realidade a indústria é uma empresa que fabrica (monta) um grande número de produtos (acabados, semiacabados), a partir de itens de materiais ou partes componentes.

Pouquíssimos países foram bem-sucedidos sem uma adequada política industrial. É muito difícil criar uma que funcione, mas é impossível ter sucesso sem nenhuma.

Política industrial isolada não existe. Ela é fruto de uma política econômica, envolvendo a definição e a orientação dos instrumentos de intervenção proporcionados pelas empresas, institutos de pesquisa, universidades e governos.

Uma política para a indústria tem de estar acoplada ao processo de capacitação tecnológica, porque ela não pode ser confundida com uma política de fabricação. Ela deve partir da estratégia global da empresa e ser encarada como um processo vital, que interage com os demais segmentos da empresa.

As etapas para uma política industrial adequada podem ser, por exemplo:

Analisar a situação da concorrência.
Medir valores, tais como: aptidões, objetivos, produtos, processos, capacidades.
Definir atividades e tarefas, para produtividade, qualidade, serviço, remuneração.

Estudar a relação entre custo, produto, margem de contribuição, volume de fabricação, retorno do investimento, alterações do composto mercadológico, ciclo operacional do produto (giro do produto).

Observar qual a tecnologia utilizada pelo mercado.

Avaliar a diferença entre os recursos existentes e os necessários.

Criar sistemas de informação para suporte à tomada de decisão.

Estudar a localização da fábrica, para o menor custo.

Treinar recursos humanos para as funções administrativas e organizacionais.

Criar controles para avaliar resultados e dar feedback.

Na sociedade industrial existem muitas situações, nas quais o estímulo para a perfeição coincide com as necessidades tecnológicas. Na preparação de medicamentos e alimentos, certos organismos nocivos devem ser completamente eliminados ou irão se multiplicar e trazer danos à saúde. As máquinas precisam ser aperfeiçoadas para minimizar os perigos à segurança humana.

A busca da perfeição industrial leva as fábricas a consumirem recursos, sem somar, efetivamente, um valor ao uso, ao resultado, ao desenho, ao custo e ao visual. São frequentes os exageros de projetos. O processo de determinação da política industrial é justamente o meio que a administração tem à sua disposição para dirigir a produção.

A sequência a questionar é a seguinte:

O que os outros estão fazendo? O que temos ou podemos conseguir para competir? Como podemos competir? O que devemos realizar na fabricação para poder competir? Quais são as restrições econômicas, financeiras e tecnológicas comuns à indústria? Que procedimentos adotar para uma adequação ao mercado? Como implementar nossa política de fabricação? Quais sistemas de informação são básicos? Quais modificações são necessárias e suficientes?

18.4 VISÃO SISTÊMICA DA PRODUÇÃO

A visão que o empreendedor deve ter da produção é retratada no diagrama, a seguir:

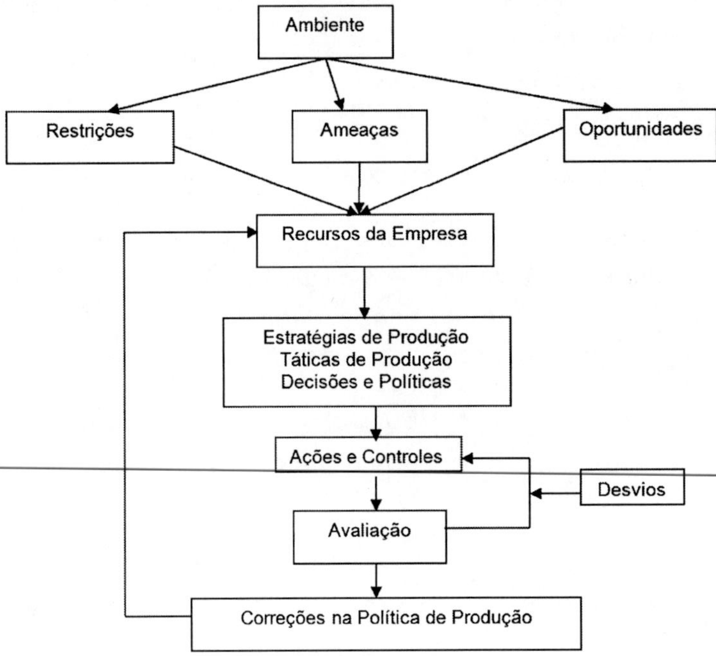

Figura 18.3: Visão Sistêmica da Produção.

18.5 ELEMENTOS DA PRODUÇÃO

A seguir, os principais elementos da produção:

Sistema de Informações – O sistema de informações de produção é aquele que diz respeito ao fluxo de materiais e à produção de bens e serviços. Ele cobre cada atividade de planejamento e controle da produção, controle de inventário, compras, distribuição e transporte. Num sistema de informações de produção, muitos fluxos de informações podem ser especificamente excluídos, porque muitas questões são rotineiras e programadas e, portanto, já possuem um tratamento automático.

Hoje, não basta ter apenas as qualificações tecnológicas necessárias e as instalações apropriadas de fabricação para a obtenção de um determinado produto, porque, hoje, a função de produção em indústrias maduras passou a uma posição subordinada à função marketing.

Problemas de Produção – Os principais problemas de produção são: mudanças excessivas nos produtos; rendimento baixo das máquinas e equipamentos; tempo residual excessivo; baixa produtividade; resposta irreal sobre pedido do cliente; pedidos de afogadilho; cancelamento de pedidos em função do prazo; padrões de qualidade abaixo dos do mercado; diversificação fora de condições de atendimento; atraso tecnológico; departamento de vendas desconsidera os problemas de produção; custos fora de controle; movimentação exagerada de materiais e produtos; estoques superdimensionados; distribuição mal feita; excesso de perdas, refugos, resíduos e sobras; excesso de acidentes; qualidade ambiental de produção abaixo do aceitável.

Alternativas de Produção – Em cada área de decisão (instalações, equipamentos, planejamentos, controles) da produção, a empresa precisa reconhecer as alternativas e ficar envolvida nos projetos de produção. Assim, o verdadeiro ponto crucial do problema parece ser como assegurar que o processo contínuo de tomar decisões não fique isolado dos fatos competitivos do ambiente. Um exemplo que diz respeito a instalação de máquinas e equipamentos pode ser:

Envergadura do Processo: Fazer ou comprar?

Tamanho da Fábrica: Uma grande fábrica ou várias menores?

Localização da Fábrica: Localizar junto aos mercados ou junto às matérias-primas?

Investimento: Investir em imóveis, equipamentos, estoques ou pesquisas?

Tecnologia: Equipamentos de uso geral ou de uso especializado?

Preparação – A preparação envolve pessoas, máquinas, acessórios, ferramentas, móveis, utensílios, dispositivos apropriados, antes de iniciar o trabalho.

Matriz de Produção – A matriz de produção mostrará as variações da fatia de mercado que a empresa tem e diversas taxas que ajudam o dirigente a corrigir erros, mudar estratégias e táticas. Seus itens principais são: Produção da Empresa; Produção Nacional; Nível de Produção; Linhas de Produtos; Compra de Matérias-Primas; Defeitos; Defeitos Recuperados; Taxa de Defeitos; Taxa de Refugo; Taxa de Obsolescência; Taxa de Devolução; Total de Máquinas; Máquinas Defeituosas; Máquinas Paradas; Taxa de Inatividade de Máquinas; Rendimentos de Máquinas; Acidentes.

18.6 TIPOS DE PRODUÇÃO

Os principais tipos de produção são:

Produção em Linha – Tipo de produção no qual é usado o arranjo físico em linha dos equipamentos e há um fluxo contínuo de materiais ao longo da linha dos centros de produção.

Produção em Lotes – Produção na qual os produtos e/ou partes são fabricados, intermitentemente, em uma série de lotes.

Produção Artesanal – Regime de produção individual ou grupal, com divisão do trabalho elementar, no qual o artesão executa todas as etapas da produção, em que o trabalhador é dono dos meios de produção (geralmente instrumentos rudimentares) e do produto do seu trabalho.

Célula de Produção – Constitui uma unidade autônoma e autossuficiente, contendo todas as ferramentas e operações requeridas para produzir um determinado produto. Constitui uma combinação de processo e arranjos de produtos, nos quais estão presentes as pessoas e equipamentos necessários.

Produção em Massa – Tipo de produção, que utiliza, por meio de linhas de montagem e métodos padronizados, para fabricar grandes quantidades de bens. As responsabilidades da administração da produção incluem a reunião dos insumos em um plano de produção aceitável que realmente utilize os materiais, a capacidade e o conhecimento disponíveis nas instalações de produção. Dada uma determinada demanda no sistema, o trabalho é programado e controlado para produzir os bens e serviços exigidos. Entretanto, deve ser exercido um controle sobre o estoque, a qualidade e o custo.

Produção Sazonal – Tipo de produção em que a taxa de produção tende a aumentar ou cair em determinados meses ou estações do ano.

Produção sob Encomenda – Tipo de produção no qual a quantidade necessária é finita, não repetitiva e geralmente pequena. Toda a quantidade é feita em um só lote, para um período determinado.

Produção Contínua – Produção em série de operações, com cada item seguindo para uma operação subsequente, tão logo esteja disponível.

Produção do Conhecimento – Na Era da Informação, o recurso mais importante deixou de ser o capital financeiro para ser o capital intelectual, baseado no conhecimento. Este ficou na dianteira de todos os demais recursos organizacionais, pois todos passaram a depender dele.

18.7 PROCESSO DE PRODUÇÃO

Processo é um conjunto de etapas sequenciais que apresenta mudança ao longo do tempo, tendo certa continuidade. É dinâmico, cíclico e sistêmico (cada etapa afeta as demais). É o detalhamento de como fazer. Praticamente, todo e qualquer trabalho é visto como um processo. Mesmo que se faça uma atividade de diferentes maneiras, é básico que se siga um processo já estabelecido anteriormente ou que seja fruto de um ato empírico, constituindo-se, em ambos os casos, num padrão momentâneo.

A atividade central com a qual a administração da produção está relacionada é o processo de produção, que está relacionado com todas as decisões, atividades, estratégias, táticas, políticas, restrições, oportunidades, controles, planos, por exemplo. O processo de produção será avaliado, em função das técnicas e práticas operacionais de produção.

O tempo de duração do processo é importante, devido à necessidade de se gastar o menor tempo possível, tendo em vista que o tempo, embora seja intangível, ele é muito importante sob o aspecto da efetividade.

Assim, a seguir, é mostrada a taxa de duração do processo que é dada pela fórmula:

Taxa de Duração do Processo = Padrão Aferido no Laboratório / Padrão Aferido no Campo

Onde:

Padrão Aferido no Laboratório = Média dos tempos medidos no laboratório

Padrão Aferido no Campo = Tempos medidos no campo / Número de medições

Exemplo:

Tempo Médio de Laboratório = 2 horas

Tempo Médio de Campo = 2,2 horas

Taxa de Duração do Processo = 2 ÷ 2,2 = 0,91 = 91%

Análise:

Obviamente que tempos padrões de laboratório são, geralmente, diferentes dos aferidos no campo. Mas, a tendência é que estes se tornem menores do que aqueles.

A eficiência de um processo de produção, do ponto de vista do sistema físico, é medida pela relação: saída /entrada. Relação que não pode ser maior ou igual a uma unidade.

18.8 PLANEJAMENTO, DIREÇÃO E CONTROLE DA PRODUÇÃO

Nenhuma organização sobrevive no mundo atual a menos que planeje o futuro. Aquele que gerencia por palpite, intuição, sentimento ou experiência é um oportunista. O sucesso advém menos da inspiração do que do cuidadoso planejamento da criação de oportunidades. Ele deve conter uma metodologia que possibilite uma boa atuação junto ao cliente.

Planejamento é uma função administrativa que capacita a empresa a decidir qual é o melhor uso de seus recursos, para atingir objetivos propostos.

A produção é uma atividade administrativa relacionada ao planejamento, direção e controle dos métodos, técnicas e processos a serem usados para desenvolver e fazer produtos, cujo objetivo central é satisfazer as datas de entrega aos clientes, com um mínimo de custo.

No planejamento da produção a empresa deve:

Definir e dimensionar objetivos.
Preparar programas, estratégias, políticas, estruturas, procedimentos e planos.
Desenvolver sistemas de informação e de comunicação.
Adotar padrões de qualidade.
Dimensionar recursos para que as demais funções administrativas sejam exercidas com efetividade.
Preocupar-se com projetos, processos, produtos.
Selecionar máquinas e equipamentos.
Programar treinamento.
Decidir sobre tecnologias, materiais, localizações, arranjos físicos.
Identificar possíveis alternativas de produção.

Na direção da produção, a empresa deve resolver os seguintes problemas:

Mudanças excessivas nos produtos (modelos e estilos).
Rendimento baixo das máquinas e equipamentos.
Tempo residual excessivo.
Baixa produtividade.
Resposta irreal sobre pedido do cliente.
Pedidos de afogadilho.
Altos custos em algumas linhas.

Pedidos excessivos nas categorias de urgente e especial.
Cancelamento de pedidos, em função do prazo.
Padrões de qualidade abaixo dos de mercado.
Diversificação fora de condições de atendimento.
Atraso tecnológico em relação à concorrência.
Conflitos com Vendas, Marketing, Finanças e Contabilidade.

No controle da produção, a empresa deve:

Comparar resultados obtidos com os planejados.
Determinar as causas das variações e desvios.
Preocupar-se com os níveis de estoque e de qualidade.
Minimizar custos.
Atender a carteira de pedidos.
Desenvolver planilhas e gráficos para analisar resultados.
Medir os tempos de resposta.
Estudar os resultados, em relação às outras empresas concorrentes.

Alguns autores afirmam que o planejamento da produção pode ser dividido em níveis, tais como:

Primeiro Nível – Neste nível, a sequência das tarefas é planejada em unidade de produção e a relação espacial entre os locais de trabalho é planejada em termos de departamentos (seções).

Segundo Nível – Neste nível, cada operação planejada é considerada individualmente e sua divisão final em elementos é finita.

Terceiro Nível – Neste nível, é escolhida a forma inicial do material para cada componente; cada processo definido no planejamento da fábrica é então analisado novamente e é planejada a divisão em operações.

18.9 PLANO DE PRODUÇÃO

O plano de produção mostra os produtos e as quantidades a serem completadas em determinados períodos de tempo. Mas, antes de montar um plano de produção, é útil pensar num questionamento, tal como:

Situação Competitiva – O que os outros estão fazendo?
Valores da Empresa – O que temos ou podemos conseguir para competir?
Estratégia da Empresa – Como podemos competir?
Tarefas da Função Produção – O que realizar para atuar no mercado?
Economia do País – Quais as restrições e oportunidades da indústria?
Tecnologia – A defasagem tecnológica da empresa é muito acentuada a nível regional, nacional e internacional?

Avaliação – Quais são os pontos fortes e fracos da empresa?

Política – Que política industrial é a mais adequada no contexto atual?

Procedimento – Que procedimentos aumentam a produtividade?

Controle – Qual o grau de controle mais adequado, isto é, aquele controle que não é muito oneroso e que justifique a sua existência?

Competição – A função produção pode ser uma arma competitiva ou um pesado encargo?

Operações – Quais os fatores críticos para o sucesso?

Resultado – Como está a performance da empresa?

Feedback – Quais mudanças serão necessárias para corrigir os desvios?

O plano de produção deve mostrar a sequência lógica das etapas que o produto passa desde a sua idealização até o momento em que é consumido, num determinado período de tempo. Para tal, considerará os seguintes aspectos: seleção do produto, determinação do custo do produto, cálculo da quantidade ótima a produzir, características intrínsecas do produto (composição, forma, tamanho, cor...), nível de qualidade do produto, capacidade de produção, linha de produtos e outros aspectos ligados às pessoas.

18.10 FLUXO DE PRODUÇÃO DO ALIMENTO

O fluxo de produção é uma lista de operações organizada como um registro, na ordem em que devem ser realizadas, junto com outras informações que serão necessárias durante a produção e podem ser convenientemente apresentadas em um único documento. O fluxo de produção de alimentos abrangerá as seguintes etapas:

Compra de Matéria-Prima – Envolve a escolha do fornecedor, seleção e transporte até a empresa.

Recebimento de Matéria-Prima – Etapa onde se recebe o material entregue por um fornecedor, avaliando-o quantitativa e qualitativamente, seguindo critérios pré-definidos para cada produto.

Armazenamento – Etapa que envolve três tipos de armazenamento, como: Armazenamento sob Congelamento; Armazenamento sob Refrigeração; Armazenamento em Estoque Seco.

Refrigeração – Etapa onde os alimentos passam para uma temperatura específica de cada produto, desde que respeitados os critérios de armazenamento.

Congelamento – Etapa onde os alimentos passam para temperaturas abaixo de 0°C, em seis ou menos horas.

Descongelamento – Etapa onde os alimentos passam da temperatura de congelamento para até 4°C, sob refrigeração controlada.

Pré-Preparo/Preparação – Etapa onde os alimentos sofrem tratamento e/ou modificações, através de higienização, tempero, corte, porcionamento, seleção, escolha, moagem e/ou adição de outros ingredientes.

Reconstituição – Etapa onde os alimentos a serem reconstituídos recebem a adição de água própria para consumo imediato ou para aquecimento e refrigeração, conforme o caso.

Dessalgue – Etapa onde as carnes salgadas são submetidas à retirada do sal, sempre em condições de total segurança.

Cocção – Etapa onde os alimentos devem atingir temperaturas que variam entre 65ºC (por 15 min); 74ºC (medição interna) e 70ºC (por 2 min).

Espera Pós-Cocção – Etapa onde os alimentos, que sofreram cocção, devem atingir 55ºC em sua superfície, para serem levados à refrigeração.

Porcionamento – Etapa onde os alimentos prontos para o consumo sofrem manipulações com a finalidade de se obter porções menores.

Armazenamento para Distribuição – Etapa de estocagem dos produtos acabados e prontos para distribuição. Exige muito cuidado para evitar descongelamento e novo congelamento, o que comprometerá o produto. Nesta etapa os alimentos congelados devem ser mantidos abaixo de 10ºC até o momento da distribuição.

Distribuição – Etapa onde os alimentos congelados chegam ao destino.

18.11 ESTRATÉGIAS DE PRODUÇÃO

A expressão estratégia do grego "strategos" (general) é de origem militar e significa a arte de conceber e organizar um plano de operações de guerra, estando ou não no teatro de operações. Estratégia é o caminho (meio) para uma organização, ou alguém, alcançar, preferencial e diferentemente, os objetivos e desafios em um ambiente mutável, cambiante, complexo e altamente competitivo. Imagine você, se é possível sobreviver sem uma estratégia sequer.

O conceito de estratégia começou a ser usado em Administração na década de 1950, com o intuito de incutir nas empresas uma nova perspectiva de futuro, através do conhecimento de onde e como expandir sua atuação e melhorar seu desempenho. Surgiu, assim, a aplicação da ideia de estratégia, ainda que limitada ao negócio da empresa, mas implantando a visão de maior escopo e mais longo prazo através de métodos analíticos. De 1950 até 1990, as fronteiras da estratégia eram bem definidas, assim como os consumidores, os mercados, os concorrentes, os fornecedores e as ameaças potenciais. Hoje, esses elementos são cambiantes.

As principais estratégias de produção são:

Estratégia de Fabricação – A estratégia de fabricação se envolverá com, por exemplo, as seguintes questões: Como e onde o produto será feito? Qual o local de produção? Quais recursos são necessários? Qual a capacidade instalada necessária para que a empresa possa concorrer no mercado? Qual o grau de flexibilidade? Qual o nível de qualidade dos produtos? Qual o custo? Qual a capacidade de oferta? Qual a capacidade de armazenamento e de pronta entrega? Qual a posição do nível de produtividade com relação aos concorrentes? Qual a política industrial a ser conduzida?

Estratégia da Qualidade – A estratégia da qualidade está envolvida em como desenvolver e treinar recursos humanos, visando melhorar a qualidade das pessoas. Esta qualidade, e somente esta, irá fazer com que a empresa tenha qualidade nos seus produtos. A estratégia da qualidade deverá ser percebida pelos consumidores e refletida em todas as atividades da empresa.

Estratégia de Tecnologia – É a estratégia voltada a desenvolver, usar e licenciar tecnologia de maneira efetiva. No âmago de uma estratégia de tecnologia está o tipo de vantagem competitiva que uma empresa está tentando alcançar, se comparada às probabilidades de sucesso. O desenvolvimento desta tecnologia estará sempre ligado a ponte entre a transformação tecnológica e o benefício obtido. A preocupação da estratégia tecnológica deve estar centrada em como otimizar seu uso.

Estratégia de Redução de Custo – É a estratégia voltada a fornecer o maior valor possível aos consumidores a um custo mais baixo do que da concorrência. Adotando procedimentos de compras mais eficientes, reduzindo os custos de mão de obra e empregando equipamentos de produção mais modernos. A empresa pode usar seus custos menores para fixar preço mais agressivamente e, assim, conquistar participação de mercado. Esta estratégia tem sido crítica, para a invasão de produtos importados com preços de arrebentar a concorrência.

Estratégia de Diversificação – A estratégia de diversificação refere-se ao lançamento de novos produtos em mercado em que a empresa atua, ou não. A estratégia de diversificação é aplicada, quando os negócios existentes estão em fase de maturação ou declínio e não dão o retorno adequado aos investimentos aplicados. A filosofia orientadora das estratégias de diversificação de muitas empresas mudou, acentuadamente, desde o início da década de 1970. A maioria enfatiza, hoje, a diversificação relacionada com a performance que a empresa possa ter. A diversificação é necessária, porém nem sempre suficiente.

18.12 PRODUTIVIDADE

Produtividade é a relação mensurável entre produtos e fatores de produção, ou seja, entre resultados obtidos e esforços para obtê-los. É, portanto, medida através da relação entre quantidades físicas. Num sentido geral, a produtividade é quantidade produzida por unidade de gasto. Suponhamos que uma empresa, em um ano, aumentou suas vendas reais em 40%, sem qualquer aumento no pessoal da fábrica e da administração, diz-se que houve um aumento de produtividade.

A luta pela produtividade é uma constante, desde que não comprometa a qualidade. A produtividade será maior quando a unidade de gasto é menor. É muito comum observar, através de séries históricas, as variações da produtividade para constatar se o aumento de recursos correspondeu ao mesmo aumento da produtividade, o que nem sempre acontece.

Não é produzindo mais que se tem um indicador de produtividade maior. Existem diversas variáveis a serem consideradas, e uma delas, por exemplo, é o custo.

Um dos grandes responsáveis pela baixa produtividade é o processo de trabalho complicado, com movimentos excessivos e cansativos. É comum fazermos muito mais movimentos, mais esforços e usarmos mais materiais do que realmente seriam necessários, às vezes, para fazer um simples trabalho.

A melhoria da produtividade é conseguida pelo melhor aproveitamento do tempo, dos recursos, da capacidade dos homens e das máquinas. O mais importante é que haja um desejo e um esforço constante para melhorar. Tudo o que fazemos, certamente, poderá ser feito de maneira melhor, pois a perfeição é inatingível.

A produtividade pode ser melhorada:

Diminuindo-se os gastos e mantendo-se a produção.

Aumentando-se a produção e mantendo-se os gastos.

Aumentando-se a produção e os gastos, sendo o percentual de aumento da produção maior do que o dos gastos.

Conservando-se a produção e os gastos, mas obtendo-se produtos de melhor qualidade, com maior rapidez.

As maiores dificuldades e obstáculos que impedem a melhoria do nível de produtividade são, por exemplo: desperdício de material; má utilização de máquinas, ferramentas e equipamentos; máquina cara utilizada para tarefas aquém de sua possibilidade. Um número elevado de acidentes, relações humanas conflitantes, qualidade do produto abaixo do padrão de mercado, elevado número de refugos e frequentes necessidades de repetições, também, são sinais de baixa produtividade.

O índice de produtividade é dado pela fórmula:

Produtividade = Unidade de Produto / Unidade de Gasto

Onde:

Unidade de Gasto pode ser: matéria-prima, mão de obra, tempo de produção, número de máquinas, capital investido, área ocupada, recursos aplicados, gasto de produção.

Exemplo:

Uma fábrica produz 200 peças / dia a um custo de $ 25,00 / peça.

Gasto total de produção = 200 × 25,00 = $ 5.000,00

Número de empregados = 100

Produtividade, em função da produção = 200 / 5.000 = 0,04

Produtividade, em função do número de empregados = 200 / 100 = 2

Análise:

Isto quer dizer que cada operário produz 2 peças por dia, e que cada peça corresponde a 4% do gasto de produção.

18.13 PERDAS NA PRODUÇÃO

Embora já tenhamos abordado perdas na produção, quando vimos perdas e desperdícios, vale acrescentar os seguintes tipos de perdas:

Perda por Excesso de Produção – A produção em excesso nunca vai deixar aparecer claramente problemas de qualidade dos itens, porque uma seleção sempre pode conseguir produtos razoáveis, do mesmo modo que vai encobrir o tempo perdido em espera ou o desbalanceamento dos postos de trabalho.

Perda por Rejeição – Perda provocada pela rejeição do controle de qualidade ou retrabalho para a recuperação.

Perda por Espera – Uma linha mal balanceada em que alimentos aguardam serem processados para passar ao estágio seguinte, ou um funcionário esperando que lhe chegue material para trabalhar ou ainda que o equipamento se torne inoperante formam esta classe de perda.

Perda por Movimento – A movimentação inadequada de um funcionário numa tarefa pode causar tanto perda de tempo de processo, como acelerar a fadiga ou ambos.

Perda por Processo – Um processo demasiadamente complicado pode causar lentidão e fadiga no funcionário que o executa, também pode acontecer que o próprio processo seja totalmente, ou parcialmente, desnecessário.

Perda por Transporte – A movimentação do tipo vaivém de funcionários, transportando materiais entre os vários processos ou até um sistema automatizado de transporte que liga processos distantes geram a perda por transporte.

Perda por Inventário – Um estoque abarrotado indica que um valor do capital de giro está parado sem gerar rentabilidade. Um grande estoque, além do espaço que ocupa, causa problemas de deterioração e obsolescência.

18.14 USO DA ÁGUA

Embora já tenhamos abordado o desperdício de água, vale acrescentar que vem se tornando parte do consciente coletivo de que a água é um bem limitado, que custa caro e que deve ser bem preservado. Para tal, recomendam-se mais alguns procedimentos no uso da água:

Manter a torneira fechada, quando não precisar estar lavando alguma coisa.
Evitar usar a água corrente das torneiras para descongelar alimentos.
Evitar o transbordamento, quando estiver enchendo um recipiente.
Evitar deixar os recipientes sujos, com água até a borda, para posterior higienização.

18.15 JUST-IN-TIME

Just-in-time é um sistema operacional que busca o ajustamento ótimo entre consumidores, empresas e fornecedores, eliminando ou reduzindo ao mínimo toda a ociosidade de recursos, custos de estocagem e comprometimento do capital de giro em qualquer material ou componente, não imediatamente usado. A regra fundamental, portanto, é obter ou produzir algo somente quando for necessário. Ora nada mais desejável e perfeito do que seguir o preceito bíblico de ter cada coisa no seu tempo.

Não há dúvida de que a rentabilidade dos recursos se torna maior, se lançamos mão deles apenas quando absolutamente necessários. Não pagar pelo armazenamento, pelo controle do estoque, pela conservação e guarda, pelas perdas e extravios, pela obsolescência inesperada e por tantos outros desvios e prejuízo, que a estocagem costuma provocar, é de fundamental importância.

As principias vantagens e desvantagens do sistema just-in-time são as seguintes:

Vantagens: Diminuição do tempo do ciclo de produção; baixo custo pela simplicidade do processo; otimização do arranjo físico; redução dos estoques, dos refugos e das perdas; controles mais eficientes; informações instantâneas para decidir; melhor balanceamento entre processos.

Desvantagens: Necessidade de reprogramação cria situações críticas; dependências dos operadores; treinamento dos fornecedores; situações anormais para a linha de produção; ciclos de produção muito curtos e repetitivos; exigências de uma produção estável, nem sempre conseguida; dificuldades de se trabalhar com grandes lotes; falta de flexibilidade.

O crescente interesse por métodos de produção just-in-time promete mudar as práticas de planejamento do estoque, porque este processo está pautado para que os suprimentos cheguem à fábrica, à medida que forem necessários. Se os fornecedores forem confiáveis o fabricante pode manter níveis baixos de estoque e atender sua carteira de pedidos.

Os sistemas just-in-time centram seu objetivo na rapidez. Vale analisar que há empresas que produzem de forma não repetitiva, de acordo com as especificações dos clientes, como para equipamentos e máquinas especiais. Isso leva à conclusão de que, para produções de processos repetitivos, vale o just-in-time. Por outro lado, em ambientes competitivos, é possível que este sistema não seja o mais adequado.

18.16 CAPACIDADE INSTALADA

A capacidade instalada de uma fábrica corresponde aos equipamentos e máquinas que a mesma utiliza na manufatura de seus produtos. Se uma fábrica produz, no máximo, 5.000 produtos, diz-se que este valor corresponde a 100% da capacidade instalada. Em geral, a fábrica utiliza apenas 70 a 80% da capacidade máxima instalada. A análise da capacidade instalada objetiva determinar qual a capacidade em máquinas, equipamentos e instalações deve ter o projeto para que o produto atenda as exigências do mercado.

A capacidade ociosa é considerada como máquinas e equipamentos que não estão sendo utilizados por falta de pedidos dos clientes, por estarem com defeitos ou por estarem na manutenção. Se a taxa de inatividade permanece alta por muito tempo, isto demonstra uma grande ociosidade e que, talvez, a fábrica não precise de tantas máquinas. É aconselhável alienar algumas máquinas velhas, isto é, fazer dinheiro e aplicar o mesmo em fundos de renda fixa.

Uma taxa de inatividade máxima deve ser da ordem de 10%.

Vale observar um assunto pouco abordado nos livros de gestão, que é a taxa de comprometimento dos equipamentos. A taxa de comprometimento industrial (TCI) é dada pela fórmula:

TCI = Quantidade de Equilíbrio / Capacidade Instalada

Onde:

Quantidade de Equilíbrio = Quantidade produzida no ponto de equilíbrio (lucro zero)
Capacidade Instalada = Máquinas + Equipamentos + Utilidades

Utilidades = Elementos do processo produtivo

Exemplo:

Quantidade de Equilíbrio = 5.000

Capacidade Instalada = 7.000

Taxa de Comprometimento Industrial = 5.000 / 7.000 = 0,72 = 72%

Análise:

Esta taxa diz que a quantidade de equilíbrio da empresa está a 72% da capacidade instalada. É normal que esta taxa gire entorno de 60% a 70% da capacidade máxima instalada. Comprometer 100% da capacidade instalada, só em casos extremos. Assim, se a taxa de comprometimento está a 60%, diz-se que a quantidade de equilíbrio está no nível de 60% da capacidade instalada da fábrica.

Quanto maior for a taxa de comprometimento industrial (fator K) maior é o comprometimento da capacidade instalada para a empresa sobreviver, e vice-versa. Quando o ponto de equilíbrio passa a ter um maior valor é necessário maior comprometimento da capacidade instalada, e vice-versa.

18.17 DIMENSIONAMENTO DOS EQUIPAMENTOS

Os equipamentos complementam o planejamento do arranjo físico, uma vez que sua localização define o local das atividades. Esta localização deve atender ao fluxo racional das operações, evitando cruzamentos e retornos desnecessários, estrangulamentos dos processos e procedimentos.

O dimensionamento dos equipamentos tem estreita relação com o número de produtos, porém sua implementação depende da política da empresa e, muitas vezes, do efetivo da mão de obra e da rentabilidade do investimento.

Outros fatores, como: cardápio, sofisticação dos equipamentos, sistema de distribuição, móveis e utensílios, política de compras, recepção e armazenamento influenciam na decisão de investimento em tecnologias. O dimensionamento dos equipamentos estará em função do número de pratos, tempo de cocção, fator de cocção, preparação e consumo per capita, por exemplo.

A seguir, dois exemplos de dimensionamento:

Caldeirão – O número de caldeirões necessários será estimado considerando-se as seguintes informações: quantidade per capita líquida (cru) da preparação, fator de cocção da preparação, número de pratos a oferecer.

Exemplo: Consumo per capita de arroz = 80 g; Fator de Cocção = 3; Número de pratos = 1.000

Cálculo:

Quantidade de arroz in natura (Qn):

Qn = 1.000 x 80 = 80.000 g = 80 kg

Quantidade de arroz a produzir (Qic):

Qic = 80 kg x 3 = 240 kg = 240 Litros

Considerando-se um aumento de 10% para formação de camada de ar, teremos então um caldeirão com capacidade para 264 (240 + 24) litros, para cozinhar 80 kg de arroz. Nos casos em que já existe o caldeirão e se quer saber sua capacidade (volume), utiliza-se a seguinte fórmula: V = ¶ $R^{2 \times H}$

Onde:

¶ = 3,1415
R = Raio
H = Altura
Assim, se um caldeirão possui 0,50 m de raio e 0,63 m de altura, vem:
V = 3,14 x 0,50 x 0,50 x 0,63 = 0,495 m^3
V é aproximadamente igual a 500 litros.

Exemplo:

Caldeirão = 500 litros
Câmara de ar = 10% de 500 litros = 50 litros
Fator de cocção = 3
Cálculo:
Qic = (500 - 50) / 3 = 150 kg

Resposta: O caldeirão produzirá 150 Kg de arroz.

Forno – Para dimensionar o forno toma-se como parâmetro o tempo de cocção da preparação de maior per capita e estima-se a quantidade da preparação que vai ser assada por câmara.

Exemplo: Considerando-se que uma câmara de um forno elétrico prepara aproximadamente 14.500 g de galinha em 25 s, quantas câmaras serão necessárias para assar 300 kg em 3 horas? Como 3 h = 180 s, vem:

14,5 kg -------------------- 25 s

X -------------------- 180 s

X = (14,5 x 180) / 25 = 104,4 Kg

Como calculado, 104,4 kg de galinha podem ser preparados em 1 câmara em 3 horas. Logo para se saber quantas câmaras serão necessárias para assar 300 kg:

104,4 kg ----------------- 1

300,0 kg ---------------- X

X = (300 x 1) / 104,4 = 3

Resposta: O forno deverá ser dotado de 3 câmaras para assar 300 kg de galinha em três horas.

18.18 TECNOLOGIA DA PRODUÇÃO

Tecnologia é o conjunto de conhecimentos, técnicas, ferramentas e atividades utilizadas para transformar os recursos organizacionais em produtos (resultados). Desde que o homem confeccionou as primeiras ferramentas e armas que lhe possibilitaram controlar a natureza para sua sobrevivência e proteção, até os dias atuais, os desenvolvimentos da tecnologia e da sociedade moderna são duas faces de uma mesma moeda.

De base intuitiva, o progresso técnico avançou para crescente incorporação do empírico e do científico. Na organização moderna, a gerência da tecnologia passou a ser um fator crítico na consecução das atividades empresariais.

A própria manutenção da organização repousa na sua capacidade de fazer escolhas de tecnologia adequadas às atividades que desenvolve, isto é, de tecnologias que assegurem a produção de bens e serviços de qualidade igual, ou melhor do que a concorrência.

A mudança tecnológica é um desafio para as empresas. Impõe-se a necessidade crescente de atualização, se não para manter uma posição de vanguarda, pelo menos para acompanhar de perto as transformações. Em resumo, pode-se dizer que a tecnologia tem a propriedade de determinar a natureza da estrutura e do comportamento organizacionais das empresas.

A tecnologia cria incentivos em todos os tipos de empresa, para levar os gerentes a melhorarem, cada vez mais, a eficácia, mas sempre dentro dos limites do critério normativo de produzir eficiência.

Quem não investir em tecnologia não melhorará sua produtividade e qualidade, correndo risco de perder mercado. Pesquisa & Desenvolvimento passaram a ser uma preocupação básica da empresa atual. Para tal, precisa de uma política de produção vinculada a uma política tecnológica (capacitação tecnológica). Do ponto de vista governamental, portanto, não é tarefa de um ministério apenas.

A tecnologia determina o nível e o tipo de formação profissional, as habilidades manuais e intelectuais, as capacitações, as aptidões e características de personalidade que as pessoas devem possuir para poderem ser recrutadas, selecionadas e admitidas na empresa. Nem todas as empresas contam com pessoal categorizado para desenvolver programa de capacitação tecnológica.

Em produção, basicamente, temos três tipos de tecnologia de produção, em função da operação:

Tecnologia de Produção Unitária (Oficina) – Nesta tecnologia a produção é feita por unidades (cada produto no seu tempo), sendo modificado à medida que o trabalho é realizado. O processo produtivo é menos padronizado e menos automatizado.

Tecnologia de Produção em Massa (Produção em Série) – A produção é feita em lotes de grande quantidade. É o caso da produção que requer máquinas operadas pelo homem e linhas de produção, ou de montagem, padronizadas, como as empresas maquiladoras (montadoras).

Tecnologia de Produção em Processo Contínuo (Produção Automatizada) – A produção é feita por especialistas, monitorada por computadores.

18.19 AUTOMAÇÃO

A palavra automação surgiu há alguns anos, a fim de explicar os grandes avanços nas técnicas de controle, que vinham sendo empregadas, desde a Segunda Guerra Mundial, e de aplicar estas técnicas às unidades de fabricação. Ela tem sido usada para descrever o que temos definido como mecanização, e é também aplicada a qualquer equipamento que faça o trabalho humano.

A automação pode ser definida, em um sentido mais amplo, como qualquer forma de equipamento que realiza um programa ou sequência de operações preestabelecidas, no mesmo tempo que mede e corrige seu desempenho real em relação ao programado. Na produção de alimentos, os materiais são automaticamente processados entre as operações.

Tradicionalmente, a automação da empresa, especialmente pequena e média, começava pela área contábil. Hoje, empregam as máquinas para integrar suas diversas áreas. Envoltas no mesmo barco, as empresas se dão conta de que, diante da tempestade, o melhor é remar em bloco e impedir que a embarcação vá a pique.

Os acordos de cooperação tecnológica são uma alternativa interessante para a otimização de recursos e investimentos, sem que os parceiros percam sua própria identidade no mercado.

A automação é o caminho definitivo para o controle de toda a empresa, aumento da produtividade, melhoria da qualidade, fortalecimento da posição diante da concorrência e aumento da capacidade de gerar lucros. É uma mudança na filosofia, no comportamento e até no ambiente.

Às vezes, ela gera mudanças tão radicais na empresa, que afeta os seus produtos. Mas, antes de tomar a decisão de investir em automação, a empresa deve verificar:

A idoneidade do fornecedor da tecnologia é assegurada?

A tecnologia a ser fornecida já está ultrapassada?

O equipamento comprado pode agregar novas tecnologias, no futuro?

O fornecedor é capaz de dar treinamento e manutenção?

O equipamento pode ser ampliado com aproveitamento do já existente?

As principais consequências da automação são: maior volume de produção, com consequente diminuição dos custos; melhor qualidade dos produtos; maior produtividade; menores salários; desemprego; jornada de trabalho reduzida; mais tempo de lazer; necessidade de um grau mais elevado de formação profissional, intelectual e cultural.

18.20 MANUTENÇÃO DOS EQUIPAMENTOS

A manutenção é tudo o que se faz para ser conservados os equipamentos em serviço durante o maior prazo possível e com o máximo de rendimento, isto é, uma atividade desenvolvida para manter as instalações em condições, que irão mais bem apoiar as metas da organização.

Assuntos de segurança, boa qualidade dos produtos, estabilidade dos empregos e até a sobrevivência da empresa e da própria economia, indicam que as atividades de manutenção devem ser suscetíveis a um leque bastante extenso de objetivos, para manter a organização, operando durante um longo tempo.

É comum pensar que manutenção diz respeito a máquinas e equipamentos, esquecendo-se que o conceito de manutenção é muito mais abrangente do que isso, haja vista, a manutenção do próprio corpo humano.

Equipamentos (máquinas, ferramentas, instrumentos, aparelhos, dispositivos) que não possam ser usados por não oferecer condições mínimas de utilização, ou que estejam sendo utilizados precariamente, acarretam uma série de problemas à empresa, tais como: operários e máquinas parados; atraso na entrega das encomendas; sobrecarga de outras máquinas e operadores; necessidade de comprar ou tomar emprestado algum equipamento; terceirização dos serviços; elevado refugo; má qualidade do produto; baixa produtividade; acidentes; descontentamentos.

São os seguintes os tipos de manutenção:

Manutenção Corretiva – Troca ou recondiciona, o mais rápido possível, equipamentos que sofreram desgaste de qualquer natureza.

Manutenção Periódica – Feita para manter o equipamento em bom estado de funcionamento, incluindo, por exemplo: a lubrificação de motores, máquinas e equipamentos; a pintura de tubulações, em períodos preestabelecidos.

Manutenção Preventiva – Típica dos aviões e equipamentos de segurança, nascida das necessidades da guerra, com base estatística que considera o desgaste pelo uso, fadiga e outros fatores, para que esses limites não sejam alcançados. Uma série de medidas pode proporcionar uma boa manutenção preventiva, tais como: inspeção periódica do equipamento; comunicação imediata dos problemas; limpeza e lubrificação; revisões e pequenos reparos; proteções contra oxidação e apodrecimento; substituições de acessórios com data de validade vencida; estudo das instruções de uso; aprovisionamento de peças sobressalentes; treinamento do usuário.

Se você for encarregado da manutenção, é bom saber as premissas da manutenção:

A última coisa que se deve fazer é esperar que o equipamento quebre, para depois pensar na manutenção.

Todos os equipamentos, pequenos ou grandes, seguem a tendência de desgaste e com o tempo o valor dos mesmos diminui (depreciação) e o custo com manutenção aumenta.

O controle estatístico é fundamental para a manutenção, pois ele é um serviço de alto nível.

A manutenção deverá ser a menor possível, e, para isso, dependerá da qualidade dos equipamentos e do nível técnico do operador.

A análise dos custos de manutenção deve sempre ser feita para cada caso particular.

O risco de um equipamento parar será maior, quanto mais sofisticado for o mesmo.

As intervenções às cegas podem causar mais demora, maior custo ou danos em equipamentos, por causa da pressa e da incompetência de não ter políticas de manutenção adequadas.

Você deve atender alguns requisitos de manutenção:

Dispor de um conhecimento perfeito do equipamento.

Ter em estoque todas as peças e acessórios prontos para serem utilizados.

Haver adquirido, com base na experiência passada, a preocupação de treinar toda a equipe, a fim de minimizar o tempo gasto.

Fazer um estudo minucioso do trabalho a executar.

A manutenção não só deve se preocupar com máquinas e equipamentos, mas também com edifícios, móveis, utensílios, instalações, encanamentos de água e esgoto, condutos de força e luz, que devem ser sempre mantidos em perfeitas condições de utilização e em bom estado de conservação.

Quando os custos de manutenção de qualquer equipamento, mesmo já depreciado, chegar a 40% do seu valor de mercado, é mais conveniente comprar um novo, que, ainda, terá um período de garantia.

18.21 TRIBUTAÇÃO DA PRODUÇÃO

Entende-se como tributo à prestação monetária compulsória devido ao poder público ou, de forma mais simples, o somatório de impostos mais taxas. O empreendedor deve saber, de antemão, qual a carga tributária a incidir sobre o seu negócio, pois um país, como o Brasil, desanima qualquer investidor. O conselho é se informar sobre impostos e taxas antes de se aventurar num empreendimento.

Assim, ao planejar a tributação da produção, observe: o regime jurídico apropriado; as melhores formas de integralizar capital; as melhores alternativas para o financiamento; as melhores maneiras de distribuir lucros; como acelerar ou adiar receitas; quando e como incorrer em despesas; os melhores métodos para aplicar depreciação e valorizar estoque.

Se você não tiver conhecimento das exigências tributárias ou se por qualquer outro motivo deixar de pagar impostos nos prazos e valores corretos, poderá ter sérios transtornos em sua empresa, vários anos mais tarde, porque a cobrança de impostos passados fatalmente será executada em algum momento. Pior ocorre, quando se desconsideram as notificações oficiais de tributação, se não levadas a sério, podem encerrar sua empresa.

Por menor que seja o negócio, é mais sábio contratar um especialista e fazer um bom planejamento tributário. Entenda-se por isso a adoção de estratégias para minimizar o impacto dos impostos e, assim, aumentar a rentabilidade. O custo inicial pode até ser alto, mas a economia que pode ser feita é para toda a vida da empresa.

Há muitos casos de empreendedores que, ao fazer esse planejamento, perceberam que se mudassem as características de seu produto, ou mesmo a área de atuação, pagariam menos impostos do que se mantivessem o projeto original.

Além disso, as empresas que agem corretamente ainda se veem obrigadas a custear, na forma de benefícios sociais: plano de saúde, cartão transporte, cartão refeição, seguro de vida, previdência privada, plano de educação, treinamento e reciclagem profissional, programa de saúde dentária, programa de apoio educacional à família e outros benefícios, como colônia de férias.

É um duplo pagamento. Um feito ao governo e outro para pagar benefícios que são responsabilidade do estado.

Neste contexto, a interpretação incorreta das normas fiscais, faz com que os empresários e profissionais da área fiscal deixem de aproveitar alguns créditos nas apurações, pois exige muito estudo da legislação, como no caso do cálculo incorreto dos créditos do estoque inicial que, em inúmeras vezes, o empresário deixou de aproveitar os créditos.

Assim, a realização de um planejamento tributário das apurações das contribuições por profissionais especializados, envolvendo o período dos últimos cinco anos, possibilita a regularização das apurações, evitando penalidades por parte da Receita Federal, como serve para a recuperação de créditos, possibilitando a redução da carga tributária.

A seguir, serão dados exemplos de tributação, para mais bem esclarecer o efeito deletério que causam os impostos e contribuições, sobre o preço de venda de um produto:

Impostos e Contribuições – Se a receita operacional de uma empresa foi de R$ 108.900,00, em um mês, temos o seguinte quadro:

Item	**Histórico**	Índice	**Valor**
1	Receita Operacional	-	108.900,00
2	ICMS	17,00%	18.513,00
3	PIS	0,65%	708,00
4	COFINS	3,00%	3.267,00
5	IPI	6,50%	7.078,00
6	Impostos a Recolher	27,15%	29.566,00

Quadro 18.1: Impostos e Contribuições.

Nível de Tributação – O nível de tributação é dado pela fórmula:

Nível de Tributação = Tributos Pagos / Total do Faturamento

Onde:

Tributos Pagos = Soma dos tributos que incidem nos produtos (bens e serviços) vendidos num determinado período

Exemplo:

Tributos Pagos = $ 500,00

Total do Faturamento = $ 3.000,00
Nível de Tributação = 500,00 / 3.000,00 = 0,166 ≈ 17%

Análise:

O nível de tributação elevado inviabiliza qualquer negócio, levando a empresa a trabalhar na informalidade. A carga tributária no Brasil é alta, pois chega a 38% do PIB. A média dos países em desenvolvimento é da ordem de 20% a 24% do PIB.

Observação: Há, desde 2023, uma reforma tributária em estudo no Congresso Nacional.

Custo de Aquisição:

Primeiro Exemplo: Suponhamos que uma empresa, que não goze de incentivos fiscais, comprou 30 kg de queijo ao valor de R$ 10,00 o quilo. Na nota fiscal vê-se que há a indicação de 17% de ICMS. Além disso o fornecedor cobrou R$ 5,00 de frete, não colocado na nota fiscal. Assim, para obter o custo de aquisição do queijo, devemos levar em consideração o seguinte:

Custo Total (Nota Fiscal) = 30 x 10,00 = 300,00

ICMS destacado na nota fiscal = 300,00 x 17% = 51,00

Valor do Crédito do ICMS = 51,00

Frete = 5,00

Custo Total de Aquisição = 300,00 - 51,00 + 5,00 = 254,00

Custo Unitário de Aquisição (compra) = 254,00 / 30 = 8,47/Kg

Segundo Exemplo: Suponhamos, agora, que a empresa optou pelo Imposto Simples Nacional e sua receita bruta está entre R$ 480.000,00 e R$ 600.000,00, sendo que a alíquota a ser paga é de 7,6% sobre o faturamento total e todos os impostos e contribuições estarão incluídos nessa alíquota. Dessa forma, o valor do ICMS não entra no cálculo do custo de aquisição do queijo. Assim, temos:

Custo Total (Nota Fiscal) = 30 x 10,00 = 300,00

Frete = 5,00

Custo da Aquisição = 300,00 + 5,00 = 305,00

Custo Unitário de Aquisição = 305,00 / 30 = 10,17/Kg

Análise:

Se compararmos os dois valores, vamos encontrar uma diferença a mais, neste último exemplo, porque a empresa não se beneficiou do crédito do ICMS. Mas, haverá vantagens sobre os demais tributos, pois tudo está incluído nos 7,6%.

18.22 CRONOMETRAGEM

A cronometragem é importante para se saber o tempo gasto num determinado trabalho, visando, principalmente, o custo desta mão de obra ou de processo. Para facilitar a avaliação da regularidade de um tempo de trabalho, utiliza-se o cálculo da taxa de variabilidade do elemento cronometrado.

Fundamentalmente, para efeito de um racional exame dos tempos, é necessário realizar uma prévia repartição do trabalho a medir, em elementos de fácil individualização, e determinar os momentos de início e fim de cada estudo.

A cronometragem deve levar ao cálculo de um tempo que sirva de modelo para a determinação dos tempos de execução do trabalho, isto é, o tempo em que a atividade deve ser executada. Tempo padrão é o tempo necessário para ser executada uma operação de acordo com um método estabelecido, em condições determinadas, por um operador apto e treinado, possuindo habilidade média, trabalhando com esforço médio, durante as horas de serviço.

A taxa de cronometragem é dada pela fórmula:

T = (A - B) / M

Onde:

T = Taxa de variabilidade do elemento cronometrado
A = Maior dos tempos levantados na série observada
B = Menor dos tempos levantados na série observada
M = Média aritmética dos tempos observados

Exemplo:

Série Observada: 10 s, 12 s, 14 s, 15 s, 13 s, 8 s, 12 s, 11 s.
M = (10 + 12 + 14 + 15 + 13 + 8 + 12 + 11) / 8 = 12 (aproximadamente)
T = (15 - 8) / 12 = 0,58 = 58%

Análise:

Evidentemente que, à medida que mais se eleva a taxa de variabilidade do elemento cronometrado (T), maiores são as irregularidades. É comum estimar os seguintes valores:

T = 15%: Reflete uma regularidade muito boa.
T = 30%: Regularidade aceitável.
T = 60%: Trabalho não organizado racionalmente.

A cronometragem se torna delicada, difícil e, às vezes, impossível, quando o trabalho a ser pesquisado é instável, tem duração aleatória, tem uma participação mental preponderante ou é perigoso.

Capítulo 19

QUALIDADE e SEGURANÇA

"Não é mais possível colocar no mercado um produto de qualidade medíocre, deixando que os primeiros clientes sofram as consequências e que a qualidade melhore aos poucos, à medida que o tempo passa".
James Teboul

OBJETIVOS DO CAPÍTULO

- Mostrar a importância do controle de qualidade na empresa.
- Mostrar os tipos de segurança.
- Mostrar as doenças de origem alimentar.
- Mostrar a necessidade de uma boa alimentação.

19.1 QUALIDADE

A qualidade é um conjunto de propriedades e características de um produto (processo, técnica, método), que lhe fornece a capacidade de satisfazer as necessidades explícitas e implícitas do ser humano. Pode-se dizer mesmo que, hoje, a maioria dos conceitos e orientações empresariais está direcionada para a satisfação do mercado consumidor.

E com a qualidade não poderia ser diferente, pois, ao lado do preço e do atendimento, constitui o elemento fundamental na decisão de comprar do consumidor.

As primeiras conceituações de qualidade colocavam-na como sendo uma característica possuída por um bem ou serviço, ao não apresentar defeitos, falhas, desvios de desempenho. Do ponto de vista do mercado, a qualidade de um produto é uma conjugação entre a capacidade de desempenhar funções requeridas pelo mesmo e a posse de características que levem o consumidor a optar por esse ou aquele produto.

Do ponto de vista organizacional, a qualidade é a capacidade que tem uma empresa de atender às necessidades tanto do mercado como as suas próprias. Uma empresa terá maior ou melhor qualidade na proporção em que consiga atingir estes dois objetivos. A função organizacional qualidade é o conjunto de atividades, através das quais atingimos a adequação ao uso, não importando em que parte da organização essas atividades são executadas.

Ela deve se tornar uma operação bem disciplinada, que transmita o espírito do processo de melhoria contínua da qualidade. Isto significa que a qualidade não se limitará às operações, ou às atividades manufatureiras, mas também auxiliará as outras funções organizacionais para a instalação de um sistema de controle, de modo a nunca ser surpreendido pela falta de qualidade.

Isto situa a função da qualidade numa postura, primordialmente educacional, uma vez que ajuda os outros a fazerem o que já desejavam fazer.

Qualidade significa a adequação a padrões e especificações previamente definidos. Quando essas exigências não são atendidas, a qualidade se torna ambígua e a aceitação ou rejeição do produto passa a ser discutida.

Os padrões devem se relacionar com o tempo, material, desempenho, resistência ou qualquer característica quantificada.

Quando os padrões quantificados estão ausentes, a qualidade torna-se uma questão de opinião e não é controlável, sob um ponto de vista científico.

19.2 ELEMENTOS DA QUALIDADE

A seguir, os principais elementos da qualidade:

História da Qualidade – A ideia de qualidade foi discutida, primeiramente, pelos filósofos gregos, que pensaram no ideal da excelência, definida como a característica que distingue alguma coisa pela superioridade em relação aos semelhantes.

Finalidade da Qualidade – De nada adianta investir em recursos, treinar pessoas, mudar processos, se esse investimento não tornar nossos clientes mais bem conhecidos. É ingênuo supor que qualidade é apenas uma questão de fazer melhor, cortar defeitos ou se esforçar mais. Tudo isso pode resultar em nada, se não houver um esforço coordenado e dirigido para alcançar os clientes.

Qualidade é uma opção racional de quem reconhece no cliente a importância da função e da sobrevivência do negócio.

Administração da Qualidade – Segundo Kotler, a administração da qualidade é uma abordagem organizacional ampla para a melhoria contínua do produto e de todos os seus processos.

Consciência da Qualidade – A consciência da qualidade estende-se através de todos os atos gerenciais. A maneira como o pessoal da gerência fala sobre qualidade é ponto importante. Quando a palavra qualidade passa a integrar o vocabulário da organização é que começa a exercer efeito. Mas, lembre-se de que, se a palavra qualidade não for lembrada a todo instante, ela pode ser esquecida.

Cultura da Qualidade – O culto à qualidade não é recente e nem gratuito nas empresas. O que se perde pelo desleixo com a melhor qualidade dos produtos pode ser medido em números. A Associação Brasileira de Controle de Qualidade estima que as empresa industriais deixam de incorporar entre 20% a 30% de seu faturamento, em função da má qualidade. Poucos são aqueles conscientes da importância da qualidade na definição do futuro das empresas, em função da existência de concorrentes e de uma consciência mais seletiva dos consumidores.

Filosofia da Qualidade – Através do empenho de cada um e com o gerenciamento amplo da qualidade é possível envolver todos os funcionários num mesmo ideal de qualidade.

Melhoria da Qualidade – A melhoria da qualidade transfere o desperdício de recursos para a produção de um bom produto e uma melhor prestação de serviços. O resultado é uma reação em cadeia, isto é, custos mais baixos, melhor posição competitiva, pessoas mais felizes no trabalho e mais empregos.

Padrão de Qualidade – O padrão de qualidade é estabelecido, normalmente, com base nos resultados obtidos pela pesquisa de mercado, com relação ao projeto, forma, material, durabilidade, custo e demais características do produto. A fim de atender ao uso que lhe é destinado, o padrão de qualidade é definido pelas especificações do projeto. Estas podem incluir: materiais, componentes, ingredientes, processos de fabricação, ensaios (critérios de rejeição), uso do produto (métodos e limites), características do produto, desenhos, amostras.

Análise da Qualidade – A análise da qualidade objetiva verificar a conformação do produto, evidenciada pelo desenho, especificação, tolerância, confiabilidade e padrão.

Avaliação da Qualidade – A qualidade é avaliada pelo valor do serviço que um produto presta ao consumidor, usuário, paciente, colaborador, parceiro, funcionário, fornecedor, concorrente e agente do governo.

Valor da Qualidade – A ideia de produto barato contrasta com produto de luxo ou de alto desempenho. Portanto, qualidade passou a valer mais e para muitas pessoas o conceito de produto de qualidade está associado a um valor mais caro. Ainda ouvimos a expressão: "Se você quer qualidade, tem de pagar por ela".

Regularidade da Qualidade – Qualidade significa minimização da variabilidade de meios de fabricação. Um produto tem qualidade, quando atende às especificações preestabelecidas. Qualidade também é sinônimo de regularidade de processo de produção, de demanda e de preço.

Custo da Qualidade – São todas as despesas decorrentes de se fazer as coisas erradas o que inclui os esforços para corrigir os pedidos dos vendedores, os procedimentos de implementação das ordens de serviços, como também, para repetir a tarefa, pagar a garantia e outras alegações.

Planejamento da Qualidade – Historicamente o planejamento da qualidade era feito por pessoas cuja responsabilidade se estendia a examinar folgas e tolerâncias, desvios de custo e segurança das máquinas para evitar acidentes. Hoje, o planejamento da qualidade desenvolve instrumentos de treinamento para responsabilidades, processos, metodologias, estruturas, desvios, acidentes e avaliações, por exemplo.

Programa da Qualidade – Um programa da qualidade, aplicado em todos os níveis organizacionais, estende-se desde a fase de geração e implementação do sistema, ou técnica adotada, até a sua completa aceitação pelos envolvidos. Esta aceitação manifesta-se pela motivação demonstrada e pelos resultados alcançados.

19.3 TIPOS DE QUALIDADE

A seguir, os mais importantes tipos de qualidade:

Qualidade Total – Processo que envolve todas as pessoas da organização para assegurar que cada atribuição relacionada com a produção de bens e serviços tenha um mínimo de comprometimento para atender às necessidades da clientela. O foco da qualidade total está nas pessoas, cujo desempenho determina o alcance de altos padrões de desempenho. Também se pode definir qualidade total como um sistema administrativo para conseguir, em primeiro lugar, a satisfação do cliente, por meio da participação de todas as áreas da organização.

Qualidade Assegurada – Em qualidade, há evidências estatísticas, não palpites. Para deixar de lado a inspeção, será preciso confiar mais no Controle Estatístico de Processo. Isso esbarra em pelo menos dois obstáculos: o primeiro, é o despreparo da mão de obra para utilizar métodos estatísticos; o segundo, é o da qualidade das peças, componentes, matérias-primas, insumos e produtos semiacabados de fornecedores e parceiros. A qualidade assegurada é o sistema que estabelece e mantém o padrão especificado da qualidade do produto.

Qualidade do Produto – A qualidade do produto pode ser definida como o grau até o qual um produto satisfaz os requisitos descritos na sua concepção a todos os clientes de um mercado específico. Pois, a insatisfação entre os consumidores que não reclamam é uma ameaça a qualquer empresa.

Qualidade do Alimento – Para que um alimento apresente qualidade na textura, cor, sabor e durabilidade, por exemplo, é suficiente seguir as seguintes regras:

Cozinhar os alimentos com os critérios de tempo e temperatura.
Diminuir ao máximo o tempo intermediário entre cocção, armazenamento e distribuição.
Guardar cuidadosamente os alimentos cozidos em temperaturas de segurança.
Reaquecer adequadamente os alimentos cozidos.
Evitar o contato entre os alimentos crus e cozidos.
Observar a higiene dos manipuladores dos alimentos.
Higienizar e desinfetar corretamente: superfícies, equipamentos e utensílios.
Manter os alimentos fora do alcance de: insetos, roedores e quaisquer animais.
Utilizar água potável.

Qualidade Pessoal – A qualidade pessoal é a base de todas as outras qualidades. Você será um patrimônio para a sua organização, quando realizar produtos com qualidade.

Qualidade Organizacional – Por qualidade organizacional entende-se como a resultante de três vetores: eficiência, eficácia e efetividade. A qualidade da empresa é definida pelo grau até o qual seu desempenho global pode satisfazer as exigências e expectativas do mercado.

Qualidade Industrial – Esta qualidade se traduz pela investigação das causas, efeitos e reações do mercado. É o estudo dos métodos e especificações de qualidade para a produção em níveis mais econômicos, que garantam a satisfação do público-alvo. Qualidade industrial é sinônimo de: limpeza, higiene, beleza, embalagem, etiquetagem, codificação, rotulagem, arranjo físico, racionalidade, por exemplo. A qualidade industrial não é avaliada por quem faz o produto, mas por quem a consome.

Qualidade de Conformidade – A qualidade de conformidade é o grau pelo qual todas as unidades produzidas são idênticas e atendem às especificações.

Qualidade de Desempenho – Esta qualidade refere-se aos níveis pelos quais as características básicas do produto operam. A maioria dos produtos é estabelecida, inicialmente, para oferecer um entre quatro níveis de desempenho: baixo, médio, alto, superior. O vínculo da qualidade à rentabilidade não significa que a empresa deve sempre desenvolver o nível de desempenho mais elevado possível e, sim, um nível apropriado ao mercado alvo, equiparado aos níveis de desempenho dos concorrentes.

19.4 CONTROLE DE QUALIDADE

O controle de qualidade envolve uma comparação entre as especificações do planejamento e os resultados reais obtidos pela inspeção e por outras técnicas. A inspeção pode ir além de uma verificação visual, como, por exemplo, o emprego de testes e uso de equipamentos e máquinas sofisticados. A mais importante função do controle de qualidade é manter fora do mercado produtos de padrão inferior.

Os principais benefícios do controle de qualidade são: performance do produto, racionalidade na produção, custo reduzido no longo prazo, moral elevada dos empregados, satisfação das expectativas dos consumidores, aumento da imagem da empresa, taxas de devolução e cancelamento menores, avaliação positiva dos fornecedores de recursos.

A essência do controle de qualidade e a garantia de qualidade são incorporadas numa avaliação realística e complexa, da maneira como os produtos funcionam durante sua vida útil.

As duas maiores abordagens ao controle de qualidade são a aceitação por amostragem dos produtos recebidos ou expedidos e o controle de processo das atividades de transformação. Ambos os métodos envolvem a amostragem. Os métodos de aceitação por amostragem dependem da avaliação dos níveis dos itens defeituosos antes e depois de um processo ser completado.

O controle de processo é mais útil para assegurar que a produção não está fora dos limites aceitáveis pelo mercado. Um relatório de gestão da qualidade, na produção de alimentos, abordará questões relacionadas à:

Edifícios e instalações; equipamentos e utensílios; higiene dos manipuladores; processos de fabricação; procedimentos de cozinha; movimentação e transporte; higiene ambiental; controle de pragas; suprimentos; distribuição; desempenho dos recursos humanos.

19.5 SEGURANÇA

A segurança pode ser conceituada como um estado, ou condição daquele ou daquilo, que se pode confiar. É impossível aos cidadãos, ou a qualquer segmento da coletividade, viverem dentro do alto índice de violência (insegurança), estampado diariamente pela mídia. Um problema de segurança é que não podemos realmente avaliar o valor de um braço, de uma perna ou de uma vida.

Embora este valor seja considerado por muitos como de grande valor, não é assim que a maioria das pessoas pensam. Por esta razão, os projetos de máquinas e equipamentos precisam apresentar um nível de segurança razoável para o operador. Em certos casos, as pessoas são suscetíveis a danos, quando a fonte de perturbação ultrapassa a capacidade de sua própria proteção sensorial, como nos casos de gases inodoros e radiações nocivas à saúde.

Infelizmente, muitos problemas de segurança surgem por causa de preguiça, desleixo ou incompetência. A propensão a acidentes tem sido alvo de demorados estudos nas áreas de produção e distribuição. Embora a alma humana seja forte, o corpo é fraco. Os consumidores, usuários e pacientes querem segurança, bem como um controle de qualidade que alerte para condições perigosas. A situação ideal é aquela em que todos os riscos são considerados. Isso é pouco provável, já que os riscos são analisados por sistemas humanos.

O sentimento de segurança, entretanto, abrange muitos aspectos além do econômico. Compreende também a confiança que se adquire pela adaptação ao meio ambiente. O sentimento de confiança com relação ao emprego depende de uma série de fatores entre os quais conhecer suas atribuições, saber como executá-las e fazê-las satisfatoriamente. Todo chefe deve procurar dar aos subordinados confiança sob esses aspectos.

O senso de segurança do indivíduo que conhece sua função e sabe que está sendo bem-sucedido difere acentuadamente do de um outro que ainda se sente confuso e incerto quanto à sua capacidade para desincumbir-se da tarefa.

A incerteza gera um sentimento de insegurança. Existem indivíduos autossuficientes, mas a maioria de nós tende a esperar o pior quando não sabemos o que poderá acontecer. Os boatos sobre possíveis mudanças de chefia, de métodos ou de outras condições de trabalho dão origem, frequentemente, a rumores e intranquilidade.

O esforço, o entusiasmo e o estímulo se deterioram quando o indivíduo se sente inseguro. Por outro lado, quando está livre de preocupações, pode concentrar sua energia em um trabalho construtivo. O chefe que consegue dar a seus subordinados esse sentimento de segurança aumenta, consideravelmente, as possibilidades de êxito na execução de suas atividades.

19.6 TIPOS DE SEGURANÇA

A seguir, tipos de segurança:

Segurança Patrimonial – Uma política de prevenção de roubos, geralmente, inclui: controle de entrada e saída de pessoal; controle de entrada e saída de veículos; estacionamento fora da área da empresa;

ronda pelos terrenos da mesma e pelo seu interior; registro de máquinas, equipamentos e ferramentas; controles contábeis. Uma política de prevenção de incêndios pode ser praticada desde que as pessoas saibam o que provoca o incêndio e como fazer para a sua extinção.

O fogo que provoca um incêndio é uma reação química onde os seguintes elementos devem estar presentes: combustível (sólido, líquido ou gasoso); comburente (geralmente o oxigênio da atmosfera); catalizador (a temperatura). A extinção de um incêndio pode ser feita por meio dos seguintes princípios: remoção ou isolamento (neutralização do combustível); abafamento (neutralização do comburente); resfriamento (neutralização da temperatura).

Segurança de Pagamento – Com a expansão do crédito ao consumidor, com boa oferta de recursos, onde a modalidade de pagamento das compras de bens duráveis ficou facilitada, o consumidor se lançou nas compras a prazo, causando um alto grau de comprometimento de sua renda e gerando um endividamento, muitas vezes, difícil de pagar.

A segurança no pagamento de dívidas contraídas pelos consumidores fez com que fosse criado o Serviço Central de Proteção ao Crédito (SCPC). Também outras instituições ajudam na proteção do crédito ao consumidor, informando o número de consultas e taxa de inadimplência. As consultas são um termômetro que reflete o movimento do comércio lojista.

Segurança na Internet – Como é grande o número de transações via internet, cresce a preocupação com a ética e a responsabilidade. As empresas desenvolvem ferramentas para ampliar a proteção dos consumidores virtuais contra a ação de hackers e vírus devastadores. Spam, e-mail indesejável, surge na tela sem permissão do usuário.

A capacidade multimídia da internet trouxe maior vulnerabilidade à propriedade intelectual e à falta de sigilo nas redes globais. Além disso, à medida que os serviços, via rede, aumentam, a segurança das transações, que envolvem dinheiro, é seriamente ameaçada pelo crime organizado e pelos hackers independentes. Os e-mails são as portas de entrada dos hackers.

Assim, nunca passe e-mails com arquivos anexos que possam ser executáveis.

Segurança da Informação – Embora este assunto tenha sido abordado, vale acrescentar que não há nenhum sistema de informação 100% seguro (não existe risco zero). Portanto, é preciso determinar as medidas necessárias para que o risco seja minimizado a ponto de ser tolerável e quanto uma empresa está disposta a pagar.

Problemas	**Soluções**
Programas com erros podem ser explorados por invasores.	Manter programas atualizados e corrigir falhas.
Programas são corrompidos por manipulação indevida.	Manter cópias em papel, gravar em disquetes, CD e trabalhar com backup automático.
Conexões pela Internet podem ser exploradas por invasores.	Manter programas antivírus atualizados. Usar sistemas chamados "barreira de fogo".
Vírus e Cavalo de Tróia podem chegar via e-mail.	Nunca abrir arquivos de desconhecidos, mesmo que tenham um antivírus atualizado.

Dados sigilosos são descobertos.	Dados confidenciais não devem ser passados por telefone ou e--mail.
Espionagem e chantagem.	Usar filtros de bloqueio.
Invasores industriais reviram o lixo para obter informações valiosas.	Papéis confidenciais devem ser trancados em lugar seguro. O lixo deve ser triturado.
Enxurrada de acessos acaba derrubando um endereço eletrônico.	Detectar a origem do ataque e espalhar o mesmo para vários computadores.
Descoberta de senhas por invasores.	Senhas longas (letras, números e símbolos), devem ser trocadas e nunca serem compartilhadas.

Quadro 19.1: Problemas e Soluções em Segurança da Informação.

19.7 SEGURANÇA NO TRABALHO

A segurança do trabalho é um conjunto de medidas técnicas, educacionais, instrucionais, médicas e psicológicas empregadas para prevenir acidentes, roubos e incêndios. As normas de segurança são colocadas na cabeça das pessoas através de treinamento (cursos, palestras, seminários). Os serviços de segurança têm a finalidade de estabelecer normas e procedimentos, pondo em prática os recursos possíveis para conseguir a prevenção de acidentes e controlar os resultados obtidos.

Do ponto de vista da administração de recursos humanos, a segurança dos empregados constitui uma das principais bases para a preservação da força de trabalho. Tal segurança tem três áreas principais de atividade, a saber: prevenção de acidentes; prevenção de roubos e prevenção de incêndios

Uma política de prevenção de acidentes começa pela conscientização do que seja um acidente, seus efeitos e os problemas que causa. Acidente é um ato não premeditado do qual resulta dano considerável. As principais causas de acidentes são: máquina ou equipamento sem proteção; condições físicas ou mecânicas inseguras; instalações sem qualidade de uso; batidas, tombos, escorregões, choques; vestuário inadequado; serviço de manutenção irregular; conversa, distração, fumo e bebida; desconhecimento das normas e regras de segurança.

O acidente de trabalho pode provocar lesão corporal, perturbação funcional, perda ou redução dos movimentos e até mesmo morte. Excetuando-se os empregados domésticos, os demais trabalhadores com vínculo empregatício, avulsos, especiais e os médicos residentes são alcançados pelos benefícios relativos ao acidente de trabalho.

Acidentes de trabalho não se restringem apenas às ocorrências havidas no ambiente de trabalho, pois envolvem: imprudência, negligência ou imperícia de terceiros; casos fortuitos ou de força maior; doenças profissionais originadas por esforço repetitivo; contaminação; todas as situações em que o empregado estiver no exercício do trabalho.

Um acidente pode acontecer por uma questão de segundos ou de milímetros. Então a causa de um acidente sem importância pode ser, também, a causa de um acidente grave. Um acidente é função de um fato ou acontecimento, que teve uma ou algumas causas. Sendo um mal que atinge a pessoa, a organização, a família do acidentado e a sociedade, todo esforço deve ser feito para se prevenir acidentes.

Embora seja responsabilidade de todos, há aqueles que tem maior grau de responsabilidade. É recomendado que a empresa faça treinamentos de prevenção de acidentes, pois, só assim, poderá ter a certeza do dever cumprido, quanto às regras de segurança.

Os acidentes profissionais são um sério problema de produção, pelas dificuldades que causam dentro da empresa, e um grave problema social, pelo número de pessoas mutiladas ou inválidas e de famílias desamparadas. Um acidente sempre traz uma série de consequências, tais como: interrupção do trabalho, máquina parada, abandono do posto de trabalho, tarefa deficiente, transtorno de substituição, investigação do acidente, rendimento baixo, aumento no custo de produção.

Entre um acidente "sem importância" e um acidente grave, a diferença pode ter sido questão de segundos ou de milímetros. A causa de um acidente sem ferimentos poderá ser a causa de um acidente futuro mais grave. Também as perdas de tempo e os estragos de materiais devem ser considerados. Os acidentes de trabalho são causados por condições perigosas, ferramentas impróprias e atos de indisciplina.

Toda pessoa que tenha um corte ou ferimento na pele deve deixar de participar do processamento de alimentos e não pode entrar em contato com os utensílios, enquanto o ferimento não for completamente coberto e protegido por uma bandagem à prova de água, firmemente fixada, e de cor viva.

Para evitar acidentes é preciso:

Desenvolver condições seguras, fazendo a análise dos riscos do trabalho.

Treinar as pessoas para que trabalhem corretamente.

Obter a participação de todos no programa de prevenção.

Fazer reuniões a respeito deste assunto.

Estabelecer um manual de regras de segurança.

A ABNT (Associação Brasileira de Normas Técnicas) estabelece que o custo direto do acidente é o total das despesas decorrentes das obrigações para com os empregados expostos aos riscos inerentes ao exercício do trabalho, como as despesas com assistência médica e hospitalar aos acidentados e suas respectivas indenizações. Em geral, estas despesas são cobertas pelas companhias de seguro. O custo indireto do acidente do trabalho, segundo a ABNT, envolve todas as despesas de fabricação, despesas gerais, lucros cessantes e demais fatores cuja incidência varia conforme a indústria. O custo indireto representa quatro vezes o custo direto do acidente no trabalho.

Não se deve confundir o órgão de segurança da empresa com a CIPA (Comissão Interna de Prevenção de Acidentes). A CIPA é uma imposição legal da CLT (Consolidação das Leis do Trabalho).

A taxa de acidentados é dada pela fórmula:

Taxa de Acidentados = Empregados Acidentados / Total de Empregados

Exemplo:

Empregados Acidentados = 15

Total de Empregados = 300

Taxa de Acidentados = 15 / 300 = 0,05 = 5%

Análise:

Uma taxa de acidentados alta indica falta de preocupação da empresa em treinar seus funcionários. Para trabalhar com segurança nas máquinas, é conveniente o uso de: cartazes, reuniões, treinamentos, equipamentos e acessórios. A taxa de acidentes é ótima quando é igual a zero. Acidentes frequentes podem levar ao fechamento da empresa, em função de altas indenizações em causas trabalhistas.

19.8 SEGURANÇA ALIMENTAR

O estudo da segurança alimentar apresenta três aspectos fundamentais e que são: preservação de alimentos do ataque dos microrganismos; preparação de alimentos, por meio de microrganismos; detecção e prevenção de infecções e intoxicações decorrentes da ação de microrganismos patogênicos nos alimentos.

Os micro-organismos estão presentes em todos os lugares, isto é, na terra, na água, no ar, no corpo humano e nos animais. Sua capacidade de multiplicação depende de uma série de fatores, chamados intrínsecos, quando relacionados com as características próprias do alimento e extrínsecos, quando relacionados com o ambiente onde o alimento se encontra.

Dentre os fatores intrínsecos, podemos observar que o crescimento desses agentes depende da quantidade de água que se encontra em estado livre no próprio alimento. Quanto mais baixa for a atividade de água de um alimento, mais tempo ele poderá ficar estocado, com menor deterioração microbiana, que aqueles com alta atividade de água. Esta atividade microbiana pode ser reduzida pela adição de sal, açúcar e, também, pela desidratação ou congelamento.

Os micro-organismos necessitam de nutrientes para sobreviver, como açúcares, gorduras, proteínas, vitaminas e sais (cálcio, fósforo, potássio, ferro ...). Por outro lado, os alimentos precisam de agentes antimicrobianos, tais como: cravos, canela, e ácidos conservantes (ácido bórico, ácido propiônico, ácido sórbico, entre outros).

De acordo com o pH (fator que mede a acidez ou alcalinidade de uma substância), que varia de 0 (extremamente ácido) a 14 (extrema alcalinidade), os alimentos podem ser subdivididos em:

Alimentos de baixa acidez: pH superior a 4,5.

Alimentos ácidos: pH entre 4,0 e 4,5.

Alimentos muito ácidos: pH inferior a 4,0.

Os alimentos de baixa acidez são os mais sujeitos a multiplicação microbiana. Já nos alimentos mais ácidos, haverá predominância do crescimento de bolores e leveduras. Os fatores extrínsecos determinam a maior ou menor facilidade com que poderá ocorrer a proliferação dos micro-organismos nos alimentos, sendo os principais:

Temperatura – A temperatura é o principal fator do desenvolvimento de micro-organismos, sendo que alguns crescem mais rápidos em altas temperaturas e outros em baixas. De modo geral, a faixa ideal de temperaturas que favorecem a proliferação da maioria dos micro-organismos se estende entre 5 e 65°C.

Oxigênio – Dependendo do tipo de micro-organismo, a presença de oxigênio poderá influenciar ou não na sua proliferação.

Umidade Relativa do Ar – A umidade relativa do ar influencia diretamente a atividade de água no alimento, que por sua vez influencia diretamente na contaminação de alguns alimentos. Assim, mesmo sendo um alimento de baixa atividade de água, se estocado em ambiente com alta umidade, haverá a elevação da sua deterioração.

Os valores de temperatura e umidade precisam ser analisados antes da estocagem dos alimentos. O recomendado é que quanto mais baixa a temperatura, menor deverá ser a umidade relativa do ar ambiente e vice-versa.

Gases – A estocagem de alimentos em atmosfera contendo CO2 é considerada estocagem em atmosfera controlada. Sua prática data de 1928. Muitos países usam essa técnica para estocar frutas, provocando, assim, o retardamento da maturação e da putrefação causada por fungos.

Os micro-organismos causadores de doenças, possíveis de serem transmitidos pelos alimentos aos homens são: virus, fungos, bactérias, protozoários, leveduras, bolores, parasitas e vermes, por exemplo.

A contaminação dos alimentos se dá quando ocorre a presença de qualquer material nos alimentos. Ela poderá ocorrer por:

Contaminação Física – Decorre da presença de: pedras, madeiras, cabelos, pregos, lâminas, fragmentos, insetos.

Contaminação Química – É proveniente da presença de compostos químicos estranhos ao alimento, como: inseticida, detergente, metal pesado, medicamento, corante e aditivo.

Contaminação Biológica – Esse tipo de contaminação é causado pela presença de microorganismos patogênicos como visto anteriormente.

Contaminação Cruzada – A contaminação cruzada ocorre quando produtos contaminados entram em contato direto ou indireto com alimentos prontos para o consumo. O maior exemplo disso é alimento cru armazenado, em clima de alimento cozido.

Nunca é demais lembrar que a contaminação de um alimento pode ocorrer pelas seguintes vias:

Transmissão Direta – Neste caso, o homem faz a transmissão diretamente, por meio de si, de seu corpo ou do que é expelido (fezes, urina, escarro, suor, secreção).

Transmissão Indireta – Neste caso a contaminação é feita por vetores, tais como moscas, insetos, ratos, máquinas, equipamentos, utensílios, pisos, paredes, por exemplo.

Transmissão por Agrotóxicos – Neste caso o alimento já chega ao mercado contaminado.

A palavra agrotóxico é imprecisa e algo carregada de um julgamento de valor, há muito deixado para trás, em que essas substâncias eram colocadas no mercado sem pesquisa suficiente sobre suas propriedades e seus efeitos, e usadas de forma indiscriminada.

O nome certo é defensivo agrícola, uma vez que esses produtos servem não para intoxicar a lavoura ou o consumidor, mas sim para defender a plantação de pragas, insetos e parasitas e evitar que ela se perca.

19.9 DOENÇAS DE ORIGEM ALIMENTAR

Doenças de origem alimentar são todas as ocorrências clínicas decorrentes da ingestão de alimentos que podem estar contaminados com microrganismos patogênicos, substâncias químicas ou que contenham em sua constituição estruturas naturalmente tóxicas. Atualmente admitem-se quatro divisões para as doenças transmitidas por alimentos:

Toxinose – Quadro clínico consequente à ingestão de toxinas bacterianas.

Infecção – Quadro clínico decorrente da ingestão de microrganismos patogênicos.

Toxinfecção – Quadro clínico decorrente da ingestão de quantidades de bactérias na forma vegetativa.

Intoxicação Química – Quadro clínico decorrente da ingestão de substâncias químicas nos alimentos.

As intoxicações químicas e intoxicações naturais ocorrem com os alimentos enquanto matérias-primas e dificilmente serão prevenidas através da manipulação segura destes alimentos dentro da cozinha. Estas intoxicações dependem da fonte de obtenção destes alimentos na escolha da matéria-prima.

A Organização Mundial da Saúde (OMS) adverte que muitas das doenças de origem alimentar podem levar à morte.

Em todo o mundo é possível diagnosticar uma série de agentes etiológicos, ou seja, pontos críticos de controle, que precisam ser monitorados. O controle dos perigos a manipulação e processamento dos alimentos não são garantidos apenas por um tipo de ponto crítico de controle, e sim por vários que, em conjunto, garantem o mínimo de contaminação, eliminam os microrganismos patogênicos e evitam a multiplicação dos mesmos.

Os critérios de controle dos pontos críticos envolvem as temperaturas de cocção e refrigeração; tempos de manipulação e processamento; índice de acidez; atividade aquosa dos alimentos. Na indústria podem ser utilizados processos de criogenia, adição de aditivos conservantes e radiação.

Os resultados recolhidos pela OMS mostram que, em todas as partes do mundo, só um pequeno universo de fatores causa a alta proporção de enfermidades transmitidas pelos alimentos. Os erros mais frequentes são os seguintes:

A preparação dos alimentos com demasiada antecedência ao seu consumo.

Alimentos deixados em temperaturas propícias à proliferação de microrganismos patogênicos.

Cocção insuficiente.

Contaminação cruzada.

Manipulação dos alimentos por pessoas infectadas.

Assim, dois princípios são básicos: reduzir o risco de contaminação com medidas profiláticas e diminuir a probabilidade de contaminação por todos os meios.

Apesar das causas indicadas serem universais, a diversidade dos meios de cultura faz com que a preparação do alimento fique em função do ambiente onde é processado.

A Organização Mundial da Saúde estima que as enfermidades causadas por alimentos contaminados constituem um dos problemas sanitários mais difundidos no mundo de hoje. E, portanto, deve atender as seguintes "Regras de Ouro" da não contaminação. Embora estas regras já tenham sido abordadas, vale a repetição.

Escolher alimentos tratados de forma higiênica.
Cozinhar bem os alimentos.
Consumir imediatamente os alimentos cozidos.
Armazenar cuidadosamente os alimentos cozidos.
Reaquecer bem os alimentos cozidos.
Evitar o contato entre os alimentos crus e cozidos.
Lavar as mãos constantemente.
Manter escrupulosamente limpas todas as superfícies de trabalho na preparação de alimentos.
Manter os alimentos fora do alcance de insetos, roedores e outros animais.
Utilizar água potável.

19.10 FATOR pH

O fator pH (potencial hidrogeniônico) do sangue humano deve ser levemente alcalino (7,35 a 7,45). Acima ou abaixo desses valores significa sintomas de doenças. Um pH 7 é neutro. Um pH abaixo de 7 é ácido. Um pH acima de 7 é alcalino.

Um pH ácido pode ocorrer devido a uma dieta ácida, estresse emocional, acúmulo de toxinas e reações imunes a qualquer processo que priva as células de oxigênio e outros nutrientes. O corpo humano irá tentar compensar usando minerais alcalinos. Mas, se a dieta não contém minerais suficientes ocorre um acúmulo de ácidos nas células.

Um nível ácido irá:

Diminuir a habilidade do corpo de absorver minerais e outros nutrientes.
Diminuir a produção de energia nas células.
Diminuir sua habilidade de reparar células danificadas.
Diminuir a habilidade de eliminar metais pesados.
Fazer células tumorais crescerem.
Deixar o corpo mais suscetíveis a fadiga e doenças.

Um sangue com pH muito baixo pode induzir o coma e a morte.

A razão pela acidose ser mais comum em nossa sociedade é, principalmente, pela dieta adotada, que é muito ácida, com produtos como: carne, ovos e laticínios e muito pobre em produtos alcalinos como vegetais frescos.

Além disso, comemos alimentos processados que produzem ácidos, como farinha e açúcar, bebemos líquidos que produzem ácido como café e refrigerantes. Usamos muito medicamentos, que formam ácidos e usamos adoçantes artificiais que são um veneno. Uma das melhore coisas que podemos fazer para corrigir um corpo muito ácido é limpar a dieta e o estilo de vida.

Para manter a saúde, a dieta deve consistir de 60% de alimentos alcalinos e 40% de alimentos ácidos. Para restaurar a saúde, a dieta deve consistir de 80% de alimentos alcalinos e 205 de alimentos ácidos. Alimentos alcalinos incluem a maioria das frutas, vegetais verdes, ervilhas, temperos, ervas, sementes e castanhas. Alimentos ácidos incluem carne, peixe, aves, ovos e legumes.

Um corpo ácido é um imã para doenças. O que você come e bebe irá impactar no nível de pH do seu corpo. Equilíbrio é chave para a saúde perfeita. Cabe lembrar que é sempre bom fazer uma dieta para desintoxicar o organismo.

19.11 ALIMENTOS ALCALINOS

A seguir, serão listados os principais alimentos alcalinizantes:

Vegetais Alcalinizantes: alfafa, cevada, folhas de beterraba, beterraba, brócolis, repolho, cenoura, couve-flor, aipo, acelga, chicória, couve-galega, pepino, dente-de-leão, flores comestíveis, berinjela, vegetais fermentados, alho, feijão verde, couve, alface, cogumelos, folhas de mostrada, cebola, ervilha, pimenta, abóbora, rabanete, couve-nabo, vegetais marinhos, espinafre, brotos, batata doce, tomate, agrião, tomate.

Frutas Alcalinizantes: maçã, damasco, abacate, banana, frutas vermelhas, amora, melão, cereja, coco, groselha, tâmara, figo, uva, toranja, limão, lima, nectarina, laranja, pêssego, pera, abacaxi, uva passa, framboesa, morango, tangerina, melancia.

Proteínas Alcalinizantes: amêndoa, castanha, tofu, pólen de abelha, suco de frutas frescas, suco de folhas verdes, melaço, cultura probiótica, laticínios fermentados, sucos vegetais, água mineral.

Adoçantes Alcalinizantes: stevia

Temperos Alcalinizantes: chili, canela, cury, gengibre, ervas (todas), misso, mostrada, sal marinho, molha de soja.

Minerais Alcalinizantes: Cálcio (pH 12), Césio (pH 14); Magnésio (pH 9), Potássio (pH 14), Sódio (pH 14).

Embora possa parecer que frutas cítricas tenham um efeito acidificantes no corpo, o ácido cítrico que elas contêm, na verdade, tem um efeito alcalinizante no sistema.

Note que a tendência de formação de ácidos ou alcalinos dos alimentos não tem nada a ver com o pH do próprio alimento. Por exemplo, o limão é muito ácido, entretanto os produtos dele derivados, após a digestão, são muito alcalinos. Da mesma forma que a carne é alcalina antes da digestão, ela deixa resíduos muito ácidos no corpo. Então, como quase todos os produtos animais, a carne forma ácidos.

19.12 ALIMENTOS ÁCIDOS

A seguir, serão listados os principais alimentos acidificantes:

Vegetais Acidificantes: milho, lentilha, azeitona,

Frutas Acidificantes: frutas cristalizadas, cranberry, ameixa.

Produtos Acidificantes: amaranto, cevada, farelo de aveia, farelo de trigo, pão, milho, amido de milho, bolacha, farinha de trigo, farinha branca, macarrão, aveia, arroz, bolo de arroz, centeio, gérmen de trigo, trigo, mostarda, molho de tomate, cacau.

Legumes Acidificantes: feijão (todos) grão de bico, ervilha verde, lentilha, soja.

Produtos Acidificantes: leite de amêndoas, manteiga, queijo, sorvete, leite, castanha de caju, amendoim, amêndoa, nozes.

Proteína Animal Acidificante: bacon, vaca, carpa, bacalhau, carne seca, peixe, cordeiro, lagosta, mexilhão, órgãos, ostra, porco, coelho, salmão, sardinha, salsicha, vieiras, crustáceos, camarão, atum, peru, vitela, veado.

Gorduras e Óleos Acidificantes: óleo de abacate, manteiga, óleo canola, óleo de milho, óleo de linhaça, óleo de cânhamo, banha do porco, azeite de oliva, óleo de gergelim, óleo de girassol.

Adoçantes e Bebidas Acidificantes: alfarroba, xarope de milho, açúcar, cerveja, destilados, aguardente, vinho, café, vinagre.

Químicos Acidificantes: remédios, drogas, herbicidas, pesticidas, tabaco.

Líquidos Acidificantes: cerveja (pH 2,5); Coca-Cola (pH 2,0), café (pH 4,0).

19.13 ALIMENTAÇÃO

Há várias versões de tabelas de alimentos alcalinos e ácidos na internet e nos livros. Os alimentos são algumas vezes atribuídos como ácidos ou como alcalinos.

Então, você não precisa comer apenas alimentos alcalinos, mas sim uma boa percentagem destes na sua dieta. Além do mais, eles são bons para ganhar massa muscular e perder gordura.

A seguir, uma dieta bastante equilibrada para uma boa alimentação: castanha do Pará, couve de Bruxelas, trigo sarraceno, caju, galinha, milho, queijo cottage, ovos, linhaça, chá verde, mel, leite, castanhas, batata, semente de abóbora, chucrute, produtos de soja, brotos de sementes, jerimum, sementes de girassol, tomate, iogurte.

A seguir, uma lista dos alimentos que vão dos mais alcalinos até os mais ácidos:

Extremamente Alcalinos: limão, melancia.

Formadores de Alcalinos: melão, tâmara, figo, lima, manga, mamão, algas, uva sem semente, agrião, aspargo, suco de frutas, uvas, kiwi, maracujá, pera, abacaxi, ameixas, sucos de vegetais.

Moderadamente Alcalinos: maçã, alfafa, damasco, abacate, banana, groselha, tâmaras, figos, alho, toranja, uva, goiaba, ervas, alface, nectarina, pêssego, pera, ervilha, abóbora, sal marinho, feijão, beterraba, pimentão, brócolis, repolho, alfarroba, couve-flor, gengibre, laranja, batata, framboesa, alface, morango, milho, nabo, vinagre.

Levemente Alcalinos: amêndoa, alcachofra, couve-de-bruxelas, cereja, pepino, berinjela, mel, alho-poró, cogumelos, quiabo, cebola, rabanete, temperos, tomate, castanhas, gema de ovo, leite de cabra, maionese, azeite de oliva, sementes de gergelim, soja, queijo de soja, brotos de grãos, tofu, levedura.

Moderadamente Ácidos: banana, cevada, manteiga, cerais, queijos, bolachas, cranberry, feijão seco, coco seco, clara de ovo, ovo inteiro, frutose, leite de cabra, mel, ketchup, xarope de bordo, leite, melaço, castanhas, aveia, mostrada, azeitona no vinagre, macarrão, doces, ameixa, pipoca, batata, arroz, molho de soja, pão.

Extremamente Ácidos: adoçante artificial, carne, cerveja, açúcar mascavo, refrigerantes, cereais, chocolate, tabaco, café, creme de trigo, veado, peixe, farinha, suco de frutas com açúcar, geleias, gelatina, cordeiro, destilados, xarope de bordo, melaço, macarrão, picles, porco, aves, frutos do mar, açúcar, sal, chá, pão branco, vinagre branco, alimentos integrais, vinho e iogurte.

Capítulo 20

COZINHA INDUSTRIAL

"Não prosperam as empresas que ignoram o poder do design elegante e funcional".
Tom Peters

OBJETIVOS DO CAPÍTULO

- Mostrar os aspectos principais de uma cozinha industrial.
- Mostrar os fatores de correção dos alimentos.
- Mostrar a importância da higiene e limpeza.
- Mostrar um arranjo físico preliminar de uma empresa de alimentos.

20.1 COZINHA INDUSTRIAL

A cozinha industrial é um tipo de cozinha, cuja finalidade é o fornecimento de refeições prontas e semiprontas. Será considerada como uma unidade de trabalho que desempenha atividades relacionadas à alimentação e à nutrição, sendo parte de um sistema maior, a empresa. Ela se apresenta de várias formas:

Preparação de refeições em centrais, com retirada dos alimentos para atender os distribuidores (varejos).

Preparação parcial dos alimentos na central e elaboração final realizada nos restaurantes dos pontos de venda.

Preparação de comida no próprio lugar de consumo.

Preparação de alimentos congelados.

É importante destacar que as cozinhas industriais instaladas em estabelecimentos assistenciais de saúde, devem observar a Resolução RDC nº 50, de 21 de fevereiro de 2002, da ANVISA.

Algumas empresas mantiveram ou criaram cozinhas com serviços próprios, modalidade em que a empresa assume toda a responsabilidade, pela elaboração e distribuição das refeições, necessitando, portanto, de infraestrutura para um controle de qualidade efetivo.

Outras empresas optaram por serviços terceirizados, sob a forma de um contrato de prestação de serviços.

Convém mencionar que as empresa prestadoras de serviços, em sua maioria, foram criadas a partir de um esquema familiar, que cresceu em função de recursos humanos devidamente preparados. Há, ainda, o agrupamento de empresas, de uma determinada área geográfica, que decide em comum por uma Cozinha Central, havendo, desta forma, uma redução de investimentos e custos de toda ordem.

Três são as modalidades desses serviços terceirizados:

Comodato – Na modalidade de comodato, a empresa contrata uma outra, cedendo suas instalações.

Refeições Prontas – A contratada entrega à empresa contratante refeições já preparadas para consumo final.

Refeição Convênio – A empresa mantém contrato com uma Cozinha Central, para o fornecimento de refeições prontas para seus funcionários.

A normatização das operações realizadas, para o funcionamento adequado de uma cozinha industrial possibilitará a racionalização do trabalho e permitirá uma avaliação constante de seu desempenho, a partir do qual poderão ser definidas as mudanças que serão necessárias.

20.2 TERMINOLOGIA DE COZINHA

Embora já tenhamos abordado o conceito de terminologia, vale acrescentar que a terminologia assume papel importante dentro do contexto industrial, já que é uma forma básica e essencial para se manter uma linguagem uniforme entre todos os participantes do projeto. Como dentro da cozinha muitos termos técnicos são utilizados, é recomendável que todo profissional de cozinha conheça a linguagem daqueles que trabalham na preparação de comida:

A seguir, a terminologia de cozinha:

Cocção – É um termo que se refere às técnicas de preparação dos alimentos para serem consumidos, por meio da ação de calor, como: cozimento, fritura, assamento, por exemplo.

Saltear – É uma técnica de cocção rápida, utilizada para alimentos picados ou de tamanho reduzido. Deve ser realizada, em fogo alto, com a utilização de pouca gordura, sendo necessário, ainda, movimentar bem o alimento para que todas as partes tenham contato com o óleo quente. O objetivo deste método é realçar as cores dos alimentos, além de manter a sua textura e de agregar sabor, rapidamente.

Marinar – É um termo utilizado em culinárias que significa deixar alimentos crus em contato com uma mistura de temperos, como caldo de limão, sal, azeite, vinho, entre outros, durante um determinado tempo.

Branquear – Refere-se a um processo de cocção, em que o alimento, principalmente vegetais, é cozido em água quente por poucos minutos. Em seguida, o alimento cozido deverá ser colocado dentro de outro recipiente com água fria para ocorrer um resfriamento rápido. O objetivo é obter vegetais semicozidos e com uma cor bem viva.

Dourar – Significa levar um determinado alimento ao fogo alto, utilizando muito pouca gordura, o suficiente apenas para não grudar na panela, cujo objetivo é cozinhar rapidamente o alimento, sem que ele escureça.

Gratinar – É um método de cocção, no qual a superfície do alimento deverá receber temperaturas elevadas, geralmente, de 250 a 300ºC, e por pouco tempo. Nesse método, pode-se cobrir o alimento com uma camada de queijo ralado, por exemplo, para obter a formação de uma crosta superior.

Fritar – É outro método de cocção, que consiste em mergulhar o alimento em gordura aquecida para que se forme uma crosta ao seu redor.

Empanar – É um método que consiste em envolver o alimento com uma camada, formada por uma combinação de ingredientes como: farinha de trigo, ovos, farinha de rosca, leite, cerveja e outros.

Refogar – Significa fritar um alimento em gordura aquecida, mas por um tempo inferior ao que é gasto no método de fritura.

Fundo – Líquido aromático, usado para facilitar e padronizar os processos de cozinha, podendo ser claro ou escuro.

Mirepoix – É uma mistura de legumes aromáticos, cortados em tamanhos semelhantes, utilizado para dar sabor às preparações. É composto por 50% cebola, 25% cenoura e 25% salsão.

Bouquet Garni – É um maço de ervas aromáticas, geralmente, composto por uma combinação de: talos de salsa, ramo de tomilho e folha de louro.

Sachê – São temperos como: pimenta em grão, cravo, dente de alho, folha de louro, embrulhados em um pedaço de gaze, formando um saquinho.

Cebola Piquet – Uma cebola branca pequena com a incrustação de 2 cravos e uma folha de louro. Pode ser só com cravos.

Cebola Brulée – Cebola cortada em pétalas e douradas na chapa. Usada para dar cor e sabor.

Roux – Mistura feita com 50% de farinha de trigo e 50% de manteiga quente, usada como espessante.

20.3 CONVERSÃO DE UNIDADES

Para se trabalhar em uma cozinha profissional, você precisa conhecer muito bem a relação existente entre unidades, uma vez que as receitas nem sempre são padronizadas. É muito comum encontrarmos receitas com as medidas dos ingredientes atribuídas a utensílios muito utilizados como: pires, xícara, colher de chá ou de sopa, por exemplo.

No entanto, medir os ingredientes dessa maneira não é um procedimento preciso, uma vez que você dificilmente colocará exatamente a mesma quantidade de um determinado ingrediente em uma xícara, por exemplo, se você fizer isso mais de uma vez. Daí surge então a necessidade de se conhecer a correspondência entre essas medidas.

A seguir, são colocados quadros onde se faz a conversão de unidades:

Líquidos em Xícaras	Equivalência em ml
1 xícara	240 ml
1/2 xícara	120 ml
1/3 xícara	80 ml
1/4 xícara	60 ml

Quadro 20.1: Conversão de xícara de líquidos para mililitros.

Chocolate em Pó em Xícaras	Equivalência em g
1 xícara	90 g
1/2 xícara	45 g
1/3 xícara	30 g
1/4 xícara	22 g

Quadro 20.2: Conversão de xícara de chocolate em pó para gramas.

Manteiga, Margarina e Gordura Vegetal	Equivalência em g
1 xícara	200 g
1/2 xícara	100 g
1/3 xícara	67 g
1/4 xícara	50 g

Quadro 20.3: Conversão de xícara de chocolate em pó para gramas.

Açúcar	Equivalência em g
1 xícara	180 g
1/2 xícara	90 g
1/3 xícara	60 g
1/4 xícara	45 g

Quadro 20.4: Conversão de xícara de açúcar para gramas.

Farinha de Trigo	Equivalência em g
1 xícara	120 g
1/2 xícara	60 g
1/3 xícara	40 g

1/4 xícara	30 g

Quadro 20.5: Conversão de xícara de farinha de trigo para gramas.

Ingredientes Medidos em Colher	Equivalência em g
1 colher de sopa de líquidos	15 ml
1 colher de chá de líquidos	5 ml
1 colher de sopa de pó	6 g
1 colher de sopa de manteiga	60 g
1 colher de sopa de açúcar	12 g
1 colher de sopa de farinha de trigo	7,5 g

Quadro 20 6: Conversão de colher para gramas ou mililitros.

20.4 FATOR DE CORREÇÃO DO ALIMENTO

Uma grande parte das matérias-primas e insumos utilizados na preparação de alimentos não está pronta para o uso e necessita ser manipulada, o que provoca perdas as quais precisam ser computadas no cálculo do custo. Assim, parte dela é jogada fora no pré-preparo dos produtos, encarecendo o custo de aquisição, já que o preço pago será dividido por uma quantidade menor por conta das perdas.

É necessário que se estude do fator de correção do alimento.

Algumas tabelas apresentam fatores que corrigem essas perdas. Esse fator, chamado de fator de correção (FC), mede a relação entre o peso bruto (PB) e o peso limpo (PL) do alimento. Entende-se por peso bruto aquele que é medido, quando adquirido do fornecedor e por peso líquido aquele que é medido depois de limpo e pronto para ser utilizado pelo cozinheiro, isto é, após o pré-preparo.

O fator de correção (FC) é dado pela fórmula:

FC = PB/PL

PL = PB/FC

Tomemos o exemplo de uma empresa que recebeu 10 kg de alface e após a limpeza pesou 6,85 kg. O fator de correção é:

FC = 10 / 6,85 = 1,46

Se o restaurante adquiriu 20,00 Kg de filé mignon e no pré-preparo pesou 15,63 Kg, o fator de correção é:

FC = 20,00/15,63 = 1,28

Se o chef indica na receita que precisa de determinada quantidade de um alimento, ele está se referindo à quantidade limpa que será utilizada. Logo é necessário calcular quanto do alimento precisa ser pesado ou medido (peso bruto) para que, ao limpá-lo e deixá-lo pronto para o uso (pré-preparo), ele pese ou meça o que foi indicado na receita.

Assim, se a receita indicar 20 g de azeitonas com caroço e o fator de correção da azeitona é 1,28, usamos a fórmula para calcular o valor necessário:

PB = PL x FC = 20 x 1,28 = 25,60 g

Isso quer dizer, que na hora de calcular o custo do prato, deveremos considerar 25,60 g e não 20,00 g, como especificado na receita, porque as perdas precisam ser consideradas. Se a cozinha conhece a demanda de um determinado material, como por exemplo, costela de porco e sua compra é feita por semana, a cozinha sabendo que o fator de correção para a costela de porco é de 1,08 e o prato é de 500 g, deverá fazer o seguinte cálculo:

PL = 20 pratos x 7 dias x 500 g = 70.000 g = 70 kg

PB = 70 x 1,08 = 75,60 Kg

Isso quer dizer que deverão ser comprados 75,60 kg de costela, pois 5,60 kg serão desperdiçados na limpeza da carne. Nesse caso, o fator de correção é utilizado para determinar a quantidade a ser comprada a fim de oferecer ao cliente o que está especificado no cardápio costelas de porco de 500 g.

Outra aplicação interessante do fator de correção é permitir observar e comparar a qualidade do fornecimento das matérias-primas. Às vezes, a empresa opta por um preço mais baixo, mas precisa ficar atenta aos desperdícios. Assim, quanto maior o desperdício maior é o fator de correção.

Há épocas em que certos alimentos estão fora da safra e apresentam problemas de qualidade e significativas perdas. Elevando os custos. A seguir, uma tabela do fator de correção, onde são apresentados, como exemplo, fatores de correção para Hortaliças, Legumes e Tubérculos:

Nome	Fator	Nome	Fator	Nome	Fator
Abóbora	1,33	Arroz integral	1,01	Ervilha	1,03
Abobrinha	1,26	Arroz Tipo 1	1,00	Ervilha Fresca	2,00
Agrião	1,78	Batata Doce	1,21	Espinafre	1,79
Aipo	1,34	Batata Inglesa	1.06	Feijão em geral	1,03
Alcachofra	2,08	Bertalha	1,80	Milho Verde	2,42
Alface Crespa	1,46	Brócolis	2,56	Palmito	2,04
Alface Lisa	1,31	Cebola	1,53	Pimentão	1,57
Alho	1,08	Cenoura	1,16	Quiabo	1,31
Alho Porro	1,62	Cheiro Verde	1,10	Repolho	1,35

Quadro 20.7: Tabela do Fator de Correção.

A Cozinha deve manter atualizadas as tabelas dos fatores de correção para: Carnes; Miúdos; Ovos; Aves; Peixes e Frutas Frescas.

20.5 CÁLCULO DO FATOR DE CORREÇÃO

Apesar do cálculo do fator de correção já estar feito para muitos alimentos, não se pode esquecer de que são valores médios. A região de cultivo, a cultura local e os vícios do produtor (fornecedor) de insumos, que muitas vezes, não eliminando materiais estranhos, afetam o fator de correção. Esse valor também pode ser alterado por métodos, equipamentos e processos.

A seguir, um exemplo para o produto Carne Seca (kg), onde as compras foram realizadas, num determinado período e em diversos fornecedores.

Nº	Data	Fornecedor	C	QB	QL	C x QB	C x QL	FC	Perda	%
1	01/02/2023	Prezunic	13,90	6,30	2,98	87,57	41,42	2,11	46,16	53%
2	10/02/2023	Samis	12,09	6,00	3,20	72,54	38,69	1,87	33,85	47%
3	15/02/2023	Extra	16,00	2,30	1,09	38,87	18,42	2,11	20,45	52%
4	20/02/2023	Mundial	13,09	1,06	0,62	14,73	8,62	1,70	6,11	41%
5	25/02/2023	Marba	10,78	15,00	8,00	161,70	86,24	1,87	75,46	47%
6	05/03/2023	Veneza	13,00	10,00	5,72	130,00	74,36	1,75	55,64	43%
7	15/03/2023	Seara	13,00	3,50	1,77	48,65	24,00	1,98	24,05	49%
	Totais			44,16	23,38	554,06	292,35	13,39	261,72	47%

Quadro 20.8: Cálculo do Fator de Correção.

Simbologia:

C = Custo/Kg

QB = Quantidade Bruta

QL = Quantidade Líquida

FC = Fator de Correção

MQB = Média da Quantidade Bruta

MQL = Média da Quantidade Líquida

MFC = Média do Fator de Correção

Perda = Quantidade perdida em função do custo

% = Percentual de perda

Cálculo das Médias:

MQB = 12,55 (554,06 / 44,16)

MQL = 12,50 (292,35 / 23,38)

MFC = 1,91 (13,39 / 7)

20.6 ÍNDICE DE COCÇÃO DOS ALIMENTOS

O índice é uma medida (relação) idealizada para mostrar a variação, num determinado período de tempo e se este valor oscilou para cima ou para baixo. É possível estabelecer relações do ano em curso com os anos anteriores. Um bem que custava $ 10,00 e passou a custar $ 25,00, diz-se que teve uma variação de:

I = 25,00 / 10,00 = 2,5 = 250%

O valor 2,5 é um índice e o valor 250% é o percentual de variação (ou de desvio).

O índice de cocção (IC) é a relação entre o peso cozido (PC) e o peso limpo (PL) do alimento. Assim, podemos escrever que:

IC = PC / PL

Esse índice expressa a perda de água ou a retração das fibras de um insumo, como é o caso das carnes e vegetais, O IC é muito importante quando a cozinha cobra por peso. Para uma mesma porção de carne crua e limpa podem-se obter pesos diferentes na balança de venda se a carne estiver bem ou malpassada.

Segundo Braga, na criação de um prato, a cocção dos alimentos é sempre observada pelo Chef para que as porções servidas sejam generosas ou bem calculadas. Para isso, é preciso definir primeiro o peso final do prato (PC) que lhe parecer conveniente e divide-o pelo IC. Dessa forma, obterá o peso limpo (PL), que usará na preparação da receita.

PL = PC / IC

Exemplo:

PC = 200 g

IC = 0,65

PL = 200 / 0,65 = 307,69 g (300 g aproximadamente)

Índice de cocção menor que 1,0, significa perda de peso durante a cocção. Se maior do que 1,0 indica ganho de peso.

A seguir, um exemplo de uma tabela do índice de cocção:

Alimento	Índice de Cocção
Carnes com muita gordura	0,4 a 0,5
Carnes com pouca gordura	0,6 a 0,7

Cereais (arroz, aveia, milho, trigo,)	2,0 a 3,0
Hortaliças (folhosos) - Calor com pouco tempo	0,5 a 0,6
Hortaliças (folhosos) - Calor misto para refogar com águia	0,4 a 0,5
Legumes e Frutas	0,6 a 0,7
Leguminosas (feijões, grão de bico, soja, lentilha)	2,2 a 2,5
Tubérculos	0,9 a 1,0

Quadro 20.9: Tabela do Índice de Cocção.

20.7 FATOR DE CORREÇÃO TOTAL DOS ALIMENTOS

Como PB = FC x PL e PL = PC/IC, vem:

PB = FC (PC / IC)

PB = (FC / IC) PC

Se chamarmos (FC/IC) como um fator de correção total (FCT), vem:

PB = FCT x PC FCT = PB / PC

Assim, para dar um exemplo, suponhamos que o chef decidiu elaborar uma receita e pensou em partir das quantidades finais que gostaria de ter no prato do cliente. Escolheu ter 150 g de carne de primeira, 50 g de arroz tipo 1 e 60 g de brócolis. Que quantidade bruta (QB) ou peso bruto (PB) de cada insumo deverá usar?

Conhecendo-se o fator de correção e o índice de cocção de cada insumo fica fácil orientar o chef. Se FCT = FC / IC, podemos estabelecer uma tabela que calcula o valor do Fator de Correção Total (FCT), em função dos valores determinados nas tabelas dos fatores de correção e dos índices de cocção:

Produto	FC	IC	FCT
Carne de Primeira	1,28	0,65	1,97
Arroz do Tipo 1	1,00	2,50	0,40
Brócolis	2,56	0,55	4,65

Quadro 20.10: Fator de Correção Total.

Solução:

FCT da Carne = 1,97 PB = 1,97 x 150 = 295,5 g de carne

FCT do Arroz = 0,40 PB = 0,40 x 50 = 20,0 g de arroz

FCT do Brócolis = 4,65 PB = 4,65 x 60 = 279,0 g de brócolis

20.8 AMBIENTE FÍSICO DA COZINHA

Desnecessário dizer que o ambiente físico da cozinha é extremamente importante, pois em condições adversas, o ser humano tem um rendimento muito baixo, se irritando com facilidade, exacerbando conflitos e baixando a produtividade.

Para que o alimento fique livre de contaminação, será necessário que as pessoas que irão lidar com esse tipo de produto entendam e pratiquem regras adequadas de fabricação, o que só será possível de ser alcançado, por meio de instalações físicas adequadas.

Os locais onde os alimentos ficarão acondicionados e, também onde serão preparados, deverão oferecer condições satisfatórias, para que o produto daí resultante seja de qualidade.

Nesse sentido, faz-se necessário que o manipulador de alimentos conheça os aspectos básicos de higiene do local onde irá trabalhar e, com isso, tenha condições de avaliar as possibilidades de realizar um trabalho com segurança, competência, satisfação e profissionalismo.

A seguir, serão abordados os princípios de manipulação dos alimentos:

Quanto ao Local de Fabricação:

Ficar atento aos arredores da fábrica e ao seu acesso.

Ser totalmente livre de focos de insalubridade.

Ter acesso direto e independente.

Ser um local arejado, com ar limpo e seco, para que não ocorra comprometimento da qualidade dos alimentos armazenados.

Ser afastado de fábricas geradores de fumaça e outras fontes de poluição líquida ou gasosa.

Ter as áreas circundantes livres para facilitar as operações.

Ser abastecido por água limpa e tratada.

Ter fornecimento de energia elétrica, que não sofra frequentes quedas de tensão, pois a maioria dos equipamentos de um g depende da energia elétrica.

Quanto aos Depósitos:

Ser bem arejado, isento de umidade e que não favoreça a entrada de pragas.

Ter estantes de aço que fiquem paralelas umas às outras, formando entre elas corredores de 70 cm a 1 m de largura.

Utilizar apenas estrados de plástico, para evitar a absorção de umidade, evitando a possibilidade do desenvolvimento de fungos.

Quanto ao Piso:

Ter uma aparência de um ambiente saudável.

Ser impermeável e antiderrapante.

Ser de fácil higienização e desinfecção.

Ser resistente ao tráfego e a corrosão.

Ter cantos arredondados, para não permitir o acúmulo de restos de comida ou mesmo sujeira.

Possuir uma leve inclinação, permitindo que a água, utilizada na limpeza, seja conduzida para ralos e canaletas.

Ter ralos do tipo sifonado e com dispositivos de proteção e limpeza rápida.

Ter uma cor clara, sendo o branco a cor mais apropriada.

Estar em bom estado de conservação, ou seja, livre de defeitos, rachaduras, trincas e buracos.

Ter um índice de reflexão entre 15% a 30%.

Ter um único nível, evitando acidentes de trabalho e favorecendo o deslocamento de carros.

Ter inclinação suficiente para direcionar, aos ralos, a água de higienização.

Quanto ao Abastecimento de Água:

O abastecimento de água potável deve estar ligado à rede pública.

A potabilidade da água deve ser atestada através de laudo de análise periódica.

A água para consumo deve ser límpida, transparente, insípida e inodora.

A água utilizada para o consumo direto, ou no preparo dos alimentos, deve ser controlada, independentemente das rotinas de manipulação dos alimentos.

O reservatório de água deve estar isento de rachaduras, livre de infiltrações e deve ser mantido sempre tampado.

A utilização de sistema alternativo de abastecimento de água deve ser comunicada à autoridade sanitária.

As águas de poços, minas e outras fontes alternativas, para serem usadas, devem estar livres de riscos de contaminação.

Independentemente do tipo de fonte de abastecimento, após a desinfecção da água, deve-se realizar a análise bacteriológica da água, em laboratório. Anualmente, fazer a certificação da água.

Quanto às Paredes:

Devem ser lisas e de cor clara.

Serem impermeabilizadas, com azulejos de cerâmica, resistentes à corrosão e de fácil limpeza.

Não ter rachaduras e trincas, para evitar que incrustações se formem nestes locais.

Ter cantos arredondados nos ângulos retos que fizerem do piso e teto.

Deverão receber rejunte que seja resistente à corrosão.

Serem impermeáveis para evitar infiltrações de água.

Devem ter um índice de reflexão na faixa de 50% a 75%.

Quanto ao Teto:

Ser impermeável ao vapor de água, que se forma durante o cozimento dos alimentos.

Ser isento de vazamentos, goteiras, rachaduras, umidade, bolor e descascamento.

Ser de material lavável e de cor branca.

Possuir acabamento liso o suficiente para não permitir o acúmulo de gorduras e sujeiras.

Evitar a utilização de telhas que permitam a ocorrência de respingos.

Estar em perfeitas condições de limpeza e não deve possuir aberturas que não estejam protegidas com tela milimétrica, ou material similar, removível para limpeza.

Ter um pé direito normal de 3,00 m no térreo e 2,70 m nos andares superiores.

Quanto às Portas e Janelas:

As portas deverão possuir sistemas de fechamento automático com molas, ou sistema eletrônico.

As portas deverão ter aberturas, entre a parte inferior e o piso, iguais a 1 cm, para receber uma boa vedação, evitando a entrada de ratos e baratas.

As janelas deverão ser localizadas em pontos que evitem a incidência direta da luz solar sobre as superfícies de trabalho.

As janelas devem ser protegidas por tela, se necessária sua abertura para o interior do ambiente.

Portas e janelas devem ser de material liso, para facilitar a limpeza.

Portas e janelas deverão ser pintadas de cor clara e devem ser bem conservadas.

Quanto às Lixeiras:

Nas áreas de manipulação de alimentos, o lixo deverá ter recipientes adequados para coletar lixo.

Os recipientes de lixo deverão ser de plástico (aço), que devem ter suas tampas acionadas por pedais.

As lixeiras deverão ser revestidas de sacos plásticos, internamente.

Os depósitos de lixo deverão ficar em lugares fechados, isentos de pragas.

O fluxo do lixo não deverá cruzar com o fluxo dos alimentos in natura e muito menos com os preparados para serem armazenados.

Quanto aos Sanitários e Vestiários:

Serem amplas e separadas por sexo.

Serem equipados com armários, para os funcionários guardarem pertences próprios.

Deverão possuir vasos sanitários que permitam o descarte do papel higiênico utilizado em seu interior, não sendo permitido que este material seja acumulado em lixeiras.

Deverão possuir lavatórios com sabão líquido e papel toalha, descartável em recipientes próprios.

Não devem ter comunicação direta com as áreas de manipulação e produção dos alimentos.

Deverão ter paredes e pisos revestidos com material cerâmico, para facilitar sua limpeza.

Deverão ser do conhecimento de todos os funcionários as normas de utilização dessas instalações.

Quanto aos Lavatórios:

Será obrigatório ter lavatórios instalados nas entradas das áreas de manipulação e preparação de alimentos.

Deverão ser equipados com os mesmos dispositivos dos sanitários e vestiários.

Deverão ter torneiras que sejam acionadas por controle eletrônico ou alavancas sem contato direto com as mãos já lavadas.

Quanto às Tubulações:

As tubulações de água, esgoto, vapor e elétrica devem ser pintadas nas cores indicadas pela autoridade competente em segurança e medicina do trabalho, para identificação e facilidade de manutenção.

Os tubos de vapor devem ter revestimento térmico de lã de vidro e alumínio para conservação da temperatura de vapor.

As tubulações devem ser externas para facilitar a manutenção.

As tomadas de força devem ser individualizadas e blindadas, para facilitar a higienização das paredes e evitar a entrada de água na rede elétrica.

Quanto ao Esgoto:

Os dejetos devem ter ligação direta com a rede de esgoto ou, quando necessário, devem ser tratados, adequadamente, para serem eliminados em: rios, lagos, lagoas e oceanos.

As caixas de gordura e de esgoto não podem localizar-se no interior das áreas de processamento de alimentos.

20.9 AMBIENTE INTERNO DA COZINHA

A seguir, abordaremos os fatores que mais influenciam a qualidade do ambiente interno da cozinha:

Iluminação da Cozinha:

A iluminação exerce uma forte influência no comportamento das pessoas. Sua utilização adequada evita doenças visuais, aumenta a eficiência do trabalho e diminui o número de acidentes. A iluminação deve ser distribuída uniformemente pelo ambiente, evitando ofuscamento, sombras, reflexos fortes e contrates excessivos.

Deve incidir numa direção que não prejudique os movimentos nem a visão das pessoas que ali trabalhem. As janelas, ou outros tipos de abertura, deverão estar dispostos de maneira que não permitam a penetração direta do sol sobre a superfície de trabalho.

Deverá ser do conhecimento de todos que a iluminação pode interferir no desempenho dos manipuladores e até mesmo provocar alterações nos alimentos. Por isso, o grau de luminosidade não deverá prejudicar a visão dos manipuladores. A iluminação artificial não deverá alterar as características visuais dos produtos.

A iluminação mais recomendada para as cozinhas industriais é a natural que, sendo um acelerador das trocas orgânicas, funciona como bactericida, devido à existência de raios ultravioletas. A iluminação natural age como um tônico estimulando as funções do organismo e propiciando sensações de alegria e maior disposição para o trabalho, está diretamente relacionada ao nível de trabalho produzido.

Além disso, a iluminação natural é mais econômica, vez que é obtida da luz solar e pode ser assegurada ao ambiente de trabalho.

A má iluminação é a causa de 20% dos acidentes de trabalho. Mas, será que se aumentar a iluminação, aumentará o rendimento? Não, pois há um ponto ótimo a partir do qual ele começará a decrescer. O estudo da fisiologia dos olhos mostra que a acomodação da pupila à claridade do ambiente provoca esforço e fadiga.

Pequenas variações, se forem frequentes, cansarão. Para ser boa, uma iluminação deve satisfazer às seguintes condições:

O foco luminoso deve fornecer toda a luz que a pessoa necessita.

O foco deve ser constante e uniformemente distribuído.

O foco não deve ser resplandecente, porque ofusca a visão.

Também é preciso evitar as oposições de claro e escuro e os contrastes violentos de luz e sombra, bem como as superfícies polidas e brilhantes que atrapalham a visada do operador.

A quantidade de luz incidente dentro de um ambiente não deve depender somente do trabalho a ser realizado pelo homem, mas também da interferência dos arredores imediatos, ou seja, a cor do local, o nível de reflexão do mesmo e dos demais objetos ali encontrados.

A propagação da luz pode ser por meio de luz: Difusa; Direta; Semidireta; Indireta. Nem todo trabalho ou ambiente exige o mesmo iluminamento. A necessidade de mais ou menos luz depende do tamanho dos objetos, da sua cor, do seu brilho e do seu movimento, bem como da natureza da operação que se realiza.

Objetos pequenos, escuros e em movimento exigem mais claridade para serem vistos. Objetos grandes, claros e parados, ou em movimento lento, são vistos bem, com pouca claridade.

A Associação Brasileira de Normas Técnicas, na Norma NB-57, de 1958, estabeleceu os níveis de iluminamento para todas as atividades.

Quando a luz solar preenche as condições da boa iluminação, deve ser preferida, pois, além de ser mais difusa, é tônica e antimicrobiana. O eficiente aproveitamento da luz solar se obtém, por meio:

Da orientação do local de trabalho, de modo que permita iluminação, ação esterilizadora da luz solar, mínimo de calor e boa ventilação.

Do tamanho e posição das aberturas de modo que permitam suficiente entrada de luz e boa circulação de ar. Da cor das paredes, escolhendo-se cores mais claras onde é menor a entrada de luz.

Por outro lado, a iluminação artificial, usada para corrigir ou substituir a iluminação natural, deve obedecer aos seguintes requisitos:

- Quantidade suficiente de lâmpadas.
- Espaçamento entre lâmpadas, para se obter uma distribuição mais uniforme da claridade.
- A altura das lâmpadas em relação aos produtos expostos deve permitir maior visibilidade.
- A lâmpada fluorescente não aquece o ambiente e permite maior uniformidade na distribuição da luz.
- O tipo de iluminação estará, em função do seu melhor aproveitamento.
- A reflexão deve ser considerada.
- Higiene e limpeza precisam ser, conscientemente, entendidas por todos.

A iluminação artificial, quando necessária, deve ser de natureza tal que não altere as características sensoriais dos alimentos. As lâmpadas e luminárias devem possuir sistema de segurança contra explosão e quedas acidentais. Não é recomendado que sejam instaladas sobre linha de produção ou de transporte de alimentos semipreparados. As luminárias devem sempre estar limpas e conservadas.

Os níveis de iluminamento, em função da operação podem ser:

Trabalho Rude – Até 100 lux

Trabalho Geral – De 100 lux a 200 lux

Trabalho de Processamento – De 220 lux a 300 lux

Trabalho de Inspeção – De 300 lux a 600 lux

É bom lembrar que 60 w é igual a 200 lux.

Temperatura da Cozinha:

Experiências demonstraram que, numa temperatura de 8ºC até 13ºC os acidentes eram 34% mais numerosos do que o eram nas temperaturas entorno de 20ºC, quando atingiam o seu mínimo. À medida que a temperatura se elevava, os acidentes aumentam.

As condições extremas de temperatura sempre afetam o rendimento do trabalho. Uma temperatura demasiadamente elevada deprime o trabalhador, enquanto uma excessivamente baixa provoca inibição para o trabalho. Em ambos os casos, o organismo é obrigado a gastar energia que não é aproveitada pelo trabalho. Uma temperatura de conforto proporcionará maior rendimento.

Em algumas regiões, é difícil ou mesmo impossível manter uma temperatura amena todo ano, não só pelo clima, como pelo calor gerado pelos equipamentos e máquinas. O que justifica a instalação de coifas e exaustores, que além de retirar o ar quente leva também os odores ruins. Um outro fator é o uniforme que pode comprometer a produtividade.

A temperatura do ambiente nunca deve ser estudada isoladamente, pois a sua influência sobre o trabalhador depende do grau de umidade e da movimentação do ar. A mesma temperatura, com ar úmido ou com ar seco, tem influências diferentes, o mesmo ocorrendo se o ar estiver parado ou em movimento. A situação de conforto ou desconforto depende, pois, das condições do ar e da temperatura.

Quando o ar está muito úmido, a evaporação é mais lenta, o mesmo ocorrendo quando ele está parado. Com o ar em movimento e com baixo grau de umidade, a evaporação é mais fácil. Para se obter condições de conforto, é preciso combinar a temperatura com o grau de umidade e o movimento do ar. Os meios de que se pode lançar mão para se obter conforto térmico são:

- Refrigeração do ar, quando a temperatura é muito elevada.
- Calefação ou aquecimento do ambiente.
- Ventilação por meio de janelas, claraboias, aberturas no teto, por exemplo.
- Exaustão de poeira, fumaça, fuligem.
- Uso de materiais isolantes.
- Climatização (ar condicionado).

O Quadro, a seguir, relaciona a temperatura, umidade relativa do ar e situação do trabalho:

Temperatura	Umidade Relativa do Ar	Situação Resultante
20 a 25	40%	Conforto
26 a 31	20%	Conforto
26 a 31	65%	Mal-Estar
26 a 31	80%	Necessidade de Repouso
26 a 31	85%	Conforto em Repouso Fadiga no Trabalho
32 a mais	65%	Impossível Trabalho Pesado
32 a mais	80%	Limite de Tolerância Mesmo em Repouso

Quadro 20.11: Relação da Temperatura com Umidade Relativa do Ar.

Ventilação da Cozinha:

Na área da cozinha é indispensável a existência de um sistema de ventilação e exaustão de vapores produzidos nos processos de cozimento. O sistema de ventilação terá a função de manter a temperatura do ambiente em torno de 26ºC, proporcionando, assim, maior conforto térmico, bem como a renovação do ar. Esta renovação fará com que o ambiente seja mais arejado, eliminando gases, fumaças, gorduras e vapores.

É recomendado que o sentido da exaustão seja do mais limpo para o mais sujo. O conforto pode ser garantido por aberturas de paredes (janelas) que permitam a circulação natural do ar, com área equivalente a 1/10 da área do piso. Quando este conforto não puder ser assegurado por meio natural, o mais indicado é recorrer a meios artificiais.

Nas áreas de manipulação e produção, a circulação de ar deve ser assegurada ou por meios naturais ou artificiais, devidamente controlados por filtros. Cabe ressaltar que o ar condicionado e o ventilador são equipamentos que não atendem a estes requisitos e, portanto, não devem ser utilizados nas áreas de manipulação e processamento de alimentos.

As condições do ar do ambiente de trabalho devem satisfazer aos seguintes requisitos:

- O recinto deverá ser tão fresco quanto exija o conforto.
- Deverá haver adequada circulação de ar.
- A umidade relativa do ar não deve exceder a 70% e nem ficar aquém dos 25%.
- O ar, ao nível da cabeça, não deverá ser distintamente mais quente do que próximo ao chão, e vice-versa.
- O ar deverá estar isento de odores desagradáveis, de poeiras, de gases tóxicos, de fungos, de ácaros e de bactérias.

Ruído na Cozinha:

Um ambiente de trabalho com sons discordantes e irritantes conduz a reações negativas, interferindo na execução de qualquer tarefa. O ruído é considerado uma das causas de doenças psicológicas, ocasionando elevação da pressão sanguínea, redução das secreções salivares e gástricas, perda da acuidade auditiva e neurose, por exemplo. Fator que não pode ser desprezado, quando se deseja melhorar as condições do ambiente de trabalho, é o ruído.

Ruídos provocam fenômenos de intolerância nervosa, os quais criam atritos entre os funcionários. Diminuindo-se os ruídos do ambiente de trabalho, evitam-se problemas de relações humanas, de acidentes, de baixa produtividade. Para que haja conforto acústico, algumas medidas devem ser tomadas:

- Eliminação ou atenuação dos ruídos na fonte, por meio de lubrificação de máquinas.
- Reaperto de peças frouxas, amortecedores, silenciosos; isolamento da operação ruidosa, com paredes e tetos de material absorvente de som.
- Proteção individual do trabalhador.

Mas, ao contrário dos sons musicais, que são harmoniosos e agradáveis, os ruídos são incômodos, desagradáveis e descontínuos. Como vibrações sonoras, os ruídos têm as qualidades comuns do som: altura, intensidade e frequência. No estudo dos ruídos, os fatores, geralmente, analisados, por serem os principais responsáveis pelos seus efeitos, são:

- Nível de intensidade, ou de pressão sonora, exercida sobre o ouvido, podendo causar surdez temporária ou permanente.
- Os sons agudos são mais prejudiciais que os graves.
- O ruído contínuo provoca efeitos nocivos proporcionais à sua duração total.

Além dos aspectos acima, devem ser levados em conta a transmissão e a reverberação dos ruídos. Encontrando obstáculos de diversas naturezas em sua direção, o ruído se reflete, aumentando o tempo de reverberação, com prejuízos para a audição.

A capacidade auditiva do homem vai de 0 a 120 decibéis, porém ruídos entre 70 db e 80 db já prejudicam a saúde e, passando dos 80 db, prejudicam o aparelho auditivo. A partir do reconhecimento do efeito negativo dos ruídos no comportamento humano, devem ser observados alguns cuidados na fase do planejamento físico da cozinha:

- As paredes, quando paralelas, não devem ficar a mais de 17 m de distância, a fim de evitar o eco.
- Evitar projetos com formas circulares ou triangulares.
- Não instalar equipamentos nos cantos ou junto às paredes, para evitar a reflexão do som.
- Empregar materiais acústicos e isolantes para o teto e as paredes.
- Aplicar material isolante nas bancadas de inox, antes de sua fixação no concreto.
- Dar preferência a equipamentos silenciosos e carros que se movam sob rodízios de borracha.
- Instalar sistema de som com música ambiente, que ajuda a diminuir os ruídos provocados pelos equipamentos e funcionários.

Cor da Cozinha:

Embora seja difícil determinar com exatidão os efeitos das cores, o interesse, cada vez maior, pela aplicação inteligente das cores nos ambientes de trabalho e na pintura dos equipamentos vem confirmar a sua importância. As cores têm poder diferente de reflexão. A branca tem 84% e a mais baixa tem 7%, caso da cor azul-marinho.

Os efeitos fisiológicos das cores são os representados pela ação sobre o funcionamento dos sistemas do nosso corpo. O vermelho, por exemplo, aumenta a tensão muscular, a pressão sanguínea e o ritmo respiratório. Os efeitos psicológicos das cores são os mais discutidos e também os que maior interesse vem despertando.

A cor laranja provoca sensação de calor, sendo reanimadora e estimulante, também reduz a fadiga. A cor rosa tem um efeito calmante no corpo. O azul-claro tem efeito calmante e tranquilizador. Se quiser estimular a memória o amarelo é a cor ideal. Para se lembrar de algo, escreva em um papel amarelo.

A cor amarela tem um efeito energizante, pode ajudar a diminuir a depressão, aumenta a pressão e a pulsação, mas em menor grau do que a cor vermelha. Verde é a cor da primavera e de novos começos, é atraente para quem está de regime, é a cor das pessoas idosas.

É comum a classificação das cores em: Frias (violeta, azul, verde e suas derivadas) de efeito calmante; Quentes (vermelho, laranja, amarelo e suas derivadas) de efeito estimulante. As pessoas são, inconscientemente, afetadas pela cor. Um estudo mostrou que as pessoas cometem muito poucos erros numa sala cuja cor elas gostem.

O mais importante fator a considerar no desenvolvimento do trabalho é o contraste entre o produto e a bancada de fundo. Uma boa cor escolhida reduz o contraste e, por conseguinte, sombras, o que evita a fadiga ocular.

Pintura da Cozinha:

Os efeitos físicos das cores são aqueles relacionados com a reflexão da luz, porque, como já abordado, as cores têm características diferentes de reflexão. Conhecidos os efeitos das cores, você deve procurar tornar racional a sua aplicação. A utilização das cores, para a otimização dos seus efeitos, é o que se chama de dinâmica das cores.

A seguir, estão algumas aplicações racionais sobre pintura:

Pintura de Máquinas – Nas máquinas se deve separar a parte operante da parte não operante. Para a parte operante deve ser escolhida uma cor que atraia a vista rapidamente, uma cor que sobressaia, num contraste forte com a parte não operante. Isso é conhecido como cor focal.

Ela concentra a atenção do operador, descansa os olhos e reduz o trabalho desnecessário. Enquanto as partes operantes devem ser salientadas, as partes não operantes devem ficar em segundo plano. Ao selecionar a cor, é necessário lembrar que, ela faz contraste com o material trabalhado.

Pintura de Paredes e Forros – Nas paredes e forros, a cor deve proporcionar alegria, tranquilidade e visibilidade. Assim, as superfícies podem ser:

Superfícies Congruentes – Nas fábricas em que a temperatura é obrigatoriamente elevada, devem-se usar cores frias, para agir como um estabilizador racional e emocional. Ao contrário, cores quentes são aconselháveis, onde a baixa temperatura deve ser mantida.

Superfícies Repousantes – As paredes, que ficam diretamente em frente das máquinas, permanecem o dia todo no campo visual do trabalhador. Se a máquina for escura e a parede clara, os olhos terão que efetuar uma rápida acomodação. A energia gasta nessa acomodação é pequena, mas pelas numerosas repetições, no decorrer do dia, promove fadiga ocular. Por esse motivo, a cor ambiente deve ser a mesma que o operador vê, quando está concentrado no seu trabalho.

Superfícies Diluentes – É útil fazer com que certas superfícies se diluam, de modo que não chamem a atenção do operador. Um teto cheio de vigas, treliças, fios e encanamentos expostos causam confusão mental. No caso de uso de luz direta, em que a refletida é de pouco valor, uma pintura de aparência leve ajuda a fazer o teto desaparecer do campo visual do operador, dando, aparentemente, mais espaço.

Superfícies Refletoras – Quando a iluminação é indireta, cores com grande qualidade de reflexão são indicadas para o forro.

Pintura de Pisos, Passagens e Equipamento Móvel – Nas fábricas, as faixas de tráfego são um real ameaça para os descuidados. Não somente devem os funcionários ficar protegidos contra a sua falta de cuidado, como também os motoristas dos carros não devem estar preocupados com as possíveis colisões.

Toda passagem e faixa de tráfego devem ser marcadas, isto é, deve-se pintar toda a largura da passagem numa cor contrastante com a cor geral do piso ou deixando-se faixas espessas de uma cor viva, para servir de limite. Isso atuará como um aviso ao trabalhador de que ele está na corrente do trânsito e deve estar atento para evitar acidentes.

Caixotes usados para coletar ou distribuir material, devem ser pintados com cores que chamem a atenção. Internamente, a pintura deve ter uma cor que facilite verificar a quantidade de material que foi colocado, dentro da caixa.

Sinalização na Cozinha:

A sinalização bem estruturada facilita bastante o nosso dia a dia e pode até nos tornar mais prósperos à medida que, rapidamente, identificamos um banco pelo seu letreiro, sua cor característica, seu logotipo ou logomarca. Nas empresas mal sinalizadas a sua "boa" imagem institucional se perde com visitantes confusos.

Temos certeza que todos estes alertas deixarão nossos dirigentes muito pensativos, contabilizando prejuízos que a falta de comunicação visual tem causado às suas organizações. Cabe observar que a sinalização diz respeito à segurança. Assim, todas as passagens e faixas de tráfego devem ser marcadas nitidamente. Isso é conseguido pintando-se toda a largura da passagem numa cor contrastante com a cor geral do piso ou deixando faixas espessas de uma cor viva, para servir de limite.

Tal pintura atuará como aviso ao funcionário de que ele está na Corrente de Trânsito e deve estar alerta para evitar acidente.

Matérias-primas e mercadorias, muitas vezes, são empilhadas em passagens ou diante de equipamento contra fogo, bloqueando toda a área. Espaços do piso que são usados para a armazenagem periódica de material devem ser nitidamente marcados num Branco Forte, para deixar livres e seguras as faixas de tráfego.

A Associação Brasileira de Normas Técnicas (ABNT) estabeleceu normas que disciplina o uso das cores na sinalização. Podemos destacar as seguintes:

Amarelo – Cor de alta visibilidade deve ser usada como faixa que delimita movimentadas passagens e objetos acima da cabeça. Quando usada em combinação com o preto, em barras paralelas, identifica objetos estacionados que apresentam perigo de batidas, esbarrões e queda.

Laranja – Cor combinada à vitalidade e intensidade do vermelho com a alta visibilidade do amarelo, para produzir uma cor que tem maior valor de atenção que qualquer outra, deve indicar partes e áreas perigosas. Guardas de máquinas ou de partes móveis que invadem as alas de trânsito devem ser pintadas superficialmente ou em faixas com a cor laranja. Bordos que esmagam ou cortam devem ser identificados por uma tira laranja. A face interior da porta da caixa de força deve também ser pintada com esta cor.

Vermelho – Cor fisicamente associada ao fogo, deve ser usada para identificar a localização do equipamento de proteção contra incêndio. As colunas que suportam o equipamento contra o fogo devem ter o topo e a base pintados de vermelho, além de uma cinta, justamente no local em que está fixado o extintor ou as mangueiras.

Azul – Cor sugerida como precaução. Etiqueta azul, ou bandeira azul, deve ser usada para prevenir equipamento em movimento, fora do lugar, fora de uso ou em conserto.

Verde – Cor sempre associada com segurança e prática médica, devendo ser usada para identificar equipamentos de segurança e sua localização. A cruz branca sobre o fundo verde identifica armário com material de primeiros socorros, ou enfermaria de pronto socorro. O chuveiro de segurança, assim como sua localização, deve ser pintado com esta cor.

20.10 HIGIENE

Pode-se definir higiene como sendo um conjunto de práticas realizadas de forma constante, visando proporcionar benefícios ao homem. Ela engloba todos os hábitos e condutas padronizadas que possam auxiliar a prevenir doenças e a manter a saúde do homem.

Portanto, em um ambiente de elaboração de alimentos, ou seja, em uma cozinha, a higiene se faz necessária não somente nos alimentos elaborados e na matéria-prima que os compõe, mas também em todos os elementos envolvidos nesse ambiente. Assim, a busca por melhorias nos padrões de higiene adotados na cozinha deve ser constante.

Esses padrões, como o próprio nome sugere, devem ser seguidos por todos que trabalham com manipulação de alimentos. Os procedimentos adotados na higiene são os mesmos para todos os funcionários.

A higienização do local de trabalho é de suma importância na produção de alimentos de qualidade. Não adiantará manter um controle rigoroso das normas de higienização pessoal, dos alimentos e dos equipamentos, móveis, utensílios e acessórios, se as instalações do local de trabalho não forem mantidas bem higienizadas e livres da presença de insetos e roedores.

Para completar, além da higienização de rotina, deve-se ainda: remover o lixo diariamente, quantas vezes for necessário, em recipientes apropriados, devidamente ensacados e tampados.

A higiene do trabalho refere-se a um conjunto de normas e procedimentos que visa à proteção da integridade física e mental do trabalhador, preservando-o dos riscos de doença inerentes às tarefas do cargo e do ambiente físico onde são executadas.

Também é certo que as pessoas trabalham melhor em condições de higiene, que ajudam a minimizar acidentes de trabalho. Ela previne o aparecimento das doenças ocupacionais. Um plano de higiene envolve, além dos serviços médicos adequados, os seguintes objetivos:

- Eliminação das causas das doenças profissionais.
- Redução dos efeitos prejudiciais provocados pelo trabalho em pessoas doentes ou portadoras de defeitos físicos.
- Prevenção do agravamento de doenças e lesões, por meio da preservação ambiental.
- Manutenção da saúde dos trabalhadores e aumento da produtividade.

A falta de limpeza da empresa custa dinheiro sob três formas:

- Resulta mais cara, porque interfere na produção.
- A falta de limpeza nos locais de trabalho promove acidentes.
- Uma limpeza espaçada em períodos prolongados fica bem mais cara do que uma limpeza continuada.

20.11 NORMAS DE HIGIENE

O manipulador deverá sempre ter em mente que a preparação dos alimentos é uma tarefa que deverá ser realizada com muita atenção e cuidados especiais, pois, o menor e mais simples descuido poderá criar condições favoráveis ao desenvolvimento de microorganismos.

A presença de micro-organismos, por sua vez, aumenta, de forma potencial, os riscos de contaminação dos alimentos, tendo consequências prejudiciais à qualidade dos mesmos. Além disso, alimentos contaminados, quando consumidos pelo homem, poderão causar várias intoxicações, o que é algo extremamente desagradável à organização, pois podem gerar prejuízos financeiros e morais sérios e, dependendo da extensão, até o fechamento da fábrica.

Existem várias fontes de contaminação dos alimentos, sendo que o homem é considerado a principal delas. Isso, porque é ele, em geral, que manuseia os alimentos, durante os vários processos de manipulação, mesmo que tais processos sejam automatizados. Assim, é necessário que esses profissionais tenham consciência da importância e da prática da higiene e limpeza.

A seguir, são colocadas normas básicas de higienização:

Quanto aos Alimentos em Geral:

- Manter as mãos sempre lavadas na distribuição dos alimentos.
- Não tocar nos alimentos com ferimentos nas mãos.
- Pegar os alimentos com as mãos somente quando necessário (utilizar os utensílios para isso).
- Conservar os alimentos cobertos.
- Desprezar os alimentos que caírem no chão e não puderem ser lavados.
- Não falar, tossir ou espirrar em cima dos alimentos.
- Não provar os alimentos, utilizando somente utensílios para este fim.
- Cozinhar muito bem os alimentos.
- Não deixar os alimentos expostos em temperatura ambiente.
- Manter os alimentos frios em geladeiras, câmaras ou freezeres.
- Manter os alimentos quentes em banho-maria.
- Lavar os legumes e frutas em água corrente, unidade por unidade, folha por folha, deixar de molho por 15 min em solução clorada e enxaguar em água corrente.
- Nunca usar alimentos que apresentem mau cheiro, cor, sabor e aparência alterada.
- Nunca descongelar carnes em água parada ou em temperatura ambiente. O descongelamento deve ser feito sob refrigeração ou, na sua impossibilidade, em água corrente.

Quanto ao Vestuário:

- Os uniformes deverão apresentar as seguintes características: ser de cor clara (de preferência brancos); estarem em bom estado de conservação; apresentarem bom visual, estando limpos e passados; deverão ser trocados diariamente.
- As calças e blusas deverão ser de tecidos de algodão e confeccionados sem bolsos, sendo que deverão ser confortáveis, de forma a possibilitar os movimentos de braços e pernas.
- Os aventais deverão ser de tecido, quando não trabalhados com água e de borracha no trabalho com água.
- Os sapatos deverão ser fechados e as botas de borracha branca.
- Redes e toucas são acessórios que irão compor o vestuário têm como função principal não deixar que cabelos se misturem aos alimentos. As toucas devem ser da mesma cor das calças e blusas.

Quanto ao Asseio e Aparência:

- O banho diário é indispensável e de preferência feito no local de trabalho.
- Os cabelos deverão ser mantidos sempre limpos e penteados, além de estarem sempre cobertos.
- As mãos e braços deverão estar sempre limpas e com as unhas bem aparadas.
- Nunca usar adornos, quando estiver manipulando alimentos.

- Os dentes precisam estar escovados e tratados.
- Evitar o uso de barba. Se tiver barba, usar uma máscara facial.
- Os manipuladores de alimentos precisam se preocupar com a higiene e limpeza, sem se descuidar dos pratos bonitos e saborosos.
- Não trabalhe com alimentos, se estiver doente.

Quanto ao Uso dos Equipamentos:

- As facas deverão ser utilizadas de modo correto para evitar ferimentos.
- Para evitar ferimentos o manipulador deve usar luvas com malha de aço.
- Durante a manipulação de alimentos em bancadas, deve-se utilizar panos próprios para cozinha industrial e não os de algodão, porque estes retêm resíduos.
- Deve-se utilizar buchas para se fazer a limpeza de máquinas e equipamentos.
- O uso de máscaras só é recomendado como um mecanismo de prevenção da contaminação.
- O uso de luvas sintéticas é apenas recomendado e não exigido por lei.
- Os manipuladores de alimentos devem respeitar as recomendações dos manuais, quando liderem com máquinas e equipamentos.

Quanto aos Vegetais:

- A higienização dos vegetais consistirá, basicamente, em eliminar as substâncias que possam contaminá-los.
- Deve-se manter os alimentos protegidos de fontes contaminantes, fazendo um armazenamento adequado.
- Adotar procedimentos necessários, durante a manipulação de cada tipo de alimento.
- Verduras, frutas e legumes devem ser selecionados, lavados e imersos em uma solução de hipoclorito de sódio.
- Depois de sanitizados, os vegetais estarão em condições de serem consumidos.

Quanto às Carnes:

- Definir a quantidade exata de carne que será retirada do congelador, para evitar sobras.
- Depois de descongelada, a carne não deverá ser novamente congelada.
- O descongelamento da carne poderá ser feito: em câmaras de descongelamento, em ambientes climatizados; em microondas; em água corrente.
- Para carnes salgadas, a retirada do sal poderá ser feita por: trocas de água; fervura.

Quanto ao Local de Trabalho:

- Varrer a seco nas áreas de manipulação.
- Fazer uso de panos para secagem de utensílios e equipamentos.

- Usar escovas, esponjas ou similares de metal, lã, palha de aço, madeira e materiais rugosos e porosos.
- Reaproveitar embalagens de produtos de limpeza
- Usar nas áreas de manipulação, os mesmos utensílios e panos de limpeza, utilizados em banheiros e sanitários.

Quanto às Instalações:

- Evitar o acúmulo de restos de alimentos e de utensílios sujos espalhados pela cozinha.
- Utilizar lixeiras com tampas acionadas por pedais.
- Lavar os pisos, as superfícies e as paredes com água e sabão.

20.12 LIMPEZA

Manter sempre limpo o local de trabalho facilita a rotina do dia seguinte. A frequência, a rotina e a forma de limpeza das diferentes áreas de trabalho e equipamentos são estabelecidas por uma política. Para manter a higiene no local de trabalho é necessário ordem e limpeza, pois ajudam a manter o bem-estar e a saúde dos funcionários.

Portanto, é preciso ter como objetivo o profissionalismo. Tal objetivo poderá ser alcançado pela educação de todos os funcionários, quer superiores e subordinados, para os perigos existentes e ensinando como evitá-los.

É mister que sempre seja mantido um estado de alerta, por meio de pesquisas e observações, para novos processos, recursos e tecnologias.

A limpeza deverá ser feita em quatro etapas:

a. Pré-Limpeza – Esta etapa deverá ser feita com o objetivo de se retirar todos os restos de alimentos que se encontram aderidos aos equipamentos e utensílios que serão utilizados na preparação do alimento. Os resíduos removidos deverão ser coletados e descartados em lixeiras com tampa, acionada por pedal e, também, devidamente equipadas com sacos plásticos.

b. Limpeza – Esta etapa deverá ser feita imediatamente após a fase anterior. Para tal poderá ser feito com água e sabão (detergente).

c. Enxágue – Para esta tarefa deve-se usar água em abundância, removendo toda a espuma.

d. Sanitização – Borrifar uma solução de álcool (70%) ou hipoclorito de sódio (200 ppm).

Em muitos casos, alguns equipamentos precisam ser desmontados para poderem ser limpos e, neste caso, as peças menores serão tratadas como utensílios, que deverão ser limpos, como mostrado acima. No caso da limpeza de equipamentos elétricos, os mesmos precisam ser desligados, nas tomadas de força.

O período entre cada limpeza é variável de acordo com o tipo de equipamento.

O Quadro, a seguir, mostra uma tabela de limpeza dos equipamentos e utensílios de cozinha:

Equipamentos e Utensílios	Quando Limpar	Produto Utilizado na Limpeza
Louças, Talheres, Panelas, Formas	Após o uso	Detergente Neutro; Hipoclorito de Sódio; Álcool
Exaustor	Semanal	Desencrustante; Detergente Neutro
Chapa	Diário	Desencrustante; Hipoclorito de Sódio
Fritadeira	Diário	Desencrustante; Hipoclorito de Sódio
Fogão	Diário e Semanal	Desencrustante
Forno	Diário e Semanal	Desencrustante
Placas de Corte	Após o Uso	Detergente Neutro; Hipoclorito de Sódio
Máquinas	Após o Uso	Detergente Neutro; Hipoclorito de Sódio
Máquinas de Chope	Após o Uso	Detergente Neutro; Hipoclorito de Sódio
Geladeiras, Câmaras, Refrigeradores	Diário e Semanal	Detergente Neutro; Hipoclorito de Sódio

Quadro 20.12: Tabela de Limpeza dos Equipamentos e Utensílios de Cozinha.

A limpeza das áreas de manipulação consiste em manter sempre bem limpos os tetos, as paredes, os pisos, as luminárias, as tubulações internas e externas, as prateleiras, os estrados, as lixeiras e os banheiros. O período de limpeza deve seguir as seguintes recomendações:

Limpeza Diária: pisos, paredes, rodapés, ralos, áreas de lavagem, áreas de produção, maçanetas, lavatórios, pias, sanitários, cadeiras, mesas, monoblocos, recipientes de lixo.

Limpeza Diária e de Acordo com o Uso: equipamentos, utensílios, bancadas, superfícies de manipulação, borrifadores.

Limpeza Semanal: paredes, portas, janelas, prateleiras, armários, coifas, geladeiras, congeladores, freezeres.

Limpeza Quinzenal: depósitos, almoxarifados, engradados, paletes.

Limpeza Mensal: luminárias, acessórios elétricos.

Limpeza Semestral: reservatórios de água.

20.13 PRODUTOS DE LIMPEZA

São produtos que depois de dissolvidos ajudam a remover gorduras e outros resíduos de equipamentos, utensílios e outros objetos. Eles são utilizados com materiais e equipamentos próprios, tendo como veículo diluente, geralmente, a água.

Os produtos de limpeza são composições químicas industrializadas e muitas vezes corrosivos e venenosos. A seguir, algumas considerações:

Tipos de Produtos de Limpeza:

Sabões – Preparados em forma líquida, sólida e pó. São produtos próprios para dissolver gorduras. Empregam-se dissolvidos em água e exigem enxágue perfeito, para não prejudicar o sabor dos alimentos.

Detergentes – Produtos com características e usos similares aos sabões. São produtos concentrados em dosagens mais fortes e, geralmente, venenosos.

Limpa Forno – Detergente em pasta, ou líquido, e altamente concentrado. Estes produtos são empregados sem misturar com água, em superfícies metálicas que apresentam incrustações de gordura queimada. Aplicam-se com escovas ou esponjas. Deixa-se que o produto atue sobre o metal que depois é removido com água.

Limpadores Desoxigenantes – São misturas líquidas ou em pó utilizadas para remover manchas de oxidação que cobrem os metais. Esse limpador pode ser uma mistura de: suco de limão, vinagre e farinha. A mistura é aplicada, esfregando sobre os metais com ajuda de um pano.

Salmoura – É uma solução concentrada de sal e água, utilizada sobre metais quentes. Esfrega-se com escova e remove-se com água limpa. A salmoura, não sendo venenosa, pode ser utilizada em chapas e grelhas que entram em contato com alimentos.

Pedra Pome – Produto que serve para tirar manchas a seco, ou com pouca água, de metais oxidados ou remover incrustações não gordurosas.

Sapólio – Produto industrializado resultante da mistura de sabão com areia fina, que serve para dar brilho e retirar pequenas sujeiras dos utensílios. Usa-se com a ajuda de esponja ou pano.

Lixas – São usadas para limpeza das partes externas de fornos, facas de aço inoxidáveis e outras superfícies de ferro sujeitas à oxidação.

Álcool – É usado em baixa concentração para completar a limpeza com o duplo objetivo de esterilizar os recipientes e dar brilho nos pratos e copos. Deve ser aplicado com o auxílio de pano de copa.

Soda Cáustica – Altamente corrosiva e venenosa, é usada, dissolvida em água, na limpeza dos queimadores dos fogões e das caixas de gordura. Os queimadores dos fogões são fervidos, adicionando-se uma porção de soda cáustica.

Querosene – Para a limpeza da coifa onde se alojam gorduras e detritos absorvidos pelos exaustores.

Uso de Produtos de Limpeza:

Todos os produtos de limpeza devem ser removidos completamente com água, antes de se usar o recipiente. Há perigo, em caso de limpeza incompleta, de envenenamento. Alguns produtos à base de ácidos podem atacar as mãos, que devem ser protegidas com luvas. É desaconselhável o uso de determinados produtos na existência de qualquer ferimento. Recomenda-se estudar as instruções de uso dos fabricantes.

Armazenamento dos Produtos de Limpeza:

Cuidados especiais devem ser tomados na guarda destes materiais: Devem ser afastados dos comestíveis; não devem ser misturados; devem ser conservados em lugares secos e ventilados.

Equipamentos de Limpeza:

A seguir, apresentamos os principais equipamentos utilizados na limpeza em geral: máquinas de lavar; tanques; pias de lavagem; trituradores de resíduos; escovas; vassouras; rapadeiras; esfregões; rodos; baldes; esponjas; panos de limpeza.

20.14 ÁREAS DE TRABALHO

Essas áreas devem seguir uma linha racional de produção, obedecendo a um fluxo coerente e evitar cruzamento entre as atividades. São as seguintes as áreas de trabalho da cozinha:

Área de Recepção – O recebimento de mercadorias é feito na plataforma de descarga, que deverá situar-se em áreas externas do prédio, próximo à estocagem, e ser de fácil acesso aos fornecedores. A plataforma de descarga deve ser provida de rampas, visando facilitar o transporte de cargas, além de uma marquise, para proteção das mercadorias na hora da entrega.

Área de Inspeção – O local para inspeção, pesagem e higienização dos alimentos deve constituir um prolongamento da plataforma de descarga, evitando as áreas de circulação, e dispor de espaço suficiente para acomodar as mercadorias no momento do controle, deve ser aparelhada com balança tipo plataforma, carros para transporte, tanques ou calhas.

A existência de um esguicho de pressão nesta área é importante, para auxiliar na higienização das frutas e verduras, inclusive permitindo o uso de substâncias bactericidas no processo de higienização.

Área de Estocagem – Local destinado à guarda de gêneros alimentícios. Deve localizar-se junto à área de recepção e ser acessível a área de processamento, evitando o transporte de gêneros a longas distâncias, assim como a circulação de pessoas. Fundamentalmente, a área de estocagem deve ser constituída de depósitos, câmaras e refrigeradores.

Área de Armazenagem de Alimentos à Temperatura Ambiente – Nesta área não devem existir equipamentos que possam alterar as condições térmicas ambientais ou a umidade relativa do ar, o que pode interferir na qualidade dos alimentos. A mesa do estoquista pode permanecer nesta área desde que não interfira no controle de qualidade dos alimentos e no fluxo de armazenamento.

A fim de garantir as condições ideais para a conservação dos alimentos, ali estocados e permitir um controle eficaz, a área deve ter as seguintes características:

Porta única, larga e alta, simples ou em seções; Borracha de vedação na parte inferior da porta; Piso em material lavável e resistente; Não apresentar ralos para escoamento de água; Boa iluminação e ventilação; Janelas abertas e teladas; Temperatura nunca superior a 27°C; Tubulações de água e vapor devem estar bem isoladas; Prateleiras para armazenamento localizadas a 30 cm do piso e com profundidade de 45 cm; Estrados fenestrados para sacarias, elevados do piso até 40 cm, com pés protegidos com canoplas; Escada com patamar e rodinhas; Extintor de incêndio; Lavatório.

Área de Armazenagem Refrigerada – Destina-se à estocagem de gêneros perecíveis em condições ideais de temperatura e umidade. Devido à grande diversificação das características dos alimentos utilizados, recomenda-se, no mínimo, a instalação de duas câmaras frigoríficas, uma com temperatura de 0°C e umidade relativa do ar de 60 a 70%, para conservação de carnes e outra com temperatura de 10°C e umidade de 80%, para frutas e verduras.

A necessidade da instalação de câmaras de congelamento deve ser analisada, em função das facilidades de abastecimento, frequência de utilização e quantidade do produto a ser adquirido. As câmaras deverão apresentar as seguintes características: proteção térmica; revestimento lavável e resistente; nível do piso igual ao da área externa; inexistência de ralos internos; interruptores de segurança localizado na parte externa do equipamento; prateleiras em aço inox; porta hermética, revestida de aço inox, ferragens cromadas e dispositivos de segurança, permitindo abertura por dentro.

Área de Preparação – Neste local serão realizadas as operações preliminares de carnes legumes e verduras. A área de preparação de carnes deverá dispor de uma bancada com tampo de material adequado, tendo gavetas. Esta área deverá contar ainda com um balcão com cuba, onde serão dispostos os equipamentos necessários aos trabalhos específicos. A área para preparação de verduras e legumes deve ser dotada de balcão com tampo de aço inox, cubas e equipamentos apropriados.

Área de Cocção – A área de cocção, inserida na unidade operacional de processamento, deverá se situar entre a área de preparo prévio e a de expedição dos equipamentos necessários a esta fase, organizados seguindo um fluxo racional. Esta área deve ser dotada de torneiras, pias e toalheiros para toalhas de papel.

Área de Expedição – Os produtos podem sair da área de cocção diretamente para a área de distribuição, por meio de carros de transporte. Em geral, existe uma área específica para a distribuição física.

Área de Higienização dos Utensílios – Área destinada a este fim deve ser delimitado por paredes completas, porém sem prejuízo da iluminação e ventilação, tendo em vista constituir um local permanentemente molhado e de aspecto pouco agradável.

Área da Administração – É importante que esta área esteja situada em local estratégico, facilitando a supervisão e as operações da cozinha.

Área para Sanitários e Vestiários – Esta área deve ser isolada e nunca se comunicar diretamente com as demais dependências. Estas áreas devem contar com armários, para guarda de roupas, material de higiene e limpeza, pias, sabão líquido, substâncias bactericidas, toalhas de papel, secadores para mãos, sanitários, chuveiros.

A legislação prevê a instalação de aparelhos sanitários nas empresas, nas seguintes proporções: um vaso sanitário, um mictório, um lavatório e um chuveiro para cada vinte empregados. Nas indústrias de alimentos, o isolamento das privadas deverá ser o mais rigoroso possível. Não se deve esquecer que estas instalações devem ser separadas por sexo.

Área para Guardar Recipientes Vazios – Área destinada à guarda de embalagens, tais como: caixas, caixotes, latas, vidros, antes de serem despachadas.

Área para Depósito de Lixo – Deve ser localizada em ponto que facilite a sua remoção, ser toda revestida de material lavável e dotada de esguicho com água fria e quente, para limpeza dos latões.

Área para Guarda de Botijões de Gás – Esta área tem seu dimensionamento relacionado ao consumo de gás. Deve ser localizada na área externa da cozinha, para não oferecer risco aos funcionários.

Área para Material de Limpeza – Deverá ser localizada em ponto de fácil acesso aos funcionários, na área interna da cozinha, tendo um tanque para a limpeza dos materiais.

20.15 ARRANJO FÍSICO

O arranjo físico do posto de trabalho consiste em determinar um lugar para cada coisa, de modo que nesse lugar possa ser utilizado de maneira mais eficiente, e em fazer com que cada coisa ocupe, realmente, o seu lugar. Os fluxos de trabalho, sua ordem e movimentação; as máquinas e equipamentos; o volume de trabalho; o recebimento e a expedição de materiais e produtos; os almoxarifados e os sanitários influem com sua disposição racional, no rendimento geral dos serviços e na boa apresentação do ambiente de trabalho.

Os objetivos do arranjo físico são:

- Atender ao fluxo do trabalho, de modo que haja uma circulação normal, permitindo caminhos curtos e seguros, facilitando a movimentação geral.
- Facilitar o trânsito de pessoas, máquinas e materiais.
- Receber iluminação adequada.
- Proporcionar temperatura agradável, boa circulação de ar e baixo nível de ruídos.
- Facilitar a supervisão, a limpeza e conservação.
- Facilitar o acesso a dispositivos de segurança, em caso de acidentes.
- Proporcionar um fluxo de comunicação eficiente.
- Proporcionar a melhor utilização da área disponível.
- Tornar o fluxo de trabalho eficiente.
- Proporcionar facilidade de coordenação.
- Proporcionar redução da fadiga.
- Proporcionar situação favorável ao cliente e ao visitante.
- Assegurar economia nas operações.
- Facilitar a otimização dos recursos existentes.
- Permitir facilidades para futuras expansões.
- Permitir controles qualitativo e quantitativo da produção.
- Propiciar conforto e segurança aos funcionários.
- Dar flexibilidade em caso de modificações.
- Otimizar as condições de trabalho do pessoal nas diversas unidades.
- Racionalizar os fluxos de fabricação e de processos.
- Aproveitar todos o espaço útil e disponível.
- Minimizar a movimentação de pessoas, produtos, materiais e documentos.

Basicamente, existem dois tipos de disposição do fluxo produtivo:

Disposição por Processo – Neste tipo de disposição, os pontos de trabalho são agrupados de acordo com o processo que realizam. Os materiais em processo de fabricação têm que percorrer todas as seções onde se realizam as operações necessárias à obtenção do produto.

Disposição por Produto – Neste tipo de disposição, os pontos de trabalho são colocados de acordo com a sequência das fases de trabalho para a fabricação de um produto.

Estes dois tipos de disposição, entretanto, são gerais, e em muitos casos devem sofrer alterações ou adaptações para que os equipamentos sejam aproveitados na forma mais econômica possível. Para se evitar máquinas paradas ou ociosas, enquanto outras estão sobrecarregadas, deve-se fazer um arranjo que, além de atender as exigências do trabalho, também combine a capacidade das máquinas e aproveite melhor o espaço existente.

Não se faz um bom arranjo físico sem planejamento. Assim, é importante que o dirigente leve em consideração alguns princípios organizacionais:

Princípio da Economia de Movimento – Um arranjo físico (layout) ótimo tende a encurtar a distância entre os funcionários e as ferramentas (equipamentos e máquinas) nas diversas operações de produção de bens e serviços.

Princípio do Fluxo Progressivo – Quanto mais contínuo for o movimento entre uma operação e a subsequente, sem paradas, voltas ou cruzamentos, tanto para homens quanto para os equipamentos, mais correto estará o arranjo físico.

Princípio da Flexibilidade – Quanto mais flexível for o layout, com o fim de proporcionar rearranjos econômicos, mais úteis ele será para a empresa.

Princípio da Integração – A integração entre os diversos fatores indispensáveis a um bom arranjo físico, deve ter preferência.

Princípio da Orientação – Um bom arranjo físico deve escolher um lugar para o equipamento, de modo que a sua localização seja orientada para facilitar o processo produtivo.

Princípio da Localização – Quanto mais bem definido for o local de ferramentas, máquinas e materiais mais bem será a sequência de movimentos e a utilização de controles.

Princípio da Percepção Visual – A boa iluminação é o primeiro requisito para a percepção visual satisfatória. A altura do local de trabalho deve proporcionar a visão de todo o processo, quer esteja o funcionário em pé ou sentado.

Princípio da Estética – Quando se pode combinar as exigências técnicas com as estéticas, de modo que o ambiente tenha uma disposição harmônica e agradável, isso deve ser feito.

De acordo com H. T. Moore, alguns pontos devem ser observados no desenvolvimento de um arranjo físico, tais como:

- Estudar o programa de produção.
- Fazer uma relação dos materiais e partes que integrarão o produto.
- Relacionar as operações necessárias nos diferentes processos.
- Programar as operações da unidade organizacional de produção.
- Decidir sobre a desejada capacidade da produção.
- Selecionar recursos e facilidades necessárias para produzir as variedades e quantidades necessárias.

- Determinar o intervalo de tempo, porventura, existente entre sucessivas operações.
- Estabelecer as necessidades de espaço.
- Reservar o espaço necessário em cada unidade organizacional.

A seguir, vale mostrar a necessidade de se fazer um questionamento voltado a desenvolver um projeto de arranjo físico. Tal questionamento pode ser:

- O que queremos?
- Como aproveitar melhor o espaço disponível?
- Como facilitar a circulação?
- Como proporcionar aos funcionários melhor qualidade ambiental?
- Como maximizar a capacidade instalada?
- Como introduzir sistemas automatizados?
- Qual é a sequência das fases de trabalho?
- Quais são os espaços necessários à movimentação de material e trânsito de pessoas?
- Qual a frequência de utilização de cada equipamento?
- Quais são os níveis de iluminamento necessários a cada posto de trabalho?
- Quais os equipamentos que produzem calor (forno, tubulação) ou ruído (máquina)?
- Quais os trabalhos que exigem silêncio ou precisam evitar trepidação, poeira, umidade?
- Quais as dimensões dos materiais, máquinas e equipamentos utilizados?
- Quais as soluções reais?
- Quais as soluções possíveis?
- Quais as soluções vantajosas?
- A disposição será feita por processo produtivo?
- A disposição será feita por produto?
- A disposição será mista?
- O arranjo físico usará técnicas próprias ou empíricas?
- Haverá necessidade de desenhos, plantas, gabaritos, miniaturas ou maquetes?

A CLT, na Portaria 3.214, de 08/06/78, estabeleceu que as áreas previstas para cozinha são:

a) Estocagem	25%
b) Preparo	20%
c) Cocção	20%
d) Distribuição	15%
e) Higiene e Limpeza	10%
f) Administração	10%

20.16 ÁREA DO POSTO DE TRABALHO

Determinar a área total necessária à implantação de novas máquinas em um determinado lugar da fábrica poderá vir a ser um problema, se você não souber como fazê-lo. Uma metodologia aplicada a uma implantação de um novo arranjo físico pode ser, por exemplo:

a) Calcular a área do posto de trabalho.
b) Confeccionar a planta baixa do espaço a ser ocupado.
c) Distribuir racionalmente o espaço.
d) Determinar a quantidade e a natureza dos móveis, máquinas e equipamentos a serem utilizados.
e) Confeccionar as respectivas miniaturas.
f) Demarcar a extensão e a localização das instalações dos recursos primários (água, esgoto, energia elétrica, gás, telefone).
g) Submeter a distribuição física proposta à aprovação dos usuários; implementar novo arranjo.

Para calcular a área do posto de trabalho temos a seguinte fórmula:

St = Se + Sg + Sc
Onde:
St = área total
Se = área estática
Sg = área de gravitação
Sc = área de circulação

Como:
Sg = n × Se
Sc = K (Se + Sg)

Onde:
n = número de lados utilizados do equipamento
K = fator de segurança.

Normalmente é utilizada a seguinte tabela para o fator de segurança.

Local de Trabalho	Fator K
Grande indústria funcionando sem ponte rolante.	2,0 a 3,0
Indústria de pequeno porte sem ponte.	1,0 a 2,0
Indústria de porte médio com transporte aéreo (ponte).	0,5 a 1,0
Indústria altamente mecanizada.	0,2 a 0,3

Substituindo-se na fórmula geral, vem:

St = Se + nSe + K (Se + Sg)

Como Sg = nSe, vem:

St = Se + nSe + KSe + Kn Se

Se K = 1, vem:

St = Se (1 + n + 1 + n)

St = Se (1 + n + 1 + n) = 2Se + 2nSe

St = 2 (Se + Sg)

A seguir, um exemplo de como calcular a área total necessária do posto de trabalho. Determinar a área total necessária para a colocação de alguns equipamentos numa cozinha industrial, sendo dados:

Equipamento	Se (m2)	N	Sg
Fogão Industrial	3,00	1	3,00
Câmara Frigorífica	4,00	1	4,00
Geladeira	3,00	1	3,00
Bancada	3,50	1	10,50

Solução:

Se o valor de K = 1,8 e St = Se (1 + n + K + nK), vem:

Equipamento	Se	n	Se (1 + n + K + nK)	St
Fogão Industrial	3,00	1	3,00 (1 + 1 + 1,8 + 1 × 1,8)	16,80
Câmara Frigorífica	4,00	1	4,00 (1 + 2 + 1,8 + 1 × 1,8)	22,40
Geladeira	3,00	1	3,00 (1 + 3 + 1,8 + 1 × 1,8)	16,80
Bancada	3,50	3	3,50 (1 + 2 + 1,8 + 3 × 1,8)	39,20
Total				95,20

Resposta: 95,20 m^2

20.17 PLANTA BAIXA DA COZINHA

A planta de uma cozinha industrial deverá ser planejada, seguindo uma linha de produção a mais racional possível. Suas unidades operacionais deverão obedecer a um fluxo coerente, evitando cruzamento e retrocessos, que tanto comprometem a produção.

A planta baixa da cozinha deve mostrar todas as características físicas da instalação.

Para fazer uma distribuição do espaço entre as unidades da empresa, devemos:

a) Determinar as relações entre as unidades e o usuário.

b) Determinar as relações entre as unidades.

c) Verificar as necessidades das seções, sem modificar a estrutura.

d) Determinar a quantidade e a natureza dos móveis, máquinas e equipamentos.

e) Preparar as miniaturas das peças.

Ao se estudar a distribuição dos móveis e equipamentos, na planta, escreve-se em cada miniatura o nome do seu ocupante. Já, no inventário, a identificação dos bens patrimoniais se fará por meio de números.

Uma representação simplificada do fluxo de produção da cozinha está sendo mostrada na Figura, a seguir:

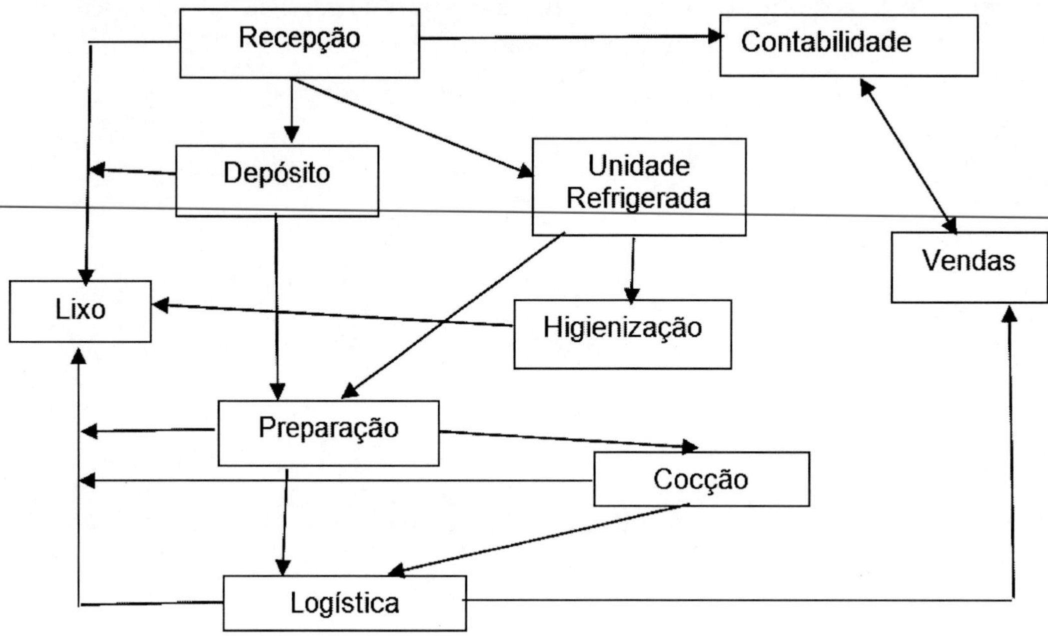

Figura 20.1: Fluxo de Produção de uma Cozinha.

As unidades usadas na Planta Baixa são as seguintes:

Escala: 1/100

Unidade de Comprimento: metro (m)

Unidade de Área: metro quadrado (m2)

Cozinha: 50,00 m2

Depósito de Matéria-Prima: 15,00 m2

Escritório: 10,00 m2

Depósito de Produtos Acabados: 15,00 m2

Recepção de Materiais: 18,00 m2

Expedição de Produtos Acabados: 30,00 m2

Almoxarifado: 9,00 m2

Banheiro e Vestiário: 12,00 m2

Deposito Seco: 20,00 m2
Depósito de Lixo: 5,00 m2
Recepção/Reunião: 8,00 m2
Corredor: 30,00 m2
Pátio Interno: 21,00 m2
Área Útil: 243,00 m2
Área Total: 300,00 m2

Nota: A Planta Baixa é o espaço minimamente organizado para começar uma empresa de alimentos. Em função dos recursos aplicados e seu mercado, ela pode crescer na horizontal e/ou vertical. Ou, ainda, pode ir para outro lugar maior e melhor.

Capítulo 21

COMPRA, ARMAZENAMENTO e LOGÍSTICA

"Nossa meta como empresa é prestar serviços aos consumidores que não sejam apenas os melhores, mas que se tornem lendários".
Sam Walton

OBJETIVOS DO CAPÍTULO

- Mostrar os elementos do sistema de aquisição.
- Mostrar procedimentos de armazenamento.
- Mostrar os aspectos mais importantes da logística.

21.1 COMPRA

Comprar resume-se em trocar um ativo por outro. Em geral, o fator de troca é o dinheiro. A compra feita por consumidor é fácil de entender. Mas, quando a compra é feita por uma empresa, se torna mais difícil. Seus principais elementos estão baseados nos seguintes aspectos: o processo decisório de compra, a situação econômica e a modalidade da compra.

As principais figuras do processo de compra são:

- Pessoa que sugere a ideia de comprar (iniciador da compra).

- Pessoa que abaliza a decisão de comprar (influenciador da compra).

- Pessoa que decide o que, como, quanto e quando comprar (decisor da compra).
- Pessoa que autoriza a compra (autorizador da compra).
- Pessoa que realiza a compra (comprador).
- Pessoa que vai dispor da compra (usuário, consumidor, paciente).

A situação econômica determina como o comprador da empresa deve agir, função do mercado:

- Em um mercado em alta inflacionária, o comprador deve evitar a tentação de comprar em excesso.
- Em um mercado de baixa inflação é aconselhável comprar em pequenas quantidades.
- Em um mercado estável, a compra deve ser baseada na média da movimentação do estoque.

A modalidade de compra deve se fundamentar nas condições de negociação, como: preço justo, produto de qualidade, garantia de entrega, cumprimento de prazo, quantidade versus desconto, crédito, forma de pagamento e local de entrega.

O cargo de comprador exercido numa empresa deve ser preenchido por uma pessoa com total conhecimento do mercado de recursos, porque as compras, muitas vezes, são maiores que a metade dos custos da empresa.

21.2 COMPRADOR

Compradores são aqueles que têm autoridade formal para selecionar o fornecedor e preparar as condições de compra. Podem ajudar a delinear as especificações do produto, mas desempenham papel importante na seleção de fornecedores e na negociação de compra. Em compras mais complexas, os altos executivos são chamados a opinar.

O poder de barganha dos compradores aumenta quando eles se tornam mais concentrados e organizados.

O valor do produto é, geralmente, diretamente proporcional aos seus custos. É importante observar que os compradores mudam de fornecedores, em função dos custos. Os compradores tentarão forçar os preços para baixo, exigir mais qualidade dos serviços, colocarem os concorrentes uns contra os outros, diminuir a margem do vendedor.

Apesar de todo avanço tecnológico que vivemos, o comprador de hoje não possui tempo para aprender alguma coisa sobre os materiais que está adquirindo ou sobre novas especificações e processos, tendo em vista ser tudo muito rápido, fazendo com que a obsolescência chegue, às vezes, em poucos meses. Também não possui condições para julgar o valor exato do produto.

Em geral, utiliza a máxima de que quanto mais caro maior é a qualidade. Desta forma, o comprador de hoje não conhece se o material cotado tem um preço mais alto dos que os demais e não sabe o seu valor real. Os problemas que se apresentam a um comprador são de uma diversidade incontestável, como: dificuldade para encontrar o material, melhores condições de pagamento, localização de fontes de suprimento confiáveis.

O comprador industrial não pode estar indiferente quanto às matérias-primas e insumos que sua empresa necessita. Ele não deve ter preferências de fornecedor, pois tal atitude, além de comprometer seu desempenho, pode ser considerada como venal. O grau em que comprador industrial será competente em produzir lucros para sua empresa dependerá de seu conhecimento, capacidade analítica e habilidade de negociar.

Ele precisa estar totalmente informado sobre fornecedores, vendedores, concorrentes, produtos, condições de prazo e de pagamento. Terá de possuir o domínio intelectual dos modelos formais de avaliação de custos e dos setores da economia.

21.3 ELEMENTOS DA COMPRA

A seguir, os mais importantes elementos da compra:

Requisição de Compra – É um formulário emitido para aquisição de item faltante no almoxarifado, depósito ou armazém. Esta requisição constitui um processo administrativo interno, além de servir de instrumento para controlar produtos dos depósitos e fornecer subsídios para avaliação do consumo. Caso sejam necessárias informações sobre o custo diário, o formulário deve conter uma coluna relativa a preços de compra.

Pedido de Compra – É um formulário preenchido pelo órgão de compras e que formaliza o ato de comprar junto ao fornecedor escolhido.

Processamento do Pedido – Sua importância deriva do fato de ser uma atividade que inicia a movimentação do produto. Os custos de processamento dos pedidos para um fabricante consistem em custos de preparação do pedido e custos operacionais.

Se os custos de preparação forem muito baixos, o fabricante poderá produzir com frequência o produto, pois o custo de fabricação é, razoavelmente, constante e igual aos custos operacionais. No entanto, se os custos de preparação forem altos, o fabricante poderá reduzir o custo unitário médio, produzindo um grande lote e mantendo um maior estoque.

Previsão para Compras – A previsão para compras, atividades obviamente anteriores à solicitação de compras, está correlacionada com os cardápios planejados, o consumo per capita bruto dos alimentos, o número estimado de pratos que serão ofertados e a frequência de utilização dos materiais no período da previsão. O cardápio constitui fator importante a ser observado.

Aspectos ligados à variedade, à qualidade, ao preparo dos alimentos contribuem para o sucesso do empreendimento. O cardápio deve atender aos hábitos alimentares dos consumidores, possuindo uma composição nutricional rica e específica.

Solicitação ao Fornecedor – A solicitação ao fornecedor é uma atividade subsequente à sua previsão. É feita através do telefone celular, ou e-mail, que permita um controle eficaz do fornecimento em relação ao padrão de qualidade e data de entrega. Poderá ser mensal, quinzenal, ou semanal, com entrega única ou parcelada.

O material solicitado deve ter suas especificações bem claras para evitar ambiguidades.

Política de Compra – Assunto já abordado.

Compra Virtual – As empresas estão criando redes (sistemas), para se conectarem aos seus fornecedores. Esses sistemas possibilitam ter um controle preciso de estoque, custo e demanda a qualquer momento, ajustando os preços instantaneamente.

Compra Centralizada – Diz-se que a compra é centralizada, porque cabe a um centro (escritório) de compras selecionar o fornecedor, por meio de um banco de dados que mostra os seguintes atributos dos fornecedores: preço, reputação, confiabilidade, flexibilidade, responsabilidade e pagamento, por exemplo.

O órgão de compras identifica as necessidades dos departamentos e passa a comprar de maneira centralizada. Com isso, a empresa passa a ter maior poder de compra, tendo ganhos substanciais.

Compra Descentralizada – Este método se vale da delegação de decidir a alguns funcionários o poder de comprar pequenos itens. A empresa distribui cartões codificados para limites de valores, tempo de uso e locais de compra.

Suprimento – Estoques agem como amortecedores entre suprimento e demanda ou, neste caso, entre suprimento e necessidade de produção. São benefícios ao sistema de suprimento, porque garantem maior disponibilidade de componentes para a linha de produção, diminuem o tempo dedicado para manter a disponibilidade desejada e podem reduzir custos de transporte.

Manter em estoque todo material necessário para produção pode ser ineficiente. Se algum dos materiais tiver alto valor individual e tiver de ser utilizado apenas num número limitado de produtos, deve-se adquirir uma quantidade mínima.

21.4 SISTEMA DE AQUISIÇÃO

A aquisição refere-se àquelas atividades que ocorrem entre a empresa e os fornecedores e, geralmente, dá a impressão de tratar de compras. O termo aquisição é usado aqui para designar os aspectos da obtenção que afetam a disponibilidade e o fluxo do suprimento. Apesar de o preço e a qualidade do produto serem variáveis vitais na escolha de um fornecedor, a terceira variável é a disponibilidade de entrega.

Alguns itens, como matérias-primas, são adquiridos pelo departamento de compras, enquanto outros são adquiridos por gerentes, diretores e supervisores. Portanto, nem tudo passa por Compras. O sistema de aquisição é muito maior do que o sistema de compras.

Uma aquisição pode, em geral, estar associada a uma atividade específica, que não causa um grande impacto na empresa. Mas, o somatório de todas as aquisições pode ser muito maior do que a soma de compras de materiais para a produção. Portanto, muito cuidado com os conceitos de aquisição e de compra. O custo de aquisição não é igual ao preço ajustado pelo fornecedor.

Àquele preço, precisam ser adicionados outros custos, dependendo de sua incidência, ou não, no processo de compra. Se a embalagem é cobrada adicionalmente ou se o frete não está incluído no preço, precisam ser considerados. Se vários produtos são faturados pelo mesmo fornecedor e transportados juntos, o frete precisa ser rateado entre os diversos itens.

Os impostos também merecem atenção. O imposto sobre circulação de mercadorias e serviços (ICMS), por lei, já está incluído no preço faturado (nota fiscal), por isso a empresa se credita de seu valor. Também a empresa vende um produto e paga ICMS, sendo obrigada a recolher, após o final do mês, no prazo determinado pelo governo, a soma de todos os impostos referentes às suas vendas, mas descontará dessa soma o total de todos os créditos que obteve por ocasião das compras que realizou no período.

Ao calcular o custo de aquisição, a empresa deve diminuir o valor do crédito de ICMS.

Se a empresa comprar embalagens para viagem, deverá incluir no cálculo do custo o Imposto sobre Produtos Industrializados (IPI), que vem especificado na nota fiscal. Então, o custo ajustado de uma mercadoria não é igual ao custo de aquisição.

É preciso deduzir o crédito do ICMS, tanto referente ao produto como adicionar o valor do frete, adicionar o valor do IPI, se existir, e de outros impostos como, por exemplo, o imposto de importação, se for o caso. É possível que a empresa tenha incentivos do governo, e, assim sendo, o cálculo será outro. Vale consultar um contabilista atualizado.

21.5 FORNECEDOR

Um fornecedor é uma empresa que atua no mercado de recursos. A escolha de fornecedores é uma verdadeira celebração de parceria. Afinal, um depende do outro, para atingirem objetivos congruentes. A empresa fornecedora deve apresentar: Alvará de Funcionamento emitido pela Secretaria de Saúde ou Órgão Municipal competente; Razão Social Completa; Endereço Completo; CNPJ; Referências de clientes; Critérios técnicos definidos em parceria entre: fornecedor-comprador; Comprovantes de atendimento à legislação pertinente.

Os fornecedores foram divididos em grupos de necessidades, tais como:

- Fornecedores de Máquinas e Equipamentos.
- Fornecedores de Matéria-Prima e Insumos.
- Fornecedores de Material Descartável.
- Fornecedores de Material de Higiene e Limpeza.
- Fornecedores de Material de Escritório.
- Fornecedores de Móveis e Utensílios.
- Fornecedores de Mão de Obra.
- Fornecedores de Serviços de Manutenção e Instalação.
- Fornecedores de Sistemas de Informação e de Comunicação
- Fornecedores de Crédito e Seguro.

Quanto ao critério de escolher um ou outro fornecedor, são priorizadas as questões como: preço, condições de pagamento, prazo de entrega, localização, volume de itens, por exemplo.

A seguir, um questionamento básico sobre o perfil do fornecedor:

- Qual é a qualidade da linha de produtos do fornecedor?
- Qual é a relação de preço/qualidade/atendimento da linha de produtos do fornecedor?
- O fornecedor oferece ajuda promocional, financeira e de consultoria?
- Qual é a qualidade da ajuda promocional do fornecedor?
- Qual é a amplitude do sortimento da linha de produtos do fornecedor?
- Qual o tempo total de espera para recebimento dos pedidos?
- O fornecedor tem políticas de: entrega, crédito e devolução, que são satisfatórias?

21.6 ORÇAMENTO DE COMPRAS

Orçamento, como já abordado, é um plano que especifica as receitas e os gastos, antecipadamente, em um dado período. Também pode ser considerado como um documento que discrimina a origem e a aplicação dos recursos que serão utilizados para um determinado fim, ou ainda, como um mecanismo de controle.

A elaboração de orçamentos pode ser usada para determinar se cursos de ação particulares apresentam boa relação custo/qualidade/preço/lucro. Uma eficiente contabilidade de custos é condição básica para a correta aplicação de um sistema de controle orçamentário.

É importante que o orçamento seja congruente com os objetivos da empresa.

Executar o processo orçamentário não significa apenas traçar um plano. Envolve, primeiro, executá-lo e fazer acompanhamentos, o que se traduz em esforço, tempo e recursos. Segundo, porque o orçamento agrega pouco valor e é mais uma ferramenta para controlar o comportamento do que ajudar uma empresa a ser mais competitiva. Terceiro, porque o orçamento vem acompanhado de defeitos funcionais graves.

O orçamento não dá uma visão realista do futuro, só mostra um desejo de programar a organização para um ano inteiro, o que não é possível, quando o cenário muda. O orçamento de compras precisa equilibrar: estabilização da produção (eficiência, produtividade) e minimização do nível de estoque (redução de custos). Qualquer orçamento terá a seguinte estrutura:

Item	Áreas	**Descrição**	**Q**	**Valor**	**Total**
1	Exaustão	Coifas com Filtros	1	1.500,00	1.500,00
2	Recepção	Climatizadores	2	4.000,00	5.500,00
3					
4	Higienização				
5					
6	Armazenamento				
7					
8	Almoxarifado				

9					
10	Congelamento				
11					
12	Resfriamento				
13					
14	Distribuição				
15					
16	Móveis				
17					
18	Utensílios				
19					
20	Cocção				
21					
22	Preparação				
23					
24	Escritório				
25					
26	Divulgação				
27					
28	Sanitários				
29					

Quadro 21.1: Orçamento de Compras.

O orçamento de compras está ligado, principalmente, aos orçamentos de: vendas, produção e estoque. Para a produção de alimentos precisamos levar em consideração os fatores de correção (FC), os índices de cocção (IC) e os fatores de correção total (FCT = FC / IC), como visto no Capítulo 20.

Nota: A necessidade de comprar (Quantidade Bruta) para uma porção de um prato (Quantidade Líquida), em função do Fator de Correção Total. Não esquecer que: QL = (QB / FC) x IC = QB x (IC / FC)

Logo: QB = QL x (FC / IC)

Se FC/IC igual a FCT, vem: QB = QL x FCT

Onde:

QB = Quantidade Bruta

QL = Quantidade Líquida

21.7 LISTA DE COMPRAS

A seguir, um exemplo de Lista de Compras:

Lista de Compras de Matéria-Prima **Seco**

Comprador: **Data:**

Matéria-Prima	Marca	UA	Q	Custo	Valor	Prev.	Pago	Desvio
Açafrão	X	50 g	1	6,02	6,02	6,02	6,34	5%
Açúcar	U	Kg	5	1,79	8,95	8,95	8,90	-1%
Alcaparra	Z	110 g	1	4,89	4,89	4,89	5,30	8%
Alho	A	Kg	2	6,50	13,00	13,00	14,00	8%
Amaciante	Z	Kg	1	9,77	9,77	9,77	10,20	4%
Arroz Parbolizado	AP	Kg	1	1,90	1,90	1,90	1,85	-3%
Azeite	B	500 ml	3	10,48	31,44	31,44	32,00	2%
Azeite	Q	500 ml	6	5,79	34,74	34,74	33,00	-5%
Azeitona s/caroço	AC	170 g	1	3,89	3,89	3,89	4,10	5%
Caldo Carne	C	Kg	1	4,90	4,90	4,90	5,30	8%
Caldo Galinha	K	1,3 Kg	2	11,98	23,96	23,96	24,50	2%
Carvão 6 kg	CA	Saco	6	11,80	70,80	70,80	71,00	0%
Cebola	C	Kg	5	1,99	9,95	9,95	9,90	-1%
Cenoura	B	Kg	1	2,98	2,98	2,98	2,80	-6%
Champignon Fatiado	CH	Kg	2	22,00	44,00	44,00	49,00	11%
Creme Leite Caixa	I	200 g	28	1,59	44,52	44,52	44,56	0%
Creme Cebola	CH	Kg	2	6,90	13,80	13,80	13,50	-2%
Creme Cebola	MG	68 g	1	3,79	3,79	3,79	3,90	3%
Ervilha Lata	PPR	200 g	2	1,09	2,18	2,18	2,15	-1%
Ervilha Partida	P	500 g	1	3,89	3,89	3,89	3,90	0%
Espaguete Nº 8	S	500 g	2	1,45	2,90	2,90	2,95	2%
Extrato Tomate	A	840 g	3	4,99	14,97	14,97	15,90	6%
Extrato Tomate	B	840 g	4	3,39	13,56	13,56	12,50	-8%
Farinha Mandioca	F	Kg	2	3,50	7,00	7,00	7,50	7%
Farinha Mandioca	C	Kg	3	3,89	11,67	11,67	11,50	-1%
Farinha Mandioca	Y	5 Kg	1	11,67	11,67	11,67	12,00	3%
Farinha Milho	Y	500 g	1	2,95	2,95	2,95	3,05	3%
Farinha Rosca	MG	Kg	1	4,00	4,00	4,00	4,10	2%
Farinha Trigo	G	Kg	2	1,72	3,44	3,44	3,50	2%
Farinha Trigo	RB	Kg	8	1,95	15,60	15,60	15,70	1%
Feijão Preto	FP	Kg	5	2,99	14,95	14,95	15,60	4%
Funghi Seco	L	Kg	2	55,90	111,80	111,80	110,00	-2%
Gás	X	13 kg	1	34,00	34,00	34,00	35,00	3%

Ketchup	E	950 g	1	2,89	2,89	2,89	2,90	0%
Laranja Pera	S	Saco	1	10,00	10,00	10,00	11,00	10%
Leite Condensado	E	395 g	1	2,39	2,39	2,39	2,45	3%
Leite Condensado	I	395 g	1	2,79	2,79	2,79	2,80	0%
Leite Condensado	M	395 g	4	3,79	15,16	15,16	15,80	4%
Leite Caixa	LG	L	2	1,99	3,98	3,98	4,06	2%
Lentilha Pink	P	500 g	2	2,69	5,38	5,38	5,42	1%
Molho Pimenta	K	150 g	1	1,59	1,59	1,59	1,65	4%
Molho Tomate	P	340 g	49	1,19	58,31	58,31	56,00	-4%
Molho de Alho	S	900 ml	1	4,80	4,80	4,80	6,50	35%
Molho Inglês	CH	150 ml	1	1,29	1,29	1,29	1,32	2%
Molho Madeira	W	2 kg	1	3,20	3,20	3,20	3,23	1%
Molho Madeira	E	200 g	1	2,95	2,95	2,95	3,05	3%
Total					**717,81**	**717,81**	**726,99**	**1%**

Quadro 21.2: Lista de Compras.

21.8 ARMAZENAMENTO

Embora já tenhamos abordado o conceito de armazenamento, é importante observar que as empresas realmente necessitam de espaço físico para estocagem. Se as demandas pelos produtos da empresa forem conhecidas com exatidão e se as mercadorias puderem ser fornecidas a tempo, teoricamente, não há necessidade de manter espaço para estocagem.

Entretanto, não costuma ser prático nem econômico operar desta maneira, pois, geralmente, a demanda não pode ser prevista precisamente. Para alcançar boa coordenação entre oferta e demanda, a produção deve ter tempo de resposta e transporte confiável, com tempo de entrega.

A armazenagem propicia condições de estabelecimento de uma política de estoque, cuja finalidade é a satisfação da demanda, por meio do controle do giro do estoque.

O acondicionamento dos alimentos, para ser feito de forma correta, precisa do conhecimento das especificações, características e tempo de guarda desses alimentos. Assim, alguns tipos de alimentos deverão ser acondicionados nas seguintes formas: Congelados a temperaturas inferiores a 0ºC; resfriados a temperaturas entre 0ºC e 4ºC; acondicionados em temperatura ambiente.

Os alimentos perecíveis, como leite, carne, pescado, ave e ovos, por exemplo, se permanecerem em ambientes com temperatura acima de 10ºC, por apenas um dia, estragarão e, portanto, impróprios para o consumo, sem se falar da perda de dinheiro. Por isso, esses alimentos, dependendo do tempo que se pretende mantê-los conservados, deverão ser submetidos ao resfriamento (congelamento).

As unidades de armazenamento (UA) são importantes para o controle de estoque. Alguns alimentos são armazenados por: quilo, grama, unidade, metro, lote, pacote.

21.9 PRAZO DE VALIDADE

Prazo de validade é o período de tempo de armazenamento no qual o alimento é conservado de modo a manter suas características nutricionais, físico-químicas e microbiológicos próprias para consumo. Neste sentido, é importante ressaltar que a partir do momento em que ocorre a abertura da embalagem original, perde-se imediatamente o prazo de validade informado pelo fabricante.

Assim sendo, os alimentos pós-manipulados requerem o estabelecimento de um novo prazo para serem utilizados em condições seguras. Tal prazo é chamado de Recomendação (Critério) de Uso.

Para produtos industrializados em suas embalagens originais deve-se observar e obedecer às informações do fabricante, referentes às recomendações de armazenamento e uso, tanto antes como depois de aberto. Entretanto, na ausência destas informações, para produtos manipulados, inclusive embalagens abertas de produtos industrializados, deve-se seguir os critérios de uso, determinados a seguir:

Alimentos Congelados	Temperatura de Congelamento	Tempo Máximo de Armazenamento
Alimentos Diversos	De 0ºC a 5ºC	Até 10 dias
Alimentos Diversos	De - 5ºC a - 10ºC	Até 20 dias
Alimentos Diversos	De -10ºC a - 18ºC	Até 30 dias
Alimentos Diversos	Abaixo de - 18ºC	Até 90 dias

Quadro 21.3: Tempo Máximo de Armazenamento para Alimentos Congelados.

Alimentos Refrigerados	Temperatura de Refrigeração	Tempo de Armazenamento
Carnes e seus produtos manipulados crus	Até 4ºC	Por 72 horas
Pescados e seus produtos crus	Até 4ºC	Por 24 horas
Alimentos pós-cocção (exceto pescados)	Até 4ºC	Por 72 horas
Pescados pós-cocção	Até 4ºC	Por 24 horas
Sobremesa, frios e Laticínios manipulados	Até 4ºC	Por 72 horas
Sobremesa, frios e Laticínios manipulados	Até 6ºC	Por 48 horas
Sobremesa, frios e Laticínios manipulados	Até 8ºC	Por 24 horas
Maionese manipulada com outros alimentos	Até 4ºC	Por 48 horas
Maionese manipulada com outros alimentos	Até 6ºC	Por 24 horas
Hortifruti in natura pós-manipulados	Até 10ºC	Por 72 horas
Amostras de alimentos	Até 4ºC	Por 72 horas
Descongelamento de alimentos sob refrigeração	Até 4ºC	Por 72 horas
Dessalgue de carnes sob refrigeração	Até 4ºC	Por 72 horas
Hortifruti manipulado	Até 10ºC	Por 72 horas
Massas frescas	Até 4ºC	Por 72 horas
Ovos in natura	Até 10ºC	14 dias

Quadro 21.4: Tempo de Armazenamento para Alimentos Refrigerados.

21.10 ESTOQUE

Estoque é o somatório de matérias-primas, insumos, produtos acabados e semiacabados. O valor do estoque é um valioso item (conta) do ativo circulante, porque mostra o giro de cada produto (material) e o quanto o produto participa no valor total do estoque. Toda empresa deve preocupar-se com seu giro de estoque, principalmente, para compensar erros na projeção de demanda.

Desde que a demanda possa ser maior do que a prevista, a empresa precisará estocar matérias-primas, insumos, peças, utilidades, produtos semiacabados, produtos acabados, como medida de segurança. Também a manutenção de estoques permite a empresa comprar e/ou produzir lotes econômicos.

Geralmente, não é viável providenciar produção ou entrega instantâneas aos clientes. Para se atingir um grau razoável de disponibilidade de produto, é necessário manter estoques, que agem como amortecedores entre a oferta e a demanda. O uso extensivo de estoques resulta no fato de que, em média, eles são responsáveis por aproximadamente um a dois terços dos custos logísticos, o que torna a manutenção de estoques uma atividade chave da empresa.

Enquanto o transporte adiciona valor de lugar ao produto, o estoque agrega valor de tempo. Para agregar este valor dinâmico, o estoque deve ser posicionado próximo aos consumidores ou aos pontos de fabricação.

Os materiais devem ser estocados, segundo a quantidade e o valor. Assim, são classificados em três categorias:

Classe A – Pequena quantidade de itens (10%) e grande valor (70%) investido/imobilizado.

Classe B – Quantidade média de itens (30%) e médio valor (20%) investido/imobilizado.

Classe C – Grande quantidade de itens (60%) e pequeno valor (10%) investido/imobilizado.

A seguir, alguns princípios de classificação do estoque:

- Manter rígido controle de entradas e saídas.
- Comprar somente baseado em necessidades calculadas, nunca por impulso.
- Manter baixo estoque de segurança para a classe A.
- Negociar com fornecedores a garantia de entrega, para manter baixo o nível de estoque.
- Minimizar o custo de contatos com fornecedores.
- Manter estoques de segurança maiores para a classe C.
- Equilibrar a despesa de frete com o volume de compra para custo mínimo.

21.11 NÍVEL DE ESTOQUE

Considera-se nível de estoque a quantidade que garanta o fluxo de vendas de forma contínua, sem interrupções e que minimize os custos de manutenção do mesmo.

A seguir, algumas considerações sobre estoque mínimo e estoque máximo:

Estoque Mínimo – Quantidade mínima de uma mercadoria que a empresa deve manter em estoque para atender às suas necessidades por determinado período, até reposição ao nível normal de operação.

O estoque mínimo de um bem é dado pela fórmula:

Estoque Mínimo = (Vendas / Consumo Médio Diário) x Prazo de Cobertura

Onde:

Prazo de Cobertura = Tempo para fazer o pedido + Prazo de entrega + Prazo de conferência e codificação + Margem de segurança

Margem de Segurança = 20% do prazo de entrega

Estoque Máximo – Quantidade máxima de uma mercadoria e/ou material que a empresa deve estocar para operacionalizar suas atividades durante determinado período.

Uma fórmula prática é ter o estoque máximo igual ao dobro do estoque mínimo.

21.12 CONTROLE DE ESTOQUE

O controle de estoque é um valioso controle do ativo circulante, porque mostra quanto cada item do estoque pesa no total e quanto de dinheiro está imobilizado. Mostra o giro de cada produto e o quanto o produto participa no valor total do estoque.

O sistema de controle de estoque é uma necessidade que ajuda a decidir quais os níveis de bens que podem ser economicamente mantidos. Tal sistema é utilizado para descrever inspeção, recebimento, movimentação, alienação de ativos, inventário (contagem do que há na empresa0, distribuição e armazenagem.

Controlar o movimento do estoque assegura o suprimento oportuno e conveniente, melhora o equilíbrio do capital de giro próprio, evita compras desnecessárias e facilita o ajuste da empresa às mudanças do ambiente e do mercado.

O ideal é que o empresário saiba, dia a dia, qual é o valor imobilizado no estoque, que quantidades estão disponíveis, qual a movimentação, qual é o custo da inflação na compra e outros detalhes. O risco do descontrole não se limita apenas à superestocagem.

Uma má administração de materiais pode prejudicar, econômica e financeiramente, a empresa. Em épocas de juros altos, prestar atenção na movimentação dos produtos evita encalhes.

Os principais objetivos do controle de estoque são:

- Evitar custos financeiros por: desvios, perdas, vencimento do prazo de validade, roubos e furtos.
- Acompanhar o investimento em estoque e verificar se é compatível com as necessidades operacionais.

- Identificar os itens que estão com baixa rotação e promover aumentos em seu giro.
- Conhecer as quantidades reais, tanto físicas quanto financeiras, dos estoques.
- Auxiliar no momento da compra, informando os dados reais sobre o giro dos produtos.
- Gerar dados para cálculo do custo e preço de venda dos produtos.
- Evitar perdas, em função de manuseio inadequado.

A seguir, dois exemplos de controle de estoque:

No primeiro, em função do inventário, mostra o controle geral de estoque de produto acabado e outro relativo ao controle diário para Produção (+) e Vendas (-).

No segundo exemplo são abordados apenas os dez primeiros dias do mês, para mostrar como funciona a planilha de controle.

Controle Geral do Estoque de Produtos Acabados					
Data do Inventário:					
Produtos	**UA**	**Q**	**Custo**	**Valor**	**AC**
Aipim para fritar	Kg	18,5	4,20	77,70	77,70
Almôndega de Carne	kg	0	1,00	0,00	77,70
Anéis de Lula	200 g	0	10,00	0,00	77,70
Anéis de Lula	300 g	22	13,00	286,00	363,70
Bolinho de Carne Seca	1	821	0,90	738,90	1.102,60
Bolinho de Feijoada	1	679	0,90	611,10	1.713,70
Camarão Empanado	200 g	0	8,50	0,00	1.713,70
Camarão Empanado	250 g	0	10,50	0,00	1.713,70
Camarão Empanado	300 g	0	13,00	0,00	1.713,70
Camarão Empanado Médio	Kg	3,5	42,00	147,00	1.860,70
Escondidinho Bolonhesa	250 g	5	5,00	25,00	1.885,70
Escondidinho Camarão	250 g	34	5,50	187,00	2.072,70
Escondidinho Carne Seca	250 g	4	5,50	22,00	2.094,70
Espaguete	200 g	11	0,50	5,50	2.100,20
Espetinho de Boi 120 g	1	7	3,50	24,50	2.124,70
Kafta de Carne 120 g	1	40	2,50	100,00	2.224,70
Milanesa de Alcatra	Kg	5,6	19,00	106,40	2.331,10
Milanesa de Frango	Kg	1,825	11,00	20,08	2.351,18
Molho Bolonhesa	200 g	37	5,00	185,00	2.536,18
Molho Calabresa	200 g	0	5,90	0,00	2.536,18
Molho Copa Lombo	200 g	0	4,90	0,00	2.536,18
Molho de Camarão	200 g	26	5,90	153,40	2.689,58
Molho de Carne Seca	200 g	0	6,50	0,00	2.689,58
Molho Funghi	200 g	51	5,90	300,90	2.990,48

Molho Gorgonzola	200 g	59	5,90	348,10	3.338,58
Nhoque de Aipim	250 g	24	1,50	36,00	3.374,58
Nhoque de Aipim Empório	250 g	44	1,50	66,00	3.440,58
Penne	200 g	0	0,50	0,00	3.440,58
Strogonoff de Carne	200 g	18	5,00	90,00	3.530,58
Strogonoff de Frango	200 g	0	4,50	0,00	3.530,58

Quadro 21 .5: Controle Geral de Estoque de Produtos Acabados.

Simbologia:

UA = Unidade de armazenamento

Q = Quantidade em estoque

Custo = Custo unitário da unidade de armazenamento

Valor = Quantidade x Custo

AC = Valor acumulado (saldo do mês anterior)

Controle Diário	**Estoque de Produtos Acabados**											
Ano:								Mês:				
	Mapa de Produção (+) e de Vendas (-)											
Produtos Acabados	**UA**	**AC**	**1**	**2**	**3**	**4**	**5**	**6**	**7**	**8**	**9**	**10**
Aipim p/Fritar	Kg	60	100		-50		20		-60		50	
Almôndega de Carne	Kg	50		50		-20		60		-80		40
Anéis de Lula	200 g	20	20		-10			40		-30		
Anéis de Lula	300 g	0										
Bolinho de Carne Seca	1	30	200		-50		-40		-20		-60	
Bolinho de Feijoada	1	5		50		-30		10		-25		
Camarão Empanado	250 g	30		100		-50		-20				
Camarão Empanado	200 g	70		200		-60		-70				
Camarão Empanado	300 g	20		150		-80		-50				
Escondidinho Bolonhesa	250 g	200			100		-50			150		
Escondidinho Camarão	250 g	40	60			-50		70			-40	
Espaguete	200 g	50			150		-100					
Espetinho de Boi (120 g)	1	70	200			-50			-30		-50	
Kafta de Carne (120 g)	1	30	150			-120						
Kafta de Frango (120 g)	1	10		140			-80			50	-100	
Milanesa de Alcatra	Kg	30			50		-40	50			-30	
Milanesa de Frango	Kg	90		200		-50			-60			

Molho Bolonhesa	200 g	0										
Molho Calabresa	200 g	40	50		-30		-10			50	-20	
Molho Copa Lombo	200 g	70	60		-30			50		40	-50	
Molho de Camarão	200 g	30	80		-30			50		30	-100	
Molho de Carne Seca	200 g	90	45		30		50		-35			
Molho Funghi	200 g	150	50					100				
Molho Gorgonzola	200 g	30	50				-40	20				
Nhoque de Aipim	250 g	120		200							-80	
Nozete de Aipim	250 g	30		150			-100	50			-70	
Penne	200 g	30			50		-20			30	-30	
Escondidinho C. Seca	200 g	30		120			-80			20	-30	
Strogonoff Carne	200 g	30		60			-50			70	-50	

Quadro 21.6: Controle Diário do Estoque de Produtos Acabados.

Nota: A Produção (entrada) diária é lançada, bem como a Venda (saída) só que esta é com o sinal negativo. Os totais parciais são determinados pela planilha, na coluna AC (valor acumulado). O exemplo acima mostra um controle até o décimo dia do mês.

21.13 MOVIMENTAÇÃO DE MATERIAIS

Nenhuma empresa poderá melhorar o nível de produtividade, se não tiver perfeitamente organizada a sua movimentação de materiais, que tem como finalidade precípua, cuidar de todos os problemas que tenham relações com suprimentos, controlando para que sejam efetuados a tempo e a hora.

Os materiais, máquinas, equipamentos, instalações valem dinheiro e como tal precisam ser zelados.

A movimentação de materiais é a técnica que permite a forma, a maneira ou os meios de utilização em fazer render, em sua plenitude, os materiais, isto é, sua otimização. O transporte interno pode causar prejuízos à empresa, quando os meios de movimentação são insuficientes, estão malconservados, oferecendo perigo; são vagarosos ou inadequados.

Para ser eficiente, o transporte interno deve possuir certas características, tais como:

- Oferecer rapidez, dando um fluxo contínuo ao abastecimento e à retirada de materiais. Essa rapidez, naturalmente, está condicionada ao ritmo de trabalho.
- Possuir capacidade de carga compatível com o volume a transportar, bem como com o peso, a distância que será percorrida e as vias que serão utilizadas.
- Oferecer segurança ao material que é transportado ao equipamento e ao pessoal.
- Flexibilizar a utilização, servindo a vários tipos de carga, no caso de grande diversidade dos materiais por transportar.

- Apresentar economia de operação e manutenção.

21.14 LOGÍSTICA

Em todo e qualquer processo de comercialização, a logística assume um caráter, muitas vezes, mais importante do que a própria produção, pois seu estudo envolve o produto (características, padrões, embalagens), os intermediários (custo, propriedade, transporte, distribuição) e a armazenagem (obsolescência, guarda, movimentação, classificação).

A logística não tem o mesmo significado para todas as empresas.

A logística estuda como a administração pode prover melhor nível de rentabilidade nos serviços de distribuição aos consumidores, através de planejamento, organização e controle efetivos para as atividades de movimentação e armazenamento, que visam facilitar o fluxo de produtos.

Na realidade, é um modelo que estabelece medidas de controle, por meio de esquemas que buscam custos mínimos de um sistema de distribuição física. O problema da logística é diminuir o hiato entre a produção e a demanda de modo que os consumidores tenham bens e serviços quando e onde quiserem, nas condições físicas que desejarem. Mas, é preciso estar atento aos custos associados a estas ações.

Os avanços do varejo eletrônico dependem cada vez mais da logística, hoje, o "Calcanhar de Aquiles" do comércio globalizado. A logística foi definida na década de 1970, como a arte de administrar o fluxo de recursos materiais de um lugar para outro quando se fizerem necessários.

Os principais elementos de logística são:

Atividades de Apoio: Transporte, manutenção de estoques, processamento de pedidos, armazenagem, movimentação de produtos, embalagem de proteção, fontes de suprimento, programação da produção, sistema de informações.

Posição da Logística – Estrategicamente, a logística ocupa posição intermediária entre produção e marketing.

Ciclo do Pedido – O tempo transcorrido entre a colocação do pedido pelo cliente até sua entrega é chamado de tempo de ciclo do pedido.

Custo Logístico – O custo logístico estará em função do: volume negociado, canal de distribuição, economia de escala, desconto por volume, tipo de transporte, tecnologia de processamento do pedido, rota, documentação necessária, meios de expedição, equipamento de manuseio.

21.15 DISTRIBUIÇÃO FÍSICA

O movimento percorrido pelo produto do fabricante até o consumidor final chama-se distribuição física. Este serviço envolve um planejamento meticuloso, cujo fator principal é o custo do transporte dos intermediários. Este planejamento considera: a utilidade de lugar (em geral, os consumidores não gostam de ir longe ou de se esforçarem muito para obter produtos) e a utilidade de tempo (elemento que conta como se fosse "dinheiro").

A distribuição física é o ramo da logística que trata da movimentação, estocagem e processamento de pedidos dos produtos. Costuma ser a atividade mais importante em termos de custo para a maioria das empresas. Sua preocupação maior é com os produtos acabados.

Muitas empresas declaram que seu objetivo de distribuição é o de levar as mercadorias certas para os lugares certos, nos momentos certos e pelo menor custo. Mas, nenhum sistema de distribuição física pode, simultaneamente, maximizar o serviço ao consumidor e minimizar o custo de distribuição.

A maximização do serviço de distribuição implica políticas de grandes estoques, transportes com custos adicionais e muitos armazéns, todos aumentando o custo de distribuição. A minimização dos custos de distribuição implica políticas de transporte rápido e barato, estoques baixos e poucos armazéns.

Frequentemente, nos deparamos com sistemas de distribuição em que cada empresa (fabricante, atacadista, varejista) se preocupa apenas em planejar sua produção, suas vendas e seus lucros, não buscando a interação e integração com os demais componentes.

Um sistema de distribuição bem organizado e coordenado gera sinergias e resultados positivos, que podem se transformar em uma vantagem competitiva. Para tal, a prática do feedback deve ser acentuada e constante.

O produto precisa estar acessível, disponível, e deve ser facilmente adquirido pelo cliente no momento em que o mesmo decide comprá-lo. Penetração e ocupação definem a intensidade de presença e de participação no mercado.

O tipo de intermediário é importante, já que é necessária uma compatibilização entre a imagem do produto e a imagem da empresa que estiver comercializando.

Produtos de luxo em lojas de aparência ruim não terão sucesso, e vice-versa.

21.16 CANAL DE DISTRIBUIÇÃO

O canal de distribuição é a rota (caminho) seguida pelo direito de posse de um produto, à medida que ele se movimenta do produtor para o consumidor/usuário final. Canais de distribuição, com dispositivos de venda e facilidades de crédito, são importantes para o desenvolvimento econômico, financeiro, comercial, agrícola e industrial, pois estes complementam a rede de distribuição física, composta pelas rodovias, ferrovias e outros serviços de transporte.

O produtor deve procurar o canal de distribuição mais efetivo e de menor custo. Ao contrário do que em geral se acredita, a eliminação dos intermediários não reduz, automaticamente, o custo da distribuição. A escolha do canal levará em conta os seguintes fatores:

Fatores Corporativos: Eficiência, eficácia, efetividade, velocidade de resposta, comunicação, tecnologia, tempo, custo, lucro, sistema, informação, padronização, codificação, rastreamento.

Fatores Operacionais: Natureza do produto (modelo, vida útil, valor, aspectos mecânicos, inovações); natureza do mercado (hábitos dos consumidores, preços, volumes, objetivos, concorrentes); natureza do intermediário (assistência, armazenagem, serviços, estoques, embalamento, compras, cooperação); natureza do consumo (bens de consumo, bens industriais, bens de emergência, bens de manutenção, suprimentos); natureza do transporte (rodoviário, marítimo, ferroviário, aéreo, intermodal, duto, esteira, multimodal, contêiner, misto).

Ao desenvolver canais de distribuição, os produtores sempre tiveram de lutar entre o ideal e o disponível. Na prática, a escolha de mercados e a escolha de canais podem ser independentes. A empresa poderá descobrir que os mercados que deseja servir não poderão ser atendidos lucrativamente com os canais existentes.

Cada produtor ajusta seus objetivos específicos de canal a partir das restrições existentes em nível: dos consumidores, dos produtos, dos intermediários, dos concorrentes, das políticas e dos ambientes.

O ponto de partida do plano de distribuição é que sempre haverá um canal para atingir um mercado por mais difícil que ele seja. Um plano de distribuição sempre fará parte do plano de marketing, mas em muitas empresas a distribuição é tão importante que há também um plano de distribuição, no plano estratégico da organização.

Os melhores planos de distribuição podem fracassar, se o canal de distribuição não tiver um bom suporte de um sistema de informações.

Algumas premissas de distribuição ajudarão o leitor a mais bem administrar o canal de distribuição:

- Quanto melhor a satisfação do consumidor com o produto, mais ele tenderá a exigir a reposição pelo distribuidor.
- A localização dos pontos de venda é primordial para tornar convenientes as compras dos consumidores.
- Quanto maior a importância da marca, maior a probabilidade de o distribuidor manter o produto em estoque e participar das promoções.
- Quanto maior o vínculo do fabricante com o varejo, melhor será o desempenho de suas marcas e produtos.
- Quanto melhor a qualidade do atendimento, maior a possibilidade de ocorrer a fidelização do consumidor.
- Quanto melhor for o sistema de retaguarda logística, menores os custos, mais rápida será a reposição e maior a facilidade de gestão do sistema.

21.17 MEIOS DE TRANSPORTE

Os meios de transporte constituem um importantíssimo serviço auxiliar de logística. Eles servem para deslocar recursos de um lado para outro, isto é, das fábricas para os distribuidores e destes para os consumidores e usuários. Também ajudam a transferir materiais de toda espécie entre: almoxarifados, depósitos, armazéns, fábricas, fazendas, minas. Sua classificação pode ser:

- Quanto ao tipo de via utilizada, em: terrestre, rodoviário, ferroviário, aquático, hidroviário, marítimo, aéreo, duto, esteira, ponte rolante, correias transportadoras, calhas.
- Quanto ao espaço envolvido, em: urbano, municipal, intermunicipal, interestadual, internacional.
- Quanto ao conteúdo, em: pessoas e cargas.

A maioria das empresas está, perfeitamente, equipada com modernos serviços de transportes que são organizados para atender a intensa demanda dos setores de produção e serviço. O êxito de uma empresa depende, em grande parte, dos meios rápidos que possui, não só para buscar a matéria-prima, como também para entrega dos produtos aos consumidores.

Quando se faz a distribuição, utiliza-se um meio de transporte. A utilidade do transporte é maximizada quando as mercadorias são alocadas nos lugares de maior demanda na maior velocidade possível. A eficiência do transporte é determinada por padrões, tais como:

- Conformidade com as exigências de carga normal e máxima.
- Adequação dos terminais de transporte para vendedor e comprador.
- Manuseio cuidadoso das mercadorias em movimento.
- Tempo mínimo de transporte.
- Relação adequada do custo do transporte com o valor da mercadoria.

As escolhas de transporte afetarão o preço do produto, a pontualidade da entrega e as condições físicas dos bens que afetarão a satisfação do consumidor. Os responsáveis pelo transporte consideram velocidade, frequência, dependência, capacidade, disponibilidade e custo, como variáveis para dimensionar custo e qualidade no atendimento.

As empresas têm de tomar decisões quanto à maneira que proporcionam melhor custo/benefício de transportar seus produtos. Isso envolve a decisão de comprar, arrendar, alugar ou contratar uma empresa transportadora. Ao se procurar combinar as características do bom transporte com os meios de que se pode lançar mão, é interessante observar algumas premissas do transporte:

- Sempre que possível, deve-se usar a força da gravidade, que nada custa.
- O transporte deve ser bem planejado, para garantir o fluxo contínuo da circulação de materiais.
- O transporte por meio de carros, pontes, guindastes deve ser bem coordenado, para não deixar materiais (máquinas, pessoas), ocupando espaços desnecessários, esperando passar o transporte, porque este os atrapalha.
- O serviço de manutenção deve garantir um mínimo de paradas de máquinas e equipamentos.
- Cada alternativa de transporte implica um tempo médio de entrega diferente.
- Os meios de transporte mais lentos são mais baratos em frete, porém, mais caros em vendas.

O veículo de transporte de alimentos deve ser adequado para cada grupo de gêneros alimentícios, tendo Certificado de Vistoria, dado pela autoridade sanitária.

A seguir, as mais importantes normas:

- Os meios de transporte de alimentos, destinados ao consumo humano, devem garantir a integridade e a qualidade a fim de impedir contaminação e deterioração do produto.
- O meio de transporte de alimentos deve ser identificado em ambos os lados, por meio do nome e endereço da empresa.
- O transporte de produtos perecíveis deve ser de material liso, resistente, impermeável e atóxico, lavável, aprovado pela vigilância sanitária.
- Todo cuidado é exigido para evitar contaminação e dano ao produto, devendo os mesmos serem desinfetados juntamente com o veículo de transporte.
- A carga e descarga não deve representar risco de contaminação.
- Os equipamentos de refrigeração devem garantir temperatura adequada para o produto.

21.18 TIPOS DE DISTRIBUIÇÃO

A seguir, os principais tipos de distribuição:

Distribuição Direta – Distribuição que dispensa a participação do intermediário.

Distribuição Indireta – Distribuição que se caracteriza por utilizar, no fluxo dos produtos, as figuras do intermediário (atacadista e/ou varejo).

Distribuição Geral – Distribuição que utiliza intermediários, dispostos a repassar e estocar produtos.

Distribuição Integrada – Na distribuição integrada a empresa planeja, executa e controla o fluxo de produtos desde a fonte fornecedora até o consumidor final.

Distribuição Seletiva – A distribuição seletiva envolve a utilização de mais de um intermediário, mas seleciona entre estes aqueles que estão dispostos a lidar com determinado produto.

Distribuição Intensiva – É aquela que procura colocar o produto o mais próximo possível do maior número de consumidores. Esta distribuição é caracterizada pelo fato de o fabricante dispor de seus bens e serviços no maior número de estabelecimentos possível.

Distribuição Exclusiva – O intermediário adquire o direito de representar, com absoluta exclusividade dentro de determinado território, os produtos do fabricante.

Distribuição Reversa – É a logística do caminho contrário, isto é, aquela que pode retornar ao ponto de origem, onde começou a distribuição.

Capítulo 22

CUSTO, PREÇO e LUCRO

"Quando você não tem alternativas de escolha, não há nenhuma decisão a tomar".
Russel L. Ackoff

OBJETIVOS DO CAPÍTULO

- Mostrar a importância de determinar o custo do produto.
- Mostrar como o preço de venda do produto é calculado.
- Mostrar os principais aspectos do lucro.

22.1 CUSTO

Custo é o gasto (desembolso) relativo à produção de um bem ou serviço. Conhecer custos é condição básica para tocar qualquer negócio. Os custos devem refletir a empresa, que os apura para:

- Atender as exigências legais quanto à apuração e à avaliação dos resultados de suas atividades.
- Tomar a decisão mais realística.
- Ajudar nos controles contábeis, financeiros e econômicos.
- Adequar-se às novas realidades ambientais.
- Fornecer dados para os sistemas de apoio gerencial.

A necessidade de dados analíticos concernentes aos custos de produção resulta de vários motivos. Os mais conhecidos e importantes são os seguintes:

- Determinação do preço de venda e do valor do estoque.
- Controle da eficiência de utilização dos fatores produtivos.

- Determinação da conveniência do processo de produção e da composição do produto.
- Utilização da capacidade instalada, em função do volume de produção.
- Análise da conveniência de utilização de meios (tecnologias) mais sofisticados.
- Cálculo dos lotes econômicos de aquisição ou produção.
- Decisão entre comprar ou produzir.

Uma vez analisada a adequação da alimentação quanto às necessidades da clientela, deve-se levantar o custo do prato e verificar sua congruência, em relação ao custo padrão (Ficha Técnica). Antes de determinar o custo unitário de um produto alimentício, é importante observar certos detalhes, tais como: o trabalho de preparação de um prato; o mise-en-place (fundos e molhos); o tempo de preparo; a mão de obra direta; o custo indireto de fabricação; a base de rateio do custo fixo.

Para apurar o custo é necessário levantar as despesas efetuadas com matéria-prima, insumos, higiene, descartáveis e outros materiais, através de consultas às planilhas do controle de estoque, computando-se o valor das mercadorias retiradas do depósito.

22.2 CUSTO UNITÁRIO DO PRODUTO

O custo unitário do produto é o somatório dos dispêndios, para transformar recursos em um bem ou serviço, dividido pelo total de unidades produzidas.

O custo final do produto dependerá, fundamentalmente, da quantidade produzida, como mostra o Quadro, a seguir:

Produto:		
Quantidade Produzida (Q): 500		
Período:		
Nº	Itens	Valor
1	Matérias-Primas	5.000,00
2	Insumos	1.000,00
3	Embalagens	2.000,00
4	Mão de obra direta	2.500,00
5	Encargos sociais	2.875,00
6	Custo variável (1 + 2 + 3 + 4 + 5)	13.375,00
7	Custo fixo (rateio)	600,00
8	Custo de fabricação	1.200,00
9	Custo de comercialização	800,00
10	Despesas financeiras	600,00
11	Despesas diferidas do projeto	0,00
12	Custo total (6 + 7 + 8 + 9 + 10 + 11)	16.575,00
13	Custo unitário (12/Q)	33,15

Quadro 22.1: Controle do Custo Unitário do Produto.

22.3 REDUÇÃO DO CUSTO

Devido à escassez, as empresas precisarão ficar, cada vez mais, atentas na elaboração de programas, planos e políticas que minimizem custos. Assim, se faz necessário uma atenção para:

- A racionalização de energia e água não pode comprometer a qualidade de bens e serviços.
- A reciclagem de materiais deve ser incentivada, desde que não comprometa o visual e a saúde pública.
- O monitoramento ambiental para rejeitos industriais deve ser pensado, quando do desenvolvimento do produto.
- O aproveitamento de embalagens deve ser uma prática da chamada logística reversa.

A seguir, algumas responsabilidades departamentais, com relação a redução de custos:

Departamentos	Responsabilidades
Produção	Custo variável
Finanças	Custo fixo
Marketing	Custo do produto
Contabilidade	Custo do recurso
Materiais	Custo de estocagem
Vendas	Custo direto
Serviços	Custo indireto

Quadro 22.2: Responsabilidades sobre Custos.

Dois aspectos precisam ser mencionados, como contribuintes para a redução de custos:

Produtividade – Assunto já abordado.

Economia de Escala – A economia de escala segue duas linhas de pensamento. A primeira, trata do aumento da produção de forma controlada e de acordo com a Lei dos Rendimentos Decrescentes, pois não adianta aumentar a produção, indefinidamente, para que o custo do produto atinja um patamar que ajude a solapar a concorrência, pois existe um limite para isso.

Tudo o que se sabe é que há mais probabilidade de variarem os rendimentos do que de permanecerem constantes. Sabemos que a divisão do trabalho, muitas vezes, permite conduzir a produção mais eficientemente, quando o seu volume se torna muito grande. Mas, também, sabemos que, num determinado ponto do volume de produção, os custos passam a crescer.

A segunda linha, também chamada de integração vertical, observa que o aumento da produção deve estar em função da otimização dos processos ao longo da fabricação.

Uma fábrica de alimentos trabalha com matérias-primas, insumos, materiais, recursos hídricos e energéticos, por exemplo. Se houver a possibilidade de a empresa cultivar alguns dos seus insumos (salsa, cebolinha, tomate, pimentão) ou captar a energia solar e a água da chuva, ela estará fazendo economia de escala.

22.4 TIPOS DE CUSTO

A seguir, os principais conceitos de custo:

Custo Fixo – É aquele decorrente da estrutura produtiva instalada na empresa, que independe da quantidade que venha a ser produzida, dentro do limite da capacidade instalada. O custo fixo deve ser uma preocupação do empreendedor iniciante, que sempre aposta na sorte, esquecendo que este custo existe independentemente de haver ou não produção, como, por exemplo: Água e Esgoto; Força e Luz; Telefones; Honorários; Extintor de Incêndio (carga); Mão de Obra Indireta; Despesas Indiretas; Amortizações; Material de Escritório; Pró-Labore; Taxa de Alvará; Internet; Treinamento; Propaganda; Encargos Sociais; Taxa de Incêndio; Aluguel de Ativos; Seguros; IPTU; Material de Higiene e Limpeza; Manutenções Diversas; Depreciação; Segurança; Despesas Financeiras.

Custo Variável – É custo diretamente ligado à produção. Se uma fábrica não produz, o seu custo variável é zero. Exemplos de custos variáveis são: mão de obra direta, matéria-prima, insumo, gasto de energia com produção, manutenção da fábrica, fretes, embalagens, combustível, despesas de comercialização

Custo Total – Consiste na soma dos custos fixos mais os custos variáveis, para qualquer nível de produção.

Custo Médio – É o custo unitário, em um determinado nível de produção, igual ao custo total dividido pelo total de unidades produzidas.

Custo do Comprador – É igual ao preço de venda do fornecedor (custo + carga tributária).

Custo Direto – É igual à soma de materiais gastos na fabricação mais mão de obra direta.

Custo Indireto – Já abordado.

Custo Indireto de Fabricação (CIF) – Custo relativo à manufatura de um produto, exceto materiais diretos e mão de obra direta. Esses custos incluem materiais indiretos, mão de obra indireta e outras despesas de manufatura, como: depreciações, suprimentos, utilidades públicas, manutenções, seguros e impostos.

Custo Administrativo – Custo associado com a gestão geral de uma organização que não pode ser atribuído à comercialização e a produção.

Custo Ambiental – Somatório dos custos que são incorridos por causa da existência, ou possível existência, de má qualidade ambiental, ou ainda, gastos com a preservação do ambiente onde a organização opera.

Custo País – Custo da dificuldade em trazer recursos de fora para dentro da fábrica (importação), função da infraestrutura deficiente do país. O mesmo raciocínio se aplica no caso da exportação.

Custo da Qualidade – Custo incorrido por causa da existência de falhas nos produtos, por não estarem em conformidade com suas especificações. Este custo está associado aos defeitos encontrados antes da transferência do produto ao consumidor. Tais defeitos podem causar: sucata, desperdício, retrabalho, reinspeção, perda de tempo, novo teste.

Custo de Oportunidade – A transferência dos fatores de produção de um bem A para produzir um bem B implica um custo de oportunidade que é igual ao sacrifício de se deixar de produzir parte do bem A para se produzir mais do bem B. O custo de oportunidade também é conhecido como a diferença entre a melhor alternativa (máxima contribuição de lucro) e a alternativa possível (uso de recursos limitados ou utilização para um propósito particular).

Custo de Produção – É todo gasto na transformação de matéria-prima, insumo e mão de obra direta, acrescido do custo indireto de fabricação.

Custo de Aquisição – É o valor pelo qual um ativo imobilizado (fixo) é registrado na contabilidade de uma empresa. Esse custo pode ser tanto aquele pago pelo ativo, quanto o de fabricação ou de construção do mesmo.

Custo de Manutenção – Gasto para manter em bom estado (condições ambientais e operacionais) estoques, viaturas, produtos, materiais, máquinas, equipamentos. Tal custo se resume a compra de materiais para serem consumidos nos trabalhos de manutenção, conservação e embelezamento.

Custo do Transporte – Somatório de despesas relativas à racionalização de rotas das frotas, otimização de espaços de estocagem, através de estudos de modularização para cargas e fracionamento das mesmas, e de depósitos que venham a ser o lugar geométrico (ponto equidistante) de pequenos centros de distribuição.

Custo Marginal – O custo marginal é o custo adicional requerido para aumentar a produção em uma unidade.

Custo do Produto – Somatório dos dispêndios para se obter um produto (custo unitário do produto).

Custo do Controle – Despesas relativas à implantação de um determinado controle. Um administrador pode deixar-se absorver tão profundamente pelos controles que venha a gastar mais do que poderia valer a descoberta de um erro. O processo pode resultar em custos além de qualquer eventual benefício.

Custo de Mercadoria Vendida – Custo de mercadoria vendida (CMV) é igual ao somatório do estoque inicial mais compras, mais despesas, menos estoque final. Considerando-se que no início do período temos uma determinada quantidade em estoque, como no final, e que também podem ocorrer compras. O valor do custo de mercadoria vendida é dado pela fórmula:

$$CMV = Ei + C - Ef$$

Onde:

Ei = Estoque inicial

C = Compras do período

Ef = Estoque final

Custo Real – Custo real é o custo resultante da soma algébrica do custo estimado de um projeto com o custo de sua implantação. O custo real também pode ser o valor aproximado e aceitável do verdadeiro custo de produção de um produto.

Custo Previsto – Custo determinado através de estudos preliminares de estimativas. Os custos previstos ou estimados permitem uma rápida noção do custo e serve de referencial de comparação com os custos efetivos.

Custo Padrão – Valor estabelecido, em laboratório, segundo um determinado conjunto de variáveis. É um tipo especial de custo estimado, obtido por meio de padrões de eficiência e produtividade. Diferentemente dos custos estimados, os custos padrões são valores estabelecidos em relação às condições e situações de pura normalidade. A comparação do custo apurado no campo com o determinado em laboratório permite uma análise mais profunda das alterações que se fazem necessárias para uma melhor adequação à realidade do mercado.

Custo de Mão de Obra – A natureza direta do custo é bastante óbvia para as faturas de matérias-primas, mas há diferenças internacionais no tratamento da mão de obra. Isso ocorre devido às diferentes práticas regulamentares. A princípio, os custos diretos de mão de obra são para horas gastas.

Custo do Pedido – Somatório dos custos para pedir material, pagar salários do pessoal envolvido, receber e inspecionar material (produto), comunicar, processar arquivos e banco de dados, manter produtos em estoque (armazenamento).

22.5 SISTEMAS DE CUSTEIO

A primeira preocupação que existe, em toda e qualquer empresa, relativo aos custos, é a da sua formação. A mão de obra direta mais a matéria-prima e insumos, associados às despesas gerais de produção, como planejamento, preparação, manutenção, armazenamento, gastos com energia determinam o custo de fabricação.

Somando-se a este custo estão os custos de comercialização, as despesas administrativas, as de logística, resultando no custo total de todo o processo. Os sistemas de custeio referem-se às formas como os custos são registrados e transferidos internamente na empresa.

De forma similar aos custos, os sistemas de custeio também podem receber diferentes classificações:

Custeio por Atividade – Sistema de custeio, voltado para as atividades que emprega o custo dessas atividades como base de apropriação dos custos a outros objetos de custo. Este sistema rastreia, primeiramente, os custos para as atividades e depois rastreia os custos para objetos de custos.

Custeio por Ordem de Serviço – Sistema de custeio em que o custo de um produto é obtido pela apropriação dos custos a uma unidade isolada, grupo ou lote de um produto, isto é, usa o custeio por ordem de serviço para atribuir os custos dos materiais de produção.

Custeio por Processo – Sistema de custeio no qual o custo de um produto é obtido pela distribuição dos custos por grandes quantidades de unidades semelhantes (iguais). Os custos unitários são calculados com base na média. Este sistema é utilizado para produção em massa.

Custeio por Apropriação – Sistema onde os custos são calculados à medida que o processo de fabricação avança, desde a matéria-prima até a entrega ao consumidor final. A seguir, um diagrama retrata tal sistema:

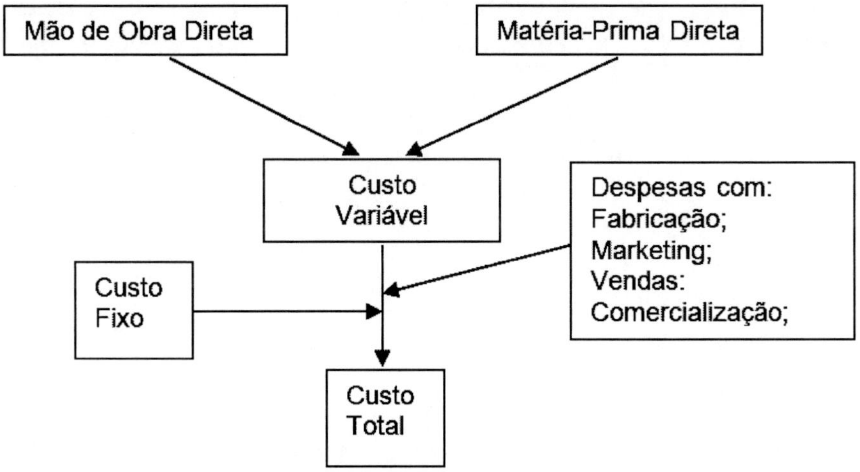

Figura 22.1: Sistema de Apropriação de Custos.

Custeio por Consumo – Sistema para determinar o custo de um produto baseado no preço que os consumidores estão dispostos a pagar. Também é conhecido como custeio alvo e custeio direcionado pelo preço. Alguns autores consideram que este sistema tem como objetivo a redução sistemática do custo do produto por todo seu ciclo de vida.

Custeio por Absorção – Sistema de custeio em que todos os custos de fabricação, variáveis e fixos, são levados em conta para a avaliação dos estoques. Tal sistema consiste em atribuir aos produtos fabricados todos os custos de produção, quer de forma direta ou indireta (rateios). Assim, todos os custos, sejam eles fixos ou variáveis, são absorvidos pelos produtos.

É o sistema utilizado para custear os estoques e determinar o custo de produtos vendidos. O custeio por absorção pode ser mostrado através de um diagrama de fluxo que retrata onde os custos e as despesas influem no resultado de uma empresa, deixando claro o "peso" que as despesas operacionais têm no resultado da fabricação e comercialização de um determinado produto.

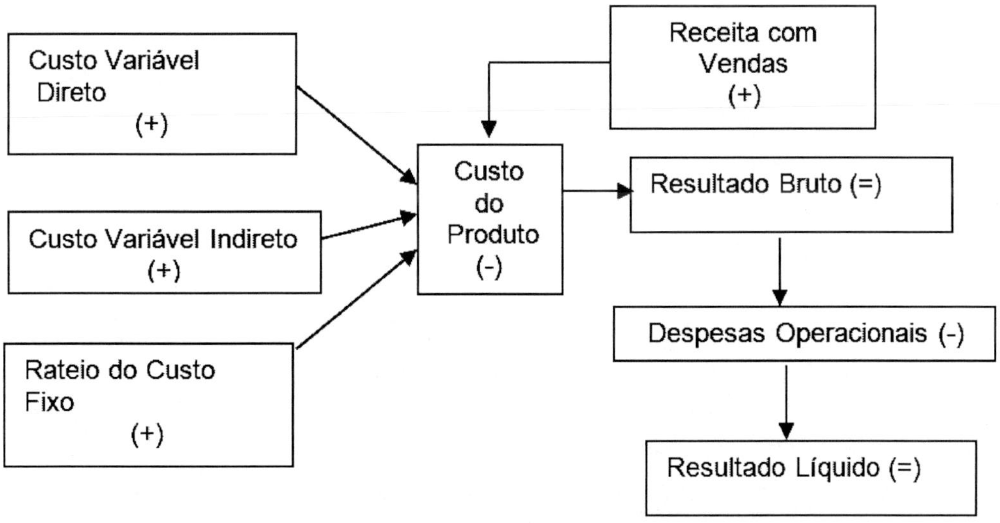

Figura 22.2: Sistema de Custeio por Absorção.

Custeio Standard – Sistema onde o custo é determinado em laboratório (ensaio e erro). É o custeio baseado na Ficha Técnica. Qualquer diferença acentuada entre o custo efetivo e o custo presumido significa que algo anormal está ocorrendo.

22.6 RATEIO DO CUSTO FIXO

Rateio é o acréscimo que se soma ao custo unitário do produto, em função dos diversos custos indiretos (custo fixo), segundo critérios diferenciados, isto é, baseados em: matéria-prima, aluguel, produção, horas, mão de obra, imposto e área ocupada, por exemplo. Se uma indústria opera em regime de produção única, todas as despesas são destinadas a produzir um único produto.

Assim, fica fácil achar o custo do produto, bastando, para isso, dividir o total de despesas pela quantidade produzida. Se a empresa fabrica diversos produtos é necessário ratear (distribuir) os custos fixos sobre estes produtos. Os pagamentos de aluguel, impostos e mão de obra indireta, por exemplo, precisam ser rateados sobre os custos diretos dos produtos.

Os critérios para ratear custos indiretos sobre os produtos são muitos e dependem de cada processo. É bastante fácil de se perceber que a alteração de um critério poderá provocar mudanças no valor apontado como custo de um produto, sempre que de fato nenhuma outra modificação tenha ocorrido no processo de produção.

Os custos indiretos são amortizados aos produtos, em função de uma base de rateio. Essa base de rateio deve guardar uma relação próxima entre o custo indireto e o objeto de custeio, evitando causar distorções no resultado final. No custo de energia elétrica, o rateio pode ser feito proporcionalmente às horas de máquinas em funcionamento, considerando que o consumo de energia tenha uma relação de causa e efeito muito próxima dessas horas.

A base de rateio do custo fixo de determinado produto é dada pela fórmula:

Base de Rateio do Custo Fixo = Gastos Indiretos / Gastos Diretos

Exemplo:
Gastos Diretos = $ 130.000,00
Gastos Indiretos = $ 26.000,00
Base de Rateio do Custo Fixo = 26.000 / 130.000 = 0,20 = 20%

Análise:

No caso acima, a parcela relativa ao custo fixo que cabe na composição do custo unitário do produto corresponde a 20% do custo fixo total, tendo em vista que o rateio foi feito, em função de uma relação. O cálculo da base de rateio pode ser tomado, em função de: mão de obra, matéria-prima, insumo, luz e força, combustível, transporte, área, salário, horas trabalhadas, horas/máquina, ou ainda, em função da média de todos os rateios das variáveis apontadas acima.

A seguir, estão alguns critérios de rateio, normalmente, utilizados nas empresas:

Despesas/Custos	Critérios de Rateio
Aluguel	Proporcional à área.
Mão de obra	Proporcional à quantidade produzida de cada produto.
Manutenção de máquinas	Proporcional ao número de horas/ano por máquina.
Impostos e taxas	Proporcional ao faturamento de cada produto.
Sistema de climatização	Proporcional ao volume.
Manutenção e limpeza	Proporcional à área.
Segurança	Proporcional à área.
Seguro contra incêndio	Proporcional à área.
Seguro de máquinas	Proporcional ao investimento.
Depreciação	Proporcional ao investimento.
Salários	Proporcional ao número de empregados.
Refeitório	Proporcional ao número de empregados
Transporte de pessoas	Proporcional ao número de empregados
Saúde e seguro de vida	Proporcional ao número de empregados.

Quadro 22.3: Critérios de Rateio.

22.7 PREÇO DE VENDA

Preço é razão de troca entre o objeto que se negocia e qualquer outro objeto. Em geral, uma unidade monetária determina o preço, isto é, a quantidade de unidades monetárias que se deve despender na obtenção de uma unidade de determinado produto. Então, um bem ou serviço pode ser avaliado como caro ou barato, em função do mercado, da necessidade do comprador, da persuasão do vendedor, da escassez, da fartura, do governo.

Uma das principais tarefas da Teoria Econômica é explicar porque os bens têm preços e por que alguns deles são caros e outros baratos. Por que é que bens, serviços, ideias e fatores de produção têm preços? É porque eles são úteis e escassos em relação aos usos a que se destinam. A carne, por exemplo, jamais alcançaria preço numa economia composta inteiramente de vegetarianos, fossem muitos ou poucos os bois e carneiros ali existentes.

Quando se forma no mercado o preço de qualquer bem, é porque a utilidade e a escassez se exprimem concretamente na procura por parte dos compradores e na oferta por parte dos vendedores. O preço se forma pela interação de duas forças de influências: a Procura e a Oferta.

O preço de venda do produto é o preço resultante da soma do custo total de fabricação do produto mais uma margem de lucro. A margem de lucro é para compensar o esforço de produção e comercialização. O lucro por produto pode ser predeterminado, através de uma taxa (ou percentual) de marcagem do próprio custo unitário ou do preço de venda.

Logo, a variável que realmente interessa é o custo do produto. Num mercado competitivo o custo tem uma preponderância muito grande, porém influenciará muito mais nos resultados (lucros). O preço de venda adotado pela empresa estará dentro do intervalo (preço mínimo – preço máximo) que o mercado pode pagar. Se o produto da empresa é melhor em qualidade que o produto concorrente, então é possível aumentar o preço de venda, fazendo com que a margem de lucro seja maior.

O custo é, sem dúvida, o ponto de partida, mas esta consideração tem a desvantagem de não levar em conta o consumidor. Muitas vezes, a gerência decide preços baseado exclusivamente no custo, quando deveria considerar outros fatores. O custo é muito importante quando calculamos o lucro, mas não é tão importante num mercado competitivo.

O preço é uma parte substancial para a empresa, mas nem sempre para o consumidor, como no caso de produtos comprados por impulso ou para uma necessidade imediata ou, ainda, numa emergência. É muito raro que uma pessoa pense no preço, quando compra uma aspirina, para minimizar a dor de cabeça.

22.8 TIPOS DE PREÇO

A seguir, os principais tipos de preço encontrados na literatura de vendas:

- Preço Justo – Valor subjetivo, em função do público-alvo a quem o produto é ofertado.
- Preço de Mercado – Preço que o mercado pode pagar.
- Preço de Sobrevivência – Preço para garantir a permanência no mercado.
- Preço com Desconto – Pagamento correspondente à diferença entre o valor de face (nominal) e o desconto concedido.
- Preço Padrão – Um preço cuidadosamente determinado que uma empresa espera receber por uma unidade de produto.
- Preço Diferenciado – Também chamado de preço discriminatório, ocorre quando uma empresa vende um produto a dois ou mais preços que não refletem diferença proporcional ao custo. Exemplos muito comuns são preços com descontos para dias de fraco movimento.
- Preço Geográfico – Preço para consumidores localizados em diferentes lugares. O problema é se a empresa deve cobrar preços maiores para consumidores mais distantes e como enviar e receber a fatura.
- Preço de Prestígio – Preço para transmitir uma imagem de alta qualidade e alto status. Alguns consumidores veem as características tangíveis de um produto como de importância distinta na escolha entre os produtos disponíveis.
- Preço Promocional – Muitos varejistas reconhecem que os consumidores adoram negócios de ocasião. Sabem que preço mais baixo do que o normal exerce considerável apelo. Muitos usam a variável preço não apenas para a promoção de vendas para produtos de baixo preço, mas também para atrair consumidores para gerar vendas de outros produtos.
- Preço de Penetração – Preço baixo, na esperança de que o volume vendido seja grande.
- Preço Isca – Preço de um produto abaixo do custo para atrair consumidores a comprar outros

produtos bem mais caros. Preço praticado para mostrar que o varejo vende muito barato todos os seus produtos. É comum os supermercados reduzirem os preços de seus produtos de marcas famosas para estimular o tráfego de consumidores.

- Preço de Lista – Também chamado preço base, é determinado como ponto de partida para o preço de um novo produto. Em outras palavras, o preço de lista é o preço que, normalmente, os compradores são solicitados a pagar.

- Preço Concorrente – Preço que ajuda a empresa a estabelecer sua política de preço. Desde que a empresa esteja consciente dos preços dos concorrentes, ela pode usá-los como ponto de referência para seu próprio preço.

- Preço por Localização – O mesmo produto é vendido por preços diferentes em vários locais, embora o custo da oferta seja o mesmo.

- Preço Pacote – Os vendedores reúnem vários produtos e estabelecem preço para o conjunto. A economia decorrente da compra do pacote deve ser substancial para induzir o consumidor a comprá-lo.

- Preço por Período – Os preços variam conforme as estações, como também para: mês, dia ou hora.

- Preço de Ocasião – Os vendedores estabelecem preços especiais, em certas épocas, para atrair mais consumidores.

- Preço de Valor Percebido – Um número crescente de empresas está baseando seu preço no valor percebido do produto. Elas veem as percepções de valor dos consumidores, não seus custos, como fatores para determinar o preço.

22.9 DETERMINAÇÃO DO PREÇO DE VENDA

Antigamente o preço de venda era uma decisão interna da empresa. Hoje, isso não mais acontece, devido à grande influência que o mercado tem sobre o preço de venda de um produto, bem como sua concorrência.

Os principais objetivos na determinação do preço de venda são:

- Buscar a perpetuidade do produto e a sobrevivência da empresa.
- Permitir a maior participação possível no mercado.
- Evitar capacidade instalada de produção ociosa.
- Otimizar o capital investido para um negócio autossustentável.
- Capacitar liquidez à empresa.
- Atender a demanda de mercado.
- Responder às necessidades do mercado consumidor.
- Cobrir custos e despesas, com margem de lucro.

A determinação do preço é problemática em quatro tipos de situação: quando uma empresa deve determinar o preço pela primeira vez; quando as circunstâncias levam a empresa a observar a possibilidade de uma alteração no preço; quando a concorrência inicia uma mudança de preço; quando a empresa produz diversos produtos que possuem demandas interrelacionadas.

Os modelos de determinação do preço de venda mais utilizados são, em função do: Custo, Mercado e Concorrência.

22.10 CÁLCULO DO PREÇO DE VENDA

Para estabelecer o preço de venda de determinado produto, você não precisa conhecer matemática com profundidade ou ser especialista em administração financeira. Basta saber levantar os custos e fazer algumas operações simples. Muitos produtores recorrem a uma fórmula para chegarem a seu preço de venda. É uma prática comum para eliminar a responsabilidade de quem estabelece o preço de venda.

Estas fórmulas são usadas na esperança de que o preço final seja suficiente para cobrir todos os gastos e ainda deixar algum lucro. O problema dessa abordagem é a não consideração se o mercado pagará, ou não, tal preço.

A fórmula do preço unitário de venda é baseada na equação do lucro, que é a seguinte:

$L = R - D$

$L = V - CT = PvQ - (CV + CF)$

$PvQ = L + CV + CF$

$Pv = (L + CV + CF) / Q$

$Pv = (L / Q) + (CV + CF) / Q$

$Pv = (L / Q) + CT / Q$

$\mathbf{Pv = Lu + Cu}$

Onde:

L = Lucro

R = Receita com Vendas

D = Despesas

CT = Custo total (CF + CV)

V = Vendas

Pv = Preço de venda unitário

Q = Quantidade vendida

Cv = Custo variável unitário

CF = Custo fixo total

Cu = Custo unitário do produto

Lu = Lucro unitário do produto

CV = Custo variável total

A seguir, um método prático para calcular o preço de venda de um produto:

01 – Elaborar uma planilha para auxiliar o cálculo do custo.

02 – Determinar a quantidade de matéria-prima e outros materiais (insumos) utilizados para produzir uma unidade ou lote de cada produto.

03 – Determinar o número de horas de mão de obra direta necessárias para produzir uma unidade ou lote.

04 – Levantar os custos fixos mensais e critérios de rateio sobre os produtos.

05 – Levantar encargos sociais por folha de pagamento.

06 – Levantar custos de comercialização.

07 – Estabelecer margem de lucro.

08 – Calcular o preço de venda.

22.11 PREÇO DE MARKUP

O método do cálculo do preço de venda mais elementar é acrescentar um markup (margem de lucro, margem de comercialização, taxa de marcagem) ao custo do produto. O preço de markup permanece popular por várias razões.

Primeiro lugar, os vendedores têm mais certeza do custo do que da previsão de demanda. Segundo lugar, os preços tendem a ser similares ao longo do tempo. Terceiro, muita gente considera este método como mais justo. A taxa de marcagem é um valor tomado, percentualmente, em relação ao custo ou em relação ao próprio preço de venda.

Em função do custo a fórmula do preço de venda é:

$Pv = Cu + xCu = Cu\ (1 + x)$

$Pv = Cu\ (1 + x)$

Onde:

Pv = Preço de venda do produto

Cu = Custo de fabricação do produto

x = Fator percentual de markup

Exemplo:

Custo do Produto = $ 200,00

Markup em função do custo = 50%

Pv = 200,00 (1 + 0,50) = 200 × 1,5 = $ 300,00

Em função do preço de venda a fórmula do preço de venda é:

$Pv = Cu + xPv$

$Pv - xPv = Cu$

$Pv\ (1 - x) = Cu$ $\qquad$ $Pv = Cu\ /\ (1 - x)$

Exemplo:

Custo do Produto = $300,00

Markup em função do preço de venda = 30%

Pv = 300,00 / (1 - 0,30) = 300 / 0,70 = $ 428,00

Análise:

O markup adotado será em função da política de preço da empresa e da concorrência. Conhecido o markup, é fácil montar uma tabela para os preços de venda. Usar o markup, em função do preço de venda, facilita muito o varejo quando este está promovendo descontos e dando comissões aos vendedores. O markup adotado deve cobrir tanto a taxa de inflação interna (da empresa) quanto à taxa de inflação do governo, bem como o lucro possível.

A seguir, um exemplo do cálculo do preço de venda, cujo markup está em função do preço de venda:

Produto: Molho Funghi

Porção: 200 g

Data de Revisão:

Custo de Fabricação do Produto = 1,85

Aplicando-se as margens, vêm:

Margens	Taxa	Absoluto	Acumulado
Custo de Distribuição	20%	0,20	0,20
Mão de Obra Indireta	5%	0,05	0,25
Despesas de Comercialização	5%	0,05	0,30
Rateio Energia/Manutenção	25%	0,02	0,32
Tributação	5%	0,05	0,37
Lucro	30%	0,30	0,67

Quadro 22.4: Margens de Comercialização.

Preço de Venda:

Pv = Cu / (1 - x%Pv)

Pv = 1,85 / (1 - 0,67) = 1,85 / 0,33

Pv = 5,61

Custo de Fabricação do Produto = Matérias-Primas + Insumos + Mão de Obra Direta + Embalagem + Distribuição

22.12 PREÇO DE TABELA

Há duas espécies de preço de tabela: preços simples e preços com desconto. Mas, como há muita confusão entre desconto, dedução e abatimento, aí vai:

Desconto – É uma quantia reduzida do preço de venda por um vendedor, sob a forma de moeda corrente ou alguma outra coisa de valor, podendo ser até produtos.

Dedução – Subtração ou diminuição de valores para receitas com vendas, em função de descontos e de impostos faturados, possuindo um caráter estritamente financeiro.

Abatimento – Subtração de valores, em função de devoluções de mercadorias. Para abatimento existem dois tratamentos contábeis: pelo valor bruto e pelo valor líquido. É comum, quando examinamos um demonstrativo de resultado, observamos que a empresa registra o abatimento pelo valor bruto.

A seguir, o cálculo do Fator de Desconto:

Fator de Desconto = 1 - Desconto

Onde:

Desconto = Percentual do Preço de Venda (x% Pv)

Valor Líquido = Preço de Venda × Fator de Desconto

Exemplo:

Preço de Venda do Produto = 1.000,00

Desconto = 30%

Valor Líquido = 1.000,00 (1 - 0,30) = 0,70 × 1.000,00 = 700,00

Fator de Desconto = 1 - 0,30 = 0,70

Análise:

Se a loja trabalha com um desconto de 30%, basta multiplicar o preço de venda do produto pelo fator de desconto de 0,70 (1 - 0,30). Se o preço de venda for de $ 500,00, o valor líquido a pagar será igual a $ 500,00 × 0,70, ou seja, igual a $ 350,00.

22.13 LUCRO

O lucro é a diferença entre as receitas com vendas de uma empresa e as suas despesas. É comum se ter expectativa de lucro em qualquer transação comercial que se faça, pois sem lucro é impossível uma empresa investir em novas tecnologias, criar novos postos de trabalho e treinar seus recursos humanos, por exemplo.

A evolução do lucro durante sucessivos exercícios leva a concluir que a organização vai bem ou mal. Neste caso o lucro é mais uma ferramenta de referência do que de expectativa.

Lucro não é uma designação ampla nem prescritiva do objetivo da empresa. É meramente o resultado ou a decorrência da atividade nos negócios. Não diz nada sobre o que essas atividades deverão ser. Dizer-se que um negócio existe para dar lucro aos seus proprietários não oferece prescrição acerca de como conseguir isso, não é um guia de como essa ação deve ser para acomodar exigências, conflitos e mudanças.

Para Drucker, o lucro não é uma causa e sim uma consequência. É um resultado necessário para medir o desempenho econômico da empresa. Além disso, o lucro tem uma função importante, caracterizada pelo prêmio do risco de investimento. A obrigação fundamental da empresa em um sistema de livre iniciativa é gerar lucros para cumprir obrigações e se desenvolver sob todas as formas tecnológicas, organizacionais e humanas possíveis.

Segundo Chiavenato, uma empresa que não gere lucros está fadada a desaparecer, pois a rapidez de sua morte dependerá da: paciência dos credores, liquidez para pagar compromissos, demanda por seus produtos, rentabilidade do capital aplicado e retorno do investimento, por exemplo.

A equação do lucro (L) é dada pela fórmula:

$$L = R - G$$

Onde:

R = Receita

G = Gasto

Uma vez por ano, todos os anos, a empresa deve apurar o resultado do exercício que se encerra. Apurado o resultado do exercício, devemos somá-lo aos resultados anteriores para se chegar a um resultado acumulado, que aparece no balanço patrimonial. A demonstração de lucros (ou prejuízos) nada mais é do que a exposição do que ocorreu na empresa, sob o aspecto econômico e financeiro.

Apurado o lucro de um período, após todas as deduções legais e contratuais, a administração pode propor sua permanência na empresa (retenção de lucros) ou distribuição aos sócios. Esta última, se malfeita, pode provocar a descapitalização. A distribuição de lucros, portanto, é uma das formas da empresa remunerar o capital investido.

22.14 RECEITA, GASTO E DESPESA

Normalmente, uma empresa só reconhece como missão cumprida quando da realização de receita, ou seja, no momento em que há a transferência do produto do vendedor para o comprador. Assim, podemos considerar como receita toda entrada de ativos recebidos (entradas de caixa) ou a receber (alienação de ativos, recebíveis de curto prazo, valores a receber de longo prazo ou de exercícios anteriores).

Segundo Leite, receitas são acréscimos brutos de ativos que são obtidos sem a ampliação das dívidas ou do capital da empresa. Receitas correspondem a acréscimos ao Patrimônio Líquido e resultam, geralmente, da venda de bens e/ou serviços pela empresa.

Existem na empresa noções erradas relativas aos conceitos de:

Total de Vendas – É o somatório de todas as vendas realizadas num período, independente de terem sido faturadas ou não.

Faturamento – É o somatório de todas as notas fiscais tiradas no período.

Receita com Vendas – É definida pela entrega e aceite da mercadoria pelo cliente, independentemente de haver recebimento de dinheiro ou não.

É importante observar que não precisa ocorrer, necessariamente, um acréscimo de caixa para se configurar uma receita. Se, por exemplo, a venda for realizada a prazo, o caixa permanece no mesmo nível, mas aparece uma conta no ativo, tal como duplicatas a receber. A receita com vendas é igual ao somatório da quantidade vendida de todos os produtos multiplicada pelos seus respectivos preços de venda.

Outros conceitos associados à receita são:

Receita Social – Receita proveniente do propósito do negócio.

Receita Operacional – Receita ligada diretamente ao objeto do negócio.

Receita Não Operacional – Diferentemente da receita operacional, ela não se relaciona à natureza do negócio.

Receita Bruta – Total nominal das vendas, onde não são consideradas as deduções (descontos, impostos e devoluções).

Receita Líquida – Diferença entre a receita bruta com vendas e as deduções (descontos + impostos + devoluções).

Receita Marginal – É o acréscimo de receita, quando esta vende uma unidade adicional de seus produtos.

Gasto é todo dispêndio (saída de caixa) para cobrir um compromisso financeiro. Ele pode se referir a: aquisição de um produto (gasto de consumo), dispêndio com energia (gasto de produção), dispêndio com ativos para futuras utilizações (gastos de investimento), dispêndio não associado à produção (gastos administrativos), por exemplo.

Como um gasto corresponde ao valor pago para obtenção de um ativo, quer tenha sido desembolsado à vista ou assumido a obrigação de pagá-lo posteriormente, seu destino pode ser para: custos, despesas, investimentos, desembolsos e amortizações, por exemplo.

A despesa é um gasto correspondente a bens e serviços, direta ou indiretamente, para a obtenção de receitas. Como exemplos de despesas podem ser citados gastos com salários de funcionários administrativos e todos os gastos relativos à operacionalidade da empresa, isto é, materiais, insumos e mão de obra.

Mas, na linguagem comum, os termos custo e despesa são praticamente sinônimos. Pior, é que nenhum deles está diretamente relacionado a desembolso ou perda. Na realidade, o custo só aparece na aquisição de um ativo e a despesa quando este ativo for consumido.

A despesa representa todo e qualquer pagamento efetuado para funcionamento da empresa.

22.15 DEPRECIAÇÃO

A depreciação é a diminuição do valor real de um bem, devido à exaustão, uso, desgaste e obsolescência, num determinado período de tempo. Pode também ser entendida como o valor da soma dos resultados obtidos pela aplicação dos percentuais específicos de depreciação por diversos bens que compõem o ativo operacional da empresa.

A depreciação (exaustão, amortização) nada mais é que um valor retirado do valor nominal de compra de um bem ao longo dos anos. Normalmente, o período de 5 anos é o mais considerado para bens industriais, pois se acredita que estes bens, em cinco anos, já estarão obsoletos e totalmente exauridos. A taxa de depreciação é dada pela fórmula:

Taxa de Depreciação = Valor de Mercado / (Valor de Compra - Depreciação Acumulada)

Onde:

Valor de Mercado = Valor dado em função do equilíbrio entre a oferta e a procura

Valor de Compra = Soma do preço pago, gasto com tempo e gasto de energia física e psíquica

Depreciação Acumulada = Soma das depreciações ao longo dos anos

Exemplo:

Veículo comprado no ano 2000 = $ 50.000,00

Depreciação/Ano = 20% do valor de compra

Período = 3 anos

Depreciação Acumulada = (0,20 × 50.000) 3 = $ 30.000,00

Valor de Mercado = $ 25.000,00

Taxa de Depreciação = 25.000 / (50.000 - 30.000) = 25.000 / 20.000 = 1,25

Análise:

Embora o veículo esteja com um valor depreciado de $ 20.000,00 (50.000,00 - 30.000,00), é possível encontrar alguém que o compre por $ 25.000,00, ou seja, 25% a mais que teoricamente deveria ter. Então, se a taxa de depreciação for maior que a unidade, isso indica que o veículo foi muito bem conservado ou existe escassez do mesmo no mercado.

A depreciação é um custo fixo, calculado com base em uma taxa anual, como, por exemplo: Prédios e Construções (4%); Veículos (20%); Ônibus (25%); Móveis e Utensílios (10%); Máquinas e Equipamentos (10%); Ferramentas (20%).

22.16 GERÊNCIA DO LUCRO

Gerencia do lucro é imprescindível para a continuidade do negócio. Exige uma postura diligente e uma atenção dirigida a toda a cadeia produtiva, que vai desde o fornecedor até o serviço pós-venda, quando a satisfação do consumidor é medida.

Para tal é necessário conhecer e dispor de informações pertinentes, de forma a orientar a tomada de decisão, tais como: custos, despesas, resultados, retornos do investimento, pontos de equilíbrio, margens de contribuição, simulações e cenários.

Uma das preocupações mais frequentes entre os empresários pequenos e médios é saber qual o lucro ou o retorno ideal para o seu negócio. Primeiro é importante distinguir lucro de retorno. Um lucro pode parecer excelente e não representar um bom retorno quando comparado ao investimento feito.

Que retorno seria um bom valor para remunerar o capital aplicado? Se o investidor não tem uma ideia de retorno para o seu negócio pode pensar numa referência muito usada no mundo inteiro – Os Títulos do Governo Federal.

No Brasil, a taxa desses títulos é conhecida como Taxa Selic (Sistema Especial de Liquidação e Custódia). A Selic e o CDI (Certificado de Depósito Interbancário) são taxas de referência para se determinar o retorno adequado do investimento, pois, se o empresário não investisse no negócio, essas taxas seriam uma opção segura.

Há, no entanto, outra variável importante – O Risco.

A taxa interna de retorno (TIR) é o valor mínimo de remuneração do investimento; corresponde ao que seria obtido investindo-se em taxas livres de risco mais um prêmio pelo risco (lucro). Assim:

TIR (%) = Taxa Selic + Taxa de inflação + Taxa de risco país + Taxa de risco do negócio

Para compreender melhor, acompanhe o seguinte:

Taxa Selic = 14% ao ano

Taxa de Inflação = 6% ao ano

Taxa de Risco País = 3% ano

Taxa de Risco do Negócio = 5% ao ano

O investidor por precaução elege a TIR = 30% ao ano, que é considerada alta profissionalmente, numa atitude bastante conservadora. Todo este estudo mostra que, se margem de lucro não for maior do que 30% ao ano, é melhor deixar o dinheiro aplicado em fundos de investimento de um banco.

22.17 PONTO DE EQUILÍBRIO

O ponto de equilíbrio é conhecido como o ponto onde as receitas se igualam às despesas e que, portanto, o lucro é zero. O ponto de equilíbrio, onde a receita se iguala às despesas (custos), é um indicador que sinaliza se a empresa tem condições de competir no mercado já que o preço de venda do produto é dado pelo mercado.

A fórmula do ponto de equilíbrio se chega da seguinte maneira:

$R = CT + L$

$R = CF + CV + L$

$R = Pv \times Q$

CV = Cv × Q

Então: Pv × Q = CF + Cv × Q + L

Se o lucro é zero, vem:
Pv × Q = CF + Cv × Q
Pv × Q- Cv × Q = CF
Q (Pv - Cv) = CF

A quantidade no ponto de equilíbrio (lucro zero) é:

QE = CF / (Pv - Cv)

Onde:
R = Receita
CT = Custo Total = CF + CV
CF = Custo Fixo Total (ou rateio do custo fixo se o estudo for feito para um produto em particular).
CV = Custo Variável Total
Pv = Preço de Venda Unitário
Cv = Custo Variável Unitário
L = Lucro
Q = Quantidade Vendida
QE = Quantidade de Equilíbrio
Pv - Cv = Margem de Contribuição
R - CV = Margem de Contribuição Total

Exemplo:
Custo Fixo = $ 100.000,00
Preço de Venda do Produto (Pv) = $ 50,00
Custo Variável Unitário do Produto (Cv) = $ 30,00
Margem de Contribuição (Pv - Cv) = 50,00 - 30,00 = $ 20,00
Quantidade de Equilíbrio = $ 100.000 / $ 20 = 5.000

Análise:

No ponto de equilíbrio não há lucro nem prejuízo. No exemplo acima, a empresa precisa produzir a quantidade de 5.000 produtos para chegar ao ponto de equilíbrio. O fator que mais pesa no cálculo do ponto de equilíbrio é o custo fixo. O preço de venda adotado pela empresa estará dentro do intervalo (preço mínimo – preço máximo) que o mercado pode pagar. Se o produto da empresa é melhor em qualidade do que o produto concorrente, então é possível aumentar o preço de venda, fazendo com que a margem de contribuição seja maior.

A margem de contribuição indica a importância do produto na formação do lucro e no pagamento dos custos fixos, permitindo consultas rápidas e comparações com os preços de mercado.

A seguir, algumas observações sobre a margem de contribuição:

- A margem de contribuição terá de ser sempre positiva.
- Considerar custos fixos constantes (para determinado período).
- Quanto maior a margem de contribuição menor é a quantidade a produzir para se chegar ao equilíbrio.
- Quanto menor a margem de contribuição maior é a quantidade a produzir para se chegar ao equilíbrio.
- É através da margem de contribuição que se verifica se a empresa tem condições para entrar no mercado e ser competitiva.
- Quando a empresa trabalha com muitos produtos, é comum ratear a parcela do custo fixo que cabe a cada produto, em função da sua contribuição percentual na receita com vendas.

22.18 DIAGRAMA DO PONTO DE EQUILÍBRIO

O gráfico que relaciona receitas com custos é chamado de diagrama do ponto de equilíbrio. O volume de produção pode ser indicado em termos de valor das unidades produzidas ou em termos de capacidade instalada (utilizada).

Neste diagrama, consideramos: o preço do produto constante e a curva (reta) de custos obedecendo a normas lineares de comportamento.

A seguir, um exemplo:

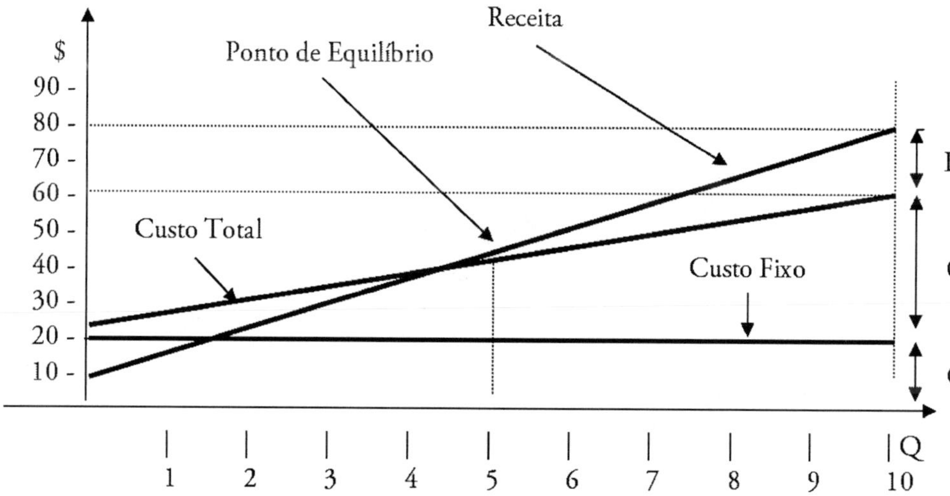

Figura 22.3: Gráfico do Ponto de Equilíbrio.

Onde:

L = Lucro

CV = Custo Variável

CF = Custo Fixo

Como é mostrado no gráfico, até certo volume de produção, os custos totais são superiores aos ingressos (vendas) totais e, por isso, a empresa está com prejuízo. É evidente a importância do ponto de equilíbrio no planejamento da atividade empresarial, pois o mesmo mostra a evolução dos lucros em função da produção.

O faturamento de equilíbrio (FE) é dado pela fórmula:

FE = Pv x QE = Pv [CF / (Pv - Cv)]

Exemplo:
Custo fixo total = 90.000,00
Custo variável total = 50.000,00
Faturamento = 200.000,00
Custo total = 90.000,00 x 50.000,00 = 140.000,00
Margem total = 200.000,00 - 50.000,00 = 150.000,00
Faturamento de equilíbrio = (90.000 / 150.000) x 200.000,00 = 120.000,00

22.19 PONTO DE RUPTURA

O ponto de ruptura do caixa é o limite que suporta uma empresa antes de quebrar.

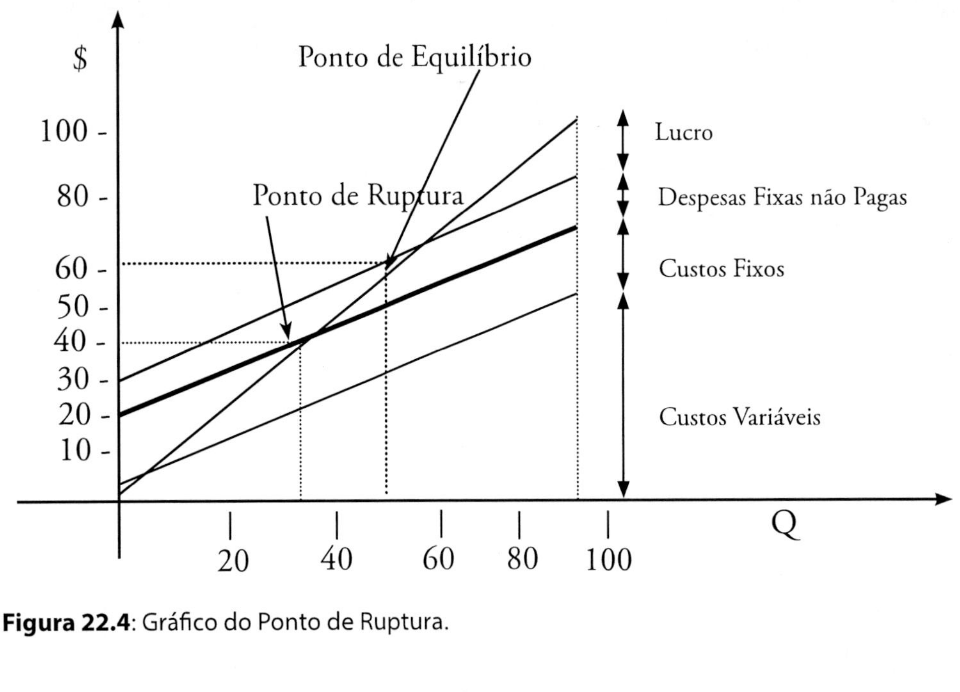

Figura 22.4: Gráfico do Ponto de Ruptura.

Quando se retira, do custo fixo, determinadas despesas, como: honorários, impostos, taxas, recolhimentos obrigatórios (FGTS, encargos sociais, INSS, ...), provisões e fundos, o custo fixo passa a ser menor. Se o custo fixo é menor, o ponto de equilíbrio também o é. Esta prática é comum, pois permite um desafio do caixa.

PR = (CF - d) / (Pv - Cv)

Onde:

d = Diferença relativa a despesas não pagas

22.20 OTIMIZAÇÃO DO LUCRO

Otimizar, na linguagem administrativa, significa usar os recursos da melhor maneira possível, em função das contingências do momento, do ambiente e do mercado. Um produto pode apresentar uma boa margem de lucro, mas um estudo mais acurado de otimização mostra que não é viável, economicamente, produzi-lo em grande quantidade e em detrimento dos demais produtos.

A falta de uma visão estratégica leva o dirigente, inevitavelmente, a incapacidade de otimizar recursos, meios e processos para obter uma maximização do lucro e, consequentemente, uma redução do custo e do tempo gasto. Os estudos de otimização em produção, por exemplo, correm por conta do volume de produção ou pela utilização de matéria-prima e insumo.

Os meios, métodos, metodologias e processos podem ser quantitativos, gráficos (árvores), algébricos, geométricos, estatísticos, probabilísticos, simulatórios, analógicos, heurísticos, matriciais.

A maximização dos lucros envolve simultaneamente o aumento das receitas e a diminuição dos custos. Assim, logicamente, qualquer decisão empresarial capaz de baixar os custos sem baixar as receitas ou aumentar as receitas sem aumentar os custos produzirá um aumento dos lucros.

O valor máximo do lucro ocorre, quando a receita marginal se iguala ao custo marginal da última unidade produzida. Se a situação do mercado é tal que seja indiferente produzir e vender o produto A ou B, escolher-se-á o produto que oferecer uma margem de contribuição maior.

Se a utilização está próxima da saturação dever-se-á empregar o critério do máximo aproveitamento dos meios disponíveis. O processo produtivo exige essencialmente o uso: de máquina, de trabalho humano e de matéria-prima.

Assim, a prevalência de um fator sobre outro caracteriza o processo. Este pode estar situado em um departamento ou em uma máquina crítica e pode, desproporcionalmente, limitar a produção de outros itens, os quais talvez apresentassem menos lucro por unidade, mas contribuem mais, especificamente, para o lucro total, quando o custo final for levado em consideração.

A programação matemática ajuda a administração da produção na combinação ótima, tal que maximize o lucro total. No cálculo da quantidade ótima a produzir, observar que alguns produtos, em função do processo de fabricação, custam mais caros que outros. Logo, numa matriz de produção, as equações são estabelecidas para lucro máximo ou custo mínimo. Os modelos de otimização do lucro se fundamentam, basicamente, em três métodos: Matemático, Gráfico e Algébrico.

A seguir, são colocados dois exemplos de estudo de otimização do lucro em um modelo matemático, onde são escolhidos fatores vinculantes, como: produção/hora e matéria-prima.

Exemplo para o fator Volume de Produção:

Nº	Itens	Produto A	Produto B
1	Preço de venda	70,00	56,00
2	Custo variável unitário	52,00	42,00
3	Margem de contribuição (1 - 2)	18,00	14,00
4	Custo fixo unitário	10,00	7,00
5	Lucro unitário (3 - 4)	8,00	7,00
6	Valor da produção/hora	20,00	30,00
7	Lucro/hora (5 x 6)	160,00	210,00
8	Contribuição marginal/hora (3 x 6)	360,00	420,00

Quadro 22.5: Otimização do Lucro, em Função Produção/Hora.

Resposta: Embora o produto A tenha uma margem de contribuição maior, a contribuição do produto B, em função da produção/hora, é maior. Logo, o produto B deverá ter prioridade em produção e venda.

Exemplo para o fator Matéria-Prima:

Produtos	Pv	Cvu	MC	MP (kg)	Contribuição da MP	%
A	4,00	2,00	2,00	1,00	2,00	18
B	5,00	3,00	2,00	0,60	3,33	30
C	8,00	5,00	3,00	1,00	3,00	27
D	6,00	2,00	4,00	3,00	1,33	12
E	10,00	5,00	5,00	4,00	1,25	13
					10,91	100

Quadro 22.6: Otimização do Lucro, em Função da Matéria-Prima.

Resposta: Embora o produto E tenha a maior margem de contribuição, a contribuição do produto B, em função da matéria-prima, é maior. Logo, a prioridade em produzir e vender é do produto B.

22.21 LOTE ECONÔMICO

A administração da empresa deve se preocupar em seguir caminhos que levem a empresa efetivamente à lucratividade. O planejamento deve ser otimizado no sentido de se conseguir custos mínimos e lotes de produção, economicamente, viáveis, isto é, determinar o ótimo a produzir e vender.

Lote econômico é a dimensão do lote a produzir, cujo custo total é mínimo. Coletados os principais parâmetros se torna fácil montar sistemas para a busca de soluções. As soluções podem ser dos tipos: Tabular; Geométrica; Algébrica.

Como existem importantes diferenças de custo entre as várias dimensões de lote de produção, uma análise deverá ser levada em conta, cujo propósito é determinar aquela dimensão que minimiza o custo total. Esta é a dimensão ótima a produzir.

Existem muitas fórmulas de lote econômico. Consequentemente, é importante compreender as razões dessas diferenças. É comum a aplicação sistemática de um modelo matemático, com a finalidade de encontrar a quantidade por lote para cada tipo de item a produzir, para o qual se quer ter custo mínimo.

O método tabular é utilizado na solução de um problema onde existem várias alternativas a produzir.

A seguir, um exemplo do cálculo do lote econômico a produzir para um pequeno conjunto de valores viáveis, como por exemplo: 100, 200, 400, 600, 800, 1.200.

A dimensão econômica do lote deverá ser determinada a partir dos seguintes dados:

D = Dimensão por ano = 2.400 unidades

A = Custo por ordem de serviço = 12,00

C = Custo por unidade produzida = 1,00

d = Demanda mínima = 10 unidades/dia

m = Demanda máxima = 50 unidades/dia

I = Percentual de encargos financeiros que gravam o estoque (seguro, armazenagem, custo do capital, obsolescência, deterioração) = 20%/ano

Fatores de Custo		Fórmula	Q	Q	Q	Q	Q	Q
			100	200	400	600	800	1.200
Número de Ordens por Ano	N	D/Q	24	12	6	4	3	2
Custo Total de Preparação	CTP	N x A (1)	288	144	72	48	36	12
Custo Direto Total	CDT	C x N x Q (2)	2.400	2.400	2.400	2.400	2.400	2.400
Custo Total Manutenção de Estoque	CTME	(Q/2) (1 - d/m) CI (3)	8	16	32	48	64	192
Custo Total	CT	(1) + (2) + (3)	2.696	2.560	2.504	2.496	2.500	2.604
Custo Unitário	Cu	CT / CDT	1,123	1,067	1,043	1,040	1,042	1,085

Quadro 22.7: Lote Econômico.

Para maior esclarecimento, a seguir, está sendo feito o cálculo para CTME para uma quantidade igual a 100 unidades:

CTME = 100 / 2 (1 - 10 / 50) 1 x 0,20 = 50 (1 - 1 / 5) 0,20

CTME = 50 (4 / 5) 0,20 = 40 x 0,20 = 8

Observações Importantes:

- A linha de custo direto total é de 2.400,00 para todos os valores de Q (quantidade).
- Dada a hipótese de que os custos diretos são constantes por unidade, esse custo é independente do tamanho do lote e, portanto, não possui influência nos diferenciais de custo entre alternativas.
- O custo total mínimo é de 2.496,00 para uma quantidade de 600 unidades (Lote Econômico).
- Para a quantidade de 600 unidades o custo total de preparação (CTP) é igual ao custo total de manutenção de estoque (CTME).

Capítulo 23

VENDAS

"Empresas bem-sucedidas só deram certo porque vendem um estilo de vida, ou uma imagem, e não simplesmente um produto".
Tom Peters

OBJETIVOS DO CAPÍTULO

- Mostrar a importância do setor de vendas em uma empresa.
- Mostrar o que é a força de vendas e como se dimensiona.
- Mostrar aspectos do atendimento, da criatividade e da inovação.

23.1 VENDA

A mais clássica definição de venda foi formulada pela Associação Americana de Marketing e diz que: "Venda é o processo pessoal, ou impessoal, de assistir e/ou persuadir um comprador potencial a adquirir um bem ou serviço, ou reagir, favoravelmente, a uma ideia que tenha significado comercial para o vendedor".

Ela é a ação que precede a transferência de propriedade, ou utilização, de um bem ou serviço, representando uma atividade útil, necessária, difícil e desafiante, porque o vendedor tem a oportunidade de cumprir uma operação completa com início, meio e fim, refletindo responsabilidade e maturidade.

Vender é uma atividade que permite a quem vende uma autoavaliação diária do seu trabalho. Também testa a autorrealização, porque o sucesso depende do próprio vendedor. A atividade mercadológica vender se fundamenta no pressuposto de que os consumidores não comprarão os produtos, a menos que sejam estimulados para tal.

Quaisquer que sejam as mudanças que ocorram no social, econômico, político e ambiental de um país, as vendas permanecem notavelmente inalteradas em seus objetivos básicos: gerar receitas, criar consumidores cativos e desenvolver novas tecnologias de suporte.

Resumindo, vender é a forma de comunicação dirigida, personalizada, persuasiva, interativa e eficaz, realizada por meio do contato pessoal, face a face, entre um vendedor e um comprador (consumidor, usuário, paciente), visando eliminar as objeções deste e realizar as expectativas daquele.

A arte de vender foi muito negligenciada nos últimos anos, porque a função vendas foi engolida pela função marketing. Infelizmente, a palavra marketing deixa as pessoas cristalizadas e se tornou, para incautos, a chave do sucesso. Mas, nenhuma empresa, por maior e magnífica que seja, pode prescindir do setor de vendas.

No final do dia, é o faturamento que conta, dando ânimo para enfrentar o dia seguinte.

23.2 PROCESSO DE VENDA

O processo, como já visto, é um conjunto de fases (etapas) de forma sequencial, apresentando mudanças ao longo do tempo, tendo certa continuidade. As fases de venda são:

Localização do Consumidor – Existem muitas maneiras de buscar indícios de consumidores potenciais. Obviamente, que a pesquisa de mercado é o melhor dos meios. Esta pesquisa procura obter informações sobre os consumidores dos produtos que a empresa pretende colocar no mercado, onde estão localizados, em que quantidades compram, seus hábitos, seu poder aquisitivo, seu perfil socioeconômico e como abordar o consumidor, por exemplo.

Pré-Venda – Antes de ser feito contato com compradores prospectivos, o vendedor precisa preparar-se apropriadamente. Isto significa que ele deve estar bem versado nas técnicas de vender e estar informado sobre os produtos que estão sendo colocados à venda. Mas a informação que sempre é facilmente obtida pode ser muito importante para se evitar começar com o pé esquerdo.

Apresentação do Produto – Armado de dados, o vendedor está pronto para fazer contato. O primeiro passo, é obter atenção para aquilo que quer vender. Um aperto de mão é de praxe. Depois o vendedor precisa dar uma explicação que ajude o comprador em perspectiva a compreender que o produto pode lhe ser bastante útil.

A dramatização, bem como um bom visual, tem demonstrado resultados positivos. O uso de projeções, figuras, amostras, modelos, demonstrações e testes são fundamentais. É a fase em que o vendedor procura posicionar imagem, marca, utilidade, vantagem e pontos fortes em relação ao mercado.

Objeções em Vendas – A maioria dos vendedores não sabe como tratar objeções, isto é, as razões para não comprar. As objeções nada têm a ver com realizar vendas, mas muito com o estilo do vendedor atuar, que carece de uma argumentação convincente e persuasiva.

Muitas vezes, durante a apresentação do produto, um comprador, em perspectiva, fará objeções. Comportamento muito natural do ser humano. Ele pode indicar ao vendedor o quanto longe ele está de efetuar uma venda. A objeção mostra onde há uma incongruência entre o desejável e o oferecido. Mas, os vendedores precisam ter certeza de que descobriram o motivo da objeção, muitas vezes, despercebido.

As objeções proporcionam uma oportunidade para o vendedor mostrar-se capaz diante do comprador. A seguir, algumas premissas para contornar objeções:

- Não confunda falta de resposta com hostilidade.
- Faça muitas perguntas que venha ao encontro dos interesses do seu cliente comprador.
- Não fale muito depressa e não tão lento para cansar o cliente.
- Planeje a agenda do encontro, não faça nada de cambulhada.
- Demore tanto quanto possível para ouvir a argumentação do comprador potencial.
- Aprenda sobre a arte de ouvir.
- Evite repetições, redundâncias, vícios de linguagem, chavões e erros de construção verbal.
- Seja objetivo, não confundindo objetividade com pragmatismo, pois são conceitos diferentes.
- Argumente sobre o que o produto pode ajudar e/ou agregar valor ao cliente.
- Nunca dê plena certeza de nada, e muito menos trate os negócios como "definitivos", pois tudo na vida é provisório e a única certeza que temos é a incerteza.
- Não assumir compromissos que não pode cumprir.

Venda – Não é fácil fechar um negócio. Muitos vendedores vão muito bem até a hora de realizar a venda propriamente dita. É a fase fundamental do processo de venda. Consiste na transferência do produto do vendedor para o comprador. É a etapa crucial da venda, pois significa que o negócio foi "fechado".

Pós-Venda – O trabalho do vendedor não fica completo depois de efetuada uma venda. São necessárias ações complementares que garantam a satisfação plena do consumidor. Muitas vezes, as negociações precisam ser reajustadas para que haja uma melhor combinação de fatores.

É comum o consumidor (usuário ou paciente) necessitar de instruções adicionais para uso do produto, tendo em vista que os manuais nem sempre são, suficientemente, claros.

O vendedor arguto procura fazer amizade por meio de atos sinceros e sutis. Dar indicações de novos negócios para os clientes, trazer novas ideias para lucro, ajudar a obter pessoal capaz, mostrar interesse pelo negócio do comprador. Todos estes movimentos podem trazer bons dividendos.

23.3 TIPOS DE VENDA

Estabelecer uma tipologia para vendas é muito difícil. Basicamente, os tipos de venda são:

Quanto ao relacionamento:

Venda pessoal, quando realizada por meio de um contato direto entre o vendedor e o comprador, seja na loja, seja na visita à empresa do comprador ou ainda no domicílio do consumidor. A venda pessoal faz com que o comprador se sinta obrigado a dar uma resposta.

Venda impessoal, quando a venda ocorre sem intervenção direta do vendedor, como no supermercado, e restaurantes self-service.

Venda por atendimento automático (máquina).

Quanto ao local:

Venda de campo (vendedor visita o comprador)

Venda de varejo (loja).

Quanto ao meio:

Venda eletrônica.

Máquina de vender.

Mala direta.

Telemarketing (televisão e telefone).

A seguir, algumas observações sobre os dois mais importantes tipos de venda:

Venda Pessoal – É a tarefa fundamental da ação comercial que envolve o contato direto com o consumidor. É comunicação de indivíduo para outro. Proporciona um toque humano de cuja falta a propaganda se ressente. A venda pessoal, muitas vezes, tem um impacto maior no encorajamento ao intercâmbio entre as partes negociadoras.

O valor deste tipo de venda dependerá muito do produto e do mercado envolvido. A venda pessoal é um processo interativo, face a face, entre vendedor e comprador com o propósito de esclarecer as dúvidas sobre determinado produto.

Ela é ferramenta mais eficaz em termos de custo no desenvolvimento da preferência, convicção e ação do consumidor. Também permite ao vendedor trabalhar um processo de venda específico, para cada comprador, sendo possível tomar conhecimento da personalidade do mesmo e qual a melhor tática de abordagem.

Como ter uma comunicação efetiva, como avaliar resultados e como prever possíveis vendas no futuro?

Venda Direta – Ocorre quando a venda de produtos é feita fora do estabelecimento comercial fixo. As vendas diretas são realizadas de pessoa a pessoa, individualmente ou não, sendo consideradas muito mais como um canal de distribuição do que uma realização de venda. Sua vantagem para a empresa é que não existe vínculo empregatício entre as partes.

A venda direta começou há séculos com mascates itinerantes e se confunde com a própria origem do comércio. Neste caso os vendedores entram em contato direto com os compradores, por todos os meios disponíveis. De acordo com a política empresarial, a venda pode ser feita, diretamente, ao consumidor ou não. Na venda direta, a pressão da indústria sobre o mercado é maior.

A venda indireta é feita por intermediários.

23.4 MATERIAL DE APOIO EM VENDAS

Os principais materiais de vendas, que dão suporte a divulgação e operação do pessoal de vendas, são:

Mostruário – Conjunto de amostras de uma determinada coleção ou linha de produtos. A amostra deve ser representativa dos produtos a serem ofertados.

Portfólio – Já abordado.

Piloto – Versão de um determinado produto que está sendo testado para colher e avaliar informações sobre: mercado, ambiente, consumidor, marca, imagem da empresa e estratégia de lançamento, por exemplo.

Protótipo – É uma versão funcional de um determinado produto que não dispõe ainda de todas as características que estarão presentes na versão final.

Cartaz – Já abordado.

Banner – Já abordado.

Folder – Já abordado.

Prospecto – Já abordado.

Letreiro – Propaganda com letras luminosas. Vantagem: destaque à distância. Desvantagens: custo de manutenção.

Catálogo – Já abordado.

Tabela – Já abordado.

Listagem – Já abordado.

Agenda de Trabalho – É uma lista sumária, geralmente, com data e hora marcadas, em que são feitas anotações de compromissos, apontamentos pessoais, questões a serem debatidas, tarefas a serem cumpridas, ações e decisões a tomar, por exemplo.

Site – Site é o nome que se dá ao endereço eletrônico (ou página) da Internet. A criação de uma página na Internet não é um esforço isolado. A atual velocidade da inovação tecnológica no desenho e a crescente competitividade do meio exigem que os profissionais de marketing avaliem continuamente o valor percebido da página eletrônica.

As páginas devem oferecer um conteúdo valioso, em constante mudança, que atrairá novos clientes.

Cardápio – A manipulação e a montagem de cardápios alimentares devem ser realizadas por profissionais tecnicamente qualificados. Cardápios limitados, com poucas entradas e apenas três ou quatro pratos, que mudam regularmente, são interpretados por especialistas como sinal de qualidade, que indica maior probabilidade de utilização de ingredientes frescos, comprados diariamente.

23.5 DIAGRAMA DE VENDAS

A seguir, um diagrama de vendas:

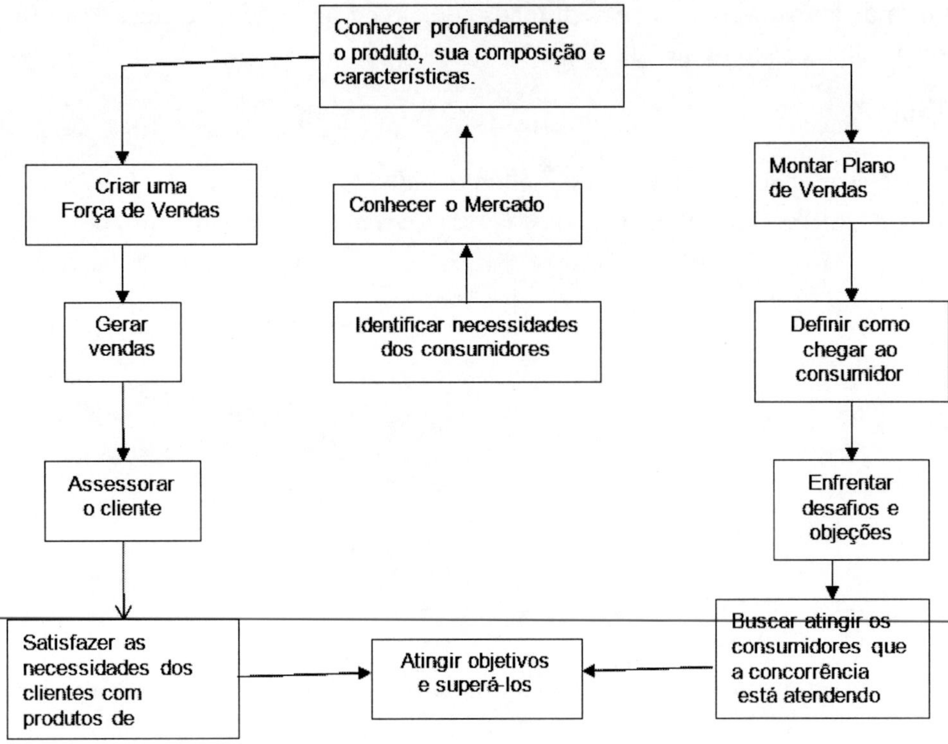

Figura 23.1: Diagrama de Vendas.

23.6 PLANO DE VENDAS

Um plano de vendas deve identificar as oportunidades de negócios mais promissoras para a empresa e esboçar como penetrar, conquistar e manter posições em mercados identificados. Ele é uma ferramenta de comunicação que combina todos os elementos do composto mercadológico num plano de ação coordenada. Um plano de vendas é o documento que ajuda a empresa comercializar bens e serviços.

Um plano de venda deve analisar o seguinte: situação atual do mercado; situação dos produtos da empresa; participação da empresa no mercado; potencial do mercado; situação da concorrência; necessidades dos consumidores; contingências ambientais; tendências tecnológicas; segmentação do mercado; regulamentação governamental; posição matricial de cada produto; prognósticos e suposições sobre o ciclo de vida do produto; previsão de vendas; estratégias e táticas; ciclo operacional de cada produto.

Um bom plano de vendas contém pelo menos os seguintes componentes:

- Definição do composto mercadológico
- Tamanho, estrutura e comportamento do mercado alvo.
- Análise dos pontos fortes e fracos.
- Avaliação das oportunidades e ameaças (leitura do cenário).
- Estabelecimento dos objetivos básicos.
- Definição de programas e orçamentos.
- Desenvolvimento de estratégias de vendas.

- Criação de ferramentas de controle administrativo, contábil e financeiro.
- Decisão sobre o território de atuação.
- Determinação dos preços dos produtos.
- Projeções de vendas e lucros.
- Definição do consumidor (perfil).

23.7 ESTRATÉGIAS DE VENDAS

Embora o conceito de estratégia já ter sido abordado, vale observar que este conceito começou a ser usado em administração na década de 1950, com o intuito de incutir nas empresas uma nova perspectiva de futuro, através do conhecimento de onde e como expandir sua atuação e melhorar seu desempenho.

Essa forma de se aproximar do futuro serviu ao propósito de manter o êxito empresarial num mundo pouco mutante e de futuros mais previsíveis. Entretanto, as mudanças ambientais mais rápidas provocaram nas empresas a criação de novos bens e serviços, como a busca de novos clientes e novas áreas de atuação.

Como a formulação da estratégia empresarial é complexa, pois depende de fatores e condições que se alternam e se modificam incessantemente.

Algumas premissas de vendas ajudarão a utilizar mais bem o tempo na formulação da estratégia:

- A estratégia evolui e muda com o tempo.
- As decisões estratégicas não são programadas e previstas com antecipação.
- Diferentes decisões estratégicas são difíceis de integrarem uma única estratégia explícita e compreensiva.
- O ambiente de formulação de estratégias é complexo demais.
- Cada escolha estratégica é feita em diferentes contextos, com informações novas e incertas.
- A formulação da estratégia precisa levar em conta a incerteza e o risco.
- A essência da estratégia é o seu relacionamento com o ambiente.
- A estratégia se torna desnecessária, quando a dinâmica histórica da organização a leva onde ela quer ir.
- A formulação da estratégia deve basear-se em informações bastante agregadas, incompletas e incertas.

Embora a empresa formule sua própria estratégia, é bom lembrar que é preciso responder a algumas questões:

- Qual é a atual estratégia da empresa?
- A empresa está tendo dificuldades na execução da estratégia atual?
- A estratégia utilizada exige maior competência e melhores recursos do que a empresa possui?
- Quais as possíveis alternativas que existem para a solução do problema da estratégia?
- Até que ponto as preferências da alta direção da empresa limitam as alternativas?

- Qual a alternativa que oferece a maior vantagem competitiva?
- Qual deve ser a nova estratégia?

As principais estratégias de vendas são:

Estratégia de Segmentação – A segmentação visa à conquista de várias fatias do mercado. Embora tenha uma penetração reduzida, a segmentação possui detalhes do segmento atendido.

Estratégia de Posicionamento – É a estratégia voltada a incutir na mente do consumidor que o produto e a empresa são os melhores do mercado.

Estratégia de Foco – Estratégia que seleciona e enfatiza um mercado, um produto, um grupo de consumidores, uma linha de produtos, em que a empresa atua. Esta estratégia repousa na premissa de que a empresa é capaz de atender seu alvo estratégico, mais efetivamente do que os concorrentes.

Estratégia da Qualidade – A estratégia da qualidade está envolvida em como desenvolver e treinar recursos humanos, visando melhorar a qualidade das pessoas. Esta qualidade, e somente esta, irá fazer com que a empresa tenha qualidade nos seus produtos. A estratégia da qualidade deverá ser percebida pelos consumidores e refletida em todas as atividades da empresa.

Estratégia de Tecnologia – É a estratégia voltada a desenvolver, usar e licenciar tecnologia de maneira efetiva. No âmago de uma estratégia de tecnologia está o tipo de vantagem competitiva que uma empresa está tentando alcançar, se comparada às probabilidades de sucesso. O desenvolvimento desta tecnologia estará sempre ligado à ponte entre a transformação tecnológica e o benefício obtido.

A preocupação da estratégia tecnológica deve estar centrada em como otimizar o uso da tecnologia, a fim de que a empresa, num determinado momento, se torne bem-sucedida.

Estratégia de Preço – É a estratégia voltada a comparar os preços dos produtos de uma empresa com os concorrentes. Para tal, três condições devem ser atendidas:

- A desafiante deve convencer os compradores de que seu produto é comparável ao da empresa líder de mercado.
- Os compradores devem ser sensíveis à diferença de preço e não achar constrangedora a ideia de abandonar seus antigos fornecedores.
- A líder de mercado deve recusar-se a baixar o preço, não obstante o ataque da desafiante.

Estratégia de Comunicação do Produto – É a estratégia voltada a desenvolver e aplicar os recursos eficazes de comunicar o produto por meio de: publicidade, promoção, propaganda, merchandising e outros meios de divulgação.

Estratégia do Composto do Produto – É a estratégia que busca a composição ótima do produto, por meio de possíveis combinações, para o lucro máximo e nível de qualidade aceitável pelo mercado. Dada a estratégia básica de composto do produto, deve-se ainda rever, periodicamente, se os itens de produtos e linhas específicas no composto, apresentam um bom equilíbrio em termos de crescimento de vendas futuras, estabilidade de vendas e lucratividade.

Os mercados estão em constante mudança no que se refere às suas preferências, para: cor, gosto, cheiro, paladar e outros detalhes. Assim, toda e qualquer mudança é como remédio, isto é, é bom para uma coisa e ruim para outra.

Estratégia de Melhoria do Produto – É uma estratégia comprometida a acrescentar novas características (tamanhos, pesos, materiais, aditivos, acessórios) que expandem a versatilidade, segurança ou conveniência do produto. Uma estratégia de melhoria traz novas características que constroem uma imagem de empresa inovadora, conquistando, com isso, a lealdade de determinados públicos.

Estratégia de Marca – É a estratégia voltada a manter a marca com uma boa imagem (posição) na cabeça dos consumidores. O conceito de posição na mente do consumidor é uma metáfora que veio da imagem da marca, porque resulta da comparação e avaliação das marcas concorrentes em um mesmo mercado.

Estratégia do Público-Alvo – As estratégias de público-alvo se concentram no perfil do consumidor. Assim, as palavras chaves para montar uma estratégia adequada ao público-alvo são as seguintes:

Geografia (centro, bairro, periferia); Marca (com grife ou sem grife); Preço do Produto (adequado, alto, baixo ou de mercado); Loja (tamanho, local); Internet (uso, não uso); Promoção (relâmpago, constante, programada); Desconto (dado pelo fornecedor, dado ao consumidor); Nível de Qualidade (considerar, não considerar).

Estratégia de Sortimento – É a estratégia da variedade de produtos ofertados.

Estratégia de Portfólio – Estratégia voltada a otimizar o portfólio da empresa. Os modelos de portfólio apresentam inúmeros benefícios, porque ajudam a pensar estrategicamente, a melhorar a qualidade da documentação, a melhorar os sistemas de informação e comunicação, a melhorar a gestão dos recursos, a identificar problemas, por exemplo.

Contudo, é preciso realizar uma análise adicional dos produtos integrantes do portfólio, antes que se possa estabelecer de maneira sensata o uso dessa ferramenta de vendas. O portfólio terá de ser congruente com os objetivos de marketing e seu uso não dá a empresa nenhuma invulnerabilidade no seu segmento de atuação.

Estratégia de Parceria – É a estratégia que visa utilizar recursos de empresas chamadas de terceiro tipo, para enxugar custos e aumentar a produtividade. A terceirização tem se mostrado como uma estratégia para a busca da modernidade. Sem receio da perda do controle e do poder, a terceirização veio a ser viável como uma opção pragmática. A preocupação desta estratégia é com a qualidade.

Estratégia Reativa – É a estratégia de resposta a imprevistos. Uma estratégia reativa, ao contrário de uma estratégia proativa, é aquela que reage com atraso às adversidades do ambiente. Ela é mais uma tática do que uma estratégia.

Estratégia da Informação – É a estratégia que considera a informação como um ativo da empresa. Isso é demonstrado pela onda de fusões e aquisições. Como as empresas com grandes bancos de dados são constantemente ameaçadas pela concorrência, elas precisam montar estratégias de segurança em tecnologia da informação.

Hoje, esta tecnologia cria muitas oportunidades de negócios. Porém, a relação entre a estratégia da informação e a estratégia empresarial tem vertentes diferentes.

Estratégia da Inovação – A inovação refere-se à introdução de uma mudança julgada positiva, benéfica, isto é, constitui-se no uso prático de uma descoberta ou invenção. A criatividade e a inovação são processos organizacionais contínuos e concomitantes, que prosseguem durante todas as fases de introdução e uso de novas ideias.

Inovar é, antes de tudo, aplicar o incomum, o novo. É uma espécie de solução criativa para problemas que vão sendo detectados.

23.8 FORÇA DE VENDAS

No passado, o conjunto de pessoas envolvidas diretamente com vendas era chamado equipe de vendas. Hoje, em função da influência americana, esta equipe passou a ser chamada de "Força de Vendas", como se fosse uma "Força-Tarefa" de um exército. O exame do papel da força de vendas começa com uma avaliação de como a estratégia de vendas se compara ao que está sendo feito em outras organizações em diversos setores da economia.

A missão da força de vendas deve ter como base a análise e o entendimento dos ambientes interno e externo da empresa. A análise interna envolve a revisão do negócio, das diretrizes, dos procedimentos, dos planos, dos processos, das táticas, das técnicas, das estratégias, das políticas, dos objetivos, das competências, das habilidades, dos recursos, por exemplo.

Mais recentemente, alguns setores começaram a insistir que a força de vendas deve engajar-se no compromisso de vender. Assim, os vendedores, no início, não procuram vender um produto ou resolver um problema do cliente, mas mostram a ele como sua empresa pode ajudá-lo a melhorar a rentabilidade. Procuram mostrar como é vantajosa uma "parceria" para uma maior rentabilidade.

A qualidade da força de vendas, embora imprescindível, não basta. É necessário um número de vendedores que corresponda ao número de consumidores que se deseja atingir. Os territórios demasiadamente grandes acabam abrindo flancos para a concorrência, enquanto os demasiadamente pequenos deixam o vendedor com muito tempo ocioso.

23.9 VENDEDOR

Vendedor é a pessoa mais importante do processo de venda e que tem características natas, ou adquiridas, que o ajudam na abordagem de compradores potenciais. Ele deve ter comportamento adequado e utilizar técnicas de como abordar consumidores. Sua responsabilidade maior acontece no final do processo de venda, quando persuade o comprador a adquirir o produto.

O trabalho do vendedor se fundamenta em atuar nas interfaces do processo de venda. Assim, o vendedor deve atuar nas passagens: desatenção para atenção; atenção para interesse; interesse para desejo; desejo para ação e ação para satisfação.

Este trabalho também é o de localizar consumidores prospectivos e convertê-los em compradores cativos, dar prosseguimento à transação para garantir que a satisfação proporcionada foi completa.

Um vendedor precisa se empenhar em muitas atividades. Para tal, promove o fluxo de comunicação e ajuda a transmitir dados importantes para dentro da empresa. O desempenho efetivo das atividades mercadológicas exige muitas qualidades.

Aqueles que vão se dedicar à venda precisam ter: personalidade, inteligência, aparência, simpatia, empatia, persuasão e, principalmente, habilidade de relacionamento. Para que o trabalho do vendedor tenha um bom desempenho é necessário que tenha alguns conhecimentos específicos, um comportamento adequado para vender e manejo de técnicas de como abordar consumidores.

A seguir, as qualidades básicas do vendedor:

Acreditar em seu produto; acreditar em si mesmo; visitar muitas pessoas; prestar atenção no uso do tempo; saber ouvir; ter senso de humor; bater em portas antigas; fazer um serviço pós-venda; usar senso comum; conhecer os seus produtos e os da concorrência; dominar técnicas de venda; conhecer técnicas de negociação; estar aberto a mudanças; gostar do que faz; criar clima de diálogo com o comprador; conhecer a empresa que vai visitar e identificar-se com ela; conhecer como agem os concorrentes; ter um comportamento de artista na apresentação dos produtos; ter responsabilidades; ter transparência e ética na sua conduta; ter força de vontade e entusiasmo.

Os vendedores eficientes são pessoas que podem criar qualquer estado de espírito que desejem, conforme a modulação, inflexão e "sabor" que imprimam a voz. Aproveitar-se da enorme gama de tons da voz humana não é um estilo de vendas que muitos adotam ou mesmo conheçam. Mas esse fato, por si só, deve fazer que isso se torne mais importante para você. Pense nisso da próxima vez que se preparar para um contato de vendas.

Assim que começar a falar, decida como quer parecer, se: forte, controlado, informado, confiante, seguro, curioso, ansioso, agressivo, desesperado, indiferente. Tudo isso pode ser transmitido através da fala, da escrita e do corpo.

23.10 ATRIBUIÇÕES DO VENDEDOR

A empresa depende muito, para ter sucesso, de uma boa força de vendas. Desta forma, é necessário que os vendedores tenham determinadas tarefas específicas. A ela não cabe só a tarefa de vender, mas, também, promover, estabelecer relações, prestar serviços, cobrir seu território, administrar as vendas e ter habilidades de marketing.

A seguir, as principais atribuições do vendedor:

Atribuições de Venda do Vendedor: conhecer aquilo que seja relevante no produto; realizar regularmente visitas; vender a linha de produtos; introduzir novos produtos; responder as indagações; superar objeções; verificar o estoque do cliente; interpretar os produtos para o cliente; estimular o potencial e estimular a necessidade do cliente; ser o advogado de defesa da empresa; obter pedidos; atingir cotas de venda; mostrar credibilidade; acompanhar a solução de problemas.

Atribuições Promocionais do Vendedor: fazer demonstrações de produtos; descobrir e divulgar usos de produtos; informar os clientes sobre campanhas publicitárias; atrair e criar novos clientes; distribuir catálogos, folhetos, brindes e peças promocionais; acompanhar e treinar o pessoal intermediário; mostrar ao cliente informações sobre o mercado.

Atribuições de Relações Públicas do Vendedor: manter relações amistosas com os clientes; difundir a boa imagem da empresa; recolher informações sobre o cliente consumidor; representar a empresa; manter rede de contatos; ter um banco de dados.

Atribuições de Prestação de Serviços do Vendedor: instalar material promocional; averiguar e relatar reclamações; providenciar substituições e devoluções; providenciar descontos e bonificações; acompanhar o fluxo de pedidos; providenciar pedidos de abertura de crédito; providenciar prioridades de entrega.

Atribuições de Cobertura Territorial do Vendedor: zelar por seu território; manter sua clientela; preparar roteiros de visita mais eficientes; acompanhar a instalação de prováveis clientes; verificar as mudanças e as descontinuidades dos clientes.

Atribuições Administrativas do Vendedor: prognosticar reações e objeções; usar o tempo racionalmente; estabelecer desafios; planejar o trabalho diário; organizar o trabalho de campo; preparar relatórios; analisar os clientes perdidos; preparar a lista de clientes potenciais; frequentar as reuniões de venda e convenções; frequentar as sessões de treinamento; realizar cobranças; manter atualizado e em ordem seu material; obter informações para abertura de crédito; obter informações sobre cancelamento de crédito e cobrança; informar a empresa sobre as atividades dos concorrentes; prestar contas de despesas; manter atualizado o arquivo de clientes; preparar pastas, amostras e material acessório.

Atribuições de Marketing do Vendedor: compreender a estrutura organizacional do cliente; ampliar o conhecimento profissional; ampliar o conceito de composto mercadológico; conhecer os fatores que condicionam o mercado; aumentar o conhecimento do mercado e do ambiente.

Todas estas atribuições, mostradas acima, servem para nortear o trabalho de recrutamento e seleção da equipe de vendas.

23.11 QUANTIDADE DE VENDEDORES

Para se propor um método que determine o número ótimo de vendedores, devemos, antes de qualquer coisa, saber: O número de vendedores é suficiente para atender os consumidores? Os vendedores representam um dos ativos mais produtivos e caros da empresa. Mas, aumentando sua quantidade, aumentarão custos.

O aumento de vendas é o que se espera, porém não há certeza. Tanto que, após definir o número de clientes que deseja atingir, a empresa pode usar uma abordagem de carga de trabalho para estabelecer o tamanho da força de vendas.

A empresa contrata vendedores, em função de necessidades imediatas, considerando dois aspectos fundamentais: Número de Visitas e Turnover.

A seguir, estão sendo colocados os dois principais métodos de como calcular a quantidade de vendedores, bem como suas fórmulas, exemplos e análises:

O número de vendedores, em função do número de visitas, é dado pela fórmula:

N = (T × V) / P

Onde:
N = Número de vendedores
T = Total de clientes
V = Número de visitas ao cliente por ano
P = Número de visitas por ano por vendedor

Exemplo:
Número de clientes = 1.000
Número de visitas anuais por cliente = 6
Número de visitas/ano por vendedor = 200
N = (1.000 × 6) / 200 = 30

Análise:

A empresa deve manter uma média de 30 vendedores, durante o ano, para atingir seus objetivos de venda, levando em consideração o número de visitas traçado pela estratégia de relacionamento com o cliente. Não esquecer que um novo vendedor não trará, de antemão, mais vendas.

O número de vendedores, em função do turnover, é dado pela fórmula:

N = (V / P) (1 + T)

Onde:
N = Número de vendedores
V = Volume de vendas previsto
P = Média de vendas por vendedor
T = Taxa de turnover de vendedores

Exemplo:
Volume de Vendas Previsto = $ 1.000,00
Produtividade Média / Vendedor = $ 100,00
Taxa de Turnover = 40%

N = (1.000 ÷ 100) (1 + 0,40) = 10 × 1,40 = 14

Análise:

A taxa de turnover determinará a quantidade de vendedores para atender as metas de venda da empresa. Se a taxa de turnover de vendedores for elevada, será necessário reunir a equipe para saber se o problema está no: produto, preço, mercado, empresa, distribuidor, consumidor e/ou vendedor.

23.12 COMUNICAÇÃO DO PRODUTO

A comunicação é a ação de revelar dados, informações, fatos, ideias, fenômenos, teorias, leis, técnicas, métodos, por exemplo. Na comunicação, há sempre uma intenção básica e certamente o transmissor espera que o receptor a compreenda.

A comunicação objetiva informar, educar, instruir, treinar, intelectualizar, aculturar (todos de natureza cognitiva), persuadir, divertir, influenciar, motivar, incentivar, interagir, estimular (todos de natureza emocional).

O estabelecimento dos objetivos da comunicação deve levar em conta os seguintes critérios:

Buscar a coerência; melhorar o nível de percepção; revelar um fato (constatação empírica de um acontecimento); mudar um comportamento e desenvolver compreensão; divulgar a solução de um problema, uma decisão, uma estratégia (tática), uma política (procedimento).

É preciso que o consumidor de um determinado mercado saiba que o produto existe e está disponível. Por isso o produto precisa ser comunicado ao público. A comunicação do produto precisa garantir que ele satisfará as necessidades e desejos do consumidor, em tempo hábil. Hoje, a comunicação do produto (bem, serviço, ideia) se faz por todos os meios de comunicação.

A comunicação do produto precisa garantir que ele satisfará as necessidades e desejos do consumidor.

O conceito moderno de comunicação de um produto é aquele processo que gera resposta imediata do consumidor, porque é importante saber o que ele pensa e o que ele quer. Os avanços tecnológicos fornecem aos comunicadores os meios de mostrar às pessoas as inovações mercadológicas.

As ferramentas de comunicação do produto são muitas, tais como: propaganda, publicidade, promoção, relações públicas, marketing direto, telemarketing, anúncios, encartes em revistas e jornais, cartazes, displays, material audiovisual, concursos, sorteios, amostras grátis, exposições, feiras, convenções, demonstrações, cupons, descontos, juros baixos, adesivos, seminários, relatórios, doações, patrocínios, publicações, catálogos, folhetos, anuário, eventos, incentivos

23.13 PREVISÃO DE VENDAS

Uma previsão é uma tentativa de determinação de futuros eventos, que poderão ocorrer (registros de uma série probabilística) ou não. Ela é uma função administrativa que serve para estimular uma situação futura, para um determinado período, a partir de dados, informações e recursos existentes.

Toda previsão é, por definição, errada, porque não há um grau de certeza absoluto.

Se o futuro pudesse ser previsto com precisão ou, em outras palavras, se os homens de negócio estivessem operando sob condições estáticas, o planejamento da empresa seria relativamente simples. O administrador só teria de tomar em consideração seus recursos e seguir adiante, com um elevado grau de certeza.

Grande parte do planejamento administrativo é, necessariamente, baseada em previsões e estimativas, e até as melhores delas podem se perturbadas por situações imprevistas. Portanto, é, às vezes, necessário raciocinar em termos de probabilidade ou risco calculado.

Na prática, as previsões variam, consideravelmente, em extensão, profundidade e qualidade. Vai desde uma simples impressão do administrador até uma análise do futuro, feita por um grupo de assessores competentes.

Alguns negócios requerem previsões por especialistas para longos períodos, e outros podem operar eficientemente mediante previsões de curto prazo, que refletem pouco mais que as predileções de seus administradores.

Junto com o conceito de previsão precisam ser colocados outros conceitos, tais como:

Estimativa – Estimativa é a quantificação de determinada demanda de um produto, suficiente para gerar receita que dê um lucro satisfatório.

Projeção – Projeção é uma previsão, perfeitamente, calculável, isto é, a situação futura tende a se comportar como no passado.

Predição – Predição é uma previsão baseada numa expectativa, isto é, situação em que o futuro tende a ser diferente do passado, mas a empresa não tem nenhum controle sobre o seu processo e desenvolvimento.

Previsibilidade – Grau de precisão com o qual um evento pode ser descrito, quando uma empresa é obrigada a iniciar certa resposta, caso a mesma deva ser completada à época da chegada do evento. Deve-se lembrar que a previsibilidade é uma medida de quão completa e inequívoca é a informação disponível à empresa no momento em que deve reagir, para que sua resposta seja oportuna.

Previsibilidade elevada quer dizer que a informação é adequada, para definir e avaliar alternativas específicas. Uma previsibilidade reduzida é encontrada na situação em que a informação é parcial, as alternativas de ação ainda não estão claras e, tampouco, suas consequências.

Prognóstico – Conjectura sobre o desenvolvimento de um cenário de uma situação futura.

Nível de Previsão – O nível ótimo de previsão é aquele, cujo custo de execução de um método de previsão compensa exatamente o custo de operação, decorrente de se trabalhar com uma previsão inferior ou inadequada. À medida que a atividade de previsão aumente, os custos crescerão. Por outro lado, as previsões de qualidades inferiores podem resultar em custos não previstos de recursos.

Erro de Previsão – Uma medida simples de erro de previsão é a de computar o desvio entre os valores reais e os de previsão. Os desvios irão variar de mais para menos, mas devem tender a zero, se a previsão estiver no alvo.

A previsão de vendas é a estimativa de situação futura, em função de um mercado conhecido de um dado produto. Segundo Philip Kotler, "a previsão é o nível esperado das vendas da empresa, baseado em um plano estratégico escolhido em um ambiente pressuposto de marketing".

A previsão de vendas significa a previsão de receita da empresa e se constitui, portanto, no elemento básico da orientação gerencial. Ela deve ser encarada como uma variável dependente que é afetada, entre outras coisas, pelas atividades planejadas de marketing.

As previsões de vendas mostram a demanda esperada de mercado e não a demanda de mercado mais elevada possível. A previsão de vendas é feita, por meio de modelos matemáticos.

A previsão de vendas é uma função do Departamento de Vendas, porque este é o departamento que tem o melhor conhecimento do mercado. Não é, todavia, raro encontrar empresas em que esta função é exercida pelo Departamento de Marketing. Ela é vital para o Departamento de Finanças, na elaboração de orçamentos de receita.

Para o Departamento de Produção, a previsão de vendas é informação básica para a determinação das quantidades a serem produzidas, cujo conhecimento decorre, logicamente, dos produtos a serem vendidos e dos níveis de estoque.

A fim de suavizar o desequilíbrio que surge entre a unidade de produção e a força de vendas, é necessário prever vendas, em curto e longo prazos.

Se alguém se aventurar para fora do espaço e do tempo, estará extrapolando. Se extrapolar para o futuro estará prevendo. A previsão de vendas, embora acompanhada pelo pessoal de marketing, é feita por matemáticos, estatísticos e analistas de sistema.

A previsão é influenciada pelo planejamento estratégico, o que exige um diálogo contínuo entre a gerência de marketing e aqueles que fazem as previsões na empresa.

O processo de previsão impõe considerar fatos importantes, fatores sazonais, ciclos de demandas, tendências e métodos possíveis para realizar a pesquisa. Toda previsão tem valor relativo, pois qualquer previsão é errada por natureza.

As previsões diferem apenas na extensão dos seus erros. Por isso, a previsão deve ser considerada sempre como um meio e nunca como um fim em si mesmo.

A seguir, os principais passos de um processo de previsão:

- Definir o tipo de previsão a realizar (quantidade de demanda, receita com vendas, lucros possíveis).
- Determinar a unidade de medida (quantidade, faturamento).
- Definir período de tempo da previsão (anual, semestral, época especial).
- Conhecer a taxa de crescimento do mercado para avaliar se procede, ou não, a previsão.
- Montar um plano de previsão (objetivos, métodos escolhidos, recursos tecnológicos, cronograma, recursos humanos, orçamento).
- Determinar as efemérides do ano (feriados, festas, feiras, congressos, simpósios e exposições).
- Definir o método a ser utilizado na previsão (algébrico, gráfico, estatístico, simulação, probabilidade).
- Implementar o método e relatar resultados.

A estratégia não pode ser formulada sem uma previsão explícita ou implícita de como a estrutura da empresa vai evoluir. Infelizmente, contudo, o número de variáveis que entram em uma previsão é, em geral, muito grande. Em consequência, qualquer método para reduzir a complexidade do processo de previsão é altamente aconselhável.

23.14 MÉTODOS DE PREVISÃO

Normalmente, um método de previsão estará em função de: recursos disponíveis, conhecimento do coordenador, orçamento, nível de percepção dos envolvidos no processo de previsão. A utilização de um determinado método de previsão terá vantagens e desvantagens como toda escolha entre alternativas. Assim, é importante levar em consideração, as seguintes premissas do método:

- O método deve se aproximar, o mais possível da certeza, evitando uma grave distorção.
- O método não deve ser um caldeirão burocrático consumidor de tempo e criador de confusão.
- O método não deve ser baseado em especulação e, sim, em bases científicas, fundamentadas, principalmente, no conhecimento da matemática e da lógica.

A seguir, os mais importantes métodos de previsão de vendas:

Método da Opinião de Executivos – Este método talvez seja o mais velho e mais simples, de vez que é meramente a combinação da média das opiniões, muitas das quais podem ser pouco mais do que palpites da alta administração. Nele diversos executivos da empresa desenvolvem suas previsões, reunindo os dados de que podem dispor e combinando-os com fatores subjetivos, que creem poderão afetar as vendas futuras.

- Vantagens: proporciona rapidez no processo de tomada de decisão; dá facilidade na construção do plano de previsão de vendas; permite conjugar experiência e julgamento; não requer a preparação de estudos econômicos e estatísticos elaborados.

- Desvantagens: os dados reunidos podem não ser significativos e relevantes; a pesquisa ficará por conta das habilidades e inteligência dos executivos; as previsões se baseiam mais em opiniões do que em análises dos fatos; a média das opiniões reduz a responsabilidade por uma previsão exata; previsões não podem ser desmembradas em produtos, períodos de tempo ou unidades organizacionais.

Método da Opinião de Vendedores – Um dos métodos mais comumente usados para previsão de venda é o de se obter um ponto de vista combinado de vendedores de linha e gerentes de venda quanto às vendas esperadas. Esta previsão é feita através da opinião de cada vendedor, baseada no que ele espera vender, em seu território, durante o exercício seguinte.

A técnica usual é pedir aos vendedores que façam uma previsão de vendas para seus distritos e entregá-las ao gerente regional e ao gerente geral de vendas para que sejam revistas. Naturalmente, este método é baseado na crença de que os que estão mais perto do mercado têm melhor conhecimento dele.

- Vantagens: a consulta é feita entre os que mantêm estreito contato com o mercado; a equipe sente mais confiança; a responsabilidade é transferida à equipe; com uma amostragem mais ampla, a previsão se torna mais válida; uma discriminação entre produtos, consumidores e territórios é conseguida.

- Desvantagens: os vendedores tendem a subestimar o mercado; os vendedores têm pouca capacidade para observar os elementos conjunturais; os vendedores não possuem treinamento adequado para pesquisas; os vendedores tendem a conferir maior peso às condições presentes; os vendedores tendem a se mostrar pessimistas; os vendedores desejam cotações orçamentárias mais liberais, para despesas, promoções e publicidades.

Método da Opinião de Especialistas – Este método de previsão envolve uma consulta a pessoas bem informadas (distribuidores, consultores).

- Vantagens: as previsões podem ser realizadas com relativa rapidez e baixo custo; pontos de vista diferentes são trazidos e equilibrados no processo; se os dados forem esparsos ou inexistentes, não haverá a necessidade de consulta a muitos especialistas.

- Desvantagens: as opiniões são, geralmente, menos satisfatórias que os fatos reais; a responsabilidade se dispersa e às boas e às más estimativas recebem pesos iguais; o método apresenta menor confiança para grandes territórios.

Método da Consulta Direta – Este método baseia-se em consultas a consumidores e usuários sobre suas intenções de compra num dado período de um ou mais produtos. O método é moroso e, é evidente, torna-se inaplicável em mercados de consumidores em número bastante elevado. É um bom método para mercados onde o número de consumidores é restrito.

Evidentemente, se uma empresa pode obter uma amostra de informação adequada e digna de confiança daquilo que seus clientes irão comprar, mesmo que as encomendas efetivas ainda não estejam feitas, terá uma boa base sobre a qual desenvolver uma previsão.

A consulta direta ao mercado é, especialmente, desejável na previsão de vendas de um novo produto ou de um novo canal de distribuição, por exemplo. A consulta direta é o melhor método para medir a satisfação do consumidor e se você tem consumidores satisfeitos, provavelmente, continuará vendendo como no presente.

Pequenos negociantes devem ouvir o que os consumidores têm a dizer para preverem quais as necessidades a serem atendidas. Quando não ouvem, deixam passar até novas oportunidades. Infelizmente muitos empresários acham que consumidores são pessoas ignorantes.

Quando não se pode fazer uma previsão sistemática, como acontece com as pequenas empresas, este método tem nítidas vantagens sob os demais métodos de previsão. Mas, é difícil de ser utilizado em casos em que os consumidores são numerosos ou não são facilmente localizados, ou pouco cooperativos. É também sujeito à dificuldade de ser capaz de avaliar corretamente expectativas do mercado, visto que as melhores estimativas deste tipo são usualmente estimativas de necessidades e não de compromissos.

Método Gráfico – Este método tem por base o estudo das vendas em períodos anteriores (série histórica) e se baseia na aceitação de seus resultados e na suposição de que os movimentos de vendas ocorrerão de forma semelhante no futuro. É baseado na série histórica. O gráfico (curva) é construído utilizando-se os valores da série estudada.

A plotagem (colocação dos pontos no gráfico) poderá ser simples, aleatória, sazonal ou função de médias. Considere-se a seguinte série histórica de vendas num determinado ano: 340; 480; 350; 300; 320;

250; 200; 170; 280; 310; 380; 450.

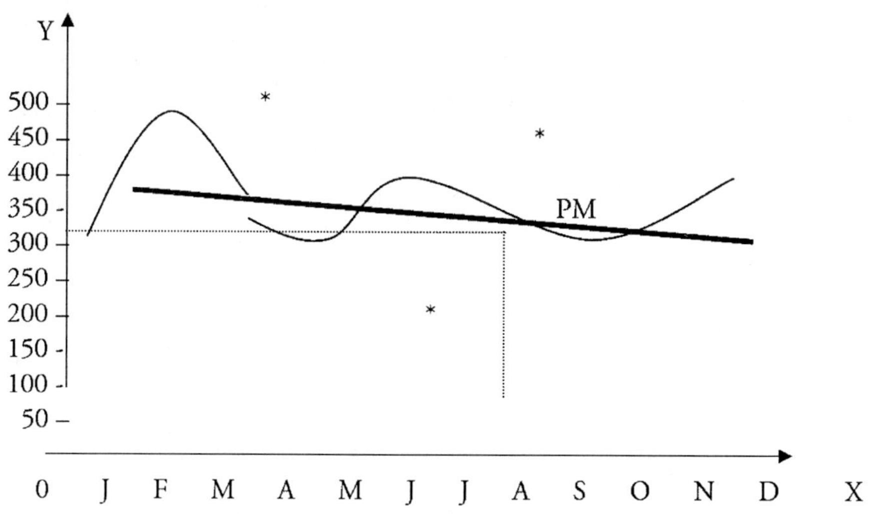

Figura 23.2: Modelo de Previsão de Vendas.

Simbologia:

Y = Eixo dos Y (indica o faturamento ou quantidade vendida)
X = Eixo dos X (indica o tempo em meses, por exemplo)
PM = Ponto médio da série = 320
* = Ponto de inflexão

Após o término do gráfico você determina a melhor posição da reta (curva) que fique o mais próximo dos pontos colocados no gráfico, incluindo o ponto médio da série. Muitas vezes, desconsideramos pontos de inflexão para facilitar encontrar o caminho (reta). Devem existir tantos pontos acima quanto abaixo da reta, se possível. A inclinação da reta mostrará a tendência.

Resposta: No caso, a tendência é de baixa.

O método gráfico consiste no ajustamento por meio de uma reta de uma curva de valores históricos, mediante a simples inspeção do gráfico. Entretanto, ele apresenta a desvantagem evidente de depender, consideravelmente, do critério do analista.

Método das Médias Móveis – Este método é baseado em médias por grupos de valores. A tendência é descrita mediante um ajuste das flutuações de dados através de médias parciais. São eliminados, através deste método, os fatores irregulares, sazonais ou cíclicos por meio de médias sucessivas de grupos de dados.

A média móvel é um dos métodos mais elementares de previsão de vendas, e na sua forma simples pressupõe a existência de tendências ascendentes ou descendentes, eliminando valores aleatórios que podem mascarar o resultado.

O exemplo, a seguir, ajuda a entender este método. Uma empresa teve os seguintes resultados em vendas, para os meses de: janeiro = 200,00; fevereiro = 220,00; março = 260,00; abril = 180,00; maio = 200,00; junho = 210,00; julho = 300,00; agosto = 270,00; setembro = 320,00; outubro = 290,00; novembro = 330,00; dezembro = 340,00.

O número de médias móveis (M) foi tirado das observações feitas para um período de 5 meses. Pergunta-se: Qual a tendência das vendas?

O número M é dado pela fórmula: M = n - (G - 1)

Onde:

n = Quantidade de registros para os valores de venda = 12

G = Escolha alheatória de observações para um determinado período = 5

M = Quantidade de médias móveis

M = 12 - (5 - 1) = 8

Cálculo das médias por período de cinco meses:

M1 = (200+220+260+180+200) / 5 = 212

M2 = (220+260+180+200+210) / 5 = 214

M3 = (260+180+200+210+300) / 5 = 230

M4 = (180+200+210+300+270) / 5 = 232

M5 = (200+210+300+270+320) / 5 = 260

M6 = (210+300+270+320+290) / 5 = 278

M7 = (300+270+320+290+330) / 5 = 302

M8 = (270+320+290+330+340) / 5 = 310

Resposta: A tendência é de alta.

Embora este método seja de aplicação simples, ele pode conduzir a resultados medíocres, quando usado indiscriminadamente. Também somente é aplicável quando a tendência é linear ou aproximadamente linear, embora possa ser estendido aos casos nos quais os dados são grupados em várias partes, tendo em cada uma delas uma tendência linear.

As principais desvantagens desse método são: os dados do começo e do fim da série desaparecem; as médias móveis podem gerar movimentos cíclicos, ou de outra natureza, que não existem nos dados originais; as médias móveis são fortemente afetadas pelos valores extremos.

Método da Ponderação – Este método é baseado em fatores de peso. Adota-se a ponderação, pela simples razão de que os acontecimentos mais recentes são bem mais importantes e influem mais sobre a previsão do que as observações mais antigas. O quadro, a seguir, dá um exemplo do método da ponderação.

Ano	Trimestre	Vendas (V)	Peso (P)	V x P
2020	1º	82	0,500	41,00
2010	4º	71	0,250	17,75
	3º	57	0,125	7,12
	2°	62	0,062	3,85
	1°	78	0,031	2,42
2018	4º	69	0,016	1,10
	3°	58	0,008	0,46
	2°	59	0,004	0,24
	1°	75	0,002	0,15
2017	4º	73	0,001	0,07
Totais			0,999	74,16

Quadro 23.1: Método de Previsão de Vendas por Ponderação.

A soma dos pesos terá de ser igual à unidade. O resultado 0,999 vem do abandono de casas decimais. Os anos mais próximos da atualidade terão um peso maior. Para tal, adotamos começar a dar peso de 50% (0,500) para o último trimestre e diminuir pela metade o peso quando caminhamos para o passado. O valor 74,16 é a nossa previsão para o 2º trimestre de 2008, que corresponde ao somatório dos valores V x P.

Método dos Mínimos Quadrados – Método muito utilizado para se fazer previsão de vendas, é também conhecido como análise de regressão por ter sido desenvolvido por Galton, estatístico do Século XIX. A seguir, um exemplo do método dos mínimos quadrados:

Meses	Vendas
Jan.	324
Fev.	463
Mar	374
Abr.	363
Mai	349
Jun	302
Jul	169
Ago	256
Set	263
Out	334
Nov	336
Dez	270

Fórmula do cálculo da tendência:

T = (Xn - X1) / (n - 1)

Onde:

T = Tendência da série considerada

Xn = Valor de vendas do último mês considerado da série

X1 = Valor de vendas do primeiro mês considerado

n = Número de meses do período

Amostras:

Amostra do período (dezembro - janeiro) = (270 - 324) / (12 -1) = - 4,91

Amostra do período (novembro - fevereiro) = (336 - 463) / (10 - 1) = - 14,11

Amostra do período (outubro - março) = (334 -374) / (8 - 1) = - 5,71

Amostra do período (setembro - abril) = (263 - 363) / (6 -1) = - 20,00

Resposta: A previsão de venda é de queda (todas as amostras são negativas).

Método Algébrico – O método algébrico pode ser considerado um método complementar ao método gráfico, porque, depois de definido o ângulo de inclinação da reta e onde a mesma corta o eixo das ordenadas (eixo Y), é possível determinar os coeficientes da reta.

A equação da reta é representada por: y = a + bx

Onde:

y = Variável dependente (valor que se quer calcular).

a = Coeficiente linear da reta (cota onde a reta corta o eixo Y).

b = Coeficiente angular (valor dado pela tangente do ângulo que a reta faz com o eixo X).

x = Variável independente (valor de referência que pode ser a receita com vendas do mês anterior ou a média de um período anterior).

Supondo-se que a reta resultante (método gráfico) seja a seguinte:

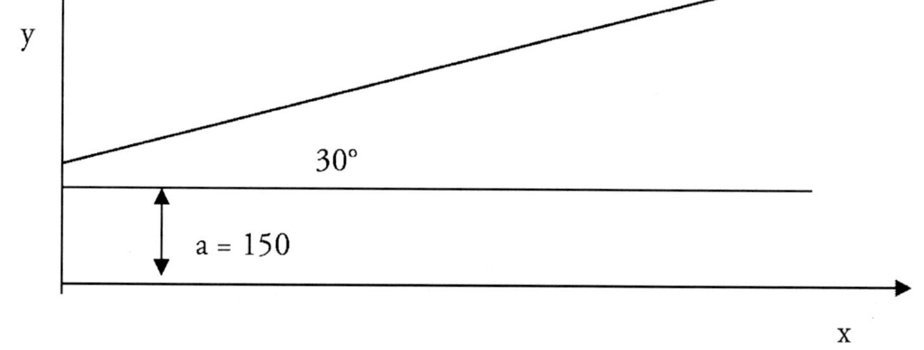

Figura 23.3: Método Algébrico de Previsão de Vendas

Se a = 150,00 e b = tangente 30° = 0,58, a reta y = 150 + 0,58x

Se, por exemplo, x = 250,00, vem: y = 150 + 0,58 x 250 = 150 + 145 = 295,00

Resposta: Se a tendência for mantida, no próximo mês, o valor a ser vendido será de 295,00.

23.15 ORÇAMENTO DE VENDAS

As previsões dão a base dos planos operacionais e programas de ação. Estes planos são traduzidos em orçamentos que estão ligados, diretamente, ao balanço patrimonial e ao demonstrativo de resultado. O orçamento é uma espécie de previsão ordenada das despesas (desembolsos) estimadas, em relação aos custos reais que servem de referência para fins de controle.

O orçamento de vendas é uma estimativa conservadora do volume de vendas esperado e é usado, principalmente, para as decisões de compras, produção e fluxo de caixa. Considera a previsão de vendas e a necessidade de evitar risco excessivo.

Geralmente, os orçamentos de vendas estão levemente abaixo da previsão de vendas. Descreve as vendas esperadas em unidades físicas e unidades monetárias, para o período vindouro. Isto é, uma estimativa conservadora do volume esperado de vendas, sendo usado, principalmente, para tomada de decisões de compra, produção, fluxo de capital e investimentos.

O orçamento de vendas é determinado por uma consideração conjunta da previsão de vendas e da necessidade de se evitar investimento excessivo no caso de a previsão não se realizar. Esta última consideração, geralmente, leva a se estabelecer um orçamento de vendas ligeiramente menor do que a previsão da empresa. Este orçamento constitui o ponto de partida de todo o sistema orçamentário.

A determinação do orçamento de vendas constitui uma das fases mais importantes da ação administrativa. Determinar a quantidade e o valor das vendas para o próximo ano dependerá das variáveis: potencial de mercado, concorrência, política de preços, elasticidade da demanda, situação econômica do país e do mundo, levando em consideração o lucro.

O orçamento de vendas deve poder fornecer as seguintes previsões, dependendo do grau de detalhamento e do cenário em que se encontra a empresa: vendas por produto, vendas por território, vendas por marca, vendas por cliente, vendas por período. Assim, como a previsão de vendas é o alicerce do planejamento estratégico, o orçamento de vendas é a pedra fundamental do controle empresarial.

Embora uma empresa possa orçar outras receitas, tais como as de: aluguéis, dividendos, royalties e outras fontes, sempre o grosso da receita virá da venda de produtos (bens, serviços e ideias).

Orçamento Prévio é um documento que estabelece os materiais, serviços, preços, condições de pagamento e prazos de entrega.

23.16 ATENDIMENTO

Toda prestação de serviço tem, obrigatoriamente, uma forma qualquer de atendimento (pessoal ou impessoal).

A visão tradicional leva-nos a pensar que um bom cafezinho, cortesia, fala mansa e simpatia faz parte principal do atendimento. Contudo, são complementos do verdadeiro atendimento, que pode ser o grande diferencial no negócio. Pelo atendimento ao consumidor e/ou usuário percebe a filosofia da empresa.

Atendimento é toda atividade de contato da empresa com o cliente da qual resulta uma proposta, um contrato, uma venda. Para fins de análise, o atendimento é a forma em que a empresa se relaciona com seus clientes, tendo como conteúdo o serviço propriamente dito. O atendimento pode ser feito por máquinas.

Uma empresa deve estar sempre junto a seus clientes parece uma afirmação tão inocente quanto banal.

Surge, então, a pergunta: Por que o cliente é simplesmente ignorado ou considerado uma amolação?

Não podemos mais nos dar ao luxo de negligenciar o atendimento, tão estratégico e crucial para sobreviver num mercado globalizado, cada vez mais difícil de atuar.

A peça central dessa estratégia deve ser a conscientização do papel do pessoal que lida com o público responsável pelo atendimento, ferramenta que deve merecer a atenção da empresa. Portanto, os atendentes devem aumentar sua dedicação ao consumidor. O atender bem continua sendo uma das razões que leva à fidelização do consumidor a quem lhe vende um produto.

Em períodos de elevada inflação, o consumidor toma o preço do produto como referência, mas, em baixa inflação, é a qualidade do atendimento que conta. Muitas vezes, o consumidor não volta a comprar num determinado varejo, mesmo tendo bom preço e boa qualidade nos produtos, por causa de um mau atendimento.

Não raro as pessoas acharem que o atendimento falho é um problema da organização, na prática, sabemos que depende muito mais das pessoas do que da própria organização. Se cada um fizer um esforço para bem atender, quem lucrará com isso são estas pessoas e a própria empresa.

O atendimento de qualidade é um exercício constante de relacionamento humano. Se o atendente não estiver preparado pode causar grandes estragos.

O bom atendimento começa com palavras de cortesia, de forma calorosa e empática, dando atenção a quem se procura atender as suas necessidades de compra.

Muitos fatores contribuem para um atendimento falho, tais como: pouca concorrência, aumento eventual do poder aquisitivo das pessoas, períodos sazonais, baixo nível de profissionalismo do atendente, aumento do nível de percepção do consumidor, exigências cada vez maiores do consumidor, terceirização feita por empresas sem qualidade assegurada, redução de custos.

23.17 VALORES DO ATENDIMENTO

É possível agregar diversos valores ao atendimento, para que o mesmo atinja um bom nível de excelência. A seguir, alguns valores agregados ao atendimento:

Atenção – É muito importante manter a atenção no consumidor, principalmente, quando este falar.

Responder ao seu questionamento é fundamental. Por outro lado, não se iluda em atrair a atenção do consumidor, pois é muito difícil que este responda aos estímulos do atendente e/ou vendedor, se os dois não tiverem um repertório de conhecimentos compatível.

Contribuição – O atendente deve contribuir sob a forma de trabalho, tempo, esforço, dedicação, pontualidade, assiduidade, compromisso, esmero e participação, para que o consumidor se sinta satisfeito em estar na organização.

Colaboração – O atendente deve assumir diante do cliente uma postura, primeiramente, de colaborador e não aquele que quer, apenas, vender algo. Muitas vezes, o consumidor não sabe, realmente, o que quer. Ajudá-lo a definir seu problema, desejo ou necessidade é função do atendente.

Empatia – É definida como sendo a compreensão intelectual, ou imaginativa, de assumir o papel de outra pessoa. Na maioria dos casos, é uma característica adquirida. Alguns acham que a empatia é a capacidade de projetar-nos dentro das personalidades de outras pessoas. A empatia é um dos mais importantes elementos influenciadores do atendimento.

Flexibilidade – A necessidade de flexibilização é cada vez mais importante num mundo onde as turbulências se acentuarão em escopo, espaço, tempo, velocidade e complexidade. O atendente, que não tiver uma flexibilidade na sua programação diária, deixará de atender problemas urgentes e oportunidades.

Prontidão – Designa a atenção sobre a capacidade e o desejo do indivíduo de se comunicar.

Credibilidade – É o crédito, a confiança, a honestidade, a competência, a correção e a fé que o consumidor deposita nas palavras e atos do vendedor ou do atendente.

Motivação – A motivação das pessoas depende basicamente de: Estímulo (causa); Necessidade (desejo) e Objetivo (meta, propósito, desafio). A motivação do atendente se faz por comunicação, treinamento, remuneração, recompensa, realização, satisfação.

Objetividade – Capacidade que têm certas pessoas de não se perderem em meandros e ir ao âmago do assunto, de maneira concisa. O atendente objetivo deve: ter presente a ideia de finalidade; determinar as causas reais dos resultados; saber chegar sem se perder a meio caminho; distinguir o essencial do acidental; ter inteligência treinada para resolver problemas.

Entendimento – Para enfrentar obstáculos de comunicação, atendente e consumidor precisam desenvolver meios para darem um cunho performático ao processo de atendimento. Considera-se neste processo: empatia, neutralidade, sentimento, tendência, erro, certeza.

Relevância – A relevância deve ser considerada para atendimento de pedidos de compra, quando se determina o que realmente deve ser atendido. Os atendentes devem selecionar os aspectos importantes e analisar, cuidadosamente, as exceções, para evitar a administração por crise, muitas vezes dramatizando as situações e buscando grandes soluções para problemas menores. As soluções espetaculares e geniais, muitas vezes, produzem consequências desastrosas no futuro.

Rapidez – Nos dias de hoje, em um mundo mais globalizado e com uma economia de rede, a rapidez (velocidade) no atendimento ganhou uma dimensão cada vez maior, na estratégia empresarial. Mas, o leitor não deve esquecer que rapidez significa ação imediata e também abandono imediato. Ser rápido não significa ser eficiente e eficaz.

Envolvimento – O atendente, para progredir em suas atividades, precisa se envolver com os demais funcionários, assumindo compromissos com processos, políticas, planos e projetos.

Compreensão – A relação atendente/consumidor é muito prejudicada quando não há compreensão de ambos os lados. Assim, tentar compreender o interlocutor é de fundamental importância, principalmente, quando se está fazendo um pedido por telefone. Mesmo por e-mail, às vezes, a compreensão é prejudicada, porque não é um canal instantâneo de duas vias. É preciso ler para depois responder, o que não acontece, no mesmo instante, quando usamos o telefone (rádio).

Resposta – A resposta é definida como uma reação necessária e suficiente, embora nem sempre seja a solução do problema do consumidor. Porém, o atendente deve ter sempre uma resposta verdadeira e transparente aos olhos do consumidor.

Resultado – O resultado de uma empresa é ter consumidores satisfeitos; de um hospital é ter pacientes curados e de uma escola é ter alunos mais bem preparados para enfrentar a vida. O resultado leva o indivíduo (a organização) a avaliar se as decisões foram apropriadas, ou não, para continuar sobrevivendo e competindo na sociedade (mercado).

Ética – A prática da ética é uma das responsabilidades sociais dos homens de negócios. Este é problema universal. A cultura não ética recebe muita publicidade, sempre que descoberta, mas a maioria das práticas "sutis" permanece oculta dentro das estruturas organizacionais. Portanto, qualquer empregado de uma empresa, principalmente aquele que faz o atendimento, deve ter uma conduta ilibada para não comprometer a própria organização.

Comprometimento – O atendimento precisa se comprometer com os interesses, satisfações e participações do consumidor no processo de compra e venda para que tenha sucesso. Também é importante ressaltar que o compromisso precisa ser congruente com os interesses da empresa e os do atendente. Caso contrário, não haverá comprometimento ou este será falso.

Tratamento – O tratamento aos consumidores deve ser precedido de respeito e dignidade. Tratar pessoas como parceiras é uma boa tática. Um bom tratamento entre atendentes ajuda alcançar resultados positivos, reforçando a produtividade.

Atitude – A atitude é uma predisposição pessoal de responder de maneira positiva ou negativa ao ambiente, situação ou objeto. Assim, o atendente deve evitar a rejeição, submissão, rivalidade e domínio. Deve sempre estar preparado para cooperar e respeitar o próximo.

Privacidade – O atendimento deve respeitar a privacidade do consumidor, bem como dos demais atendentes. O que está em jogo é a privacidade, tanto física quanto psíquica, dos indivíduos, o respeito, a salvaguarda de sua autonomia e liberdade pessoal.

Disciplina – Disciplina é um processo, ou forma de pensar, que ajuda o ser humano a desenvolver autocontrole, tornando-se alguém mais efetivo. Na realidade a disciplina é uma habilidade que ajuda a analisar situações e determinar qual decisão tomar. Todos os dirigentes devem estar preparados para lidar com situações desagradáveis.

A disciplina é necessária aos atendentes, independentemente, do seu nível de responsabilidade. Será considerado indisciplinado aquele que não obedece: ordens, programas, políticas e procedimentos; não cooperar, utilizando letargia, negligência e mau exemplo; revelar informações confidenciais; promover insubordinação.

23.18 CRIATIVIDADE

Num mundo complexo como o atual, as empresas já não podem depender de uma única cabeça. Elas precisam de toda uma rede de funcionários, dos mais diversos escalões, com capacidade real de contribuir para o sucesso da companhia.

A criatividade está ligada a algo novo e diz respeito a uma capacidade de encontrar novos caminhos ou novas soluções para problemas e/ou oportunidades do momento; pressupõe um poder de alterar o ambiente corporativo para melhor; refere-se a um processo crítico da realidade que resulta em algo antes desconhecido e não praticado.

É necessário ressaltar que o desenvolvimento e a manifestação da criação não dependem somente dos esforços do próprio indivíduo. Tantos fatores intrapessoais e interpessoais, bem como fatores do próprio indivíduo, poderão favorecer ou dificultar a emergência do processo criativo. Como a mente humana é altamente condicionada por crenças, valores e experiências sociais passadas, fornecer desafios e novas experiências de vida constitui base propícia para o desenvolvimento da criatividade.

O verdadeiramente engenhoso consegue confrontar de forma positiva o meio circundante, encontrando espaço para dar vazão à criatividade e influenciar o entorno. O embate de ideias acende a chama da criatividade. Mas, pode produzir tensões. A fagulha da criatividade é inseparável do antagonismo, devendo, portanto, ser moderada para não explodir em conflitos que não possam ser administrados.

Os homens de ideias estão, constantemente, a excitar todo o mundo com propostas criativas. Porém, são raras as pessoas que têm o know-how, a energia, a ousadia, a coragem e a força para implementar ideias. Assim, uma criatividade sem uma firme disposição, voltada, até o fim, para a ação constitui uma forma estéril de comportamento.

O interesse pelo estudo da criatividade é relativamente recente. Foi a investigação da inteligência que predominou entre os psicólogos no estudo dos processos de pensamento. Prevaleceu um consenso de que a criatividade não apresentava nenhum problema especial, uma vez que o conceito de inteligência era considerado por muitos como suficiente para explicar todos os aspectos do funcionamento mental, presumindo-se ainda que os testes de inteligência poderiam medir qualquer processo que ocorresse na mente.

Por algum tempo, predominou a ideia de que a inteligência era fixa e unidimensional, subestimando-se a contribuição do ambiente, da experimentação, da demonstração, da prática e da vivência.

Os psicólogos humanistas como Rogers, Maslow e outros, passaram a ressaltar a importância, de se criarem condições mais favoráveis à manifestação da criatividade, a qual estaria vinculada à tendência do homem para concretizar suas potencialidades.

Apesar do reconhecimento de que necessitamos de condições mais favoráveis ao desenvolvimento do pensamento criador, temos observado que muito pouco tem sido feito no sentido de se promoverem condições mais favoráveis ao desenvolvimento e manifestações da criatividade nos meios educacionais e empresariais.

Percebemos que, apesar da criatividade ser valorizada pela sociedade, o indivíduo criativo não é bem aceito e nem tão pouco estimulado em nossos meios, pois, apresenta traços de personalidade e características que são incompatíveis com os valores enfatizados pelos agentes socializadores, pais e professores.

É possível determinar se uma pessoa é criativa através da observação de seu comportamento ou da análise dos produtos por ela criados.

O indivíduo criativo é aquele que sempre se renova.

Um homem criativo, em virtude de seu entusiasmo, originalidade e inteligência, não examina suas ideias com uma crítica de um pesquisador. Por outro lado, a pessoa que procura fazer um julgamento equilibrado e dar peso apropriado às noções plausíveis que concorrem entre si tem pouca probabilidade de produzir novas soluções.

As pessoas criativas e inovadoras passam mais tempo do que as outras pessoas explorando e formulando problemas. É compreensível, portanto, que a maioria das mentalidades originais em qualquer organização, raramente, seja encontrada nas mais altas posições executivas.

As complexidades da vida organizacional, com suas muitas exigências colidentes, significam que em tal nível as capacidades críticas e de julgamento são um requisito essencial.

23.19 ELEMENTOS DA CRIATIVIDADE

A seguir, serão abordados alguns elementos da criatividade:

Inteligência – A ciência ainda não encontrou uma fórmula para medir com precisão quem é superdotado e quem é gênio. Pelos testes de quociente de inteligência, considerados ultrapassados pelos especialistas, um superdotado teria um QI entre 150 e 160. Um gênio pontuaria entre 160 e 180. Hoje, a definição mais comum para classificar superdotado é aquela pessoa inteligente que consegue desenvolver habilidades acima da média, em várias áreas.

Os gênios são aqueles superdotados que, além de demonstrar precocidade, provocam perplexidade, pois são capazes de criar algo inédito, revolucionário e transformador. Os estudiosos acreditam que a genética contribui com 50% do desempenho cerebral e os estímulos externos, com os outros 50%.

A diferença entre uma pessoa comum e outra superdotada estaria não no número de neurônios, mas na quantidade e na complexidade das conexões cerebrais (sinapses).

Percepção – A percepção pode ser definida, aproximadamente, como o conhecimento que um ser vivo possui sobre o ambiente em que vive. A percepção são experiências e conhecimentos acumulados. A percepção humana pode ser detectada pelos sentidos. Ela implica integração, organização, seleção e interpretação dos fenômenos puramente sensoriais.

Como a percepção de uma pessoa vem através dos sentidos, é possível que haja uma distorção da realidade comum aos demais indivíduos, porque a percepção é intrínseca ao indivíduo.

Intuição – A intuição é vista como um "impulso" para a ação onde não há raciocínio lógico. Segundo Motta, "a intuição deverá merecer explicações mais apuradas no futuro, porque parece que o nível de intuição da pessoa aumenta, em função das experiências, pesquisas, estudos e conhecimentos acumulados, que não foram ainda adicionados ao consciente do indivíduo". A razão é desconhecida.

Muitas pessoas resolvem problemas na base da intuição.

Improvisação – Precisamos cultivar a improvisação, capacidade de empregar tempo e recurso para favorecer uma resposta ao inesperado. Quando as situações são inesperadas e não planejadas, os dirigentes precisam improvisar. Em geral, há tempo hábil para explorar as possibilidades antes de implementar as ideias.

No entanto, pensar em cada ideia em termos de viabilidade, praticidade e eficácia em matéria de custos é um convite ao crítico que cada um traz dentro de si. Os improvisadores aceitam com entusiasmo o que se apresenta diante deles, até que surja uma possibilidade mais interessante para criar.

Observação – Assunto já abordado.

Instrução – A instrução não é difícil de ganhar como o dinheiro. Não reside em um livro, um banco de dados, um programa de computador. Estes contêm apenas informações. Ela está sempre incorporada em uma pessoa alicerçada no conhecimento. Em todas as sociedades anteriores, a pessoa instruída era um ornamento. Mas, hoje, é um emblema, ícone, símbolo, marca, âncora, arquétipo, apanágio, suporte, polo de decisão.

Atividade Intelectual – Como o envelhecimento é inexorável, manter uma atividade intelectual fará com que o ser humano leve mais tempo para perder a memória de fatos, fenômenos, acontecimentos e, principalmente, conhecimento. Ter disciplina e percepção é muito importante, porque a mente organiza qualquer novo material em configurações. Quanto mais subjetiva for esta organização, maior a memória.

Atmosfera Permissiva – As ideias criativas são mais fáceis de ser sugeridas em uma atmosfera permissiva, isto é, significa que os membros da organização se sentem livres para fazer proposições, mesmo que suas ideias estejam em desacordo com as práticas anteriores, as normas de grupo ou os pontos de vista dos dirigentes, que dão apoio às pessoas e buscam inovações plausíveis e bem fundamentadas.

23.20 CAPACIDADE CRIATIVA

Não é difícil encontrar informações ensinando regras e processos para desenvolver a capacidade criativa, ou roteiros para se chegar ao encontro de novas soluções. Mas, tanto a capacidade, como a oportunidade de criar, são raras.

O espírito criador não é atributo dos artistas e inventores, tanto que engenheiros, escritores e outros têm a oportunidade de demonstrar sua genialidade.

A tarefa torna-se mais atrativa e estimulante quando utiliza, com o máximo proveito, as qualificações do indivíduo. É claro que em qualquer tempo podem ocorrer restrições quanto à natureza do projeto e da qualificação de seu pessoal. Não se deve permitir que tais dificuldades se sobreponham ao efeito incentivador de utilizar o melhor de cada um.

A história recente da economia está cheia de vítimas da incapacidade de criar. Em certos segmentos do mercado, como os da tecnologia digital, a produção de riqueza flui diretamente da inovação e não, simplesmente, do aperfeiçoamento de técnicas e processos de produção já conhecidos.

A seguir, um método que ajuda a aumentar a capacidade criativa:

- Intensifique os contatos com seus fornecedores e consumidores, desenvolvendo, inclusive, formas de cooperação.
- Mantenha-se bem informado das estratégias dos concorrentes.
- Trabalhe no sentido de aumentar a adesão dos seus quadros funcional e gerencial com a filosofia da empresa.
- Desenvolva atividades de coordenação entre áreas tradicionalmente conflitantes dentro da organização.
- Invista tempo e esforço na melhoria das comunicações institucionais, tentando evitar boatos e fofocas de efeitos negativos.
- Crie campanhas inovadoras e criativas no sentido de melhorar a produtividade, simplificar os processos, desburocratizar procedimentos.
- Procure dar a todas as atividades um caráter participativo, pois sem compromisso não existem resultados positivos.
- Prepare a sua gerência e supervisão para administrarem conflitos decorrentes das dificuldades de sobrevivência.
- Use todos os momentos para consolidar uma imagem de empresa sólida, ética e coerente com seus princípios.
- Mantenha uma postura transparente entre discurso e ação.
- Faça campanha de austeridade, não permitindo deslizes de ostentação, mesmo a nível pessoal.
- Junte coisas aparentemente desconexas, não seja lógico, extrapole, imagine o inverso.
- Procure ver a riqueza das ideias com simplicidade e objetividade, aproveitando o acaso.
- Nunca se contente com a primeira ideia que lhe ocorrer.
- Sempre há uma maneira melhor de fazer as coisas, com menor custo.
- Seja curioso e evite reproduzir tarefas mecanicamente, buscando as causas, os porquês, as implicações.
- Não acredite em bordões, como: Time que está ganhando não se mexe.
- Não tenha vergonha de mostrar suas ideias, para que as mesmas não fiquem no fundo de uma gaveta.
- Ouça os outros, principalmente, se eles pensam diferente de você, porque as ideias se desenvolvem com opiniões contrárias.
- Saia da rotina para estimular o seu cérebro.

23.21 POTENCIAL CRIATIVO

A criatividade é uma característica que existe em todos os indivíduos, e não uma qualidade inata, propriedade de poucos. Potencial criativo pode ser desenvolvido ou transformado em novas habilidades. Nesse sentido, alguns indivíduos podem estar mais avançados do que outros, no desenvolvimento dessas habilidades, o que pode levá-los a transmitir corretamente uma imagem temporária mais criativa, erradamente à ideia de que são pessoas altamente privilegiadas.

A criatividade é um recurso altamente disponível no meio organizacional, à espera de implementação e uso. Assim, desenvolver as habilidades criativas de todos os membros de uma organização é mais importante do que institucionalizar grupos de pensadores sofisticados para essa tarefa.

Discursos impressionantes têm sido proferidos para proclamar as virtudes da criatividade e deblaterar os vícios da conformidade. Contudo, estas maneiras de agir não fazem parte do mundo empresarial e, sim, do mundo da política.

O que certas pessoas chamam de conformismo em negócios relaciona-se menos à falta de criatividade do que à falta de ação. Homens criativos são conhecidos, geralmente, como pessoas descontentes.

A razão pela qual o executivo, tantas vezes, rejeita novas ideias é que ele é um homem ocupado, cuja principal tarefa é tratar de problemas prementes de solução. Assim, cada vez que novas ideias lhe são propostas, ele as vê como problemas futuros.

Um dos desafios mais sérios na carreira de qualquer dirigente é como fazer com que sua equipe pense de modo criativo, sem prejudicar o andamento das operações do dia a dia.

Não há modelos nem regras, processos ou mesmo padrões de sucesso. Apesar disso, algumas organizações conseguem ter ideias geniais repetidas vezes.

Para estimular a criatividade faça dela um evento cotidiano. Para que seja algo confiável é preciso questionar: Quais recursos são necessários? Quem fará parte da equipe? Como compensar o sucesso do projeto? Como avaliar resultados?

A capacidade de gerar novas ideias é o talento mais procurado, hoje, no mundo dos negócios. Mas a percepção do processo criativo ainda se baseia no pressuposto de que a criatividade está em apenas uma pessoa e não num grupo de trabalho.

Qualquer grupo será liderado por alguém, que não necessariamente precisa ser o gênio da lâmpada.

Criatividade não é um caminho miraculoso para o desenvolvimento dos negócios e da riqueza, como tanto se pretende. Para o administrador pode ser uma pedra no sapato, em vez de um marco balizador. A criatividade pensa coisas novas. Inovação faz coisas novas.

As ideias são avaliadas mais por sua novidade do que por sua praticidade.

O problema principal é que as chamadas pessoas criativas, em geral, possuem pouca vivência empresarial, passando elas próprias a ser o ponto de estrangulamento da inovação. Há um pressuposto de que criatividade conduz a implementação da inovação. Este raciocínio é errado, porque o objetivo da inovação é o êxito.

Mas, exigir adiantadamente que não haja dúvidas quanto a seu êxito, destruiria a oportunidade da experimentação. É bom lembrar que uma inovação só será implantada se realmente for lucrativa, qualquer sentido que tiver.

23.22 INOVAÇÃO

Para um novo produto ser considerado uma inovação é preciso que seja verdadeiramente necessário, sem substituto satisfatório. Não confundir com invenção, que é um produto que causa uma revolução científica, tecnológica, ambiental e social. Um bom exemplo é a roda.

Uma inovação científica pode mudar o produto, o mercado e o consumidor. Se, por exemplo, tomarmos o setor de medicamentos, vimos inovações que foram da aspirina (1905) até o viagra (1998).

Desenvolvimento de novos produtos, inovações, extensão da vida dos produtos existentes, acréscimo de novos estilos, embalagens, serviços e melhoria da qualidade, tudo isso pertence ao arsenal de instrumentos de uma empresa competitiva. Inovação é uma palavra abundante em nossa sociedade, mas, provavelmente, menos abundante do que muitos de nós supomos.

Porém, a inovação contínua parece ser a única maneira de se evitar obsolescência das linhas de produtos da empresa. Mas, quando introduzir uma inovação no produto? É bom fazer uma pesquisa prévia para saber até que ponto a mesma será aceita.

Os novos produtos podem ser categorizados em:

Inovações Reais – São produtos únicos para os quais existe uma verdadeira necessidade, não havendo substitutos satisfatórios.

Reposições Adaptáveis – Estes produtos introduzem modificações significantes que lhes permitem substituir os produtos existentes.

Produtos Imitativos – São novos para o vendedor, mas não para o mercado.

A inovação não se limita somente a produtos, ela pode ser considerada como a capacidade de receber, idealizar, estruturar e operacionalizar situações novas. Pode-se renovar tudo, desde os processos de manufatura à relação com o mercado e com os consumidores. O inovador, além de pesquisador, precisa ter ousadia.

Em mercados altamente competitivos, a busca pela inovação tornou-se um "mantra", segundo Philip Kotler. Paradoxalmente, se as inovações não forem bem-sucedidas também perecerão. Albert Einstein disse: "Não há maior sinal de loucura do que fazer a mesma coisa repetidamente e esperar resultados diferentes por vez". A inovação não está restrita às grandes empresas nem às empresas de tecnologia avançada.

A inovação é necessária em negócios, mas ela começa com uma ideia proposta por alguém. Assim, aquele com uma nova ideia deve trabalhar de acordo com a situação. Ele precisa incluir pelo menos alguma indicação mínima como: custo, risco, benefício, tempo e recurso.

As ideias são inúteis quando não usadas. A prova de seu valor está em sua implantação e sua aplicação. Até que isso aconteça, elas se acham em um limbo. Isto não quer dizer que todas as ideias têm de ser minuciosamente documentadas antes que sejam mencionadas a quem quer que seja.

Todas as fontes de oportunidades para inovar devem ser procuradas, analisadas e estudadas de modo sistemático. A busca precisa ser organizada, deve ser feita de forma regular e sistemática. Os inovadores de sucesso examinam os dados e as pessoas. Definem, analiticamente, como a inovação precisa ser para satisfazer uma oportunidade. E então eles saem e observam os consumidores e/ou usuários, para ver quais são suas expectativas, seus valores e necessidades.

Uma inovação para ser eficaz precisa ser simples e pontual. Deve concentra-se em uma única coisa, caso contrário, causará confusão e não funcionará. Mas antes de inovar, talvez, seja razoável renovar. Isto é, resgatar o que há de bom e aproveitável numa rotina, processo, política, plano e projeto, antes de jogar tudo por terra, pelo prazer de se tornar um inovador, aventureiro e temerário.

A inovação é, hoje, um dos requisitos do mundo dos negócios. Um sem número de livros aponta a administração da inovação como uma das características essenciais para o sucesso no Século XXI. O raciocínio é que, para se distinguir num mercado cada vez mais competitivo, as empresas têm de obter avanços na produtividade, em geral, decorrentes de uma nova forma de fazer as coisas, seja um modo mais eficiente de aproveitar os recursos, seja a entrada em um mercado diferente ou a aposta num produto extraordinário.

Trata-se de um dos principais paradoxos da gestão: Para se tornar perene a empresa deve mudar constantemente. Peter F. Drucker disse: "Não se pode jogar tudo fora, sob pena de se promover a anarquia. Também não se pode preservar tudo, pois isso significa a morte". Drucker compreendia a dificuldade de inovar e de, ao mesmo tempo, explorar as experiências do passado.

A fonte mais evidente de ideias inovadoras são os grandes avanços científicos. Essas inovações tendem a se caracterizar por prazos de maturação longos e, geralmente, são de alto risco e de alto impacto. É preciso ter coragem de ser o primeiro a introduzir uma novidade em determinado ramo. É claro que, às vezes, por ser o primeiro, você vai acabar se dando mal.

De maneira geral, as empresas que têm coragem de aceitar novas ideias (desafios) e ser as primeiras a implantá-las são, extremamente, bem-sucedidas.

O objetivo da inovação é aquele pelo qual uma empresa operacionaliza sua definição de qual deve ser o nosso negócio. Mas, o problema para estabelecer objetivos de inovação é a dificuldade de medir o impacto e a importância das diversas inovações.

A inovação traduz-se como: Algo de melhor vai acontecer! Ajuda-nos, assim, a criar a esperança de dias melhores, a incentivar sonhos e a aceitar mais facilmente as agruras do presente. Por isso é que a inovação, quando proposta, tem aceitação fácil e até desejada por todos. Entretanto, a inovação é alguma coisa específica e coletiva, que altera crenças, hábitos e interesses sedimentados ao longo dos anos.

A inovação refere-se à introdução de uma mudança julgada positiva, benéfica, isto é, constitui-se no uso prático de uma descoberta ou invenção. A criatividade e a inovação são processos organizacionais contínuos e concomitantes, que prosseguem durante todas as fases de introdução e uso de novas ideias.

Inovar é, antes de tudo, aplicar o incomum, o novo. É uma espécie de solução criativa para problemas que vão sendo detectados. Não há fórmula prévia para se inovar, porque a inovação faz parte de um processo que descobre suas próprias regras.

A experimentação atua como uma forma de aprendizado barato para a maioria das empresas e, usualmente, revela-se menos cara e mais útil do que pesquisas sofisticadas de mercado. Antes de podar uma ideia e antes que alguma avaliação convença de que ela não funcionará, surgem as questões:

- Existe alguma maneira de experimentar essa ideia a baixo custo?
- O experimento é o instrumento mais poderoso para transformar a inovação em ação?
- Sempre é possível, para qualquer um de nós, nos tornarmos prepotentes a respeito de uma inovação?

A visão inovadora não é produto da mente brilhante de um indivíduo. Ela acontece quando olhamos para o mundo através de lentes ligeiramente diferentes, em que predominam algumas expectativas, tais como:

- Encarar tudo como provisório.
- Enxergar as necessidades, cada vez mais dinâmicas, da sociedade.
- Associar a viabilização da inovação ao lucro e ao mercado.

23.23 CAPACIDADE INOVADORA

Os empreendedores inovam. A capacidade inovadora é o instrumento específico do espírito empreendedor. É o ato que contempla os recursos com a capacidade de criar riqueza. O mercado pede inovações, o consumidor é cada vez mais exigente, a empresa precisa de flexibilidade, velocidade e capacitação gerencial. O empregado necessita de maior qualidade de vida. A sociedade exige trabalho e novos empregos.

O espírito empreendedor não é privilégio do empresário. O sucesso de um novo empreendimento depende de ideias, recursos, legislações, riscos calculados, ações estratégicas, conhecimentos e práticas. Para que a inovação se torne sistemática, a empresa deve designar recursos e possibilitar que gerentes se desenvolvam e se transformem em empreendedores internos.

Para isto, deve seguir algumas diretrizes:

- Dar valor explicitamente à inovação e ao estratégico.
- Recompensar as inovações mesmo que não deem certo.
- Criar um *staff* para analisar novos projetos.
- Desenvolver ou participar de seminários e palestras voltados para a criatividade.

Criar novas capacidades numa organização não é, simplesmente, o inverso de descrever o que não está funcionando. Assim, projetar uma ponte sólida exige bem mais do que, meramente, compreender por que algumas pontes não caem. Assim, passamos a afirmar que as empresas inovadoras não são apenas, excepcionalmente, eficientes na produção de novos inventos comercialmente viáveis.

À medida que se alteram as necessidades da clientela, crescem as habilidades da concorrência, se alteram os humores e tendências do público, realinham-se as forças do mercado. Também quando mudam as regulamentações, essas empresas modificam sua linha de ação, renovam-se, ajustam-se, transformam-se e adaptam-se. As empresas inovam, globalmente, sua própria cultura.

Transformar estruturas, recursos e comportamentos para uma atuação inovadora e empreendedora é um processo difícil, mas fundamental. Difícil, pois significa mudar os pontos que foram críticos ao sucesso da empresa e que, hoje, são obstáculos.

Inovar é fundamental, pois, é a sobrevivência e o crescimento da empresa que estão em jogo.

Lawrence e Lorch estudaram pormenorizadamente a inovação, pois eles achavam que existia algo mais do que ter uma organização certinha. Afirmam que, geralmente, o originador da ideia tem dificuldades de comercializá-la e instrumentalizá-la. Portanto, é preciso um integrador, ou coordenador, que dê andamento ao projeto.

Geralmente, o fracasso é resultado não de más ideias, mas de execuções ruins. Assim, é preciso uma equipe para levar adiante a integração. Mas, é preciso ter cuidado para não concentrar poder em uma única pessoa. A autoridade centralizada é uma faca de dois gumes, pois pode atuar com rapidez e ousadia, mas pode estar no caminho errado.

Uma organização não deve pensar que, com um bom projeto no papel e um orçamento enxuto, conseguirá o sucesso pretendido. Há necessidades imprevistas, insumos inesperados, conflitos de toda ordem e atitudes de desconsideração para como a coerência.

Capítulo 24

CONTROLES CONTÁBEIS

"Assumir uma atitude responsável perante o futuro sem uma compreensão do passado é ter objetivo sem conhecimento. Compreender o passado sem um comprometimento com o futuro é conhecimento sem objetivo".

Ronald T. Laconte

OBJETIVOS DO CAPÍTULO

- Mostrar a importância dos controles contábeis.
- Mostrar os diversos tipos de conta.
- Mostrar a necessidade de verificação da situação financeira da empresa.

24.1 CONTA

Suponhamos que você vá ao banco e efetue um depósito em seu próprio nome. Sendo correntista do banco, você terá uma conta própria. O que significa dizer que o valor depositado vai ser anotado em um registro, destinado a demonstrar todas as suas transações com o banco, chamado conta.

O nome de uma conta indica o tipo de transação que deve ser registrado na mesma. E deve indicar também se a conta é do ativo, passivo ou patrimônio líquido. Para cada possível ponto de origem de recursos e para cada possível ponto de destinação de recursos, a empresa abre uma conta, ou seja, um registro individualizado que vai recebendo acréscimos e deduções à medida que as transações vão ocorrendo.

Assim, podemos conceituar conta como sendo o registro de uma transação que envolve valores. Se o registro mostra a liquidez da transação é comum ser chamada de conta corrente, tendo um nome específico. O saldo de conta, ou diferença, é o resultado do confronto entre os totais de débito e de crédito levados a esta. Este saldo, como é óbvio, poderá ser nulo, devedor ou credor.

Cada conta deve corresponder a uma única natureza de relação entre a transação e o titular (nome) da conta. As contas utilizadas na empresa nada mais são do que valores de lançamento, função das operações que nela se realizam. Assim, quando vendemos mercadorias à vista movimentamos duas contas: Caixa (entrada) e Estoque (saída).

Os contabilistas, desde longa data e até os dias de hoje, têm manifestado grande empenho em criar uma sistemática para as contas, havendo vários nomes tradicionais de classificação. A seguir, os principais tipos de contas:

Contas de Proprietários – Aquelas que se referem aos valores inicialmente investidos no negócio.

Contas de Consignatários – Aquelas que dizem respeito aos valores entregue pelo proprietário a pessoas, as quais, por serem depositárias desses valores, tornam-se responsáveis pelos mesmos.

Contas de Terceiros – Aquelas que representam pessoas estranhas às finanças da empresa, mas que mantêm, com as mesmas relações de débito e crédito.

Contas Patrimoniais – Aquelas que integram ou compõem o patrimônio, ou seja, contas de: bens, direitos e obrigações.

Contas Diferenciais – Aquelas cujo conjunto constitui a diferença entre o ativo real e o passivo real, ou seja, entre o patrimônio bruto e as obrigações.

Contas Coletivas – Cada conta deste tipo reúne débitos e créditos de várias subcontas. Uma empresa, por exemplo, mantém depósitos em dez bancos para os quais abre contas individuais e debita ou credita a conta geral bancos toda vez que movimenta qualquer das referidas contas individuais. Deste modo, tem na conta coletiva uma síntese da posição bancária da empresa.

Contas Unilaterais – Aquelas que apresentam saldo sempre devedor ou sempre credor, são contas características de ativo ou de passivo.

Contas Bilaterais – Aquelas que podem apresentar saldo credor ou devedor.

Contas Dinâmicas – Aquelas que atendem à rotina do processo contábil sendo debitadas ou creditadas a cada passo.

Contas Estáticas – Aquelas que se movimentam apenas em virtude de eventos específicos e acidentais.

Contas Permanentes – Aquelas que registram os fatos da administração econômica, em seus movimentos usuais.

Contas Transitórias – Aquelas criadas para atender a situações especiais e que perdem a razão de existir, quando estas situações se extinguem.

24.2 CONTROLES CONTÁBEIS

Controle é a função administrativa que verifica e compara os resultados alcançados com aquilo que foi estabelecido no planejamento (resultados esperados). Controlar é verificar se o plano foi executado, aferindo resultados para saber se estes estão além ou aquém do esperado. É possível, assim, determinar, também, se os objetivos foram superestimados ou subestimados.

Os controles são necessários, porque, constantemente, surgem distúrbios, desviando a empresa. Os distúrbios (desvios), por definição, estão fora do controle da gerência. Um sistema de controle deve ter as seguintes características:

- Contribuir para a realização dos objetivos.
- Possuir um sensível sistema de mensuração.
- Dispor de um conjunto de valores (padrões), com os quais compara os valores mensurados.
- Ser capaz de desenvolver uma análise das variações (desvios) entre valores buscados e valores encontrados.
- Ser capaz de determinar correções adequadas na entrada do sistema, de modo a eliminar as causas dos desvios.
- Ser capaz de reforçar o desempenho para assegurar resultados satisfatórios ou superiores aos esperados.

A contabilidade gerencial enfatiza os conceitos e os procedimentos contábeis que são relevantes à preparação de relatórios para os usuários internos e externos. Num sentido mais amplo, está voltada, única e exclusivamente, para a administração da empresa, procurando suprir informações que se encaixem de maneira válida e efetiva no modelo decisório do dirigente.

Esta contabilidade também se vale, em suas aplicações, de outros campos do conhecimento não circunscritos à contabilidade. Atinge e aproveita conceitos da administração da produção, da administração de vendas, bem como da administração financeira, campo mais amplo, no qual toda a contabilidade da organização se situa.

24.3 CONTROLE DO CAIXA

O controle do caixa é um registro diário onde são lançadas todas as transações, em dinheiro, da empresa. Embora simples, é um controle de extrema importância, mostrando, através do saldo, o disponível imediato em dinheiro.

Controle de Caixa				
Mês/Ano:	Responsável:			
Dia	Histórico	Entrada	Saída	Saldo
1	Saldo do mês anterior	10.000,00		10.000,00
1	Compra de material		500,00	9.500,00
1	Depósito bancário		5.000,00	4.500,00
2	Recebimento de duplicata	300,00		4.800,00
2	Luz e força		480,00	4.320,00

3	Pagamento de fornecedor		640,00	3.680,00
3	Adiantamentos salariais		100,00	3.580,00
3	Água e esgoto		250,00	3.330,00
4	Vendas à vista	500,00		3.830,00
4	Despesas com frete		50,00	3.780,00
5	Aluguel		1.150,00	2630,00
6	Cartão transporte		500,00	2130,00
6	Vendas à vista	1.000,00		3.130,00
6	Comissões		350,00	2.780,00
7	Compra máquina		250,00	2.530,00
7	Correios		50,00	2.480,00
7	Recebimento duplicata	2.000,00		4.480,00
8	Despesa financeira		40,00	4.440,00
8	Assinatura D.O.		200,00	4.240,00
9	Serviço encadernação		150,00	4.090,00
10	Honorários		200,00	3.890,00
12	Informática apoio		260,00	3.630,00
12	IPTU		280,00	3.350,00
13	Manutenção máquinas		350,00	3.000,00
13	Manutenção instalação		400,00	2.600,00
14	Material escritório		320,00	2.280,00
14	Material higiene e limpeza		60,00	2.220,00
15	Serviços gerais		200,00	2.020,00
15	Vendas à vista	3.000,00		5.020,00
15	Telefones		600,00	4.420,00
16	Transporte pessoas		50,00	4.370,00
17	Vendas à vista	1.500,00		5.870,00
18	Segurança		100,00	5.770,00
19	Seguro responsabilidade civil		190,00	5.580,00
20	Seguro vida em grupo		1.400,00	4.180,00
21	Ticket refeição		1.200,00	2.980,00
25	Vales pagos		3.340,00	- 360,00
26	Salários a receber		3.400,00	- 3.760,00

28	Integralização capital social	3.000,00		-760,00
28	Material escritório		250,00	- 1.010,00
29	Recebimento duplicatas	2.200,00		1.190,00
29	Pagamento fornecedor		780,00	410,00
30	Saque banco	5.000,00		5.410,00
30	Despesas financeiras		300,00	5.110,00
30	Totais	28.500,00	23.390,00	5.110,00

Planilha 24.1: Controle do Caixa.

Onde:

Dia = Sempre que houver entrada e saída de dinheiro, haverá o registro correspondente. Os dias são colocados em ordem crescente. Nunca deixar acumular os lançamentos para não correr o risco de esquecer.

Histórico = A coluna relativa ao histórico caracteriza o que está sendo lançado.

Entrada e Saída = Colunas onde são lançados os valores relativos aos registros históricos.

Saldo = Saldo Anterior + Entradas - Saídas

24.4 CONTROLE DAS DESPESAS DE INSTALAÇÃO

O controle das despesas de instalação é aquele em que são registrados os valores gastos no desenvolvimento e na implementação de um projeto.

Controle de Despesas de Instalação			
Projeto: Instalação de um restaurante num shopping.			
Data	Descrição	Valor	Acumulado
01/03/XX	Cabos, fios e conduites.	1.500,00	1.500,00
10/03/XX	Argamassa	500,00	2.000,00
15.03/XX	Luminárias	2.000,00	4.000,00
20.03/XX	Tubos de PVC	800,00	4.800,00
22.03/XX	Concreto	1.000,00	5.800,00
22.03/XX	Tampos de mármore	1.500,00	7.300,00
25.03/XX	Revestimento do Piso	800,00	8.100,00
30.03/XX	Portas	1.200,00	9.300,00
05.04/XX	Pintura	1.000,00	10.300,00
10.04/XX	Armário em alvenaria na cozinha	500,00	10.800,00

10.04/XX	Sistema de climatização	5.000,00	15.800,00
10.04/XX	Sistema de exaustão	3.500,00	19.300,00

Planilha 24.2: Controle das Despesas de Instalação.

24.5 CONTROLE DAS DESPESAS MÊS

O controle da despesa mês é aquele em que todas as contas são lançadas, mesmo que tenha valores nulos, para se ter noção do quanto cada conta pesa em relação ao total.

Controle das Despesas Mês		
Mês/Ano:		
Contas Correntes	Valor	%
Água e esgoto	178,00	0,76
Aluguel do imóvel	1.150,00	4,93
Associação patronal	108,00	0,46
Cartão transporte	1.868,00	8,01
Combustível	500,00	2,10
Comissões	540,30	2,30
Compra materiais	2.396,16	10,28
Computador (9/12 parcela)	179,97	0,78
Correios	78,40	0,34
Dedetização	590,00	2,53
Despesas financeiras	26,03	0,11
Encargos sociais	3.973,15	17,00
Extintor (carga)	63,96	0,27
Férias Regina Célia	138,50	0,59
Força e luz	436,76	1,87
Honorários	470,00	0,20
Informática	23,00	0,09
Manutenção instalação	38,00	0,16
Manutenção máquinas	438,34	1,88
Material escritório	367,72	1,58
Material higiene e limpeza	66,97	0,29
Pagamento fornecedor	790,00	3,39
Salários líquidos a pagar	2.182,70	9,36
Segurança bancária	160,00	0,68
Segurança rua	120,00	0,51
Seguro imóvel	204,00	0,87
Seguro saúde	1.258,00	5,39

Seguro vida em grupo	180,00	0,77
Telefones	450,00	1,93
Ticket refeição	1.340,00	5,75
Transporte pessoas	350,00	1,50
Vales pagos	3.150,00	13,50
Total	23.815,96	100,00

Planilha 24.3: Controle das Despesas/Mês.

24.6 CONTROLE DE CONTAS A RECEBER

O controle de contas a receber é um levantamento que se faz, numa data qualquer, para determinar quanto em dinheiro a empresa terá de receber de seus devedores.

Controle de Contas a Receber					
Mês/Ano:		Fechamento:		Responsável:	
Cliente	Valores a Receber	Total a Receber	Valores Recebidos	Recebimentos	Saldo a Receber
CEDAR	1.000,00	1.000,00	600,00	600,00	
AGIR	2.500,00	3.500,00	1.000,00	1.600,00	
COLIMA	1.500,00	5.000,00	500,00	2.100,00	
LZT	2.000,00	7.000,00	1.000,00	3.100,00	
SERGEN	3.000,00	10.000,00	2.500,00	5.600,00	
LINHO	1.500,00	11.500,00	1.000,00	6.600,00	
Total		11.500,00		6.600,00	4.900,00

Planilha 24.4: Controle de Contas a Receber.

Onde:

Cliente = Coluna onde são colocados todos os clientes devedores da empresa.

Valores a Receber = Todas as duplicatas a receber de cada cliente.

Total a Receber = Todos os valores a receber de todos os clientes.

Valores Recebidos = Todas as duplicatas recebidas de cada cliente no período considerado.

Recebimentos = Todos os valores recebidos de todos os clientes.

Saldo a Receber = Diferença entre o total a receber e o total dos recebimentos.

24.7 CONTROLE DE DUPLICATAS A RECEBER/CLIENTE

O controle de duplicatas a receber por cliente é aquele em que a empresa observa se os recebimentos foram feitos em dia e quais as duplicatas estão com o pagamento atrasado. Este controle é fato gerador de informações para uma eventual inadimplência.

Controle de Duplicatas a Receber por Cliente							
Cliente:							
Data	Doc. (nº)	Valor a Receber	Total a Receber	Data Recebido	Valor Recebido	Total Recebido	Saldo a Receber
02/05/XX	021/8	1.500,00	1.500,00	10.05. XX	1.500,00	1.500,00	
20/05/XX	029/8	500,00	2.000,00	20.05. XX	500,00	2.000,00	
30/05/XX	041/8	2.000,00	4.000,00				
10/06/XX	053/8	1.000,00	5.000,00				
15/07/XX	059/8	1.500,00	6.500,00				4.500,00

Planilha 24.5: Controle de Duplicatas a Receber por Cliente.

24.8 CONTROLE GERAL DE ESTOQUE

O controle de estoque, como já observado, é um valioso controle do ativo circulante, porque mostra quanto cada item do estoque pesa no total e quanto de dinheiro está imobilizado.

Controle Geral do Estoque				
Data do Inventário:				
Itens	Quantidade (Q)	Custo (Cu)	Valor	Valor Acumulado
A	10	0,60	6,00	6,00
B	2	60,00	120,00	126,00
C	50	1,00	50,00	176,00
D	100	0,16	16,00	192,00
E				

Planilha 24.6: Controle Geral do Estoque.

24.9 CONTROLE DE ESTOQUE/PRODUTO

O controle de estoque mostra o giro de cada produto e o quanto é a sua participação no estoque.

Controle de Estoque/Produto							
Produto/Unidade: Farinha de trigo com fermento (saco de 5 kg).							
Fornecedor: Costa S.A.							
Marca: Boa Sorte.							
Data	Histórico	Q	Valor Unitário	Valor da Transação	Valor Acumulado	Quantidade Acumulada	Valor Médio
30/05/XX	Compra	50	150,00	7.500,00	7.500,00	50	150,00
01/06/XX	Compra	60	140,00	8.400,00	15.900,00	110	144,50
03/06/XX	Venda	30	140,00	- 4.200,00	11.700,00	80	146,25
20/06/XX	Compra	50	150,00	7.500,00	19.200,00	130	147,70
30/06/XX	Venda	50	147,50	- 7.385,00	11.816,00	80	147,70

Planilha 24.7: Controle de Estoque por Produto.

Onde:

Histórico = Compra, venda, saída, inventário.

Valor Unitário = Valor de aquisição ou venda por unidade de medida.

Valor da Transação = Quantidade × Valor unitário (+ ou -).

Valor Acumulado = Soma algébrica dos valores transacionados.

Valor Médio = Valor acumulado ÷ Quantidade acumulada

24.10 CONTROLE DO CUSTO FIXO

O controle do custo fixo serve para acompanhar o volume de despesas indiretas, isto é, aquelas despesas que ocorrem, mesmo que não existia operação na empresa.

Controle do Custo Fixo	
Mês/Ano:	
Itens	Valor
Mão de obra indireta	5.000,00
Encargos sociais sobre mão de obra indireta	5.750,00
Pró-labore de sócios gestores	10.000,00
Honorários (contador, advogado)	1.000,00
Água e esgoto	850,00
Força e Luz	1.400,00
Telefone	900,00
Aluguéis	3.500,00
Seguro de máquinas	1.200,00
IPTU (rateio mensal)	250,00

Taxa de incêndio (rateio mensal)	50,00
Seguro de veículos (rateio mensal)	350,00
Seguro de instalações (rateio mensal)	90,00
Taxa de alvará (rateio mensal)	30,00
Extintores de incêndio (rateio mensal)	120,00
Assinatura de jornais, revista	50,00
Manutenção de instalações	150,00
Treinamento	1.000,00
Propaganda, publicidade, brindes.	5.500,00
Total	37.190,00

Planilha 24.9: Controle do Custo Fixo.

24.11 CONTROLE GERAL DO PATRIMÔNIO

O controle geral do patrimônio é um registro, feito no inventário, relativo aos bens duráveis (móveis, imóveis, utensílios, máquinas, equipamentos).

Controle Geral de Patrimônio			
Data do Inventário:			
Descrição do Bem	Registro	Valor	Valor Total
Torno Revólver	T - 101	5.000,00	5.000,00
Bancada (2 × 3)	B - 102	500,00	5.500,00
Mesa de Reunião (0,9 × 1,80)	M - 101	1.500,00	7.000,00
Cadeira de Escritório	C - 011	80,00	7.080,00
Mesa de Escritório (0,80 × 1,20)	M - 102	150,00	7.230,00
-	-	-	150.000,00

Planilha 24.10: Controle Geral do Patrimônio.

Onde:

Data do Inventário = Data que pode ser anual ou quando houver necessidade.

Registro = Todo bem de uma empresa possui um código de registro.

Valor = Valor atual do bem (valor de compra - depreciação); valor de mercado.

Valor Total = Soma dos valores dos bens na data do inventário.

Nota: No inventário é verificada a existência do bem e também seu estado físico.

24.12 CONTROLE DO BEM PATRIMONIAL

O controle do bem patrimonial é necessário para se saber o valor atual do bem, quando do inventário.

Controle do Bem Patrimonial				
Bem: Mesa de Reunião (0,90 × 1,80)				
Fabricante: Costa Ltda.				
Fornecedor: Móveis de Escritório Água Azul				
Local: Departamento de Marketing				
Registro: M – 101		Ano de Aquisição:		
Data	Histórico	Valor Aquisitivo	N	Valor Atual
15/01/XX	Aquisição	1.000,00	-	1.000,00
30/12/XX	Inventário	1.000,00	1	800,00
30/12/XX	Inventário	1.000,00	2	600,00

Planilha 24.11: Controle do Bem Patrimonial.

Onde:

Histórico = Aquisição, alienação, inventário.

Valor Aquisitivo = Valor de compra.

N = Número de anos de utilização.

Valor Atual = Valor Aquisitivo - Depreciação

Se a depreciação for feita em cinco anos (depreciação acelerada), vem:

Valor Aquisitivo = 1.000,00

Número de anos = 3

Valor Atual = 1.000,00 - (1.000,00 × 3/5) = 1.000,00 - 600,00 = 400,00

Nota: O valor do bem é dado pelo mercado.

Nota: Quando a empresa é de tecnologia intensiva, o bem, após cinco anos, é sucateado e vendido como ferro velho.

24.13 CONTROLE DE CONTAS A PAGAR

O controle de contas a pagar é um levantamento que se faz, numa data qualquer ou preestabelecida, para determinar quanto em dinheiro a empresa terá de pagar aos seus credores e fornecedores.

Controle de Contas a Pagar					
Mês/Ano:			Data de Fechamento:		
Cliente	Valores a Pagar	Total a Pagar	Valores Pagos	Total dos Pagamentos	Saldo a Pagar
Banco	10.000,00	10.000,00	1.000,00	1.000,00	9.000,00
Água e Esgoto	500,00	10.500,00	500,00	1500,00	
Fornecedor	1.000,00	11.500,00	500,00	2.000,00	
Fornecedor	2.000,00	13.500,00	500,00	2.500,00	
Força e Luz	1.500,00	15.000,00	1.500,00	4.000,00	
IPTU	400,00	15.400,00	200,00	4.200,00	
Salários	3.600,00	19.000,00	3.600,00	7.800,00	11.200,00

Planilha 24.12: Controle de Contas a Pagar.

Onde:

Valores a Pagar = Todas as contas (faturas) a pagar de cada cliente.

Total a Pagar = Todos os valores a pagar de todos os clientes.

Valores Pagos = São todas as faturas pagas de cada cliente no período considerado.

Total de Pagamentos = Todos os valores quitados de todos os clientes.

Saldo a Pagar = Total a Pagar - Total dos Pagamentos

24.14 CONTROLE DE FATURAS A PAGAR/FORNECEDOR

O controle de faturas a pagar por fornecedor é aquele em que a empresa observa se os pagamentos (dívidas) foram feitos em dia e quais as faturas pendentes de pagamento.

Também é fato gerador de informações para o controle geral de contas a pagar.

Controle de Faturas a Pagar/Fornecer							
Fornecedor:							
Data	Fatura (nº)	Valor a Pagar	Total a Pagar	Data de Quitação	Valor Pago	Total de Quitação	Saldo Devedor
10/05/XX	101/8	1.500,00	1.500,00	10.05.03	1.500,00	1.500,00	
20/05/XX	104/8	500,00	2.000,00	20.05.03	500,00	2.000,00	
30/05/XX	129/8	2.000,00	4.000,00	30.05.03	2.000,00	4.000,00	0,00
10/06/XX	145/8	1.000,00	5.000,00				1.000,00
15/07/XX	150/8	500,00	5.500,00				1.500,00
20/07/XX	171/8	1.500,00	7.000,00				3.000,00

Planilha 24.13: Controle de Faturas a Pagar por Fornecedor.

24.15 CONTROLE DA CONTA CLIENTE

O controle da conta cliente avalia a capacidade de compra do cliente.

Controle da Conta Cliente					
Nome:				Ano:	
Mês	Compras Mês	Valor Acumulado	Média de Compras	Padrão de Compras	Desvio da Média
Janeiro	1.000,00	1.000,00	1.000,00	1.500,00	- 33%
Fevereiro	1.500,00	2.500,00	1.250,00	1.500,00	- 17%
Março	2.000,00	4.500,00	1.500,00	1.500,00	Zero
Abril	1.000,00	5.500,00	1.375,00	1.500,00	- 8%
Maio	3.000.00	8.500,00	1.700,00	1.500,00	13%

Planilha 24.14: Controle da Conta Cliente.

Onde:

Padrão de Compras = Média de todas as compras de todos os consumidores relativas a um período de 12 meses, do ano anterior.

24.16 CONTROLE DA CONTA CAPITAL

O controle da conta capital é relativo ao capital investido (ou retirado) de cada sócio, mostrando a participação do mesmo. Este controle é importante quando da distribuição do lucro

Controle da Conta Capital		
Período:		
Capital Social: 60.000,00 (100%)		
Nome do Sócio	Valor do Investimento	Participação (%)
Fulano	15.000,00	25%
Beltrano	12.000,00	20%
Sicrano	33.000,00	55%

Planilha 24.15: Controle da Conta Capital.

24.17 CONTROLE DO DISPONÍVEL CIRCULANTE

O controle do disponível circulante é aquele em que são colocadas as principais contas que retratam a liquidez da empresa, isto é, basicamente a diferença entre o ativo circulante e o passivo circulante. Tal controle pode ser feito a qualquer momento.

Controle do Disponível Circulante				
Mês/ Ano:	Responsável:			
Dia	Histórico	Créditos	Débitos	Saldo
15	Bancos	7.568,00		7.568,00
	Caixa	12.212,00		19.780,00
	Contas a Receber	5.300,00		25.080,00
	Estoque	13.327,00		38.407,00
	Contas a Pagar		1.583,00	36.824,00
	Salários a Pagar		2.743,00	34.081,00
	Fornecedores a Pagar		5.100,00	28.981,00

Planilha 24.16: Controle do Disponível Circulante.

24.18 CONTROLE DO FATURAMENTO

O controle do faturamento serve para acompanhar o desempenho da equipe de vendas e se a mesma está cumprindo as metas estabelecidas. É um controle que aponta o desvio.

Controle do Faturamento					
N	Data	Valor	Acumulado	Média	Desvio (média)
1	01/07/XX	1.000,00	1.000,00	1.000,00	Zero
2	02.07/XX	800,00	1.800,00	900,00	- 11,10%
3	03.07/XX	1.200,00	3.000,00	1.000,00	+ 20,00%
4	04.07/XX	900,00	3.900,00	975,00	- 7,70%
5	07.07/XX	800,00	4.700,00	940,00	- 14,90%
6	08.07/XX	1.100,00	5.800,00	967,00	+ 13,80%
7	09.07/XX	500,00	6.300,00	900,00	- 44,40%
8	10.07/XX	1.100,00	7.400,00	925,00	+ 18,19%
9	11.07/XX	700,00	8.100,00	900,00	- 22, 22%

Planilha 24.17: Controle do Faturamento.

24.19 CONTROLE DO FLUXO DE CAIXA

O controle do fluxo de caixa sempre foi de extrema importância. Muitos empreendimentos são inviabilizados pela falta de cuidado com o fluxo de caixa.

Fazer este controle evita a falta de dinheiro para tocar o negócio; proporciona condições do que fazer com as sobras de caixa; adquire-se conhecimento da série histórica; dá condições de se fazer projeções no curto prazo.

Controle do Fluxo de Caixa						
Contas	**Início**	**15 d**	**30 d**	**45 d**	**60 d**	**90 d**
Saldo de Caixa (1)	500	550	800	640	330	150
Entradas:						
Contas a Receber	200	400	300	200	200	300
Outros Créditos	100			50	100	100
Capital a Integralizar			100		100	100
Créditos e Alienações						
Total de Entradas (2)	300	400	400	250	400	500
Saídas:						
Fornecedores	200		500	400	400	500
Encargos Sociais	30		10	40	30	50
Empréstimos		100		100		
Impostos	20		50	20	50	30
Contas a Pagar		50			100	150
Total de Saídas (3)	250	150	560	560	580	730
Saldo Final (1 + 2 - 3)	550	800	640	330	150	- 80

Planilha 24.18: Controle do Fluxo de Caixa

24.20 CONTROLE DO FATURAMENTO DE EQUILÍBRIO

Controle do Faturamento de Equilíbrio		
Mês/Ano:		
Item	Descrição	Valor
1	Custo Fixo Total	90.000,00
2	Custo Variável Total	50.000,00
3	Custo Total (1 + 2)	140.000,00
4	Faturamento	200.000,00
5	Margem Total (4 - 2)	150.000,00
6	Faturamento de Equilíbrio [(1/5) x 4]	120.000,00

Planilha 24.19: Controle do Faturamento de Equilíbrio.

24.21 CONTROLE DA CONTA INVESTIMENTO

O controle da conta investimento é aquele onde são registrados todos os investimentos por data de lançamento.

Controle da Conta Investimento			
Projeto:			
Data	Descrição	Valor	Acumulado
01.03.03	Compra de Máquinas	1.500,00	1.500,00
30.06.03	Serviços de Instalação	500,00	2.000,00
30.12.03	Compra de Câmara Frigorífica	2.000,00	4.000,00
30.06.04	Compra de Insumos	800,00	4.800,00
30.12.04	Compra de Equipamentos	1.000,00	5.800,00
30.06.05	Compra de Móveis e Utensílios	1.500,00	7.300,00
30.12.05	Compra de Material de Escritório	800,00	8.100,00
30.06.06	Compra de Estantes	1.200,00	9.300,00
30.06.07	Compra de Máquinas	1.000,00	10.300,00

Planilha 24.20: Controle da Conta Investimento.

24.22 CONTROLE DE VALES

	Ano: 2021	**Mês:**	**Junho**			
Funcionários	Salário Líquido	Vale 1	Vale 2	Vale 3	Vale 4	Saldo
Fábia	861,01					
Saldo Receber		0,00	0,00	0,00	0,00	0,00
Juliana	**1.951,36**	500,00	500,00			
Saldo Receber		1.451,36	951,36	951,36	951,36	951,36
Vânia	861,01					
Saldo Receber		861,01	861,01	861,01	861,01	861,01
Simone	**979,31**	500,00	50,00	100,00		
Saldo Receber		479,31	429,31	329,31	329,31	329,31
Valéria	**757,38**	500,00	50,00			
Saldo Receber		257,38	207,38	207,38	207,38	207,38
Wanderson	**908,41**	500,00	50,00	25,00		
Saldo Receber		408,41	358,41	333,41	333,41	333,41

Janaina Leite	550,45					
Saldo Receber		0,00	0,00	0,00	0,00	0,00
Aline	**949,95**	100,00	50,00			
Saldo Receber		849,95	799,95	799,95	799,95	799,95
Gabriela	920,59					
Saldo Receber		920,59	920,59	920,59	920,59	920,59
Daniel	**723,42**	400,00	100,00			
Saldo Receber		323,42	223,42	223,42	223,42	223,42
Janaina Fernandes	560,12					
Saldo Receber		560,12	560,12	560,12	560,12	560,12
Total a Pagar	10.547,08					4.826,43

Planilha 24.21: Controle de Vales.

24.23 BALANCETE DE VERIFICAÇÃO

O balancete de verificação, como já observado, é um relatório que lista todas as contas da empresa, colocando-as em colunas com seus respectivos valores. Estes balancetes podem ser construídos a qualquer tempo. A seguir, um exemplo:

Contas	Débitos	Créditos	Saldo Devedor	Saldo Credor
Banco conta Movimento	337,00	183,00	154,00	
Duplicatas a Receber	725,00	110,00	615,00	
Estoques	753,00	165,00	588,00	
Investimentos em Ações	95,00		95,00	
Imóveis	382,00		382,00	
Veículos	11,00		11,00	
Móveis e Utensílios	25,00		25,00	
Títulos a Pagar	20,00	118,00		98,00
Contas a Pagar		42,00		42,00
Fornecedores	79,00	310,00		231,00
Comissões a Pagar		20,00		20,00
Despesas Gerais a Pagar		2,00		2,00
Salários Administrativos		12,00		12,00
Imposto de Renda a Pagar		108,00		108,00
Participação de Empregados		20,00		20,00
Participação Direta a Pagar		9,00		9,00
Dividendos a Pagar		40,00		40,00
Capital		700,00		700,00

Reserva Capital		150,00		150,00
Reserva Legal		34,00		34,00
Reserva Estatutária		56,00		56,00
Lucros Acumulados	55,00	403,00		348,00
Totais	2.482,00	2.482,00	1.870,00	1.870,00

Planilha 24.22: Balancete de Verificação.

24.24 DEMONSTRATIVO DE RESULTADO

O demonstrativo de resultado, como já observado, nada mais é do que a exposição dos débitos e créditos que compõe os fluxos financeiros de um exercício de uma empresa (período, geralmente, de um ano). A seguir, um exemplo:

Nº	Histórico	Parcial	Parcial	Total
1	Receita Bruta de Vendas			2.000,00
2	Deduções (3 + 4 + 5)			200,00
3	Descontos Concedidos	10,00		
4	Impostos Faturados	168,00		
5	Devoluções	22,00		
6	Receita Operacional Líquida (1 - 2)			1.800,00
7	Custo de Mercadorias Vendidas			300,00
8	Resultado Operacional Bruto (6 - 7)			1.500,00
9	Despesas Operacionais (10+14+15+24+25)			190,00
10	Engenharia (11 + 12 + 13)		40,00	
11	Projetos e Desenhos	15,00		
12	Testes	5,00		
13	Protótipos	20,00		
14	Produção		10,00	
15	Marketing (16+17+18+19+20+21+22+23)		100,00	
16	Lançamento	50,00		
17	Literatura	5,00		
18	Propaganda	5,00		
19	Exposições e Feiras	10,00		
20	Salários	10,00		
21	Viagens	6,00		
22	Amostras	4,00		
23	Pesquisas	10,00		
24	Gerais e Administrativas		30,00	
25	Financeiras		10,00	

26	Resultado Operacional Líquido (8 - 9)			1.310,00
27	Correção Monetária (+/-)			90,00
28	Resultado antes do Imposto de Renda (26+27)			1.400,00
29	Provisão para Imposto de Renda			400,00
30	Participações			300,00
31	Resultado [28 - (29 + 30)]			700,00

Planilha 24.23: Demonstrativo de Resultado.

24.25 BALANÇO PATRIMONIAL

O balanço patrimonial, conforme já observado, consiste na apresentação dos saldos respectivos de todas as contas de uma empresa em uma data qualquer, dispostos em forma relativamente padronizada, com a finalidade de permitir, a quem o analisa, uma visualização rápida da posição econômico-financeira da companhia, expressa em valores monetários.

Ativo		Passivo	
Ativo Circulante:		Passivo Circulante:	
Caixa e Bancos	154,00	Títulos a Pagar	98,00
Duplicatas a Receber	615,00	Contas a Pagar	42,00
Estoques	588,00	Fornecedores	231,00
Total	1.357,00	Comissões a Pagar	20,00
Ativo Permanente:		Despesas Gerais a Pagar	2,00
Investimentos	95,00	Salários Administrativos	12,00
Total	95,00	Imposto de Renda a Pagar	108,00
Ativo Imobilizado:		Participações Diretas e Indiretas	29,00
Imóveis	82,00	Dividendos a Pagar	40,00
Veículos	11,00	Total	528,00
Móveis e Utensílios	25,00	Patrimônio Líquido:	
Total	418,00	Capital	700,00
		Reservas:	
Total do Ativo	**1.870,00**	De Capital	150,00
		Legal	34,00
		Estatutária	110,00
		Lucros Acumulados	348,00
		Total	1.342,00
		Total do Passivo	**1.870,00**

Planilha 24.24: Balanço Patrimonial.

Capítulo 25

AVALIAÇÃO

"O administrador é uma pessoa capaz de fazer julgamentos críticos quando os dados disponíveis são conjunturais e presumidos."

Harry Maynard

OBJETIVOS DO CAPÍTULO

- Mostrar que a avaliação é uma função administrativa que complementa a análise.
- Mostrar os principais índices e indicadores de gestão, dando exemplos.
- Mostrar a estatística como ferramenta valiosa na avaliação.

25.1 AVALIAÇÃO

Avaliar, conforme já observado, é comparar, por meio de um controle, os resultados obtidos com os padrões propostos anteriormente. Uma avaliação deve ter, de preferência, um relato escrito. A avaliação requer um referencial, isto é, um padrão. A falta de padrões objetivos e concretos dá àquele que avalia campo para dar vazão a seus preconceitos e tendenciosidades.

A avaliação é importante para qualquer indivíduo, ou organização, pois é através dela que se adquire senso crítico.

Um processo de controle inclui a avaliação. Mas, para se chegar a esta fase é preciso a etapa da medição. Assim, medir é determinar o grau a que se está progredindo em relação aos resultados (objetivos) esperados, isto é, reunir informações sobre o desempenho real do sistema (projeto, atividade, tarefa, procedimento, política, plano, programa).

Todo e qualquer sistema de avaliação passa pelo avaliador que é humano. Como tal, ele colocará em jogo não apenas a competência do funcionário, mas, principalmente, a simpatia, a amabilidade, a sociabilidade, a reverência e outros aspectos que nada têm a ver com o trabalho de avaliação.

Um projeto, por exemplo, precisa ser avaliado pela qualidade de seus resultados (produtos), pela rapidez de atendimento (velocidade de resposta), pelo custo real, pela comparação, por meio de indicadores de gestão, com outros projetos semelhantes, que permitam descobrir o ponto fraco e possibilitem corrigir as distorções que possam prejudicar novas implantações.

25.2 ÍNDICE E INDICADOR

O índice, como já abordado, é uma medida (relação) idealizada para mostrar a variação, num determinado período de tempo e se este valor oscilou para cima ou para baixo. É possível estabelecer relações do ano em curso com os anos anteriores. Um bem que, em 2020, custava $ 20,00 e, em 2023, passou a custar $ 45,00, diz-se que teve uma variação de:

I = 45,00 / 20,00 = 2,25 = 225%

O valor 2,25 é um índice e o valor 225% é o percentual de variação (ou de desvio).

Os índices de cada empresa variam, consideravelmente, em função do tamanho da empresa, dos serviços prestados, das condições de concessão, do recebimento de créditos, do tipo de clientela, da estrutura organizacional, dos custos, dos métodos e das estratégias, por exemplo.

A sujeição automática a um grande número de índices, nunca substitui um bom julgamento. Portanto, saber o que aconteceu no passado dará, ao dirigente, condições de projetar o futuro. Mas, se a empresa não possui séries históricas, devidamente registradas e facilmente acessíveis é pouco provável que o gestor da organização faça milagre.

O índice de inflação, por exemplo, mostra a perda do poder de compra do consumidor. Ele é um índice governamental que afeta a empresa, mas, mesmo não havendo inflação a nível governamental, pode haver inflação para a empresa, quando, por exemplo, a mesma compra de matéria-prima é mais cara do que a aquisição anterior.

Exemplo: O Departamento de Compras informa que quando comprou determinada matéria-prima, fez sob as seguintes condições:

Momento 01: Preço = $ 2,00 e Quantidade = 5.000
Momento 02: Preço = $ 2,24 e Quantidade = 4.600
Momento 03: Preço = $ 2,80 e Quantidade = 4.000

Pede-se determinar qual a inflação do período.

Método de Solução pelo Preço:

2,00 (100%)
2,24 (112%)

2,80 (140%)

Resposta: O índice de inflação em função do preço = (140% / 100%) - 1 = 1,40 - 1,00 = 40%.

Método de Solução pelo Produto (P × Q):

2,00 × 5.000 = 10.000 (100%)
2,24 × 4.600 = 10.340 (103,4%)
2,80 × 4.000 = 11.200 (112%)

Resposta: O índice de inflação, em função do preço vezes quantidade, é igual a 12% (112 - 100).

A inflação refere-se ao aumento de preços na economia. Quando os preços sobem o valor da moeda diminui, isto é, o poder de compra do cidadão estará em função das oscilações do índice de inflação. Os principais fatores responsáveis pela dinâmica do comércio são: crédito e renda. A inflação acende o sinal amarelo para os consumidores, pois encarece o crédito.

Os índices de inflação do governo são medidos por diversos critérios e, por conseguinte, existem diversas fórmulas para o cálculo da inflação. Os índices mais comuns são: INPC (IBGE); IPCA (IBGE); IGP-M (FGV); IGP-DI (FGV): IPC (FIPE); ICV (DIEESE).

Os indicadores representam um sistema peculiar de análise das empresas. Tal sistema consiste na comparação de dois ou mais elementos, de modo a se obter uma indicação (relação, medida) significativa da situação e, ao mesmo tempo, uma representação sintética da mesma. Um conjunto de indicadores bem estudado permite esclarecer a situação da empresa, através de elementos chaves.

Índices e indicadores são, muitas vezes, tomados como sinônimos por diversos autores. Porém, cada vez mais, estes conceitos se afastam um do outro. O índice tem um foco macroeconômico e o indicador microeconômico. Se verificarmos que nossa empresa apresenta um índice de liquidez igual a 2,5, como saberemos que este indicador é muito alto ou muito baixo?

Ainda que não possamos chegar à conclusão alguma, é lícito afirmar que quanto mais um determinado indicador se afastar de certo padrão, tanto maior será a probabilidade da existência de uma variação anormal a exigir estudos mais acurados. Muitos índices e indicadores levam o nome de taxa pela sua resposta em valores percentuais.

Os problemas dos indicadores de gestão podem advir do próprio analista, isto é, qual ferramenta, padrão, modelo, fórmula, processo, gráfico ou matriz ele utilizará e qual comportamento, personalidade e características terá para uma análise mais próxima da realidade comum das empresas. Mas é bom que se diga que os indicadores de gestão são as melhores ferramentas para aferir o desempenho empresarial.

Conhecer taxas governamentais é muito importante no gerenciamento de qualquer negócio.

25.3 INDICADORES ECONÔMICOS

Os indicadores econômicos estão voltados a retratar o resultado de um capital investido num determinado negócio. Estes indicadores se fundamentam no lucro e no prejuízo.

A seguir, os principais indicadores econômicos:

Margem de Lucro:

A margem de lucro (margem líquida) é dada pela fórmula:

Margem de Lucro = Lucro Líquido / Receita com Vendas

Onde:

Lucro Líquido = Lucro Bruto - Despesas com Vendas

Lucro Bruto = Receita com Vendas - Custos

Receita com Vendas = Somatório de todas as vendas faturadas e entregues

Exemplo:

Lucro Líquido = $ 500,00

Receita com Vendas = $ 2.000,00

Margem de Lucro = 500 / 2.000 = 0,25 = 25%

Análise:

Este indicador mostra que nem sempre vender muito é um bom negócio em termos de lucratividade. O que importa é o resultado operacional líquido (lucro líquido). Às vezes, um incremento em vendas traz uma série de despesas que não compensa o esforço, fazendo com que o resultado operacional líquido tenha uma variação menor do que a variação das vendas. Alguns autores chamam este indicador de margem de venda.

Lucratividade do Exercício:

A lucratividade do exercício é dada pela fórmula:

Lucratividade do Exercício = Resultado do Exercício / Receita Operacional Líquida

Onde:

Resultado do Exercício = Lucros ou Prejuízos Acumulados

Receita Operacional Líquida = Receita Bruta com Vendas - Deduções (Descontos + Impostos + Devoluções)

Exemplo:

Resultado do Exercício = $ 200,00

Receita Operacional Líquida = $ 1.800,00

Lucratividade Operacional Líquida = 200 / 1.800 = 0,11 = 11%

Análise:

O resultado final do exercício será dependente da correção monetária (em função da inflação), da provisão para imposto de renda (em função da alíquota determinada pelo governo) e das participações em outras empresas (em função dos seus desempenhos).

Rentabilidade do Capital Próprio:

A rentabilidade do capital próprio é dada pela fórmula:

Rentabilidade do Capital Próprio = Resultado do Exercício / Patrimônio Líquido

Onde:

Patrimônio Líquido = Capital Social + Reservas + Lucros - Prejuízos

Capital Social = Capital Declarado

Reservas = Somatório de todas as reservas

Exemplo:

Resultado do Exercício = $ 500,00

Patrimônio Líquido = $ 5.000,00

Rentabilidade do Capital Próprio = 500 / 5.000 = 0,10 = 10%

Análise:

Este indicador mede a perspectiva de retorno do investimento dos proprietários. No exemplo acima, como a rentabilidade é de 10%, significa dizer que o capital próprio levará 10 anos para voltar a seus proprietários.

Taxa de Capitalização:

A taxa de capitalização é dada pela fórmula:

Taxa de Capitalização = Patrimônio Líquido / Ativo Total

Onde:

Ativo Total = Soma de todos os ativos

Exemplo:

Patrimônio Líquido = $ 4.500,00

Ativo Total = $ 10.000,00

Taxa de Capitalização = 4.500 / 10.000 = 0,45 = 45%

Análise:

Como o patrimônio líquido retrata as origens dos recursos financeiros (capital e reservas) e o ativo é, na realidade, o total das aplicações da empresa, o valor da taxa de capitalização dirá o percentual envolvido das origens de capital na composição do ativo total.

Taxa de Recuperação:

A taxa de recuperação (período de recuperação) é dada pela fórmula:

Taxa de Recuperação = Total dos Investimentos / (Lucro Líquido + Amortizações)

Onde:

Total dos Investimentos = Recursos aplicados em participações (empresas coligadas e/ou controladas) e em outras sociedades (direitos de qualquer natureza).

Amortizações = São pagamentos de ágios e juros relativos a ações e empréstimos respectivamente.

Exemplo:
Investimentos = $ 50.000,00
Lucro Líquido = $ 15.000,00
Amortizações = $ 10.000,00
Taxa de Recuperação = 50.000 / (15.000 + 10.000) = 2

Análise:

A taxa de recuperação informa que levará dois anos para se ter o investimento de volta, no exemplo acima.

Taxa de Remuneração:

A taxa de remuneração é dada pela fórmula:

Taxa de Remuneração = Lucro Líquido / Capital Próprio

Exemplo:
Lucro Líquido = 22,40
Capital Próprio = 182,00
Taxa de Remuneração = 22,4 / 182 = 0,123 = 12,30%

Análise:

A taxa de remuneração terá um valor, em função da mudança da estrutura de capital da empresa. Nem sempre grandes somas de capital próprio garantirão uma taxa de remuneração alta. Por outro lado, tomar dinheiro emprestado para financiar capital de giro, sem ter estrutura de alavancagem, é um risco que a empresa não deve correr.

Taxa de Imobilização:

Assunto já abordado.

25.4 INDICADORES FINANCEIROS

Os indicadores financeiros objetivam mostrar o fluxo de dinheiro que corre na empresa e se ela terá condições de saldar compromissos assumidos. A seguir, os principais indicadores financeiros:

Solvência Geral:

A solvência geral é dada pela fórmula:

Solvência Geral = Ativo Real / Passivo Real

Onde:

Ativo Real = Ativo Total - Ativo Diferido

Passivo Real = Passivo Circulante + Exigível no longo prazo

Passivo Circulante = Somatório de todas as contas a pagar

Exemplo:

Ativo Real = $ 18.050,00

Passivo Real = $ 19.000,00

Solvência Geral = 18.050 / 19.000 = 0,95

Análise:

A solvência geral é um indicador de grande abrangência e somente merece maior atenção, quando o grau de endividamento da empresa é elevado ou os valores registrados, no ativo diferido, têm grande participação percentual em relação ao ativo total. Geralmente, este indicador se aproxima da unidade. Abaixo, ou muito abaixo, traduz um estado de insolvência, tendo a empresa de alienar ativos, renegociar suas dívidas, repensar seus objetivos e recursos, por exemplo.

Liquidez Corrente:

A liquidez corrente é dada pela fórmula:

Liquidez Corrente = Ativo Circulante / Passivo Circulante

Onde:

Ativo Circulante = Soma do disponível, realizado no curto prazo, duplicatas (valores) a receber, estoques e outros créditos; Capital de giro.

Exemplo:

Ativo Circulante = $ 2.000,00

Passivo Circulante = $ 1.500,00

Liquidez Corrente = 2.000 / 1.500 = 1,33

Análise:

Quanto mais alto este indicador, maior a capacidade da empresa para pagar suas contas, no curto prazo. O indicador em questão deverá ser considerado como medida bruta, já que não leva em conta a liquidez específica de cada um dos itens componentes do ativo circulante. Assim, uma empresa com ativo circulante composto de caixa, bancos e duplicatas a receber, provavelmente, possuirá maior liquidez, porque terá mais facilidades para obter dinheiro.

Liquidez Seca:

A liquidez seca (atual) é dada pela fórmula:

Liquidez Seca = (Ativo Circulante - Estoque) / Passivo Circulante

Onde:

Estoque = Somatório de matérias-primas, insumos, produtos semiacabados e produtos acabados

Exemplo:

Ativo Circulante = $ 2.000,00

Estoque = $ 500,00

Passivo Circulante = $ 1.500,00

Liquidez Seca = (2.000,00 - 500,00) / 1.500,00 = 1,0

Análise:

A comparação da liquidez seca com a liquidez corrente permite avaliar o quanto pesa o estoque na liquidez da empresa. Valores abaixo de 1 (um) devem preocupar a empresa.

Liquidez Imediata:

A liquidez imediata é dada pela fórmula:

Liquidez Imediata = Disponível / Passivo Circulante

Onde:

Disponível = Soma de valores monetários em caixa e bancos

Exemplo:

Disponível = $ 300,00

Passivo Circulante = $ 1.500,00

Liquidez Imediata = 300 / 1.500 = 0,20 = 20%

Análise:

Este cociente tem por objetivo medir o encaixe da empresa, ou seja, um volume mínimo de dinheiro para cobrir despesas não compromissadas e/ou de valores incertos.

Taxa de Endividamento:

A taxa de endividamento é dada pela fórmula:

Taxa de Endividamento = Passivo Real / Passivo Total

Onde:

Passivo Total = Valor atribuído ao passivo de uma empresa

Exemplo:

Passivo Real = $ 5.500,00

Passivo Total = $ 10.000,00

Endividamento = 5.500 / 10.000 = 0,55 = 55%

Análise:

Este indicador procura mostrar até que ponto a empresa é mais de seus proprietários do que de terceiros. É interessante observar que em muitos casos, o gerente financeiro deverá verificar a participação das dívidas (empréstimos) de curto prazo, que, além de normalmente onerosas, podem ser exigidas em prazo inferior àquelas na qual a empresa é capaz de gerar dinheiro para o referido pagamento, o que acarreta novas dívidas em condições adversas.

Nível de Desconto de Duplicatas:

O nível de desconto de duplicatas é dado pela fórmula:

Nível de Desconto de Duplicatas = Duplicatas Descontadas no Período / Receitas com Vendas

Onde:

Duplicata = Título de crédito emitido pelo vendedor de bens e serviços, correspondente a uma fatura de venda a prazo (da qual é cópia) e que, aceita pelo comprador, este se obriga a pagar dentro de certo prazo, e, em geral, descontada num banco comercial que efetua a cobrança.

Exemplo:

Duplicatas Descontadas no Período = $ 6.000,00

Receita com Vendas = $ 12.000,00

Nível de Desconto de Duplicatas = 6.000 / 12.000 = 0,5 = 50%

Análise:

Um nível elevado de descontos de duplicatas indica, normalmente, que a administração financeira da empresa se defronta com problemas de capital de giro, geralmente, por insuficiente autogeração de caixa.

Autonomia Financeira:

A autonomia financeira é dada pela fórmula:

Autonomia Financeira = Capital de Empréstimo / Capital Próprio

Onde:

Capital de Empréstimo = Capital tomado no mercado de recursos, sob a forma de dinheiro ou de material

Exemplo:

Capital de Empréstimo = $ 2.000,00

Capital Próprio = $ 8.000,00

Autonomia Financeira = 2.000 / 8.000 = 0,25

Análise:

O valor de 0,25 (25%) é razoável. O ideal é que seja próximo de zero. É mais um indicador que mostra a influência de capital de terceiros. Alguns autores dizem que a autonomia financeira é dada pela relação entre o patrimônio líquido e o passivo total.

Taxa de Depreciação:

Assunto já abordado.

Resultado Financeiro:

O resultado financeiro é dado pela fórmula:

Resultado Financeiro = Ativo Total / Patrimônio Líquido

Exemplo:

Ativo Total = $ 150.000,00

Patrimônio Líquido = $ 50.000,00

Resultado Financeiro = 150.000 / 50.000 = 3

Análise:

O resultado financeiro informa que a empresa conseguiu possuir em ativos o triplo do seu patrimônio líquido.

25.5 INDICADORES DE PERFORMANCE

Os indicadores de performance são aqueles voltados a retratar o progresso da empresa em busca da melhoria contínua, num determinado período. A seguir, os principais indicadores de performance:

Giro do Ativo Total:

O giro do ativo total é dado pela fórmula:

Giro do Ativo Total = Receita com Vendas / Ativo Total

Exemplo:

Receita com Vendas = $ 20.000,00

Ativo Total = $ 10.000,00

Giro do Ativo Total = 20.000 / 10.000 = 2,0

Análise:

O referido indicador procura mostrar quantas vezes a empresa consegue girar seu ativo total, em função de suas vendas. É medida básica para se calcular o retorno do investimento. Quanto mais elevado, revela maior eficiência operacional da empresa. No exemplo apresentado, o giro de 2,0 (dois) significa que a empresa movimenta seus ativos duas vezes por ano (exercício).

Giro do Estoque:

O giro (rotação) do estoque é dado pela fórmula:

Giro do Estoque = Custo de Mercadoria Vendida / Estoque Médio

Onde:

Custo de Mercadoria Vendida = Soma do estoque inicial mais compras mais despesas menos estoque final

Estoque Médio = Determinado por uma média entre os saldos no início e no final do exercício

Exemplo:

CMV = $ 70.000,00

Estoque Médio = $ 35.000,00

Giro do Estoque = 70.000 / 35.000 = 2

Análise:

O custo dos produtos vendidos (mercadoria vendida), incluído no numerador, corresponde ao período analisado. O índice de rotação de estoques nos mostra a rapidez com que os estoques são transformados, por vendas, em duplicatas a receber. Em geral, quanto mais elevada for a rotação do estoque, mais eficiente é a administração da empresa, porque cada vez que os produtos são distribuídos a intermediários, há a possibilidade de venda e lucro.

Entretanto, uma rotação relativamente alta poderá ser consequência de um nível de estoques excessivamente baixo e de frequentes faltas, com consequências negativas para os resultados da empresa. Quando a rotação de um item do estoque é baixa, causa a obsolescência do mesmo e retém dinheiro.

Giro do Capital:

O giro do capital é dado pela fórmula:

Giro do Capital = Capital de Giro Próprio / Capital de Movimento

Onde:

Capital de Giro Próprio = Diferença entre ativo circulante e passivo circulante

Capital de Movimento = Soma do capital próprio mais as exigibilidades correntes

Exemplo:

Capital de Giro Próprio = $ 12.000,00

Capital de Movimento = $ 20.000,00

Giro do Capital = 12.000 / 20.000 = 0,60 = 60%

Análise:

Este indicador diz que, se os compromissos de curto prazo forem liquidados, o capital de giro ficará reduzido a 60% do valor anterior. Quanto menor for a necessidade de capital de giro, tanto menor é o risco da empresa.

Retorno sobre Ativo:

O retorno sobre ativo é dado pela fórmula:

Retorno sobre Ativo = Lucro Líquido / Ativo Total

Exemplo:

Lucro Líquido = $ 500,00

Ativo Total = $ 5.000,00

Retorno sobre Ativo = 500 / 5.000 = 0,10 = 10%

Análise:

Este indicador dirá qual o valor do ativo a ser recuperado por ano (exercício). No exemplo acima, o retorno sobre ativo é de 10%, isto é, a empresa levará 10 anos para ter o valor do ativo de volta.

Retorno do Investimento:

Assunto já abordado.

Prazo Médio de Recebimento:

O prazo médio de recebimento é dado pela fórmula:

Prazo Médio de Recebimento = (Valores a Receber × 360 dias) / Receita Bruta

Onde:

Valores a Receber = Recebíveis

Receita Bruta = Total nominal das vendas, onde não são consideradas as deduções (descontos, impostos e devolução).

Exemplo:

Valores a Receber = $ 1.000,00

Receita Bruta = $ 12.000,00

Prazo Médio de Recebimento = (1.000 × 360 dias) / 12.000 = 0,083 × 360 dias = ± 30 dias

Análise:

O prazo médio de recebimento indica o número médio de dias necessários para a cobrança de uma conta. Comparando-se o prazo normalmente concedido pela empresa com os eventuais prazos de recebimento, teremos indícios de problemas (ou não) na cobrança. A liquidez dos valores a receber dependerá da sua velocidade de cobrança.

Prazo Médio de Pagamento:

O prazo médio de pagamento é dado pela fórmula:

Prazo Médio de Pagamento = (Valores a Pagar × 360 dias) / Compras Efetuadas

Onde:

Valores a Pagar = Contas a Pagar = Levantamento que se faz, numa data qualquer, para determinar quanto, em dinheiro, a empresa terá de pagar aos seus credores e fornecedores

Exemplo:

Valores a Pagar = $ 2.000,00

Compras Efetuadas = $ 8.000,00

Prazo Médio de Pagamento = (2.000 × 360 dias) / 8.000 = 0,25 × 360 dias = 90 dias

Análise:

Este indicador objetiva mostrar o período médio que a empresa leva para saldar seus compromissos com fornecedores. Esta medida, para efeito de análise, tem importância se comparada com o prazo médio de recebimento. Se prazo médio de pagamento é menor que prazo médio de recebimento, a situação financeira, normalmente apertada, exige maior quantidade de capital de giro próprio. Se prazo médio de pagamento é maior que prazo médio de recebimento, a situação financeira é mais tranquila, haja vista que se está trabalhando com capital de terceiros

Índice de Desvio:

O índice de desvio é dado pela fórmula:

Desvio = (Valor / Média da Série) - 1

Exemplo:

Tomem-se os valores vendidos por uma empresa (em milhares de reais), durante os meses de janeiro até junho, conforme mostrado no quadro abaixo:

N	Período deTempo	Valor	Valor Acumulado	Média	Desvio (%)
1	Janeiro	100,00	100,00	100,00	0,00
2	Fevereiro	120,00	220,00	110,00	+ 9,00
3	Março	150,00	370,00	123,30	+ 21,65
4	Abril	110,00	480,00	120,00	- 8,30
5	Maio	130,00	610,00	122,00	+ 6,55
6	Junho	200,00	810,00	135,00	+ 48,15

Quadro 25.1: Índices de Desvio.

Onde:

N = Número de avaliações

Período de Tempo = Dia, Quinzena, Mês, Ano

Valor = Quantidade, Dinheiro, Tempo

Valor Acumulado = Soma dos valores lançados

Média = Valor Acumulado / Número de Avaliações

Desvio do mês de março = (150,00 / 123,30) - 1 = 1,2165 - 1 = 0,2165 = 21,65%

Análise:

O índice de desvio serve para controlar o comportamento da empresa para qualquer indicador que seja. No mês de abril, o desvio apresentou um resultado negativo e no mês de junho mostrou um desvio bastante elevado. Este índice é tão importante que determina sintomas de mudança, sazonalidade, decisões (certas ou erradas), bem como estratégias, táticas e políticas apropriadas.

Índice de Distorção:

O índice de distorção é dado pela fórmula:

Índice de Distorção = 1 - (Média Corrigida / Média Simples)

Exemplo:

Uma empresa possui vendedores que apresentaram os seguintes resultados em vendas: $ 20.100,00; $ 22.000,00; $ 19.000,00; $ 19.500,00; $ 21.000,00; $ 5.000,00 e $ 21.500,00.

Total de Vendas = $ 128.100,00

Média Simples = 128.100,00 / 7 = 18.300,00

Se o valor $ 5.000,00 for excluído da série por ser muito baixo, vem:

Média Corrigida = (128.100 - 5.000) / 6 = 20.517,00

Índice de Distorção = 1 - (20.517 / 18.300) = 1 - 1,12 = - 0,12 = - 12%

Análise:

O valor de $ 5.000,00 (muito abaixo da média) mascara o resultado, causando uma distorção negativa de 12%. Para uma série em que seja excluído um valor muito acima da média, o resultado da distorção será positivo.

Pay Back:

Assunto já abordado.

Taxa de Cronometragem:

Assunto já abordado.

25.6 INDICADORES DE MÃO DE OBRA

Os indicadores de mão de obra objetivam mostrar, principalmente, o comportamento dos recursos humanos na empresa. A seguir, os principais indicadores de mão de obra:

Taxa de Turnover:

Assunto já abordado.

Taxa de Absenteismo:

Assunto já abordado.

Taxa de Acidentados:

Assunto já abordado.

Número de Vendedores por Visita:

Assunto já abordado.

Número de Vendedores por Turnover:

Assunto já abordado.

Taxa de Encargos Sociais:

A taxa de encargos sociais é dada pela fórmula:

Taxa de Encargos Sociais = Encargos Sociais / Passivo Circulante

Onde:

Encargo Social = Acréscimo à remuneração direta, por força de Lei

Exemplo:

Encargos Sociais = $ 1.200,00

Passivo Circulante = $ 5.000,00

Taxa de Encargos Sociais = 1.200 / 5.000 = 0,24 = 24%

Análise:

Os encargos sociais, cada vez mais, adquirem um percentual maior em relação às exigibilidades correntes, levando a empresa a cada vez menos contratar mão de obra.

Taxa de Afastamento:

A taxa de afastamento é dada pela fórmula:

Taxa de Afastamento = Empregados Afastados do Trabalho / Número de Empregados

Onde:

Empregados Afastados do Trabalho = Licenciados + Acidentados + Férias

Exemplo:

Empregados Afastados do Trabalho = 80

Total de Empregados = 800

Taxa de Afastamento = 80 / 800 = 0,10 = 10%

Análise:

Normalmente o acompanhamento desta taxa é desdobrado para funcionários licenciados, funcionários acidentados e funcionário em férias.

25.7 INDICADORES DE VENDAS

Os indicadores de vendas retratam as relações entre: vendedores, atendentes, consumidores, usuários, pacientes, funcionários de apoio, produtos, marcas, preços, receitas com vendas, por exemplo. A seguir, os principais indicadores de vendas:

Taxa da Perda de Consumidores:

A taxa de perda de consumidores é dada pela seguinte fórmula:

Taxa de Perda de Consumidores = Consumidores Perdidos / Total de Consumidores

Onde:

Consumidores Perdidos = Diferença entre o número de consumidores do ano anterior e o número de consumidores do ano em curso

Exemplo:

Consumidores Perdidos = 3.000

Total de Consumidores = 60.000

Taxa de Perda de Consumidores = 3.000 / 60.000 = 0,05 = 5%

Análise:

Esta taxa não é muito fácil de aferir devido à dificuldade de cadastrar todos os clientes consumidores e controlar quantas vezes eles voltaram a comprar. Para uma fábrica este controle é bastante factível, mas para um grande varejo, onde parte dos consumidores paga em dinheiro é muito difícil. Para a perda de consumidores, vale lembrar o seguinte questionamento:

- A taxa de perda de consumidores varia durante o ano?
- A taxa varia de lugar, vendedor ou intermediário?
- A taxa varia em função do preço de venda?
- Para onde vão os consumidores perdidos?
- Qual a estratégia dos concorrentes para manter os consumidores?

Eficiência em Vendas:

A eficiência em venda é dada pela fórmula:

Eficiência em Venda = Receita com Vendas / Despesa de Venda

Exemplo:

Receita com Vendas = R$ 500.000,00

Despesa de Venda = R$ 5.000,00

Eficiência em Venda = 500.000 / 5.000 = 100

Análise:

No exemplo acima, para cada real gasto com vendas, a empresa fatura cem reais. Porém, todo esforço para aumentar a receita com vendas pode acabar, se as despesas também aumentarem.

Eficácia da Propaganda:

Como é difícil saber quão eficaz é a propaganda, a não ser nos casos mais óbvios e tendo em vista a dificuldade de se fazer uma boa coleta de dados, a seguir, um exemplo:

Anos	Gastos Propaganda	Valor Relativo	Fatia do Mercado	Eficácia da Propaganda
1	3.000,00	43%	40%	0,93
2	2.000,00	28%	20%	0,71
3	1.500,00	21%	25%	1,19
4	500,00	8%	15%	1,87
Totais	7.000,00	100%	100%	

Quadro 25.2: Eficácia da Propaganda.

Resposta – Há uma convenção internacional que considera:
Taxa abaixo de 1,00 significa que a propaganda é ineficaz.
Taxa acima de 1,00 significa que a propaganda é eficaz.

No caso acima, temos:

Ano 1: Relativamente ineficaz (40% / 43% = 0,93).
Ano 2: Ineficaz (20% / 28% = 0,71).
Ano 3: Relativamente eficaz (25% / 21% = 1,19).
Ano 4: Muito eficaz (15% / 8% = 1,87).

Análise:

A eficácia da propaganda será maior quando: O conhecimento do comprador for mínimo; as vendas da indústria, como um todo, crescerem; A propaganda apresente aspectos do produto, normalmente, não observados pelo comprador; as oportunidades de diferenciação ficarem bem claras; as rendas discriminatórias dos consumidores forem altas.

Fator de Desconto:

Assunto já abordado.

Taxa Individual de Vendas:

A taxa individual de vendas é dada pela fórmula:

Taxa Individual de Vendas = Vendas do Vendedor / Total de Vendas

Exemplo:
Vendas do Vendedor A = $ 5.000,00
Total de Vendas = $ 80.000,00
Taxa Individual de Vendas = 5.000 / 80.000 = 0,0625 = 6,25%

Vendas do Vendedor B = $ 20.000,00
Total de Vendas = $ 80.000,00

Taxa Individual de Vendas = 20.000 / 80.000 = 0,25 = 25%

Análise:

Esta taxa mostra a participação do vendedor no montante de vendas e ajuda a premiar os melhores com incentivos. No caso acima, o vendedor B vendeu 4 vezes mais que o vendedor A (25/6,25). Fato que deve ser verificado.

Taxa de Cancelamento:

A taxa de cancelamento é dada pela fórmula:

Taxa de Cancelamento = Pedidos Cancelados / Total de Pedidos

Exemplo:

Pedidos Cancelados = 20

Total de Pedidos = 240

Taxa de Cancelamento = 20 / 240 = 0,083 = 8,3%

Análise:

Uma taxa de cancelamento acima de 5% deve começar a preocupar a empresa. Portanto, deve-se procurar verificar se Vendas não está dando prazos incompatíveis com a capacidade de entrega.

Nível de Tributação:

Assunto já abordado.

Prazo Médio de Vendas:

O prazo médio de vendas (PMV) é dado pela fórmula:

Prazo Médio de Vendas = Somatório Ponderado das Vendas em Dias / Total de Vendas

Exemplo:

Meses	A Vista	30 Dias	45 Dias	60 Dias	Total
Janeiro	1.800,00	3.200,00	2.800,00	500,00	8.300,00
Fevereiro	1.400,00	2.000,00	1.900,00	700,00	6.000,00
Março	2.000,00	2.200,00	1.500,00	900,00	6.600,00
Total	5.200,00	7.400,00	6.200,00	2.100,00	20.900,00

Quadro 25.3: Vendas de Determinado Período.

Avaliando pelo método da ponderação, temos:

Prazos	Valor de Vendas	Fator da Ponderação	Total
A Vista	5.200,00	0	0,00
30 Dias	7400,00	30	222.000,00
45 Dias	6.200,00	45	279.000,00
60 Dias	2.100,00	60	126.00,00
Total	20.900,00	-	627.000,00

Quadro 25.4: Fator de Ponderação nos Valores de Vendas, em Função do Prazo.

PMV = 627.000,00 / 20.900,00 = 30 dias

Análise:

Um prazo médio de vendas de 30 dias é muito bom, indicando que os produtos da empresa têm alta liquidez no mercado.

25.8 INDICADORES DE PRODUÇÃO

Os indicadores de produção são aqueles voltados a retratar os principais aspectos da produção, produto e produtividade das máquinas e dos recursos humanos. A seguir, os principais indicadores de produção:

Índice de produtividade:

Assunto já abordado.

Taxa de Comprometimento Industrial:

Assunto já abordado.

Taxa de Obsolescência:

A taxa de obsolescência é dada pela fórmula:

Taxa de Obsolescência = Produtos Descontinuados / Total de Produtos

Exemplo:

Produtos Descontinuados = 36

Total de Produtos = 180

Taxa de Obsolescência = 36 / 180 = 0,2 = 20%

Análise:

O valor acima só poderá ser analisado, se confrontado com padrões de mercado para: produto, setor da economia e público-alvo.

Rendimento da Máquina:

O rendimento (eficiência) da máquina é dado pela fórmula:

Rendimento da Máquina = Uso Real da Máquina / Capacidade da Máquina

Exemplo:

Uso Real da Máquina/dia = 200 peças

Capacidade da Máquina / dia = 300 peças

Rendimento da Máquina = 200 ÷ 300 = 0,67 = 67%

Análise:

No exemplo acima a máquina apresenta uma capacidade ociosa de 33% (100 - 67). Mas, também, só se deve forçar a máquina a dar tudo que tem nos casos de picos de venda. O uso continuado da máquina causa fadiga no material. Por outro lado, é preciso levar em consideração o avanço tecnológico que é exponencial e, desta forma, a empresa não deve comprar muitas máquinas do mesmo modelo, porque, logo se tornarão obsoletas.

Taxa de Inatividade das Máquinas:

A taxa de inatividade das máquinas é dada pela fórmula:

Taxa de Inatividade = (Máquinas Paradas + Máquinas Defeituosas) / Total de Máquinas

Exemplo:

Máquinas Paradas = 10

Máquinas Defeituosas = 2

Total de Máquinas = 50

Taxa de Inatividade = (10 + 2) / 50 = 0,24 = 24%

Análise:

Quando esta taxa permanece alta por muito tempo, isto demonstra uma grande ociosidade e que, talvez, a fábrica não precise de tantas máquinas. É aconselhável alienar algumas máquinas velhas, isto é, fazer dinheiro e aplicar o mesmo até em novos equipamentos. Uma taxa de inatividade máxima deve ser de 8%.

Taxa de Defeitos:

A taxa de defeitos é dada pela fórmula:

Taxa de Defeitos = (Produtos Defeituosos - Produtos Recuperados) / Total de Produção

Exemplo:

Produtos Defeituosos = 20

Produtos Recuperados = 5

Total de Produção = 500

Taxa de Defeitos = (20 - 5) / 500 = 0,03 = 3%

Análise:

Uma empresa deseja taxas de defeito muito baixas. Para tal, precisa implantar um programa "Zero Defeito", para motivar a não fabricação de produtos defeituosos. Deve haver premiações para os empregados que apresentarem qualidade, sob todos os aspectos.

Taxa de Refugo:

A taxa de refugo é dada pela fórmula:

Taxa de Refugo = Material Inaproveitável/Material de Produção

Exemplo:

Material Inaproveitável = 15 t

Material de Produção = 200 t

Taxa de Refugo = 15 / 200 = 0,075 = 7,5%

Análise:

A taxa de refugo, se for alta, mostra que a empresa pode estar cometendo equívocos, tais como: erros de projeto do produto; falhas no controle de qualidade, falhas no controle de produção; baixo nível de educação; mau uso das funções administrativas, principalmente, a função organização; armazenagem incorreta; falta de treinamento.

Taxa de Duração do Processo:

Assunto já abordado

Taxa de Devolução:

A taxa de devolução é dada pela fórmula:

Taxa de Devolução = Mercadorias Devolvidas/Mercadorias Vendidas

Exemplo:

Mercadorias Devolvidas = 300 peças

Mercadorias Vendidas = 50.000 peças

Taxa de Devolução = 300 / 50.000 = 0,006 = 0,6%

Análise:

A taxa de devolução mede o controle de qualidade da empresa. Uma taxa de devolução de 0,6% é excelente.

Índice de inovação:

O índice de inovação é dado pela fórmula:

Índice de Inovação = Inovações / Total de Produtos

Onde:

Inovações = Novos Produtos; Produtos Modificados; Imitações.

Total de Produtos = Produtos Ofertados ao Mercado

Exemplo:

Inovações = 20

Total de Produtos = 500

Índice de Inovação = 20 / 500 = 0,04 = 4%

Análise:

O valor de 4% para um período de um ano é baixo, mas também é preciso considerar que um índice alto de inovação é um risco a ser observado. Deve haver um equilíbrio nas inovações de uma empresa, tendo em vista a necessidade de se considerar o mercado, o público-alvo, o custo da incrementação e a implementação.

Prazo Médio de Compras:

O prazo médio de compras (PMC) é dado pela fórmula:

Prazo Médio de Compras = Somatório Ponderado das Compras em Dias / Total de Compras

Exemplo:

Meses	A Vista	30 Dias	50 Dias	90 Dias	Total
Janeiro	900,00	2.100,00	1.600,00	1.500,00	6.100,00
Fevereiro	700,00	1.500,00	1.300,00	1.700,00	5.200,00
Março	1.000,00	1.700,00	1.900,00	1.600,00	6.200,00
Total	2.600,00	5.300,00	4.800,00	4.800,00	17.500,00

Quadro 25.5: Compras de um Determinado Período.

Avaliando pelo método da ponderação, temos:

Prazos	Valor de Compras	Fator da Ponderação	Total
A Vista	2.600,00	0	0,00
30 Dias	5.300,00	30	159.000,00
45 Dias	4.800,00	45	288.000,00
90 Dias	4.800,00	90	432.000,00
Total	17.500,00	-	879.000,00

Quadro 25.6: Fator de Ponderação nos Valores de Compras, em Função do Prazo.

PMC = 879.000,00 / 17.500,00 = 50 dias

Análise:

Um prazo médio de compras da ordem de 50 dias é razoável, pois indica que o capital imobilizado em matérias-primas e insumos é de curto prazo.

25.9 ESTATÍSTICA APLICADA

Uma avaliação, conforme já apresentada, só pode existir se comparada a um padrão pré-estabelecido. Mas como se estabelecer um padrão?

Um padrão é fruto de um resultado que se deseja alcançar, que pode ser medido pela análise de uma série histórica de resultados. Tais resultados são aferidos e dimensionados por métodos quantitativos, ou seja. estatísticos.

Aquele que tem conhecimentos de estatística possui a facilidade de estabelecer um padrão ideal que serve para o momento. Nenhum pesquisador, analista ou avaliador poderá prescindir de alguns conheci mentos de estatística, para poder realizar o seu trabalho.

A seguir, alguns conceitos básicos de estatística aplicada:

Distribuição de Frequências:

Uma variável é um símbolo, como x, y, z, m e p, que pode assumir um dos valores que lhes são atribuídos. O conjunto desses valores é chamado de domínio da variável. Se a variável assume apenas um valor diz-se que é uma constante. Uma variável, que pode assumir, teoricamente, qualquer valor entre dados, chama-se variável contínua. De outro modo denomina-se variável discreta.

O número de meninos em cada uma de mil famílias, é um exemplo de dados discretos, enquanto que os pesos de 100 estudantes é um exemplo de dados contínuos. As medições dão origem a dados contínuos, enquanto as contagens resultam em dados discretos. Uma experiência é dita aleatória, quando a coleta de dados se dá independente do tempo.

Distribuição de frequências, denominada série de frequências, é uma série em que o fenômeno, à época e o local permanecem fixos. O fenômeno, porém, pode ser subdividido em classes (grupos). Assim, uma experiência aleatória pode ser representada por x1, x2, x3, x4, ..., xn, que são os elementos do espaço amostra. Sejam f1, f2, f3, ..., fn as frequências absolutas dos elementos (dados), quando realizamos n provas desta experiência.

Qualquer valor de uma coleta de dados (experiência aleatória) pode ser chamado de variável aleatória, que é representada por xi e fi sua frequência. Quando o espaço amostra for constituído por valores contínuos podemos dividi-lo em classes, como, por exemplo: (5 – 9); (10 – 14); (15 – 19).

Medidas de Posição:

Os dados levantados sobre um determinado fato (fenômeno), após classificação conveniente, dão origem às séries estatísticas. Estes dados são agrupados ou não. Quanto à apresentação das séries, sentiu-se a necessidade de representá-las de um modo simplificado, embora tal simplificação acarrete imprecisão. O problema, pois, consiste na escolha de valores pertencentes às próprias séries e suscetíveis de representatividade.

Escolheu-se, então, para satisfazer a esta condição, valores que se coloquem em determinadas posições características. Justamente por este posicionamento especial são conhecidos como medidas de posição, como: média aritmética, média geométrica, média harmônica, média quadrática, mediana, moda, separatrizes.

A média, a moda e a mediana são também conhecidas de medidas de tendência central, por estarem no entorno do valor central da séria.

Média Aritmética – A média aritmética (MA) de uma série de dados é a soma dos valores destes dados dividida pelo número total de dados (n) que compõem a série. Para dados não agrupados:

MA = (x1 + x2 + ... + xn) / n

Para dados agrupados em frequências:

MA = (x1f1 + x2f2 + ... + xnfn) / (f1 + f2 + ... + fn)

Exemplo: Entre 100 dados agrupados que compõem uma série de frequências, vinte são 4, quarenta são 5, trinta são 6 e os restantes são 7. Determinar a média aritmética desses dados.

xi	fi	xifi	
4	20	80	
5	40	200	MA = 530 /100 = 5,3
6	30	180	
7	10	70	
	100	530	

Média Geométrica – A média geométrica (MG) não é das mais usadas como medida de posição. Seu emprego é restrito a áreas bastante particulares, tais como: números-índices e dados que estão em progressão geométrica. Não é uma medida de posição de compreensão fácil, pois sofre a influência de valores extremos.

Como para sua determinação são efetuados os produtos dos valores da série, mais se um desses valores for igual a zero, ela é anulada.

Exemplo:

Calcular a média geométrica da série 2, 4, 6, 8.

Produto da série = 2 x 4 x 6 x 8 = 384

MG = Raiz de grau 4 do produto da série (384) é aproximadamente igual a 4,425

Média Harmônica – A média harmônica para uma série de dados é definida como o inverso da média aritmética dos inversos. É uma média bastante afetada por qualquer variação dos dados que compõem a série.

Média Quadrática – A média quadrática de uma série de valores é a raiz quadrada da média aritmética dos quadrados destes valores. É usada para o cálculo do desvio padrão.

Mediana – Valor mediano (MD), para uma série de valores crescentes ou decrescentes, é o valor particular que divide esta série em duas quantidades de dados iguais. Portanto, o número de dados (n) existentes antes da mediana é igual ao número existente depois.

Exemplos:

Para um número par:

Série: 5, 7, 8, 9, 11, 12, 15, 16 n = 8

P1 = (8 / 2) + 1 = 4 (quarto elemento) = 9

P2 = 4 + 1 = 5 (quinto elemento) = 11

MD = (9 + 11) / 2 = 10

Para um número ímpar:

Série: 2, 6. 8, 9, 10, 11, 12 n = 7

P = (7 + 1) / 2 = 4 (quarto elemento) = 9

MD = 9

Moda – A moda (MO) é o valor da variável xi que apresenta maior concentração de dados da série, isto é, o valor que possui maior frequência na distribuição. O problema reside então, em se determinar exatamente onde a moda se localiza dentro do intervalo desta classe, ou melhor, em se determinar a distância entre a moda e o limite inferir da classe de maior frequência. A fórmula é dada por:

MO = L1 + [(f - f1) x h] / [2f - (f1 + f2)]

Onde:

h = quantidade de dados da classe

L1 = limite inferior da classe modal

L2 = limite superior da classe modal

f = frequência da classe modal

f1 = frequência da classe anterior à modal

f2 = frequência da classe posterior á modal

Exemplo: Calcular a moda para as seguintes classes e suas frequências:

Idades	Frequências
(10 – 14)	4
(15 – 19)	109
(20 – 24)	216
(25 – 30)	209
(30 – 34)	135
(35 – 39)	78
(40 – 44)	31
(45 – 49)	16
(50 – 54)	12

(55 – 59) 3

813

h = 5

L1 = 20

f = 216

f1 = 109

f2 = 209

MO = 20 + [(216 - 109) x 5] / [2 x 216 - (209 + 109)] = 24,70 (aproximadamente)

Separatrizes – São valores da variável xi que ocupam posições especiais em uma série estatística. Estas separatrizes dividem a série em partes iguais. As separatrizes mais utilizadas são os quartis. Os quartis separam a distribuição em quatro partes iguais e são em número de três:

Primeiro Quartil – É o valor que abaixo dele existem 25% da distribuição.

Segundo Quartil – É o valor que abaixo dele existem 50% da distribuição, isto é, a própria mediana.

Terceiro Quartil – É o valor que abaixo dele existem 75% da distribuição.

Medidas de Dispersão:

Como foi visto anteriormente, procura-se representar uma série estatística através de medidas de posição. Entretanto, quase sempre, esta representação é incompleta, visto que estas medidas descrevem somente o posicionamento dos valores da série em relação a elas, sem explicar ou determinar como se dá este posicionamento ou, ainda, sem identificar como os valores da série se distribuem ou se dispersam relativamente àquelas medidas.

É muito comum se encontrarem séries em que apesar de terem a mesma média aritmética (200), são completamente diferentes, tais como:

Série A: 180, 190, 200, 210, 220

Série B: 100, 150, 200, 250, 300

Conclui-se que é inviável representar as séries somente com medidas de posição. Assim, passemos a estudar as medidas de dispersão:

Amplitude Total – Denomina-se amplitude total (A) a diferença entre o maior valor e o menor valor da série.

Exemplo:

Série M: 9, 13, 17, 21, 25, 29,33, 37, 41

Série P: 21, 22, 23, 24, 25, 26, 27, 28, 29

AM = 41 - 9 = 32

AP = 29 - 21 = 8

Embora tenham a mesma média (25) e o mesmo número de elementos (9), a séria M é mais dispersa do que a série P.

Desvio Médio – O desvio médio (dm) indica o grau de dispersão do total dos elementos de um grupo, em relação à média da série. O desvio médio é dado pela fórmula:

Desvio Médio = Somatório dos desvios / Número de elementos da série

Exemplo:

Dada a série 2, 3, 6, 8 e 11, determinar o desvio médio.

n = 5

MA = (2 + 3 + 6 + 8 + 11) / 5 = 30 / 5 = 6

Somatório dos desvios = |2 - 6| + |3 - 6 | + |6 - 6| + |8 - 6| + |11 - 6| = 14 (valores absolutos)

dm = 14/5 = 2,8

Desvio Padrão – O desvio padrão (s) é definido como a raiz quadrada da média aritmética dos quadrados dos desvios, em relação à média dos valores que compõem a série. É a mais precisa das medidas de dispersão, pois considera todos os valores que participam da série. Tem grande importância na representação de uma série, porque caracteriza o agrupamento dos valores pertencentes a ela em torno da média aritmética.

Um grande valor do desvio padrão indica alta dispersão dos dados em relação à média aritmética e um valor pequeno indica alta concentração de dados.

Exemplo: Dada a série: 10, 20, 30, 40, 50, calcular o desvio padrão.

n = 5

Média aritmética = (10 + 20 + 30 + 40 + 50) /5 = 150/5 = 30

Desvios: |10 - 30|; |20 - 30|; |30 - 30|; |40 - 30|; |50 - 30|

Soma dos quadrados dos desvios = 400 + 100 + 0 + 100 + 400 = 1.000

$$s = \sqrt{100/5} = \sqrt{200} = 14{,}14$$

Coeficiente de Variação – O coeficiente de variação é uma medida de dispersão que relaciona o desvio padrão com a média aritmética de uma série, isto é, mede a dispersão relativa de uma série. Serve para análise comparativa de séries, cujos valores são expressos em diferentes unidades. Pode-se assim comparar séries de preços com série de pesos. A fórmula é a seguinte:

Coeficiente de Variação = (Desvio Padrão / Média Aritmética) x 100%

Escore Reduzido – A variável que mede o desvio em relação à média, em unidades de desvio padrão, é denominada variável reduzida ou escore reduzido. É uma quantidade abstrata independente das unidades usadas. Sua fórmula é:

z = (xi - MA) / s

Onde:

z = escore reduzido

xi = valor (grau)

MA = média aritmética

s = desvio padrão

Exemplo: Um estudante recebeu grau 84 em um exame final de matemática para o qual o grau médio foi de 76 e o desvio padrão 10. No exame final de física, para o qual o grau médio foi 82 e o desvio padrão 16, ele recebeu o grau 90. Em que disciplina sua posição relativa foi mais elevada?

Para matemática: z = (84 -76) /10 = 0,8

Para física: z = (90 - 82) / 16 = 0,5

Resposta: Sua posição relativa foi mais alta em matemática.

Análise Estatística:

A análise estatística é na realidade um método matemático utilizado para obter a mesma informação com a menor quantidade de dados. Uma de suas aplicações mais conhecidas é o controle estatístico de qualidade.

A análise estatística fornece meios para a escolha de amostras representativas de uma série temporal (universo de dados) para aceitar ou rejeitar um lote de produção, por exemplo, em função dos dados da amostra. Ela pode ser considerada como um conjunto de procedimentos elaborados para descobrir os fatores reais mais importantes que afetam um determinado processo.

Uma série temporal é um conjunto de observações tomadas em tempos determinados, comumente em intervalos iguais. É interessante imaginar que o gráfico de uma série temporal é descrito por um ponto que se move com o decorrer do tempo, sob a influência de forças físicas, econômicas, sociais, psicológicas, políticas, ambientais, mercadológicas, administrativas e estratégicas, por exemplo.

Inferência Estatística:

A inferência diz respeito a como se pode assumir conclusões para toda uma população a partir de medições e da análise de apenas uma parte da população, de forma a que o risco de se realizar conclusões incorretas possa ser medido. A inferência estatística diz respeito a dois tipos de problemas: estimar os parâmetros de uma população e realizar testes de hipóteses.

É através dos métodos de inferência estatística que se pode assumir, por exemplo, com determinada probabilidade, a média calculada de uma amostra.

Referências Bibliográficas

ALBRECHT, Karl. *Revolução nos serviços*. São Paulo: Pioneira, 1992.

ARAÚJO, Jorge Serqueira. *Administração de materiais*. São Paulo: Atlas, 1990.

ASSEF, Roberto. *Manual de Gerência de Preços*. Rio de Janeiro: Campus, 2002.

BALLOU, Ronald H. *Logística Empresarial*. São Paulo: Atlas, 1993.

BARBARÁ, Hani R. E R. Simões. *Administração de vendas*. São Paulo: Atlas, 1975.

BARROS, Benedito Ferri. *Mercado de capitais e investimentos*. São Paulo: Atlas, 1970.

BERRY, Leonard L. *Descobrindo a essência do serviço*. Rio de Janeiro: Qualitymark, 2001.

BOTTINI, Renata Lucia. *Chef profissional*. São Paulo: SENAC, 2009.

BRAGA, Roberto M.M. *Gestão da gastronomia: custos, formação de preço, gerenciamento e planejamento do lucro*. São Paulo: SENAC, 2008.

BRUNI, Adriano L. e Rubens Famá. *Gestão de custos e formação de preços*. São Paulo: Atlas, 2002.

BURBIDGE, John L. *Planejamento e controle da produção*. São Paulo: Atlas, 1991.

CHAPMAN, Elwood N. *Relações humanas na pequena empresa*. Rio de Janeiro: Qualitymark, 1996.

CHIAVENATO, Idalberto. *Administração de recursos humanos*. São Paulo: Atlas, 1999.

CHIAVENATO, Idalberto. *Administração: teoria, processo e prática*. São Paulo: Makron Books, 1987.

CHIAVENATO, Idalberto. *Iniciação à organização e técnica comercial*. São Paulo: McGraw Hill, 1989.

CHIAVENATO, Idalberto. *Planejamento, recrutamento e seleção de pessoal*. São Paulo: Atlas, 1999.

COGAN, Samuel. *Custos e preços*. São Paulo: Pioneira, 1999.

CONWAY, William E. *Caçadores de desperdícios*. Rio de Janeiro: Qualitymark, 1996.

COSTA, Nelson P. *Análise do resultado empresarial*. Rio de Janeiro: Ciência Moderna, 2010.

COSTA, Nelson P. *Básico de administração*. Rio de Janeiro: Pecos, 2005.

COSTA, Nelson P. *Comunicação empresarial*. Rio de Janeiro; Ciência Moderna, 2008.

COSTA, Nelson P. *Documentos empresariais*. Rio de Janeiro: Ciência Moderna, 2012.

COSTA, Nelson P. *Marketing para empreendedores*. Rio de Janeiro: Qualitymark, 2003.

COSTA, Nelson P. *Tempo: aprenda a administrar*. Rio de Janeiro: Ciência Moderna, 2008.

COSTA, Nelson P. *Gestão de restaurante*. Rio de Janeiro: Ciência Moderna, 2016.

COSTA, Nelson P. Antologia do empreendedor. Rio de Janeiro: Ciência Moderna, 2017

COSTA, Nelson P. Administração para empreendedores. Rio de Janeiro: Ciência Moderna, 2018

COSTA, Nelson P. *Marketing para empreendedores*. Rio de Janeiro: Ciência Moderna, 2020.

COSTA, Nelson P. *Glossário do empreendedor*. Rio de Janeiro: Ciência Moderna, 2019.

COSTA, Nelson P. *Oficina do livro*. Rio de Janeiro: Ciência Moderna, 2021.

COSTA, Nelson P. *Sistemas de informação*. Rio de Janeiro: Ciência Moderna, 2022.

COSTA, Nelson P. *Comunicação empresarial (2ª ed.)*. Rio de Janeiro: Ciência Moderna, 2022.

COSTA, Nelson P. Estudo de caso. Rio de Janeiro: Ciência Moderna, 2023.

COSTA, Nelson P. Problemas do empreendedor. Rio de Janeiro: Ciência Moderna, 2023.

CURY, Antônio. *Organização e métodos: uma visão holística.* São Paulo: Atlas, 2000.

DENTON, D. Keith. *Qualidade em serviço.* São Paulo: McGraw Hill, 1991.

DRUCKER, Peter F. *Administração: Tarefas, responsabilidades e práticas,* São Paulo: Pioneira, 1975.

DRUCKER, Peter F. *Inovação e espírito empreendedor.* São Paulo: Pioneira, 1990.

DRUCKER, Peter F. *Introdução à administração.* São Paulo: Pioneira, 1991.

DRUCKER, Peter F. *O gerente eficaz.* Rio de Janeiro: Zahar, 1981.

FONSECA, Adriana Lara. *Treinamento de manipuladores de alimentos.* Viçosa: Centro de Produções Técnicas, 2006.

FONSECA, José Ismar. *Curso de contabilidade gerencial.* São Paulo: Atlas, 1993.

GHEMAWAT, Pankart. *A estratégia e o cenário de negócios.* Porto Alegra: Bookman, 2000.

GITMAN, Lawrence J. *Princípios de administração financeira.* São Paulo: Harbra, 1997.

GOUVEIA, Nelson. *Contabilidade.* São Paulo: McGraw Hill, 1984.

GUERREIRO, Bruno. *Administração mercadológica.* Rio de Janeiro: FGV, 1993.

HAMPTON, David R. *Administração contemporânea.* São Paulo: McGraw Hill, 1983.

HARDING, H. A. *Administração da produção.* São Paulo: Atlas, 1989.

HORNGREN, Charles T. *Contabilidade gerencial.* São Paulo: Pearson, 2004.

IUDICIBUS, Sergio. *Contabilidade gerencial.* São Paulo: Atlas, 1987.

JOÃO, Belmiro N. *Metodologia de desenvolvimento de sistemas.* São Paulo: Érica, 1993.

KNIGHT, John B. e Lendal H. Kopschevar. *Gestão, planejamento e operação de restaurantes.* São Paulo: Roca, 2005.

KOONTZ, Harold e Cyril O'Donnel. *Princípios de administração.* São Paulo: Pioneira, 1974.

KOTLER, John e James Heskett. *A cultura corporativa e o desempenho empresarial.* São Paulo: McGraw Hill, 1993.

KOTLER, Philip. *Administração de marketing.* São Paulo: Atlas, 1998.

KOTLER, Philip. *Administração de marketing.* São Paulo: Prentice Hall, 2000.

KOTLER, Philip. *Marketing.* São Paulo: Atlas, 1992.

LASCASAS, Alexandre L. *Marketing de varejo.* São Paulo: Atlas, 2000.

LEITE, Helio de Paula. *Contabilidade para administradores.* São Paulo: Atlas, 1997.

LEONE, George S. Guerra. *Custos – um enfoque administrativo.* São Paulo: Atlas, 1983.

MACHADO, Jose Roberto. *Administração de finanças empresariais.* Rio de Janeiro; Qualitymark, 2002.

MANDARINO, Domenico. *Noções básicas de estatística.* São Paulo: Atlas, 1968.

MARCONI, Marina de Andrade. *Técnicas de pesquisa.* São Paulo: Atlas, 1985.

MARION, José Carlos. *Contabilidade empresarial.* São Paulo: Atlas, 2003.

MAYER, Raymond R. *Administração da produção.* São Paulo: Atlas, 1992.

MINTZBERG, Henry. *Criando organizações eficazes.* São Paulo: Atlas, 1995.

MORAIS, Carmem. *Atitudes de empreendedores.* Rio de Janeiro: Qualitymark, 2000.

MOTTA, Paulo R. *Gestão contemporânea: a ciência e a arte de ser dirigente.* Rio de Janeiro: Record, 1991.

OUCHI, Willian. *Teoria Z.* São Paulo: Nobel, 1988.

PASCHOAL, Luiz. *Administração de cargos e salários.* Rio de Janeiro: Qualitymark, 2001.

PORTER, Michael. *Estratégia competitiva e vantagem competitiva.* São Paulo: Campus, 1990.

PRADO, Darci. *Planejamento e controle de projetos.* Belo Horizonte: DG, 2001.

RESNIK, Paul. *A bíblia da pequena empresa.* São Paulo: McGraw Hill, 1991.

SAMPAIO, Dalton. *Pesquisa de mercado.* Rio de Janeiro: FGV, 1984.

SCHLESINGER, Higo. *Preparação profissional do vendedor*. São Paulo: Atlas, 1986.

SEBESS, Marina. *Técnicas de cozinha profissional.* Rio de Janeiro: SENAC, 2009.

SETZER, Valdemar W. *Banco de dados*. Rio de Janeiro: Edgar Blucher, 1988.

SHETH, Jagdish N. et alli. *Marketing an internet*. Porto Alegre: Bookman, 2002.

SHIMIZU, Tamio. *Processamento de dados: conceitos básicos*. São Paulo: Atlas, 1988.

SILVA, Adelphino Teixeira. *Administração básica*. São Paulo: Atlas, 2000.

SMITH, Adam. *A riqueza das nações: investigação sobre sua natureza e suas causas*. São Paulo: Nova Cultura, 1985.

SPIEGEL, Murray R. *Estatística*. Rio de Janeiro: Livro Técnico, 1971.

STEWART, Thomas A. *Capital intelectual: a vantagem competitiva das empresas*. Rio de Janeiro: Campus, 1998.

STOFFEL, Inácio. *Administração do desempenho*. Rio de Janeiro: Qualitymark, 2000.

THIRY-CHERQUES, Hermano Roberto. *Modelagem de projetos*. São Paulo: Atlas, 2001.

TOMIMATSU, Eiji. *Cozinha profissional.* Viçosa: Centro de Produções técnicas, 2008.

TZU, Sun. *A arte da guerra*. São Paulo: Record, 1990.

VARGAS, R. *Gerenciamento de projetos*. Rio de Janeiro: Brasport, 2003.

WARREN, Carl S. *Contabilidade gerencial.* São Paulo: Pioneira, 2001.

WATSON, Gregory H. *Benchmarking estratégico*. São Paulo: Makron Books, 1994.

ZACARELI, Sergio B. *Programação e controle da produção*. São Paulo: McGraw Hill, 1988.

ÍNDICE REMISSIVO

B

C

D

F

Impressão e acabamento
Gráfica da Editora Ciência Moderna Ltda.
Tel: (21) 2201-6662